祝朝晖 著

論語析正

上册

本书出版得到齐鲁优秀传统文化传承创新工程重点项目
"孔孟儒学历史传承与转化创新研究"的资助

厦门大学出版社　国家一级出版社
XIAMEN UNIVERSITY PRESS　全国百佳图书出版单位

图书在版编目(CIP)数据

论语析正/祝朝晖著.—厦门:厦门大学出版社,2020.8
ISBN 978-7-5615-7863-6

Ⅰ.①论… Ⅱ.①祝… Ⅲ.①儒家②《论语》—研究 Ⅳ.①B222.25

中国版本图书馆 CIP 数据核字(2020)第 159221 号

出 版 人	郑文礼
责任编辑	王鹭鹏

出版发行	厦门大学出版社
社　　址	厦门市软件园二期望海路 39 号
邮政编码	361008
总　　机	0592-2181111　0592-2181406(传真)
营销中心	0592-2184458　0592-2181365
网　　址	http://www.xmupress.com
邮　　箱	xmup@xmupress.com
印　　刷	厦门集大印刷厂

开本　720 mm×1 000 mm　1/16
印张　56.25
字数　823 千字
印数　1～3 000 册
版次　2020 年 8 月第 1 版
印次　2020 年 8 月第 1 次印刷
定价　148.00 元(上下册)

本书如有印装质量问题请直接寄承印厂调换

厦门大学出版社
微信二维码

厦门大学出版社
微博二维码

序

二〇一七年冬,一位朋友说他的大学同学祝朝晖写了一部解读《论语》的著作,很有特色,问我能否帮忙推动出版。我和我所在的单位本就以弘扬儒学为职责使命,对这样的书当然很有兴趣了。

这些年我也陆陆续续接触了不少大学和科研机构体制外的国学学者,他们带着呕心沥血完成的大作来找我,总体上来说,他们的精神令我很是感动。他们在工作之余挤出时间来从事学术研究,没有纯粹的兴趣、志趣很难长期坚持下来。当然,其学术成果水平参差不齐,但就创新性、思想性、启发性而言,有的一点也不比学院派差,甚至有过之而无不及;有的确实难登大雅之堂,基本的学术规范都未能遵守,甚至就是一腔热血的"异想天开"。对于他们,不能一概否定,应该鼓励、支持他们学术的发展,不能相互瞧不起,知识、思想、真理是没有群界的,大家都是平等的。民间学术的发展及其生命力的伸展,是新时代人文社会科学繁荣发展的重要标志。

当祝朝晖发来《论语析正》部分章句时,我几乎一口气读完,很快被其独特的解析风格所吸引。在接下来一年多的时间里,尽管工作比较忙,我还是断断续续读完全书,可谓受益匪浅。总体上来说,尽管该书里面的一些细节还存在这样或那样的问题,但不失为当代众多《论语》解读中一部富有特色的好书。祝朝晖在安徽大学哲学系读过本科,二〇〇四年获加拿大西安大略大学毅伟商学院工商管理硕士学位;曾任多家外资及民营公司高管,联合创立投资银行,并担任多家公司董事或顾问。祝朝晖长期从事国际贸易,精通英语,在很多国家有过生活和工作体验。独特的生活阅历和职场经验,使得祝朝晖对人生社会有着独特的思考和感悟。

儒家是生活的学问,是在做人做事中修养修炼的学问,这在《论语》中体现得非常明显。《论语》反映了孔子生活世界、情感世界与理性世界的交融。动之以情,晓之以理,儒家是一套情理交融的人文教化系统。智、仁、勇为三达德,智为理性,仁为情感,勇为意志。智仁勇,在儒家经典中,有时也表述为仁智勇。既仁且智,仁智在儒家是密切交融的,但有的人往往以仁见长,以仁统智,有的则以智见长,以智统仁。读祝朝晖书,与祝朝晖打交道,我能感觉到祝先生是以智见长,或以智统仁类型的。这也许与其长期的商场谈判经验有关,他对人的心理活动机制、人情世故有很深的洞察,而且能清晰明快地表达出来。凡此种种,在读《论语析正》一书时,能感受到。

《论语析正》是一部比较理想的适合新时代大众国学阅读的力作。该书删繁就简,跳出繁琐的考证,抓住关键字词句展开简洁明快的解析,常常直接摆出历史上的各种观点,然后一一分析其是否合理,从情理、义理、心理上进行各种逻辑推演,最后推导出作者认为比较合理的解释。作者在很多章节给出了新解,令人耳目一新;这些新解得失另论,但至少提供了有论证基础的新见解,可供进一步研究所用。作者在体例和表达上也跳出传统解读的窠臼,用结构清晰的呈现方式和严谨流畅的语言,把本来错综复杂的解析过程和繁冗纷乱的论证层次,清晰地表现出来,给读者线条脉络明白直观、近乎故事性的阅读体验。作者在汇总和提炼历代各种解读版本的过程中,不仅避开各版本之间的交叉和重复引用,还对解读所依据的史料源流进行了梳理和厘定,在史料出处的可信度、不同出处之间的对比以及引文的准确和严谨性等方面,下了不少功夫。当然,全书还有一个非常醒目的特色——英汉对照,有地道的英文翻译,这得益于作者娴熟的英语驾驭能力。我觉得这也正是新时代儒学或国学所需要的,儒学一方面要大众化,跟时代气息接应,另一方面要国际化,异域的、国际的语言视角可以使我们对儒学经典有全新的体验。

儒学研究,在态度上、心理上有两种,一种可以说是尊经崇圣派,另一种是宽和对话式。前一种不容怀疑经典,把经典神圣化,我们所能做的就是原原本本地理解经典圣意。我比较倾向后者,经典智慧是用来"养"我们的,哪些还有营养,哪些不必盲从,是需要我们咀嚼思考的。在经典面前不能没有自我思考、自我判断。当然,这种强调主体性的态度有时需要谨慎,不能师心自用、自以为是,更多时候,我们在经典中虚心体会圣贤智慧来"养"自己,否则经典矫正人心的功能就很难发生作用。在经典面前,"虚心"与"实心"、"无我"与"有我"要寻求中和平衡。总体上来说,《论语析正》一书的"我"性比较强,这个"我"也融汇了现代视域下的实用理性精神,因此,往好的方面说,这本书在经典面前有独立思考,甚至反思态度,在很多疑难点的解析上,对心理、情理推演揭示得很透彻,在人情世故上给我们以启发,也使得我们认识到孔子在人心、人情的把握体认及判断上确实是大师,让我们想起一句俗语"世事洞明皆学问,人情练达即文章",这些总体上来说也都属于智者的态度,也较为接近于实用理性的精神。但就孔子的另一向度,仁的超越向度而言,这本书存在一些不足,仁是情感,同时也融汇了孔子的超越精神,是一种人生境界。就这方面的体会而言,这本书似略有不足。当然,我们很难期待一本书在各方面都很理想完美。在经典诠释方面,这本书的特色和贡献足以使其成为当今时代颇有价值、值得一读的好书。本书另一方面的社会意义,是走出了一条实践大众儒学、体会国学经典的可行之路,有榜样示范效应。作者身在商界,却坚持多年,利用业余时间写出一部颇有力度的经典解读之作,这是当前新时代中华优秀传统文化传承发展过程中富有标志性意义的现象。相信将来会有更多或一批类似祝朝晖这样的社会贤达,利用业余时间,坚持兴趣志趣,在某一文化领域作出卓尔不凡的成绩,从而在全社会形成强烈的向学、创新的文化氛围。当崇尚经典文化、崇尚思想美德、崇尚个性探索、崇尚自由创新成为社会的普遍的风尚,我想这一天的到来,离中华民族全面伟大复兴之日就不远了。

二〇一九年十二月二十四日于山东大学

(序者为山东大学儒学高等研究院教授、博导)

自 序

精读《论语》时，我发现很多章节有截然不同的解读版本，就试图比较各种版本，结合对《论语》自身各处内容的互相参证，借助对字词和相关古籍的溯源考证，找到所有有歧义章节的正解。

在这个过程中，我发现过往版本的解读和注疏，包括几种流传较广、影响较大的，都存在一些问题。有人把孔子当成神，为圣人讳，绝不允许怀疑孔子言谈举止的正确和崇高，总是试图从中发现伟大的人格和深刻的思想；有人让孔子为自己服务，通过扭曲改造或过度引申孔子言论，来为自己的理论体系或观点背书。这两种倾向，导致了客观冷静态度和就事论事精神的缺失，造成众多牵强附会、过度引申的人为曲解。

在这种人为曲解之外，还常有自相矛盾、义理不通的硬伤。这类问题的出现，有些是因为注疏者没有在内容之间互相参证，前后不一；有些是因为专注于一词一句，而忽略了孔子的基本思想；有些是因为缺乏逻辑分析手段，导致漏洞百出。当然还存在一些字词训诂的硬伤，因这些硬伤导致义理误读。

于是我就有一个想法：能不能把历史上各种有代表性的解读汇总在一起，然后在训诂和考证的基础之上，以孔子的基本思想作参照，在《论语》所有内容之间互相参证，运用分析和推理方法，来推导出每个章节最为合理的解读呢？

《论语析正》一书的书稿，就是这种尝试的结果。后经朋友介绍，认识了山东大学儒学高等研究院翟奎凤教授，他认可我的努力，审阅了书稿，提出了不少细致的修订意见，使本书得以最终完成。

本书以解读出《论语》各章本义为最高宗旨，以训诂为基础，以义理为核心，务求还原其本来面目。为此，本书制定了系列解读原则（解读原则汇总请见前言），为了史料的可靠、论证的严谨及结论的扎实，在字词训诂、史料考证、逻辑分析及行文格式等方面，做了大量的功课，通过严谨的筛选、甄别、推导，明确提供了所有章节的最佳解读，包括众多论证严密的新解。当然，因作者本身水平的限制，其中不可避免地存在一些谬误和误解，但是本书提供的解读和论证方法，却可以作为一种工具，用来对包括本书在内的对象进行挑战、批判以及证伪。这种工具示范功能，使本书在自身最高宗旨之外，或许能让读者获得额外收益。

为了解读《论语》内容，本书引用了大量资料，史料来源主要包括《诗经》《尚书》《伪古文尚书》《仪礼》《礼记》《周礼》《左传》《国语》《史记》《汉书》等在时间上较为接近孔子时代，同时也被主流学界认可的古籍。在此过程中，对史料和史实本身，本书也时有新鲜发现和创新结论，例如在解读颜渊12.9中的"彻"和"二"概念时，本书从周朝税制出发，对井田制、公田、什一税率等概念进行了定性和定量考证，证明"初税亩"是对"税亩"二字的讹传讹用。

促使我写作本书的动机，决定了这本书的内容结构和论述方法，也大致界定了它理想的读者。如果你打算精读《论语》，或者喜欢通过逻辑和分析工具来论证推导，或者希望磨炼自己的批判性思维和独立判断能力，或者对阅读、挑战和批判思辨类著作有兴趣，那么，你应该会喜欢这本书。

作为一本未按照一般体例写作的著作，本书试图体现出学术质量和检索引用的深度。是否成功，只能由读者来判断。

批评、指正、建议、交流，都无任欢迎，敬请联系 stanley-zhu@foxmail.com。

前 言

本书以研读过或计划参照多种流传版本、希望用平行比较方法来精读《论语》的人为目标读者，试图对古往今来各种解读版本进行汇总加提炼式的呈现、分析、证伪、论证及甄选，得出新解，带领读者找出训诂、逻辑和义理上各章本义的最佳解读，锻炼进一步研究《论语》和其他经典古籍的能力，帮助读者获得阅读思辨类书籍时进行独立思考和分析论证的方法技能。

《论语》过往版本的解读和注疏，有失于浅陋而研读不精者，有失于繁冗而难以卒读者，缺少解读精度上把握恰当的版本。本书意在填补这个空白。

过往版本的解读和注疏，有牵强附会、臆造曲解者，有随读随解、前后不一者，有预设倾向、解为己用者，有为圣人讳、惶恐维护者，更多无限引申、应用层出者，常令人感受不到客观冷静的态度和就事论事的精神。本书意在充分贯彻客观中立精神，还原《论语》本来面貌。

通行解读和主流注疏版本在某些章节有硬伤，本书意在揭示这些硬伤，正本清源。

本书以解读出《论语》各章本义为最高宗旨，从上述几个角度对内容进行条分缕析，以训诂为基础，以义理为核心，务求还原其本来面目，故名析正。

本书的解读结果自成一系，在字词章句和义理解读上多有不同于至今所有英译版本（包括礼雅各的译本）之处。为此，本书提供了英译，既可以成为英文读者阅读《论语》的选项，也是中文读者用以理解和佐证原文的辅助工具。

选本说明

《论语》原文选本以郑玄注版本为基础，但需要作三点说明：

一，章节可合并也可独立时，一律独立处理。

二，本书多有新解，并因此导致部分句读和标点符号比起通行版本来有所不同，相关各处均有说明。

三，除句读和标点符号外，一律避免对原文进行增、删、改，不接受所有关于原文有错漏的假设。

解读构成

原文自成第一部分。

原文的解读是核心，构成第二部分。此部分又由两部分构成，即字词训诂和章句义理。字词和章句常常纠缠在一起，并多有互相发现或互相印证之处，往往难以断然区隔，故在结构上有以下几种可能：

一，只有字词训诂而无章句义理。此时此部分就命名为"字词训诂"。

二，只有章句义理而无字词训诂。此时此部分就命名为"章句义理"。

三，既有字词训诂，也有章句义理。此时两部分依次独立出现。

四，字词和章句纠缠在一起。此时此部分就合并成"字词章句"。

今译构成第三部分。此部分以原文的解读为基础，把原文翻译成现代汉语。

英译构成第四部分。此部分把现代汉语译文翻译成英文，只论信达，不求简雅。

解读原则

字词训诂原则

一，以各权威字典的字词本义为基础，以行文逻辑和章句义理为准绳，在《论语》内容之间互相参照，并参考前人解读，进行字词训诂；接受合理引申，但尽量避免通过上下文倒推出字词应有之义从而赋予其新义。

二，对受过非文字专业大学教育的读者大概率读不出的字，加注音。

三，当字词在外延和适用面上有广义和狭义两种可能性时，除非分析发现狭义有极大概率成立，一概采用广义解读。

四，避免过度解读，尤其是和行文语境及《论语》中所体现出的孔子风格及思想不符合的引申。

五，务求词义妥当有出处、语法通顺无纠结，不留一字、一词、一句疑惑。

章句义理解读原则

一，所有人物年龄的计算都只精确到年，且忽略虚岁之说，因此事件发生时人物实际年龄可能有一年的误差。

二，注释、解析、引用、参考资料来源全在正文中说明，避免所有脚注和资料来源的统一罗列。

三，在遵守上述字词训诂原则的前提下，以行文逻辑为基础，以孔子一贯思路为准绳，在《论语》内容之间互相参照，并参考前人解读，进行义理论证。

四，尽量多用《论语》本身文字互相参证，只在必要时引用其他同时代或稍晚的典籍和资料来源，出处有伪疑时作标注提示。

五，分析和解读以推导出章句本义为最高目标，不预设任何理论体系的倾向或框架，避免一切预设方向和结果的推导。

六，原则上不对各章节所体现出的思想进行系统引申，只在贴切自然时对其潜在理论影响、适用范围和相关理论的对比等进行点到为止的总结。

七，两可时，在不违背字词训读、义理分析和孔子一贯见解的前提下，以"孔子不会出错"和"孔子必有道理"为假设，即把 benefit of doubt（无错推定）和 hypothesis on rationality（有理假设）都让渡给孔子；一旦发现存在无法自洽、逻辑混乱、偷换概念、大而化之或其他问题时，不为孔子讳，均明确揭示出来。

八，适当之处使用逻辑方法和统计学工具，务求分析和解读严密合理。

九，在解读有多解和歧义时，引用历代有代表性的版本，逐一分析、甄选或证伪；为避免陷入过于繁冗的注疏陷阱，在引用过往版本时，常会总结出主要的几派观点，而不是罗列出各派具体观点及其代表人物；有兴趣的读者，可自行选读本书中引用较多的集解类著作，或通过网络查阅来细究相关题目的本末。

十，对过往版本令人信服的解读，在注明出处后直接录入。

十一，义理如果在适用面上有广义和狭义两种可能，除非分析发现狭义有极大概率成立，一概采用广义解读。

十二，务求对义理、逻辑和孔子思路的使用前后一致。

体例说明

上述"解读原则"中对解读方法进行了说明，这些原则和方法部分界定和解释了本书行文中的体例和表达方式。以下进一步对这种体例和表达方式的主要特点作出说明。

字词训诂和章句义理的区分

历来《论语》解读，字词训诂和章句义理多杂糅一处，按原文行文顺序逐次解读，在版面呈现和阅读习惯上都贴切自然，并无不妥。鉴于本书针对的读者是研读过或计划参照多种解读版本精读《论语》的人群，他们对原文逐字逐句的理解是这种精读不言而喻的基础，而他们对《论语》各章节的总体把握才是本书的核心目标，这就要求避免字词训诂的不断插入干扰章句义理的连贯性。因此，把字词训诂并作一处，相当于把技术性的字词及其难点汇总到一起，形成研读章句义理的基础。

当然，常有字词训诂决定章句义理的情景，此时两者无法断然分隔，比如述而7.21中的"怪力乱神"，对其字义的理解直接决定了该章所体现的孔子态度，或者说对孔子态度的认定反过来决定了对字义的解读，这就是有些章节把"字词训诂"和"章句义理"合并成"字词章句"的原因。

对过往注解的使用

本书行文的基本框架是列举具有代表性的观点，逐个辨析，然后提出本书认可的解读。比如为政2.4下对"耳顺"的解读、八佾3.22下对"三归"概念的对比分析、泰伯8.8下对"成于乐"的论述，以及泰伯8.20下对"唐虞之际，于斯为盛"几种常见版本的证伪。

如果其他版本的解读义理简正、见解精辟，本书就直接录用。比如泰伯8.8中"兴于《诗》"一句，就直接录用朱熹的解读。

在易生歧义及解读纷呈处，过往版本多有解读相同或相似者，亦常有照录古注、一脉相承者，从考察解读选项的角度考虑，没有必要一一列举，且后人对前人解读的引用和前人本注并列的罗列，不仅不能增加论证的力量和效度，反而容易使读者迷失在考据迷宫中。为免于逐一抄录之烦，同时为读者总览全貌计，本书或者汇总有代表性的各家之言，如为政 2.6 及 2.7 下对史上各种解读的汇总；或者在不注明解读版本和解读者姓名的情况下，用"主流观点""常有""多有""亦有""一派、另一派""一说、二说"等指称提炼并列举多家观点，如先进 11.1 下对"先进、后进"各种解读的罗列；又或者虽然过往注解没有某种解读，但从逻辑上存在这种可能，则采用排列组合的方式穷尽各种选项，然后逐一排除和甄选，比如为政 2.16 下的逐步筛选过程，宪问 14.23 下对"上达、下达"概念的甄别，宪问 14.34 下对"德、直、怨"三种态度相互关系的探讨，以及卫灵公 15.39 下对"有教无类"的分析。

古注中考据和行文如有更早的资料出处，本书会略过古注，直接引用最早出处。这样相当于把各种古注中没有注明的资料出处，明白地揭示出来，便于读者在参考相关古注时，知其所以然者，而不至于把其相关论述当成注疏者的原创。比如八佾 3.24 下对"封人"和"木铎"两个概念的解读，就直接注明史料中的最早出处；再如颜渊 12.9 下对"彻"字文字由来及税率的考证；其他还有卫灵公 15.6 中的"州里"概念，虽然主要版本都有注解，因最早定义出处是《周礼·地官司徒·遂人/土均》和《周礼·地官司徒·大司徒》，本书就直接引用《周礼》；等等。

古注对某些概念的解读，其没有史料来源的，就注明不知出处，比如八佾 3.22 下对郑玄"反坫"论述来源的疑问、公冶长 5.4 下对把"瑚琏"解作"胡辇"的质疑、泰伯 8.2 下对"绞"的释义，以及乡党 10.2 下对"与与"的训读。

古注中考据和引用无法确证出处的，就以商榷的口吻提出可能的最早史料出处，比如八佾 3.1 下对马融"八佾"解读出处的探讨。

选用的史料来源主要包括《诗经》《尚书》《伪古文尚书》《仪礼》《礼记》《周礼》《左传》《国语》《史记》和《汉书》等在时间上较为接近孔子时

代，同时也被主流学界认可的古籍，即使其中有伪书或伪篇，因伪托时间的接近，其内容仍可供考证及校验之用。其余各种史料均在明确提示后有限引用，以供参考。

本书的论述方法

本书大量运用逻辑分析和推演方法（例如学而 1.9、1.12、1.16 和乡党 10.27 等），同时结合对社会现象和人类心理规律的理解，在不过度引申的前提下提供了不少思辨性的分析和总结（例如学而 1.8 下谈"无友不如己者"、1.16 下谈"知人"、子路 13.3 下对孔子言论的评价等）。

本书会酌情使用统计工具来辅助解读，例如为政 2.3 下对"德"概念的描述性统计、泰伯 8.8 下对"成于乐"的解读、子路 13.23 下对"君子"和"小人"概念的对比汇总，以及附录中供读者参考的统计结果。

在《论语》各篇章之间出现可供互相验证和对比的原文时，除了极高频的概念或观点外，均罗列出可供参考的相关篇章，比如子路 13.10、13.11、13.12 和 13.29 下对不同人等治国化民的时间周期的对比，其他如学而 1.15、雍也 6.11、述而 7.16 及宪问 14.10 下对"贫"状态下心态的论述。

本书各处论述之间，亦多有互相参照和对比。比如对"一以贯之"概念在里仁 4.15、卫灵公 15.3 和 15.24 三处的解读的对比。

正文最后，对《论语》进行了统计总结，以供参考。

目　录

上　册

学而篇 …………………………………………………………… 1

为政篇 …………………………………………………………… 49

八佾篇 …………………………………………………………… 89

里仁篇 …………………………………………………………… 129

公冶长篇 ………………………………………………………… 155

雍也篇 …………………………………………………………… 195

述而篇 …………………………………………………………… 244

泰伯篇 …………………………………………………………… 296

子罕篇 …………………………………………………………… 337

乡党篇 …………………………………………………………… 386

学而篇

1.1【原文】

子曰:"学而时习之,不亦说乎?有朋自远方来,不亦乐乎?人不知而不愠,不亦君子乎?"

字词训诂

子。对有德行或有地位人的尊称,相当于今天的"先生"。由于《论语》影响甚大,后世也用其特指孔子。本书中,指称孔子的"子"译成"师父",英文作master。

时。经常。还有解为"按时"或"适时"的,均不妥。孔子无条件提倡"习",不会用"按时不按时"来暗示"习"有始有终的阶段性,也不存在"习""适时不适时"的可能。

习。常有训为"复习"的,误。孔子"述而不作",其教学不使用系统教材,不会要求学生们复习不存在的教材。孔子是个实践派,学以致用和举一反三是他的一贯主张,"习"字解释为"实习、实践"为洽。另按《说文》"习,鸟数飞也",其本意可笼统地翻译为"反复地做",涵盖"复习"和"实习"两个含义,解读为"复习"不算硬伤,只是忽视孔子对实践的一贯态度。

说。音义通"悦"。有把"说"解成"说话"之"说"的,取其宣传、转述义,不合语境,不妥。整部《论语》中,"说"字出现在十四章中共二十一次,有三种字义,如下。

动词性的"说",取"讲述"义,计有三处。成事不说(八佾3.21)。子贡曰:"惜乎,夫子之说君子也!"(颜渊12.8)子曰:"道听而涂说,德之弃也。"(阳货17.14)

名词性的"说",取"学说"义,有一处。或问禘之说。子曰:"不知也,知其说者之于天下也,其如示诸斯乎!"(八佾3.11)显然两个"说"都是"说法、理论"义。

解为"悦",此种词义占比最高,计有十处。本章。子使漆雕开仕。对曰:"吾斯之未能信。"子说(公冶长5.6)。冉求曰:"非不说子之道,力不足也。"(雍也6.12)子见南子,子路不说(雍也6.28)。子曰:"巽与之言,能无说乎?绎之为贵。说而不绎,从而不改,吾未如之何也已矣。"(子罕9.24)子曰:"回也非助我者也,于吾言无所不说。"(先进11.4)叶公问政。子曰:"近者说,远者来。"(子路13.16)子曰:"君子易事而难说也。说之不以道,不说也;及其使人也,器之。小人难事而易说也。说之虽不以道,说也;及其使人也,求备焉。"(子路13.35)公山弗扰以费畔,召,子欲往。子路不说(阳货17.5)。宽则得众,信则民任焉,敏则有功,公则说(尧曰20.1)。

本章中解为"悦",在语境、字训、行文逻辑上均通顺。

朋。朋友,无伤大雅。但是,如果本来就是朋友,则应表述为"朋自远方返",而不是"来"。所以文中的"朋"不是老朋友,而是作为外交和社交上礼貌定义中的"朋友",就像敌对双方在正式场合仍称呼对方为朋友一样。

乐。音lè。"说",喜悦也,偏向内心体验,比较低调而自洽,尤其适合表达自己一个人在实践所学时体会到的满足和内心的愉悦感。"乐",快乐也,是公开场合的外显情绪,是可以分享并相互感染的社交性的欢快。孔子用词考究,此处可见一斑。

知。解为"知道"不妥,应解为"了解",引申为"懂得",再引申为"欣赏"。一个人有思想,外人需要通过交往,加深了解,才能懂得;懂得后,如果赞同,才会欣赏。仅仅因为别人不"知晓"自己,一般人也不会生气,更不能作为"君子"的试金石。有水平的人在别人懂自己但却不欣赏时,如果生气,其修养就还未到"君子"的层次。不仅要有水平,同时在别人知晓自己但仍然不当一回事(或者是不同意自己,或者根本看不上)而自己仍然能保持自信和从容的人,才能算得上君子。

愠。yùn,生气。

君子。是孔子核心概念之一,在《论语》有三种含义和指向。

一指"统治者"。君子,源于"国君之子"这一最初定义,在春秋时代,演化为对世官世禄者的统称。因为他们注定为官,所以可以理解为"统治者",英文作rulers。在这个定义上,其对应的词可以是"民",可以是"小人",但主要是"民"。

二指"人格完美者"。即在文化储备、礼乐礼仪、德行操守等各方面均修炼有成、有资格求仁的人,英文翻译为 cultivated gentlemen 最妥。这是孔子语境中最常使用的含义。有机会且有能力修炼成人格完美者的,在孔子的时代,除了君主、诸侯、大夫之外,主要是"士"。士是贵族的宗亲,有 gentlemen 的身份(八佾3.2 下注解),经过修炼(cultivation)后就成为"君子"。此时其对应的词主要是"小人",取其"鄙陋"之义。

三,对话过程中弟子们用来特指孔子,为第二人称。

"不亦君子乎"暗示:"除了上述这种人,还有其他君子。"用"不亦"这种反问语气,还有"其他君子才是主流"的意思。这些"其他的君子"是些什么人呢,显然就是孔子及其弟子们(还有类似的其他人等)。孔子的潜台词是:"我们本来就是君子,如果有外人不欣赏我们,我们不生气,不也是一种君子风范吗?"这样就是双重君子了,本来是一层,不生气又是一层。此处"君子"显然指人格完美者。

章句义理

《论语》的分篇和章节

孔子去世后,弟子们担心师道失传,就聚在一起编辑《论语》,主要靠各人回忆孔子的言谈教诲,然后加以记录。以中国数千年来最优秀的学术团体之一的集体智慧,不可能在分篇和章节顺序上没有火光四射的脑力激荡、认真细致的讨论推敲、钩心斗角的争吵和炫技,不可能没有以理服人的最终定稿。至于其内在逻辑的细节,既不是本书目标,也不影响我们从孔子语录式文字和碎片化智慧中汲取营养。

但同时,《论语》里不少内容与孔子不直接相关而只涉及其弟子,其完成和定稿显然不是同一拨人所为,而是由时间和空间上有所区分的几批人,所以重复、凌乱、堆砌、矛盾无可避免。

还有，传世过程中的丢失、毁坏、错简、托伪，抄录流传过程中的错漏、阙疑、增删、擅改，不同版本之间的矛盾，模糊和改变了《论语》篇章本来的面目。

基于以上，考虑到孔子语录各章普遍具备的独立性，一方面我们可以从结团分布(clustering)现象的角度来适当假设和挖掘《论语》编排上的逻辑性和连贯性，以此作为参考；另一方面更应该专注于对章节的解读，避免为了找出章节之间的逻辑性和连贯性而牵强附会、强为之解。

本章成为《论语》开篇的原因

很大的可能是因为"学"和"习"两字：孔子通过这两个字把他全部智慧浓缩了。如果他只能留下最简单的遗产，难有比"学"和"习"更好的选择。

人生的智慧沉淀和人类的知识累积都是通过"学"得到的，不管是理性主义者还是虚无主义者，不"学"，谁也无法战胜对方或说服自己。在没有世俗动机的压迫下，"学"正是心智健全的、追求人生智慧或自身进步的人的不二选择。"学"是"习"尤其是有效率的"习"的基础。

人格的修炼、人际关系的把握、社会的进步都是在"学"的基础之上通过"习"来掌握或完成的。除了极端的厌世者和个人主义者，所有社会、人文、政治领域无不提倡实践的重要性；不同的学派对实践的目标和方法的见解千差万别，但在实践的必要性和重要性上意见一致。"习"是"学"的目的。

当然，孔子所说的"学习"的对象是先王之道，虽然也包括其组成部分或可以成为通向先王之道的基础（比如知识和技能储备），但更多的时候是排除了具体的知识和技能的两类内容——以"仁"为核心的德行系统和以"礼"为核心的礼仪系统。这种近乎专指的特指贯穿整部《论语》，例外极少，有例外时会特地标明。

这三条反问一起出现的两种解释

一说本章是孔子对于学生的自我介绍，即孔子宣称："我学而时习有所得，因而愉悦；你们从各处来拜师，我很高兴；如果你们不理解我的主张，我也不会生气。"

一说本章是孔子对弟子的训诲："你们学而时习，不也很愉悦吗？有那么多志向相同的人从远方来加入你们,你们不是很快乐吗?别人不理解你们,也不要介意,这不就是君子吗?"

上两解的共同点是认定本章语境是弟子们初见孔子,这两解均不妥。首先,因为招生是个持续的过程,不存在像今天开学典礼式的集中入学和对学生们进行主旨演讲的窗口。其次,此两解把本来可以广泛适用的人群分别限定到孔子自己和弟子群体上,都过于狭隘。最后,两解都把"有朋自远方来"和"人不知而不愠"限定在学习领域,不仅没有来处,而且犯了主动收缩应用范围以吻合解读方向的臆度毛病。

这三条反问一起出现的正解及其理由

首先,孔子对"悦"以及"乐"的描述还有其他多处(雍也6.11中对颜回"一箪食,一瓢饮,在陋巷,人不堪其忧,回也不改其乐"的赞赏,或述而7.16中"饭疏食饮水,曲肱而枕之,乐亦在其中矣"的洒脱,或先进11.26中对"浴乎沂,风乎舞雩,咏而归"的向往),没有把"学而时习之"和"有朋自远方来"单独拎出来并列说事的语境逻辑和相关性基础。

其次,上述两种乐事怎么又和君子的判定标准扯到一起去了呢?完全没有逻辑性和相关性基础。

最后,孔子连用三个"不亦"来反问,显然是防守状态,不大可能是类似开学典礼上发表的正面论述。

结合前述对"朋友"的描述,考虑到这是《论语》的开篇一句,本着对孔子也是个正常人的基本判断,可以推测:这是在接待远方来访者而对方并不认可孔子言论、对方离开之后孔子对在场弟子的讲话,对他们解释为何要"学习",为何要宽容对待挑战者,为什么"不愠"也是"君子"风度。本段记录的很有可能是孔子辩论失败或者至少没有说服对方之后对弟子们进行励志演说的摘录。至于是谁挑战了孔子,无法考证。

今 译

师父说:"学习并一直实践所学的,不也是很喜悦吗?有朋友从远方来(访),

不也是很快乐吗？别人不欣赏也不生气，不也是君子风度吗？"

英 译

The master said:"Isn't it also pleasant to learn and practice your learning on a constant base? Isn't it also happy to have friends (visit us) from a distance? Isn't he also a cultivated gentleman, who remains composed when others don't appreciate him?"

1.2【原文】

有子曰："其为人也孝弟，而好犯上者，鲜矣；不好犯上而好作乱者，未之有也。君子务本，本立而道生。孝弟也者，其为仁之本与！"

字词训诂

有子。氏有名若，字子有，鲁国人，孔子重要门徒之一。

有若崇拜和吹捧孔子，孔子弟子中无出其右者。《孟子·公孙丑章句上》一书有记载："宰我、子贡、有若智足以知圣人。汙，不至阿其所好。宰我曰：'以予观于夫子，贤于尧舜远矣。'子贡曰：'见其礼而知其政，闻其乐而知其德。由百世之后，等百世之王，莫之能违也。自生民以来，未有夫子也。'有若曰：'岂惟民哉？麒麟之于走兽，凤凰之于飞鸟，太山之于丘垤，河海之于行潦，类也。圣人之于民，亦类也。出于其类，拔乎其萃，自生民以来，未有盛于孔子也。'"

三个弟子如此吹捧孔子，而孟子竟然说，这三个人再卑劣肮脏，也不至于阿谀奉承，实在讽刺。

互相比较，显然有子的吹捧最为彻底。

在七十二门徒中，有若的能力和见解均不算突出，但据说他的相貌有点像孔子，因此在孔子去世后，弟子们公推有若替代孔子当他们的先生，对他执弟子礼。可以想象，他会按照他自己对孔子的态度来要求本是同辈的师兄弟们同样对待自己，但学术能力（知）和个人魅力（德）又跟不上，所以过不了多久，就下了台。此处可资参考的史料有：《史记·仲尼弟子列传》中介绍有若的章节及《孟子·滕文公章句上》。

弟。音义通"悌",tì,弟弟应向兄表现出的敬爱和服从的行为或格调,是儒家的常用概念。

鲜。"很少"意。

乱。"战乱"还是"混乱",字面训诂上均可,但由于"混乱"包含"战乱",而且儒家赋予自身的使命不仅要预防"战乱"这样极端的"乱",也要预防和平时期各种礼崩乐坏的"乱",因此选择"混乱"更为合适。

道。首先,不是《道德经》中的"道",没那么高尚。其次,也不是"道理"的"道",没那么抽象。因为按有子所说,连"本"都只是"孝弟"这样的行为规范,而不是形而上的思辨概念,那么建立在"本"之上的"道"更加不可能是抽象的策略,只能是具象级别的行动指南,就是各种做人处事的规矩,大约就是"礼"吧。因此此处的"道"解为"道路"妥当,言其具体路径,英译成 course 更贴切。

其为仁之本与。可有双解。一是把"为"解为动名词的"实践",这样就等于把前一句中的"孝弟"也当动名词用,本句的意思就是"难道不就是实践仁的根本的行动吗"！二是把"孝弟"当名词用,这样更符合行文语气和逻辑,本句中的"为"可解释为"是"而非动作的"做"。这样,"其为仁之本与"可今译成"这不就是仁的根本吗"！

今 译

有子说:"一个人孝敬父母又敬爱兄长,却又喜欢触犯上级的,是不多见的;不喜欢触犯上级,却又喜欢制造混乱的,从来没有过。君子追求根本性的东西,根本性的东西确立了,则各种行动方向自然就会产生。孝敬父母和敬爱兄长,难道不就是仁的根本吗！"

英 译

Mr. You said: "There're few that those who filially love their parents and fraternally respect their elder brothers are inclined to offend against their superiors; there's none that those who are not inclined to offend against their superiors are inclined to stir up chaos. Cultivated gentlemen pursue the fundamentals, upon the establishment of which all other courses will grow out. Filial love to parents and fraternal respect to elder brothers—are they not the fundamentals of humanitarianism?"

1.3【原文】

子曰:"巧言令色,鲜矣仁!"

字词训诂

巧。美好。"巧言",好听的话,漂亮话。

令。美好,引申为谄媚。

仁。孔子的核心概念之一、最重要的道德规范,他的一生也没有给出明确的定义,但琢磨这个词出现的背景和上下文,可以大致把握其内涵,无非就是对多数他人悲天悯人的情怀。定义既难,不如作为专有名词使用,还能避免诸多歧义。英文无准确对应词,权用 humanitarianism 以代,则"仁者"就是 humanitarian。

章句义理

"巧言令色鲜矣仁"的逻辑

其一,行仁德,总体来说要居高临下,像是非义务性的施舍,施舍者是仁者及接受仁德教诲的当权者,受众是老百姓。施舍者该不该体现出居高临下和屈尊的姿态呢? 当然不该了,那样太低级了。那该不该低声下气,好像欠受众似的呢? 也不行,那样太虚伪。

其二,行仁德的正确姿态是平等——平等对待你的受众。

其三,明明是救人于水火,解民于倒悬,还要表现出淡然处之的平等姿态,这对施舍者是种考验。

其四,孔子当然完全不会考虑居高临下的低俗和不堪,他反对的是另一种风格——本来居高临下的人变得过于谦卑。

其五,强取豪夺,根本不用巧言令色;真要行仁,让受者得到仁的好处即可,谦卑与否无关痛痒;真实的目的是"仁",则没有必要"巧言令色",即"巧言令色"不是"仁"的必要条件,发现"巧言令色",也和"仁"没有必然联系。这是纯粹的形式逻辑决定的。孔子所做的就是更进一步,声称:不仅没有必然联系,事实上还有一定的负相关性——一旦"巧言令色",则很少会"仁"。

施舍者表现出谦卑的动机

有时,施舍者变得过于谦卑。这种情况下,施舍者的心理动机是怎样的呢?

先要排除物质私利的目的,因为这样的话就不是"仁""不仁"的问题了,而是更低一层的够不够格的问题了。我们必须假设施舍者是真心要给接受者好处的。

这样巧言令色者的动机就有两种可能:一是毫无必要从而浪费了社会资源和自己的表情,拉低社会的总体运行效率,二是有超越物质需求之外的需求,比如自我实现、个人成功、风格姿态等,总之与"仁"关系不大;孔子只是轻描淡写地说"鲜矣仁",而不像我们习惯说的"无事献殷勤,非奸即盗"那么狠,算是客气的了。

"巧言"和"令色"的关系

"巧言"和"令色"之间是 or 还是 and 的关系。如果是 or,则"巧言"者和"令色"者都"鲜矣仁";如果是 and,则必须同时"巧言"和"令色"才"鲜矣仁",差别很大。本书认为是 or 的关系,有一个条件满足就够了,就可以认定"鲜矣仁"。如果孔子想表达 and 的意义,应该会用"且"字。

今 译

师父说:"花言巧语或谄媚笑脸出现时,仁就很少出现了!"

英 译

The master said: "When fine words or flattering countenances are present, rarely will humanitarianism be present!"

1.4【原文】

曾子曰:"吾日三省吾身:为人谋而不忠乎?与朋友交而不信乎?传不习乎?"

字词训诂

曾子。前505年—前435年,氏曾名参(音shēn,亦有取cān音的,待考),字子舆,鲁国南武城(今山东嘉祥县)人,是孔子后期重要的弟子,儒家的重要代表人物,在儒家文化中具有承上启下的重要地位,被后世尊奉为"宗圣"。

曾参是孔子学说最主要的继承人和传播者,以一丝不苟严守孔子教导著称。

曾子沉静稳重,谨慎谦恭,尤其重孝,他或许是《孝经》部分内容的作者,或者对其成书有重大贡献。通过《孝经》,曾子把孔子对孝的意见具体化和格式化。

请参阅泰伯8.3下对曾参的分析。

三省吾身。"省",音xǐng。此句有各种歧义,本书观点如下。

其一,"三"不是虚指多次,而是指具体的三。首先,"三"如果总是虚指多次,具体的"三"则无法表达,总要给本来意义的"三"出现的机会吧。其次,对于曾子这样严谨甚至有拘泥风格的人来说,不给出具体的数字,只是抽象地宣称说自己每天"省"好多次或"省"很多领域,很不严肃(结合下段,则"三"乃具体数字更加明显)。

其二,"三省"不是每天"省"三次,而是在三个领域中"省"。首先,因为每日自省三次有时未必够而有时又过多,这样僵化的指导不像追求入世教化的孔门所提倡的。其次,因为很显然"省"的领域是后面的三个,在前面点明领域的数量,符合学者求严谨的作风。结合上段,曾子明示自己每天在三个领域中"省",毫不含糊,寓意是每个领域每天至少"省"一次。至于每个领域具体要"省"几次,要具体情况具体分析,因时因人而异,无需也无法给出定额。

章句义理

三个领域分别是:做事,做人,修炼。做事忠诚,做人真诚,修炼认真,涵盖人生主要内容。

做事忠诚和做人真诚是不需要改变的,也不能改变,唯一会变化和进步的就是修炼。修炼有两个要素:首先要有"传",就是要有人教;其次是要"习",就是要坚持实践所学;在孔子去世以后,没人"传"了,怎么办呢?那就把已经"传"下来的永不停歇地"习"。鉴于"已传"足够博大精深了,没有"新传"对格局也没有多大影响,则剩下的持续进步的唯一方法就是"习"。当然这是对已经把孔子教导背得滚瓜烂熟的弟子们说的,外围的人首先还是要下功夫学"传"的。

今 译

曾子说:"我每天问自己三个方面的问题:替人办事是否未能尽忠?和朋友相处是否不够实诚?先生教的我是否没有践行?"

英 译

Mr. Zeng said:"Everyday I examine myself in three fields:Was I not faithful when managing business for others? Was I not trustworthy when associating with friends? Did I not apply into practice what my teacher had inculcated in me?"

1.5【原文】

子曰:"道千乘之国,敬事而信,节用而爱人,使民以时。"

字词训诂

道。dǎo,治理。

乘。shèng,四匹马拉的战车,一辆称为一乘。

"千乘之国"有多大?这样的规模在孔子时代算大还是算小呢?今人薛涌对此做了很详细的研究,薛涌认为:"千乘之国"大约有九十万人口;这样的国家在孔子时代算是大国。

孔子这段话的重心是治理这样一个规模的国家需要方法。他到底是想用一个大国的概念来体现自己的信心和高人一等呢,还是想用一个较小的国家的概念来体现自己的谨慎和能力有限呢？从上可知，他的心理是前者。

人、民。两个字都是人民的意思，不同在于，"人"强调社稷之民的属性，侧重点是他们的权利和重要性；"民"强调其君王之下的地位，侧重点是他们的义务和附属感。所以爱的是"人"，使的是"民"。在其他语境中进行这种区别或许没有必要，但在本段中区分一下还是贴切的。

章句义理

孔子对"千乘之国"管理的大纲，不仅暗示他只对管理大国感兴趣，而且也暗示，既然能治理大国，小国更不在话下。

本段论述后面几句体现孔子一贯的风格：除了"使民以时"之外，均属价值观层面的泛泛而谈，不仅不符合制定方案的 SMART 原则（现代管理中制定行动方案时的一种指导标准，是 specific、measurable、attainable、relevant、time-bound 几个词的首字母缩写）及评估业绩的 KPIs（Key Performance Indexes 的首字母缩写，意为关键业绩指标，是现代管理中的业绩量化工具）制定惯例，而且按其自身标准显然也只提供了必要条件，而没有充分条件——即使按他的方法做了，也不能保证一定能富民强国、礼乐兴隆。

本段阐述了治国化民的方向和大的施政纲领。孔子一生努力追求治国化民的机会，各种软硬钉子吃了不少，最顺利时也就是在鲁国做过短期的代理宰相，既无实权，也没有大的建树，最终并未获得"千乘之国"的治理职位。

今 译

师父说："治理拥有一千辆兵车的国家，要恭敬处事，言而有信，节约支出，爱护人民，劳役百姓要顺应季节特点。"

英 译

The master said: "To govern a country that has a thousand war chariots, (we should) behave reverently and trustworthily, practice thrift, cherish the people, and employ the people according to the nature of seasons."

1.6【原文】

子曰:"弟子入则孝,出则弟,谨而信,泛爱众,而亲仁,行有余力,则以学文。"

字词训诂

泛。亦有作"汎",两字音义皆同,广泛义。

仁。此处指仁者,即能执行"仁"的要求,具备当"仁者"的条件的人。从词法和语义来说,把此处的"仁"解读成"仁术"之"仁"亦可,但考虑到前面和它对应的"爱众"中的"众"只能解为众人,所以此处把"仁"解为"仁者"在修辞上对应更为恰当。

行。意为实践或干完,词性上是动词,最贴切的就是英文中用现在分词形式表达的动作(practicing、implementing、accomplishing 等)。

则以。以什么呢,就是以剩下的精力。过往很多解读者喜欢把这里的理解复杂化,完全没有必要。

章句义理

"行有余力,则以学文"的逻辑

"文",此处常有解为"文献、文化知识"的,不妥。所以认真分析。

一,"文"有"礼仪礼节"之本义。

二,孔子的教诲是层层递进的:先谈孝悌,属于做人的基础,是最基本的礼;然后是谨信,属个人风格,是走出家门后应有的社交态度,是踏入社会必须具备的礼;然后是博爱,即从原则上爱一切人,这是从统计概率上唯一成立的处世策略,是在社会中生存的必要态度和优选路径;然后是结交仁者,避免自己沉沦于普罗大众和三教九流,不至于走螺旋式下降的人生轨迹,是通过圈子来预防自己沉沦或失败,是在社会中取得成就的必备的礼。

三,上述四种"礼"(把孝和悌分开,则为五层;把谨和信也分开,则为六层,亦无不可,但四层更有层次感,细节此处不赘)层层递进,节节拔高,必须先做完前面的,才能考虑后面的。比如:不孝悌的,没有资格谈谨信;不爱众的,就不该抽空去亲仁。为什么呢?那样不是不可行,而是按孔子的标准不可取,在学习和实践的阶梯上试图实现跳跃式发展的,一定不符合"礼"的规范和其体现的道德观,要么是没有原则的对利益的追求(自私),要么是机会主义的得过且过(苟且),要么是两面三刀的人格分裂(虚伪)。

四,按上述递进关系,当一个人到达"亲仁"这一段位了,下一个符合逻辑的段位是什么呢?按孔子的价值观,如果这个人拥有前述四层"礼"的修养,是否就学完了"礼"的全部课程呢?远远没有。孔子认为上述四层"礼"只是总体的"礼"的具体表现和入门要求,掌握了这四层,还有余力,才可以全面学习"礼"。

五,对"礼"的全面的学习怎么就变成对"礼仪"的学习了呢?即使本文作者的思路正确,孔子也该说"则以学礼",而不是"则以学文"啊?"文"毕竟只是"礼"的表达方式而不是内容啊?答案是:前述四层是基础,满足了"人"的定义,但也仅仅如此;如果想更进一步、更上层楼,就得全面掌握"礼",全面掌握"礼"要从掌握"礼"的SOP(Standard Operation Procedure,标准作业流程)开始,即"礼仪",也就是"礼"的"文";当且仅当全面掌握了"礼仪","礼"才算学成。

学文之后的选项

"文献及文化知识"是否要在掌握"文"和"礼"之后学习,孔子从没给过答案,但可以推知:

首先,这个问题本身体现对孔子思想的误读,他从来也不关心知识层面上的修养,更加不会把学习知识作为目标。

其次,具体的知识最多只是在修炼"礼"的过程中的手段、工具、材料、辅料、燃料或催化剂;具体知识只供咀嚼、消化、选择性吸收,留下的营养还是要为"礼、乐、仁、义、智、信"等抽象修养服务,其本身没有独立存在的价值。

最后,孔子不可能自相矛盾,以至于宣称把"礼"作为人生行为高峰的弟子们在完成四层修炼后才有资格去学习具体知识;他也不可能在弟子们仅仅完成基础的四层修炼后就停止在"礼"上面的精进而转去学习其他知识。

误读"文"义的原因

那些把"文"误读为"文献或文化知识"的,大概有两个原因。

一是受"文"和"文化、文献"天然亲密关系的误导;这是时代偏见和年代前置(prochronism)的结果,一不小心,就会中招。

二是人们习惯于从实用主义角度出发,理所当然地认为做个好人(四层基本修炼)确实必要,但做个能人(掌握知识)也不可或缺,因此掌握了做人的基本原则后,就该好好学习,出人头地。这归根到底还是因为不理解孔子的思路和格局,而把对现实中出现概率更高的"能者胜出"这一现象的理解带进了对孔子的解读。而从孔子本人的角度来看,"能者胜出"的概率未必比"仁者胜出"的大,具体知识的普及化培养对整个社会的治理不仅不是必需的,反而有害。可参阅对泰伯8.9中"民可使由之,不可使知之"的解读。

孔子纲领的特点

本段谈话是纲领性的,在孔子的体系内可以媲美今天所说的某个社会或某个党派的价值观,其特点包括:

一,孔子的体系简单而有层次,逻辑上自洽且是个闭环,可推广性强。

二,孔子不仅提倡了,也努力实践了,又认真推广了,真正做到了言行一致。

三,孔子在实践自己的价值观时,严以律己又严以待人,对待弟子和对待国君卿相基本能做到一视同仁,一以贯之。

四,孔子不怕嘲讽,不惧白眼,兼备因材施教之功力,对症下药,沟通效率很高,沟通效果很强。

今 译

师父说:"年轻人,在家要孝顺父母,出门要尊重兄长,谨慎诚实,博爱众人,同时结交仁者。干完这些还有劲,就来学习礼仪吧。"

英 译

The master said:"Youths should filially love their parents when at home, and fraternally respect their elder brothers when out. They should observe prudence and honesty, indiscriminately love all, and foster friendship with the humanitarians. If they after practicing all these still have extra energy remaining, they should spend it in studying the rules of propriety."

1.7【原文】

子夏曰:"贤贤易色;事父母,能竭其力;事君,能致其身;与朋友交,言而有信。虽曰未学,吾必谓之学矣。"

字词训诂

子夏。氏卜名商,字子夏,后亦称"卜子夏",春秋末晋国温(今河南温县)人或卫国人;"孔门十哲"之一,是孔子后期学生中的佼佼者,才思敏捷,常有独到见解。

子夏在遵循仁和礼的方面和孔子教导的有所不同,大体上更自由和变通一些。

孔子去世后,子夏自开学堂,传道弘法,对弘扬孔子学说起了关键作用,在孔子弟子中办学成就与影响力均属一流。

六经名义上是孔子编订的,现在学界主流认同编订者更大可能是子夏,当然,此说没有定论;此外《子夏易传》也托伪子夏,说这些书是子夏编订的,但这至少体现后世对子夏学术地位的认可。

子夏重视躬行实践,讲究道德修养,自律甚严;一生贫寒,德高望重。他充满法家精神、反权威态度、斯多葛主义特色,个性特立独行。如果不是孔子的威望和影响力太过强大,以至于遮盖所有弟子,子夏本来也有可能成为万世师表。

贤。第一个"贤"是动词,意为"尊重,崇尚",在本文中准确的意思是"用适于对待贤人的方式来对待"。这个解释看起来好像很复杂,其实是古汉语中常用的技巧,即:在由两个相同字构成的动宾结构中,前为动词(A1),后为名词(A2),则A1均可解为"用适于A2的方式来对待A2";第二个"贤"字指贤人,贤达的人(the prestigious)。贤达是被社会普遍敬仰的人士,但"贤"到底指道德上的"贤明"(sagacious)还是指智慧上的"贤慧"(wise)?本书认为是指后一种。子夏对"能力"很重视,而不太关心有强烈道德及态度指向的贤明。

易色。历代有多解,主要分为两类。

一是把"色"理解为女色,这一派包括朱熹。这么解读显然是时代前置的又一个范例,和本篇1.6中把"文"解读为"文献"类似。孔子时代不会用"色"来特指女色。

二是把"色"泛化为"美好的东西"或"谄媚讨好的表情"等等,约等于"巧言令色"中的"色"。这一派是前一派的妥协分支,总体上还是想给"贤贤"找个对立面。

本书认为上述两种解读都是错的:孔子用"色"字,多数指"面色",有时指"情欲",有时指包含"女色"在内的"美好对象"的统称,从来不会特指"女色"。除了时代前置外,上述两解都忽略了本段表达中的一致性和对称性:按照子夏在后文中全部正面表达的习惯,而且每个提倡的行为(比如"事君")都伴随着一个提倡的状态标准(比如"能致其身"),则"贤贤"这个行为也该有个对应的状态标准"易色"。因此把"易色"应取其"改变面色"义,即"改变态度"。

章句义理

孔子和子夏观点的差别

在本篇1.6中孔子陈述了做人的基础的四个层次,他的框架和子夏的模板对比如下(孔子观点在左),显然两人观点差别巨大。

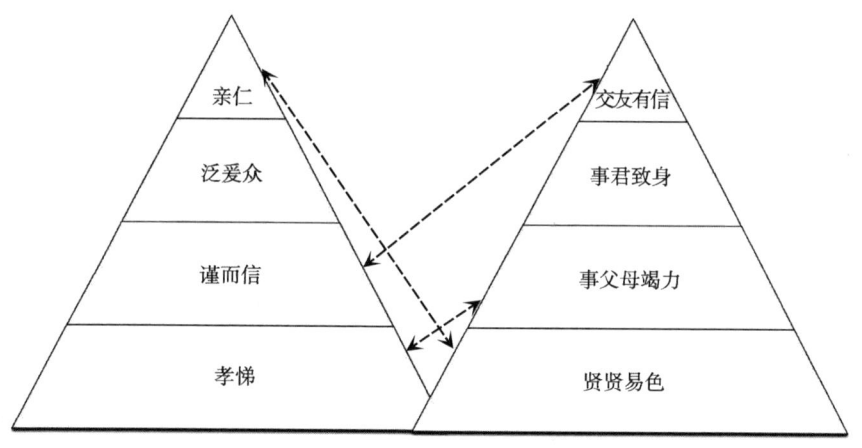

图1-1 孔子和子夏观点的对照

孔子把孝悌作为最重要的基础，子夏只是把类似的"事父母"作为第二要素，而且只说"竭力"，不谈"孝"，等于是用个人的主观自我判断（是否尽力）替代公众的客观打分制（是否做到），这是对孔子"孝悌"标准的实质否定。

孔子的第二信条"谨而信"在子夏这里只剩下"信"，剔除了孔子对态度的要求（谨），只从结果导向出发，要求对朋友说话算话即可。这不是对态度不屑一顾，而是对执行力提出很高的要求。因为按子夏的标准，不管你谨不谨，你必须做到言出必行，这样就进一步要求在承诺的时候"谨"一点，必须在做出承诺前评估并确认自己兑现诺言的把握。如果能兑现承诺，"谨"还是"不谨"就没有必要成为对行为方式的要求，它最多只是做到"信"的必要或重要条件。既然逻辑上内含于"信"，单列出来和"信"平行就不仅没有必要，而且属于画蛇添足、分类混乱。

"泛爱众"这一诉求在子夏的体系内完全消失，子夏认为不需要博爱大众，与其这样浪费时间，不如直接"贤贤"。人生苦短，修炼必须提高效率——我想这就是子夏的潜台词。有趣的是，子夏的第三层，在孔子的框架内也找不着对应者。如图 1-1 所示，从下往上第三层是两个体系各自独有的，其他部分在对方的体系内或多或少还有所对应（虚线反应这种对应）。所以这两个标准在各自的体系内都是来凑数的，都可有可无，打打酱油而已。

孔子要求"亲仁"，而子夏对以"贤贤"。结合前述，子夏忽视教化群众，关注自我修炼的倾向更加明显。

虽然"事君致身"在子夏的体系内是凑数的，但毕竟子夏比孔子多了这一条，且放在"交友有信"之前，为什么呢？和他的价值选择一致，通过"贤贤"锻炼自身的能力，通过"竭力事父母"完成人伦的基本课程，然后就得拼命为主子服务，粉身碎骨在所不辞。简言之，抛弃孔子体系中那些为"仁"而"仁"、为"礼"而"礼"的行为主义的讲究，集中精力提高实实在在的能力，为的就是以身报国啊。

子夏把"贤贤"作为重中之重，开宗明义强调"能力"和"圈子"对人生的重要性和决定性意义，迂回地否定孔子对"仁"这种利他主义和"礼"这种形式主义的强调。"贤贤"的目的及大概率结果有两个：一是进了"贤"的圈子，二是自己通过向

"贤人"们学习从而自己也成长为"贤人",这两个结果的共同点就是个人在社会上的成功。

上述差别的意义

认识到子夏对孔子的反叛和否定,或者至少是对不同观点和价值观的侧重,意义重大,略具如下。

一,孔子学术,即使在弟子中间,也并非铁板一块。

二,孔子十分包容和宽厚,并不利用权威铲除异己或压制异见。

三,《论语》一书自相矛盾和前后不一之处,恰是其真实性和生命力的体现。

四,子夏的这段话直接放在孔子的纲领性表述之后,证明了子夏在整理编纂《论语》时的学霸地位——试想,搞定那些每个都有主见和头脑的师兄弟们,说服他们同意这么排版,自己没有足以服众的水平是不可能的。

五,这种前后脚直接对决的排列方式,公然暴露或炫耀自己和老师在核心价值观上的不同,自信心爆棚之感,跃然纸上。

今 译

子夏说:"一个人如果能够尊重贤达而为之改变自己的表情和态度、服侍父母能竭尽全力、辅佐君主能奋不顾身、和朋友交往能言而有信,那么即使(别人)说他没(正式)上过学,我也一定会说他已经学成了。"

英 译

Zi Xia said: "If a man esteems the prestigious and takes on countenance accordingly, exerts his strength in serving his parents, is willing to devote his life in serving his king, and is faithful in his words when associating with his friends, (in this case,) although someone may profess that he has not (formally) learned, I will certainly acknowledge that he has."

1.8【原文】

子曰:"君子不重则不威,学则不固。主忠信,无友不如己者,过,则勿惮改。"

章句义理

"不重则不威"的逻辑

君子要"重"要"威",就是要拿着、捏着、端着、装着,就是要深沉;懂的时候最后发言作总结,不懂的时候保持静默让别人莫测高深;明明是反应迟钝,偏要自诩"泰山崩于前而色不变,麋鹿兴于左而目不瞬"(苏洵《心术》);根本没有应对之策,硬要把鸵鸟式的无作为伪装成大智若愚;说不过别人,就拈花微笑,作大辩若讷状;被揍了一顿,还喃喃自语"不跟他一般见识"。为什么要这样呢?

首先,摆出庄重的样子,在大多数人际交往中是有优势的。一个人如果对局势有准确的判断,对其来龙去脉有深刻的理解,对自身能力充满自信,总是能从表面和暂时的现象中洞悉本质的规律,他就会表现得比较稳重,也就是说,在一定意义上,拥有上述能力和素质是风格稳重的"充分条件";人类天然的心理缺陷倾向于把"充分条件"理解成"必要条件",即在发现别人风格稳重的时候,就错误地假设这种稳重的风格是上述能力和素质存在的明证。这种流行的心理上的逻辑谬误造成"只要摆出稳重的样子,就会误导别人的因果联想,从而在人际交往中占有优势"的普遍现象。这就是"威"者有优势的人类心理来源及其逻辑上的谬误。

其次,这是基于孔子对音容举止一贯的强调。整部论语中,多处要求根据不同对象调整面部表情、神态、举手投足,比较集中的有《乡党篇》。

最后,孔子并因此变得极端,也不要求为了风格而放弃原则。因此在本段最后他明确要求:犯错了,还是得改正。请注意用词——"勿惮改",别怕改正。他为什么担心弟子们害怕改正呢?因为他前面要求摆架子,承认错误并改正会影响摆架子的光辉形象,会削弱未来摆架子的可信度,这会增加改正的成本,促使当事人在明知有错时仍要装下去。在这种原则问题上,孔子还是毫不含糊的,他也明白自我改正的杀伤力,因此他更要明确指示:有错时,再害怕,也得改。

真正的君子完全可以不用摆架子,随和一点、搞笑一点、滑稽一点、猖狂一点、无厘头一点、庸俗一点、经常出出错、时而丢点丑……一样可以做个君子,不管你对君子的定义是什么,偏向于英雄侠义也好,偏向于中流砥柱也好,偏向于绅士风度也好,偏向于利他主义也好。

"学则不固"的逻辑

不重则不威比较好理解,拿着、捏着、端着、装着容易让别人搞不清状况,从而敬畏有加。但是关学习效果何事呢?

理解的关键是"学"的内容。请牢记孔子所说的"学"都无关乎具体的、实用的知识,都限于道德修炼、行为方式以及礼仪 SOP 等领域,这些教导在本质上都与态度高度相关,因此要求学习者态度要端正,要正襟危坐、煞有介事。这本身就是对学习内容的实践和巩固。这就像成功学培训和企业团队建设现场,导师在上面声嘶力竭和台下互动,你不激情四射地振臂响应,就会被认定"学则不固"啊。

"主"字解析

是"以××为主"还是"主要包括"?按孔子时代汉语习惯,恨不得所有单词都用做动词,而且最好用做主动感较强的动词。因此,只要解为主动性的动作能够成立,则首选此解的正确可能性就最大。"以××为主"显然比"主要包括"更为主动,更强调个人选择的能动性,因此当为的解。

"无友不如己者"的逻辑

拥有健康人格、追求个人进步、渴望社会成功的人都会自觉不自觉地结交比自己优秀的人。儿童也会倾向于和比自己年龄大的小朋友一起玩。全世界各民族都晓得结交比自己强的朋友的好处。

但是,这个原则似乎不具备普遍适用性,反而会导致自我否定。所有人都把"无友不如己者"作为原则,则所有人都追求结交超过自己的人,而超过自己的人也追求结交超过他们的人,导致最后所有人都只能和跟自己水平一样的人交往了。

咋看起来好像这个原则无法成立,其实不然。

首先，无友不如己者，即所有的朋友都≥自己。

其次，不管对比较的领域如何定义，只要找到打分的标准，总是可以定义出一个≥自己的人的集合。

最后，这个集合里的人如果也和我们一样，把"无友不如己者"作为原则（条件一）；且他们打分的标准也和我们的一样（条件二），则这个集合在我们加入之后就会分化，大于我们的人就会离开，最后留下我们和等于我们的人。既然能加入这个集合，就意味着这个集合本来就有等于我们的人，这就可以推出这个集合本来就有内部差异，即，本来这个集合就有高低不同的人，分化本来就在进行。如果要得到一个稳定的集合，不仅要求各人的水平不变（条件三），还得要求所有特定集合内的元素的构成要同时完成（条件四），否则就会促成人在各个集合中的持续流动，破坏这种稳定。除此以外，还要假设没有新的人申请加入某个特定集合（条件五）。条件四和五其实可以归结为一条，即，要求否定动态变化和时间差（条件六）。

综上可得结论：上述六个条件都没有必然性，对这六个条件的否定就是实现"无友不如己者"的机会：否决条件一就会找到愿意结交不如自己的人的优秀人士；否决条件二就会找到打分标准和我们不一样的人群；条件三本来就远离现实，同时也是我们努力推翻的，因为我们本来就是要提高自己的水平；条件四和五就更难成立了；而作为条件四和五的总结的条件六，其实恰恰指明通过结交优秀人士而提升自我的很好的机会：哪怕高人不愿意和我们交朋友，我们在他们发现我们不如他们并准备把我们从他们的圈子里驱逐之前，我们仍有大把的学习和提高机会；很可能等他们决定开除我们的时候，我们已经达到了他们的水平了。

当然了，难以设想孔子想过这么多层。但是，把"无友不如己者"作为原则，成立。

今 译

师父说："君子如果不庄重，就没有威严，学到的东西也难以巩固。把忠诚和诚实当做要旨，不交不如自己的朋友，犯错时不要怕改正。"

英 译

The master said: "If a cultivated gentleman is not grave, then he will not be stately, and his learning will thus not be solid. Hold faithfulness and honesty as key principles, associate with no friends who are inferior to oneself. When blundering, do not fear to rectify oneself."

1.9【原文】

曾子曰:"慎终追远,民德归厚矣。"

字词章句

"厚"字和"慎终追远"的关系

"厚"指"慎终追远"作为民德的一种本身"厚重"呢,还是说"慎终追远"可以通过影响力使民德"深厚"呢?

从曾子言语的逻辑性上讲,均可。取前者,则"慎终追远"本身就是"民德"的一部分,而且还是权重较大的部分,因此"慎终追远"本身变厚重了,整个"民德"也就厚重了。如果取后者,则"慎终追远"就不是"民德"的一部分,而是促进"民德"深厚的催化剂和保证,只要慎终追远了,民德就会深厚,"慎终追远"是"民德深厚"的充分条件。

所以做出选择的根本依据就是:"慎终追远"是不是"民德"的一部分?答案是肯定的。这不仅因为"慎终追远"是对"孝"和道德传承的直接表现,而且尤其符合孔子对行为主义伦理的一贯重视,即,比起心理动机来,更重要的是在行为上要尊重各种礼仪的 SOP;作为严守孔子正统的继承人,曾子不可能在这个问题上另辟蹊径。

最后一个问题是:曾子说这句话的时候,是否暗示了当时的社会风气没能做到"慎终追远"呢?按语法和逻辑来说,没有这种暗示。按上文,"慎终追远"是"民德深厚"的充分而非必要条件；但按行文的目的来说，可以推论曾子认为当时的社会风气没能做到"慎终追远"，否则他说这句话就没有指导意义，而且他的表达也会避开"归"字，变成"慎终追远，故民德厚焉"，如用英文表达，则就应是过去完成时，而不是未来时了。

"慎终追远"能保证"民德深厚"的逻辑性

首先曾子并不用死后的灵魂鬼怪等来吓唬人，他和孔子一样，对人死后是否存在鬼神未作假设。

如果所有人都能做到"慎终"，则活着的人对死亡就会释然，对丧事的体面和死后的尊严就不用担心，因此就会集中精力活得更好；如果所有人都"追远"，则活着的人就会由于对身后名誉的关切而检点自己的行为，以免在被人"追远"时遭到唾弃。这两点结合起来，活着的人在知道别人都会"慎终追远"时，就会在行为上关注自身的道德修养，从而提高整个社会的道德水平。

蓬巴杜夫人之所以说"在我死后，哪管洪水滔天"，是因为她不在乎身后名声，这种人只能是少数。社会中的多数人或者由于追求他人认可这种人类的基本动机，或者基于希望和自己相关的利益人群（亲属、后代、同胞、族人等等）能从自己的声誉中得到庇荫的愿望，不管信不信神鬼报应，都倾向于留下一个好名声。这种倾向会被"慎终追远"的社会风气所强化和固化，从而成为社会管理的稳定器。人类历史和社会心理学都证明，只要我们顾及别人的评价，我们就会倾向于采取良好的行为规范并成为好公民、好同事、好家长，一句话，成为好人。

不管人死后是否有鬼神形态的存在，只要我们活着的人在仪式上做到"慎终追远"，则民德必厚，这个论断体现了社会心理学的智慧。当然历史上和现实生活中也有一些权术爱好者，利用人的这种心理为自己、团体、理想、战争等引导群氓、推销暴政、煽动民意，或搜集炮灰，即利用人类心理的特点用来干不道德的事，这甚至都是常态了，需要另篇单论，此处不赘。

今　译

曾子说："慎重对待父母的丧事，并且（用祭祀和贡品来）追思先人，那么百姓的德操就会重归厚重。"

英　译

Mr. Zeng said:"If all treat the funerals of their parents with proper consideration and pay tributes to their long-gone ancestors (with ceremonies and sacrifices), then the virtues of the people will resume back to its profoundness."

1.10【原文】

子禽问于子贡曰:"夫子至于是邦也,必闻其政,求之与,抑与之与?"子贡曰:"夫子温、良、恭、俭、让以得之。夫子之求之也,其诸异乎人之求之与?"

字词训诂

子禽。氏陈名亢(gāng),字子元,又字子禽,又字子亢,常称子禽。春秋时顿子国(今项城市南顿镇)人。是否是孔门正式弟子,存疑,但肯定和孔子交往密切,本书权认为其为孔子弟子。他曾随孔子到卫国(今河南滑县、濮阳一带),留在卫国做官,以无为而治为主要施政风格,反对殉葬,宽以待人,勤学好问,但史书上留下的除了以低姿态提问的几个故事之外,未留下其他显示其智慧的语录或事迹。

子贡。复氏端木,名赐,字子贡,春秋末年卫国(今河南鹤壁市浚县)人。孔子的得意门生,孔门十哲之一。利口善辞辩,《史记》有"子贡利口巧辩,孔子常黜其辩"的记载,他经常和孔子辩论并且胜出,《论语》中常见其雄辩之才;办事通达,学以致用,在政治和外交领域长袖善舞;商界巨子,为孔子弟子中首富。"端木遗风"指子贡遗留下来的诚信经商的风气,"君子爱财,取之有道"是也;汉族民间有信奉其为财神者。

子贡在学问、政绩、理财经商等方面表现卓越,有目共睹,有耳共闻,故其名声地位在生前甚至超过孔子。子张 19.23 中记载,当时鲁国的大夫孙武就公开在朝廷说:"子贡贤于仲尼。"子贡在当时的名声、地位和影响,确实已不在孔子之下。

司马迁在《史记》中认为孔子的名声之所以能布满天下，儒学之所以能成为当时的显学，在很大程度上是因为子贡推动的缘故。

孔子本人或有不同观点，但按孔子时代以及身后历世的客观评价，子贡是孔子生前首席弟子基本可以确认，孔子身后其弟子影响力另论。

温良恭俭让。是社会交往中的行为风格——动作要轻，声音要小，面容要善，态度要和蔼，姿态要低，胸怀要宽，其共同出发点都是对别人的尊重。

章句义理

对"温良恭俭让"的评价

首先，它们全部关于姿态，属于行为方式范畴，而与能力无关。

其次，掌握了上述行为方式并不一定能得到自己想要的信息。子贡对师父的硬实力（表达能力、理解能力、分析能力、逻辑推理能力、从现象揭示本质的洞察力以及去伪存真的判断力）作了理所当然的假设，本书也同意他的假设。但是，如果常人也坚持增强"温良恭俭让"这些软实力而不去增强上述硬实力，则未必能达到"至于是邦，必闻其政"的境界。因此，除了态度，还是要好好学习具体技能的。

但子贡总结孔子的沟通之道仍是只赚不赔的高招。不管一个人能力如何，不管他的沟通硬实力如何，只要他能做到"温良恭俭让"，则沟通对象就会极大地增强主动披露信息的兴趣，从而让自己得到态度做不到位时很难获取的信息。这是有实验心理学业已证明的人类心理特点做基础的。

所以，孔子的沟通之道和NLP（Neuro-Linguistic Programming）、成功学、各种励志学派、子女教育101、公司内资源获取技巧、公司间谈判协调最佳实践等的主张基本一致。棍棒不打笑脸人，好处只给仰视者。

最后，这种沟通之道是实用和有效的，因此说到底是利益驱动的，使用者的根本目的还是通过行为方式来激励、调动、催发及锁定沟通对象的信任、兴趣、虚荣心、成就感、利他心、同情心等人性的特点，从而达到目的，比如在本例中达到"至于是邦，必闻其政"的境界。所以，这种技巧的使用本质上是利用面对沟通对象时自身软实力上的优势,低成本地、巧妙地,然而却是居高临下地,实现自己的目的,打乱社会沟通的常态、秩序及沟通资源分配的自我调节,通过时间差和空间差使自身变成信息资源的先得者和既得利益者。

上述沟通之道不会总是有效,失效条件包括但不限于以下种种:

一,对方比你更精通此道。

二,对方和你水平相当,则会互相唯唯诺诺、躲闪腾挪,使沟通无疾而终。

三,对方充满草莽习气,好勇尚武,不解风情,不懂温柔,还对文明做派反感有加,直呼"少废话,别磨磨唧唧,有话就说,有屁就放,利索点"云云。

四,对方充满理性,摒弃感性;只要结果,不理过程。

五,对方有更急、更重要的事。

"求之与,抑与之与"的内涵

子贡先迂回总结师父的态度,在最后认定"夫子之求之也,异乎人之求之与",说明其方式不同,但还是"求"来的。

这等于是承认孔子的声誉还未隆盛到让别人主动过来报备的境界,有一点为师父感到酸溜溜的、不服气的以及"可以做得更好"的感觉,表现出"虽然是求来的,但求的方式不同呦"的防守态度以及为尊者讳的无奈。不愧是孔门首席弟子,在不撒谎的前提下,把一个揭示孔子社会地位的略让人难堪的问题通过迂回的方式表达得铿锵有力、煞有介事。

今 译

子禽问子贡说:"先生到了不管哪个国家,肯定知道该国政治消息。这消息是先生主动求得的,还是别人给他的?"子贡说:"先生靠温和、慈祥、恭敬、谦逊和宽容的态度得到的。先生得到消息的方式,不是和别人得到的方式不一样吗?"

英 译

Zi Qin asked Zi Gong, saying: "In visiting whichever country, our teacher will for sure be aware of its politics. Does he ask for the information, or is the information provided to him?" Zi Gong said: "Our teacher gets it with his temperate, amicable, respectful, modest, and tolerant attitude. Our teacher's way to get it—is it not different from that of others?"

1.11【原文】

子曰:"父在,观其志;父没,观其行 —— 三年无改于父之道,可谓孝矣。"

字词训诂

志。志向,梦想。

行。xìng。古汉语中遇到既可作动词又可作名词的字,按上下文得知该处做名词时,多按其动词常读音读成四声。

道。此处指"教诲",本章所指就是父亲的遗嘱。

不管自身的社会成就和自身修养如何,人类的本性驱使我们在临死的时候喜欢以居高临下的姿态给点意见,所谓"人之将死,其言也善"(泰伯8.4)是也,好像人生智慧必须要在这样戏剧性的时刻才能得到应有的重视似的;而医学和名人传记告诉我们,死前的教诲70%是意识模糊的呢喃,20%是无聊的唠叨,9%是虚妄的胡扯,1%是自恋狂们规划已久的风格宣言,哪里有什么"道"啊?

但是,不仅做长辈的喜欢在去世前留点鸡汤,做晚辈的也希望在这种时刻主动索要各种指示,并信誓旦旦表示会全力以赴完成之;这样就形成情感上的双赢局面,或多或少会留下点"父之道"来。

用这种临死前的交代来约束自己或是别人未来的人生,坏处多多,但好处也很巨大,此处不详述,指出一点做个例子吧:如果这种对"父之道"的强调和尊重是自洽的和可以复制的,那么在其被普遍遵守的情况下,就能通过道德层面的压力实现社会的稳定传承,并从而在宏观上实现社会治理的高效率。

观其行。后应该是破折号,即用后面"三年无改于父之道,可谓孝矣"来对整个前半部分("父在,观其志;父没,观其行")做出结论。历史上绝大多数解读者都用句号,个别聪明的用了冒号(无标点符号时代通过其句读训诂得知其断句和标点符号选项)。

章句义理

"父在,观其志"的逻辑

假设包含前提——父亲在的时候,不管儿子的理想是什么,只要这些理想是以违背父亲意志或教诲(即后面的"父之道")为条件的,都根本不用考虑其实现的可能性,因为这属于大逆不道。在孔子的表达中,这种可能性完全排除。

正因为不存在父亲在世时儿子违背"父之道"的可能性,所以才能放心地考察他的志向和梦想。

为什么要考察这方面呢?因为儿子的志向和梦想决定了他的高度和发展的可能性,毕竟孔子没有迂腐到要求所有儿子都不能超越父亲的程度。

"观其志"的目的

"观其志"到底是为了定义"孝"呢,还是为了鉴定儿子的发展潜力呢?

乍一看,似乎从定义"孝"的角度来"观其志"符合表达逻辑,但这首先就有问题,必须把"志"的定义缩小为儿子对父亲的"孝"方面的"志",就是说,得去观察他对孝道有什么见解;不管他的见解如何,不管他是言行合一的孝子或是心中大不以为然但却能捏着鼻子尽孝道的假孝子,他对孝道的见解都是无关因素。按照孔子一贯的行为主义的道德观(这种道德观和亚里士多德几乎完全一致,可参阅述而篇7.24下解读),只要做到了就好,不用关心心理动机,即:人们因为践行某种道德或风格而成为拥有这种道德或风格的人,因为做了"孝"的事而成为孝子。这样解读,得不出任何有效结论。

从定义"孝"的角度来"观其志"反而不符合孔子的表达逻辑。

相反,如果结合后面一句"三年无改于父之道"来解读,反而能确定"志"指无关乎"孝"的志向和梦想。孔子要求的只是父亲去世后,儿子三年之内不违背父亲的教诲,所谓守孝三年是也。三年之后呢?孔子虽然没有明说,但显然是同意甚至鼓励儿子去追求和实践自己的"志"的。在"三年无改于父之道"之后,完全可以加一句"然后明其志而行之"。

所以结论是："观其志"是为了鉴定儿子的发展潜力。

"父在"对"观其志"的必要性

为什么要这么早呢？为什么不等到儿子"三年无改于父之道"之后再"观其志"呢？原因有二。首先，只有在"父在"时"志"的自我抑制才有主动牺牲的厚重和分量，才更能体现"孝"的精神，而在父亲去世后才发展出来的"志"更可能只是机会主义的被动或随波逐流的苟且罢了。其次，只有在"父在"的时候知道其"志"才能确认父不在之后"三年无改于父之道"，"父在"的时候的"志"是判定父不在之后"三年无改于父之道"的依据和标杆。

"三年不改"的智慧和人文情怀

谁也不能否认有些父亲迂腐、愚蠢、自恋而又强硬。如果他们的儿子们恰好出类拔萃、志向高远，怎么办呢？在保守而严苛的社会中，没办法，就得忍，就得牺牲掉自己的志向来完成孝道。

孔子对孝的定义(三年不改父之道)可以算是很人道、很理性、很先进、很有弹性的了，是一个智慧的老者抛出的妥协方案，通过坚持"三年不改父之道"的表面的严苛，解放了有志青年剩余的人生岁月。

再说了，"父之道"绝大多数都是父亲口授给儿子的，往往没有外人作证，又不存在公证，有志青年对"父之道"是可以有很大的解释空间的。在孔子的方案下，这样的有志青年是很容易打着"父之道"的旗号去追求自己的志向的。孔子在事实上给了有志青年自行定义"父之道"并追求个人理想的自由。这体现出伟大的智慧、关爱和人文情怀。那些把孔子这句话做出相反解读、认为孔子是严苛的封建卫道士的学者们，谬之甚矣。

"志"不是"孝"的必要前提

如果一个人根本没有"志"，父亲去世后也能做到父不在之后"三年无改于父之道"，这样的人算不算"孝"呢？答案是肯定的。

这首先是因为我们多次谈到过的孔子在道德领域的行为主义的明确特点,即只从行为方式上做判断;其次是由于孔子在本章谈的是较为少见的一种人,即那种自己很有主见,追求人生成功,不愿意被严苛的孝道所束缚的人。这群人具有自我意识和批判性思维,但又不得不向强大的世俗仪规低头。孔子当然清楚这些人的价值,所以提倡给他们一条活路,即只要做到"三年无改于父之道",就算尽孝,可以给个道德公证的证书了,孩子们从此可以海阔天空、纵横四海了。

孔子在这里谈的这种较为少见的人群的情况,是"可谓孝矣"的充分条件,不是必要条件;所以,答案不仅是肯定的,而且大多数孝子都是属于"无志"这个范畴的。孔子如果被追问这个问题,或许会这样回答:"父在,无志,昏昏然也;父没,无志,惕惕然也;终生无改于父之道。非不改也,无志也,怡怡然也。唯其孝乎?必谓孝矣!"

今 译

师父说:"父亲在世时,看他的梦想;父亲去世后,看他的行为——如果三年之内他不违背父亲(留下)的教诲,就可以算是尽孝了。"

英 译

The master said:"While a man's father is alive, look at his dreams; When his father is dead, look at his behavior—if in three years (after his father's death) he does not shift from what his father instructed, he can be said to be filially loving."

1.12【原文】

有子曰:"礼之用,和为贵。先王之道,斯为美,小大由之。有所不行:知和而和,不以礼节之,亦不可行也。"

字词训诂

用。本义繁多,多与"使用"有关。此处亦为"使用"义,词法上为动词名词化,相当于英文中用动词的现在分词当名词用。

和。有两义。其一，恰当也，不多不少也；其二，定义看似很严苛，但也可引申出"和谐，和气"义，要求"不多不少"做出"不可以多，但可以少"的妥协，从而演变成"适当"，而"适当"就意味着根据具体情况和环境来选择性地、带有实用目的和妥协精神地实践"礼"的要求。我们日常口语中会说："老板，这个价格能不能适当地降点？"其中"适当"就是这种用法。正如八万六千法门殊途同归一样，因势利导、因材施教、不拘泥于"礼"的各种 SOP，才能把"礼"发扬光大，才能广开法门、宽进严出、润物无声、渐入佳境并最终移风易俗。

有所不行。其后面应是冒号，功能是明确预告后面的内容是"有所不行"的具体描述。

章句义理

"和"和"礼"的社会关系

"礼"为体，"和"为用；"和"是"礼"的实践和应用，是后者的风格和特点；"礼"是"和"的本体和目的，是后者的宿主和内容。

没有"礼"，"和"就无所依托，就没有用武之地。文中用"知和而和"暗示没有"礼"时"和"独自存在的情景，而恰恰由于这种情景中没有"礼"，所以成了没有原则的一团和气和缺乏内容的仪式仪轨，已经脱离对"礼"的讨论，属于人际关系管理、NLP、卡内基成功学、以及无条件正能量派的领域了。

没有"和"，"礼"仍可以孤零零地存在。但这时候"礼"到底能否推行下去呢？有子没有给出答案，我们可以合理推论：很难，但不是没有可能：如果受众们都充满理性而不需要推销者灿烂的笑容，如果他们都只追求结果而不关心过程、或是只尊重内容而彻底藐视形式、冷冰冰的专业人那么"礼"是可以在他们中间顺利实践的；鉴于大众多数不具备上述特质，所以没有了"和"来护驾的"礼"很难在社会大众中广泛传播。在"礼"还没有成为社会普世价值观，还在为自身的生存和普及而努力奋斗的阶段，"礼"是需要"和"来保驾护航的；当"礼"成为社会大众的行为习惯后，当"礼"成为社会道德甚至律法的普遍要求后，正如儒家的礼法制度在后来成为中国多数朝代的标准配备后,反而不再需要"和"来作为糖衣或润滑剂。这时候如果社会管理者阶层不再愿意消耗资源与精力来"和",社会就会变得残酷而冷血。这事实上就是儒家礼法后来在中国历史现实中体现出来的一种风格。

英文中的"礼"和"和"分别是 rules of propriety 和 appropriateness,词根相同而且后者直接从前者演化而来,印证了这两个汉字的内在相关性有超越民族的适用性。

"和"和"礼"的逻辑关系

"和"是"礼"的必要条件吗?不是。上文已经讨论过没有"和"时"礼"仍然存在和普及的情况;"和"是"礼"的充分条件吗?也不是。这是因为"知和而和"会产生"和",但不必然产生"礼"。有了"和",可能产生很多结果,但由于不必然导致"礼"的形成,因此"和"不是"礼"的充分条件。

所以"和"最多只是"礼"的重要条件(重要条件不是一个逻辑上的概念),而且只是在"礼"还没有一统天下的阶段它才有这种重要性。"和"是"非必要但最好有"的风格。

但是且慢,"知和而和,不以礼节之,亦不可行也"中的"亦"说明还有一种更为常见的"不可行"的做法;根据上下文,这种更为常见的"不可行"的做法只能是"不以和为贵";这样,有子的完整的意见就是:"不以和为贵",不可行;"知和而和,不以礼节之",也不可行;如此一来,"和"就又成了"礼"的必要条件了。

因此,在综合上述分析后,"礼"和"和"的逻辑关系最终如下:

一,"礼"和"和"两者互不为充分条件。

二,"礼"是"和"存在的必要条件。

三,"和"是"礼"实践的必要条件。

上述表达中一个谈"存在",一个谈"实践"。一个是生存需求,一个是发展动机。轻重缓急、高低先后不言而喻。

今 译

有子说:"实践礼仪的时候,做到适当最可贵。过去的明主的种种成功之中,这点做得特别漂亮,大事小事都这么干。也有不能这么干的情况:为了适当而适当,而不用礼仪去节制和约束,也是不可行的。"

英　译

Mr. You said: "When implementing the rules of propriety, appropriateness is the most admirable. Among all the achievements of the ancient emperors, the achievement of appropriateness was the best. They followed this rule in both big and small events. However there are cases in which such rule should not be followed: to practice appropriateness for the sake of appropriateness, without regulating and restraining it by the rules of propriety, is likewise not acceptable."

1.13【原文】

有子曰:"信近于义,言可复也。恭近于礼,远耻辱也。因不失其亲,亦可宗也。"

字词训诂

远。yuàn,形容词当动词用。

古汉语中,用名词或形容词当动词用时,多数都取四声。首要的原因可能是:古汉语中单音节词占比极高,表达极其精简,这一方面形成古汉语中被动态很少的趋势(这一趋势在解读《论语》时可以作为辅助技巧,即:当一句话可以多解时,首选可用主动态加以解读的版本),另一方面造成词态自由转换的习惯,即动词、名词、形容词都用同一个字来表达。在把名词和形容词用作动词时,音调转成高降调的第四声(虽然古汉语的声调和现代普通话的声调不同,但高降调的四声的多数部分还是重叠的),有利于表达决绝的意志和坚定的信心,尤其适用于主动态的动作。

因。因袭也,引申为执行。

亲。亲近的关系。

宗。遵奉也;"亦可宗也",暗示本来有可宗的。本来可以宗的是谁呢?就是"因"的对象。所以"因不失其宗,亦可宗也"的完整版应该是:"因宗而不失宗亲,则亦可宗也。"

章句义理

"因不失其亲,亦可宗也"的逻辑

这句话是《论语》中引起较多歧义解读的,多数解读或牵强附会,或故弄玄虚,皆不靠谱,其中包括一贯把《论语》复杂化的朱熹。有兴趣的读者请自行搜读。

"因不失其亲"暗示"因"往往失其亲的常态。为什么呢?因,因循也,学模学样。按"宗"的指教执行,很难赢得"宗"的尊重,听命于一个人基本上等于确认和这个人的差距,再要这个人以平等的身份来对待自己,或从心底平等待己,就有点不切实际。

因此,能做到"因""宗"而不被"宗"看不起,能和"宗"维持密切的关系,一定要在"因"的过程中体现出纯粹执行之外的一些优良品质或能力特点,比如执行地特别出色,或体现出创造性,或改善SOP,或以让"宗"都脑洞大开的方式进行,或超额完成任务,或节约了投入成本,等等。只有这样,在"因""宗"的过程中,执行者才有可能赢得"宗"的青睐,至少可以使"宗"不像对待其他执行者那样对自己不屑一顾,并因此"不失其亲"。这就像在公司,管理者虽然要求和期待部下执行自己的指令,但对那些不折不扣执行自己指令的下属只会在心底认定其没有提拔潜力,更不会认为这些人有资格和自己相提并论。因此,如果某些有能力执行管理者指令的下属能和管理者维持密切关系,甚至成为他们的朋友,这些下属必定具备一些优秀的能力和爬升的潜力,也必定会在执行上级指令的过程中做得与众不同,从而为自己赢得和他们"亲"的机会窗口。

一个人如果能"因不失其亲",他既证明自己具备因循和执行"宗"的指令的能力和意愿,也证明自己拥有大多数"因"的人所缺乏的,在"因"的过程中与众不同地发挥和超常表现的能力。换句话说,这样的人能"因"故而代表"宗"的正统,同时又有自己的一套而不是"宗"的简单镜像,对"宗"有所变化,有所增益,有继承也有发展,因此,"亦可宗也"。

有子的潜台词

如果不听有子的教导,即信如果不近于义,言可不可复呢?恭不近于礼,耻辱可不可免呢?

乍一看来,有子未给出答案。因为按形式逻辑来理解有子的话,则"信近于义"是"言可复"的充分而非必要条件,因此信如果不近于义,言未必不可复;同理,"恭近于礼"是"远耻辱"的充分而非必要条件,因此如果恭不近于礼,耻辱未必不可免。

然而,考虑到形式逻辑从来都不是汉语的准绳,更不符合中国文人学者们的学术气质,同时考虑到以教化万民为己任的孔子及其弟子们在内容上说一不二,在表达上微言大义的习惯,完全可以合理地推断,有子会赞同"信不近于义,言不可复;恭不近于礼,耻辱不可免也"。

今 译

有子说:"承诺近于情理,则诺言就会兑现。恭敬的态度符合礼节,则就能避免遭受耻辱。一个人能和他所依靠的人们维持密切的关系,则他本人也能被(别人)依靠。"

英 译

Mr. You said: "When a promise is made according to what's reasonable, then what's promised will be delivered. When respect is offered by the rules of propriety, then one can keep away from shame and humiliation. If one can maintain an intimate relationship with those he relies on, then he himself is also reliable (to others)."

1.14【原文】

子曰:"君子食无求饱,居无求安,敏于事而慎于言,就有道而正焉。可谓好学也已。"

字词训诂

也已。是肯定的语气，但由于多了一个"已"，还是暴露了或者说细腻地表达了一点对自己判断的怀疑。如果干脆利落地说"可谓好学也"，将是不留余地的肯定，但多了一个"已"，相当于现代汉语在论述后加了"了吧"的疑问，正如英文中以升调结束自己的陈述体现出不自信和不确定一样。这就像一个在为自己辩护的小孩，声称自己如何如何，在最后会加一句"总可以算是如何如何了吧"。心底和眼神中往往带有一丝对自己论述说服力的担忧、一丝亮出所有底牌后担心对手直接碾压的绝望，怕一旦真地被否认，自己只能丢盔弃甲、落荒而逃了。

章句义理

孔子的潜台词

如果不听孔子的，偏偏"食求饱，居求安，不敏于事，不慎于言，完全藐视有道人士"，会怎样呢？

孔子说的是：君子如果这样做，就算好学了，前提得是君子。这也就是说，即使不这样做，如果其人本来是个君子，那他就还是个君子，不会因为不好学就被踢出君子俱乐部。

这也就反证出：在孔子看来，"食无求饱，居无求安，敏于事而慎于言，就有道而正焉"这些优良习惯都不是成为君子的要求，而是一名君子体现出自己言行一致、乐于实践所学的外在行为特点。实践什么呢？还是孔子所一贯主张的以"仁"为主的德行和以"礼"为主的社会规则，从来就与"学术"之"学"毫无关系。现代对孔子关于"学"的种种借用基本都是建立在误读的基础上的。

孔子判定君子的标准，请参阅子路篇 13.23 下对君子和小人之间对比的总结。

两级君子标准

本篇 1.7 中子夏表达出来的是"学"以及成为君子的一级标准，完成这一级，就可以成为君子了。在成为君子以后，如果再体现出孔子在本段中所描述的行为特点，即"学"的次级标准，则会被认定为"好学"的君子。孔子在这里把完成第一级作为进修第二级不言而喻的前提;这样解读出来就是,做君子,可以讲究吃的,可以讲究住的,可以懒惰点,可以胡扯,也不用向道德人士看齐,但必须要尊重贤达,必须尽孝,必须尽忠,必须对朋友守信。

一个表面的冲突是:为何孔子要求要尊重贤达但却不要求向道德人士看齐呢?如果我们承认贤达和有德人士重叠性很高,则结论很简单:要在行为层面向他们表达尊重,但不一定要变成他们那样。尊重是为了是为了价值观的延续,是为了维持社会架构的稳定,但变成他们那样在维持社会架构稳定这个目的上不是必须的,反而维持不同阶层的行为修养的梯级差从而形成一个金字塔的递进结构,更加具备可持续性。请设想一下:如果每个渔民和农民都变成乡绅,还会有人打渔种粮吗?诗歌就难以创造和传诵,社会分工就难以形成,文明就会丧失进步的动力。

特别说明一点,次级标准并不因为是站在一级标准之上而更显高贵,恰恰相反,一级标准才是核心和本质,这是孔子的一贯态度。

用图来表达,前述两级君子标准如下。中间是核心,是 must have,外围是辅助,是 nice to have。

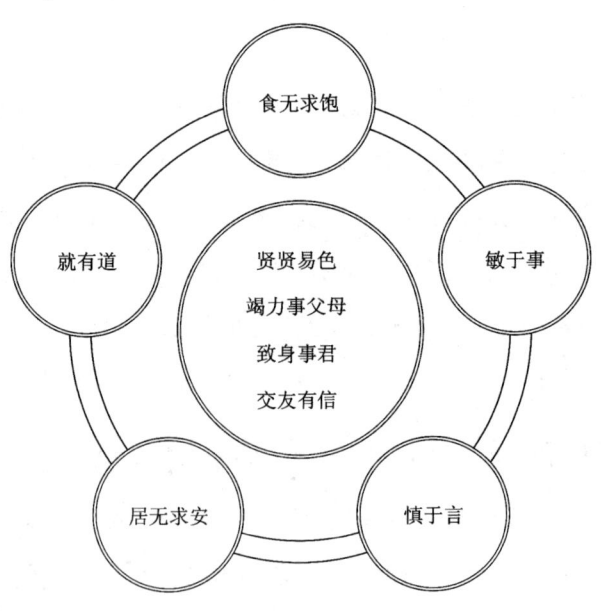

图1-2 君子的两级标准

今 译

师父说:"君子吃饭时不求满足胃口,居住时不求安逸舒适,做事勤奋而言语谨慎,以道德人士为参照改正自身——(这样的人)可以算是好学了吧。"

英 译

The master said:"A cultivated gentleman who does not seek satiation in his food and settlement ease in his dwelling place, is earnest in his business and prudent in his speech, and rectifies himself by benchmarking the virtuous can be said to love to learn."

1.15【原文】

子贡曰:"贫而无谄,富而无骄,何如?"子曰:"可也。未若贫而乐,富而好礼者也。"子贡曰:"《诗》云'如切如磋,如琢如磨',其斯之谓与?"子曰:"赐也,始可与言《诗》已矣,告诸往而知来者。"

字词章句

如切如磋,如琢如磨。子贡引用的是《诗经·卫风·淇澳》,其首段如下:"瞻彼淇奥,绿竹猗猗。有匪君子,如切如磋,如琢如磨。"

全诗从一个女人的角度来赞美一个男人:他相貌堂堂且着装高雅,风流倜傥而德才兼备,庄严磊落又平易近人,幽默风趣却不唐突下流。这是每个朝代都无可挑剔的男神。"切磋琢磨"是形容其德才精深而又精益求精、止于至善的自我要求。

基本可以肯定,子贡在提问时已经有了答案,可能是想试试师父对这一问题的见解的深度。这一方面符合他经常和师父辩论的习惯,另一方面,可以从他对师父的见解给出援引《诗经》的评价式解读看出,他显然做好充分的准备。师父的回答是否令子贡满意呢?我想是否定的,因为显然子贡有备而来,不会想不到在"贫而无谄,富而无骄"基础上更进一步的必然性,其次是因为孔子的回答不够深刻,不够系统,不够终极。子贡并不正面挑战先生,而用"切磋琢磨"的比喻来附和师父的回答,包含两个潜台词:先是同意孔子在"贫而无谄,富而无骄"的基础上更近一层,进入"贫而乐,富而好礼"的境界;然后利用"切磋琢磨"的莫测高深表达"还可以再上层楼"。可以说只要师徒二人在"切磋琢磨"这种持续进步的态度和必要性上取得一致意见,则做到何种境界算是"磋",何时算是"琢",怎样才算"磨",以及如何认定"磨好了",就不是孔子一个人说了算了。

把"贫富"作为两种财富的不同状态,把两种人体现出的境界做个分级(图1-3的五个级别及定义,只是个人见解,读者可以按自己的理解,给出不同的图示,要之在于境界的阶梯性),然后分别作为横轴和纵轴,然后把各种可能的态度放进不同的象限,梳理贫富两人可能存在的各种状态,则从低到高的完整层次应该包括:

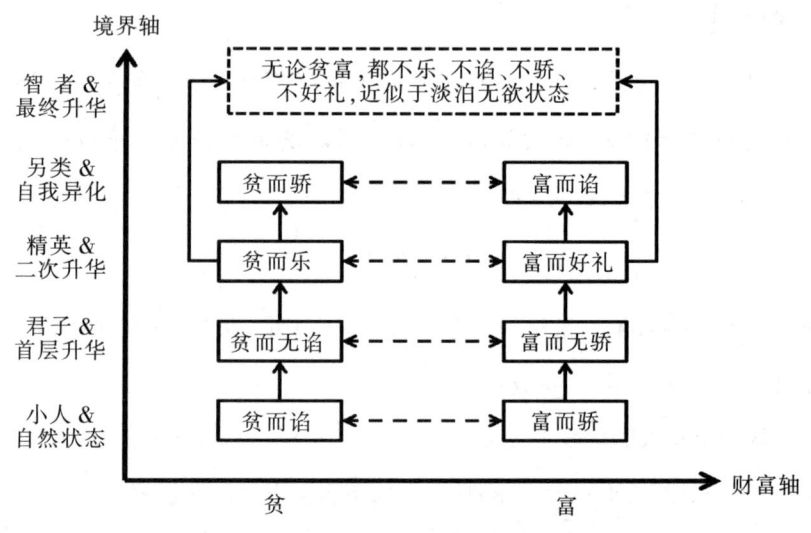

图1-3 贫者富者在不同境界中的对比

左边从"贫而谄"往上的部分是贫者的段位阶梯;右边是富者的段位阶梯;上面虚线框部分是这两种人修炼的最终境界,在这一境界中,不分贫富,或者说,贫者和富者在这个境界中殊途同归融为一体,贫和富作为外在的身份标志的差异在这个境界中完全消失。

虚线的双箭头代表贫和富在不同境界层次的对应性和可转换性,例如,贫而谄者往往在变富以后就会富而骄,反之亦然。同理,富而好礼者即使穷困潦倒,也会贫而乐。这种贫和富之间在不同层次间的横向的对应性和可转换性,有兴趣的读者可自行验证或展开。

做到贫而乐之后,有机会直接进入"淡泊无欲"境界,但更大的可能是先自我异化,变成"贫而骄"的另类。所谓"贫而骄",指为自己的贫穷状态而自豪(那种因为无能或绝望而把自己打扮成为贫穷而骄傲的情景不在此列),因此或多或少地蔑视不贫穷的人。这种心理往往是在对人生的本质有了深刻的认识之后形成的,代表群体有认真的佛教徒和古希腊的犬儒学派,代表人物不得不提到第欧根尼(Diogenes):他发现可以用手捧水来喝就把自己的两个用具之一(另一个是居住用的一个木桶)的勺子扔掉,在亚历山大大帝来他的木桶前问他有什么需求时不耐烦地说:"走开点,你挡着我晒太阳了。"他留给弟子们的指示就一句话——"像狗那样生活",此为"犬儒"的来历。

对富者来说,做到了富而好礼之后,也有机会直接进入"淡泊无欲"境界,但更大的可能也是先自我异化,变成"富而谄"的另类。这种心理形成的主要原因包括:深刻地认识到自己手中财富的社会意义和责任,排斥和反感那种财富是靠自己双手努力挣得的观念,同时在用财富为他人和社会做出贡献的时候尽力避免受益者有被施舍的感受。这种对他人和社会的义务感和心理上务求平等的追求,往往通过把自己的姿态放到比受益者更低的层面才得以实现,导致贡献出财富的人士变得小心谨慎、如履薄冰,"富而谄"是也。

这种心理只有在彻底地放下"给予""接受""受惠""施惠"的概念后,才能真正地变得自然而然、行善若水,才能提高到和贫者共享的淡泊宁静的最高境界。在这个境界中,贫者和富者、给予者和接受者,都对自己的行为没有价值和好恶判断,施受行为全部根据各方的需求自然地发生,因为给予和施惠本身将变成需求,而索取和受惠本身将变成包含施惠者在内的集体的义务。

这种最终升华的状态可以用每个人都体会过的生活经验来做个比喻,那就是父母和婴幼儿期的子女之间的关系:父母的爱的付出和子女对爱的索取都是自发而自然的,没有任何施惠和受惠的考量。父母付出爱变成需求,而子女对爱的索取变成囊括父母和子女在内的共同的义务。

上述穷人和富人的境界模型,即使未能准确反映子贡可能存在的想法,至少在大的方向上和他的思维能力及思辨习惯应该是吻合的。

《诗经》在孔子心目中的地位

孔子对子贡一贯是赞赏有加的。在本段中,在听完子贡对自己的回答给出诗意盎然但却深刻精准的比喻后,禁不住公开赞赏他。孔子赞赏说:你现在有资格和我讨论《诗经》了。显然《诗经》在孔子的心目中是比做人的道理和礼仪更高级的科目,是进阶课程。

这个进阶课程和基础课程的最大区别应该就是:《诗经》超越了道德实践的行为主义,部分地包含了理解能力和智慧范畴的内容,并且给学习者更大的解读空间。

《诗经》中含有很多直白的情爱内容,所以虽然由孔子亲自操刀编纂,在更为严苛的朱熹们眼里,还是过于诲淫诲盗。孔子本人强调"《诗》三百,一言以蔽之,曰:思无邪"(为政篇 2.2),恰恰是担忧其内容有可能被往"邪"的方向解读。道德训练不扎实,或个人理解能力不充分,则学习《诗经》可能会误入歧途,或者至少不知所云,不知其所以然。只有道德训练扎实、理解能力出众的人,才能正确地理解《诗经》而不会走错方向。

因此,如果孔子认可某个人可以与之讨论《诗经》,则体现他对这个人基础训练和能力的充分认可。这从反推的角度确证《诗经》在孔子心目中的崇高地位。先进 11.6 记录了一个故事:南容多次公开朗诵《诗经》中的句子,导致孔子做主把侄女嫁给他。崇《诗》若此,无以复加矣。

学习《诗经》的好处,孔子在阳货 17.9 中的总结最为全面,可参考之。

简言之,《诗经》是高级科目,内容高大上,效益快优全,但也存在被误读、被曲解并因此使学习者误入歧途的可能性,因此有学习资格的要求。

除本段外,《论语》中孔子涉及《诗经》的语录还有以下地方子曰:"《诗》三百,一言一蔽之,曰:'思无邪。'"(为政 2.2)子夏问曰:"'巧笑倩兮,美目盼兮,素以为绚兮',何谓也?"子曰:"绘事后素。"曰:"礼后乎?"子曰:"起予者商也! 始可与言

《诗》已矣。"(八佾 3.8)子曰:"《关雎》乐而不淫,哀而不伤。"(八佾 3.20)子所雅言:《诗》《书》、执礼,皆雅言也(述而 7.18)。子曰:"兴于《诗》,立于礼,成于乐。"(泰伯 8.8)子曰:"吾自卫反鲁,然后乐正,《雅》、《颂》各得其所。"(子罕 9.15)南容三复"白圭",孔子以其兄之子妻之(先进 11.6)。子曰:"诵《诗》三百,授之以政,不达。"(子路 13.5)(孔子)尝独立,鲤趋而过庭。曰:"学《诗》乎?"对曰:"未也。不学《诗》,无以言。"鲤退而学《诗》(季氏 16.13)。子曰:"小子何莫学夫诗?《诗》可以兴,可以观,可以群,可以怨。迩之事父,远之事君;多识鸟兽草木之名。"(阳货 17.9)子谓伯鱼曰:"女为《周南》《召南》矣乎?人而不为《周南》《召南》,其犹正墙面而立也与?"(阳货 17.10)

今　译

子贡说:"穷但不谄媚、富而不骄狂,(这样的人)怎么样啊?"师父说:"可以了。但比不过穷而快乐、富而好礼的人啊。"子贡说:"《诗经》上说:'(好比雕刻时)先开料,然后锉个大概,再后细加工,最后打磨抛光(逐步达到完美)',说的就是这个意思吧?"师父说:"端木赐啊,现在可以和你讨论《诗经》了。告诉你发生了什么,你能推知将发生什么了。"

英　译

Zi Gong said: "How do you say about those who are poor but not flattering, and those rich but not proud?" The master said: "They are all right, but they are not as good as those who are poor yet happy and those rich yet fond of the rules of propriety." Zi Gong said: "In the *Book of Poetry* it reads: '(In carving a subject), cut and then file, then carve and then polish.' Does not it convey the same meaning as what you said?" The master said: "Ah Ci, now I can discuss with you the *Book of Poetry*. I tell you what has passed and you can figure out what will come."

1.16 【原文】

子曰:"不患人之不己知,患不知人也。"

字词训诂

患。担忧也。

知。了解,引申为理解,再引申为欣赏。无论如何不能解读成"知道","知道"在孔子的语境中对应的词是"闻"。

己知。"知己"的倒装,这种倒装如果仅仅是修辞手法,则毫无必要,其存在的原因还是古汉语中几乎不顾一切地尽可能采用主动态表达的习惯,以至于要把"知己"变成自己优先的"己知"。主动寻找这种主动性,可以帮助我们在解读《论语》有歧义时做出快速而准确的判断。

不患人之不己知。这句话在《论语》中出现两次,另一处是在宪问 14.30,子曰:"不患人之不己知,患其无能也。"此处"其"指自己,后文会引用此解进行论述。

章句义理

"不患人之不己知,患不知人也"的各种可能的心理逻辑

其一,只要自己能知人,则在智慧的修炼上就够了,别人知不知己是不相干的问题。

其二,只要自己能知人,则可以因人而异地对待别人,从而达到自己的目的。别人不知己不仅无所谓,而且自己还有可能因此获得"敌明我暗"的战略优势。

其三,只要自己能知人,则可以因人而异地对待别人,利用"敌明我暗"的战略优势,从而实现国家、天下、社会或集体的目的。这种情况和前一个很像,区别是前一种是为了个人,而这一种是为了超越自我的更大的目的,或多或少地带有利他主义和集体主义的色彩,因此较为符合主流道德观。

其四,只要自己能知人,则最终就会被人知。这是因为,如果自己能知人,则自身在洞察人心、通古知今、思辨判断、通情达理、人情世故等方面必然修炼到很高的层次,拥有这种出类拔萃的能力的人,除非决心出世(我们知道孔子是把入世作为

不言而喻的前提的),否则不会默默无闻的,一定有机会干一番事业并被权力阶层所重用,从而"被人知"。

其五,花时间把自己推销给别人,不仅效果打折扣(自我吹捧易招怀疑),自身的修炼和持续进步也会受到干扰,对自己"被人知"来说,其总体和长期效率只会更低。所以说,专注于"知人"反而是实现"被人知"目标的高效路径。

其六,"不患人之不己知"是对高效路径的正确把握和对进步歧路的理性回避;"患不知人也"是对自己修炼和能力的担忧,体现对自己能力修炼的专注;渴望知人,是对自己能力的期待;实现知人,则是自己能力的体现。

孔子本段话中体现的心理逻辑

基于孔子一贯的入世哲学,可以排除掉上述第一种心理;基于孔子一生对推广"仁"的不遗余力,可以排除掉上述第二种心理;基于孔子一生周游列国以求施展抱负的经历和在《论语》中体现出的想法,其心理基本可以肯定有上述第三种。

上述第四种心理,也符合孔子的心理。这首先符合他对自己能力的自信,其次孔子"患其不能",这样表达充分地证明他对修炼"知人之能力"的肯定态度,也确定他对"只要知人"就"不患人之不己知"的信心。按孔子的一贯态度,很难让他直接说出"我知人了我怕谁"和"我知人了人必知我"这样的话来,但他那份表面谦卑内心狂放的自信、看似低调憨厚实则暗度陈仓的老道不言而喻。

第五种心理和第六种心理,是总结和分析,不是选项,或许孔子心里闪现过吧。

结论:孔子的心理逻辑是前述第三种和第四种心理的结合。

"知人"的难度和可能性

一个愿意"知人"的人,是否就能"知人"呢?这个问题的本质是:我们能否"知"别人比我们强的东西?如果别人在某个领域中体现出的水平比我们低,我们可以用自己的水平做一把标尺,来衡量出对方的水平。如果我们的水平高过对方,比如我们是围棋高段而对方是业余选手,我们可以判断出对方大约是什么水平。如果对方超出我们的水平,我们用什么尺子来判断对方的水平呢?具体来说,在"我"和对方之间,有以下几种相对关系:

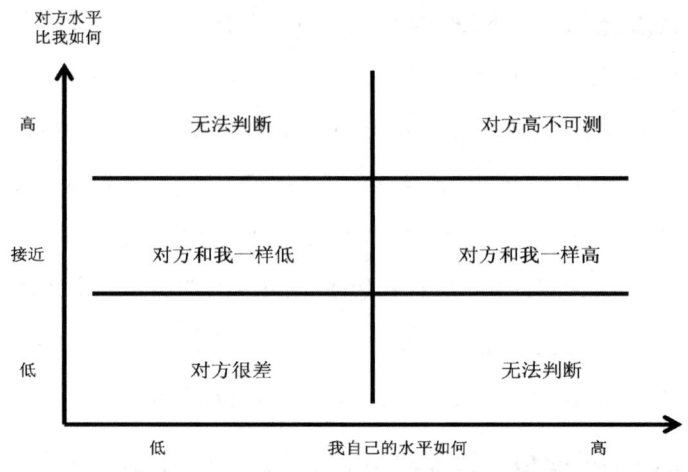

图 1-4 知人的象限

这张图很清晰地区分"我"和对方水平在各种相对关系中我们能对对方的水平做出何种判断。用它来回答能否"知人"的问题，就是：如果对方水平超出我们，我们未必能得到确切答案；如果我在该领域中水平也很高，则可以断定对方是深不可测的高人；但如果我在该领域中水平低下，则即使判断出对方水平比我高，仍然对对方水平的高低程度无法作出判断。这就像围棋业余爱好者，即使总被棋友完虐，也仍然不知道对方是不是高手。

在此基础上，必须得进一步回答引申出来的问题：我们能否判断出对方和我们的水平的相对强弱？即上表中的纵轴能否被客观地划分出低、接近、和高三个象限呢？这个问题题目很大，答案也很复杂，此处无法展开，此处用另一张图来标注在各个能力领域中我们理解对方表现水平的难度。

看这张图要先几点说明：

一，上图中的横轴是根据我们在该领域中自己的经验和能力水平来外推出他人水平的难度。例如：在速度赛跑中（基本体育竞技的一种），不管我们自己的水平如何，外推出博尔特用不到十秒跑完一百米的难度的难度并不大；但初入门者根据自己的美术功底来外推大师们的画作水平的难度就很大。

二，上表中的纵轴是我们理解某个能力领域的难度，例如，理解体育水平不难，但理解数学和音乐就很难。

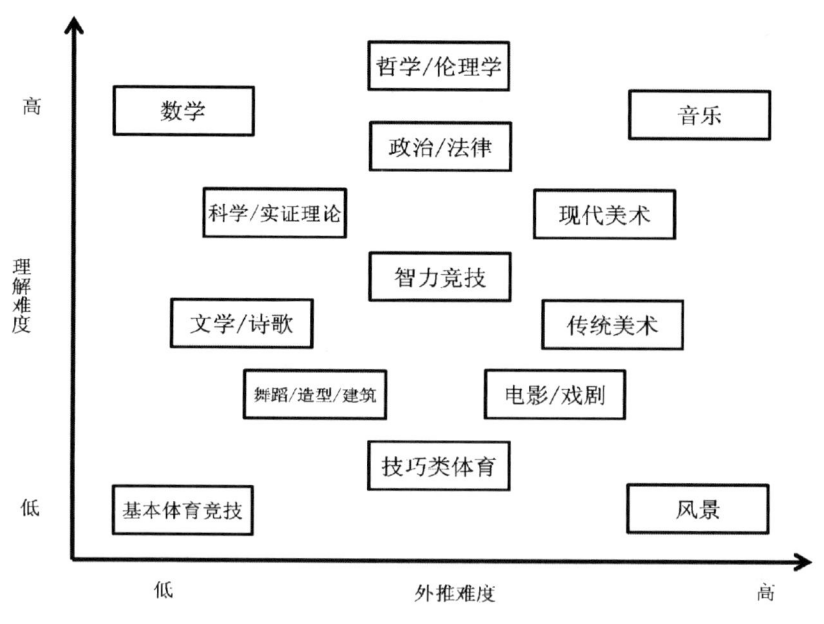

图1-5 不同领域中知人的难度

三,横轴和纵轴相交处,是本书理解的各种人类能力领域所处的位置。每个人观点不同,会有不同的表,但不会影响这张表的大致普适性和示范效果。

结合这张图,我们可以回答能否判断出对方和我们的水平的相对强弱的问题。孔子所试图"知"人的领域主要是上图中的文学/诗歌、哲学/伦理学、政治/法律、以及音乐。文学/诗歌的理解难度和外推难度都不算高;哲学/伦理学和政治/法律的外推难度一般,但理解难度很高;而音乐的理解难度和外推难度都是最高级别的,所以想全面地"知人"是很难的。

这个答案如果再加上判断自己在相关领域中的真实水平的难度,则"知人"总体上就变得难上加难。就连孔子都"患不知人也",他或许隐约感到"知人"的难度。当然,孔子基于自己在各个人文领域中的高超的知识修炼,有合理的基础和信心把"知人"作为努力方向。我们如果假设他在各个领域中均具有判断他人水平的能力基础和客观公正的鉴别力,也是合情合理的。

正因为我们在原理上只能赞赏和评价跟我们差不多或比不过我们的人,所以赞美他人本质就是断定别人不比我们强,就是站在高处给别人打分,看似充满正能量,实则是贬低对方并把自己放在导师和上帝的位置上了。赞美他人就是赞美自己。

掌握了这个心理,就可以利用 NLP 和正能量的套路通过夸奖别人来拔高自己。比如通过表达对柴可夫斯基和西贝柳斯的欣赏来炫耀自己的品味,通过阅读和讨论晦涩的西方现代文学来装点自己的形象,或是转发《华尔街日报》的财经文章来暗示自己对主流经济学的精通,等等。

容易引起大众情绪对立的,多是上表中左下角(含中心部分)的各个领域,一是因为这些领域往往无法把个人从芸芸众生中剥离出来,混不出名堂;二是因为这些领域中的佼佼者往往都狂妄而相轻,难以形成对彼此水平的共识。

今 译

师父说:"不怕别人不了解自己,怕自己不了解别人啊。"

英 译

The master said:"I do not worry that others do not understand me. I worry that I do not understand others."

为政篇

2.1【原文】

子曰:"为政以德,譬如北辰,居其所而众星共之。"

字词训诂

北辰。《尔雅·释天》中有"北极谓之北辰"之语,北极星也。

共。音义同"拱",环绕。

章句义理

本句义理,朱熹在《四书集注》中引用范祖禹的总结,很是精炼准确,特录于此:"为政以德,则不动而化,不言而信,无为而成。所守者至简而能御烦,所处者至静而能制动,所务者至寡而能服众。"

"为政以德"是否就会"众星共之"并达到"无为而治"的效果,答案显然是否定的。孔子常常把理想状态表达成现实,把可能性表达成必然性,在众多一般性断言和论述中都体现出这种倾向,本书会在相关章节处有针对性地给出多角度的解析,此处不赘。

今 译

师父说:"用德行来实践政治(的人),就像北极星一样——稳坐在自己的位子上而其他的星星都环绕着它。"

英 译

The master said:"He who practices virtues in governing is like the Polar Star—residing in its own place and all other stars encircling it."

2.2 【原文】

子曰:"《诗》三百,一言以蔽之,曰:'思无邪'。"

字词章句

三百。今本《诗经》共有三百一十一篇,其中六首有题目而无内容。三百乃取其大概。

蔽。bì;有多解。《论语集解》中引包咸语认为"蔽,犹当也"。韩愈《论语笔解》认为"蔽,犹断也"。"蔽"本义就是"遮挡、覆盖",稍加引申,就是"概括"。朱熹解"蔽"为"盖",取其"覆盖、涵盖"义,妥当。

思无邪。语出《诗经·鲁颂·駉》最后一段:"駉駉牡马,在坰之野。薄言駉者,有驈有騜,有驒有骆,以车祛祛。思无邪,思马斯徂。"

"思"是发语词,无意义;"无邪"有多解,但解为"没有邪念"最妥当。为何不说"正",反而说"无邪"呢?《诗经》的《国风》部分有很多情歌,极状男女相思之情。因为发自内心,所以情真意切;但因直抒胸臆,难免撩拨挑逗之嫌。因此,其内容不能算"正",但称之"无邪"则恰当。

强调"无邪",理由同上,《国风》的情歌确有近于"邪"的味道,没有正确的解读,有可能收到"诲淫诲盗"的效果。因此,从解读原则上明确它们"无邪"很重要,等于树立其基本定位和解读方向,引导读者欣赏其情真意切的真心,避免感染其伤风败俗的肉欲。同时,无论今本《诗经》是否由孔子删定,至少孔子在《诗经》的删减上做出过努力,只要他对《国风》有既喜爱又有所担心的心态,则通过春秋笔法贴上"无邪"的标签,就可以把本来两可的解读定性并引导到积极健康的方向上去。

今 译

师父说:"《诗经》有三百首,(但)可以用一句话来概括它,即:'没有邪念。'"

英 译

The master said:"The *Book of Poetry* has three hundred pieces,yet it can be summarized in one sentence,which is:'No depraving thoughts.'"

2.3 【原文】

子曰:"道之以政,齐之以刑,民免而无耻;道之以德,齐之以礼,有耻且格。"

字词训诂

道。音义同"导",治理义。

政。政令。

齐。整治、拨乱反正。

刑。刑罚。

德。多有人对此字曲折引申以求穷尽其精深内涵,现在看来都没有必要。通观整部《论语》,"德"字出现在三十一章共四十处,无一例外地都可以解读为"德行、美德",有时确实有把"德行、美德"指向适用于特定对象的"德"的子领域的可能,但并未明示,也就无法确证。因此,把它解为"德行、美德"最妥当。那么,孔子语境中的"德"包含哪些具体"德行"呢?

一,最高的是"仁"和中庸的一部分,它是个人修养和治国化民两种领域内美德的综合和最高典范,属于"至德"。

二,次级的包括:中庸的一部分、孝、悌、忠、信(对他人之信)、慈、义、让、恕、贤,它们是在人际交往中可以用行为主义来定义的修养,权称为"人际修养"。

三,余下包括:中庸的一部分、智、信(对自身之信,近"谅",或称"小信")、直、刚、勇、谨、爱、权,它们是不牵涉他人的个人修养,权称为"自身修养"。

关于"中庸"及其在三个分组中的不同内涵,请参阅雍也 6.29 下解读;"小信"概念可参阅卫灵公 15.37 下注释。

上述"德行"按级别分类,统计每个概念在《论语》中出现在多少章节中以及总共出现的次数,可以得出表 2-1。各个概念出现的次数可以作为孔子内心该概念真实地位和重要性的参考依据之一吧。

表 2-1 各种德行概念在《论语》中出现的频率及其分类

关键字	出现章节	出现次数	范畴领域	级别分类
智(知)	73	118	德行	自身修养
仁	59	109	德行	至德
信	32	38	德行	个人修养/人际修养
义	20	24	德行	人际修养
贤	18	23	德行	人际修养
忠	16	16	德行	人际修养
直	16	22	德行	自身修养
孝	14	15	德行	人际修养
勇	12	16	德行	自身修养
爱	8	9	德行	自身修养
让	6	6	德行	人际修养
谅	4	4	德行	人际修养
敬	4	5	德行	人际修养
刚	4	5	德行	自身修养
谨	3	3	德行	自身修养
权	3	3	德行	自身修养
恕	2	2	德行	人际修养
中庸	1	1	德行	至德/个人修养/人际修养
悌	1	1	德行	人际修养
慈	1	1	德行	人际修养

格。纠正、匡正。此处指人民对照"礼"自我改正。

章句义理

本句暗示,在后一种情况下,"政"和"刑"仍然存在,只是不宣扬罢了。另外,"格"本来就有法律条文之义,在此处应为名词动词化。

今 译

师父说:"用政令来领导,用刑罚来治理,则人民会自我克制(不违反政令、不触及刑罚)但却(对违反政令、违法犯罪)没有耻辱感;用德行来领导,用礼仪来治理,则人民会(对违反政令、违法犯罪)有耻辱感且会(参照礼)改正自身。"

英 译

The master said:"Lead by laws and govern by punishments, and the people will avoid committing violations but will not develop senses over disgrace; lead by virtues and govern by the rules of propriety, and they will develop senses over disgrace and rectify themselves(by benchmarking against the rules of propriety)."

2.4【原文】

子曰:"吾十有五而志于学,三十而立,四十而不惑,五十而知天命,六十而耳顺,七十而从心所欲,不逾矩。"

字词章句

有。音义同"又"。

立。有多解,主要有两派:呼应前面"十有五而志于学",把"立"解为"学有所成";此派代表有何晏;解为"有以自立",指有了自己的世界观,确认了努力方向;此派代表有朱熹。本书认为上述第二解妥当。

其一,"学有所成"只能是"立"的必要而非充分条件,即在"学有所成"之外,还得有其他修炼才行。"学有所成"无法保证人生道路选择的正确,必须得有带有道德判断的价值选择才能确保"立",这种道德价值判断的宏观选择只能是基于世界观的人生大方向的确定。结合孔子的经历和后面"五十而知天命"的陈述,可以判断出他"三十而立"的应该就是决心把钻研和实践"先王之道"作为自己的人生目标。

其二,本句出现第一个三重递进关系:十五岁时立志于学,到了三十岁通过学掌握文献、文化的大概，认准对"先王之道"的钻研和实践是自己一生的目标，到了五十岁，清晰地掌握上天在人类社会中的目的及其实现的路径，这个路径就是"先王之道"在人间的普遍实施。这个三重递进关系讲的是"学"的对象的演化。

其三，子曰："志于道，据于德，依于仁，游于艺。"（述而7.6）应该就是对"三十而立"的细化和分解吧。

不惑。三十而立之后，难免有信仰的反复、疑虑和困惑，经过十年淬炼，信念更为坚定和纯粹，所有困惑不复存在，"不惑"是也；这可以理解为自己思想领域的定型，对应下文"耳顺"，可以理解为"思顺"，下详。

比起"三十而立"，"四十而不惑"只是到达"五十而知天命"之间的过渡，反映的是"上下求索、徘徊反复"的心智磨难，其作为里程碑的意义显然比不上"三十而立"和"五十而知天命"。

天命。这一概念在整部《论语》中出现五次（无法定义成"天命"的"命"不算，在《论语》中，"命"在他处还有"命运""指令"等其他含义）。本句外还有四处。子罕言利，与命与仁（子罕9.1）。子曰："回也其庶乎？屡空。赐不受命，而货殖焉，亿则屡中。"（先进11.19）孔子曰："君子有三畏：畏天命，畏大人，畏圣人之言。小人不知天命而不畏也……"（季氏16.8）孔子曰："不知命，无以为君子也。"（尧曰20.3）

天命到底是什么？有三种可能：

其一，"天"自己的"命"，即上天自己的目的或其演化规律。这种哲学和科学角度的解读显然和孔子入世实用的基本态度不符合，不取。

其二，"天"在人类社会中的"目的或目标"，在孔子的语境中，这显然就是"先王之道"的普遍实施。

其三，"天"赋予个人的"使命"，即自己人生的目的。如果真能知道自己的天命，则这不仅是宿命的，而且显然这种"天命"只能是积极的和好的，否则一个人发现自己的天命是干坏事或一事无成，何以自处呢？

知。有两解，一是"知道天命的存在"，二是"知道天命的细节"。这样"知天命"就共有六种解读。排除掉上述把"天命"解为"天自己的命"所对应的两种，还

有四种可能:

其一,知道上天在人世间是有目的或目标的,虽然自己不知道是什么。

其二,知道上天在人世间的目的或目标,简言之就是知道上天在人间的路径。

其三,知道自己有宿命,虽然不知道是什么。

其四,知道自己的宿命是什么。

如果不知道"天命的细节",则对人生没有指导意义,只是宏观上的宿命论,人生可以完全不其受影响,不符合孔子一贯的入世态度,因此可以把上述第一和第三选项排除。

上述第四选项是古往今来的主流,本书却认为不妥。

一,如果知道自己的宿命,就是实践中的宿命论,等于认可算命、批八字、排流年等行为背后的依据。

二,一旦承认认知自己宿命的可能性,则这种宿命有可能是好的、值得过的、使人充满希望的、令人奋发向上的,也有可能是恶的、毫无亮点、死气沉沉、令人绝望、无法有尊严并合乎道德地度过的。如果是后一种,知道自己的宿命后人会怎样呢?要么就破罐子破摔,随波逐流,要么就意志消沉,得过且过,要么就自戕谢世,避免作恶。这样反推,就要求能被君子所得知的宿命只能是积极的和好的,也就是说,人只有在命运积极美好的情况下才能知天命,这等于从逻辑上排除了"小人""知天命"的可能性。这种解读是对孔子自己"有教无类"以及通过学习和实践来提升自身修养的彻底否定。

三,孔子在本章中虽然没有明说君子都知道天命,但从"小人不知天命而不畏也"(季氏16.8)和"不知命,无以为君子也"(尧曰20.3)反推可知他认为君子应该知道天命。这样,就会形成从"君子都知道天命"到"君子的命运都是积极美好的"这种荒谬的循环论证。

四,孔子周游列国为的是有机会被重用从而治国化民,实践先王之道,直到前484年才彻底失望而放弃努力,返回鲁国,其时他已经六十七岁了,如果他五十而知天命的话,就该知道自己的人生大势,没必要折腾十七年才返回祖国进行文化典籍的整理和教育实践,这种对自己生命和才能巨大的浪费,不是一句"知其不可而为之"就可以解释得了的。

五,按史实,没有任何证据说明孔子知道自己的宿命;按常识,没有人知道自己的宿命;按定义,宿命就是不可知的,否则会导致自我实现和自我否定两种可能的变化,从而使宿命发生变化,而成为"非宿命"。

所以,"知天命"只能是"知道上天在人间的路径和目的",而"上天在人间的路径和目的"只有一种答案,因此所有人"知天命"就是统一认识的过程。

那么,"天命"到底该如何定义呢?

"天命"就是"天"在人类社会中的"目的或目标",在孔子的语境中,就是"先王之道"的普遍恢复和实施;但"天命"不仅包含上述目标,也包括其实现的路径。什么路径能确保"先王之道"在人间的普遍实施呢?大约就是以"仁"为核心和最高目标的自我修养体系和以"礼乐"为核心的仪式仪轨系统吧。自我修养体系包括孝、义、忠、敬、勇、信、刚等美德;而"礼乐"作为外在的形式,具有教化、约束、规范、传承、熏陶、示范等外在影响;除了上述路径和目的外,"天命"必然还要求"实践",即"习"。实践不仅是学习和掌握上述路径的途径,也是使上述目的得以实现的唯一方法。

因此,"天命"就是:上天在人类社会中的目的及其实现的路径。

耳顺。歧义众多,析正如下。

主流解读是《论语集解》中郑康成和皇侃所认定的"闻其言而知其微旨也",强调的是基于广博见识基础之上的洞察力和判断力。朱熹在其《四书集注》中的解读"声入心通,无所违逆,知之之至,不思而得也"也属于这一派,只是更进一步,认为"耳顺"体现"不思而得"这种近乎条件反射的判断力。本书认为把"耳顺"解为"不思而得"或"闻其言而知其微旨也"体现的是能力,很难会成为孔子人生自我总结中的要素,这不仅不符合他对能力的一贯漠视,而且也未体现出什么令人赞叹的特质——"闻其言而知其微旨也"作为洞察力和判断力,也算不上对实践"先王之道"或治国化民具有特殊促进作用的才能,不可能作为十年浓缩为一句话的总结的内容。

钱穆的《论语新解》则从基于智慧和伟大理想的心胸角度给出不同的答案:外

界一切相异相反之意见与言论,一切违逆不顺之反应与刺激,既由能立不惑,又知天命而有以处之,不为所摇撼所迷惑,于是更进而有耳顺之境界。耳顺者,一切听入于耳,不复感其于我有不顺,于道有不顺。当知外界一切相反相异,违逆不顺,亦莫不各有其所以然。按钱穆此解,"耳顺"不仅要具备智慧的深度和胸怀的高度,拥有成为孔子自我总结内容的分量,而且要和前面的"四十而不惑"和后面的"七十而从心所欲,不逾矩"相呼应,都是从心智和心理层面描述自己三个不同人生阶段的修养境界,形成本句中第二个三重递进关系,谈的是自身心智的演化,对应前述"学习对象"的演化。

钱穆的观点简单点说,就是把"耳顺"解为"听到的无不顺心",即听到的任何信息都不会使自己心烦意乱。稍加推理可知,通过其他感官(比如眼睛)收到的信息,不管其多么突兀,应该也不会使自己心烦意乱,也会"目顺",因为处理所有感官输入信息的是同一个头脑,这个头脑拥有洞察一切的智慧和深入本质的自信,在追求实现天命的背景下,所有的输入信息都会被化解、调和、处理、吸收,不仅"耳顺",也"目顺"。

颜渊12.1中说"非礼勿视,非礼勿听",谈的是防止"非礼"事物对自身修炼的干扰和破坏,暗示教导对象未入臻备的状态,本句则表达修炼到家,不再担心任何"非礼"影响自己的从容和洒脱。这种从容和洒脱是从被动地接受信息的角度来谈的,但未谈自己主动采取行动时会如何,即对应颜渊12.1中所说的后半句"非礼勿言,非礼勿动",是否能做到"言顺"和"动顺"呢?因为后面谈到"七十而从心所欲,不逾矩",反推可知,在六十岁时,还做不到"从心所欲,不逾矩",即还达不到"言顺"和"动顺"的境界。因此,"六十耳顺"和"七十而从心所欲,不逾矩"就是分别从"受"和"施"两个角度的"无可无不可"的境界,显然后者的境界更高。

七十而从心所欲,不逾矩。"从"有两解,一是"顺从",二是"放纵"。两解均不影响句意,取"从"本义更为简明,且《论语》他处用"从"字时都是"顺从"义,因此取前解。"矩",原义是画直角和方形的尺子,引申为"法度","不逾矩"就是不违法度。

从心所欲还能不违法度,体现的不是习惯成自然的自我约束,而是高度智慧及修养和天命、社会规律、法制原理、道德伦理、人类心理之间自然而然的契合,是大道相通的合理结果,既有居高临下天人合一的高度,也有凡尘俗务挥洒自如的灵活。

孔子一生的两组三重递进

总结前述,可以把"吾十有五而志于学,三十而立,四十而不惑,五十而知天命,六十而耳顺,七十而从心所欲,不逾矩"提及的六个年龄里程碑分为两组,分别是三重递进关系:

第一组是"十有五而志于学""三十而立"和"五十而知天命",谈的是学习对象的演化,都是一次性事件而非连续性状态,即"志于学""立"和"知天命"都是一次性事件,用汉语的"在"和英文的"at"来表达其时间点。

第二组是"四十而不惑""六十而耳顺"和"七十而从心所欲,不逾矩",谈的是自身心智修炼的演化,都是连续性状态而非一次性事件,即"不惑""耳顺"和"从心所欲"都是连续性状态,用汉语的"从"和英文中的 from 来表达其时间节点。三层境界分别是针对自己思想的"思顺"、针对来自于外部事物的"受顺"和针对作用于外部事物的"施顺"。

如果用图标来总结,大约如图 2-1。

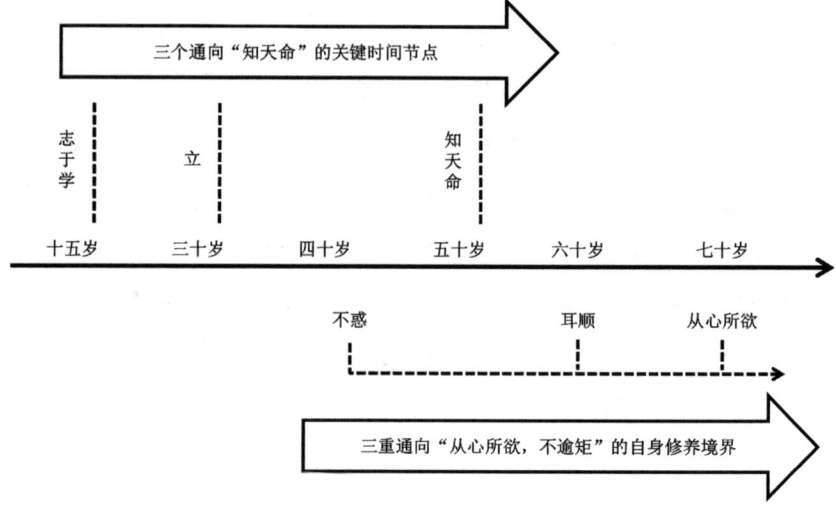

图 2-1 孔子一生自我总结的两组三重递进

本章既然总结到七十岁,显然是孔子年老时的人生回顾。

今 译

师父说:"我十五岁时就决心专注于学习,三十岁时人生目标设立,四十岁起就不再困惑,五十岁时知道了上天的用意,六十岁起听到的无不顺心,七十岁起能够随心所欲,但却不违规越矩。"

英 译

The master said:"At fifteen I decided to focus on learning, at thirty I established my life's goal, from forty I had no perplexities, at fifty I knew the purpose of the heaven, from sixty all that reached my ears were satisfactory, from seventy I was able to follow what my heart wanted yet not transgressing the established propriety."

2.5【原文】

孟懿子问孝。子曰:"无违。"樊迟御,子告之曰:"孟孙问孝于我,我对曰,无违。"樊迟曰:"何谓也?"子曰:"生,事之以礼;死,葬之以礼,祭之以礼。"

字词训诂

孟懿子。姬姓,仲孙(亦称孟孙)氏,名何忌;谥号懿,一般称为孟懿子或仲孙何忌;是孟子的六世祖;孟孙氏的第九代宗主,孔子的政治对手。

樊迟。氏樊名须,字子迟,通称樊迟。孔子重要弟子之一,身后声名日隆。

章句义理

"无违"有双关性歧义:一是"不违背父母的意志",二是"不违背礼仪的要求"。在无法像樊迟一样听到孔子用第二个意义来解释的情况下,恐怕所有人都会理解成第一个意义。

"孝"的核心内容就是"无违父母",从这个意义上讲,"无违父母"和"无违礼仪"殊途同归,双关语指向一致。

但是，孝之"礼"是对众多"无违父母"的具体可能性的提炼，通过格式化和条文化消除种种实践和执行层面的个性化解读和偏差，即"礼"对"孝"统一了标准，规范了内容，界定了正统，"礼"形成之后，"无违父母"未必能保证"孝"的实现，只有"无违礼仪"才能保证；因此，只有"无违礼仪"才是"孝"的正解。

孔子的回答，用作为部分的具体内容来代替一般定义，最多算是例证，难免有以偏概全之嫌；孔子在其他章节，比如本篇的2.6,2.7,2.8，学而1.11和里仁4.20中所说的"三年无改于父之道，可谓孝矣"，同样用具体内容和特点来解释"孝"这个一般性概念。

孔子显然是有意利用"无违"的双关性歧义来回应孟懿子，这从他主动向樊迟复述故事可以得到证明。他为何要在明显会被误读的情况下使用双关语呢？大概有以下几种可能：即使误读了，也还能抓住"孝"的核心，即"无违父母"，没有大碍；孟懿子的父亲孟僖子是孟孙氏第八代宗主，曾发奋学习周礼，对孔子敬重有加。前518年，孟僖子死前，嘱咐两个儿子（孟懿子与南宫敬叔）以师礼对待孔子（事见《左传·昭公·昭公七年》）。孔子或许有利用孟懿子误读"无违"而达到利用其父亲遗志来约束和暗示他要像父亲孟僖子一样多听孔子教导吧；此外，应该还有点说出俏皮双关语的乐趣吧。

今　译

孟懿子问什么是孝。师父说："不要违背。"樊迟为师父驾车时，师父告诉他说："孟孙问我什么是孝，我回答说'不要违背'。"樊迟说："什么意思？"师父说："父母在世时，按照礼仪去侍奉；父母去世了，按照礼仪埋葬他们，按照礼仪祭祀他们。"

英　译

Mr. Meng Yi asked what filial love was. The master said: "Do not disobey." When Fan Chi was driving the master, the master told him: "Meng Sun asked me what filial love was, and I answered him, 'Do not disobey.'" Fan Chi said: "What does it mean?" The master said: "When the parents are alive, serve them by rules of propriety; when they are dead, bury them by rules of propriety, and offer sacrifices to them by rules of propriety."

2.6【原文】

孟武伯问孝。子曰:"父母唯其疾之忧。"

字词训诂

孟武伯。氏仲孙,名彘(zhì),"武"是其谥号;孟懿子的儿子,鲁国大夫,孟子的五世祖。

章句义理

本章解读纷呈,主要有以下:

一解为:只可以让父母为自己的疾病担忧。内涵逻辑是:疾病是无法预防的,因此如果因为自己生病而让父母担忧,是可以接受的;除此之外,不可以做任何让父母担忧的事。此派是古注主流,代表人物有马融、邢昺和皇侃。

二解为:因为常使父母担忧的只有自己生病,因此要努力避免生病。朱熹是此派代表,其原话是:"父母爱子之心,无所不至,惟恐其有疾病,常以为忧也。人子体此,而以父母之心为心,则凡所以守其身者,自不容于不谨矣,岂不可以为孝乎?"

三解为:子女为父母的疾病而担忧。作此解时,需要断句成"父母,唯其疾之忧"。此派代表是《论语正义》作者刘宝楠。

四解为:只要为父母的疾病担忧即可,其他不用。

上述四解都不妥,理由如下:

一,疾病至少是可以部分预防的,因此有时候自己生病而让父母担忧是不尽责的;同时也有其他很多无法由自身掌控而导致可能会让父母担忧的情景,比如耕种歉收、生意失败、工作不顺、无法生育延续香火、被人欺负,等等,单单拎出"生病"一项,没有道理;还有,无论如何解读,"唯其疾之忧"都是"唯忧其疾"的倒装句,显然是指子女对父母的某种担忧,在语法上和语境上都没有迂回曲折变成父母对子女的某种担忧的可能。因此不取上述第一解。

二，第二解比起第一解来，至少承认生病是可以预防的，显然合理很多。但是，同上，并非只有自己生病一项才会使父母担忧，朱熹自己也承认"父母爱子之心，无所不至"；其次，使父母不为自己生病或有其他灾厄而担忧，属于被动性的预防，完全无法覆盖"孝"的主动性行为，而主动性的"孝"才更能体现"孝"的精神。因此不取上述第二解。

三，担忧父母的疾病当然是"孝"的表现，但也只是众多"孝"的表现之一，而且还是较为容易实现的要求，其他还有很多按道理应该"忧"的对象，比如父母的饮食、冷暖、心理状态等等，此外"孝"还要求"色"（本篇2.7）和"敬"（本篇2.6），只为父母的疾病担忧，没有理由；单单拎出"病"来概括或者例证"孝"，挂一漏万而尤显简陋。因此不取上述第三解。

同理，更难以理解孔子会认为除了为父母的疾病担忧，其他的就不用管了。因此尤其不能取上述第四解。

上述第三和第四解成立的唯一可能是：孔子完全瞧不起孟武伯，而且孟武伯是个无可救药的纨绔子弟，因此当他向孔子请教什么才算孝的时候，孔子给出低无可低的标准，好像是因材施教的针对性指导，其实是讽刺对方在孝上面的表现无可救药，就像今天对一个浪子说"只要你不杀人放火，我们就烧高香了"一样。这种可能性没有史料支撑，相反，从其祖父孟僖子和父亲孟懿子对待孔子的态度、其谥号为"武"以及其本人是孟氏世家头面人物的史实来看，他在孝道方面的表现不可能不堪到需要孔子如此降低标准来点拨的程度；如果他真地如此不孝，以孔子的表达能力和习惯，一定会给出鞭笞力度大得多的说辞。

正解如下：

不能把"疾"解为"疾病"，而应该把"疾"解为"憎恶"，这也是该字的本义之一。如此训字是解读的关键。《论语》中多数把"疾"用作疾病（共十二处），有一处用作"猛烈"——"不疾言"（乡党10.26），但在"好勇疾贫"（泰伯8.10）、"君子疾没世而名不称焉"（卫灵公15.20）和"君子疾夫舍曰'欲之'而必为之辞"（季氏16.1）中，"疾"用作"憎恶"；"唯"字是句首发语词，无实义；则"父母唯其疾之忧"

就是"忧父母之疾",即担忧父母所憎恶的。

父母所憎恶的可能是任何东西,不仅会涵盖"孝"所能涉及的所有行为领域,而且还很有可能超越一般性的"礼"和"孝"的范围,从而对子女提出更高的要求。按孔子对"孝"的近乎苛刻的要求,参照"孝"的出发点,"孝"的操作性定义不就是"一切顺着父母的意志"吗?而"忧父母之疾"就是"一切顺着父母的意志"的另一种表达,两句话基本是同一个意思。

此解避免上述所有旧解外延过窄的陷阱,字训成立,句意流畅,应为的论。

今 译

孟武伯问什么是孝。师父说:"对父母啊,要担忧他们所憎恶的。"

英 译

Meng Wu Bo asked what filial love was. The master said: "With parents one should worry about what they hate."

2.7【原文】

子游问孝。子曰:"今之孝者,是谓能养。至于犬马,皆能有养;不敬,何以别乎?"

字词训诂

子游。氏言名偃,字子游,吴国常熟人,孔子唯一的南方弟子,誉为"南方夫子"。

养。本来是 yàng,但现在四声读法已经消失,全读成三声,"奉养"义。

章句义理

本章的歧义主要在于"至于犬马,皆能有养"。今人杨伯峻在其《论语译注》中把它翻译成"对于狗马都能够得到饲养",妥当,他为自己译本的辩解总结了史上其他各种歧义,特录于此:至于犬马皆能有养——这一句很有些不同的讲法。

一说是犬马也能养活人,人养活人,若不加以敬,便和犬马的养活人无所分别。这一说也通。还有一说是犬马也能养活它自己的爹娘(李光地《论语劄记》、翟灏《四书考异》),可是犬马在事实上是不能养活自己爹娘的,所以这说不可信。还有人说,犬马是比喻小人之词(刘宝楠《论语正义》引刘宝树说),可是用这种比喻的修辞法,在《论语》中找不出第二个相似的例子,和《论语》的文章风格不相侔,更不足信。

今 译

子游问什么是孝。师父说:"如今所谓孝,是说能养活父母。但连犬马之类也有人养活——如果没有恭敬的态度,用什么来区分呢?"

英 译

Zi You asked what filial love was. The master said:"The filial love today means the support of one's parents. However the dogs and horses also have people to support their lives—without reverence, what can be used to distinguish between the two?"

2.8【原文】

子夏问孝。子曰:"色难。有事,弟子服其劳;有酒食,先生馔,曾是以为孝乎?"

字词训诂

色难。有两解:一指子女保持以下事上的和颜悦色不容易,代表者是朱熹;二指保证父母面色愉悦不容易,代表者是皇侃。第一解为妥,理由有四:

一,"孝"虽然应该发自内心,但其判断依据只能是包含面容在内的行为表现,对子女的面容和脸色进行规范,有必要。正如前一章要求"敬"一样,本章"色"也应是对子女的要求。

二,保证父母面色愉悦对于遵守"孝"的要求来说难以成为判断依据,因为父母即使内心对子女之孝很满意,也未必就一定面色愉悦,或有个性的差异,或有情感外露程度和意愿的不同。

三,保证父母面色愉悦对于遵守"孝"的要求来说也不能成为目标,因为目标应是本篇2.5中所说的"顺父母之意"或"忧父母之疾",这样的目标才带有根本性,才能反映"孝"道的本质。

四,孔子回答的是怎样才算"孝"的问题,显然应该从子女的角度来谈,给出子女应该如何做,从语境上这就要求"色"的主语是子女而不是父母。

弟子。此处道理上应是指子女。

先生。此处道理上应是父母和兄长。为何孔子用师徒领域的"弟子"和"先生"概念来阐述本应是父母子女之间的"孝"呢?大约有两种可能:其一,孔子试图把师徒间的"敬"也并入"孝"的适用范围。孔子死后,很多弟子为他守孝,说明对老师行孝道至少在孔门中有一定的共识,或者至少孔子试图提倡和推广这种对"孝"适用范围的扩大;其二,孔子用了较为宽泛的"弟子"和"先生"概念,或许在他和弟子们的语境中,其有所特指不会被误解。本书倾向于第一种,但不敢确证,权且存疑吧。

曾。zēng,竟然、难道义。

是以为孝。"是"是"这"的意思,全句是"以是为孝"的倒装。

今 译

子夏问什么是孝。师父说:"难在神情。老人有事,年轻人去忙活;有酒有食时,请老人家和兄长吃——难道这样就是孝吗?"

英 译

Zi Xia asked what filial love was. The master said: "The countenance is the difficult part. When parents are engaged in things, the young bustle about for them; when there are wine and food, they offer them to the elderlies—how could these be filial love?"

2.9 【原文】

子曰:"吾与回言终日,不违,如愚。退而省其私,亦足以发,回也不愚。"

字词训诂

颜回。氏颜名回,字子渊,亦称颜渊;前521年生,前481年卒,鲁国人;十四岁拜孔子为师,终生从之,是孔子最看重的学生,一直有意让他成为自己事业(传承和发扬先王之道)的接班人,可惜不幸早亡了。自汉代起,被尊为孔门七十二贤之首,有时祭孔时独以颜渊配享;此后历代统治者不断追加谥号,终于把他捧成孔门首席的地位。颜回无著作存世,也没有机会传播师教,其可以确证的全部出场和表现都在《论语》中,只能看见他对孔子的推崇和近乎无条件的接受,看不出有何独立见解;虽然孔子和师兄弟们对他赞赏有加,但都是针对他的德行和好学,无关乎能力,尤其是治国化民的实践能力。而且由于他早亡,至少从结果和效果来看,他的一生乏善可陈;从哲学意义上来讲,颜回是从未实现的可能性,是概念性的存在;从历史上讲,他极有可能具有伟大的人格,但肯定没有任何值得歌颂的业绩;从文化现象来讲,后世各个朝代对他的推崇,说到底还是对孔子的爱屋及乌。

退而省其私。颜回退去后我观察其私下行为。

省。xǐng,观察义。

今 译

师父说:"我和颜回对话终日,他一句都不反驳,像个笨蛋。他离开后我观察我不在时他一个人的表现,发现他也是能够实践所学的。颜回啊,不笨!"

英 译

The master said:"When I conversed with Yan Hui for a whole day long, he did not retort, looking like a fool. When he left and I observed how he was when alone, I found that he could anyway exercise what he learnt. Yan hui, hm, is not a fool!"

2.10【原文】

子曰:"视其所以,观其所由,察其所安——人焉廋哉?人焉廋哉?"

字词训诂

廋。sōu,隐藏义。

今 译

师父说:"察看一个人的作为,观察其动机,查探什么令其满足——人怎能隐藏得了自己呢?人怎能隐藏得了自己呢?"

英 译

The master said: "Monitor a person's actions, observe his motives, investigate with what he gets satisfied—How can he conceal himself? How can he conceal himself?"

2.11【原文】

子曰:"温故而知新,可以为师矣。"

章句义理

温故而知新。有多解,主要有两种。其一,学习过去就了解现在或未来;义理约同于本篇2.23中提到的"十世可知"和"百世可知",谈的是对历史规律的认识;其二,温习学过的能得到新知识;义理约同于公冶长5.9中提到的"闻一知十、闻一知二"和述而7.8中提到的"举一反三",谈的是学习的方法和规律。

上述第二解为妥:后半句用了"师",增强了整句话谈论学习的可能性;第二解涵盖第一解的范围,即"学过的知识"涵盖"过去的历史","新知识"涵盖"对现在的认识或对未来的预测"。按照无法确认时取泛解的原则,取第二解。

可以为师矣。也有两解。其一,可以把这样的人当成老师,这是主流解读。其二,可以把这样的方法(能力)当成老师。上述主流解读为妥:"温故而知新"是一种能力,能力不可能成为"老师";从孔子对闻一知十和举一反三的提倡,可知"温

"故而知新"也是针对人来讲的,即其主语是人,因此后面的"可以为师"也只能是以"人"为师。

今 译

师父说:"温习学过的知识,从而得到新的收获——这样的人可以做别人的老师了。"

英 译

The master said: "In reviewing what has been learnt, he gains new knowledge—such a man can himself be a teacher to others."

2.12【原文】

子曰:"君子不器。"

字词章句

器。此处用作动词,意思是"成为器",因意义复杂而且没有对应的现代汉语,故权且沿用本字进行今译。《易传·系辞传上·第十二章》中有一句:"形而上者谓之道,形而下者谓之器。"形而上是无形的道,形而下是万物各自的相。被万物各自的形象与用途束缚,就不能领悟或回归到道之中。君子心怀天下,不该像器具那样,作用仅仅限于某一方面;全句意思是君子不该只发展某领域单一才能,而应把实践先王之道作为最高目标,力争掌握这种追求所要求具备的各种能力。

今 译

师父说:"君子不该成为器。"

英 译

The master said: "A cultivated gentleman should not make himself become a utensil."

2.13【原文】

子贡问君子。子曰:"先行,其言而后从之。"

章句义理

本章的难点是孔子所言的断句,其一如上,其二是主流,断成"先行其言,而后从之"。后解不妥。如按后解,则会产生两个自相矛盾:第一个矛盾是"先行其言","言"如果已经说出,则不存在"先行其言"的可能;"言"如果尚未说出,则"行"的就不是这个"言";两者结合,不存在"先行其言"的逻辑可能;第二个矛盾是"而后从之":如果"之"指的是前面的"言",则"从言"就是"按言而行",变成"先言后行",属于自我否定;如果"之"指的是前面的"行",则"从行"就变成"再次行动",即要"行"两次,属于重复行为,而且使前面的"其言"二字变得多余。

在语法和逻辑上能使后解成立的唯一选项是:把"行"解为"传递"而不是"做",这样就等于在要求君子"先发布声明,然后按声明内容采取行动"。显然,这和孔子一贯的"慎言"(学而1.14中,"君子……敏于事而慎于言")态度不符合,因为由于种种原因,践行难免有错漏的可能,结果常有不尽如人意之处,如果一个人总是承诺在先,就会常常陷于失信的困境和别人的嘲讽,显然不是君子应有之风。

为何要"其言而后从之"？为的是不被误读,确保行动的指向明确,不是为了炫耀或讨好,而是为了最大化行动的示范作用。可参阅宪问14.4下对"有德者必有言"的分析以及同篇14.34下对"以德报德"的解读。

当然,"先行,其言而后从之"存在一种监控和判断盲点,就是在君子做了之后发现未达预想的情况下,他可以修改自己准备好的说辞,降低标准,从而灵活解读自己的行为及其效果。这个监控盲点给了君子解读自身行为的自由,给了他们任何时候都可以声称"已经尽力了"或"一切都按计划完成了"的总结权,也给了他们保存颜面和维持尊严的免责金牌,或许体现孔子对"君子"的偏袒,但更大的可能是孔子把"诚实"和"一心向善"当成"君子"不言而喻的素质,从而根本就没有担心他们会自欺欺人吧。

孔子此处的回答显然只是以偏概全,用了一个最多是君子必要条件,而很可能只是君子显著特点的行为模式来替代成为君子的充分条件。虽然师徒二人的对话或有未能披露的特定背景，但这种挂一漏万的替代式定义对孔子自己学说的权威性和自洽性，构成了严重的挑战。他的弟子们对同一个概念不停提问的记录，和后世解读者绞尽脑汁试图自圆其说却又众说纷纭的事实，都是这种挑战在发生作用的明证。

今 译

子贡问如何定义君子。师父说："先做，要说的话随后再说出来。"

英 译

Zi Gong asked what made a cultivated gentleman. The master said: "Do it first, and then speak out the corresponding words afterwards."

2.14【原文】

子曰："君子周而不比，小人比而不周。"

字词章句

周、比。历来解读纷呈，今略过所有版本，直接分析筛选出正解，如下：

"周"此处含义可能是"周到，完备，全面，周密，亲密，亲切，合群，普遍，忠信"中的一个。合并简化一下，就是"周全，亲密，合群，忠信"。

"比"此处含义可能是"亲近，和谐，紧密，匹配，等同，偏爱"中的一个。合并简化一下，就是"亲近，和谐，相同，偏爱"。

"周"定义中的"忠信"是《论语集解》中孔安国和皇侃的主张，他们还因此反推出"比"就是因结私党而不忠信，完全是从需要出发生造字义，很不严肃；同时，上述合并后"比"的字义选项中，没有和"忠信"相对应的反义词，因此可以从其选项中清除掉"忠信"之训。

"比"定义中的"和谐"是个无论如何都是褒义的字，显然不吻合孔子对"比"的批评态度,因此也可以去除。

孔子一定会用对立的意义来区分君子和小人,试试把上述合并后字义选项一一对应,看看有无明确的好坏对立,这样可以帮助选择。对应表格如下。

表 2-2 周比之辩一

标号	周	比	褒周贬比后的大致意义
1	周全	亲近	君子注重周全而小人追求关系亲密
2	周全	相同	君子交友无类而小人只求和同类人交往
3	周全	偏爱	君子交友无类而小人有交友偏好
4	亲密	亲近	君子追求亲密关系而小人也追求亲密关系
5	亲密	相同	君子追求亲密关系而小人只结交同类人
6	亲密	偏爱	君子追求亲密关系而小人有交友偏好
7	合群	亲近	君子合群而小人狎昵
8	合群	相同	君子合群而小人千人一面
9	合群	偏爱	君子合群而小人有偏好

上述各个选项中,2 和 3 意思接近,可以合并入 3;而 1、4、5、6、7、8 没有好坏对立,不符合孔子对比的语境,可以放弃,这样就剩下两个选项:

表 2-3 周比之辩二

标号	周	比	褒周贬比后的大致意义
3	周全	偏爱	君子交友无类而小人有交友偏好
9	合群	偏爱	君子合群而小人有偏好

孔子会赞同君子交友以周全为标准而无所挑剔吗?显然不是,例证有:无友不如己者(学而 1.8)。匿怨而友其人,左丘明耻之,丘亦耻之(公冶长 5.25)。友其士之仁者(卫灵公 15.10)。孔子曰:"益者三友,损者三友。友直,友谅,友多闻,益矣。友便辟,友善柔,友便佞,损矣。"(季氏 16.4)显然是提倡避开"损者三友"的。提倡的是不对朋友藏匿自己的不满,而如果和小人交往,不满显然是不可避免的。

总之,交友需要主动选择,不可能无所不交。因此上述标号为 3 的选项也不成立。

最后的选项9成立吗？

首先，"君子合群"之说符合孔子在他处的意见，如子路13.23，子曰"君子和而不同"，说的是君子易于融入群体中的性格特点，可参阅该处解读。

其次，"小人有偏好"虽然不必然引申到"结党营私"的程度，但和"君子合群"相比，因其有偏好而在群体中形成小圈子是大概率现象，从而形成大范围内和多次社交活动中的拉帮结派的习气。

小人们虽然倾向于拉帮结派，但因其"同而不和"的特点（子路13.23），其形成的小圈子不会长期稳定，而会龃龉渐生，钩心斗角日重，难以长久，因为互相偏爱而形成的小圈子内部比起社交大群体来，反而更易不合，正是"比而不周"也。

用"合群"和"拉帮结派"来对比君子和小人，符合普遍的社会现象，也较为准确地体现修养高尚人士和鄙陋无聊之辈之间在社交中的区别和各自特点。

因此，此选项成立。

今 译

师父说："君子们和谐相处而不拉帮结派，小人们拉帮结派而不和谐相处。"

英 译

The master said: "Cultivated gentlemen embrace each other but do not form cliques; base guys form cliques but do not embrace each other."

2.15【原文】

子曰："学而不思则罔，思而不学则殆。"

字词训诂

罔。迷惑义。史上众解多说是迷惑而无所得，本书认为应是迷惑而丢失自我，对学习内容囫囵吞枣而不加以咀嚼消化，就会连原本或许还有的一点判断和思考能力都丢失掉。

殆。关键点：是危殆呢，还是困乏？只能是困乏。上句是说只学不思会迷惑并丢失自我，下句是说只思不学则人的头脑就会如断源之水一样逐渐干涸，困乏是也。

朱熹在其《四书集注》中对此的解读是铿锵有力而空洞无物、大而化之而不求甚解的风格的典型代表，特录于此，供对比参考：不求诸心，故昏而无得。不习其事，故危而不安。

今 译

师父说："只学习而不思考就会困惑，只思考而不学习就会困乏。"

英 译

The master said: "Learning without thinking gets one lost. Thinking without learning gets one exhausted."

2.16【原文】

子曰："攻乎异端，斯害也已。"

字词章句

攻。主要有两种解读：致力于、用功于；攻伐、攻击。

异端。有六种可能的解读：

其一，指其他非孔门学说，有人说是诸子百家，属于时代前置，因为孔子不可能知道自己身后才出现的其他学派；另外，整部《论语》未见孔子攻击其他学派，因此在孔子时代即使存在其他学派，除非它们和先王之道背道而驰（这样本解就等同于下解了），否则要么不成气候而成不了"异端"，要么就是作为"先王之道"的具体领域的补充，没有单独成为门派的理由。因此先排除此解。

其二，指所有非先王之道的知识和理论系统。同上，未见有记录，没有单独成立的理由。因此也排除此解。

其三，指和"中庸"相对应的"异端"，即"过"和"不及"。

其四，指各种和"先王之道"中的"德行"所对应的"恶"。

其五，指述而 7.21 提到的怪力和乱神。

其六，指和自己观点相反的不同观点的另一极端。这是本书的观点。

斯害也已。主要有两种解读。其一，把"斯"作为无实义的发语词，全句解为"只有害处罢了"。其二，把"已"解为动词性的"终止"，则全句就是"这种害处就会停止"。

上述三处的各种解读结合到一起，就有十六种可能，如下。

表 2-4 "攻乎异端斯害也"解读一

标号	攻	异端	斯害也已	是否自洽
1	致力于	过和不及	只有害处	是
2	致力于	恶	只有害处	是
3	致力于	怪力乱神	只有害处	是
4	致力于	两端中的一端	只有害处	是
5	致力于	过和不及	害处就会停止	否
6	致力于	恶	害处就会停止	否
7	致力于	怪力乱神	害处就会停止	否
8	致力于	两端中的一端	害处就会停止	否
9	攻击	过和不及	只有害处	是
10	攻击	恶	只有害处	是
11	攻击	怪力乱神	只有害处	是
12	攻击	两端中的一端	只有害处	是
13	攻击	过和不及	害处就会停止	是
14	攻击	恶	害处就会停止	是
15	攻击	怪力乱神	害处就会停止	是
16	攻击	两端中的一端	害处就会停止	否

把上述明显不自洽的去除，还剩下十一个选项，如下：

表 2-5 "攻乎异端斯害也"解读二

标号	攻	异端	斯害也已	是否自洽
1	致力于	过和不及	只有害处	是
2	致力于	恶	只有害处	是
3	致力于	怪力乱神	只有害处	是
4	致力于	两端中的一端	只有害处	是
9	攻击	过和不及	只有害处	是
10	攻击	恶	只有害处	是
11	攻击	怪力乱神	只有害处	是
12	攻击	两端中的一端	只有害处	是
13	攻击	过和不及	害处就会停止	是
14	攻击	恶	害处就会停止	是
15	攻击	怪力乱神	害处就会停止	是

《论语》中"攻"字共在三章中出现四次,除本章外,还有"小子鸣鼓而攻之可也"(先进11.17),攻击义;"攻其恶,无攻人之恶,非修慝与"(颜渊12.21),攻击义。因此,两可时,取"攻击"义更为可取。此外,把"已"解为动词性的"停止",在字义上成立,但在语境和语法上不妥当。真有此意,应说"斯害乃止"或"斯害已也"。

如此筛选,还剩下四个选项,如下:

表 2-6 "攻乎异端斯害也"解读三

标号	攻	异端	斯害也已	是否自洽
9	攻击	过和不及	只有害处	是
10	攻击	恶	只有害处	是
11	攻击	怪力乱神	只有害处	是
12	攻击	两端中的一端	只有害处	是

孔子不谈"怪力"和"乱神"(述而7.21),是因为它们无法为治国化民的社会实践所用,而不是有什么宗教倾向或是忌讳。如果有人批判和攻击它们,最多算是白费力气,但达不到"只有害处"的境地。因此先排除11。

孔子对是否应该攻"恶",在《论语》中可供参考的章节有。里仁4.3,"唯仁者能好人,能恶人"。等于认同了仁者可以憎恶他人,而"憎恶他人"算是某种形式对"恶"的"攻"了吧。先进11.25,孔子明确地批评子路说"是故恶夫佞者"。算是鲜明的对"佞者"及"佞"的风格的攻击,而"佞"显然是一种"恶"。颜渊12.21,"攻其恶,无攻人之恶,非修慝与?"虽然指示不要攻击他人的"恶",但还是鼓励"攻"自己的"恶"。阳货17.24,子贡曰:"君子亦有恶乎!"子曰:"有恶:恶称人之恶者,恶居下流而上者,恶勇而不礼者,恶果敢而窒者。"曰:"赐也亦有恶乎?""恶徼以为知者,恶不孙以为勇者,恶讦以为直者。"显然这种憎恶有可能会导致进一步的"攻",同时这种表达本身也是对"恶"的"攻";尧曰中提出"屏四恶","屏"或许是被动躲避,但其体现的态度也算是"攻"无疑;综上,可以确认,孔子不会认可攻击"恶"只有害处,因此排除10。

剩下的两解都以"中庸"为参照,不妨就从对"中庸"的追求态度来进行最后一轮筛选:追求达到中庸,就要避免"过"和"不及","攻"这两者不就是避开它们的正道吗?通过攻击"过"和"不及",可以增加向中间靠拢的机会,通过攻击行为对自己进行提醒和信息强化,最坏可能也就是因为专注于攻击两端而忘了直接追求中间,从导致精力分散,但无论如何不可能"只有坏处",因此排除掉标号为9的解读。

相反,如果只攻击和自己相对立的观点的另一极端(即两端中的一端,哪怕自己并不是站在其中一个极端,但只要攻击一个极端,则自然自己所处的位置就成为两端中的一端),虽然出发点也是要维护中间的权威,很容易在攻击过程中矫枉过正,从而在事实上站到自己立场的极端,变成对中庸的破坏和背叛。正如政治上左派和右派之间的斗争,往往导致极"左"或极"右"的结果,再如人类心理和种种社会实践,在拨乱反正的努力下,往往避免不了矫枉过正,从而使社会风潮在两个极端中来回拉锯和摆动,而难以在较为理想的"中间"状态稳定下来。

反推可知,正确的攻击态度就是同时攻击"过"和"不及"两端;因此,标号为12的解读是正解。

今 译

师父说:"攻击(对立意见的)一端,只有害处而已。"

英 译

The master said:"Attacking the extreme end(of the opposite ideas) is only pernicious."

2.17【原文】

子曰:"由,诲女知之乎?知之为知之,不知为不知,是知也。"

字词训诂

由。即仲由,字子路,又称季路,鲁国卞(今山东省泗水县泉林镇卞桥)人。仲由是孔子弟子中个性最为鲜明的,尚勇崇义,直率刚强,常常直接顶撞或挑战孔子,算是唯一对孔子亦师亦友,和孔子在人格上平等相处的弟子。从表2-7统计可知,整部《论语》中出场总次数挑战孔子次数、提问次数、和被记录的行为举止次数上他都是最多的,而且他和孔子的对话次数也仅次于子贡。基本可以认定:虽然颜回是孔子宣称的头号弟子,而子贡是世俗成就最大的,但子路却是孔子爱恨交织、欲罢不能的的心头肉。

表2-7 在《论语》中出场次数最多的九位弟子

人物	出场总次数	发言次数	对话次数	挑战次数	提问次数	提及次数	行为次数
子路	42	1	11	7	7	11	5
子贡	38	8	18	0	7	5	0
颜回	22	1	3	0	1	17	0
子夏	20	11	5	0	2	2	0
子张	18	3	6	0	7	2	0
冉求	16	0	6	1	2	7	0
曾子	15	12	2	0	0	1	0
子游	7	3	2	1	1	0	0
冉雍	7	0	3	0	0	4	0

仲由死亡的过程充满传奇色彩和英雄主义。仲由初仕鲁,后事卫。孔子任鲁国司寇时,他任季孙氏的家宰,后任大夫孔悝的家宰。前480年,孔悝的母亲伯姬与人谋立蒯聩(伯姬之弟,即卫后庄公,参阅公冶长5.15下解读)为君,胁迫孔悝弑卫出公,出公闻讯而逃。仲由在外闻讯后,即进城去见蒯聩。故事最早出处是《左传·哀公·哀公十五年》:季子将入,遇子羔将出,曰:"门已闭矣。"季子曰:"吾姑至焉。"子羔曰:"弗及,不践其难。"季子曰:"食焉,不辟其难。"子羔遂出。子路入……大子闻之,惧,下石乞、盂黡(yǎn)敌子路。以戈击之,断缨。子路曰:"君子死,冠不免。"结缨而死。孔子闻卫乱,曰:"柴也其来,由也死矣。"今文是:子路正要进入卫都,碰上子羔正要出来,说:"城门已关。"子路说:"我还是进去。"子羔说:"来不及了,没必要硬碰祸难。"子路说:"食其俸禄,不应躲避其祸难。"子羔就出去了。子路进去了……太子听到了,很害怕,让石乞、盂黡对付子路。用戈击打子路,把他的帽带打断了。子路说:"君子即使死,帽子也不能不带。"于是就绑好帽带子而死。孔子听到卫国发生动乱,就说:"子羔回得来,仲由得死了。"

女。音义同"汝"。《论语》中"女"字共出现十九次,除了阳货17.25中"唯女子与小人为难养也"和微子18.4中"齐人归女乐"中的"女"是今天的"女"义外,其余十七处均同"汝",后面不赘解。

知。第一个和最后一个"知"音义同"智",其余是动词性的"知"(zhī)。

章句义理

叫着仲由的名字自问自答,肯定是对仲由不满,反推可知,孔子认为他有把"不知"当成"知"的习气。从《论语》中子路的几处表现来看,至少按照孔子的标准和风格,子路确实有过于自以为是的风格,例如,述而7.35,子路自作主张为师父的病情祈福;子罕9.12,子路使门人为臣;先进11.25,反驳孔子说"有民人焉,有社稷焉,何必读书,然后为学?"先进11.26,子路表达理想,自信满满,遭到孔子嘲笑;子路13.3,子路挑战师父对"正名"的重视;宪问14.42,子路问如何成为君子,对师父的答复不太满意,连续追问"如此而已吗"?充满了怀疑,引致孔子说出"尧舜其犹病诸"这种较为极端的话来;卫灵公15.2,子路责问孔子:"君子亦有穷乎?"

今 译

师父说:"仲由,我教过你什么是'智慧'吗?知道它就确认知道它,不知道它就确认不知道它——这就是智慧。"

英 译

The master said:"Zhong You, have I taught you what wisdom is? Affirm your knowing it when you know it, and affirm your not knowing it when you don't know it—this is wisdom."

2.18 【原文】

子张学干禄。子曰:"多闻阙疑,慎言其余,则寡尤。多见阙殆,慎行其余,则寡悔。言寡尤,行寡悔,禄在其中矣。"

字词训诂

子张。复氏颛孙,名师,字子张,陈国阳城(今河南登封)人。是孔子死后儒家八家之首子张之儒的创始人,对儒学的形成、完善、传播和发扬贡献良多。《论语》中对子张的评价有不少是负面的,可见其性格特点和孔门风格有点不协调吧,主要有:先进 11.16,子曰"师也过",说他偏激;先进 11.18,中有"师也辟",说他偏激清狂;子张 19.15,子游曰:"吾友张也为难能也,然而未仁。"子张 19.16,曾子曰:"堂堂乎张也,难与并为仁矣。"

干禄。"干"gān,求取义;"禄",指官吏的俸给,代指官职。

阙。音义同"掘",去除义。

尤。过失义。

殆。困境义。

今 译

子张想学习当官之道。师父说:"多听,排除掉其中你所怀疑的,谨慎地表达余下的内容,这样就会减少过失。多看,排除掉其中你认为会导致困境的,谨慎地实行余下的选择,这样就会减少悔恨。表达上减少过失,行动上减少悔恨,当官之道就在其中啊。"

英 译

Zi Zhang wants to learn the way to secure an official position and emolument. The master said:"Hear a lot and eliminate the information you think doubtful, and cautiously bring out the rest, and you will minimize faux pas. See a lot and eliminate those behaviors you think perilous, and cautiously carry out the rest, and you will minimize regrets. With minimized faux pas in speaking, and minimized regrets in action, an official position and emolument will be secured."

2.19【原文】

哀公问曰:"何为则民服?"孔子对曰:"举直错诸枉,则民服;举枉错诸直,则民不服。"

字词训诂

哀公。姬姓,名将,鲁定公之子,鲁悼公之父;鲁国第二十六任君主,前494－前468年在位。请参阅八佾3.21下背景故事。

举。提拔义。

错。音义同"措",放置义。

直。正直,此处指正直的人。

枉。《说文》解为"邪曲",即不正直,此处指不正直的人。

举直错诸枉。提拔正直的人到不正直的人之上。

服。顺从义。

章句义理

可参阅颜渊12.22下解读,其中有所谓"举直错诸枉,能使枉者直",比本章更进一步,认为"举直错诸枉"不仅能使民服,还能改变"枉"。

本章谈的是用人得当的示范效果,其前提是人民有机会认识这些人并对其"直"或"枉"有共识。这个原则在逻辑上是成立的,但其前提很多时候不容易成立,从而导致原则无法落地。

今 译

鲁哀公问道:"怎样做才能让人民顺从?"孔子回答道:"提拔正直的人到不正直的人之上,则人民顺从;提拔不正直的人到正直的人之上,则人民不顺从。"

英 译

King Ai of the Lu state asked:"What should be done to bring the people into submission?" Confucius replied:"Promote the upright over the crooked, and the people will submit; promote the crooked over the upright, and the people will not submit."

2.20【原文】

季康子问:"使民敬、忠以劝,如之何?"子曰:"临之以庄,则敬;孝慈,则忠;举善而教不能,则劝。"

字词训诂

季康子。即季孙肥,姬姓,季氏,名肥,季桓子的儿子,鲁国正卿;谥康,故称"季康子"。与鲁哀公、孔子同时代,此时鲁国三桓强盛,尤以季氏专权,是当时鲁国的权臣。他是孔子一生恩怨纠缠的主要对手。作为反面典型,季康子在整部《论语》中出场十七次,排名第六,仅在子路、子贡、颜回、子夏和子张五个弟子之下,他对孔子的影响之大及其与孔子的互动之多可见一斑。

劝。本义说服,引申为"被说服",即"服气、服从"义。

以。连词,表示并列,相当于今天的"而"。

章句义理

本章等于对统治者提出四重要求,这些要求及其效果今天也成立:要庄重,这是风格;要表现出孝和慈,这是礼仪和姿态;要提拔好人,起示范作用;要教育养护弱者,提高人民素质。

今 译

季康子问道:"要想让人民(对统治者)尊重和忠心,并使他们服从,该怎么办呢?"师父说:"对待人民时保持庄重,则人民会尊重;孝敬老人并爱护儿童,则人民会忠心;提拔好人并教育弱者,则人民会服从。"

英 译

Mr. Ji Kang asked: "In order to win reverence and loyalty of the people, and make them submissive, what should be done?" The master said: "Present yourself to the people with gravity, and the people will show reverence; filially love elderlies and cherish the young, and the people will show loyalty; promote the good and teach the incompetent, and the people will be submissive."

2.21【原文】

或谓孔子曰:"子奚不为政?"子曰:"《书》云:'孝乎!惟孝,友于兄弟,施于有政。'是亦为政,奚其为为政?"

字词训诂

惟。发语词,无实义。

是。这,指"孝和友"。

奚其为为政。"奚":难道一定要。"其为":那样做,指的是问者心目中的"为政"。

章句义理

孔子的引用无严格对应的来源,或许另有来处而今天佚失了吧。基本接近的是伪古文《尚书·周书·君陈》一段,录于此处权供参考:"王若曰:'君陈,惟尔令德孝恭,惟孝友于兄弟,克施有政。'"今译作:成王这样说:"君陈,你有孝顺恭敬的美德,你孝顺父母又友爱兄弟,胜任从政了。"

成王的意思是:能做到孝、友是从政的充分条件,并没有说做到"孝和友"就是"从政"。因此,孔子的引用不够贴切。

"孝"和"友"在统治者层面,因为有示范作用,或者作为对民众的明确要求,可以算是"为政"。"孝"和"友"是社会关系中的道德修养,也是"礼"的要求,但对于民众、士、或者没有统治权的君子来说,肯定不是"为政"。

孔子虽然也做过大夫,但本章问答的语境显然是从作为个人的角度来谈"孝"和"友"的,在这个层面上,说"孝"和"友"是"政"最多算是个比喻,有偷换概念之嫌。

孔子一生奔波追求从政,除了有一段在鲁国当大夫的经历外,基本是四面碰壁,内心不忿和失落是难免的,所以在面对如此尖锐的问题时,情绪上有点爆发,用防守的姿态,通过偷换概念,至少在言论上维持了自己的自尊。

今 译

有人对孔子说:"先生你为什么不从政?"师父说:"《尚书》上说:'孝啊!就是孝啊,把它应用到兄弟之间,把它体现到政治之中。'这样做也是从政了,难道一定要那样才算从政吗?"

英 译

Someone spoke to Confucius: "Sir why don't you practice politics?" The master said: "The *Book of Shang* says: ' Oh filial love! Filial love it is, duplicate it among brothers, implement it in politics. ' Practicing filial love is also practicing politics. Why must one be in that way to be regarded as practicing politics?"

2.22【原文】

子曰:"人而无信,不知其可也。大车无輗,小车无軏,其何以行之哉?"

字词训诂

可。可以,引申为"行得通"。

大车、小车。大车指拉货之牛车,小车指乘坐之马车。

輗,軏。ní,yuè,都指车辕和架在牲口脖子上的横木(对牛车来说就是"轭",对马车来说就是"衡")之间的衔接活销。

章句义理

此处用"车"比喻人试图达到的效果和目的,用拉车的牲口来比喻人在社会中行动的能力和潜力,用"輗"和"軏"来比喻表达"信"在做人处事中的关键作用,意思是:没有"信"的连接,则能力无法实现为效果。

今 译

师父说:"做人却不讲信用,我不知道他能干吗。如果大车的轭没有销,小车的衡没有销,那用什么来驾驶这些车子呢?"

英 译

The master said: "If a man has no trustworthiness, I don't know how he can get along. If a large oxcart or a small chariot does not have a pin for the yoke, then with what can we drive them?"

2.23【原文】

子张问:"十世可知也?"子曰:"殷因于夏礼,所损益,可知也;周因于殷礼,所损益,可知也。其或继周者,虽百世,可知也。"

章句义理

孔子用"礼"的领域来回答子张泛泛的"十世可知也"的提问,或许师徒二人当时的语境不言自明,而本章的记录没有点明这种语境吧。

这里孔子提出一个重要概念——损益,其含义是增减、继承和变革,既对前代典章制度、礼仪规范等有继承和沿袭,也有改革和变通。这表明孔子本人并不是顽固保守派,并不一定要回到周公时代,并不是一概反对所有的改革。

孔子此处论述经不起认真推敲,有三种潜在挑战:

挑战一:殷到夏,只要总结出损益,推论出其状态是成立的;夏到周,同理。但是,既然能总结出损益,就可以直接总结其状态,没必要再走一遍加减过程。

挑战二:殷到夏和夏到周是过去的历史,如果非要走一遍其礼仪规范的加减过程,算得上是内推;但预测未来属于外推,如何在逻辑上保证能推得出来呢?看似逻辑满满的类比其实是偷运进了没有坚实基础的断言。孔子,推广开来说,几乎所有中国传统学问的大师们,都几乎是不假思索地利用这种语言上的近似性来偷换概念,或把外推打扮成带有必然性的内推,或把性质和条件不同的领域和范畴一股脑地通过类比打包在一起,然后声称它们都适用于自己提出的某个规律或理论。这种用类比来替代逐类分析和逐项论证的习惯,又被汉语语义的模糊性、词性的随意腾挪、时态的无法辨识、汉字本身的通感倾向、象形字形在意义和氛围上的引导性、语法的高度自由、和口语化的随意等等方面所强化,并进而从语言层面就基本阉割了思辨的逻辑性、推理的严谨度、以及宏观理论细化到技术层面及量化到可证伪级别的可能性。

挑战三:如果总是可以记录和总结对礼仪的损益,当然可以推出其给定时间点的礼仪规范。但问题是在预测时,主要就是要预测损益啊,而预测损益,主要就是预测未来的综合社会条件能形成怎样的趋势和压力,从而对礼仪损益产生何种影响。这样的预测当然很难,除非坚持声称未来的社会演化一定会按照自己发现的规律回归到自己声称的带有必然性的状态,就是说,必须坚信自己就是上帝或圣人——而这不符合孔子对自己能力的一贯判断。

今　译

子张问:"今后十世(的礼仪制度)可以知道吗?"师父说:"商朝继承了夏朝的

礼仪制度,所废除的和所增加的内容是可以知道的;周朝继承了商朝的礼仪制度,所废除的和所增加的内容也是可以知道的。将来有继承周朝的,就算是一百世以后的情况,也是可以预先知道的。"

英 译

Zi Zhang asked: "Can (the rules of propriety of) the 10th generation from now be forecasted?" The master said: "The Yin dynasty followed the rules of propriety of the Xia dynasty, what it abolished and created into them could be known; the Zhou dynasty followed the rules of propriety of the Yin dynasty, what it abolished and created into them could be known; when there is one that will follow the Zhou dynasty, even after its 100th generation, (the rules of propriety of) it can be forecasted as well."

2.24 【原文】

子曰:"非其鬼而祭之,谄也。见义不为,无勇也。"

字词训诂

鬼。死去的祖先。

谄。一般解为"谄媚"之"谄",但也有把它解为"陷阱"的。解析如下。

主"陷阱"说的,主要是从此字的右半部"臽(xiàn)"字训而来,其逻辑是:《说文解字》中说"谄":讇或从臽,而在他处又说"讇"义是"谀",而对"谀"却没有解释;《说文解字》中又说"臽":小阱也;因此"谄"就是"陷阱";而"非其鬼而祭之,谄也"说的是:不是自己的祖先而拜祭,是个陷阱。

此解显然是错误的。它把字词训诂作为唯一依据,但忽视上下文的语境。在《论语》中,"谄"字共出现三次,除本处外,还有两处。学而1.15中,子贡曰:"贫而无谄,富而无骄,何如?"本篇3.18,子曰:"事君尽礼,人以为谄也。"

这两章中的"谄"显然是"谄媚"之义。虽然没有本章字训一定要符合他处章节的必然性,但在解读同样顺畅自然的情况下,需要否定这种字训一致性的解家提出论证而不是相反。单单从一本字典对一个偏旁部首的注解来论证,太过乏力。

章句义理

难点是:为何把这两种行为并列在一起呢?

各解家基本都没有给出解析,或者就认为是孔子此处言谈的背景和对话语境所决定的,但背景和语境已不可考。这样理解是成立的,是很大的一种可能,但不是唯一的可能;如果其他选项能够在不假设背景和语境的情况下给出自洽的解读,就是有价值的尝试。以下是尝试过程。

从孔子批评"非其鬼而祭之"可以推知,礼法并未禁止这种行为,同时这也是孔子时代真实存在的现象。

诸侯之间和朋友之间在迎来送往中,在特定的时机或场合,祭祀对方的祖庙或家庙,应属情理之中,正如今天国家领导人在友邦向对方的国父或烈士纪念碑敬献花圈,朋友之间向彼此祖先牌位表达敬意一样,都是通过向对方先辈表达敬意来表示对对方本身的认可、亲近、景仰、或尊重。这些情形用"谄"来描述也成立,但应不算过分之举,因为其出发点还是彼此对等往来的"礼"。

可以使这种行为脱离对等的情形是:只有甲祭乙之鬼,而乙却没有对等的回报行为。这种情形出现的条件是甲卑乙尊或甲弱乙强,同时甲有求于乙。

因此,甲"非其鬼而祭之",必有隐藏的利益盘算,是试图讨好乙的虚伪做派,"谄"者,利益驱动是也;"非其鬼而祭之"是逐利,而"见义不为"是无义,把两种行为并列在一起的线索就是"义利"之辩,呼应的是季氏 16.10 和子张 19.1 中所说的"见得思义";这是并列两种行为的一种出发点。

另一个出发点有可能是:因为自己弱小而去讨好强者,放弃尊严和原则,属于做了不该做的,而"见义不为",未体现勇气和担当,属于没做该做的,连接两种行为的线索就是"该做不该做"的选择。

还有一个可能的出发点是:"非其鬼而祭之"体现猥琐扭曲的心理状态,而"见义不为"体现怯懦退缩的性格特点,两者都是述而 7.37 中"君子坦荡荡,小人长戚戚"中的"戚戚"之态,绝非君子之风,因此要求弟子们避开这两种心理陷阱也是应有之义。

今 译

师父说:"不是自家的鬼而去祭祀他们,这是谄媚。看见该做的事情却不去做,这是没有勇气啊。"

英 译

The master said: "Sacrificing to spirits that do not belong to one's family is flattery. Not doing what one sees righteous is want of courage."

八佾篇

3.1【原文】

孔子谓季氏:"八佾舞于庭——是可忍也,孰不可忍也?"

字词训诂

佾。yì,《说文解字》和《广雅》均解为"列"。既然是舞蹈,指的就是舞蹈行列。《康熙字典》释"佾"说:"行数,人数,纵横皆同,故曰佾。"不知其出处为何,但队列保持方正,应在情理之中。

八佾。八列,共六十四人。马融在《论语集解》中说:"天子八佾,诸侯六,卿大夫四,士二。八人为列,八八六十四人。鲁以周公故受王者礼乐,有八佾之舞。季桓子僭於其家庙舞之,故孔子讥之。"此说成为主流。

马融所说的鲁国故事的出处应是《礼记·祭统》的最后一段:"昔者,周公旦勋劳于天下。周公既没,成王、康王追念周公之所以勋劳者,而欲尊鲁,故赐之以祭……朱干玉戚以舞《大武》,八佾以舞《大夏》。此天子之乐也。康周公,故以鲁也。子孙纂之,至于今不废,所以明周公之德而又以重其国也。"翻译过来是"从前,周公旦有功于周朝。周公去世以后,成王、康王追念周公的功劳,打算在诸侯国之中格外尊重鲁国,所以特赐鲁国提高其祭祀规格……舞者手执红色盾牌和玉柄刀斧跳《大武》之舞,用八列舞者表演《大夏》。这些是天子才能用的乐舞。为褒奖周公,所以把它赐给了鲁国。其子孙继承之,至今还在使用,就是用这个来颂扬周公之德并提高鲁国在诸侯中的地位。"

马融所说的对"佾"的数量的规则应是引自《左传·隐公·隐公五年》:"九月,

考仲子之宫,将万焉。公问羽数于众仲。对曰:"天子用八,诸侯用六,大夫四,士二。夫舞所以节八音而行八风,故自八以下。"公从之。于是初献六羽,始用六佾也。"翻译过来是:"九月,祭祀仲子庙,准备在庙里跳万舞。鲁隐公向众仲询问跳羽舞的人数。回答说:'天子用八列,诸侯用六列,大夫四行,士二列。舞是用来调节八种材料所制乐器的乐音而传播八方之风的,所以队列数从八开始逐级下降。'隐公照办了。从此跳六羽乐舞,就开始使用六列舞者了。"

《春秋·公羊传·隐公五年》中则有:"天子八佾,诸公六,诸侯四。"这里的"公"指天子三公,即天子之相也。对比上述《左传》引文,可见多了"公"一级,同时把"诸侯六"降为"诸侯四"。即使周礼本来如此,到了权力下沉的春秋时代,诸侯们在实践中从"四"升格为"六",算是合理发展吧。

《春秋·公羊传·昭公二十五年》中也有类似僭礼记载:"昭公曰:'吾何僭矣哉?'子家驹曰:'设两观,乘大路,朱干,玉戚,以舞《大夏》,八佾以舞《大武》,此皆天子之礼也。'"翻译过来是:"鲁昭公问:'我有什么僭越的吗?'子家驹说:'宫门外竖起了两座观望台,乘坐用玉石装饰的车,用红色盾牌和玉柄刀斧做道具来跳《大夏》,用八列舞者跳《大武》,这都是天子才该有的礼仪啊。'"

舞。上述《公羊传》引文中提到的乐舞,这里也需要加以说明:

按《吕氏春秋·纪·仲夏纪·古乐》记载有:"禹……于是命皋陶作为夏籥九成,以昭其功。"翻译过来是:"禹……于是命令皋陶创作《夏籥》九章来宣扬自己的功绩。《夏籥》就是此处的《大夏》。"《大武》又称《武》,是一种模拟战争的舞蹈。传为周公旦创制,内容是歌颂武王伐纣的武功。《大夏》和《大武》是周朝六乐(又称六歌,也叫六舞)之二,其余四种是:《云门大卷》(黄帝之乐,六乐之首),《大咸》(尧帝之乐),《大韶》(舜帝之乐,简称韶,又称九韶、箫韶),《大濩》(商汤之乐);其中《云门大卷》《大咸》《大韶》和《大夏》歌颂的帝王,都是以禅让得到天下的,所以称"文舞";而《大濩》和《大武》歌颂的都是以武力夺取天下的帝王,所以叫"武舞"。

按《周礼·春官宗伯·大师乐/小师》记载有:"乃奏黄钟,歌大吕,舞《云门》,以祀天神;乃奏大簇,歌应钟,舞《咸池》,以祭地示;乃奏姑洗,歌南吕,舞《大韶》,

以祀四望;乃奏蕤宾,歌函钟,舞《大夏》,以祭山川;乃奏夷则,歌小吕,舞《大濩》,以享先妣;乃奏无射,歌夹钟,舞《大武》,以享先祖。"翻译过来是:"用黄钟宫的调式演奏,用大吕宫的调式歌唱,跳《云门》舞,以祭祀天神;用大蔟宫的调式演奏,用应钟宫的调式歌唱,跳《咸池》舞,以祭祀地神;用姑洗宫的调式演奏,用南吕宫的调式歌唱,跳《大韶》舞,以祭祀四方远处山川;用蕤宾宫的调式演奏,用函钟宫的调式歌唱,跳《大夏》舞,以祭祀近处山川;用夷则宫的调式演奏,用小吕宫的调式歌唱,跳《大濩》舞,以祭祀女性祖先;用无射宫的调式演奏,用夹钟宫的调式歌唱,跳《大武》舞,以祭祀先祖。"可见,六乐各有具体适用环境,规矩很多,而孔子显然认为坚持和传承这种规矩是理所当然的。

上文中提到的各种调式来源于古代用来确定绝对音高的十二律,各律都有自己的名称,大约对应着现代西方音乐一个音程内的全部音阶,对应请见十二律和西乐音高对照表。把十二律和表达相对音程的五音音阶(宫商角徵羽,大致对应的是西方音乐唱名的 do、re、mi、sol、la)或七音(在前述五个音阶上加上变徵和变宫,大致对应的是升 fa 和 si)搭配,分别以某个音阶作为音阶起点和旋律主音,就会形成不同的调式。比如上述大吕宫的意思就是:用大吕的绝对音高作为"宫"音形成的调式,显然它的音高就会比黄钟为"宫"的调式要高。有兴趣细究者请自行查证,此处不赘。

表 3-1　十二律和西乐音高对照表

编号	1	2	3	4	5	6	7	8	9	10	11	12
十二律名称	黄钟	大吕	大蔟	夹钟	姑洗	中吕	蕤(ruí)宾	林钟	夷则	南吕	无射(yì)	应钟
对应的西乐音高	C	#C	D	#D	E	F	#F	G	#G	A	#A	B

孔子在本篇 3.25 中提及的《韶》和《武》分别就是上述《大韶》和《大武》,他对两者高低的评价的来源就是上述"文舞"和"武舞"的区别。

《左传》如果确是左丘明所作,则成书年代就在孔子时期,而《公羊传》和《礼记》成书时间比孔子略晚,三者可供参考;其余出处隔代久远,不足以供考据之用,所以结论如下:

其一,"八佾"是八列舞者无疑,且本是天子规格,只是鲁国沾了开国国君周公旦的光,可以在某些场合下使用这个规格而不算僭礼,是为特例。

其二,"诸侯用六"应该是六六三十六位舞者而不是六八四十八位,因为很难想象"士二"由两列八人构成,画面上太不协调。"大夫四"依此类托。再说了,"士二",以"士"的地位和经济能力,用四个舞者舞于宗庙算是合理安排,难以想像他们用十六位舞者来祭祀宗庙。西晋杜预在其《春秋经传集解》中也是如此解读。

其三,按前述《公羊传》所说,连鲁国国君用八佾规格都有僭越之嫌(胡其伟发表于《枣庄学院学报》2016年第4期《从〈论语〉对鲁国违礼现象的批评看孔子礼的"观念"》一文),何况是作为鲁君臣子的权臣季桓子呢?而且,八佾之舞本应在特定的宗庙祭祀时才能使用,而"八佾舞于庭"中的"庭"字明示季桓子用八佾是在自家庭院内,不要说是鲁国的太庙,连自家的宗庙都不是,不仅是双层僭礼(从天子降级为国君是一层僭越,从鲁国国君到季氏是第二层),更是三层僭礼(再加上一层"舞于庭"而不是舞于庙),因此,"是可忍也,孰不可忍也?"

其四,季氏既然让"八佾舞于庭",显然就不是为了祭祀之用,而是为了耳目之娱,是把乐舞这种本来只用于祭祀典礼的礼仪和教化工具,变成日常生活的娱乐手段,至少是开发或强化了乐舞的世俗的欣赏功能(这种功能孔子也是承认的,见于述而7.14,其中说:子在齐闻《韶》,三月不知肉味),无论如何也是进步。孔子只从礼的等级规定出发而加以批评,确实有食古不化之嫌。孔子对礼乐的见解,可参看季氏16.2下对"礼乐征伐"的解读。

忍。历来有作为观察者的"容忍"和季氏本人的"忍心"两解。从行文逻辑和语境来看,显然是后解妥当。而现在对"是可忍孰不可忍"的应用却是用上述对"忍"的前解为蓝本,已经讹传为"这个如果忍了,还有什么不能忍的"的字面意思,并因此再度讹解为"这个决不能忍"的表达意义。讹传既为主流,只好讹而用之了。

章句义理

孔子的逻辑应该是:连这种僭礼行为都做了,还有什么不敢干的呢?季氏已经掌握了鲁国的实权,还有什么进一步僭越的领域呢?只能是公开驱逐国君自立了吧;而季氏及其后代显然没有这么干。请参阅季氏16.3下对"三桓之子孙微矣"的解读。

因此,孔子的判断不成立。至于为何季氏没有进一步僭越之举,可能是因为权力勾心斗角的制衡,可能是实力的欠缺,可能是胸怀和境界的高尚,也有可能是对公开夺权这种大逆不道行为的忌讳以及对君臣根本之礼的敬畏吧。

今 译

孔子讲到季氏:"让八队舞者在庭院中跳舞——这个都敢干,还有什么不敢干的吗?"

英 译

Confucius spoke of the Ji family: "To have eight rows of dancers dance in his courtyard—if he dares to do this, what else does he not dare to do?"

3.2 【原文】

三家者以《雍》彻。子曰:"'相维辟公,天子穆穆。'奚取于三家之堂?"

字词训诂

三家。鲁国权贵仲孙,叔孙,季孙三氏。

家。此处特指卿大夫统治的区域。按周礼,周天子拥有天下,嫡长子继承天下,其余的儿子各有自己的封国,这些儿子就是各国国君,也即诸侯,拥有各国。诸侯的嫡长子继承国,其余的儿子分配到各自的采邑,成为卿大夫,拥有各自的"家";《礼记·大学》中所谓"身修而后家齐,家齐而后国治"中的"家"也是此义。

顺便说说"士":卿大夫的嫡长子继承自己的采邑,其余宗族亲属就是"士"。"士"在孔子时代前多指"武士",从孔子时代开始,"士"多指"文士",他们从源流上讲,是贵族的宗亲,有 gentleman 的身份,社会地位在"庶人"之上,但既不算贵族,也不算统治阶级,算是名义上高于"庶人"但实际上处于统治阶级和庶人之间夹缝地位的中间阶层。请参阅子罕 9.12 下注释。

者。这三家也。

雍。音义同"雝",yōng,和谐义;指《诗经·周颂·臣工之什》中的《雝赋》,是武王祭祀文王、歌颂文王伟业的乐歌,用作祭祀结束时的伴乐。其前四句是"有来雝雝,至止肃肃。相维辟公,天子穆穆。"今译作:行进路上和睦虔诚,到达此地恭敬有加。诸侯环绕相助,天子庄严肃穆。

彻。撤除义,此处指祭祀完毕撤去供奉之物。

章句义理

显然,鲁国的三家实权派臣子已经公开使用只用天子及天子特许的鲁国国君才能使用的乐舞(可参考前一章解读)来完成自家的宗庙祭祀,算是僭礼无疑。

本来完全可以正面攻击三桓(三桓概念请参阅先进 11.14 下注释)的僭礼行为,但孔子用的却是歌词中提到的诸侯的缺位来挑战其合法性,在修辞上故意拘泥于古诗的字面意义,来论证三桓僭礼之无据;论证上虽然成立,但有旁敲侧击、不及要害之嫌。

今 译

三个家族(在祭祀仪式上)撤除祭品时表演《雍》。师父说:"'诸侯环绕相助,天子庄严肃穆。'这当中的哪一点出现在三个家族的大堂上啊?"

英 译

The three families performed *Yong* while withdrawing the sacrifices (during the ceremony of the sacrifice). The master said: "'Surrounded and assisted by princes, the emperor was solemn.' Which parts of it were present in the halls of the three families?"

3.3【原文】

子曰:"人而不仁,如礼何? 人而不仁,如乐何?"

字词训诂

"人而不仁"中"人"和"仁"都应解为动词为妥,分别是"为人"和"为仁"。

章句义理

很大的可能是:本章承接前两章,对季氏或三桓提出批评,而且更进一步,直接宣称他们不仁。显然,孔子认为仁是前提。没有仁,根本谈不到礼和乐。

今 译

师父说:"做人而不行仁道,礼仪怎么办呢? 做人而不行仁道,音乐怎么办呢?"

英 译

The master said:"Being a man but not practicing humanitarianism, how would the rules of propriety do? Being a man but not practicing humanitarianism, how would the music do?"

3.4【原文】

林放问礼之本。子曰:"大哉问! 礼,与其奢也,宁俭;丧,与其易也,宁戚。"

字词训诂

林放。字子丘,鲁国人,其故里在今新泰市放城镇。据说是比干二十七世孙,一说是七十二贤之一,一说不是孔子弟子,不可确考。在《论语》中出现两次,另一处在本篇3.6章。两次出场都没有主动发挥,无法看出其特长和亮点;但从3.6中孔子的语气,可推知林放应有不拘礼节之名而无触犯礼仪核心忌讳的行为;有人从该处推论林放应是负责季氏礼仪的家臣,算是合理的推断,但无法确证。

本。是指根本呢,还是本来?如果指根本,则应该是具有普遍适用性的核心概念,比如"让"或"敬",本章所谈的"俭奢"只是风格,"戚易"只是特殊场合"丧"中的风格;从行文逻辑来看,尤其孔子用了"与其,宁"这样的句式,显然是针对当时应该正在流行的"奢礼"和"易丧"来说的,正因为孔子不赞同这两种流行的风格,所以才要拨乱反正,恢复原貌,回归礼的"本来"出发点。因此,取"本来"义为妥。

大。取其"超过一般"义,引申为"好、优秀"义。

章句义理

孔子的回答,是教导对礼仪活动要遵守的风格。前后两句的关系是:前句一般地讲应如何对待礼仪活动,后句则举丧礼为例,以作说明。因此,"易"必定和"戚"构成对仗:"戚"是悲哀的感情,所以"易"就应该指"不当回事"之类的情感。丧礼是表达对死者的哀思,故"戚"算是情绪的内容,"宁戚"体现重视情绪内容的意思。于是可知,"易"就是忽视这个内容的表现。前半句指示别做过了,后半句指示在丧事上别做得不够。两层意思分别是:总体来说,礼宁简勿奢;但对于丧礼,宁戚勿将就;单就丧礼来说,与其礼仪周备,不如真心悲伤。

今 译

林放问什么是"礼"的本意。师父说:"这是个好问题啊!实践礼仪时,与其铺张浪费,宁可节俭朴素;实践丧礼时,与其将就随便,宁可表现悲伤。"

英 译

Lin Fang asked what the original purpose of the rules of propriety was. The master said:"What a great question it is! In practicing the rules of propriety, rather than being extravagant, it's better to be frugal; in practicing the rules of obsequies, rather than being slipshod, it's better to be sorrowful. "

3.5【原文】

子曰:"夷狄之有君,不如诸夏之亡也。"

字词训诂

夷狄。古称东方部族为夷、北方为狄、南方为蛮、西方为戎。夷狄合称,泛指非华夏民族的、按照华夏民族标准尚未开化的各方少数民族。

诸夏。指周代分封的中原各诸侯国,即华夏各族。

有君。字面意思是君主在位,但应引申指"君主在位并掌权"。如此引申原因有二。一是因为字面意思上的"无君"几乎是不存在的现象,最多是暂时的空缺,没有比较的事实基础。二是因为本章显然是在比较礼乐教化的高低,鉴于君主是否握有实权对礼乐教化影响很大,而且其掌握实权本身就是"礼"的重要内容。因此把"君之有无"解为"君有无其应有之位"即是否有"君位之实"妥当。

亡。音义同"无"。

章句义理

本章解读的核心是"如",主要有两解,针锋相对:一解把"如"解为"像",则本章就是在夸奖夷狄而贬低中原;一解把"如"解为"比",则本章就是在藐视夷狄而夸奖中原。上述第二解为妥,如下:

一,本篇的话题基本都是围绕"礼",且本章的语境显然也是在比较"礼"的存亡。

二,夷狄之所以称为夷狄,就是因为其没有礼乐的开化,更谈不上礼乐的传统和继承。

三,中原各诸侯国,即使礼崩乐坏,还有历史的传统和民间的传承,正如子张 19.22 中子贡所说"文、武之道,未坠于地,在人",或《汉书·艺文志》中记录的孔子所说"礼失而求诸野",一旦中原国君层面决心恢复礼乐,不仅有现成的目标和标杆,还有沉淀厚重的民风基础,远非夷狄各国可比。

因此,即使夷狄各国有国君在位并大权在握,在礼乐教化上,也注定比不过大权旁落、臣子僭权的中原各国。

今 译

师父说:"东夷和北狄即使君在其位,也比不过中原各国君不在其位。"

英译

The master said: "The barbarian tribes in the east and north, even when having their sovereigns in place, are still inferior to the Chinese states without their sovereigns in place."

3.6【原文】

季氏旅于泰山。子谓冉有曰:"女弗能救与?"对曰:"不能。"子曰:"呜呼!曾谓泰山不如林放乎?"

字词训诂

旅。本就有"旅行"和"祭祀"两义,因此多有取其"祭祀"义的;但如果取"祭祀"义,则"旅于泰山"中的"于"就变得冗余;同时,"旅于泰山"只能是"旅"已经完成,何来后面"女弗能救与"之问?而如果取其"旅行"之义,则状态就是季氏正在去泰山的行旅中,其目的是僭权祭祀天地,但还有机会劝止他,因此孔子才问"女弗能救与?"因此,虽然季氏的目的是"祭祀",但此处的"旅"仍应取其"旅行"义,"旅"是为了"祭",碰巧暗合了"旅"本有的"祭"义而已。

冉有。即冉求,姬姓冉氏,字子有,通称"冉有",鲁国陶(今山东省菏泽市定陶区冉堌镇冉堌集村)人。孔门十哲之一,冉雍和冉耕的弟弟,曾担任季氏宰臣。能力超群,可能是孔门中掌握最大世俗权力的弟子了,在政治上他更尊重现实,观念和孔子有所不同。

救。《说文解字》说:"救,止也。"此处就是这个本义。

曾。zēng,难道义。

章句义理

泰山之祭

按礼,只有天子才能在泰山祭祀天地,诸侯只能在其封国内祭祀;虽然鲁国有天子授权可以提高祭祀规格（请参考本篇3.1下对"八佾"的解读），但应该不包含泰山之祭，因为这种祭祀是针对全天下的，鲁国不可能行使这种职能；但泰山在鲁国境内，因此鲁国国君有权利去泰山祭祀，但这种祭祀只能是针对鲁国的祭祀和祈福，不可以为全天下代劳。这就好比北京市政府因地利之便，用天坛和地坛举行活动比如祭祀，但这种活动的意义、影响力、尤其是其内容和结果的约束力及辐射力，注定是北京市范围内的，而不可能是全国的。因此，如果季氏去泰山祭祀，有可能是两种级别的僭礼：代表鲁国，就僭代鲁国国君的权力；代表全天下，就是越了两级的僭礼行为。显然，季桓子的泰山之祭是前者，他不会狂妄到试图表现出代表天下的野心或实力。

孔子反问的内容

其一，孔子暗示好像泰山本身能够投反对票似的，有人因此认为此处指的是泰山之神。但即使是泰山之神，又如何反对季氏僭越呢？对于总是从人的行为来谈礼的孔子来说，引入一个抽象的神的角色来吓唬季氏不符合其一贯态度，显然不是其本意。

其二，还有人（代表是朱熹）用泰山"不享非礼"因此"欲季氏知其无益而自止"来解说孔子的反问，同样不能成立："有益"与否首先要假设泰山的人格能动性，这不符合孔子的态度；其次，"有益"与否如果从季氏的角度来看，显然是肯定的，是经过深思熟虑认定"有益"的决策，否则他没有冒着僭礼的风险去祭祀的动机。

其三，有人（这是主流解读，代表是《论语集解》中的马融）结合本篇3.4林放问礼之本的故事，说林放还知道问礼，难道泰山连林放还不如吗？此解不能成立：首先如上，泰山哪里有人格性的能动性？其次，林放在3.4中问的是"礼之本"，而孔子的回答是"宁简勿奢和宁戚勿易"，是态度问题，无关乎僭礼；如果季氏做到"简和戚"，难道就可以"旅于泰山"了吗？

其四，还有人（今人李零）说林放应是季氏的礼仪官，为季氏准备了泰山之旅的礼仪，因此有此反问。此解亦不妥：首先还是泰山的能动性问题，它即使想，又如何去比得上或超越林放呢？其次，如果林放为季氏泰山之旅准备了礼仪，算是为虎作伥或见义不为,即使泰山有人格性的行动能力,也不该拿它来和林放的行为对比,期待它比林放做得更好,这就好比说:某某为敌人带路来进攻祖国的城镇,难道说这个城镇还不如某某吗?逻辑混乱,不取。

我认为正解是:冉有是季氏家宰,从语境反推,不管林放是不是为季氏工作,应该有得罪过季氏从而使季桓子准备惩罚他的往事,应该是冉有求情而改变了季氏的决定;因此,当冉有宣称自己无法制止季桓子泰山僭礼的行程时,孔子认为他没有尽力劝谏,甚至都没有像为林放求情那样努力尝试,因此才有"曾谓泰山不如林放乎"的反问,表示不相信冉有已经尽力。

冉有政治观点显然和孔子有所区别,对季氏的态度肯定也不一样,否则不会当季氏的家臣;既为家臣,为主谋事,是情理之中,有可能季氏泰山之旅就是冉有策划的。面对师父,虽不认同其观点,但在场面上还是要显出尊重的,因此用"不能"作为托辞算是情理之中。雍也 6.12 中,冉求曰:"非不说子之道,力不足也。"子曰:"力不足者,中道而废。今女画。"也是冉有给出托辞而孔子反驳说他并未尽力,可以作为此解的佐证,甚至有可能是本章故事的姊妹篇;先进 11.17 中有:季氏富于周公,而求也为之聚敛而附益之。子曰:"非吾徒也。小子鸣鼓而攻之可也。"明确揭示孔子和冉有之间针对季氏的截然不同的态度,也可以作为本章解读的背景。

因此,孔子的反问对比的是作为祭祀对象的泰山和作为个人的林放在冉有心中的重要性。孔子认为这种对比的结果不言而喻,并用这种极端的对比来激将冉有。而从冉有和解读的角度来看,不管当时冉有为林放之事投入了多少精力,把个人恩怨和祭祀天地的重要项目来对比,显然是不伦不类;而且情理上冉有不反对甚至是赞同季氏泰山之旅,而在面子上又不能直接反驳师父,所以才用"不能"这种模糊的回答来搪塞。此解看似曲折,但在行文、语法、表达、以及冉有的一贯政治态度上,都是自然而妥当的。

今　译

季氏去泰山(祭祀)。师父对冉有说:"你无法阻止他这样做吗?"回答是"没办法。"师父说:"哎呀!你难道是说(在你心中)泰山连林放都不如吗?"

英　译

Mr. Ji travelled to the Tai mountain (to practice a sacrificial ceremony). The master spoke to Ran You, saying: "Couldn't you stop him from doing it?" The reply was "I couldn't". The master said: "Alas! Are you telling me that the Tai mountain is not equal even to Lin Fang (in your mind)?"

3.7【原文】

子曰："君子无所争。必也，射乎！揖让而升、下、而饮。其争也君子。"

字词训诂

必也。一定要的话，然后断句，同"射乎"一道来自问自答。

章句义理

本章句意显明，唯一的歧义在于"揖让而升、下、而饮"的断句以及断句导致的流程的不同：如果取"揖让而升，下而饮"则明示升堂射箭之际要作揖，对下堂和对饮之际未做明示；而按本文断句，则三个时间点都要作揖。

按常理，做三次揖更为合理，而且更能体现"争也君子"的风度；同时，因为饮酒时也要作揖，可以推论饮酒不是罚输家饮，应该是庆祝射礼完成的礼仪性共饮，尤其是考虑到那时喝的是低度数的发酵酒，饮酒有欢庆奖赏之义，而无罚酒之说。

《仪礼》成书虽晚，但毕竟离春秋时代不算太远，其记载可供参考。《仪礼·乡射礼》和《仪礼·大射仪》以及《仪礼·燕礼》中详细记载了繁复细致的射箭流程，其中各个环节都要作揖，一轮射礼完成，作揖远超三次；而且也说明饮酒是射礼中的重要组成部分，是表达敬意的仪式和成礼的流程要求，而不是罚饮性质，有兴趣者可自行验证。因此，本文断句较为妥当。

今　译

师父说："君子无所争。一定要争的话，就是射箭吧！在登台、（射完箭）下台、

(为箭礼完成而)饮酒时都彼此作揖。他们争也争得够君子了。"

英 译

The master said: "Cultivated gentlemen do not contend with others. If there is something they have to contend in, that must be archery. Before ascending the stage, after descending the stage (after the shooting), and when drinking (for the completion of the archery rite), they bow to each other. They contend in a way of the cultivated gentlemen."

3.8【原文】

子夏问曰:"'巧笑倩兮,美目盼兮,素以为绚兮。'何谓也?"子曰:"绘事后素。"曰:"礼后乎?"子曰:"起予者商也!始可与言《诗》已矣。"

字词训诂

倩。含笑的样子,借指美好的面容。

盼。形容眼睛黑白分明。

绚。色彩斑斓的样子。

起。启发义。

章句义理

子夏引用的前两句出自《诗经·卫风·硕人》:"手如柔荑,肤如凝脂,领如蝤蛴,齿如瓠犀,螓首蛾眉,巧笑倩兮,美目盼兮!""素以为绚兮"按行文逻辑应该也是引用的,但无出处定论。王先谦《三家诗义集疏》以为《鲁诗》有此一句,不可考。合理的解释是这本是《诗经》中的一句,后来遗失了,但遗失处未必是《硕人》。

常有把"倩"字解读为"酒窝"者,主要是为了和下句"盼"的"眼睛黑白分明"对仗,没必要。那么,在"巧笑倩兮,美目盼兮"中,谁是白底,谁是绘画呢?显然"倩"是"巧笑"的白底子,即"美好的面容"是"迷人的微笑"的底子,是其必要而非充分条件。而"盼"是"美"的底子,即"黑白分明"是"漂亮的眼睛"的底子,也是其必要而不充分条件。同样,"礼"要用什么来做底子呢?推论起来,最大的可能是"敬"这种态度吧。

但是,无论如何,用引用的这几句诗来比喻"礼"要建立在某种基础之上,难免有牵强之嫌。至少从《诗经·卫风·硕人》的内容来看,没有这层意思。或许这种比喻的逻辑性本来存在于"素以为绚兮"所属的佚诗中吧。

今 译

子夏问道:"'美好的笑容多迷人啊,漂亮的眼睛黑白分明,白色的底子上出现了缤纷色彩。'这是在说什么呢?"师父说:"绘画要在打完白底之后。"又问:"礼在后吗?"师父说:"对我有启发的是卜商啊!现在可以和你讨论《诗经》了。"

英 译

Zi Xia asked: "'Her pretty smiles are charming, her beautiful eyes are sharply contrasted between black and white, and from the white background is the profusion of colors exhibited.' What do these mean?" The master said: "Painting is subsequent to laying a plain foundation." Then Zi Xia asked: "So the rules of propriety are subsequent?" The master said: "He who inspired me was Shang! Now I can discuss with you the *Book of Poetry*."

3.9【原文】

子曰:"夏礼,吾能言之,杞不足徵也;殷礼,吾能言之,宋不足徵也。文献不足故也。足,则吾能徵之矣。"

字词训诂

徵。此处为征的繁体。另有 zhǐ 音,为五音之一。此处从"引用,验证"义引申为"考证"为妥。

文。指今天意义上的文献。

献。指精通历史的人,引申为他们留下的记录;"文献"合称,还是今天意义上的"文献"。

章句义理

杞国和宋国国小力弱,人才不足,记录历史和风俗这种文化研究和传承类的软实力工作,不是他们的要务,且力有不逮,故文献不足以供后世征。而由于夏礼和殷礼文献有传承,所以孔子可以"言之"。本章多有试图解读出微言大义者,但本书认为只是说明孔子自己能够掌握夏朝和商朝之礼的原因而已,并无其他深意。

之所以用杞对应夏而用宋来对应殷,是因为杞在夏后而宋在殷后,是用相邻朝代的两组对比来说明文献对"礼"的传承的重要性。

今 译

师父说:"夏朝的礼仪,我可以描述,但杞国的就缺乏资料来考证;殷朝的礼仪,我可以描述,但宋国的就缺乏资料来考证。这是他们典籍和文献不够所导致的。如果他们的典籍和文献够多,那我就能来考证他们的礼仪了。"

英 译

The master said: "I can detail the rules of propriety of the Xia dynasty, but do not have sufficient resources to verify those of the Qi state; I can detail the rules of propriety of the Yin dynasty, but do not have sufficient resources to verify those of the Song state. This is because of the insufficiency of their records and documents. If they are sufficient, then I could verify them."

3.10【原文】

子曰:"禘自既灌而往者,吾不欲观之矣。"

字词训诂

禘。dì。《说文解字》说:"禘,祭也。"《尔雅·释天》说:"禘,大祭也。"它可以指以下七种祭祀:

一,新天子即位,奉其神主入太庙的祭祀,对象是所有祖先;又称吉禘。

二,即使没有新旧天子的交替,天子每五年也要举行一次祭祀,也在太庙,对象也是所有祖先;这也是"禘"。

三,按礼,各国诸侯也有新旧国君交替时入太庙的吉禘。

四,诸侯也有每五年对祖先的祭祀,也是"禘"。

五,也可以指天子每年对祖先和天神合并的夏祭,即郊天之祭。

六,诸侯无权郊天,但也可以举行每年一次对祖先和自己境内山川之神的合并的夏祭,也可以称为"禘"。

七,或许可以作为诸侯各种大祭的统称。

本句所说的"禘"首先可以排除掉上述第一、第二和第五选项,因为事关天子,孔子不可能参与;从孔子语气上看,应该是指较为常规的而非五年一次的特别仪式,因此可以排除掉第四选项;然后可以排除掉上述第三选项,因为孔子在鲁国任职有机会参与国家层面的祭祀期间,都是鲁定公在位,没有国君替代之实。因此选项还有第六和第七。按无法确证取其泛义的原则,解为鲁国大祭为妥。

灌。斟酒浇地以敬祖先之鬼或天地之神的动作,有人解为召鬼神之举,亦通。今天无论是国家层面还是民间,此礼还在,只是对象更为宽泛。

章句义理

孔子显然是对鲁国大祭中的某些不合礼仪的流程不满,才会有此评论。他对什么不满呢?有各种版本,主要有两种:

第一种是主流解读,源自孔安国,他的说法是:"禘祫之礼,为序昭穆……既灌之后,列尊卑,序昭穆。而鲁逆祀,跻僖公,乱昭穆,故不欲观之矣。"说的是鲁文公把他的父亲鲁僖公的牌位放在其祖父鲁闵公之前来祭祀的事,这显然是不合规矩的"非礼"行为。但鲁文公时代是公元前七世纪,早于孔子在鲁国任职时近百年,怎么可能有孔子"不欲观之"的说法？如果说在孔子任职的鲁定公时期，这种牌位先后秩序之乱还没改正，可能性不大；即使真的如此，也必事出有因，而且为了一个源自近百年前的"不礼"遗产有必要"不欲观之"吗？不取。

上述版本故事来源是《春秋·公羊传·文公二年》："八月,丁卯,大事于大庙,跻僖公。大事者何？大祫也。大祫者何？合祭也。其合祭奈何？毁庙之主,陈于大庙；未毁庙之主,皆升,合食于大祖,五年而再殷祭。跻者何？升也。何言乎升僖公？讥。何讥尔？逆祀也。其逆祀奈何？先祢而后祖也。"今译作："八月,丁卯这天,在太庙中大张旗鼓地把鲁僖公的牌位往上移了。大张旗鼓干什么？就是'大祫'。'大祫'是什么？就是把祖先的牌位在太庙中合祭。怎样举行合祭呢？庙已经毁掉的祖先的牌位,就陈列在太庙里；没有毁掉庙的祖先的牌位,都进奉到太庙中,与太祖的牌位共同享受祭祀,每五年再举行一次这样盛大的祭祀。'跻'是什么意思？就是把鲁僖公的牌位往上移了。为什么要记载移高鲁僖公的牌位呢？为了讥讽。讥讽什么？讥讽鲁文公不按祖先的顺序祭祀。鲁文公怎么不按顺序祭祀呢？他先祭祀父亲然后才祭祀祖先。"

《左传·文公·文公二年》的说法是："秋八月丁卯,大事于大庙,跻僖公,逆祀也。于是夏父弗忌为宗伯,尊僖公,且明见曰：'吾见新鬼大,故鬼小。先大后小,顺也；跻圣贤,明也。明、顺,礼也。'君子以为失礼。礼无不顺。祀,国之大事也,而逆之,可谓礼乎？子虽齐圣,不先父食久矣。"今译作："秋季八月丁卯日,在太庙大张旗鼓地祭祀,把僖公的神位移到上面,这是不按祖先顺序的祭祀。当时夏父弗忌担任宗伯,尊崇僖公,而且公开宣称说：'我见到新鬼为大,旧鬼为小。先大后小,这是顺序；使圣贤的牌位往上移,这是明智。明智、合乎顺序,这是合于礼的。'君子认为这是失礼。礼没有不合顺序的。祭祀是国家的大事,如果不按顺序,能说是合于礼吗？儿子虽然完美圣明,也不能在父亲之前享受祭品,历来都是如此啊。"

第二种是说鲁国举行禘祭本身就是僭礼,此说理由主要包括：

按《礼记·大传》："礼,不王不禘。王者禘其祖之所自出,以其祖配之。"今文是："按照礼的规定,不是天子就不能举行禘祭。天子禘祭是祭祀生其始祖者(即天帝),并且以其始祖配享。"

按《礼记·丧服小记》："王者禘其祖之所自出，以其祖配之，而立四庙。"今文是："天子天子禘祭是祭祀诞生其始祖的（即天帝），并且以其始祖配享，立四庙（即高、曾、祖、父四辈祖先之庙）。"该处下面也有一句"礼，不王不禘"，和前文一致。

按本篇3.1下对鲁国可以"重祭"的特殊地位来说，鲁国可以在某些祭祀上用天子之礼，但显然不能代表天下来禘祭；所以这第二种说法就是认定鲁国僭礼进行了"郊天之祭"。

这第二种说法本书认为也不成立：首先这是把"禘祭"的定义认定为前述各种可能性中的一种了，这种认定没有考据来源；其次，如果鲁国真地僭礼进行只有天子才能进行的"郊天之祭"，则属于严重违背礼法，孔子没有理由"既灌而往"才"不欲观之"；即使他迫于压力必须到场虚与委蛇，以孔子表达的风格，尤其是他对国家社稷层面的礼仪的重视，事后的评价应该要严厉得多，绝不会给出指向含糊、绵软无力的"不欲观之"这种论调。根据同样的理由，也可以排除在鲁国大祭中由季氏来代替国君主持的可能。因为首先同上，如果真有此事，则孔子的评论会严厉清晰得多；其次，作为权臣，季氏没有在场面上公然僭礼的动机，这比起去泰山僭礼祭祀来，在观感上的极端性和僭礼的明确性要严重得多（请参阅本篇3.6下解读）。

本章正解如下：本章所说的"禘"本身不存在僭礼问题，否则如上所说，孔子的态度应该要严厉和清晰得多；本章所说的"禘"应该是指较为日常的太庙祭祀或诸侯可以进行的对属国内名山大川的祭祀。《礼记·王制》之中有"天子、诸侯宗庙之祭：春曰礿，夏曰禘，秋曰尝，冬曰烝"的说法，可见"禘"不为天子独有；《礼记·王制》之中还有"诸侯祭名山大川之在其地者"的说法，可见国君祭祀属国内山川是合乎礼制的。

结合本篇3.9所说对礼"吾能言之"的自信、3.11中对别人不"知其说"的确定以及3.12中"祭神如神在"的要求，可以推测孔子所不满的应该是"既灌以往"之后"禘祭"的流程，作为熟知礼仪的大师，显然他的意见没有被接受或重视，他的不满或因流程不守古制、不讲章法，或因主持者态度不够郑重其事吧。至于为何孔子要等到"既灌以往"才"不欲观之"，很可能是因为到"灌"为止的流程还算严谨吧；而且"不欲观之"说明他没有中途退场（退场的话，就太过粗野了），只是通过这种愿望来表达对后续流程的不满罢了。

今 译

师父说:"大祭的时候,从洒酒于地开始,我就不愿意再看了。"

英 译

The master said: "In the grand sacrificial ceremonies, after the libation was sprinkled on the floor, I no longer wished to look on."

3.11【原文】

或问禘之说。子曰:"不知也。知其说者之于天下也,其如示诸斯乎!"指其掌。

字词训诂

说。观点、学说。结合前一章的解读,可知是指其"流程"。

章句义理

之所以说"知其说者"治理天下就很容易,可能有两个原因吧:一是能够按照旧制来执行"禘祭"流程的,就有能力和意愿来实施包含"禘之说"在内的"先王之道";二是"禘祭"流程反映了治理天下的道理,可以推广应用到其他流域,因此,"知其说者"可以很轻易地治理好天下。

孔子自己是知道"禘之说"的,而他也相信按旧制礼乐就可以治理好天下,因此本章论述既体现了对自己治国化民能力的自信,也表达了对鲁国国君同领域能力的否定。

今 译

有人问大祭的学说。师父说:"不知道啊。知道其学说的人对于(治理)天下,应该像向天下展示这个一样容易吧!"(孔子)指着自己的手掌。

英 译

Someone asked about the theory of the grand sacrificial ceremonies. The master said: "I don't know. He who does know the theory should find it as easy to present himself over (and govern) the world as to show this to it." He pointed to his palm.

3.12【原文】

祭如在；祭神如神在。子曰："吾不与祭，如不祭。"

字词训诂

神。本义是各种超自然的神，和作为自家去世祖先的"鬼"相对。反推可知，前面的"祭如在"应该指祭祀自家之"鬼"。

这里的核心是"吾不与祭"的含义，多被解读为"我不是亲自前往"，暗示了请别人代为祭祀选项的存在。这显然是错的。首先因为这和前文没有逻辑演进的关系，其次是因为把"与"解读为"全身心参与"完全合理。

今 译

祭奠祖先时，好像祖先在场；祭祀神明时，好像神明在场。师父说："如果我不是真情投入祭奠，如同没有祭奠一样。"

英 译

Sacrifice to ancestors as if they are present; sacrifice to the divinities as if they are present. The master said: "If I did not fully immerse myself in the process of sacrificial ceremonies, it would be like that I did not participate in them at all."

3.13【原文】

王孙贾问曰："'与其媚于奥，宁媚于灶'，何谓也？"子曰："不然；获罪于天,无所祷也。"

字词训诂

王孙贾。王孙为氏,姬姓分支;"贾"音无法确考,权取 gǔ 音。卫国大夫,史料不多,宪问 14.19 中孔子赞许了他的治军能力,应是卫灵公时期重要大臣。

奥。据《尔雅·释宫》,"奥"指屋内的西南角,借指房屋深处隐藏的地方,常用来作为主神(可有多种解释,但肯定比平民化的"灶神"更加重要)的拜祭场所,是家中尊位。《礼记·曲礼上》有"为人子者,居不主奥",说明儿子要为父亲让出奥位,可作为这个位置特别尊贵的佐证之一;《礼记》同一篇还有"席:南乡北乡,以西方为上",因为南北向设置的坐席,其西方靠近"奥",所以为上,可作为另一个佐证;因此,奥神就是主神。

王孙贾引用的说法找不到出处,大约是当时流行的俗语吧。

章句义理

以下是合理猜想,无法坐实,仅供参考:卫灵公想起用孔子,但应该是受制于夫人南子(见雍也 6.28),故让王孙贾来试探。王孙贾以奥神比作卫灵公,以灶神比作卫灵公身边红人(很大的可能是特指南子),劝告孔子走迂回自荐之路,从而让卫灵公可以顺水推舟,任用孔子。但孔子反驳说:一个人如果不按"礼"行事,做了坏事,获罪了上天,向谁祈祷也没用。意思是你说的我都懂,只不过不屑为之。

雍也 6.28 记载,孔子还是拜见了南子,或许是受王孙贾的启发吧。但由于无从得知的原因,卫灵公最终未能起用孔子。孔子的心态在宪问 14.19 中有很好的反映:怨恨卫灵公而欣赏其众臣,有遗憾可惜之情。

今 译

王孙贾问道:"'与其讨好主神,宁愿讨好灶神',这说的是什么呢?"师父说:"不是这样的;如果得罪了上天,就没有对象可以祈祷了。"

英 译

Wangsun Gu asked: "'Rather than ingratiating oneself with the god in the deep corner of the house, it's better to ingratiating oneself with the god of kitchen.' What does this mean?" The master said: "Not at all. If one offends the heaven, he will have no object to pray for."

3.14【原文】

子曰:"周监于二代。郁郁乎文哉! 吾从周。"

字词训诂

监。音义同"鉴",借鉴义。

二代。指周朝前的夏和商两代。

郁郁乎。繁盛状。

文。丰富多彩。

章句义理

本句体现了孔子"历史不能割断"的思想。后一个王朝对前一个王朝必然有承继和沿袭。遵从周礼,这是孔子的基本态度,但这不是绝对的。在为政2.23中,孔子就默认了对夏、商、周的制度有所损益的事实和必然性,此处再次确认继承和发展都很必要,才能"郁郁乎文哉"。所以,不能一概地说孔子务求严守旧制、没有变通的余地。

今 译

师父说:"周朝(制度)借鉴了前二代。是多么丰富多彩啊! 我遵从周朝。"

英 译

The master said: "(The system of) The Zhou dynasty drew lessons from (those of) the two preceding dynasties. How extensive and flourishing! I will follow the Zhou dynasty."

3.15 【原文】

子入太庙,每事问。或曰:"孰谓鄹人之子知礼乎?入太庙,每事问。"子闻之,曰:"是礼也。"

字词训诂

太庙。帝王或国君的家庙。本章内显然指鲁国太庙,即是鲁国创始国君周公之庙。

鄹。zōu,在今山东省曲阜县东南,孔子的家乡,亦作陬。鄹人,指孔纥,孔子的父亲,曾任陬邑大夫。

章句义理

这应该是孔子在鲁国担任大司寇期间的事。

孔子为何"每事问"?孔子虽然熟知各种礼仪,但因为第一次进入太庙参与国家重大祭祀活动,为了慎重起见,必须每件事、每个细节都询问清楚,不能有丝毫差错;即使自己清楚地知道答案,通过"每事问",体现的是对"事"和被问者均敬重有加的态度。两种考量都体现了"礼"的出发点,即"敬"。

今 译

师父进了太庙,每件事情都提问。有人说:"谁说鄹人的儿子懂得礼仪啊?进了太庙,每件事都提问。"孔子听到了这个评价,说:"这就是礼仪啊。"

英 译

When the master entered the grand temple, he raised questions on everything. Someone said: "Who says that the son of the guy of Zou is aware of the rules of propriety? He entered the grand temple and raised questions on everything." The master, hearing this remark, said: "What I did was exactly by the rules of propriety."

3.16 【原文】

子曰:"射不主皮,为力不同科,古之道也。"

字词章句

射。射箭也,此处指射箭的礼仪,不是战场上的射敌。

主。主张。

皮。用皮做的箭靶子。箭靶子统称"侯",上面蒙皮或布,箭靶的中心,在布上叫作"正"(zhēng),在皮上叫作"鹄"(gǔ)。"皮",正是礼仪中用的箭靶子。

"皮"在这里显然用作动词,但关键是:射中皮呢还是射穿皮呢?应是后者,原因有两个。首先,指"射中"则后面就没有必要说"力"。其次,本章行文是用射中而不是射穿来打比喻,说明在礼上(《八佾篇》显然专注于礼)能力不同并不影响礼仪的效果,以此来鼓励大家专注于礼的目的性而不是其表现方式;但如果射都没射中,则连起码的"礼"都没做到,那是不可接受的,绝对不是"古之道也"。

本句体现的态度,在孔子的言谈中较为少见,算是从占主导的礼仪行为主义向动机主义做了妥协和让步。这种从行为主义向动机主义的妥协是必然的,因为只要认可"礼"的核心精神是"敬",就必然对执行礼的人的心理状态有所要求,无论是为政2.7中的"不敬,何以别乎",2.8中的"色难",还是本篇3.12中的"祭如在;祭神如神在",或本篇3.26中"为礼不敬……吾何以观之哉",都说明孔子在礼的行为主义流程之外,也要求保有发自内心的真诚。

总结起来,对待礼,孔子的态度大约是:总体上提倡行为主义,为的是使其标准化和普遍适用,是社会层面实践中的必须;同时并不忽略动机和心理状态,为的是体现其出发点和精神本质,是个人层面必不可少的态度。

为。因为,四声。

科。等级。

今 译

师父说:"射箭时不主张射穿靶子,因为各人的力量不在一个级别上。这是古人的方式。"

英 译

The master said: "In archery shoot-through of the leather target is not valued, because people's strengths are not on the same level. This is the way of the ancients."

3.17【原文】

子贡欲去告朔之饩羊。子曰:"赐也！尔爱其羊,我爱其礼。"

字词章句

如果接受《史记·仲尼弟子列传》中的记载,则子贡"常相鲁、卫",只是不知司马迁所据何来。很大可能子贡曾被聘为两国相辅,或以承担项目的方式,或以顾问的头衔为两国国君(本句故事应在鲁国)服务过,因此才有"欲去告朔之饩羊"的机会。

钱穆在其《论语新解》中对本章字词章句解读俱佳,特录于此:

"告(gù)朔":周礼,天子于每岁冬季,颁发来岁每月之朔日,徧告于诸侯,诸侯受而藏之于其始祖之庙。每月朔,请于庙而颁之于国人,称告朔。"饩(xì)羊":告朔兼有祭,其礼用一羊,杀而不烹。凡牲,系养曰牢,烹而熟之曰飨,杀而未烹曰饩。"尔爱其羊,我爱其礼":鲁文公时,《春秋》已有四不视朔之记载,殆在哀公时而此礼废,而有司犹供此羊。爱,惜义。子贡惜其无实枉杀,故欲去之。孔子则谓告朔之礼虽不行,而每朔犹杀羊送庙,则使人尚知有此礼。若惜羊不送,则此礼便忘,更可惜。

今 译

子贡想把(鲁国)每月初祭祀祖庙时牺牲的羊省掉。师父说:"端木赐啊！你不舍得羊,我不舍得礼啊。"

英 译

Zi Gong wanted to save the sheep (of the Lu state) sacrificed in the ancestors' temple at each beginning of the month. The master said: "Ci! You value the sheep, I value the rules of propriety."

3.18 【原文】

子曰:"事君尽礼,人以为谄也。"

章句义理

孔安国解读简洁明了,特录于此:"时事君者多无礼,故以有礼者为谄。"不守礼成为常态时,守礼反显得另类。还是对礼崩乐坏的抨击。

今 译

师父说:"服侍君主完全按照礼仪去做,别人就会认为你是谄媚。"

英 译

The master said: "Serving one's king by practicing all the rules of propriety, will be regarded by others as flattering."

3.19 【原文】

定公问:"君使臣,臣事君,如之何?"孔子对曰:"君使臣以礼,臣事君以忠。"

字词章句

定公。姬姓,名宋,鲁国第二十五任君主,鲁哀公之父。

本章字词章句均明白浅显。深挖一点就是,事君时如果"忠""礼"不可两全,则以"忠"为主,因为"忠"是"礼"之大者。

今 译

鲁定公问:"君主使唤臣子,臣子服侍君主,应当怎么办呢?"孔子回答道:"君主应当依照礼仪来使唤臣子,而臣子应当基于忠诚来服侍君主。"

英 译

King Ding of the Lu state asked: "How should it go when a king employs his officials and when the officials serve their king?" Confucius replied: "A king should employ his officials by the rules of propriety, and the officials should serve their king with faithfulness."

3.20【原文】

子曰:"《关雎》,乐而不淫,哀而不伤。"

字词训诂

《关雎》:"雎"字音 jū,是《诗经》的首篇,也是几乎每个中国学生都背诵过的诗歌。它反映的是一个小伙子对一位姑娘的爱慕和追求,既有求而不得的痛苦,也有求而得之的喜悦。

章句义理

"淫"是过头的意思。过头了、放纵了就要乐极生悲;哀愁中有甜蜜、有希望,到了悲而自伤的程度,不仅起不到到情感宣泄的作用,还会把人带进伤感消沉的漩涡。

汉代《毛诗序》中有"故变风发乎情,止乎礼义。发乎情,民之性也;止乎礼义,先王之泽也"之说,很好地总结了孔子"发乎情,止乎礼"的主张,提倡的是在个人心态和修养上的"中庸"之道;可参考雍也 6.29 下对此概念的分析。

今 译

师父说:"《关雎》这首诗(描述的情绪),快乐而不过分,忧愁而不悲伤。"

英 译

The master said: "(The sentiments expressed in) The poem of "Guan Ju", is happy yet not excessive, sorrowful yet not grief-stricken."

3.21【原文】

哀公问社于宰我。宰我对曰:"夏后氏以松,殷人以柏,周人以栗,曰,使民战栗。"子闻之,曰:"成事不说,遂事不谏,既往不咎。"

字词训诂

哀公问社。据《左传·哀公·哀公二十七年》记载:"公患三桓之侈也,欲以诸侯去之。三桓亦患公之妄也,故君臣多间。公游于陵阪,遇孟武伯于孟氏之衢,曰:'请有问于子,余及死乎?'对曰:'臣无由知之。'三问,卒辞不对。公欲以越伐鲁,而去三桓。"翻译过来是:"哀公担忧三桓的威胁,想利用诸侯除掉他们。三桓也担忧哀公的狂妄,所以君臣之间嫌隙很多。哀公游于陵坂游,在孟氏之衢碰上孟武伯,说:'我想请问您,我能善终吗?'孟武伯回答说:'臣无从知道。'问了三次,始终辞谢不答。哀公想要利用越国攻打鲁国,从而除掉三桓。"后来的故事是哀公逃亡,并死在回国的路上。

可以推知,鲁哀公在孔子还在世时,就有清除三桓的打算。孔子卒于前479年,前484年回到鲁国。因此,本句故事应该发生在这几年,正是鲁哀公上位十多年的时节,政治上有抱负正当其时,因此才有通过"问社"来试探匡扶"君臣之礼"说法的故事。这个背景将在后文作为筛选解读版本的依据之一。

社。指祭祀土地神的地方、日子或其祭礼;从哀公和宰我的问答中,可以推知,他们谈论的是在社坛上种树的问题。有认为"社"字应为"主",且多有文物考据为证。"主"指牌位(参阅本篇3.10下《春秋公羊传》引文及翻译),因此上文就可以解读为哀公问牌位该用什么木料来做了,而后面宰我的回答也不影响本段的核心内容和逻辑性。本书认为,哀公提问的本意应是向宰我求证或确认土地神祭坛种树的古制,从而准备替换现有社坛上的树木,并向三桓给出君权回归的姿态和象征,因此其载体应该较为显著而鲜明,用牌位的木质来宣示过于隐晦和迂回,而用树木则可以实现目的,且中国历史上和现存社坛均有种树习惯,所以取"种树"义为妥。

宰我。即宰予(前522—前458),字子我;鲁国人,孔门十哲之一,被孔子许为其"言语"科的高才生,排名甚至在子贡之前(先进11.3)。然而从《论语》中出场次数来看,子贡共出场三十八次,而宰我只有五次,显然他在孔门以及在孔子心目中的地位,都远远不如子贡。其五次出场除本章外,还有公冶长5.10,因为白天睡觉而被孔子骂得很厉害;雍也6.26,算是给孔子出难题,形象不算正面;先进11.3中,说他和子贡是"言语"科高足;阳货17.21,他挑战三年之丧,被孔子痛骂"不仁",算是骂得最狠的一次。本章也算是被孔子批评,虽然只关乎判断时机和"权"的智慧,不算严重。总结起来,宰我除了性格较为特立独立之外,他的表现算不上突出,基本上是作为孔子的靶子出现在《论语》中的。这或许是编纂者的偏见吧。请参阅公冶长5.10下解读。

夏后氏。夏朝君主的氏称。夏朝王族以国为氏,就是夏后氏,简称夏。

成事。已成之事。

说。解说。

遂事。也是已成之事。一定要区分的话,"遂事"比"成事"更为彻底而难以翻盘。

谏。劝阻。

既往。已经过去的。和上面两种情形相比,"既往"属于已经翻篇之历史或已经造成之结果,根本没有翻盘的可能。

咎。追究。

章句义理

本章解读纷呈,难以尽列,只好取其重点歧义处,析而正之,如下:

本篇都是讲"礼",因此本章涉及"君臣之礼"应在情理之中。如上所述,鲁哀公试图通过社坛上树种的改变来彰显君权或发出信号。而从孔子批评宰我的三句话可以推知:孔子认为鲁国的现状属于"成事、遂事、既往",没有必要浪费精力去试图改变了。

有解家认为宰我应对哀公的说辞孔子不以为然,因此孔子的三句话是针对宰我的应对来说的,意思是:你说的不对,但既然已经说了,就如泼出去的水,就算了吧。此解显然不妥,不仅因为孔子如果认为宰我说的不对,应该要求他"勿惮改"(学而1.8)才是,而且因为从行文语境上,孔子的总结显然是批评宰我对鲁哀公的鼓动,同时也是对鲁哀公应接受现实的强调。

孔安国认为:凡建邦立社,各以其土所宜之木;宰我不本其意,妄为之说,因周用栗,便云使民战栗也。此说是主流滥觞,不妥,辩驳如下:把三代对"松、柏、栗"的选择,解为对树木生长地域的因地制宜,过于拘泥:松柏孤独坚贞、高大耐寒、清高肃穆,用来象征天子或国君,虽无礼仪明示,也算合理;栗树树形中下,果实多刺,无挺拔孤傲之形,难以用来象征天子或国君,取其"使民战栗"义,未见有出处,应是宰我根据哀公的心理专门赋予的意义,可以确认宰我伪造其义无疑;宰我显然是试图把他也解释不清的种植栗树的现象赋予"君道威严"的内涵,炮制新义,迎合哀公心态,鼓动哀公收权,属于主动曲解,根本没有"本其意"的出发点,孔安国的解读算是无的放矢。

宰我所说三代对树种的选择,没有史料来源,或许他有当时尚存的文献资料为证吧,但更大的可能是篡改引申、姑且说之。利用松柏的树形特点来象征王权和君权,或者至少取其肃穆庄严之相,还算符合人类的审美观,正如北京今日各祭坛附近仍以松柏为主一样。至于为何周朝用栗树,不可考也不必考,不如就假设宰我说的是实话,并专注于理解他的比喻意义和引导指向即可。反推可知,鲁国当时社坛上种的应该不是上述三种树种,而且做出决策的应该是三桓之一。改用其中一种,或者改用任何不同树种,应该都可以被视为向三桓发出挑战的信号。因此,树种本身在本质上只是个符号,不存在树种和君权明确对应的史实,也没有这个必要。

鲁定公在位期间,孔子也曾建议鲁定公削弱三桓的权力,为什么此处却不同意宰我的建议呢?只能是"时也":鲁定公时,三家势力还未稳固,孔子担任鲁国大司寇,假如定公坚决配合,还有机会重夺君权(当然,这也很可能是想当然,但是孔子当时认为是有机会的,否则不会"堕三都");鲁哀公时,三桓实力雄厚,孔子显然判断再试图扭转局面已无可能;鲁哀公在位的最后一年试图反击,导致自身的流亡,这个史实也证明了孔子的判断。

所以，本章孔子的评论反映的，应该是他对鲁国君臣失序难以改变的判断，以及对鲁哀公一旦"知其不可而为之"导致鲁国大乱的担忧，既有向现实妥协的无奈，也有两害相权取其轻的判断吧（毕竟为了恢复君臣之礼而导致社会动乱，有违"仁"的本意）。宰我只从应有之礼的角度出发，迎合及鼓动哀公，虽有义不容徙的初心，但也难免有不实事求是的鲁莽吧。

孔子对"礼"和"仁"之间轻重缓急的取舍在他对管仲的评价中可以得到印证：下一章（3.22）中明确认为管仲非礼；宪问14.16中，子路曰："桓公杀公子纠，召忽死之，管仲不死。"曰："未仁乎？"子曰："桓公九合诸侯，不以兵车，管仲之力也。如其仁，如其仁。"比较的正是"非礼"（不死）和结果上的"仁"；宪问14.17中，更明确反对为了"匹夫匹妇之为谅"，而放弃"霸诸侯，一匡天下，民到于今受其赐"以及避免人民"被发左衽"的治国效果。

所以孔子的态度是：为了治国层面的"仁"，可以放弃"礼"。

今　译

鲁哀公问宰我关于土地神祭坛的事情。宰我回答说："夏朝在上面种松树，殷朝人种柏树，周朝人种栗树，说是为了让百姓战栗。"孔子听说后，说："已经做完了的事就不要再说了，已经完成了的事就不要再劝谏了，已经过去了的事就不要再责备了。"

英　译

King Ai of the Lu state asked Zai Wo on the issues of altars for gods of land. Zai Wo replied: "People of the Xia dynasty planted pine trees on the altars, the Yin people planted cypresses, and the Zhou people planted chestnuts, claiming that they will pass awe on to the people." Hearing this, the master said: "Do not speak about things that are done, do not remonstrate on things that are accomplished, and do not accuse those that are bygone."

3.22【原文】

子曰："管仲之器小哉。"或曰："管仲俭乎？"曰："管氏有三归，官事不摄，焉得俭？""然则管仲知礼乎？"曰："邦君树塞门，管氏亦树塞门；邦君为两君之好，有反坫，管氏亦有反坫。管氏而知礼，孰不知礼？"

字词章句

器。指才能；孔子对管仲的评价可谓泾渭分明。《论语》中涉及管仲的还有三处，一在宪问14.9，该处夸管仲公正；二在14.16，该处夸其"仁"；三在14.17，夸得最狠的一次，也是赞美其"仁"。

本句是唯一批评管仲的。上述14.9是赞其能力，上述另两处都是夸管仲之仁的。孔子对"仁"极少许人，因此可以认为他对管仲的总体评价是褒远胜于贬。因为能做到仁，其他领域基本可以忽略了，不管是才能大小，还是生活俭奢，或是守礼与否。

鉴于管仲显而易见的出众才能和治国成就，孔子说其"器小"，显然不是纯粹从能力上考虑，而是从其治国的结果来看的。结合上述引文中论述，唯一成立的推论是：管仲本来可以做得更好，但他没有，故"器小"。

因此可有以下结论：才能多寡和俭奢均不重要，这是情理之中；僭礼也可以为仁，这是新鲜推论。在孔子的逻辑体系中，"仁"毫无疑问是道德和实践两个领域的最高标准，而"礼"本来应该是行为层面的基础和实现最高标准的保证，但从本章逻辑来看，"礼"并不是"仁"的必要条件。这要么不是孔子的本意，那么他就必须为自己言谈的前后矛盾负责；要么就是在两者中只能二选一时，孔子本来就会毫不犹豫地选择"仁"，只是在没到最后关头，在日常宣讲两者都被强调的情境下，他从来不需要清晰地给出两者间轻重缓急的明示。

由此可知，孔子有足够的客观精神和就事论事的自律，不会要好全好、要坏都坏地判断他人。这种精神和风格在整部《论语》中屡有体现，尤其是在对其弟子们的评论和应对中。

树塞门。"树"指树立，"塞门"即影壁。

反坫。"坫"diàn,指土质台子。"反坫"者,饮完酒把酒具反过来置于"坫"上。《论语集解》引郑玄注说"人君别内外于门,树屏以蔽之。若与邻国为好会,其献酢之礼更酌,酌毕则各反爵于坫上。今管仲皆僭为之,如是,是不知礼。"说的是管仲在房屋结构和宴宾礼仪中僭用君王之礼。内容不见出处,但注解合理,权从之。

三归。众说纷纭。一说是娶有三房。《论语集解》引包咸曰:"三归,娶三姓女也。妇人谓嫁曰归。"《汉书·地理志下》:"(管仲)身在陪臣而取三归。"颜师古注:"三归,三姓之女。"二说是三处采邑或三处地产。《晏子春秋·杂(下)》:"先君桓公,有管仲恤劳齐国,身老,赏之以三归,泽及子孙。"《韩非子·外储说左(下)》:桓公曰:"使子有三归之家。"三说是筑有三台。汉刘向《说苑·善说》:"管仲故筑三归之台,以自伤于民。"四说是家中建有三归堂。此说无证据,但也合理。

无论何种解释,都一定是针对管仲是否节俭给出的否定例证,都成立。解读为"有三处地产"不仅简单,而且能确定管仲不够节俭,不像娶三房太太或建有三归堂也仍有贫寒度日的可能,故取"有三处地产"为妥。

官事不摄。"摄"本义"代理",引申为"兼职"。全句说的是管仲任用官员(既可能是朝廷官员,也可能特指自家家臣)时,未做到一人多职,导致人浮于事、资源浪费。

今 译

师父说:"管仲的才能很有限啊!"有人问:"管仲节俭吗?"回答说:"管先生有三归,手下职位都没有兼任,如何算得节俭呢?""那么管仲懂得礼仪吗?"回答说:"君主们在门口建有照壁,管先生家门口也建有照壁;君主们在招待其他君主时,会设置一个专门放空酒杯的台子,管先生也有这样的台子。如果管先生算是懂得礼仪,还有谁算不懂呢?"

英 译

The master said:"Guan Zhong's capacity was really limited!" Someone asked:"Was Guan Zhong frugal?" The reply was:"Mr. Guan had three pieces of property, and his officials were not multi-posted at all. How could he be regarded frugal?" "Then did

Guan Zhong acknowledge the rules of propriety?" The reply was: "The kings built screen walls in front of the doors, and Mr. Guan built the wall in front of the door, too; the kings, for the purpose of hosting other kings, installed stands to place the empty cups, and Mr. Guan had such stands, too. If Mr. Guan could be acknowledged to be aware of the rules of propriety, who else could not?"

3.23【原文】

子语鲁大师乐,曰:"乐其可知也:始作,翕如也;从之,纯如也,皦如也,绎如也,以成。"

字词训诂

大师。音义同"太师",是一国最高的乐官,但也无非就是乐团团长或首席演奏者罢了,因此才有孔子居高临下地教导他的故事。

语。yù,告诉义。

翕。聚集义,引申为合奏。

如。如何如何的样子。

从。多解为"纵",取其"放开了"的意思,本书认为不妥,如下:音乐即使要表达奔放不羁的潇洒,其演奏仍要内敛自控、严守章法,不存在"放纵"或"放开了"的可能;而解为 cóng 音的"跟着",呼应前面的"始作"和后面的"以成",等于是从音乐的开始、中间和结束三个阶段来谈,同时对作为主体的中间阶段用三个"如"来总结,合乎情理和行文逻辑。

纯。多解为"合"或"和谐",不知所据为何,不取;不如就取其"纯净"之义,引申为没有杂音。讲的应该是各声部都纯净无染。

皦。jiǎo,明亮义,引申为分明、清晰。讲的应该是各个音节都清晰可辨。

绎。《说文解字》说:"绎,抽丝也。"引申为连绵不断。讲的应该是整个旋律的此起彼伏、缠绕连绵。

章句义理

之所以在谈论"礼"的本篇中加了本章和3.25两段谈论音乐的论述,正是因为"礼乐"不可区分;之所以不可区分,是因为音乐对陶冶人的情操,唤起人的种种美好的情绪,在形成恭敬严肃的氛围等等都有极大的功效。

今 译

师父向鲁国的首席乐官教导音乐,说:"音乐是可以认识的:刚开始演奏时,合奏应气势磅礴;继续展开来,各声部纯净而没有杂音,每个音节清晰可辨,而旋律如剥茧抽丝般连绵如珠,最后完成。"

英 译

The master coached the chief musical official of the Lu state on music, saying:"(The course of) Music is possible to comprehend: when the music begins, the instrumental ensemble should flourish with great momentum; as it unfolds in succession, all sections will play with purity without cacophony, all syllables are distinctly distinguishable, and the melody will be reeled off in continuous succession, and consummates itself in the end."

3.24【原文】

仪封人请见,曰:"君子之至于斯也,吾未尝不得见也。"从者见之。出曰:"二三子何患于丧乎?天下之无道也久矣,天将以夫子为木铎。"

字词训诂

仪。可能是卫国封邑,可能在今河南兰考县,无法确证。

封人。古官名,《周礼·地官司徒·封人/均人》中说:封人掌设王之社壝。为畿,封而树之。凡封国,设其社稷之壝,封其四疆。造都邑之封域者,亦如之。令社稷之职。凡祭祀,饰其牛牲,设其福衡置其绁,共其水槀,歌舞牲及毛炮之豚。凡丧纪、宾客、军旅、大盟，则饰其牛牲。今文是：封人掌管修建天子的社稷之坛，在都城周围修筑疆界，并种树来固封之。凡分封诸侯，修建该国社稷之坛，固封其四周疆界。建造都城分封的的疆界，也这样做。受命担任祭祀社稷之职。只有有祭祀，就打扮要用的牛和其他牲口，给牛架轭并栓上穿鼻绳，提供牺牲要用的水和嫩草，为牺牲和去毛炮制好的猪唱歌跳舞。凡举行丧事、款待宾客、军队出征、大会盟，就打扮所用的牛牲。

从上文来看，封人主要有两类——建筑师和牺牲用牲口的准备者，而且在王室和诸侯国层面都有这个职位。春秋时封人则主要负责筑城和守疆，未见有用封人来准备牺牲的记录。因此，本章"封人"既可能是建筑官，也可能是边防长官。本文中先是提到了"仪"地，然后这个人又说"君子之至于斯也，吾未尝不得见也"，可以证明是常驻人员，应是边防长官，而且很有可能是卫国边境上的边防长官。

见。xiàn，引见之义。

丧。四声。有数解：一为"孔子丢官去国"，二为"弟子们未能进仕"，三为"社会的礼崩乐坏"。说弟子们"未能进仕"不仅与后文没有逻辑关系（难道师父成了木铎弟子们就能进仕了吗？没有必然性），而且等于是在暗示弟子们垂头丧气，像是骂人了。因此排除第二，一和三均可。既然均可，就应该采用最简单直接的解读，即"孔子丢官去国"。

木铎。以木为舌的铃铛，宣布政教法令时，巡行振鸣以引起注意。最早出处可能是伪古文《尚书·夏书·胤征》，中有"每岁孟春，遒人以木铎徇于路"，意思是"每年孟春，民情视察官员用木铎在路上宣传政令"；本文中极可能是说木铎本身，也可理解为木铎的铃声并引申为令人警醒的号召。本书认为后者为妥。

<h2 style="text-align:center">章句义理</h2>

封人为何要夸口说"君子之至于斯也，吾未尝不得见也"呢？显然是求见先被从者拒绝了，或许是因为封人算不上达官贵人吧，也因此封人在出来后，用很高的姿态对孔子弟子们做了总结，看似打气，也包含对自己道行和判断力的炫

耀、对弟子们居高临下的显摆、对对前面遭受冷遇的痛快报复——想想看,我不仅充分了解了你们师父的才能和抱负,而且看得到他的潜力和发挥的可能,我是识货的啊!

今 译

仪地的边防长官请求会见师父,说:"只要有君子来到这里,我还没有见不着的呢。"随从们就让他见了。出来后他说:"你们几位先生为何要为师父未被重用而担忧呢?天下无道太久了,上天将会把师父用作木舌铃铛(来警醒民众并指示正道)。"

英 译

The border warden of Yi asked to meet with the master, saying: "When cultivated gentlemen come here, I have never been denied meeting with them." The followers led him for the meeting. When he walked out of the meeting, he said: "Why are you gentlemen worried about the unemployment of your master? The world has strayed from the right way too long, and the heaven will use your master as the wooden-tongued bell (to alert the people and show them the right way)."

3.25【原文】

子谓《韶》:"尽美矣,又尽善也。"谓《武》:"尽美矣,未尽善也。"

字词训诂

韶。舜帝乐舞名。韶,绍也,继承的意思。舜帝德行上继承了尧,故乐名《韶》。《韶》乐其声其舞美好;舜帝揖受禅让,以德治天下,其德尽善也,连带使得《韶》乐也"尽美尽善也"。

武。周武王乐舞名,武王以武得天下,故乐名《武》。《武》乐其声其舞美好,然而武王以征伐取天下,在治理天下时杀伐偏多,比不上揖让受禅以德服人,故德未尽善也,连带使得《武》乐也"未尽善也"。

可参考本篇 3.1 下对乐舞的解读。

今 译

师父评论《韶》:"美到极点了,而且好到极点了。"评论《武》:"美到极点了,但没好到极点啊。"

英 译

The master remarked on *Shao*: "Perfectly beautiful, and perfectly good." The master remarked on *Wu*: "Perfectly beautiful, but not perfectly good."

3.26【原文】

子曰:"居上不宽,为礼不敬,临丧不哀——吾何以观之哉?"

章句义理

首先这三者讲的都是当权者,很可能是指君主,且明显是批评。指的对象可能是鲁定公,但无法确证。当成对当权者的泛指也是合理的。

其次,"吾何以观之哉"不能有意略掉"何以"二字,因此只能翻译成:那我用什么来观察审视它们(礼仪)呢?反推可知,前面三个缺位的行为本来应该成为观察审视礼仪的关键指标。连指标都没有了,那用什么来观察审视礼仪呢?

另外,本句例证了:虽然丧礼是礼的一部分,但孔子习惯于把"礼"和"丧礼"并用,从而在逻辑上赋予丧礼和礼平级的地位。这体现了孔子对丧礼的重视,因此才把重要部分从总体中提出来和总体并列,正像我们说"主席先生,部长先生,各位来宾"一样。可和述而 7.25 互相参证。

今 译

师父说:"(如果君主自己)身居上位而不宽厚,执行礼仪而不严肃,参加丧礼而不哀伤——那我用什么来观察审视(礼仪)呢?"

英 译

The master said: "(If the kings themselves) Rule in high positions without leniency, practice the rules of propriety without reverence, and attend funerals without sorrow—what are left for me to use to survey (the rules of propriety)?"

里仁篇

4.1【原文】

子曰:"里仁为美。择不处仁,焉得知?"

字词章句

通行的解读为:"居住在有仁人的社区多好啊。选择住处不与仁人相邻,怎么算有头脑呢?"这种解读的逻辑依据是中人易染,遇善则善,遇恶则恶,作为大概率是中人的一般人,应该本着向善的动机,选择和仁人为邻,受其熏陶,也在"仁"道上进步,天天向上。也有这样解读的:"人能居于仁道,是最美的。若择所处时却不择于仁,哪算是智慧呢?"

上述两解均不妥:首先,作为谈"仁"为主的《里仁篇》的开篇,本段应该能体现孔子极其重要的想法才是,与其给出通过选择邻居来增益自己的"仁"这种迂回方式,不如直接要求重视"仁"。其次,"焉得知"中的"得"必须解读成"算"才能在通行解读中自洽,取"算"义,则原文应为"焉为知",反证此解不自洽。

正解应是:"知"读为一声,取其动词"知道"义,而不是如上述两解中当做"智";"择"指选择无疑,但不是指对居住处的选择,而是指人在价值观、行为准则、社会关系、得失取舍等面临的选择;"处"三声,取其决定、判断义,引申为"据以决定";把"里仁"直接解读为"居于仁德",而把"焉得知"直接解读为"如何能够知道",均是其最简单直接意义,在语法上就比通行版本优越。

全句译作:"居于仁道是好的。如果选择时不用仁作为判断依据,如何知道应该选哪个呢?"

今 译

师父说:"居于仁道是好的。如果选择时不依靠仁来决断,怎么能(在选项中)做区分呢?"

英 译

The master said: "It's good to reside in (the way of) humanitarianism. If one makes a choice not on the basis of humanitarianism, how could he distinguish (among options)?"

4.2【原文】

子曰:"不仁者不可以久处约,不可以长处乐。仁者安仁,知者利仁。"

字词训诂

处。居于,处于。

知。音义同"智"。

约。穷困义。

章句义理

知者利仁

历代解读均不敢解为"智者利于仁",而多强行解读为"智者使仁利于他人",强为尊者讳,没有道理。首先,从句法上看,"仁者安仁,知者利仁"对仗很好,既然"安仁"解为"安于仁",应该就把后者解为"利于仁"。其次,从逻辑上讲,仁者安仁,没有损失,而智者依托自己的智力优势,从对"仁"的追求和实践中得利,有何不妥?至于"利"是世俗的物质利益还是抽象的精神收获,另当别论,但不应本着为尊者讳的精神偷运概念进来,使意思复杂化。

此处特录皇侃在其《论语义疏》中强为之解的版本为例,试看其牵强扭曲而又煞有介事之状:"智者,谓识昭前境,而非性仁者也。利仁者其见行仁者若于彼我皆利,则己行之;若于我有损,则使停止,是智者利仁也。"

久处约,久处乐

仁者安于仁,处于约还是处于乐根本就是不相关的问题。只要仁,就会安于仁,穷困也好,安乐也好,都会安于仁。因此,仁者可以"久处约,久处乐";智者不一样:他可以通过追求和实践"仁"来获得自己定义的利益。即:智者在穷困或安乐状态,都会依托于自己的智力优势,通过追求和实践"仁"来实现自己的利益。如果某种状态让智者判断自己无法从中获益(比如穷困状态让他讨厌,或者安乐状态让他厌烦),则智者会主动调整自己的状态。因此,只要自己愿意,智者可以"久处约,久处乐";相较而言,不仁者做不到"久处约,久处乐",没有能力主动地调整自己的状态。

"仁"和"智"的逻辑关系

孔子显然对"仁"和"智"之间的逻辑关系做了不言而喻的假设,它们的逻辑关系展开来是这样的:不仁者因为做不到"久处约,长处乐",所以不仁之外,必然不智;即"不仁"是"不智"的充分条件。

由此可有两个推论:"仁者"未必"智",即"仁"不是"智"的充分条件;其逆否命题是:"智者"必"仁";即"智"是"仁"的充分而非必要条件。

这样,孔子通过描述"不仁者"的两个特点,却带出"仁"内含于"智"的推论。按照孔子对"仁"一贯的推崇备至,他不可能会认为代表能力的"智"可以包含"仁"这种最高级别的德行。他会认可"智者必仁"吗?还是本章的表达流于随意了?

整部《论语》中,音义应该解读为"智"的"知"出现在以下章节:

一,由,诲女知之乎?知之为知之,不知为不知,是知也(为政 2.17)。其中第一个和最后一个"知"音义同"智"。此处说的是实事求是的智慧。

二,本章。

三,臧文仲居蔡,山节藻棁,何如其知也(公冶长 5.18)?此处的"知"有可能包含"仁"的内涵,详见该章下解读。

四,宁武子,邦有道,则知;邦无道,则愚。其知可及也,其愚不可及也(公冶长

5.21)。此处"知"属于正常的施政才干,显然无关乎"仁"。

五,樊迟问知。子曰:"务民之义,敬鬼神而远之,可谓知矣。"问仁。曰:"仁者先难而后获,可谓仁矣。"(雍也6.22)此处对比"仁"和"智",从其对两者的定义来看,显然"智"不比"仁"高级和难得。

六,子曰:知者乐水,仁者乐山。知者动,仁者静。知者乐,仁者寿(雍也6.23)。请参阅其下详解。此处"仁者"和"智者"是从两个维度定义的,对其重叠度没有提及,反而明确地表达了"智"不内涵"仁"的意思。

七,知者不惑,仁者不忧,勇者不惧(子罕9.29)。此处"知"显然不内涵"仁"。

八,问知。子曰:"知人。"(颜渊12.22)此处"知"只是"了解及洞察"他人而已,与"仁"不相干。

九,若臧武仲之知(宪问14.12)。结合14.14下注解,此处"知"指洞察人心的能力,与"仁"不相干。而且,从该章下对"成人"的解读可知,包含"臧武仲之知"在内的各种修炼的集合也达不到"仁"的境界,更何况"知"自己呢?

十,仁者不忧,知者不惑,勇者不惧(宪问14.28)。同前述第七引文。

十一,知者不失人,亦不失言(卫灵公15.8)。此处的"知"指人际交往中的判断和应对,且是从自我收获的角度来谈的,与"仁"不仅不相干,还因担心"失言"而有点不够"仁"的自私。

十二,知及之,仁不能守之,虽得之,必失之(卫灵公15.33)。此处显然明示"知"不内含"仁"。

十三,怀其宝而迷其邦,可谓仁乎……好从事而亟失时,可谓知乎(阳货17.1)?也是"仁""知"并列,互不内含。

十四,唯上知与下愚不移(阳货17.3)。此处"上知"指生而知之者,基本可以等同于"圣人",而"圣人"都是"仁者",因此"上知"可以认为内含"仁"。表面上看好像此处是对"智者必仁"的背书,细究恰恰相反:"上知必仁",去掉"上"的"知"就未必"仁"。按表达习惯,既然要为陈述加上限制条件,则往往意味着没有限制条件时该陈述不成立,正好比说"顶级红酒可以储存十年以上",虽然逻辑上不能推出"一般红酒不能储存十年以上",但表达习惯上往往暗含这种推论。所以至少从语气上,"上知必仁"有"中知以下必不仁"的意味,导致"知"作为统称不内含"仁"。

十五,好仁不好学,其蔽也愚;好知不好学,其蔽也荡……(阳货17.8)又是"仁""知"并列,没有谁内含谁的暗示。

十六,恶徼以为知者……(阳货17.24)此处"知"指对利益得失的判断力,与"仁"不相干。

十七,君子一言以为知,一言以为不知,言不可不慎也(子张19.25)。"知"此处指理解力和判断力,与"仁"不相干。

总结上述可知:《论语》涉及"知"的概念时,常常伴随着"仁"的出现,在十七处章节中,两者同出的有八处,可见其并列特点突出;除本章及公冶长5.18或有歧义外,其余各处均无"知"内含"仁"的明示或暗示;有几处章节(6.22,14.12,15.8,15.33及17.3)反有"知"不如"仁"或"知"不含"仁"的暗示或推论。

因此,对孔子"仁"和"知"之间逻辑关系思想的结论如下:

一,孔子不会认同"智者必仁"。

二,在多数情况下,孔子将"知""仁"并列,把二者分别作为能力和德行的代表和最高水准。

三,之所以孔子陷入逻辑陷阱,是因为前提"不仁者不可以久处约,不可以长处乐"不成立。这个论述不仅不符合社会现实,也没有义理上成立的逻辑。如果说"不仁者"按其字面意思解为"非仁者"的话,则作为构成统治者和人民绝大多数的"不仁者","久处约"是他们生活的常态;如果说"不仁者"是特指按"仁"的反面行事的"恶者"这样一类少数,则"长处乐"往往是这种人处世的常态。

四,孔子大约本来只是想表达"仁者安仁,知者利仁",为了加强对比感和增加表现力,才引进"不仁者不可以久处约,不可以长处乐",结果反而成了蛇足和陷阱。

今 译

师父说:"不仁的人不可能长久地处于穷困中,也不可能长久地处于安乐中。

仁者会安于仁道,智者会从仁道中得利。"

英 译

The master said:"The non-humanitarian cannot content themselves with destitution for long, and cannot content themselves with enjoyment for long either. The humanitarian is satisfied with their humanitarianism, and the wise benefit from their humanitarianism."

4.3【原文】

子曰:"唯仁者能好人,能恶人。"

字词训诂

好、**恶**。均四声,作动词用。

章句义理

只有仁者才能公正不阿、坦荡磊落、标准一致且没有私心,因其有正确的是非观和善恶观,其"好人"不是爱谄好利另有私曲,其"恶人"不是意气争斗夹带私怨,因此仁者能正确地评价他人,才能恰当地赞美或贬斥他人。

相反,不仁者心多私欲,因而思虑顾忌很多,遂使心之所好不能真好,而心之所恶亦不能真恶,形成了好恶均失其正的扭曲;其好人和恶人均没有标准,不仅对别人没有参考价值,而且最终会导致不仁者自己也无所好恶,一切以偶发的私心倾向为依据。没有光明磊落的爱,也没有光明磊落的恨,结果就是标准的丧失导致了爱恨能力的丧失。

本段与上章连读,则结论是:不仁之人,穷困不能安,安乐不能久,心喜不能好,心厌不能恶,行尸走肉,纠结阴暗。

今 译

师父说:"只有仁者才能喜欢别人,讨厌别人。"

英 译

The master said:"Only the humanitarian can love others and hate others."

4.4【原文】

子曰:"苟志于仁矣,无恶也。"

章句义理

本章的众多解读基本可以划归两类,要么把"恶"解成行为上的"丑恶",要么解成心理倾向上的"讨厌"。前者说"不会做坏事",后者说"不讨厌别人"。从后解,原因如下:

如果解读为最直白的"一旦志于仁,则不会有恶行",则问题多多。从积极的方面看,一旦志于仁,则"志于仁"本身就内含"没有恶行"的内涵,等于是同语反复;从消极的方面看,"志于仁"只是立志发心而已,无法保证"没有恶行"的结果;从中性的方面看,"志于仁"仍有误解"仁"和"恶"的可能,尤其是它们在具体行为领域里的解读和应用,很可能有很多门派,无法在标准上统一认识,从而完全有可能主观上"志于仁"且"不为恶",但客观上别人不认同,而且按普遍接受的标准来看,人类社会充满"主观为仁而客观为恶"的例子,正如十八世纪法国大革命时期罗兰夫人临上断头台前的疾呼:"自由啊,自由!多少罪恶假汝之名而行!"其他例证不胜枚举,不赘。因此不取此解。

"苟志于仁矣,无恶也"应该是在前一章作为原则表达完毕之后,对众多非仁者中的一种,即"志于仁者"的判断;之所以把他们单独拎出来,因为他们才是孔子所要教育的主要人群。

4.3说"唯仁者能好人,能恶人",这里说"苟志于仁矣,无恶也",虽然"志于仁者"还未到达仁者的境界,但由于"志于仁"而进入预备科,做不到"能恶人",只能做到"无恶"。由此反推可知"无恶"应是"不要恶人"之义。

假设两句合在一起,则内容就是:"唯仁者能好人、能恶人。苟志于仁矣,无恶也。"能把这合成的段落合乎逻辑地解读出来,是解读成立的重要加分因素。自洽的解读就是:"只有仁者才能喜欢别人、讨厌别人。如果还没成为仁者但决心追求仁道的,(先)不要讨厌别人。"

这种区别对待,是因为仁者足够强大,所以好恶均可,不动如山;而"志于仁者"尚需修炼,在修炼阶段应坚持基本功,即"好人",毕竟"仁者,人也。"通过喜欢别人、关注别人的优点、积极看待和学习他人的长处,在比上不足的自省中来提升自己,应避免讨厌别人、盯着别人的缺点、在比下有余的自满中停滞不前。

今 译

师父说:"一旦决定追求仁道,就别去讨厌别人。"

英 译

The master said:"Once you decide to aspire to humanitarianism, do not hate others."

4.5【原文】

子曰:"富与贵,是人之所欲也,不以其道得之,不处也。贫与贱,是人之所恶也,不以其道得之,不去也。君子去仁,恶乎成名?君子无终食之间违仁。造次必于是,颠沛必于是。"

字词训诂

恶。第一个"恶"音 wù。"恶乎成名"中的"恶",音 wū,同"乌",哪里,何处义。
造次。仓促,匆忙。
于。依照义,引申为持守。

章句义理

本句的主要疑点是"贫与贱,是人之所恶也,不以其道得之,不去也"。主要有两种解释:其一认为"不以其道"之"不"非衍即误,当是"贫与贱,是人之所恶也,以其道得之,不去也。"这里强调的是通过正道得到的贫贱的结果不能主动摆脱之;其二解"得之"为"得以去之",强调的是不走正道宁愿忍受贫贱。显然第二种解释更合理,而且语义更简洁,和前文对比更恰当。至于孔子用易生歧义的"得"字而不是直接用"去"字,或许是他的表达习惯吧,不严谨,但联系后面的"不去也"倒也不会引发误会。

今 译

师父说:"富和贵,是人们想要的,如果不用正道取得,不能要。贫和贱,是人们所厌恶的,如果不用正道摆脱,(这样的状态)就不摆脱。君子如果抛弃了仁道,还怎么成就自己的声誉呢?君子哪怕一顿饭的时间也不会违背仁道。在匆忙紧迫的关头必须要坚守它,在颠沛流离的路上也必须要坚守它。"

英 译

The master said: "Riches and honors are what people aspire to. If they are not obtained by the right way, they should not be obtained. Poverty and lowliness are what people abhor. If they are not eliminated by the right way, they should not be eliminated. If a cultivated gentleman forsakes humanitarianism, how could he make a name for himself? A cultivated gentleman does not go against humanitarianism even for the duration of a single meal. He must stick to it in his moments of haste; he must stick to it in his moments of vagrancy."

4.6【原文】

子曰:"我未见好仁者恶不仁者。好仁者,无以尚之;恶不仁者,其为仁矣,不使不仁者加乎其身,有能一日用其力于仁矣乎?我未见力不足者。盖有之矣,我未之见也。"

字词章句

史上解读多在"我未见好仁者"后用逗号(或取逗号句读意,下同),因此把好仁和恶不仁并列；顺理成章地，历代解读在"加乎其身"后均用句号。整段因此众说纷纭，不一而足，但很少有解读能自圆其说，网上搜一下就可知道。此处直接给出本书认为最合理的解读，这种解读主要体现在此处所引原文的断句上，意味深长而尤多创新：

一，"好仁者"和"不仁者"之间不该有逗号，他们不是并列关系，而是主宾关系，这是解读关键。前半段是陈述一种现象，即：没有爱仁者讨厌不仁者的。后半段的要点是批判那些讨厌不仁者的做法：他们专注于用防守的姿态避免不仁之人影响自己，而不是用积极的姿态全力以赴去实行仁道。这里提出要专注于正面进步而不是防止负面影响，潜台词是只要坚持正面行仁，就能得仁，没有必要去防范负面。所以前半段说"没见过爱仁者讨厌不仁者的"，因为没有必要啊，反而因为恶不仁者会导致注意力分散，会使得得仁更难。

二，"恶不仁者"层次肯定是低的。那么，这个层次比起本篇4.4中的"志于仁"者谁高谁低呢？4.4中也告诫不要讨厌别人，但只是说"如果准备追求仁道，则不要讨厌别人"，是有条件的假设性的劝告；而本段中是针对实践中真实存在的一种现象进行评论，是对已经投身于追求仁道的人的错误的追求方式提出批评和讽刺，显然从进阶的程度上看，由低到高的顺序应该是：志于仁的人，恶不仁者的人，仁者。

三，"盖有之矣，我未之见也"针对哪种可能存在的现象呢？是段落开头的"好仁者恶不仁者"呢，还是后半段的"力不足者"呢？鉴于本书认为孔子在这里是通过"可能也有吧"来表达讽刺和否定，加上"我未见力不足者"紧邻这个表达，可以认定是针对"力不足者"，用委婉而不决绝的方式来否定因为能力不足而未能"用其力于仁"的可能性。

力。义含"力量"和"能力"两解，此处解为"能力"为妥。

今 译

师父说："我没见过爱仁道的人讨厌不仁之人。爱仁道的人，在仁道之上更无他念；而讨厌不仁之人的话，他们实行仁道（的方式），（只不过）是不让不仁之人影响自己，何曾有过哪怕一天全力用于实行仁道的呢？我没见过能力不够（因而做不到)的。或许也有吧,反正我没见过。"

英 译

The master said:"I have not seen that the lovers of humanitarianism hate those non-humanitarian. Lovers of humanitarianism have no more to uphold on top of humanitarianism;those who hate the non-humanitarian practice humanitarianism in a way only to disallow the non-humanitarian to impose on them, instead of exerting themselves on practicing humanitarianism even for one day. I have not seen people without sufficient capability(in doing so). Maybe there are some,but I have not seen one anyway."

4.7【原文】

子曰:"人之过也,各于其党。观过,斯知仁矣。"

字词章句

于。动词,"取"义,引申为"来源于"。

仁。多有解为"人"者,因此避开从"观过"到"知仁"的逻辑演进。不妥。首先,本篇讲"仁",没有理由突然转向"人"。因此揭示这个逻辑演进过程是解读的关键。这个过程是这样的:首先,各个团体或阶层(即"党")都有自己的行为特点,基于这些行为特点会形成"过"的模式和范例,就像一种团体剖绘(group profiling)和特定团体行为模式的窠臼(paradigm);其次,观察和分析各个团体的种种过失,就会掌握各种"过"的模式,从而总结出规律;最后,对这些规律的汇总、横向比较、和共性提取就会总结出人性的特点,包括其缺点、本性及改善方向;只要观察者是个有情怀的入世者,则就可以从中洞察仁道。

今 译

师父说:"人的过失,都来源于其所属的团体。观察过失,就可以了解仁道了。"

英 译

The master said: "People's faults derive respectively from their classes. By observing the faults, one can find out what humanitarianism is."

4.8【原文】

子曰:"朝闻道,夕死可矣。"

字词训诂

道。圣王之道,又称先王之道。孔子是不会对"道"给以抽象的解读的,比如把它理解为"真理"或"天地大道"等等。或者说,"真理"或"天地大道"只有体现为、细化成、落地于"先王之道"才有意义。请参阅季氏 16.9 中对"先王之道"的解读。

章句义理

听闻先王之道,本应实践弘扬之才有意义,为何"朝闻道,夕死可矣"?首先孔子自己通晓先王之道;其次,提倡并恢复先王之道是孔子一生的追求。所以,如果孔子只是"听闻"而不能实践先王之道,他是不会满意的,不会欣然接受"夕死"。

因此此处说法可能有以下含义。其一,如果有机会亲自聆听先王(尧、舜、禹、汤、文、武、成、旦)讲解大道,则哪怕当晚就死去,也是值得的。此解表达的是对当面聆听先王教诲的向往。其二,一般民众如果有机会知晓先王之道,则他们哪怕当天就死去也是值得的。背后的逻辑是:知晓了先王之道,则至少人生没有白活,算是掌握了人生最大的道理,则死也死得释然。此解表达的是类似子路 13.30 中"以不教民战,是谓弃之"的精神。两章合读就是:民未闻道,不敢死之;朝闻道,夕死可矣。

孔子自认为肩负传承、恢复和弘扬先王之道的历史使命,因此即使给他机会在先王面前"如是我闻",他也没有理由欣然接受"夕死";反之,对于被动接受先王之道的民众,如果他们有机会"闻道",则"夕死可矣",因为他们如此就会死而无憾、死得其所。因此上述第二解妥当。

今 译

师父说:"(人民)如能早上听到先王之道,晚上死了也行。"

英 译

The master said:"If(the people) they can hear the grand way in the morning, it would be all right for them to die in the evening."

4.9【原文】

子曰:"士志于道,而耻恶衣恶食者,未足与议也。"

章句义理

本句论述蕴含的道理可参阅述而 7.26 中对"恒"的论述以及泰伯 8.10 中对"疾贫"的论述。

今 译

师父说:"如果一个士立志于先王之道,却以劣质的衣服和食物为耻辱,这种人不值得和他对话。"

英 译

The master said:"If a gentleman decides to aspire to the grand way, yet he feels ashamed of inferior clothes and inferior food—then he is not worth talking with."

4.10【原文】

子曰:"君子之于天下也,无适也,无莫也。义之与比。"

字词训诂

适、莫。历来多解,主要有:一是分别解为抵触和贪慕;二是解为厚薄;三是解为无可无不可。取第三解,理由是:"适"本义就是"去",可以引申为"非去不可","莫"本义就是"不可",可以引申为"一定不可";"不可无不可"符合孔子一贯态度,可参阅微子18.8;另两解字义来路不明,且取"抵触和贪慕"或"厚薄"也不影响"义之与比"的大义。

比,匹配义,引申为"符合"。

今 译

师父说:"君子对于天下事,没有非做不可的,也没有决然不可做的。(标准是)与义相和。"

英 译

The master said:"A cultivated gentleman, in facing the things of the world, has no must-dos and must-not-dos. (The criterion is to) Conform with righteousness."

4.11【原文】

子曰:"君子怀德,小人怀土;君子怀刑,小人怀惠。"

章句义理

怀。存有义,引申为关心、重视。

土。有解为"土地"的,亦可,但考虑到"德"可随身带走,取"乡土"义似乎更能体现带不走的意义,对比性更强,毕竟"土地"在别处也可以得到。

还有把本段解读为"君主怀德则下民重迁;君主怀法则下民重惠(说走就走)"的,过于勉强,在谈论个人修养的前后文中加入治国之道尤显突兀。

刑。法也。

惠。好处,引申为利益。

有意思的是,孔子在此处把"怀刑"当成君子的特点,和他的一贯态度不一致。可能的解释是:虽然君子在"刑"(法制)和"礼"(礼节)之间更重视后者无疑,但在"怀刑"和"怀惠"之间,还是会选择"怀刑"的,因为"怀惠"是自我利益至上的放纵,完全没有标准和章法了,而不管是"礼"还是"刑",都有通行的标准和章法,都具有普适性。

今 译

师父说:"君子重视品德,小人重视乡土;君子重视法治,小人重视利益。"

英 译

The master said: "Cultivated gentlemen bear in mind virtues, the base persons bear in mind native soil; cultivated gentlemen bear in mind rule of law, the base persons bear in mind benefits."

4.12【原文】

子曰:"放于利而行,多怨。"

字词训诂

放。多解为"依照"义,没有出处。本书认为是"放纵"义,即无所顾忌地追求。

怨。怨恨义无异议,但有人认为是自己的怨,而不是别人的怨。我认为恰恰相反,尤其是考虑到如果把"放"解读为"放纵",只能取后解。

今 译

师父说:"放纵地追求利益而行事,会招致很多怨恨。"

英 译

The master said: "To go all lengths to seek benefits will incur much grudges."

4.13 【原文】

子曰:"能以礼让为国乎,何有?不能以礼让为国,如礼何?"

字词训诂

为。治理义。

何有。有什么困难呢?意思是一旦以礼让为国,则没有其他难处。

如礼何。字面意思是:那还能用礼干什么呢?语气暗示的见解是:如果不能以礼让为国,那要礼让何用?从这里可以推导出孔子对"礼让"的看法:首先,礼让的终极目的是用来治理国家,个人间的礼让如果无法导致实现这一目的,其本身存在的价值就不是必然的。简言之:礼让应该为国;同时,礼让也可以为国。

章句义理

"让"和"礼"的关系:"让"是"礼"的精神和主旨,"礼"是"让"的执行和实践。"礼"必须体现于具体的操作规范从而时有僵硬,"让"则可灵活运用但仍保持一以贯之。请参阅泰伯8.1下对这两者关系的解读。

今 译

师父说:"能够用谦让来治理国家吗?(如果可以)还有什么困难呢?如果不能够用谦让来治理国家,那礼仪还有什么用呢?"

英 译

The master said:"Is it possible to govern a state with comity? Isn't everything else nothing at all(if it's possible)? Suppose it is impossible to govern a state with comity, then what is the point of the rules of propriety?"

4.14 【原文】

子曰:"不患无位,患所以立。不患莫己知,求为可知也。"

章句义理

本句是自勉呢,还是教育别人,或者是不置可否地用第三人称?意义上均可,但第三人称泛指可以涵盖第一人称的自勉和第二人称的祈使角度,因此最为妥当。

今 译

师父说:"(人)不该担心没有职位,要担心靠什么去获取职位。不该担心别人不认可自己,而该去追求能让别人认可的品质。"

英 译

The master said:"One should not worry that he has no official position, but should think abaout with what qualifications could he seek such a position; one should not worry that others do not approve of him, but should seek the qualities that enable himself to be approved of."

4.15【原文】

子曰:"参乎!吾道一以贯之。"曾子曰:"唯。"子出。门人问曰:"何谓也?"曾子曰:"夫子之道,忠恕而已矣。"

字词章句

本章可参阅卫灵公 15.3 和 15.24,尤其是 15.24 下解读。

一以贯之。历来解读纷纭,无法详述。但窃以为多失之于过度引申,有违孔子初衷。下详。

门人。本章故事应是孔子驾临曾子处,问答后离去,所以门人当为曾子门人。

一,就是一,但"忠+恕"却是二,可以有两种解读:或者孔子说的一,是虚指,可以理解为"简单的一组概念"或"从未改变过的核心",这样就可能是几个概念的组合了;或者曾子误读了,误读又可分为两种:其一是必须从"忠+恕"中二选一。如果二选一时,应该选适用性更广泛的"恕"。可以参考卫灵公 15.24:子贡问曰:

"有一言而可以终身行之者乎?"子曰:"其'恕'乎!己所不欲,勿施于人。"其二是"忠+恕"都错了,孔子心中另有所指,曾子托大犯了错。

本书认为曾子错了。孔子的教导按其学习内容来说,如果一定要"一以贯之"的话,首选是"仁",尤其考虑到本篇是以仁为主要概念(而如果按学习方法来说,则"一以贯之"者,就是"时习之",请参阅卫灵公15.3下解读);其余选项包括:义,孝,礼。无论如何,只许选一个,不该是"忠"或者"恕"。

由于曾子及其门人参与《论语》的编纂,把本段放入本篇肯定是认定本段和"仁"的论述有关联,这样合理的推论就是:曾子明知是"仁",但认为这个答案太过简单和明显,就偏偏选了"忠+恕"来阐述"仁",即曾子认为"忠+恕"是对"仁"的分解和细化。

这种分解和细化按照孔子的应有逻辑成立吗?不成立,如下:仁,爱人也,爱谁呢?父母、兄弟、君、子女、臣、民等都算,因此,孔子语言体系内的孝、忠、悌、礼、慈、忠、敬、宽、恕、让、礼、敬都是"仁"的分解和具体表现,而义、智、信不算。无论如何,用"忠+恕"来诠释"仁"都是过于简陋了。

今 译

师父说:"曾参啊!我的学说可用一点来贯穿。"曾子说:"是这样。"师父出去了。(曾子的)弟子问:"什么意思啊?"曾子说:"先生的学说,就是忠和恕而已。"

英 译

The master said:"I say Shen! My doctrine is run through by but one point." Mr. Zeng said:"That it is." The master went out. Disciples(of Mr. Zeng) asked:"What does it mean?" Mr. Zeng said:"The doctrine of our teacher is nothing but loyalty and tolerance."

4.16【原文】

子曰:"君子喻于义,小人喻于利。"

字词训诂

喻。懂得,知晓。"喻于",知晓某某对象。

今 译

师父说:"君子知晓道义,小人知晓利益。"

英 译

The master said:"Cultivated gentlemen comprehend righteousness, the base persons comprehend benefits."

4.17【原文】

子曰:"见贤思齐焉,见不贤而内自省也。"

字词章句

字词章句均简明,义理也浅显。

今 译

师父说:"见到贤达人士就去想达到他们的水平,见到不贤达的人就反省自己。"

英 译

The master said:"When seeing the wise people, one should think of improving oneself to keep pace with them; when seeing the unwise people, one should reflect on oneself."

4.18【原文】

子曰:"事父母几谏。见志不从,又敬不违,劳而不怨。"

字词训诂

几。隐微、委婉义,表示肯定,意思是"虽少但仍有一些"。

见。xiàn。"见志",使己志得见。

又。继续。

今 译

师父说:"服侍父母(发现父母有过)时可以适当劝阻。表达完意思,父母不听,就继续恭敬服侍不可违抗,(即使因此)感觉辛苦也不该抱怨。"

英 译

The master said:"In serving one's parents,(when they blunder,)one may remonstrate with them tactfully. If the thoughts have been expressed and the parents do not agree to comply with them,one should continue with his respectful service and cannot disobey.(Even therefore)Being exhausted,one should not bear any grudges."

4.19【原文】

子曰:"父母在,不远游;游必有方。"

字词训诂

关键点是"方"。历来有多解:

其一,训方为常,经常去的地方。此解是主流;意思是让父母知道自己常去的地方,方便随时召回。这就等于把游的目的地限制在有限的几处且距离不能太远,而本来"游必有方"中的"游"显然是"远游",故此解不妥。

其二,解为方向。朱熹是此派代表。字义通,但勉强。同样,告诉父母自己远游的方向,父母就不担忧了吗?

其三,解为"手段,方法",即把父母安顿好的举措。如果接受"方"指手段和方法,则"游必有方"就该指有"游"的手段和方法,如何转化为有"安顿好父母"的举措呢？这个转化过程没有来处；不取此解。

其四,解为"汇报",又有两解,一为走前汇报,这应该是基本礼仪,要求太低了吧？二是归来后汇报,不仅满足人的正常好奇心,也能使父母对自己新的游历和见识有个大概掌握,不至于加深代沟——这个解释等于免除了远游前获得父母首肯的必要性,不太符合孔子对"孝"近乎苛刻的要求,故也不妥。

其五,道理,依据。本书从此说。即:真要远游,必须得有充分的理由。至于走前请示、回来汇报那是应有之礼和人之常情,根本不用单独要求。

今　译

师父说:"父母在世时,不要出远门;真要出远门,必须得有充分的理由。"

英　译

The master said: "With parents still alive, one should not travel faraway; if he has to, he must have good reasons."

4.20【原文】

子曰:"三年无改于父之道,可谓孝矣。"

章句义理

本句在学而 1.11 中出现过。

有一种解释,说本段可以和上一段合并成"父母在,不远游；游必有方。父母既没,三年无改于父之道,可谓孝矣。"但这样得解释为何原文没有合并,而且必须加上"父母既没"来过渡,等于必须假设双重排版错漏,更加不妥。当然,也可以解释说:正由于某种排版错漏,所以在小范围内一错再错反而比只错一处更有可能。

本着反对改字解经和章节能分则分的原则、以及本章内容显然可以独立存在的判断,不取此解。内容复出,原因无法详考,不考即可。

今　译

师父说:"如果（父亲去世）三年之内不违背父亲（留下）的教诲,可以算是尽孝了。"

英 译

The master said:"If in three years (after his father's death) one does not shift from what his father instructed, he can be said to be filially loving."

4.21【原文】

子曰:"父母之年,不可不知也。一则以喜,一则以惧。"

章句义理

为父母天年得续而喜,又为他们时日渐少而忧惧。

今 译

师父说:"父母的年龄,不可以不知道。一方面为它高兴,一方面为它害怕。"

英 译

The master said:"The ages of one's parents cannot be unknown. On the one hand one should feel happiness for them, and on the other feel fear."

4.22【原文】

子曰:"古者言之不出,耻躬之不逮也。"

字词训诂

躬。躬行。

逮。赶得上。

章句义理

"言之不出"多解为"言之不妄出",加个"妄"字,符合常理好理解,但还是失于擅自加字。不加这个字,也可以很好地解读,干吗加呢?

今 译

师父说:"古人不开口的时候,是怕行动跟不上而引以为耻啊。"

英 译

The master said:"When the ancients did not declare themselves, that's because they feared that their deeds might not accord with their words and thus might disgrace themselves. "

4.23【原文】

子曰:"以约失之者,鲜矣。"

字词训诂

约。约束、节制义。此处如解为"久处约"中的穷困就不妥了。

之。要深究就很复杂了。把它简单地理解为"失"的虚指也可行,所以就没有必要折腾了。

今 译

师父说:"自我节制还犯错的,罕见啊。"

英 译

The master said:"Practicing abstinence and still erring—this is rare. "

4.24【原文】

子曰:"君子欲讷于言而敏于行。"

字词训诂

欲。需要、应该义。

讷。少言义。

今 译

师父说:"君子应该言语不多而行动迅速。"

英 译

The master said:"A cultivated gentleman should speak little and act swiftly."

4.25【原文】

子曰:"德不孤,必有邻。"

章句义理

朱熹注解简明扼要,特录于此:邻,犹亲也。德不孤立,必以类应。故有德者,必有其类从之,如居之有邻也。

今 译

师父说:"有德行的人不会孤单,一定会有伙伴。"

英 译

The master said:"The virtuous will not stand alone. They for sure have companions."

4.26【原文】

子游曰:"事君数,斯辱矣;朋友数,斯疏矣。"

字词章句

朋。交友义,动词词性。

数。这个字的解释是理解这一章的关键,而解读版本众多,牛泽群在《论语劄记》一书中列了八种解释如下：

其一，疾速。《尔雅·释诂》："数，疾也。"何晏集解主此说。

其二，计数。《说文·攴部》："数，计也。"皇疏主此说。

其三，亲近。《孔子家语·贤君》："故夫不必于数而比于疏。"王肃注："数，近；疏，远也。"邢疏、刘宝楠正义取此说。

其四，不信。清焦循《论语补疏》："《诗·小雅》：'僭始既涵'，毛传云：'僭，数也。'郑笺云：'僭，不信也。'"

其五，表功。唐陆德明《经典释文》引郑注："数己之功。"

其六，急切。清胡绍勋《四书拾义》："数有骤义，如《广雅·释诂三》、《小尔雅》、《广言》皆训骤为数。《左·传宣二年》'骤谏'服注、《楚辞·悲回风》'骤谏君而不听兮'注并云：'骤，数也。'骤谏未有不致辱者。"

其七，责难。《广雅·释诂一》："数，责也。"俞樾《群经平议》取此说，而解之为犯颜极谏。

其八，频数。《广韵·觉韵》："数，频数。"朱熹取此说。

上述八种解读中，一和六接近，权且合并为一。二、四、五三项明显牵强，可以先予剔除。可供认真对待的选项还剩下四个：

一，亲近而狎昵，音 shuò。

二，急迫，通"速"，音 shuò。

三，责备，音 shǔ。

四，频繁，音 shuò。

本章肯定是在反对事君和交友中的不良风格，可从此角度分析筛选如下：

亲近：过于亲近就会狎昵，就会掌握不好分寸，就容易得意忘形而出口伤人，从而招致反感；且如果在此处反对基于个人关系的"狎昵"而提倡基于"道义"的"冷静和理性"，等于在沟通技巧提出了相关而更进一层的教导，合理。

急迫：首先急迫的语气应该不会招致侮辱或疏远，反而可以起到劝的效果；但显然不符合前文"讷于言"的教导；排除。

责备：责备君主会自取其辱，责备朋友会使之疏远，符合社会现实。但孔子历来主张进谏,所以不可能从原则上反对责备别人,而我们从"数"的字义上找不到"过分责备"的选项;排除。

频繁:频繁地事君、频繁地谏友有什么不对吗?除非改成类似"谏君数,劝友数"才会担心引起反感,故此解不妥。

因此,合理的解读就是"亲近",引申为"过于亲近"为妥。

今 译

子游说:"侍奉国君过于亲昵,会招致耻辱;与朋友交往过于亲昵,会导致疏远。"

英 译

Zi You said: "Serving the kings with too much intimacy will end up with disgrace; associating with friends with too much intimacy will end up with estrangement."

公冶长篇

5.1【原文】

子谓公冶长:"可妻也。虽在缧绁之中,非其罪也。"以其子妻之。

字词训诂

公冶长。复氏公冶,名长,字子长,鲁国人,生于今山东诸城贾悦镇近贤村;是孔子的弟子和女婿;孔门七十二贤之一;自幼家贫,聪颖好学,德才兼备,终生治学不仕。

妻。作动词用时,读 qì。下一章同理。

缧绁。léi xiè,捆绑用的绳索,借指监狱。

章句义理

可参照阅读下一章5.2和先进11.6及其解读。

今 译

师父谈论起公冶长:"可以为他找个妻子。虽然曾(在监狱里)被绑起来过,却不是因为他犯过罪啊。"便把自己的女儿嫁给了他。

英 译

The master said of Gongye Chang: "A wife should be found for him. Though tied up (in prison) once, that's not due to crimes he's committed." He then married his daughter to him.

5.2【原文】

子谓南容:"邦有道,不废;邦无道,免于刑戮。"以其兄之子妻之。

字词训诂

南容。多有人认为就是南宫敬叔,也多有人反对。在没有确证之前,可以认同这个假说,因为没有明确的否定证据,权且从之吧。姬姓,复氏南宫,名适,字子容,又称南宫括、南宫韬、南宫说,谥号敬叔,所以也叫南宫敬叔。他是孟僖子的儿子、孟懿子(仲孙何忌)的弟弟;孔子七十二贤之一,典型的权贵子弟;据《左传·昭公·昭公七年》记载:"孟僖子病……及其将死也,召其大夫曰:'……今其将在孔丘乎?我若获没,必属说与何忌于夫子,使事之,而学礼焉,以定其位。'故孟懿子与南宫敬叔师事仲尼。"其中的"说"就是南容,"何忌"就是仲孙何忌,也就是孟懿子。孟懿子未入孔门弟子之列,主要是后来孔子"堕三都"时和他闹翻了,其实应该算成孔子弟子的。

章句义理

多有把本段和上一段合并的;我们还是能分则分。可参照阅读前一章5.1和先进11.6。

今 译

师父说起南容:"国家有道时,不会没有官职;国家无道时,能避开刑罚和杀身之祸。"便把自己哥哥的女儿嫁给了他。

英 译

The master said of Nan Rong: "When the state was on the right way, he would not be out of the office; when the state derailed from the right way, he could escape punishment and execution." He then married the daughter of his elder brother to him.

5.3【原文】

子谓子贱:"君子哉若人！鲁无君子者,斯焉取斯?"

字词训诂

子宓。宓子贱:氏宓(fú,也有读 mì 的,无法确考,只好存疑),名不齐,字子贱;鲁国人;孔门七十二贤之一;有才智,多仁爱;鲁国君主曾任命其为单父(今山东菏泽单县)邑宰。

若。此也。

斯焉取斯。第一个斯指子贱,第二个斯指他的君子素养。

章句义理

孔子通过赞美子贱,肯定鲁国君子不少,暗示君子修炼过程中耳濡目染的必要性和传帮带的重要性,算是为自己的祖国及其人民点赞吧。孔子对鲁国高看一眼的章节还有雍也6.24。

今　译

师父说起子贱:"这个人是个君子啊！如果鲁国没有君子,他又从哪里得到其修养呢?"

英　译

The master said of Zi Jian:"This man is indeed a cultivated gentleman！If the Lu state did not have cultivated gentlemen,then from where did he obtain his qualities?"

5.4【原文】

子贡问曰:"赐也何如?"子曰:"女,器也。"曰:"何器也?"曰:"瑚琏也。"

字词章句

瑚琏。历来解读为黍稷之器;《论语集解》中称:夏曰瑚,殷曰琏,周曰簠簋,宗庙之器贵者。《礼记·明堂位》称："夏后氏之四连,殷之六瑚,周之八簋。"这样看来《论语集解》所谓"夏瑚殷琏"是搞反了。但这不影响用"瑚琏"来表示贵重的器皿;今人屈万里提出一种新的解释："瑚琏即是胡辇,而胡辇即是任重致远的大车。"不知其出处在哪里;即使屈万里是对的,也不影响本段孔子点评的要旨;鉴于其字训没有出处,故仍取"黍稷之器"义。

孔子为何不用较近年代的"簠簋"而偏要远举夏殷时代的称呼来评价子贡呢?是掉书袋还是另有深意?本书认为孔子试图有意模糊自己的回答。他首先避开了德行的判断,而从器用角度来打比方,然后用古代的物件来回答弟子的追问,继续保留自己回答的模糊性。他的意思应该是这样的:

一,君子不器,所以即使你是贵重之器,还是个器。

二,由于年代久远,"瑚琏之器"的贵重程度的解读误差可能会很大。所以到底你是个多贵重的器,不作结论。

三,无论如何,你要改进的空间很大。

这么正面问,还有追问,确实不好回答,否则可能被迫给出真实意见,或许有点尴尬(可参考本篇5.9和5.12)。即使如此,用国家社稷重器来比喻子贡,孔子的评价我们还应从积极的方向解读。

今 译

子贡问道："我怎么样?"师父说："你呀,是个器皿。"问："哪种器皿?"答："宗庙重器。"

英 译

Zi Gong asked:"What do you think of me?" The master said:"Oh you, are a utensil." Then:"What utensil?" Replied:"The key sacrificial utensil in the grand temple."

5.5【原文】

或曰:"雍也仁而不佞。"子曰:"焉用佞?御人以口给,屡憎于人。不知其仁,焉用佞?"

字词训诂

冉雍。孔门十哲之一,冉氏一门三贤中的老二(冉求之兄、冉耕之弟)。

佞。口齿伶俐。

御。对付。

口给。口中随时有供给,言应对敏捷状。

章句义理

有人说冉雍"仁",孔子却说他"不知其仁"。孔子很少许人以"仁"。整部《论语》,孔子评价人物大都从才能上评说,也有点评德行的,但不多,正面肯定弟子"仁"的更是凤毛麟角,"不知其仁"似乎成了孔子的口头禅。"不知道"这个表达本来是中性的,但对于自己的弟子,用不知道其某种品格来搪塞,等于通过回避而否定了点评对象在"仁"上的修炼。

《四书集注》中对此的评论是:"或疑仲弓之贤而夫子不许其仁,何也?曰:仁道至大,非全体而不息者,不足以当之。如颜子亚圣,犹不能无违于三月之后;况仲弓虽贤,未及颜子,圣人固不得而轻许之也。"

今 译

有人说:"冉雍他啊有仁德但口才不好。"师父说:"哪里用得着口才呢?对待别人靠牙尖齿利,经常会被别人讨厌。我不知道他算不算仁,但(他)哪里用得着口才呢?"

英 译

Someone said:"The guy Ran Yong has humanitarianism but no eloquence." The master said:"How would eloquence be needed? Those who treat others with smart talks are usually abhorred by others. I have no idea about his humanitarianism, but how would eloquence be needed(by him)?"

5.6【原文】

子使漆雕开仕。对曰:"吾斯之未能信。"子说。

字词训诂

漆雕开。漆雕是复氏,字子开,又字子若;鲁国人,孔子弟子,以德行著称。

信。自信。

斯。指"出仕"之事。

章句义理

一说是漆雕开对于时政没有信心,一说是漆雕开对于自己出仕没有信心。既然孔子根据一贯的入世精神指派漆雕开出仕,没理由在弟子用"时政不良"为理由谢绝之后还有后面的"子说"。相反,如果弟子因判断自己尚未准备好而婉拒,师父则会赞许这种谦逊的精神和继续学习的愿望。故取后解。

可参阅泰伯8.12和先进11.25。

今 译

师父要漆雕开出仕。回答说:"我对这个还没有足够的自信。"师父很高兴。

英 译

The master asked Qidiao Kai to land an official position. He replied:"I have not accrued adequate confidence in doing this."The master was pleased.

5.7【原文】

子曰:"道不行,乘桴浮于海。从我者,其由与?"子路闻之喜。子曰:"由也好勇过我,无所取材。"

字词训诂

桴。fú,竹木小筏子。

好勇。推崇、喜好勇敢的个性特点,不是勇敢本身。过往解读都未作此区分,失矣。

章句义理

本句从断句到解读历来众说纷纭,但都认可孔子前面说的只是发发牢骚,而后面则是给子路泼冷水。靠谱的主要有以下几种,都和对"材"字的解读有关:

其一,解为桴材,汉唐注释以此说为主。依据此义,解读就是:孔子在得知子路真以为有机会单独陪师父出海云游而乐不可支时,就幽了一默,说:可是找不着做筏子的材料啊。这个解读占比最高,也是目前学界主流意见。主要的问题在于:造个小筏子材料不可能是瓶颈,孔子即使要开玩笑,也得开得像回事啊。故不成立。

其二,解为裁度,谈的是"谋略",与"勇"相对。如朱熹《四书集注》说:"材,与裁同,古字借用。"此说解读就是:孔子讥讽子路勇气有余,但不懂得裁度事理;此论自洽。

其三,释"材"为"哉",《集解》引郑玄说即作此解。何晏解曰:"子路闻孔子欲浮海便喜,不复顾望,故孔子叹其勇曰过我。'无所取哉',言唯取于己。古字材、哉同。"这种解读要么勉强,比如上述何晏的版本,要么就等于事实上从文本上替换成了一个语气助词"哉",对意义的分析无所帮助。故不妥。

正解是:把"材"当成"裁",但不是理解成子路一般性地不懂得裁度事理,而是理解成子路对师父的话按字面意思照单全收,不懂得甄别和取舍。这个版本解决了很多疑问,并符合子路一贯体现出的特点,如下:

一,孔子应该不会对自己的重要弟子(虽然有个性和脾气,不太好管理,且孔子对他的负面评价最多)发出"除了尚勇,无可嘉也"的评论。

二,子路在弟子中的才能是突出的,孔子在下一章就认为他可以在千乘之国治其赋,不可能认为他除了"尚勇"以外一无是处。

三,用其他版本的"无所取材"来嘲弄子路,并不好笑。

四,说子路对孔子的话不懂得取舍是符合子路的一贯性格的,他常常就按照孔子教诲的字面意思来理解,并常常拿孔子自己的话和精神来挑战孔子,计有子见南子(雍也6.28);子路使子羔为费宰(先进11.25);卫君虚位以待去不去(子路13.3);讨论君子标准(宪问14.42);孔子在陈绝粮时(卫灵公15.2);是否应公山弗扰之邀(阳货17.5);是否应佛肸之邀(阳货17.7)。

本句中,说子路不懂得取舍自己的话,意思就是:"这家伙,又把我的玩笑和牢骚当成真的了,对我的话,一点都不懂得判断甄别一下啊。"

今 译

师父说:"我的学说吃不开啊,(不如)坐个小筏子去海中漂荡。愿意跟我去的,怕是子路吧?"子路听说后很高兴。师父(知道后)说:"子路啊比我更喜好勇敢,但(对我的话)不懂得取舍。"

英 译

The master said:"My doctrine does not get along. I'd rather steer a small raft to float on the sea. Will it not be You(Zi Lu)who will be ready to follow me?" Zi Lu heard this and was glad. The master(after knowing this)said:"You(Zi Lu)is fonder of daring than me,but he doesn't know how to distinguish(among my words)."

5.8【原文】

孟武伯问:"子路仁乎?"子曰:"不知也。"又问。子曰:"由也,千乘之国,可使治其赋也,不知其仁也。""求也何如?"子曰:"求也,千室之邑,百乘之家,可使为之宰也,不知其仁也。""赤也何如?"子曰:"赤也,束带立于朝,可使与宾客言也,不知其仁也。"

字词训诂

赤。复氏公西,名赤,字子华,亦称公西华,孔子弟子,擅长外交礼仪。

赋。税收。以《论语集解》为代表的主流均解为兵税,大概是因为错把"治其赋"的"其"理解成前面"千乘之国"的"乘",从而认为"赋"就是专为"乘"所用之"赋"。此解除了在语法上误读"其"之外,义理上也不成立:除了"乘"还有步兵,还有大量其他需要税赋支持的军事需求,如何用"乘"来代表全部兵税？为何不再放大外延涵盖全部税收而偏偏要停留在"兵税"层面？收税的能力和税收的使用领域并无关联,没有理由用税种的限制来削弱对子路能力的肯定,反而应该把他推荐到更高的职位上去。这种把一般概念具体化的做法不仅没有来处,更属画蛇添足。

宰。家臣总管。

今 译

孟武伯问道:"子路仁吗？"师父说:"不知道啊。"又问一遍。师父说:"子路啊,有一千辆兵车的国家,可以用他去管理税收,但我不知道他仁不仁。""那冉求怎么样呢？"师父说:"冉求啊,一千户人家的封地,或者有一百辆兵车的家族,可以用他当总管,但我不知道他仁不仁。""那公西赤怎么样呢？"师父说:"公西赤啊,穿上礼服,立于朝廷之上,可以叫他和来宾交谈,但我不知道他仁不仁。"

英 译

Meng Wu Bo asked: "Is Zi Lu humanitarian?" The master said: "I don't know." He asked again. The master said: "You(Zi Lu), in a state with one thousand chariots, can be employed to manage the levy, but I don't know if he's humanitarian or not." "How about Ran Qiu then?" The master said: "Ran Qiu, in a fiefdom with a thousand families, or a family territory with a hundred chariots, can be employed as the chief retainer, but I don't know if he's humanitarian or not." "How about Gongxi Chi then?" The master said: "Gongxi Chi, with his formal suit girded, standing in the court, can be employed to converse with the visiting guests, but I don't know if he's humanitarian or not."

5.9 【原文】

子谓子贡曰:"女与回也孰愈?"对曰:"赐也何敢望回? 回也闻一以知十,赐也闻一以知二。"子曰:"弗如也;吾与女弗如也。"

字词训诂

愈。较好,胜过。

望。对比而视。

《四书集注》对"闻一知十"和"闻一知二"的解读简练而深刻,抄录在此:一,数之始。十,数之终。二者,一之对也。颜子明睿所照,即始而见终;子贡推测而知,因此而识彼。

章句义理

吾与女弗如也:历来有两解:我同意你不如他;我和你都不如他。

第一解正确:首先因为如果孔子想表达"我和你都不如他",该说"吾与女具弗如也";其次"与"字做"赞同"解简洁明了,反而用作"和"在孔子的语境中没有他例;最后,孔子真心认为自己在举一反三的学习能力上不如颜回的可能性不会很高,而认为子贡在这方面不如颜回则很有把握,因此不会因为如此评价而担心过分伤害子贡的感情。没有理由认为孔子需要说出违心的话,不管是为了假谦虚还是为了照顾子贡的面子。

有趣的是,《论语》中有子贡闻一知二的记述(如本篇及1.15中子贡和孔子的对话),却没有颜回闻一知十的例证。我原因大约有两个:一是肩负着传承孔子衣钵使命的颜回,其闻一知十的能力都用在师父划定领域内的学习上面,而不是用在从这些领域外推到其他领域的应用和发展上;二是颜回的悟性和闻一知十的能力,因孔子对他的钟爱和师兄弟们对这种钟爱的共识,被不自觉地夸大了。

今 译

师父对子贡说:"你和颜回谁更强?"回答说:"我啊,哪敢和颜回对比啊? 颜回听到一点能把其余的全推导出来,我呢听到一点(只能再推进一步从而)可以知道两点。"师父说:"比不过他啊,我认同你比不过他。"

英　译

The master said to Zi Gong:"Who is better,you or Yan Hui?" Zi Gong replied:"How can I keep up with Yan Hui? Yan Hui,after hearing one point,can infer from it all the remaining parts;I,after hearing one point,can infer from it(only for one more step and get)the second point." The master said:"You are inferior to him. I agree with you that you are inferior to him."

5.10【原文】

宰予昼寝。子曰:"朽木不可雕也,粪土之墙不可圬也;于予与何诛?"子曰:"始吾于人也,听其言而信其行;今吾于人也,听其言而观其行。于予与改是。"

字词训诂

圬。wū。也有版本作"杇",音义皆同,粉饰义。

予。宰予。

与。语气助词。

章句义理

有解家认为后一个"子曰"单独成段,后半部分仍是对宰我行为的评论,合并成一段至少是合理的,故取合并版本。

对此段的解读,多以孔子批评宰予为主,唯有南怀瑾独辟蹊径,说是"孔子说弟子不行就别撑着,身体不好导致白天听课时睡觉也别勉强了,由他去吧"云云,毫无所据。

还有人绞尽脑汁,说是孔子和宰我两人配合,合演了这出戏剧,目的是警醒弟子们中可能正在流行的懒惰之风。东晋经学家范宁和唐代高僧释慧琳就认为是这样。这个假说不是没有可能,但既然瞒过了当时受教的弟子们,而后来的编纂成书者也信以为真，那么后人又从何得知其中曲折？纯粹是为了解释高徒被贬损而强行臆造罢了。

宰予是孔门十哲之一，排名甚至在子贡之前，以言语闻名。孔子不喜欢辩才，所以在《论语》中宰予出场不多可以理解，而且记录弟子和师父PK有违于编书目的。但对高徒说这种重话，总要事出有因，有以下几种可能：

其一，孔子因为发现宰予白天睡觉而借题发挥，反正也不会击垮宰我，却可以树个反面教材警醒其他不那么自信的弟子，有何不可？

其二，可能是在宰我成才之前的一段故事，或许宰我因此而发奋了呢？

其三，宰予能言而行不逮，孔子痛斥期待其改变，不狠毒不足以警醒之。

其四，《论语》编纂者对宰我有偏见，故意把宰我初期挨骂的这段故事记录进来，而不是本着为贤者讳和孔门和谐的精神另作处理。可以佐证这种可能性的，有以下几点：宰我在书中出场次数很少（总共只有五次），不符合其地位；出场五次，两次是作为负面角色，除本段外，另一处是阳货17.21中宰我挑战师父对守丧的要求，结果人离开了，还被师父在背后痛骂了一顿；宰予是宰我的名，按《论语》中记录弟子们的惯例，不该直书其名，有通过书写其名而贬之之义。

今 译

宰予白天睡觉。师父说："腐朽的木头不能再雕刻了，（粗糙低劣的）粪土之墙不能再抹平了；对于宰予，干嘛还要责备他呀？"师父（又）说："以前我对人，听了他的言论便信他的行为了；现在我对人，听了他的言论还得观察他的行为。是从宰予这里我改变做法的。"

英 译

Zai Yu slept in daytime. The master said: "Rotten wood cannot be carved, a wall made of dung and dirt cannot be trowelled smooth; For Zai Yu, why should I reproach him?" The master(further) said: "Formerly in getting along with people, I heard their words and trusted their deeds(accordingly); now in getting along with people, I will hear their words and observe their deeds. It's from Zai Yu that I changed my way."

5.11【原文】

子曰:"吾未见刚者。"或对曰:"申枨。"子曰:"枨也欲,焉得刚?"

字词训诂

申枨。枨,chéng,字周,鲁国人,精通六艺,七十二贤之一。《论语》中他出场就这一次。

欲。历代多解为"情欲"而不是泛指的欲望,甚至还有因为把"欲"解读为"情欲"而反推"刚"为"没有性欲"的,均不妥。

今 译

师父说:"我没见过刚毅的人。"有人回应说:"申枨。"师父说:"申枨有欲望,怎能做到刚毅?"

英 译

The master said: "I have never found a steadfast man." Someone replied: "Shen Cheng." The master said: "Shen Cheng has desires. How could he be steadfast?"

5.12【原文】

子贡曰:"我不欲人之加诸我也,吾亦欲无加诸人。"子曰:"赐也,非尔所及也。"

字词训诂

加。强加,引申为"欺压"。

章句义理

本句的重点是人们如何相处。子贡所述是试图明确自己和他人之间的现实界限,而不是"己所不欲勿施于人"的原则问题。"己所不欲勿施于人"是道德准绳,强调的是每个人的自我约束。"我不欲人之加诸我也,吾亦欲无加诸人"则是公共行为规范,有点像是民法应用了。

孔子说"非尔所及也"是什么意思? 有三种可能:

其一,是说子贡做不到"无加诸人"。

其二,是说子贡做不到"不被人加诸我"。

其三,是说子贡无法做到任一点。

分析筛选如下:

自己"无加诸人",是一种修养,而且还是较基础的修养,不算难,对于子贡这种一流人才来说,更是小菜一碟;因此不取上述第一解。

做不到上述第二点,则第三点就自然也做不到,因此在假设子贡能做到"无加诸人"的前提下,上述第三点可以合并到第二点中。

"不被人加诸我",是一种能力,而且还是难以企及的高级能力,不仅要有实力做后盾进行吓阻,还要洞察人情世故并采取相应手段和措施,防患于未然,着实不易。即使是孔子本人,也有被人"加诸身"的经历,比如"子畏于匡"(子罕9.5),比如桓魋截击(述而7.23)。

因此,孔子说"非尔所及也",是说子贡做不到"不被人加诸我"。

今 译

子贡说:"我不想让别人欺负我,我也不想欺负别人。"师父说:"子贡啊,不是你能做到的啊。"

英 译

Zi Gong said:"I don't want others to bully me, and I don't want to bully others, either." The master said:"Ah Ci(Zi Gong), this is not up to you."

5.13【原文】

子贡曰:"夫子之文章,可得而闻也;夫子之言性与天道,不可得而闻也。"

字词章句

本句解读众说纷纭,而且不仅仅是语词训诂,更重要的是本段涉及重要概念;不咬文嚼字,有可能南辕北辙,所以有必要细究一番。

首先可以肯定,这是子贡在师父去世之后的一段评论。因为如果师父还在世,就不用感慨,可以直接去请教了。即使知道师父不愿意多谈"性"和"天道",也可以当面表达学习的渴望,然后听听师父拒绝多说的理由,亦有所得。

闻。听见,引申为"知道"义。

文章。"文"即"纹",可指"纹路"、"纹样"(A1);又可指文字记录或与之有关的人类文明(A2)。在绘画或刺绣上,赤与白相间的花纹叫"章"(B1);本义指演奏十段而后终止的音乐,从而形成"一章",后泛指音乐、文章和诗歌的段落(B2)。

把上述组合起来,"文章"的解读有四种可能:

一,A1 + B1,这样就是"文采"义,即强调表达形式,从"色彩和花纹"来代指"大自然中各种美好的形象、色彩、声音等",又演化成对"文辞"丰富多彩的肯定性描述。此时,"文"是和"质"相对的。

二,A2 + B2,这样就是"文辞"义,即强调其内容部分,"文章"就成为表达思想内容的段落,由此又引申为"著作"和"隐含的用意"两种词义。

三,A1 + B2,这样就是"美学"了,即只针对外部呈现进行段落分析,引申为只对形式进行研究,这就是美学,而且倾向于解构主义和计量美学派别。

四,A2 + B1,这样就是文献研究、资料整理、文学评论、比较文学、训诂学等,姑且简称"文献学"吧。

孔子施教历来不讲究形式,不仅有教无类,而且述而不作,子贡是孔子的重要嫡传弟子,不可能反其道而行之,可以首先排除上述第三项。

子贡是亲传弟子,不仅因为上述理由不会纠缠于师父教导的文字细节,而且也不需要从文献训诂角度来理解师父的本意,可以排除上述第四选项。

基于上述理由,说子贡会赞美师父的"文采"就会很勉强。在子罕9.11段中,颜回曾对师父的教诲有过类似的赞美(仰之弥高,钻之弥坚。瞻之在前,忽焉在后。夫子循循然善诱人,博我以文,约我以礼,欲罢不能。即竭吾才,如有所立卓尔。虽欲从之,末由也已),也是针对孔子的教导内容和教育方式的博大精深而感叹的,也是属于"内容"和"质"的范畴,无关于"文采"。两相印证,上述第一选项的可能性至少要被削弱很多。

孔子对"性"和"天道"只有提及,没有详析。道理下面再谈。但如果用"文采"来和顶级的"性与天道"做对比,那必然位于"性与天道"之下的"文辞"类的教导,即关于"仁义礼智信孝忠"等的教导,又如何定位呢?常识告诉我们,子贡要么用"文采"来和师父全部的内容类教导相对比,要么就会用"文辞"类教导来和更高端的"性与天道"相对比。

因此,可以排除上述第一选项,确认第二选项是"文章"正解。但是"文辞"既有可能指"六经",也可能泛指孔子的学问。同样采用上述排除第一选项的推理,加上子贡此处并未明指六经或其部分,且考虑到学界主流认为六经成书是在孔子身后,此处做宽泛解读为妥。

需要指出,也有把"章"解为"明"的,这样就把"夫子之文章"解读为"师父的文是明晰的",因此"可得而闻也",训诂上成立,只是有点勉强,而且对全段内容没有大的影响,因为毕竟要点还是要解读"文"和"性与天道"。特列于此备考。

性。何晏在《论语集解》中说:"性者,人之所受以生者也。天道者,元亨日新之道也。深微,故不可得而闻也。"后人多从此解,但它显然过于机械。此处理解为"人性",即"人的根本的社会特性"最符合孔子的一贯理论,因为他对"仁义礼智信孝忠"等价值观的鼓呼,都是针对"人的根本的社会特性"的。

天道。历代对"天道"的解释极其复杂多样,基本能涵盖这个词所能带来的联想可以涉及的一切基本世界观,读者可自行上网搜寻了解,此处不赘。

把"天道"可按下述顺序逐步分解之:

一,解为"天之道",只算训诂,不算篡改。

二,把"天"解为"大自然或某种超越人类社会的力量"符合孔子时代的认知水平和语境;把它简称为"上天"只是给这个超级对象一个称呼,不算改变或定义其性质。

三，如果这种力量不对或不愿意对人类社会发生作用，则它不仅是没用的，也是无法被理解的，完全不符合孔子入世的一贯立场。

四，因此可以推论在孔子的心里，"天道"就是"上天对人类社会的作用（未必有意识的客观影响）和指导（有意识的主动管理）"，是否是有意识的主动管理无法继续推导出来。简化一下，利用"作用"这个词在有无主动意识上的两可，称它为"上天的作用"，应该是妥当的。

据说，孔子在回到鲁国后对于"性与天道"进行了集中的研究。不过，从当前的文献看，孔子关于这方面的言说，后学托伪的可能性更大。

"天道"不同于"天命"，总体来说，"天命"是"天道"作用之下人类社会的理想路径和状态。"天道"的存在与人类无关，即不管人类愿不愿意，"天道"都在发挥作用；但"天命"的实现必须有人类的参与，没有人类的认可和实践，"天命"是无法实现的。"天命"概念请参阅为政2.4下解读。

不可得而闻也

关于说孔子对性与天道的言论"不可得而闻也"主要有三种不同的解读：

其一：孔子其他的教导流传于世，虽身后经世，仍可得而闻也。而性与天道蕴藉深奥，止乎身也，不能后传，故不可得而闻也。这个版本强调孔子"性与天道"的深奥和不可传递性。孔子应该来发表过"性与天道"的明确学说，这个话题说不清楚而且孔子的亲传弟子都无法理解和转述，后人又凭什么相信孔子研究和传播过这方面的学说呢？

其二：师父或许在别处讲过，但没有流传下来，或者师父不愿意和我们分享，所以今天已经听不到了。此解等于是感叹莫须有的可能并有对师父的抱怨，不靠谱。

其三：师父就没有讲过。此解简单明了、义理统一、且符合行文逻辑。"不可得而闻也"而不是"未得而闻也"，说明"不可"是"不可能"而不是"没有机会"。为何不可能呢？因为孔子根本就没教过啊。本书从此解。

《公冶长篇》结构总览

本篇除本章和其他四章（5.14是以编纂者的角度直接评价子路，没有"子曰"，但可以认为是孔子同意的评价,否则不会选编进来;5.26是和弟子们对话,落脚于自己的志向,可以勉强算是自我评价;5.27是感叹没人会自我批评,也相当于品评别人了,只是没有具体所指;5.28是自我品评外都是孔子品评人物,为何突然出现子贡对师父的评论呢?很大的可能是由本篇的总体结构决定的,虽然这样解读有点勉强,但不妨把本篇分为四部分的假说放在这里以待斧正:

第一部分(5.1—5.14)是孔子先后对公冶长、南容、子贱、子贡、冉雍、漆雕开、子路、冉求、公西赤、颜回、宰予、申枨等十二位弟子进行评价,然后由子贡在本章提出对老师的赞美而告一段落;尴尬之处在于这段赞美之后还有5.14一段对子路行为方式的总结,5.14和5.13对调一下先后顺序,就合情合理。只能姑且容忍这个不和谐的排序了。

第二部分(5.15—5.21)对当时或稍早担任各国要职的孔文子、公孙子产、晏平仲、臧文仲、令尹子文、陈文子、季文子、宁武子等八人给出评论,而且都是在主流观点之上提出不同见解,体现了孔子在学问水平、道德修养、为政潜力和洞察他人等诸多方面居高临下的实力。

第三部分(5.22—5.27)有点杂,但除了5.24可以划归第一部分外,其余各段的共同点是评点古人或直抒胸臆,从而表达出自己的政治抱负。

最后一章(5.28)构成第四部分,等于是孔子对自己做出评价,并为以人物点评为主的本篇收尾。

孔子不谈"性与天道"

首先孔子不可能有隐藏。述而7.24中,孔子说过:"二三子以我为隐乎?吾无隐乎尔。吾无行而不与二三子者,是丘也。"一心以入世治国为目的的孔子,本就有广施教诲的愿望,我们还是应该对他有这个信心的。

孔子为何不谈"性与天道"呢?很大的可能是,他想避免陷入形而上思辨的陷阱。后世很多号称是其继承人的学者,就有意无意之间踏入这个陷阱,把孔子入世治国的实用学说变成抽象思辨的理论体系。此处不展开。

今 译

子贡说:"老人家的学问,是可以知道的;老人家对人性和天道的说法,是不可能知道的(因为他从来没说过啊)。"

英 译

Zi Gong said: "The knowledge of our teacher may be learnt; the words of our teacher on human nature and heaven's acting effect (on the world) may not be learnt (for he's never enounced them)."

5.14【原文】

子路有闻,未之能行,唯恐有闻。

章句义理

本句历来无争议,都是解读为:子路是个急性子,实践派,听到师父一个教导,如果还没实践和应用,就不想听到新的教导。此说不妥。原因如下:

一,孔子的教导难道只能一个一个按顺序执行吗?《论语》和史料中没有这样的暗示和明示,显然不存在这么机械的学习顺序;君子不器,显然是提倡多重任务并行(multi-tasking)的能力的。

二. 孔子的教导难道执行过一次就算完成实践和应用了吗? 肯定不是;相反,孔子的教导基本都是应该终身实践的原则,不存在做过多少次就可以不做了的截止点。

三,难道说子路决定在收到一个教导后至少实践一次,然后再去受教其他新的内容? 如果孔子的教导是行为层面和礼仪层面的,比如如何祭祀、如何面君、如何射箭、如何敬酒、如何呈现音容笑貌等,这是成立的;但孔子的教导更多的是需要持之以恒才算执行的指示,比如"学而时习之"、比如侍奉父母的态度、比如"讷于言尔敏于行"的习惯,等等,这些都不可能有"一次性"实践。这就排除了子路实践一次再去受教的可能性。

正解应是:子路听到一个教导,如果发现自己无法执行,就害怕再听到它。"有"作"又"解;这样解释兼顾了语法和行文逻辑,也并不违背本段赞许子路志于实践的习惯,较妥。这唯一的不和谐之处是:暗示了子路并非对师父的教诲来者不拒,而是会通过拒绝听取(唯恐有闻)来有所取舍;这点在表面上好像和本篇5.7中子路对师父的话"无所取材"矛盾,但其实不然:5.7中的"无所取材"反映了子路对师父的教导照单全收的态度,而本章"唯恐有闻"反映了子路在判断自己没有能力执行师父教导的情况下,或因内疚、或因惭愧、或因尴尬而不愿再听到这个教导的心理。正是因为他对孔子的教导"无所取材",所以才在无法实践其教导的情况下,"唯恐有闻"。两者反映出了子路对待孔子教导的共同态度,那就是郑重其事、极其认真;因此,不仅没有矛盾,反而互为佐证。

在这个版本下,仍有两种解读,差异来源于"未之能行"的歧义:其一把它解读为"无法执行";其二则是"尚未开始执行"。如果准备实行了,即立了志,只是开始实行的时间点尚未到来,这时子路应该不会担心再次听到同一教诲,毕竟已经决定去做了。故取前解。

今 译

子路听到一个教诲,(如果发现自己)无法实践它的时候,就害怕再次听到这个教诲。

英 译

When Zi Lu heard a teaching, and (realized that he) could not put it into practice, he would be afraid of hearing it again.

5.15【原文】

子贡问曰:"孔文子何以谓之'文'也?"子曰:"敏而好学,不耻下问,是以谓之'文'也。"

字词训诂

敏。勤奋。

孔文子,氏孔名圉(yǔ),"文"是谥号,"子"是尊称,故后世称孔文子。

章句义理

故事背景和义理

据《左传》,鲁哀公十一年(前484年),卫国太叔疾逃到宋国,孔文子就让太叔疾休了原先的太太,然后把自己的女儿孔姞嫁给太叔疾。但太叔疾却私通他前妻的妹妹,孔文子大怒,准备派兵攻打太叔疾,孔子劝说孔文子打消念头。后来孔文子把女儿要了回来,并把她嫁给太叔的弟弟太叔遗。

可以看出孔文子不太守礼,嫁女随意、因私用兵等均有违礼节,所以同为卫国人的子贡对他死后被授予"文"这一谥号存疑,于是就去问师父。孔子虽然反对孔文子的上述做法,但本着实事求是的精神,不隐人善,就事论事,体现了智者的胸怀。

孔子生于前551年,子贡生于前520年,孔文子生年不详,但确定卒于公元前480年。所以孔文子得到其谥号时应是前480或479年,因为孔子卒于前479年,权取前480年。那一年孔子七十一岁,再过一年就将去世,而子贡四十岁(子贡卒于前456年,所以还将存世二十四年),算是老一辈对壮年带有终极意义的指导,体现的精神包括:客观、就事论事、善恶分明、为逝者讳、宽容、恕和礼。

前480年,卫国的国君是卫庄公(姬姓,名蒯聩,卫灵公之子,卫出公的父亲),春秋时期卫国第三十任国君,前480年—前478年在位,因本来在位的卫出公被逼出逃而即位。卫庄公与卫国第十二任国君姬扬(即卫前庄公)的谥号相同,均为"庄公",为了区别,故称"后庄公"。卫后庄公昏庸无道、恣意妄为,导致四面楚歌,逃亡路中被先前自己任性得罪过的人杀死,但从他首肯赐给孔文子的谥号,尤其是从孔子的认可来看,在无关自身直接利益的时候,他还算得上遵守礼法吧。话虽如此,基于孔子在礼法问题上一贯的复古情结和僵硬风格,此处显然体现对孔文子和卫后庄公两个人的宽容,是一种为贤者讳、为尊者讳的双重忌讳,权当体现了孔子具体情况具体分析的弹性,以及对原则灵活运用的老练吧。

谥号"文"

孔子时代，诸侯和卿大夫去世，已有赐谥惯例。给出什么样的谥号，先有惯例和共识为主，后来渐渐有谥法约束。孔子时代前者为主。

伪书《逸周书·谥法解》虽然很可能成书于汉代，但其伪托的内容却很可能源于孔子之前，而且它是谥法规则中最早资料来源，所以可用其文来看看谥"文"有何要求。文中有：经纬天地曰文，道德博闻曰文，学勤好问曰文，慈惠爱民曰文，愍民惠礼曰文。今译是：顺应天地规律的谥号文，德行深远而知识广博的谥号文，勤奋学习而喜欢多问的谥号文，慈心宅厚而爱惜百姓的谥号文，怜悯百姓而施惠尊礼的谥号文。

孔子的评价"敏而好学，不耻下问"对应的上述条件，应是"学勤好问"。算是所来有自，但是却只关乎学习态度，算是五个条件中最容易满足的吧。

今 译

子贡问道："孔文子凭什么被赐谥为'文'呢？"师父说："他勤奋而好学，不以向不如自己的人请教为耻，因此给他'文'这个谥号。"

英 译

Zi Gong asked："On what ground was Mr. Kong Wen given the posthumous title 'Wen'?" The master said："Being diligent and keen on studying, not ashamed to learn from his inferiors—this is the ground on which he was given the posthumous title 'Wen'."

5.16【原文】

子谓子产："有君子之道四焉：其行己也恭，其事上也敬，其养民也惠，其使民也义。"

字词章句

子产。姓姬，氏公孙，名侨，字子产，号成子；郑国政治家、思想家；郑简公十二年(前554)为卿,执政二十三年,卒于郑定公时期;除本章外,孔子在宪问14.8和14.9中对其能力和德行也有赞赏。

君子。从后面的四条内容反推,可知此处指"统治者"。

义。此处解为合情合理较妥,指的是以天时、农时为依据合理征用农民工时。

行己也恭。自己的行为表现出谦恭。谦恭是内在的修养,源自对天地万物的恭敬,表现出来就是行为习惯上的严于律己而不是怨天尤人。

上。在没有明确指向时,"上"只能理解为"君主+父母+长官+师长"。当然,单单指君主也无不可。

孔子在这里等于对君子之道给出操作层面的定义(operational definitions),还没有达到量化级别,但定性如此,已经基本可以算是标准化定义了。

今 译

师父评论子产说:"他有君子之道四项:待人处世够谦恭,侍奉上边够尊敬,养育民众够恩惠,使唤民众合乎情理。"

英 译

The master said of Zi Chan:"He had four of the qualities of a ruler:humble in behaving himself,respectful in serving his superiors,kind in nurturing the people,and considerate in employing the people. "

5.17【原文】

子曰:"晏平仲善与人交,久而敬之。"

字词训诂

晏平仲。通称晏子(前578年至前500年),氏晏名婴,字仲,谥"平",齐国夷维(今山东高密)人;晏子是齐国上大夫晏弱之子,前556年,继其父之位为上大夫,历经齐灵公、庄公、景公三朝,辅政长达五十余年;晏子有政治远见,外交才能突出,聪颖机智，能言善辩，是春秋时期的名人。

章句义理

刚正不阿能否同时足智多谋呢？正直真诚能否俗世得利呢？拳拳之心能否笑到最后呢？孔子通过对晏婴的评论给出了答案，是响亮的可以。这是长期（以人生为度）多次博弈的最佳方式。

今 译

师父说："晏平仲善于与人交朋友，相识越久，别人越敬重他。"

英 译

The master said: "Yan Ping Zhong is good at making friends with others—the longer the contact, the more respect from his acquaintances."

5.18【原文】

子曰："臧文仲居蔡，山节藻棁，何如其知也？"

字词训诂

臧文仲。姬姓，臧氏，名辰，谥文，故死后又称臧文仲；鲁卿；臧文仲历事鲁庄公、闵公、僖公、文公四君。

曾废除关卡，以利经商，于国于民，尽职尽责。他博学广知而不拘常礼，思想较为开明进步，对鲁国的发展起过积极的作用。臧文仲登上鲁国政治舞台的时候，正值齐桓公称霸时期，齐鲁力量对比悬殊，他受命于危乱之际，负斡旋之重任，充分显示出其军事及外交方面的才能。

当时的人们都认为臧文仲很有智慧；显然孔子却不以为然，原因当然还在于"礼"。

蔡。占卜用的大龟。

山节。刻成山形的斗拱。斗拱是中国建筑特有的结构。在立柱和横梁交接处,从柱顶上加的一层层探出成拱形的承重结构叫拱,拱与拱之间垫的方形木块叫斗,合称斗拱。"山形斗拱"到底是什么呢？一说是每个横梁的头被镂刻成山形；一说是所有露出来的横梁共同组合成山的形状,即:不做这种处理的房屋的侧面的上部基本上是个三角形,而"山形斗拱"则是增加了几层肩膀,好像是"品"字形或在"品"字下还有更多层从侧面看像是楼梯形的结构。两解均可,但考虑到第二种解读有点打破建筑常法,而且对建筑这种主要要体现功能的东西来说,即使国君或权贵想表现高人一等的特权,通过雕刻、装饰等不破坏功能的细节就能实现了,没必要非得折腾建筑结构。所以第一说较妥。

藻。修饰、装饰义。

棁。zhuō,同"梲",意思为梁上的短柱,即把相邻的梁连接在一起的、垂直于梁的、成排并列的柱子。

何如。何故、怎么啦。

知。此处同智。

章句义理

首先可以确定孔子反对臧文仲的做法。但反对的是什么呢？是僭礼呢？还是其他？

"山节藻棁",未见国君有这个讲究,而且此处是给大龟盖宿舍,所以无非是花哨了些,和"八佾舞于庭"不同,不是僭礼,只能算是浪费和奢侈,所以不是纪律问题,而是风气问题。

那说他不智到底是针对什么呢？奢靡不好,但与智力无关。本书认为使臧文仲在孔子眼里显得不智的理由的选项如下,已排除与"智"无关的因素,比如不尽责、不忠、僭礼、不仁等等。

一,当时正处乱世而非盛世,不该收藏珍奇,因为很难传世。

二,臧文仲不去改善国政救民于水火,会招致怨恨。

三,臧文仲不重视自身德行修炼,最终有可能因此栽跟头,丧失既得利益。

四,臧文仲没有认识到自己所处的危险处境,不懂得预见事态的发展规律,用今朝有酒今朝醉的鸵鸟态度处事,会变成被温水慢慢煮死的青蛙。

五,为了一只稀奇动物玩物丧志,很难取得更大成就。

六,为宠物专门修建了屋子,并且雕梁画栋,极尽奢靡浪费之能事,容易败家。

我们无从得知孔子的答案,或许是上述全部,或许是其中部分选项的组合;甚至孔子有可能在"智"的旗号下也包裹着与"仁、忠、义、礼"等相关的内涵,从而把臧文仲体现出的"不仁、不义、不忠、非礼"等统统用"不智"来表达。为了避免用自己的理解去越俎代庖,就用笼统的"不智"好了。

今 译

师父说:"臧文仲给一只大龟盖了房子,为它做了山形斗拱并装饰了梁间短柱,他的智力出啥问题了?"

英 译

The master said: "Zang Wen Zhong built a house for a giant tortoise, with mountain-shaped bucket archs and decorated puncheons—what's wrong with his wit?"

5.19【原文】

子张问曰:"令尹子文三仕为令尹,无喜色;三已之,无愠色。旧令尹之政,必以告新令尹。何如?"子曰:"忠矣。"曰:"仁矣乎?"曰:"未知。焉得仁?"

"崔子弑齐君,陈文子有马十乘,弃而违。至于他邦,则曰:'犹吾大夫崔子也。'违之。之一邦,则又曰:'犹吾大夫崔子也。'违之。何如?"子曰:"清矣。"曰:"仁矣乎?"曰:"未知。焉得仁?"

字词训诂

令尹子文。即斗(三声)子文。芈(mǐ)姓,斗氏,字子文。楚国人。令尹,楚国的官名,相当于宰相。据《左传》,斗子文在二十八年中数次被任命为相,又数次被免,对楚国的强大和北上争霸做出了杰出的贡献。

崔子。即崔杼，姜姓崔氏，名杼，谥武，故又称崔武子。春秋时齐国大夫，后为齐国执政。他在齐执掌实权数十年，骄横凶暴，先后立庄公、景公，在朝大肆杀戮，使齐政局动荡，最后上吊自杀，尸体被景公戮曝，算是不得好死吧。齐庄公与崔杼之妻东郭姜通奸，崔杼大怒，后来在庄公又一次来自己家里时，用卫队杀死他。"崔子弑齐君"，说的就是这件事。

陈文子。名须无，又称田文子，齐庄公时大夫，与晏婴、崔杼等同时代。史料不多，但从子张转述故事可知，此人有些气节。

未知。有解"知"为"智"者，不妥；这样解读，必须得绞尽脑汁从两个故事主人公的所作所为中找到"不智"的依据，不仅很勉强，而且孔子自己未明说，解读恐怕只能是臆造；从故事的记述看，并不涉及智与不智的问题；在孔子的理论中，智与仁、清与智与仁并不是递进关系。如果非要说"仁"是完德，自然包含所有其他修养，等于是把孔子的理论进行结构重造了。

未知。**焉得仁**。有人认为这句话漏了一个字，原文应是"未知仁，焉得仁？"中间就得变成逗号了。意思是：他还不懂得仁，怎么会到达仁的境界呢？过于勉强，不取。

单从字面上看，孔子先说不知道，然后是否定的反问"哪里算得上仁呢"，像是自相矛盾。这可以理解为一种表达技巧，先用"不知道"来客气一下，停顿一下，然后反问，表达不屑的态度。就像有人对我们说：我欠你的钱，不还了行吗？我们可能会回敬道：不知道啊。你说呢？

孔子在本篇5.8中对三个弟子的评价中都说"不知其仁也"，也算是否定他们，但还保留"因为还不知道所以或许他们够仁了"的理论上的可能性，虽然孔子心中应该认定他们三人是不够格的。但本段中用反问"焉得仁"等于明确表达了"他们不够格算仁"的判断。

清。洁身自好也。对应的英文名词以 integrity 为妥，但没有对应的形容词，故权取 pure 以代。

今　译

子张问："宰相子文三次出任宰相，没有喜色；三次被罢免，没有怒色。他任宰相时的政令,一定会告诉新任宰相。他怎样啊?"师父说:"够忠了。"问:"算仁吗?"答:"不知道啊。怎么能算是仁呢?"

"崔杼弑齐君,陈文子当时(是)有十乘马车(待遇的下大夫),他抛弃了(禄位)而离开。到了另一个国家,他说:'(这里的大臣)像我们的大夫崔杼一样啊。'于是离去。又到另一国,他又说:'(这里的大臣)像我们的大夫崔杼一样啊。'于是又离去。他怎样啊?"师父说:"算是清正了。"子张说:"那算是仁了吧?"师父说:"不知道啊。怎么能算是仁呢?"

英 译

Zi Zhang asked: "Chief Minister Zi Wen took the office of chief minister for three times, and did not show up joyful countenances; dismissed from his post for three times, he did not show up displeased countenances. The government decrees in his term of office would certainly be notified to the new chief minister. How was he?" The master said: "He was loyal." Zi Zhang asked: "Was he humanitarian?" The master replied: "I don't know. How could he be regarded as humanitarian?"

"When Mr. Cui killed the king of the Qi state, Mr. Chen Wen had ten chariots (as a symbol of the position and treatment he was enjoying at that time). He abandoned them and left the country. Upon arriving another state, he said: '(The ministers here) They are like our minister Mr. Cui.' Then he left it. Upon arriving yet another state, he said again: '(The ministers here) They are like our minister Mr. Cui.' Then he left it. How was he?" The master said: "He was pure." Zi Zhang asked: "Was he humanitarian?" The master replied: "I don't know. How could he be regarded as humanitarian?"

5.20 【原文】

季文子三思而后行。子闻之,曰:"再,斯可矣。"

字词训诂

季文子。季孙行父,姬姓季氏,谥文,故称"季文子"。鲁国正卿,前601年至前568年执政。可参阅季氏16.3下注释。

斯。一说是语气助词,一说是"这,此"。鉴于"再,可矣"表达流畅,根本不需要增字以助,且孔子说话一贯能简则简,故从"此"解。

再。有把它解读为在"三思"之上的"再",即得考虑四遍才算可以。考虑到以下因素,此解不妥:

其一,季文子本身就是个心思缜密的人,让他再增加一道自我审查,太矫情了吧。

其二,孔子是个实战派,欣赏行动力,提倡"敏于行",不太可能把"四思"作为对他人的要求。

其三,除非孔子有意含混其辞,否则如果他想表达"三思而再",应该就会说"三思而再,斯可也。"的。

矣。有完成和肯定的倾向,反证"再"是两次,而非"三思而再"。

今 译

季文子(面对事情)思考三遍才会采取行动。师父听到这事,说:"两遍,这就够了。"

英 译

Mr. Ji Wen thought thrice and then took actions. The master, hearing this, said: "Twice will be enough."

5.21【原文】

子曰:"宁武子,邦有道,则知;邦无道,则愚。其知可及也,其愚不可及也。"

字词训诂

知。此处同"智"。

宁武子。氏宁,名俞,武是他的谥号,故称宁武子,卫国大夫。

卫文公复国后,宁武子出仕,受重用。卫文公治下升平,宁武子充分发挥才干,表现出智慧;到了卫成公时代,礼崩乐坏,政治险恶,社会混乱。宁武子仍在朝为官,以难得糊涂的姿态,在复杂多变的政局中尽力支撑,在不招惹打击报复的前提下努力为国家,为人民做了一些事情,不显山不露水,做出一副愚笨的样子。

所以孔子评价说:其聪明才智别人可以努力做到,但他乱世治国时体现出的表面的愚笨木讷,却是别人无法做到的。

今 译

师父说:"宁武子,当国家治理有序时,他体现出智慧;当国家治理昏乱时,他体现出愚笨。他的智慧可以够到,他的愚笨是够不到的。"

英 译

The master said:"Mr. Ning Wu, when the state was well governed, presented wisdom; when the state was ill governed, he presented stupidity. His wisdom was attainable, but his stupidity was not."

5.22【原文】

子在陈,曰:"归与!归与!吾党之小子狂简,斐然成章,不知所以裁之。"

字词章句

与。语气助词,体现失望后做决策的失意,相当于"算了吧"中的"吧"或"收工喽"中的"喽"。

按孔子生评中,周游列国一段尤为重要,梗概如下:

一,五十五岁时(前496年),因与季氏政见不同,离开鲁国,开始周游列国;先到卫国,十个月后,离开卫国,准备去陈国,一番周折磨难之后,当年又回到卫国。

二,五十六岁时(前495年)回到鲁国,同年五月定公卒,哀公立。

三,五十八岁时(前493年)离鲁至卫。

四,五十九岁时(前492年)经曹国、宋国、郑国至陈国,中间又有磨难。

五,六十岁时(前491年),离开陈国,来到了蔡国。

六,六十一岁时(前490年)从蔡国来到叶国,然后返蔡。

七,六十二岁时(前489年),在陈国和蔡国之间被困绝粮,是为孔子一生最危急苦难事件。后被楚人相救,当年由楚国出发,准备返回卫国。

八,六十三岁时(前488年),回到卫国定居。

九,六十七岁时(前484年),弟子冉求帅军打败来犯的齐国,趁机推荐孔子,季康子派人迎孔子归鲁。周游列国十三年,至此结束。

据上,孔子发出这个感慨应是六十岁决定离开陈国的时候。以当时的年纪,或多或少对入世治国已经有点不抱奢望了,雄心壮志收缩为回乡兴教的较小的目标。叶落归根之时,兼以六十耳顺之洒脱,选择合情合理,只是其时尚不知回家的路是那么漫长而曲折。

吾党。应是"吾乡党"义,因为要和前文"归与"相呼应。有解为"我的弟子"的(比如礼雅各),不妥。

小子。还未教化的后生。

有把后半段解为向客居国(陈国)给出离开的借口的,臆度有余而对孔子信心不足,不妥。

狂简。有多种解释。

一,同"狂狷(juàn)","狷"取"跳跃"义,引申为"不拘一格,无所顾忌"。合起来就是"积极进取、不拘一格"义。

二,同"狂狷","积极进取而且洁身自好"义。

三,既狂且简,"狂"取"积极进取"义,"简"取"略于细节、忽略实操性"义,结合起来就是"好高骛远,眼高手低,志大才疏"的意思(比如朱熹)。

四,把"简"解为"大",则合起来就是"积极进取且专注于大道"之义。

论证筛选如下:首先,"积极进取、无所顾忌"的意思肯定是存在的;其次,"洁身自好"在这里毫无出处,莫名其妙,可以抛弃;最后,不管是"不拘一格"或者"专注于大道"还是"忽略实操性",都呼应后面的"裁",均无大碍,但考虑到夹在中间的"斐然成章",可以确认"狂简"中应该不会有否定的意思,因为这种否定以及由此留下的进步的可能只能出现在带有转折意义的最后一句"不知所以裁之"。因此可以排除掉上述第三选项;剩下第一和第四两种选项,哪个解读更能得出"斐然成章"的结果,就是正解,显然是第四。

不知所以裁之。不知道用什么来裁度自身(从而实践自己的大道)。意思是:光有崇高理想是不够的,必须要学会裁度自己的"狂简",掌握使理想落地的工具和方法。那么谁能提供这些工具和方法呢?当然是孔子及其弟子们了。可参照本篇5.7中"无所取材"的解读。

斐然成章。文采奕奕、色彩纷呈的样子,用文学评论的词汇来比喻人。

包括朱熹在内,有人提倡这种解读:孔子己道不行就反其道而行之,宁愿选择"狂简"之士,剑走偏锋,期待利用他们"狂简"的野性、激情、冲击力和韧劲,或许能培养出一批能够成功入世治国的人才,从而使自己的未竟事业薪传有继。这种解读臆想多于分析,不宜认真对待。

今 译

师父在陈国,说:"回去喽!回去喽!我们家乡的后生们积极进取而志于大道,他们神采奕奕而众彩纷呈,(只是)不知道用什么来裁度以成。"

英 译

When the master was in the Chen state, he said: "Let's go back! Let's go back! The youths in my country are aggressive and devoted in greatness. They are beaming and buoyant in spirit and are colorfully starry, only they don't know what to be used to carve themselves out."

5.23【原文】

子曰:"伯夷、叔齐不念旧恶,怨是用希。"

字词章句

伯夷、**叔齐**。两位是商朝孤竹国国君的儿子,在王位继承这一问题上,兄弟俩互相谦让,离国明志。商朝被灭后不食周粟而饿死在首阳山中;哥俩备受孔子推崇。

恶。è,他人过往的"恶",即他人过往跟哥俩结下的梁子。此解虽非唯一,却是主流,且无过度解读之嫌,当从之;但这个"恶"到底是他人针对我们干的"坏事"呢,还是因为和我们因为种种利益、价值观、身份等不同而形成的矛盾和对立呢?我认为是后者,因为如果是前者,"不念旧恶"从而赢得"怨是用希"就不仅是没有原则,更是把"不被别人怨"当成人生目标这种更低级的不堪。

怨是用希。"用是怨希"的倒装句,说的是"用这个方法(这样做)怨就很少了"。

剩下的关键是:"怨"是谁的怨? 是哥俩对别人的怨? 还是别人对哥俩的怨? 本书认为是后者,分析推理如下:

一,如果别人对我们做了恶,谁会有怨呢? 是我们。虽然也有作恶者仇恨受害者的情况,但毕竟不是主流。主流是,被害者对作恶者有怨;前者先得一分。

二,即使只考虑旧怨是因为其他原因导致的矛盾,我们不知道对方是否早已忘却;也无法知道当我们不念旧恶、表现出谅解的洒脱时,对方会如何反应。试想,如果我们当初不谅解而现在决定谅解了,到底意味着什么呢? 要么是时间的修复力量,而这说到底是缺乏原则的健忘症;要么我们有了新的要务而原先的相关怨恨排序后移了,而这时对方未必如此,甚至他的怨恨前移了也说不定;前者又得一分。

三,如果哥俩真能做到原谅他人,那就应该直接"不念恶",而不是"不念旧恶",即应该在矛盾发生时就直接谅解对方,而不是当场先对着干后来再摆出高姿态;这个论点对哥俩有点要求过高了,对两解算是中性的吧。

四,历来推崇哥俩的孔子如果只是说哥俩自己的怨气少了,这听上去不像是表扬;如果说哥俩因为原谅别人因此别人的怨气就少了,反而更像是夸赞;后者得分。

五,在一对一的关系中,自己先去除执着"不念旧恶",未必会导致对方怨恨消减;但人在社会中的存在历来是网状结构,是多对多的,一个人通过在每一个一对一的交往中所体现出的风格会被别人知道的,并从而影响他人在和自己交往中的应对模式,而这种影响是正循环的,即:一个人体现出"不念旧恶"的宽容会导致"仍念旧恶"的其他对手对我们改变印象,并削弱甚至消除对我们的怨恨。这就是社会形象领域多次博弈的公式,而且这一条具有决定性的权重;后者胜出。

今 译

师父说:"伯夷和叔齐不纠结于过去结下的梁子,因此别人对他们的怨恨情绪就很少了。"

英 译

The master said: "Bo Yi and Shu Qi did not allow their bitterness with others to linger on, and therefore the resentment towards them was rare."

5.24【原文】

子曰:"孰谓微生高直?或乞醯焉,乞诸其邻而与之。"

字词训诂

微生高。复氏微生名高,鲁国人,孔子弟子,《论语》中出场仅此一处。

醯。xī,又作"酰"(xiān)、"酢"(cù),"醋"也。

直。直接,坦率,无奉承,不曲迎。

章句义理

首先我们必须认定微生高不是家里有而舍不得才去邻居家讨要然后送给向他讨要的人,那样其行为性质变了。他所做的就是自家没有但却不明说,而是从邻居家要来再送出去。而孔子批评的就是这种乍看好似隐瞒自身困难也要低调从善、细想却是拔高自我贬低对方并传递错误信息的矫情和纠结。

今 译

师父说:"谁说微生高直率啊?有人向他讨点醋,他向邻居讨来再给人家。"

英 译

The master said:"Who says that Weisheng Gao is straightforward? When being asked by someone for some vinegar, he asked his neighbor for it and then gave it to him."

5.25【原文】

子曰:"巧言令色足恭,左丘明耻之,丘亦耻之。匿怨而友其人,左丘明耻之,丘亦耻之。"

字词训诂

左丘明。姓姜,氏丘,名明,生于前502年,死于前422年;春秋末年鲁国都君庄(今山东省肥城市石横镇东衡鱼村)人;本名丘明,因其先祖曾任楚国的左史官,故在氏前添"左"字,故称左史官丘明先生,世称"左丘明",后为鲁国太史。

左氏世为鲁国太史,至左丘明时代则约与孔子同时代,比孔子年轻四十九岁;据传著有《春秋左氏传》和《国语》,但无学界定论,他人伪托可能性更大,但既然伪托左氏,反证其史学声誉之实;挂在他名下的这两本书对中国史学影响深远,对《史记》创作具有重要启发。后世或称其为"文宗史圣""经臣史祖",或誉为"百家文字之宗、万世古文之祖"。

左丘明品行高洁,被孔子推崇备至。

章句义理

难点是"足恭"。有两解:一说是过分恭敬,二说是从两足动态上体现出逢迎取悦别人的态度,结果也是讨好别人,但义从"足"出,虽与前述同归,但解读殊途也。

说别人通过摆弄双脚来显示逢迎之态过于勉强。首先是因为孔子时代的服装在人处于静态时基本上会遮盖双脚，这样留给它们表达逢迎之态的机会就大为减少；再说了，即使双脚暴露于外，它们比起面容、双手、躯干及整体举止来，更难表达出恭敬和逢迎的态度，用它们来和巧言令色并列，有点托大了。故取前解。

历来把"巧言令色足恭"并列成"巧言、令色、足恭"，均无法自圆其说，因为前面两种表现也是"过分恭敬"中的两种。本书认为正解是把"巧言令色足恭"理解为一句话，并且解读为"巧言令色都属于过度恭敬"，如此解读可以简单直接地避开语法和语义逻辑上的双重疑点。

今 译

师父说："漂亮话和讨好的面容都属于过度恭敬，左丘明以之为耻，我也以之为耻。隐藏自己对某人的怨恨而和他交朋友，左丘明以之为耻，我也以之为耻。"

英 译

The master said: "Fine words and insinuating countenances are excessive reverence, on which Zuo Qiu Ming would look down, and I would, too. Hiding one's resentment towards someone while making friends with him was what Zuo Qiu Ming would look down upon, and I would, too."

5.26【原文】

颜渊、季路侍。子曰："盍各言尔志？"子路曰："愿车马衣轻裘与朋友共，敝之而无憾。"颜渊曰："愿无伐善，无施劳。"子路曰："愿闻子之志。"子曰："老者安之，朋友信之，少者怀之。"

字词训诂

盍。hé，"何不"义。

伐。夸义。"施"，张大，引申为"宣扬"。

怀。心中存有、想着、包容义,引申为"关怀"。

章句义理

子路回答的断句

有人认为子路的回答中误多一"轻"字,当作车马衣裘。断句则有三种:

一,愿车马衣裘,与朋友共,敝之而无憾。

二,愿车马衣裘与朋友,共敝之而无憾。

三,愿车马衣裘,与朋友共敝之而无憾。

第一种断句同原文差别不大,说是无憾,还是因为过分强调"敝之而无憾"而实有所憾,只是朋友义气超越并稀释了这种隐藏的憾恨。

第二种断句强调的是"一起"把它们用坏,此时需要把"而"理解为"就",境界就高了很多。

第三种断句和第二种意近,区别在于"而"在此处理解为"却",境界介于前两者种之间。

本书认同原文。首先,各解差别不大,都强调与朋友共享比较私密和个人的物品,包括车子、马匹、衣服、和皮草,体现的是朋友义气。其次,认为子路说"一起用坏"这些东西等于认为子路把"用坏"物品当成理想成立的前提条件了,不可思议。最后,"衣轻裘"这种表达在雍也6.4中也出现过,应该是当时的时髦的装束,"轻"不大可能是衍生的。

还有一种解读,把"车"和"衣"当成动词,全句就成了"我愿把马套上车、穿上薄皮衣,然后与朋友一起耍,马车和皮衣用坏了也不后悔。"这种解读更莫名其妙:穿着华丽、驾着马车和朋友玩,用坏了车子或穿烂了衣服,本来就没有什么好悔恨的啊,难道还要怪朋友不成?

共敝之而无憾

钱穆的《论语新解》对此解读精当,特录于此:"憾,恨义。或于共字断句,下'敝之而无憾'五字为句。然既然曰'愿与朋友共',又曰'敝之而无憾',敝之似专指朋友,虽曰无憾,其意若有憾矣。不如作'共敝之'为句,语意较显。车马衣裘,常所服用,物虽微,易较彼我,于路心体廓然,较之与朋友通财,更进一层。"

老者安之,朋友信之,少者怀之

有两解:其一,"之"指孔子,即老人安于己,朋友信于己,少年怀念己。此说语法上成立,但却是用被动态来描述自己的志向,首先就差了一截;其次,如果孔子真是这个意思,应该会把三个"之"字都删除,或者都增加"于己",从而使表达更简洁明确,用个"之"来代替自己却产生歧义,岂止是画蛇添足? 故不取此解。其二,"之"分别指老者、朋友和少者,即,使老人得到安顿,给朋友真诚,给少年关怀。此解语法上成立,逻辑上通顺,同时由于可能反映了孔子老年时意识到无法改天换地后的较为低调的目标和情怀,更有可信性。

三人志向的对比

三个人,三种性格,三种修炼,给出三种截然不同的回答:

子路豪气有余而眼界不足,说的是与朋友相处的方式,直抒胸臆,性情中人也。

颜回从自身修养的角度,讲的是自我完善,而且表达得隐晦:不自夸美德,暗示必有美德;不高喊苦劳,明确必有苦劳。符合颜回一贯的律己和奉献精神。

孔子以政治的立场,从教化和价值观的角度,站在治国和弘扬文化的高度,给出人文的志向,其境界之高远和角度之奇绝,秒杀弟子。但也正因为如此,其志向有点空洞,不仅远不及子路的明确,也不如颜回的具体。在其收放自如之间,内容也渐渐缥缈朦胧。

今 译

颜渊和子路(季路)侍立在旁。师父说:"你们何不分别说说自己的志向?"子路说:"愿把自己的车马、衣、轻裘和朋友们共同使用,直到用坏,我也不会憾恨。"颜渊说:"不夸耀自己的美德,不宣扬自己的劳苦。"子路说:"我们想知道您的志向。"师父说:"给老者安宁,给朋友真诚,给年轻人关怀。"

英 译

With Yan Yuan and Zi Lu(Ji Lu) standing by his side, the master said: "Why not each of you tell me your ideals?" Zi Lu said: "I would like to share my chariot and horses, clothes, and light fur dresses with my friends, and wear them out without regret." Yan Yuan said: "I would like not to boast my own virtues and advocate my toil and moil." Zi Lu said: "We'd like to learn your ideal." The master said: "Giving rest to the aged, offering sincerity to friends, and showing solicitude to the young."

5.27【原文】

子曰:"已矣乎！吾未见能见其过而内自讼者也。"

字词训诂

讼。责备,归咎于。

章句义理

整部论语中,孔子说自己没见过的共有七种人:我未见好仁者恶不仁者(里仁4.6)。我未见力不足者(里仁4.6)。吾未见刚者(公冶长5.11)。本段。吾未见好德如好色者也(子罕9.18)。吾未见好德如好色者也(卫灵公15.13)。隐居以求其志,行义以达其道——吾闻其语矣,未见其人也(季氏16.11)。

"吾未见好德如好色者也"与"吾未见好德如好色者也"重复,所以合计起来,孔子声称自己没见过六种人:

其一,好仁而恶不仁者;这是给出了好仁者的一个特点,不算是真见不着。

其二,力不足用于仁者;这是反语,说的是若想行仁力量不是问题。

其三,刚者;这个孔子真地认为有难度。

其四,知己过而自讼者;这是反语,说的是知己过就该自讼。

其五,好德如好色者;这是反语,说的也是好德就该如好色。

其六,隐居求志/行义达道者。反语。

孔子真没见过的,只有"刚者"。由此可知,孔子认为"刚"是个很难练就的修养。由于没有很多信息,无法推知在孔子心目中,"刚"在各种德行中的位置。

"刚"共出现在 4 章中,计 5 次。它在孔子心目中的地位,应该比它在《论语》中出现的频率可能要高很多吧。

今 译

师父说:"算了吧! 我没见过能够发现自己的过错而在内心自责的人。"

英 译

The master said: "Forget it! I have never met one who could discover his faults and look inwardly to blame himself."

5.28【原文】

子曰:"十室之邑,必有忠信如丘者焉,不如丘之好学也。"

字词训诂

室。此处指家族而非家庭,因此"十室"有可能是多达十个聚居地的村落集合。

邑。可作封地、都城、城镇、聚居地、村庄解,此处是指含多个聚居地的区域。

忠。诚实。"信",认真。

章句义理

一片乡里,孔子都相信基本的忠信品质有和自己当年的基础不相上下的,但自己好学不倦,而常人难以做到,所以后来渐行渐远,差距越来愈大。本段显然是基于对自身修养很有信心的前提,用自身做例子,告诉大家坚持学习的重要性。

今 译

师父说:"只有十个家族的地方,也一定有像我一样诚实认真的人,只是不如我那样好学罢了。"

英 译

The master said: "In a region with only ten clans, there must be people who are as honest and conscientious as I am. They are just not as fond of learning as I am."

雍也篇

6.1【原文】

子曰:"雍也,可使南面。"

章句义理

南面。古代以坐北朝南为尊位,故帝王或诸侯见群臣,卿大夫见僚属,皆向南而坐,演化成用来指称帝王、诸侯或卿大夫之位;应用过程中外延泛化,后泛指尊位或官位。从这个泛化的意义上,"南面"可等同于"面南而听政"。所以,"南面"的人可以解读为:

一,帝王。

二,帝王之辅。

三,诸侯及虽非诸侯但已成封地实际领袖之权臣。

四,诸侯之辅。

五,权臣之辅。

六,地方长官。

七,听政者。

"南面"在秦汉以后,才开始专指皇帝。在孔子时代,上述各解均成立。但历来坚守礼仪而反对僭越的孔子,不可能说让冉雍去当帝王或帝王分封的诸侯。如果非要解读成"冉雍具有帝王或诸侯之才之德",就该明说"雍也有南面之力、之德或之才"才是。即使那样,也和孔子倡导君臣之礼时一贯的坚决和刻板不合,他不可能在名不正言不顺的领域说弟子有帝王或诸侯之才。故既排除掉上述第一和第三,也排除掉把本章说成冉雍有帝王或诸侯之才的解读。

冉雍的才能在孔子的弟子中是第一梯队的,既然师父连漆雕开都让他出仕,所以对冉雍"可使南面"的定位一定会高于泛泛的"出仕",而上述"地方长官"和"听政者"的位置都是泛泛的"仕",所以不该是孔子心中"南面"的位子;因此排除掉上述第六和第七。

孔子有几个弟子为诸侯国内的实权派权臣当家臣或首辅,孔子既然对冉雍赞赏独加,则心中想的应该也不是权臣首辅;排除第五。

孔子的时代,天子势弱,几乎没有存在感,如果冉雍真的那么有才,放在天子手下为辅,可以肯定无可发挥,所以孔子不太可能说他可任帝王之辅;排除第二。

这样就剩下唯一选项:诸侯之辅,且由于需要"南面"而听政,所以不是只给诸侯出主意的幕僚,而是可以代其行政的首辅或核心大臣。

今 译

师父说:"冉雍这个人啊,可以让他(在诸侯要辅的位置上)南面听政。"

英 译

The master said: "Ran Yong the man, he can be employed (as the key minister of the king) to face the south and administer the state."

6.2【原文】

仲弓问子桑伯子,子曰:"可也,简。"仲弓曰:"居敬而行简,以临其民,不亦可乎?居简而行简,无乃大简乎?"子曰:"雍之言然。"

字词训诂

仲弓。冉雍的字。

子桑伯子。不可考,大约是子桑氏名伯,后一个"子"是尊称。从语气上看应是个诸侯,因无史料,可见是个很小的诸侯,也许只是个族群部落的首领吧。

简。简单,简约,随意。

居。自处。

敬。慎重对待,自律,不怠慢不苟且,继续精进。

行。行事,施政。

大。同"太",过义。

今 译

仲弓问子桑伯子如何。师父说:"还行,他够简约。"仲弓说:"自处时慎重自律而施政时简单随意,用这种态度去管理人民,不也还行吗？自处时简单随意而施政时也简单随意,这不是太过随意了吗？"师父说:"冉雍的话是对的。"

英 译

Zhong Gong asked about Mr. Zisang Bo. The master said: "He's all right. He's simple and easy." Zhong Gong said: "Being self-disciplined in behaving himself and being simple and easy in administration—isn't it also all right to govern the people with this (attitude)? Being simple and easy in behaving himself and being simple and easy in administration—isn't it too simple and easy?" The master said: "What Ran Yong said was right."

6.3【原文】

哀公问:"弟子孰为好学？"孔子对曰:"有颜回者好学,不迁怒,不贰过,不幸短命死矣。今也则亡,未闻好学者也。"

字词训诂

迁怒。迁怒他人,即生气时把怒火发向无辜的对象,比如被上司训斥了就对属下或家人发火,或者夫妻吵架开始摔盘子,等等,体现的是怒火中烧时胡乱发泄的非理性。

贰过。在同一问题上重复犯错误。"不贰过"体现的是总结和汲取经验教训并避免重蹈覆辙的智慧和能力。

亡。音义同"无"。

今 译

鲁哀公问:"你的弟子中谁算是热爱学习的?"孔子回答说:"曾经有个颜回热爱学习,他不迁怒于他人,也不会犯同样的错误,不幸短命死了。现在呢就没有这样的了,我不知道还有(像他那样)热爱学习的了。"

英 译

King Ai of the Lu state asked:"Who among your students can be said to love to learn?" Confucius replied to him:"There was once one named Yan Hui who loved to learn. He did not vent his anger on others, and did not repeat any faults. Unfortunately he was short-lived and died. Now there are no such ones. I don't know of anyone who loves to learn(like he did)."

6.4【原文】

子华使于齐,冉子为其母请粟。子曰:"与之釜。"请益。曰:"与之庾。"冉子与之粟五秉。子曰:"赤之适齐也,乘肥马,衣轻裘。吾闻之也:君子周急不继富。"

字词章句

子华。公西赤的字。

冉子。冉求。《论语》中孔子的弟子中称"子"的有三个:有若、曾参、和冉求。

粟。小米,北方俗称谷子。

釜。六斗四升。十合为升,十升为斗,十斗为斛(也有说五斗为一斛的,不取,主要是参考时代不算太后的秦制)。

庾。一说二斗四升,一说十六斗;此处显然指十六斗。

秉。一秉合十六斛,一斛十斗,故五秉等于五十斗。

一升到底是多少?孔子时代已无法严格考证,权取秦代统一度量衡以后的容器为准,约为两百毫升。这样,本段中谈及的三种容积就分别是:

釜 = 200ml × 10 × 6.4 = 12 800ml,即今天的 12.8 升。

庾 = 200ml × 10 × 16 = 32 000ml,即今天的 32 升。

五秉 = 200ml × 10 × 10 × 5 = 100 000ml,即今天的 100 升。

因为含水量不等,所以对市面上小米的密度无法给出精确答案,但小米会沉入水中,肯定密度超过 1,权取 1.2 吧。这样,上述升换算成今天的重量就分别是:

12.8 升 = 15.36 公斤。

32 升 = 38.4 公斤。

100 升 = 120 公斤。

作为主食,按每人每天一斤计算,上述三种数量对应的,大约是一个月到八个月左右的量。在粮食不富裕的时代,也算是一笔不小的馈赠了,也值得作为引发孔子和冉求矛盾的导火索了。

公西赤应是代表孔子出使齐国,因为没有他代表君主或其他大夫出差却要孔子补助的道理。

小米从哪里来的呢?看来孔子自己和弟子们有自己的粮仓;这个粮仓的管理要么比较随意且不需要孔子签批,要么就是由冉求负责的,否则很难解释冉求不听师父意见能够运出五秉小米的的事实。

公西赤的母亲,到底是否需要这些补助呢?从孔子最后说"不继富"可以推断她不需要。

孔子当然知道公西赤的家境,从语带不屑和稍带反感地描述其"乘肥马,衣轻裘",可见其行装打扮不仅非孔子要求,甚至不是当时对使节的普遍要求,同时推见即使是给自己办事,孔子也没有为弟子置办行头的惯例。应该是公西赤自己基于对这份差事的理解,同时依托自己殷实的家底,自行置办了行头以壮声势,这样符合他善于外交的一贯特点。这也再次证明他的母亲是不需要小米补助的。

冉求不可能不了解这些，他的做法到底反映了什么心理呢？首先基本可以确定，惯例孔子是不会资助弟子家人的，但可以合理假设，当弟子为自己出差时，有补助其家人的惯例或先例；冉求应该是按惯例或先例，提出补助申请的。虽明知公西赤家不缺小米，但冉求更看重的却是道理和政策，这样做的好处是维持政策的一致性；孔子同意执行政策，但考虑到实际情况，建议少给点，意思到了即可；冉求两请之后，自行做主，给了一百升左右的小米，相当于一个人大约两百四十天的主食口粮。冉求应该是为了贯彻政策的一致性，宁愿牺牲具体情况具体分析的针对性。这是无可厚非的，尤其是想到如果公西赤的母亲知道孔门的规矩，本来或许根本不想要补助，但如果发现补助的数量不够，反而会心生不快。

孔子怎么想的呢？大约是这样吧：是有规矩，但应实事求是，按照公西赤家的情况，给一点意思意思即可；即使公西赤或他母亲可能因此不快，但比起节省下来的小米能体现的更大价值来说，也是值得的；我本来都没打算给，既然你问了，也同意给一点，结果你说不够，我又加了一些，结果你还是觉得不够，并且先斩后奏，执行起规矩来僵硬有余，对待师父却有两面三刀之嫌啊。

周。周济、救济义。"继"，继续，引申为增加。

孔子说自己听说过"君子周急不济富"，应该只是表达方式的选择，通过这种表达来强调其被认可的广泛性。

今　译

子华（公西赤）出使齐国，冉有替他的母亲请求发点小米。师父说："给她一釜吧。"冉有请求多给一些。师父说："给她一庾吧。"结果冉有给了她五秉。师父说："公西赤去齐国，乘着肥壮的马拉的车，穿着薄皮衣。我听说过：君子应为穷人救急而不应为富人增加财富。"

英　译

Zi Hua (Gongxi Chi) was sent to the Qi state on a mission. Mr. Ran (Ran You) requested some millet subsidy for his mother. The master said: "Give her one Fu." Ran

You requested more. The master said: "Give her one Yu." Ran You (later) gave her five Bing of millet. The master said: "When Gongxi Chi headed to the Qi state, he rode on (a chariot yoked with) stout horses, and wore a light fur dress. I have heard this: a cultivated gentleman should help out those in dire need instead of adding to the wealth of the rich."

6.5【原文】

原思为之宰,与之粟九百,辞。子曰:"毋！以与尔邻里乡党乎！"

字词训诂

原思。通称"原宪",字子思,宋国人,孔子弟子,曾做过孔子家宰,一生安贫乐道。

九百。没给出数量单位。推论如下:九百,按惯例应是一年俸禄;按照前面的计算,九百要么是九百斗,要么是九百升;一升是一公斤二,九百升就是一千零八十公斤,而作为主食,成年男子一天按零点五公斤计算,可供消耗两千一百六十天,几乎是六年的量;而一斗就要放大十倍,孔子基本不可能给出这样的待遇。所以取九百升。这就意味着原思将有能力每天周济五到八个人(考虑到妇孺老人和小孩消耗量要少于成年男子),给他们提供主食。量不算过分。

邻里乡党。按《周礼·地官司徒·大司徒》:"五家为比……五比为闾……四闾为族……五族为党……五党为州……五州为乡。"推算可知"党"指五百家,而"乡"指一万两千五百家;按《周礼·地官司徒·遂人/土均》:五家为邻,五邻为里。可推知"邻"就是上述"比",指五家,里是二十五家。此处应是虚指,意为"周边乡亲"。

章句义理

孔子出任鲁国司寇时,让原思做了自己的总管。任职就该领俸禄,所以原思不该拒绝;但九百之数是否偏多？或许孔子就是要利用手中的自由裁度权,通过原思做点善事吧。

今 译

原思担任孔子的总管,孔子给他(年俸)小米九百(升),原思不要。师父说:"别啊!可以分给你的周边乡亲啊!"

英 译

Yuan Si became the fore-overman for Confucius, who offered him nine hundred (liters of) millet (as annual emolument) and was declined. The master said: "Don't decline it! You can share it with your fellow people in your neighborhood."

6.6 【原文】

子谓仲弓曰:"犁牛之子骍且角,虽欲勿用,山川其舍诸?"

字词训诂

犁牛。耕地的牛,引申为只能用来耕地的牛;只能用来耕地,即不可用作祭祀牺牲;之所以不可以作牺牲,无非是因为用作牺牲之牛需要具备一些优点;貌端体健,核心特点是"骍且角";反推可知"犁牛"的特点包括但不限于:不是红黄色,或角长得不正,即"红黄色"和"角长得正"是避免成为"犁牛"的必要但未必是充分条件;有人认为"犁牛"是毛色杂乱之牛,没有出处,不取;按下面对"骍"的解读可知,估计这个说法就是从"骍"反推回来的吧。

骍。xīn。按《诗·鲁颂·駉》之毛传:"赤黄曰骍。",可知是红中带黄色,大约是红铜的样子吧。为何这种红色是牺牲之牛的优点呢? 估计主要是因为其少见吧,生物学上,牛并没有毛色和品种或同一品种内体格强弱之间的相关性;按《周礼·地官司徒·封人/均人》:"凡阳祀,用骍牲毛之;阴祀,用黝牲毛之。望祀,各以其方之色牲毛之。"今文译作:"凡祭天或宗庙,要用纯骍色的牲口;祭地或社稷,要用纯黑色的牲口。祭名山大川,各用代表各方颜色的纯色的牲口。"可见"骍"色牲口在祭祀牺牲中的高贵地位。同时可知,用骍牲者的场合包括三种:祭天,祭宗庙(前两种合称郊庙之祭)及方位适合(应是南方)时对名山大川的祭祀(山川之祭)。

角。"已经长角"或"角长得正"之义。牛犊从满月起就开始长角,此时其毛色尚未定型,用刚刚长角的小牛做牺牲不仅浪费,且尺寸上有偷工减料之嫌,所以选牺牲之牛,应以青壮期为妥,反推可知此时不该用是否"已经长角"来甄别,而该用是否"角长得正"来遴选。

用。从语境和后面的"山川其舍诸"来看,此处"用"是"用作祭品"之义。

章句义理

子谓仲弓曰

有两解均成立:一是"子对他说",二是"子说起他"。好在两解均不影响孔子的谈话内容的指向。参考其他类似表达,比如6.13"子谓子夏曰"以及孔子对冉雍的鼓励态度,第一解在此处更合适。

据说冉雍的父亲名声不好,干过坏事,孔子此段谈话反对出身论,提倡就个人论个人的理性态度,或许有劝勉仲弓顶住社会压力、努力进取的用意。冉氏一门三贤(冉耕老大,冉雍老二,冉求老三),如果他们的父亲真是个坏蛋,孔子言论的说服力就真的很强大。

山川其舍诸

有两解。一说"山川"泛指天地,这样就要解成:天地也不会放弃他。二说"山川"特指山川之神,这样就要解成:即使不用之郊庙,用于山川之祭还是可以的。

如果取第二解,等于承认出身不好确实不便用于更为重要的郊庙之祭,这样就把自己倡导的打了个折扣,而且是很大的折扣;如果取第二解,孔子应该明说,变成"郊庙虽欲勿用,山川其舍诸",所以第一解妥当。

今 译

师父对仲弓说:"耕地的牛生下的红色而且牛角端正的牛犊,即使有人不想把它用作祭品,天地能舍得弃而不用吗?"

英 译

The master told Zhong Gong: "If the calf of a farming ox grows rose-copper cowhide and upright horns, although someone may not want to offer it (in the sacrificial ceremonies), will the mountain and river gods be willing to renounce it?"

6.7【原文】

子曰:"回也,其心三月不违仁,其余则日月至焉而已矣。"

字词训诂

回。颜回。

违。离开,违背,此处解为"离开"更妥。

日月至焉。每日一至或每月一至。"至",处于仁的境界,不违仁的状态。

章句义理

"其心三月不违仁",心中不违,那行呢?"仁"既是行动上的"仁",也是内心坚守的"仁",心中坚守更难,在行动上体现"仁"反而较为容易,完全可以在毫无"仁心"的情况下仍然装出道貌岸然的样子。所以,称赞"其心三月不违仁"是以"其行三月不违仁"作为不言而喻的前提的。

如果存在行为有仁而内心违仁的情况(生活中这种情况很多),孔子凭什么认定颜回"其心三月不违仁"呢?谁也无法透视他人的心灵,只能按下述顺序逐步验证,最终给出高概率的结论:

一,从他的言谈中,听到对仁的追求。

二,从他的行为中,看到对仁的坚守。

三,在较长的时间内(如本章所说的三个月),言谈一致无反例。

四. 在较长的时间内(如本章所说的三个月),行为一致无反例。

五,在较长的时间内(如本章所说的三个月),言谈和行为保持一致无冲突。

颜回三月不违仁,是否意味着超过三月就会违了呢? 应该是说颜回能连续三个月不间断地做到,但更长时间内仍然会有间断,因此他还没有成为不违仁从不间断的仁人,而是在孔门弟子中首屈一指、并最接近仁人标准的贤人。

今 译

师父说:"颜回啊,他的内心可以做到三月不离仁德,其余各位则只能做到每天一次或每月一次内心归仁而已。"

英 译

The master said:"Yan Hui, his mind can stick to humanitarianism without departing for three months, while the others can only return their mind to humanitarianism daily or monthly."

6.8【原文】

季康子问:"仲由可使从政也与?"子曰:"由也果,于从政乎何有?"曰:"赐也可使从政也与?"曰:"赐也达,于从政乎何有?"曰:"求也可使从政也与?"曰:"求也艺,于从政乎何有?"

字词章句

仲由。子路。

赐。子贡。

求。冉有。

果。果敢决断。

达。事理通达。

艺。多才多艺。

何有。有何义,即:算得了什么呢?

从政。按俞樾《四书辨疑辨》:"为政者君,执政者卿,从政者大夫也。"

此时鲁国正是季康子执政之日,所以有邀请三人出任大夫的意向,故问;此时子路和冉有已经在季康子家中担任家臣,而子贡或许在为鲁国服务,但肯定不是大夫级别的官员;最后的结果是:子贡可能做了大夫(无法确考),但不是服务于季康子;子路和冉有最终还只是季康子的家臣,没有做成大夫。这种结局或许因季康子不善用人,或许是师父眼中出高徒而别人未必认可,或许无关能力而是政治理想不同造成的无奈,或许是政局变幻导致人事无常而谋不得定,最大的可能是上述各种原因的组合吧。

孔子在此处的反问说服力是不够的,对于季康子的背景调查给出不太给力的回复。

一,行事和决策果断,不是具备参政能力的充分条件。果断只是风格而不算能力,这种风格要变成加分因素,必须有判断力、分析能力、领导力(自己决策后别人执行的意愿和效率)作为前提,否则可能流于失察、独断专行而产生负面后果。

二,通情达理,也不能成为具备参政能力的充分条件。通达是修养,是对人情世故和社会运行机制的洞察及身在其中游刃有余的能力,可以简化理解为对"常识感"的把握。这种能力毫无疑问是重要的参政能力,但需要辅以战略眼界和原则定力,否则就会随波逐流,失之苟且。

三,多才多艺,也不是具备参政能力的充分条件。才艺体现了人的广泛爱好以及强大的学习能力,本身无关乎参政能力,而是在参政领域迅速学习掌握其技巧和能力的潜力指数。"艺者"能从自己广泛的才艺中随时汲取营养,用于政治实践。所以"艺"本身更多是基本能力的背书,而不是具体的参政能力的证书,而且对才艺的爱好有可能会分散执政精力,干扰政治嗅觉和判断力。

四,对参政能力应该有哪些见仁见智、五花八门,古今中外,观点和体系众多,无法给出定论;但上述三种素质中的任何一种单独拎出来,都不能单独覆盖参政能力,这应该没有疑问。即使三种能力都具备,也不是参政的主要能力,更不要说覆盖全部参政能力了。

五,孔子在提炼三人参政的胜任力时,是否把与之相关的其他能力作为理所当然的前提了呢?如果是,就该多说两句,把评论变得全面些,毕竟是弟子们出仕从政的良机啊。

六,或者因为子路和冉有已在季家服务,而子贡又名声在外,所以孔子假设季康子对三人的了解都比较全面了,这一次只是想在双方的共识基础之上,用画龙点睛的方式提炼出各人的核心胜任力,通过这种极度的浓缩来改变和引导季康子对三人的三种能力的认同。本书认为这种心理有很大的可能,否则很难解释孔子对这么重要的推荐机会,回答竟然如此简化,而且还倚老卖老地用反问方式——真想反驳这种反问,不是很容易吗?

今 译

季康子问:"仲由能让他参政吗?"师父说:"仲由果断,参政对他有什么难的呢?"问:"端木赐能让他参政吗?"答:"端木赐通达,参政对他有什么难的呢?"问:"冉求能让他参政吗?"答:"冉求多才,参政对他有什么难的呢?"

英 译

Mr. Ji Kang asked:"Can You(Zhong You) be employed to participate in governing?" The master said:"You is a man of decision. How difficult could it be for him to participate in governing?" Mr. Ji Kang asked:"Can Ci(Duanmu Ci) be employed to participate in governing?" The master replied:"Ci is a man of common sense. How difficult could it be for him to participate in governing?" Mr. Ji Kang asked:"Can Qiu(Ran Qiu) be employed to participate in governing?" The master replied:"Qiu is a man of versatility. How difficult could it be for him to participate in governing?"

6.9【原文】

季氏使闵子骞为费宰。闵子骞曰:"善为我辞焉!如有复我者,则吾必在汶上矣。"

字词训诂

闵子骞。氏闵名损,字子骞,通称"闵子骞";一般认为是宿国(今安徽省宿州市埇桥区曹村镇闵祠村)人,也有他说。孔子弟子,与颜回德行并称;以孝出名。《二十四孝》中第三就是他"芦衣顺母"的故事。

《论语》中对孔子弟子,多呼其名,但闵损出场五次,却有四次被称其字,有多种解释,但估计应该源于称呼习惯,而这种称呼他的习惯可能反映了他入孔门之前就已成名的事实,包括孔子在内的人就按照社会上已经叫开的字来称呼他吧。

费。同"鄪",bì 音;春秋时期鲁国地名,在今山东费县西南。费邑是季氏封地。

善为我辞。请来传话的人找个好说法替自己拒绝。

汶上。汶水,在齐南鲁北边境。水以北为阳,汶上者,汶水北岸也,此处指齐国。意思是:若季氏再来召我,我将逃离鲁国去齐国了。

章句义理

注解多说季氏是不讲礼法和仁义的权臣,闵子骞鄙视之,故不从。此说不妥。

首先,孔门弟子出任权臣家臣的多了去了,《论语》中记录的就有:子游为武城宰(本篇 6.14);子路使子羔为费宰(先进 11.25);仲弓为季氏宰(子路 13.2);子夏为莒父宰(子路 13.17)。

此外,子路和冉有也担任过季家的家臣,而据《孔子家语·相鲁》(因其是否是伪书尚无定论,引文仅供参考)记载,"孔子初仕为中都宰",孔子自己也做过别人的家臣。

闵子骞不接受季氏职位,要么因为自己的政治理想和道德水准很高,超过孔子本人及众多师兄弟,要么就是另有隐情,比如担心失败、爱惜羽毛或自知能力不逮,要么就是决心专攻其他,比如他所为人所知的德行和孝道。此处不强求原因了吧。

传说闵子骞后来还是接受了这个邀约,可能是被孔子劝说而成的,当了费宰干得还不错,只是后来还是看不惯季氏做派,终以辞职告终。这个传说无史料佐证,权作参考。

整部《论语》中,表示拒绝出仕的只有两位:公冶长 5.6 中的漆雕开,还有就是闵子骞。

今 译

季家派人请闵子骞担任费邑总管。闵子骞说:"拜托你找个好的说法替我回绝吧!如果有人再来找我,那么我就不得不去汶水北岸了。"

英 译

The Ji family sent someone to ask Min Zi Qian to assume the office of the governor of the Bi fiefdom. Min Zi Qian said:"Please decline it nicely for me! If someone comes to me for it again, I will be bound to leave for the north side of the Wen river."

6.10【原文】

伯牛有疾,子问之,自牖执其手,曰:"亡之!命矣夫?斯人也而有斯疾也!斯人也而有斯疾也!"

字词训诂

伯牛。即冉耕,又称冉伯牛,与颜回和闵子骞并称孔门仁德三杰;冉氏三贤中的老大。

问。探视。

牖。yōng,窗户。从窗口握手,显然是传染性疾病,保持距离以防传染。至于说握手也有危险,只能猜测孔子时代对待传染病的预防方式就是那样,而不是今天这样讲究。

亡之。有多解:

一,将要死去;此时"之"作助词。

二,要失去他了;此时"之"指冉伯牛。

三,没有这个道理;即:"亡"作"无"解,"之"指冉伯牛染疾这件事。清代吴英在《经句说》就主此说。

四,《定州竹简本论语》中"亡"字作"末",则有"没有办法"之解。

五、把上述第四项中的"末"解读为"莫",把"末之"解读为"勉之",说是孔子勉励冉伯牛与疾病战斗,争取好起来。然后又因胜算很小而伤感,并叹"命矣夫"。

上述各解中,五太勉强;四需要建立在竹简本更加权威的基础上,且需解释为何不用"奈何"而要用语义模糊的"末之",也可排除;三和四一样,需要回答为何不用"无是理";一和二差别不大,主要区别是它们决定了后面的"命"是谁的命。如果说的是冉伯牛的命,则应取一;如果说的是孔子作为老师被迫眼睁睁看着得意弟子病亡的命,则应取二。再结合下一句"斯人也而有斯疾也",如果假设这一句和前一句"命矣夫"在主语上是连贯的(这种假设是合理的,虽然在两句中的断句不必然保证主语的连续,但在两个同样成立的解读中,假定这种主语的连续性至少增加了成立的可能性),其中第一个"斯"显然是指冉伯牛,那么前面的"命矣夫"指的就是冉伯牛的命,再反推就可知,"亡之"的意思应该取一。

章句义理

"命矣夫"用疑问式更妥。"夫"字作为语气助词,fú,不同于名词属性比如"夫子"或"大夫"之"夫"。

孔子的话可以分为三句:"亡之"其一(甲),"命矣夫"其二(乙),余下其三(丙)。三句可独立成句,也可组成三种语义上的断句,如下:

一、甲+丙+丁。

二、甲+丙,丁。

三、甲,丙+丁。

上述一只是形式上成立,在语义上必须分解成二或三。取二,则是把"亡之"当成命;取三,则是把"斯人也而有斯疾也"当成命。

本书认为两解均可,但取二更符合语境和语气:一是"亡之"后应有补充的言语来使它完整,二是"斯人也而有斯疾也"连叹两遍,在意义上和语气上都自成一体,而且重复本身等于和前面的语句人为地拉开了距离。

从哀叹"亡之,命矣夫",可知冉伯牛已病入膏肓,而且自己和别人也都知道了,所以孔子表达上没有顾忌。可见这是一次临终探视。

今 译

冉伯牛生病了,师父去探视,从窗口拉着他的手,说:"就要死了啊!这是命吧?这样的人竟染上这样的病!这样的人竟染上这样的病!"

英 译

Ran Boniu was sick, and the master came for a visit. Holding his hand through the window, the master said: "You are dying! Is this the fate or what? Such a man came down with such a sickness! Such a man came down with such a sickness!"

6.11【原文】

子曰:"贤哉,回也!一箪食,一瓢饮,在陋巷,人不堪其忧,回也不改其乐。贤哉,回也!"

字词训诂

箪食。箪,音 dān,装饭的圆形竹器。食,音 sì,饭食也。

忧。忧愁,痛苦。

章句义理

可参阅述而 7.16 下解读,看看师徒二人对待穷困态度的差异。

今 译

师父说:"真是贤明啊,颜回!一竹碗饭,一瓢水,住在简陋的小巷子里,别人受不了这种痛苦,而颜回却不会因此改变他本来的乐趣。真是贤明啊,颜回!"

英 译

The master said: "How virtuous Yan Hui is! With a bamboo bowl of rice and a gourd ladle of water, and living in a humble lane, a suffering status that others cannot bear, Yan Hui can keep his enjoyment unchanged by it. How virtuous Yan Hui is!"

6.12【原文】

冉求曰:"非不说子之道,力不足也。"子曰:"力不足者,中道而废。今女画。"

字词训诂

画。《四书集注》中有:"力不足者,欲进而不能。画者,能进而不欲。谓之画者,如画地以自限也。"这个解释看上去很美,结论也可取,但对"画"的解释过程极其勉强且完全不考虑孔子时代的语言习惯;"画",本义就是"划分,划分界限,界定",本段取本义即可,稍加引申就是"自我限定",和朱熹"画地为牢"义殊途同归。

说。yuè,同"悦"。

今 译

冉求说:"我不是不欣赏老师您的学说,是我能力不够啊。"师父说:"能力不够,会走到半路上而停止。你现在是自我限定(还没起步啊)。"

英 译

Ran Qiu said: "It's not that I don't appreciate your doctrine, my teacher. It's because my capability is insufficient." The master said: "When capability is insufficient, one will give up in the middle of the way. But now you are confining yourself (and have not started yet)."

6.13【原文】

子谓子夏曰:"女为君子儒!无为小人儒!"

字词章句

儒。钱穆《论语新解》一书中对有恰当总结,特录于此:"谓士之具六艺之能以求仕于时者。儒在孔子时,本属一种行业,后逐渐成为学派之称。孔门称儒家,孔子乃创此学派者。本章"儒"字尚是"行业"义。同一行业,亦有人品高下志趣大小之分,故每一行业,各有君子小人。孔门设教,必为君子儒,无为小人儒,乃有此一派学术。后世惟辨儒之真伪,更无君子儒、小人儒之分。因凡为儒者,则必然为君子。此已只指学派言,不指行业言。"

小人儒。钱穆也同样给出精彩解读,特录于此:"孔子之诫子夏,盖逆知其所长,而预防其所短。推孔子之所谓小人儒者,不出两义:一则溺情典籍,而心忘世道;一则专务章句训诂,而忽于义理。子夏之学,或谨密有余而宏大不足,然终可免于小人儒之讥。而孔子之善为教育,亦即此见。"

今 译

师父对子夏说:"你要成为一个君子儒,不要成为小人儒。"

英 译

The master told Zi Xia:"You should grow into a scholar that is like a cultivated gentleman,not a scholar that is like a base person."

6.14【原文】

子游为武城宰。子曰:"女得人焉耳乎?"曰:"有澹台灭明者,行不由径,非公事,未尝至于偃之室也。"

字词训诂

焉耳。于此。

澹台灭明。澹,dàn。复氏澹台,名灭明,字子羽,少孔子三十九岁,鲁国人;大约就在本段故事后,成为孔子弟子。本章前半段用"行不由径"来称赞他光明正大、自律甚严;用后半段来表扬他公事公办、不求私交的行为方式。两个例子都体现出他光明磊落、坦荡做人的格调。

今 译

子游做了武城的长官。师父说:"你在这儿得到了人才了吗?"回答说:"有个叫澹台灭明的,走路不抄小路,不是公事,不曾到过我屋里。"

英 译

Zi You became the governor of Wu Cheng. The master said: "Have you got any talents here?" He replied: "There is one called Dantai Mieming, who never takes shortcuts in his walk, and never comes to my house except for public business."

6.15【原文】

子曰:"孟之反不伐。奔而殿,将入门,策其马,曰:'非敢后也,马不进也。'"

字词训诂

孟之反。又称孟之侧,鲁国大夫,孟孙氏的庶子,统兵将帅之一。前484年,鲁齐开战。鲁军败退时,他在最后掩护败退的鲁军,勇而不居功,体现出"功不独居,过不推诿"的美德,但也暗示了鲁国官场上嫉贤妒能的压力之大,足以诱使实力派大夫级官员如孟之反也得通过自贬来避免嫉妒甚至构陷。事见《左传·哀公·哀公十一年》,记载有:"孟之侧后入以为殿,抽矢策其马,曰:'马不进也。'"

伐。夸耀。

奔。败逃。

殿。断后。

策。鞭打。

策其马。一说是打马进城,一说是鞭马反攻以免敌军跟进,然后才入城。均可吧,都无关要义。本着简约精神,取前解。

今 译

师父说:"孟之反不炫耀。军队败逃时他殿后,快进城门的时候,一边策马,一边说:'不是我敢断后,是马不愿意跑了。'"

英 译

The master said:"Meng Zhifan didn't boast of himself. He once covered a retreat in the rear. When he was about to enter the gate, spurring his horse, he said:'It's not that I dared to guard the rear. It's because the horse would not advance.'"

6.16【原文】

子曰:"不有祝鮀之佞,而有宋朝之美,难乎免于今之世矣!"

字词训诂

祝鮀。tuó,卫大夫,字子鱼。以口才闻。

佞。nìng,口才好。

宋朝。宋公子,客居在卫,以美色闻。据《左传》,他身为卫国大夫,既受到卫灵公的宠幸,又与卫灵公嫡母襄夫人宣姜和夫人南子有染。后来他和齐豹、北宫喜、褚师圃一同作乱,把灵公赶出卫国。灵公复国后,宋朝逃亡到晋,灵公却又因为南子思念宋朝的缘故,再次把他召了回来。不是个好人,但还算善终。

章句义理

本段的主要分歧在于对"而"的解读,过往有以下几解。

一,不佞,反而美。

二,不佞,也不美。

三,不是有佞,就是有美。

其余还有他解,均过于勉强,不赘。

在分析上述三个选项前,需要明确后半句"难乎免于今之世矣"的意思,既能避免歧路,又能反推前半句的逻辑脉络。一派观点认为是"没法在这世上生存";另一派认为是"难以逃避世间的灾难"。第一派无法解决"免"字的矛盾,第二派解读妥当。既然后半句是说"难以逃避世间的灾难",则上述三项中只有第一能成立。而这个解读又恰巧最符合原文表达语境,同时又最简洁。比起那些林林总总人为复杂化了的版本来说,此解最优。

今 译

师父说:"没有祝鲍的口才,却有宋朝的美貌,(这样的人)很难逃得脱当今社会的加害啊!"

英 译

The master said: "Without the eloquence of Zhu Tuo, but having the good look like Song Chao, such men will hardly escape from the harm of today's world."

6.17【原文】

子曰:"谁能出不由户?何莫由斯道也?"

字词章句

道。有数解。

一,先王之道。

二,孔子的治理天下之道,从先王之道中来,而又有所细化和重组,主要包含与治理天下关系较为密切的仁、礼、乐三条。

三,孔子提倡的个人修炼之道,应包含仁、义、礼、贤、直、谅、达、智、信、孝、悌、六艺等个人修养部分。

四,上述二和三的合集,即:修身、齐家、治国、平天下的全部套路。

五,就是前面的"门"。此解需要应对前文宣称的的必须走门的陈述,因为既然必须走门了,还如何质疑别人不走这道门呢?

六,比喻,泛指"正道"。

由于孔子没有给出更多信息,取上述第六解为妥。要义是:不走正门就只能走旁门左道,虽然当下对个人也许是成功或获取利益的捷径,但从整个社会整体利益来看,会产生"公共草地"的博弈损失,而在多数情况下,初期得益的个人终归要自食其果,个人综合利益也会受损。落脚点是反对急功近利。

孔子用这个比喻不妥当。如前文所说:如果出屋只能走门,那么就没有机会去质疑别人为何不从门出了。反过来,既然后面质疑说"为何不走此路",就意味着除了此路还有其他选择,这个事实就使前面的"谁能出不由户"的喻体显得不伦不类。

今 译

师父说:"谁能出屋却不过房门? 为何不从正道走呢?"

英 译

The master said:"Who can leave a house not by the door? Why not follow the right way?"

6.18【原文】

子曰:"质胜文则野,文胜质则史。文质彬彬,然后君子。"

字词章句

质。质朴的本性。

文。文采和修饰,有改造义。

野。粗鄙。

史。这是难点。有以下三解。

一,官府的书记官或宗庙的祝官。此解生硬,为了对应,还得把前面的"野"解释成"粗鄙之人"。不取。

二,成为历史,消亡义。此解呆滞而极其勉强,真要表达此意,应用"亡"或

"殆"。不取。

三,解为前述一中所说的书记官的"习气和风格"。这样又有三解。一是解为拘谨、刻板。虽然书记官的习气可能是这个样子,但用拘谨来对应充满生命原始动力的"野",似乎不够级别吧;再说了,"文"都胜了,肯定是色彩缤纷,有点收不住的样子,不可能反而变成死气沉沉的结果。不取。二是解为浮夸。此解勉强,因为一定程度的浮夸恰恰是"文质彬彬"的前提;浮夸作为修饰的目的,只表示有一定程度的"文",未必一定代表"文胜质"。不取。三是解为言辞华丽。此解乏力,因为"文胜"本身就是言辞华丽的意思,不取。

既然"史"本身没有可以和"野"对应的意义,只能按合理解读的需要反推出来。反推字义应该以和"野"意义相对、分量相当作为原则。"野"是不讲究形式、只关心本质的原始力量,像是弗洛伊德的"本我";和它对应的应该是形式大于内容的对"质"的过度约束、修剪和包装,并在分量上达到能消灭"质"的水准,比如初心全失的异化。它需要摆出高高在上的姿态、刻意和"质"保持距离甚至对立、并且有机会利用"文"来实现"文"的空心化。

按这些条件搜寻下来,只有"虚假"和"空洞"可供选择:"文"过了,就会对"质"矫枉过正,走向"虚假"或变得"空洞"。两者相较,虚假指风格,空洞指内容,杀伤力足够消灭"质";故"空洞"是正解。这是本书中少有的通过义理反推来解读词义的案例,有违本人解读原则,实为无奈之举,方家其正之。

彬彬。按《四书集注》曰:"彬彬,犹班班,物相杂而适均之貌。言学者当损有余,补不足,至于成德,则不期然而然矣。"解读合理。朱熹又引北宋杨时曰:"文质不可以相胜。然质之胜文,犹之甘可以受和,白可以受采也。文胜而至于灭质,则其本亡矣。虽有文,将安施乎?然则与其史也,宁野。"其论甚当,收录于此。

质和文的关系

"质"是好的底子,"文"是恰当的修饰。此处"文"就是礼乐之道,强调修己、躬行,不断的自我提升,而非"文字、文学"类。本段的描述有点像"学而不思则罔,思而不学则殆"。"学"相当于"质","思"相当于"文"。

今 译

师父说:"质朴的本性超过外在的修饰就会粗鄙,外在的修饰超过质朴的本性就会空洞。只有外在的修饰和质朴的本性组合得当,才能造就君子。"

英 译

The master said: "When the unadorned nature exceeds the outside polishing, there will be vulgarness; when the outside polishing exceeds the unadorned nature, there will be emptiness. Only when the outside polishing and the unadorned nature are blended appropriately could a cultivated gentleman be brought up."

6.19【原文】

子曰:"人之生也直,罔之生也幸而免。"

字词章句

生。是出生之生,还是生存之生?历来有两解。取前解,后面那个"生"应解为生存之生,但必须明确前提,即"人出生的时候是正直的"。这个前提,孔子没说过,无所依托,且伦理学最多可以假设"人性本善",而不至于宣称"人性本直"吧,因为善可以是本性,但直只能是修养。故不取前解。

一个人活着应该行直道。人抛弃正直,通过偷机取巧、坑蒙拐骗来追求自身利益,通常会不得善终,即使偶得善终,也只不过是侥幸而已,不值得效法。

从社会整体利益看,毫无疑问,提倡正直能获得全体利益最大化;即使在个人层面,从人生长期重复博弈的非道义纯理性角度看,"生也直"有更大概率获得美好的人生。

如果一个社会中很多人都能"幸而免",整个社会就有大问题;反过来,如果一个社会中没有这种"幸而免"的人,说明这个社会正道得行,运行机制有效,能自动强化"直而生"的正向循环,抑制"幸而免"的负面下降螺旋。《左传·宣公·宣公十六年》有云："善人在上，则国无幸民。谚曰：'民之多幸，国之不幸也。'"说的就是这个道理。

罔。wǎng，不正直。

今 译

师父说："人能存续于世间靠的是正直，不正直而能存续只是侥幸得免罢了。"

英 译

The master said:"Men exist in the world by uprightness. To exist without uprightness is only escape by a fluke."

6.20【原文】

子曰："知之者不如好之者，好之者不如乐之者。"

字词训诂

之。有三解：或曰"孔子之道"，或曰"事物的虚指"，或曰专指"学习"，均可。但从语境上看，专指学习更妥。但既然都是揣测，不如严守本义，不求强解。

《四书集注》中引宋朝尹焞曰："知之者，知有此道也。好之者，好而未得也。乐之者，有所得而乐之也。"这个解读是过度引申，但不得不对其层次的分明及表达的清晰而赞叹，故特录于此，供参考。

章句义理

本句揭示了人类在学习过程中，动机的层次和效果的高低之间的相关性，有心理学上的普适性和深刻性。

今 译

师父说："懂得它的人不如喜好它的人，喜好它的人不如把它当成享受的人。"

英 译

The master said:"Those who know it are inferior to those who love it, and those who love it are inferior to those who find pleasure in it."

6.21【原文】

子曰:"中人以上,可以语上也;中人以下,不可以语上也。"

字词训诂

语。yù,告诉,引申为传播、教育。

上。两个"语上"中作为宾语的"上",指的是什么呢?

选项一是公冶长 5.13 中提到的"性与天道"。孔子弟子中资质属于"中人以上"的,显然不是少数。既然子贡在公冶长 5.13 中明确说"夫子之言性与天道,不可得而闻也",足见孔子没有向弟子们传授过"性与天道",这和孔子宣称的"中人以上,可以语上也"不符。因此不取此解。

选项二是包含先王之道在内的孔子学问的总称,即里仁 4.15 中"吾道一以贯之"所说的"吾道"。由于孔子的学问中包含很多显然不属于"上"的内容,比如六艺和基本的德行(孝、信、忠等),因此把自己的学问总体作为"上"显然不妥。

选项三是孔子的治理天下之道;请参看雍也 6.17 下对"道"的解读。正如该处解读所说,孔子的治理天下之道是从先王之道中来,而又有所细化和重组,主要包含与治理天下关系较为密切的仁、礼、乐三条;孔子总是不厌其烦地宣讲教导这三条,未见他选择性地对某些对象保持缄默;因此不取此解。

选项四是孔子的个人修炼之道;请参看雍也 6.17 下对"道"的解读。同上,这部分内容孔子是普遍施教的,未见有对对象的选择,因此不取。

选项五是先王之道;请参阅季氏 16.9 中对"先王之道"的解读。

选项五是正解,论证如下:

一,孔子的所有教导的终极目标都是为了在现实中恢复和实践先王之道,所以在重要性上,先王之道有成为"上"的资格。

二,从先进 11.19 中孔子说"回也其庶乎……赐不受命"可知,孔子认为只有颜回这等人物才有资格传承和实践先王之道,即实践"上"是需要"上"等人的,连子贡都没有资格;但是同时,虽然没有资格去实践"上",但只要具备一定的基础和修炼,是可以向其传授"上"的知识的,即"可以语上也"。《论语》中孔子宣讲先王之道的例子众多,不赘。简言之,先王之道可以"语"。

三,孔子在教导他人及和他人沟通中,几乎总是根据对方的水平和背景因材施教,这本身就是建立在对他人划分出"上、中、下"之后的针对性表达;同时,《论语》中也不乏孔子因对方资格和境界不够而不屑于理睬或认真对待的例子,比如阳货17.20中对待孺悲使者的故事,子罕9.2中对达巷党人的藐视,卫灵公15.1中对卫灵公的虚与委蛇,述而7.8中"不愤不启,不悱不发。举一隅不以三隅反,则不复也"的教育态度,7.29中对待互乡童子的方式,泰伯8.9中几乎可以一锤定音的总结"民可使由之,不可使知之"。简言之,对某些人,孔子是不会向他们讲述先王之道的。

虽然"先王之道"是对"上"的合理解读。但是考虑到此处"上"完全可以泛指"高级知识和智慧",本着广义解读优先的原则,还是泛指"高级道理"更妥。

章句义理

上中下的区分

本段讲的是教育别人时要因人而异、因材施教、循序渐进。对于聪明人、资质天赋高的人,可以对他讲高深的道理;对于那些资质平庸的普通人,则没必要对牛弹琴,以免不惟无益反将害之。

显然这要求施教者必须首先具备判断别人"上中下"的能力和判断力。能力是说自己必须得是"上"人,否则无可以语;判断力是说还得懂得准确把握对方所处的阶段、所具有的水平。两者都是必要条件。如果说判断自己是"上"人还算简单,那判断别人的水平就很复杂了,是个大题目。可参考学而1.16中对"患不知人也"的分析。

《论语义疏》中皇侃引用自己老师(应是贺瑒)的话说:"就人之品实大判有三,谓上中下也。细而分之则有九也,有上上、上中、上下也,又有中上、中中、中下也,又有下上、中下、下下也。凡有九品,上上则是圣人,圣人不需教也。下下则是愚人,愚人不移,亦不需教也。而可教者,上中以下,下中以上,凡七品之人也。今云'中人以上可以语上',即以上道语于上分也。'中人以下不可以语上',虽不可语上,犹可语之以中,及语之以下。何者？夫教之为法,恒导引分前也。圣人无需于教,故以圣人之道可以教颜,以颜之道可以教闵,斯则中人以上可以语上也。又以闵道可以教中品之上,此则中人亦可语上也。又以中品之上道教中品之中,又以中品之中道教中品之下,斯即中人亦有可以语之以中也。又以中品之下道教下品之上,斯即中人以下可以语中。又以下品之上道教下品之中,斯即中人以下可以语下也。此云中人以上、中人以下,大略言之耳。既有九品,则第五为正中人也,以下即六七八也,以上即四三二也。"

孔子观点总结

一,人有禀赋之别,"唯上知与下愚不移(阳货 17.3)",除此之外,皆是可以教化的。

二,"性相近也,习相远也"(阳货 17.2),因此"教"很关键。

三,因各人禀赋不一,故教育必须因人而异。《论语》多处明确记录,对不同的人,在不同的场景,在不同的时机,哪怕是对同一个问题,孔子的答复也变化多端,正是因材施教的应用。

两点启发

其一,在人生的成长中,不管是对自己还是对学生,必须树立高大上的目标,必须奔着"上"而去,才能激发自我提升及提拔后生的最大潜力;其二,在教育过程中,如不根据各自禀赋对症下药,或失之过高,或失之过低,均为无的放矢,不仅不能携人以进、高效精进,反可能揠苗助长或暴殄天物,终归害人。

"中人以上"含"中人"

首先,从后半句"中人以下,不可以语上也"可以反推出"中人及以上,可以语上也"。其次,对"上"人当然可以"语上",如果对"中"人不能"语上",那如何让"中"人进步呢？有人会辩称,前半句"中人以上"和后半句"中人以下"总有一个不成立。确实,孔子在这里的表达不严谨——古汉语的"中人以上"本来就是"自中人以上",如能把"中人以下"换成"中人之下",则歧义顿消。

<h2 style="text-align:center">今 译</h2>

师父说:"对待中等水平及以上的人,可以向他们谈高级道理;对待中等水平以下的人,不可以向他们谈高级道理。"

<h2 style="text-align:center">英 译</h2>

The master said: "To those at middle level and above, we can communicate to them the high-level knowledge; to those at lower level than middle, we cannot communicate to them the high-level knowledge."

6.22【原文】

樊迟问知。子曰:"务民之义,敬鬼神而远之,可谓知矣。"问仁。曰:"仁者先难而后获,可谓仁矣。"

<h2 style="text-align:center">字词章句</h2>

《论语》中樊迟问仁问了三次,其中两次问了"知",另外两处是:先问仁,后问知(颜渊12.22)。问仁(子路13.19)。让人不得不怀疑樊迟的理解能力和融会贯通的能力,这或许就是他(只能)做师父车夫的原因之一吧。

孔子回答中的主语是谁?由于提到"务民",可以认定至少前半段主语是施政者;基于前后一致性的暗示,以及"仁"如果不是治国层面的"仁"而是自身修养层面的"仁",则后半段的高度、格局和分量就不能同前半句相提并论了,故主语都是"施政者"。

从语法上看,后半段回答中的"仁者"二字是多余的。孔子在语法上并不总是严谨的,这是一例。

知。音义同"智"。

务。操劳,教化。

务民之义。有两解。

一,为人民服务的道理。此解和后句结合则意思为:为人民服务的道理,在于敬鬼神而远之。首先,"敬鬼神而远之",最多算是否定了一种工作重心,根本没有正面回答如何"务民"的问题;其次,"务民之义"从词法和与"敬鬼神而远之"相对应的句法来看,都应该独立成句,并构成"知"的定义的一部分。故不取此解。

二,致力于规范人民的"义",即首先解决人民立身处世的规范,建立人民对"义"的共识和尊重。本书从此解。也有在承认本处为独立句子的大前提下,给出其他解释的,比如,专注于人道所宜或所需。均无来处,不取。

敬鬼神而远之。首先要敬,所以强调葬礼、祭祀和守孝;其次要"远之",除了礼仪之外,不谈它们,而应集中精力关注现实生活,治国化民;结合起来正反映孔子的一贯主张。

又敬又远的必要性,北宋程颐的解读很精当,很好地揭示了孔子的逻辑,特录于此:"人多信鬼神,惑也。而不信者又不能敬。能敬能远,可谓知矣。"

先。先于别人。

后。后于别人。

先难而后获。有三解。

一,让人民"先难而后获"。这等于相信可以通过人为的操作,来导演一出宏大的演出,让人民先经受苦难困顿,再收获清平安康,先苦后甜,从而倍感幸福。这也太狂妄和残忍了吧?

二,施政者自己先受苦后享受。首先,和上述一样,等于人为地为自己设计一条先苦后甜的人生大戏,狂妄而愚蠢。其次,克服个人层面的磨难和成功不是施政者应该重点关注的。故不取此解。

三,有困难,自己比人民先;有利益,自己比人民后享受。此解是条件句式,是说"如果有苦难,自己先受",并非一定要创造困难然后大义凛然地表演给自己和人民看,语法、逻辑和政治实践中,均成立。故取此解。

可以看出,孔子对"仁"的定义不是那么简单明确的,也再次例证了孔子因材施教、随机应对的灵活性和深厚老辣的功力。

今 译

樊迟问什么是智慧。师父说:"致力于(树立)人民的义,敬重鬼神但要保持距离,可以算是智慧了。"问什么是仁。回答说:"仁者先(于人民)承受困难而后(于人民)享受利益,这样可以算是仁了。"

英 译

Fan Chi asked what wisdom was. The master said: "Focus on (the establishment of) righteousness of the people, show reverence to the ghosts and gods but keep distance from them—this can be called wisdom." Fan Chi asked what humanitarianism was. The master replied: "The humanitarians will bear the difficulties before (the people) and enjoy the harvests after (them)—this can be called humanitarianism."

6.23【原文】

子曰:"知者乐水,仁者乐山。知者动,仁者静。知者乐,仁者寿。"

字词训诂

乐。是"乐于"还是"享受"呢?参照《论语》其他类似表达,还是取"乐于"为妥。按音训"乐"在此处应读 yào,但读 lè,意义不变,还是从众读 lè 吧。

章句义理

用山水来谈道德的道理

钱穆在《论语新解》中有精妙解读,特录于此:"道德本乎人性,人性出于自然,自然之美反映于人心,表而出之,则为艺术。故有道德者多知爱艺术,以此二者皆同本于自然也。《论语》中似此章富于艺术性之美者尚多,鸢飞戾天,鱼跃于渊,俯仰之间,而天人合一,亦合之于德性与艺术耳,此之谓美善合一。善美合一,此乃中国古人所倡天人合一之深旨。"

道德和美都本于自然,美善一也;美善合一,这就是天人合一的基础;在这个基础上,有些人能通过学习悟出天地大道,即由"智"而"知",就可以发展出"真",从而实现真善美的统一;这样就实现天人合一;而这些人就成为圣人。

用自然之象来比喻道德修养,不仅有阐释说明的功能,也是美善合一的体现。

乐水和乐山

水随势而行,周流无滞,活泼生动,符合智者的价值观;智者因此同类相亲,深得其味,故乐水;山厚重安稳,宁静深沉,而万物茂盛,像仁者一样守于一方而不动如常;仁者因此同类相亲,推崇其善,故乐山。

李泽厚在《论语今读》中对此的(其所谓"仁"更高一层的说法除外)解析甚妙,特录于此:"作为最高生活境界的'仁',其可靠、稳定、巩固、长久有如山;作为学习、谋划、思考的智慧,其灵敏、快速、流动、变迁有如水。真正聪明的人之所以常快乐,不仅因为能够迎刃而解各种问题,而且因为了解人生的方向和意义而快乐。'仁'则似乎更高一层,已无谓快乐不快乐。他(她)的心境是如此平和宁静、无所变迁,成了无时间的时间:寿。'乐山''乐水'",是一种'人的自然化。'"

仁者和智者的特点之间的逻辑关系

难道仁者就不乐水,不动,不乐了吗?难道智者就不乐山,不静,不寿了吗?显然不是:

三种对比中,只有"动和静"或许互相排斥,但也不是说仁者从来不"动"而"智者"从来不"静",只是两种人的常态不同罢了。

乐山对乐水就不是常态的不同了,而是倾向不同:仁者更乐山,智者更乐水。但同时,仁者也可能乐水,只是比起乐山来,没有那么强烈罢了,反之亦然。

而乐对寿,就连两种人的倾向性都谈不上,而是与两种人的前两种特点有可观察的关联性、很可能是因果性的结果罢了,即:因为乐水好动,所以智者普遍是快乐满溢的样子;而乐山好静的仁者,通常比其他人更长寿一些。在这组对比上,完全有可能大部分重叠,甚至在快乐程度和寿命对比上都未必有统计学意义上的显著性差异。

上述三组特点的对比,或是常态不同,或是倾向性不同,或是对自身影响不同,需要区别开来。但共性是:仁者和智者只是内涵不同,外延是否重叠及重叠多少不在论述范围之内,实际生活中两种人重叠的比例可能非常高,因此不能用二分法来解读这段文字。

就像雍也6.18中说过的,最好的状态是文质彬彬,智和仁也一样,仁是体,智是用,两者的结合应该能促进彼此的发展,事半功倍地到达双方的最佳状态。这种对比的区别在于:文质要彼此制衡,而仁智却相得益彰。

今 译

师父说:"智者乐于水,仁者乐于山。智者活跃,仁者沉静。智者快乐,仁者长寿。"

英 译

The master said: "The wise find pleasure in water, while the humanitarian find pleasure in mountain. The wise are active, while the humanitarian are serene. The wise are joyful, while the humanitarian are long-lived."

6.24【原文】

子曰:"齐一变,至于鲁;鲁一变,至于道。"

字词训诂

道。先王之道。

章句义理

本段话的背景,朱熹在《四书集注》中说得很明白,特录于此:"孔子之时,齐俗急功利,喜夸诈,乃霸政之余习。鲁则重礼教,崇信义,犹有先王之遗风焉,但人亡政息,不能无废坠尔。道,则先王之道也。言二国之政俗有美恶,故其变而之道有难易。程子曰：'夫子之时，齐强鲁弱，孰不以为齐胜鲁也，然鲁犹存周公之法制。齐由桓公之霸，为从简尚功之治，太公之遗法变易尽矣，故一变乃能至鲁。鲁则修举废坠而已，一变则至于先王之道也。'"

关于齐鲁差距，还可参考为政2.3中的记录："子曰：'道之以政，齐之以刑，民免而无耻；道之以德，齐之以礼，有耻且格。'"这段中的"政刑"和"德礼"就是齐和鲁在当时的差别吧。当然，事实证明，德礼也救不了鲁国，孔子之道至少在生前很少见到成功实践并能生存下来的例子，生存压力下的实用主义、博弈原理的不自觉应用以及人性的种种弱点和颠倒一直是主旋律，古今中外，概莫能外。

顾炎武在《日知录》中有类似总结："变鲁至于道者，导之以德，齐之以礼。变齐而至于鲁者，道之以政，齐之以刑。"

可见孔子对鲁国还有不切实际的幻想，即使按照他对周朝一贯的推崇和对鲁国现状的一贯不满来看，他要么严重高估鲁国"至于道"的潜力，要么大幅降低"至于道"的标准，更大的可能是想通过对鲁国（为何不是齐国？很简单：齐国国君和大臣们怎么会认同实力明显不如自己的鲁国是自己对标的对象呢？）的当权派画个大饼，刺激他们的想象力和幻想。

今 译

师父说："齐国变革一次，就可到达鲁国层次；鲁国变革一次，就可到达王道层次了。"

英 译

The master said: "The Qi state, with one further reform, would be (raised to) par to the Lu state; the Lu state, with one further reform, would be raised into the grand way (of the ancient emperors)."

6.25【原文】

子曰："觚不觚，觚哉！觚哉！"

字词章句

觚。gū,酒器。据称上圆下方,容二升,从腹部向下开始有四条棱角延伸至足部。

本段表达孤立冷僻,众解纷呈就难免了:

一说是:觚的棱角都被磨平了,或孔子的时代造觚的人越来越不讲究,把棱角都简化掉了(不保留棱角),在孔子看来是对周礼器皿规格的背叛,见微知著,用"觚"已经不像个"觚"了来斥责礼崩乐坏的现状,或至少是"名不正言不顺"的乱象。程颐、朱熹从此说。此解成立,则后面应该是"不觚哉"才对啊。不取。

一说是:作觚而不用觚法,觚怎么能做成呢?讽刺为政而不用正道。此解殊为勉强:做个酒杯的工艺流程难以重要到可以作为政道的喻体,而且同上,从此解,后面应该是"不觚哉"才对。不取。

一说是:当时酗酒之风盛行,而礼法有防止醉酒之制,比如三爵之治(一升曰爵,二升曰觚),而用觚喝酒就是破坏礼法,一是不该用觚喝酒,二是用觚喝酒容易喝多,超过三爵。太勉强了吧?用个大点的酒杯也不行,那要大酒杯干嘛?还有,用大酒杯未必就会过量啊,想控制量能靠酒杯大小吗?最后,这也仍然解释不了后面为何不是"不觚哉"的表达啊。

语法上合理的可能的解释还有三个:

其一,描述自己喝酒或别人喝酒时的轻狂状态:再来一觚吗?来一觚!来一觚!此解的问题是,编辑者为何把这种生活细节放进记录微言大义的《论语》呢?

其二,礼法旧制及其具体体现的工艺流程越来越不被尊重,孔子很痛心,用索性放弃的语气来表达绝望和愤慨——这还算是个觚吗?是觚!是觚!此解的问题在于:这种微妙的心理如果不明白表达,会误导别人的。编纂者不可能传递出事发时的具体场景,用如此简洁的叙述,难道是存心误导读者吗?

其三,某次玩笑,内容可以想象成各种场景,不赘。但问题还是:不值得录入成书啊。

古往今来,说法很多,均无所据而难于坐实,还是简单地按字面意思来理解,放弃发掘大道理的诱惑和陷阱,权且把本章当成一个玩笑的记录吧。

哉。作为语气助词,有反问、强调、搞笑,有对对方撒娇式的歪搅蛮缠的含笑认可等种种可能的意味,像是对调皮捣蛋人士给以认可其滑头的评价,然后报以居高临下的一阵大笑。应该体现最后这种意味。

今 译

师父说:"是不是个觚呢? 是个觚! 是个觚!"

英 译

The master said:"Is it a goblet? A goblet it is! A goblet it is!"

6.26【原文】

宰我问曰:"仁者,虽告之曰:'井有仁焉。'其从之也?"子曰:"何为其然也? 君子可逝也,不可陷也;可欺也,不可罔也。"

字词章句

宰我问的是仁者,孔子回答的是君子。由此可以推论:在孔子的定义中,"仁者"是"君子"的充分条件。读《论语》,会意识到孔子对"仁者"的要求很苛刻以至于几乎不可能成为仁者,但对"君子"的条件较为宽松,本章则留下了其级别高低的明确线索。

井有仁焉。"仁"是指仁义呢,还是指仁者,或指其他?

如果指"仁者",殊为不当:行仁德还要看对象吗? 难道只有仁人掉进井里才能引发是否下井救人的讨论和不同观点吗? 可指抽象的"仁德",意思是:跳下去能得到仁德,那他下不下去呢? 此解的漏洞在后面:如果这么问,那么君子知道说的是仁德,这时候下不下去另说,但不会出现被"陷、欺、罔"的情况,所以也不成立。正解应是把"仁"作"人"解,合乎语境,且最简洁。

何为其然也。是"告者为什么要这么干呢"还是"君子怎么会这么干呢"?

如果是前者,则后面的"可逝、可陷、可欺、可罔"的主语就都该是告者,且全为主动态;如果是后者,则后面的"可逝、可陷、可欺、可罔"的主语就都该是君子,且全为被动态。

假设是后者,则君子就得能判断出是否"陷",是否"罔",再决定采取何种行动,这个要求不太现实,尤其是遇见下井救人这种紧急状况;相反,告者对自己的伎俩心知肚明,所以很清楚"逝和陷、欺和罔"之间的界限。故取前解。

取此解有个问题:孔子为何要对告者提出行为规范呢?首先人家也不会听你的啊,其次师父应该给出正面的指示,针对君子应该怎么办给出建议,而不该这样回避问题,用"告者不该怎么做"来搪塞"君子应该怎么办"的问题。此中必有隐情。

隐情的前半段可能是这样的:富有挑战精神的宰我,对夫子"志士仁人,无求生以害仁,有杀身以成仁"(卫灵公15.9)的说法提出质疑。给出一个极端的案例来试探"求仁"的极限:有成仁的机会,但成仁必死,且未必能救出别人,仁者要不要下井?正如《论语集解》中孔安国所说:"宰我以为仁者必济人于患难,故问有仁人堕井,将自投下从而出之乎。欲极观仁者忧乐之所至也。"隐情的后半段可能是这样的:宰我的问题,令孔子很难回答,他选择回避,用似是而非的角度,说别人不该怎样怎样对待君子。这里是双重回避:先是把"仁者"换成"君子",然后不说君子该怎么办,而是说别人不该怎么对待君子。

孔子的语言技巧是:先反问,然后提出自己的观点:"君子可逝也,不可陷也;可欺也,不可罔也。"意思是:君子固然可以杀身成仁,但是不可给君子设套;可以"诳之以理之所有",不可"昧之以理之所无"。

逝。多解为"往"。不妥,从此解,何不直接用"往"?解为"去世"为妥,即"舍身成仁"也。

欺。本来作"欺骗"或"欺负"均可,但考虑到"罔"有"欺骗"义,为对应计,当取"欺负、强迫"义;尤其是结合前文,在"逝对陷""欺对罔"的同时,还要考虑"逝对欺""陷对罔"的对仗,更觉"欺"取"欺负、强迫"义为妥;朱熹下面所说的"欺,谓诳之以理之所有。罔,谓昧之以理之所无"也有道理,但斧凿痕迹太过,对仗工整有余,行文逻辑不足。

君子可逝也,不可陷也;可欺也,不可罔也

朱熹《四书集注》中说:"宰我信道不笃,而忧为仁之陷害,故有此问。逝,谓使之往救。陷,谓陷之于井。欺,谓诳之以理之所有。罔,谓昧之以理之所无。盖身在井上,乃可以救井中之人;若从之于井,则不复能救之矣。此理甚明,人所易晓,仁者虽切于救人而不私其身,然不应如此之愚也。"

此解对"逝陷欺罔"四字的解读角度是针对告者的,劝他们不要玩弄君子;而后面解释不下井救人为何合理,却是从君子角度来解读的,前后分开单看都颇可观,合在一起就不伦不类,利用了汉语的模糊性和语法的缺位,大行其似是而非的训诂伎俩,反映出朱熹解经时频发的逻辑贫乏症。

今 译

宰我问道:"对仁者来说,即使有人告诉他说:'井底下有人。'他会跟下去吗?"师父说:"别人为什么要这样呢？君子能够让他杀身成仁,但不可以陷害他;可以强迫他,但不可以骗他。"

英 译

Zai Wo asked:"Will a humanitarian man, though being told 'there is a man down in the well', go in after him?" The master said:"Why should the others do this? A cultivated gentleman can be sacrificed (for humanitarianism), but not snared; he can be forced but not deceived (into something)."

6.27【原文】

子曰:"君子博学于文,约之以礼,亦可以弗畔矣夫!"

字词训诂

文。意义众多,孔子用"文"本有多义。此处"文"比起学而1.6中所述"行有余力,则以学文"之"文"相比,外延应较宽泛。取"人类智慧成果的总和"或"知识"为妥,包含但不限于先王之道及各种具体知识。

约。约束,控制,限制。

之。指前面的"文",博文如不约之以礼,则有走上邪路的可能。有解为"君子自己"的,殊为不当,因为只能要求以"礼"为准绳去衡量和检验学到的知识,而不能要求用"礼"去约束自身——这和学习到的知识有何关系啊?正如教育青少年如何对待网络文学,应该要求他们按道德手册去甄别和对待其中的不良素材,而不能要求他们按道德手册对待自己,因为这样等于没有给出任何指示。

亦。此处不取"也"义,而取其加强语气的意义。

畔。通"叛",背离、偏离义。

章句义理

子罕9.11中记录了颜回对师父的赞美,其中有:"博我以文,约我以礼",可与本章互为呼应,但需留意其主语和宾语的不同:对颜回,是孔子用"文"来"博"他,用"礼"来"约"他;本段中,则是君子用通行的"礼"来"约"自己学到的"文"。

今 译

师父说:"如果君子广泛地学习知识,并用礼来约束学到的东西,就不会偏离(正道)了。"

英 译

The master said:"If a cultivated gentleman extensively studies knowledge, and examines his learnings with the rules of propriety, he will then not go astray(from the right way)."

6.28【原文】

子见南子,子路不说。夫子矢之曰:"予所否者,天厌之!天厌之!"

字词章句

南子。卫灵公的夫人,以美貌和淫行著名,长期把持卫国朝政;孔子居卫多年,卫灵公和南子对孔子礼敬有加,甚至还想将国政托付于他,孔子是有机会在卫国大展拳脚的,加上南子掌握实权,所以孔子肯定也想会会南子,只是走夫人路线不仅有亲近女色之嫌,更有越礼之实;孔子肯定很纠结;可参见八佾3.13下解读。不管怎样,孔子后来还是见了南子。值得认真对待的记载佐证此事的史料有:

一,《吕氏春秋·览·慎大览》:"孔子道弥子瑕见釐夫人。"说明是弥子瑕引荐的。

二,《史记·孔子世家》:"灵公夫人有南子者,使人谓孔子曰:'四方之君子不辱欲与寡君为兄弟者,必见寡小君。寡小君愿见。'孔子辞谢,不得已而见之。夫人在絺帷中。孔子入门,北面稽首。夫人自帷中再拜,环佩玉声璆然。孔子曰:'吾乡为弗见,见之礼答焉。'子路不说。孔子矢之曰:'予所不者,天厌之!天厌之!'"

三,《淮南子·泰族训》:"孔子欲行王道,东西南北,七十说而无所偶,故因卫夫人弥子瑕而欲通其道。"也说是弥子瑕引荐的。

孔子见南子的目的没有史料以明证,因此对子路为何不悦及孔子的言语有流派纷呈而又往往针锋相对的不同解读;现代学者王元化对此的总结中肯,特录于此:"这么多注疏家,其中包括最严谨的学者,都不得不增字为训,而歧义又是如此纷纭,我以为这是由于子路不悦的原因,对于当时传说并记述此事的人是清楚的,觉得不必缕列也可以明白,故省略掉了。可是这一省略却使下面孔子矢词('不'字下也是同样经过了省略)对后来的读者也就变得扑朔迷离,难以索解了。我觉得与其费功夫去猜测,不如照程氏《集释》所云'此等处止可阙疑'。"

说。同"悦"。

子路不悦的原因

虽然本书认同王元化的总结,但也不妨来分析一下子路态度的由来,权供参考。

子路为何不悦?几种可能:

一，怪师父不守礼法。

二，怪师父言行不一，说一套做一套。

三，怕师父会见名声不好的美女，启俗人猜疑闲话。

四，认为师父见这种水性杨花的女人，或许真有不合礼法的亲密互动，因而生气。《论语》编纂者既然让这个有鲜明特色的女人出场，应该不会断然否定才子佳人互相吸引的可能性吧；《史记》中"夫人自帷中再拜，环佩玉声璆然"这种画面感很强的措辞，也反映了司马迁对这种可能性的猜测吧。

五，因为见师父为了争取实践理想的机会而委曲求全，因此为师父难过。

六，因为见师父孤注一掷而生气。

假设子路事后才知道孔子要见南子，结合孔子发誓解释的内容，可以认为原因是上述一二三四项的部分或全部。这四条的共同出发点是礼法，所以可以认定子路不高兴，认为师父为了成功而牺牲礼法。

假设子路事先就知道孔子要见南子，则上述一二三和五六项均不成立，因为如果对这些有气，可以提前和孔子沟通或对他发泄一下。此时第四就是唯一选项，即由于种种可能，比如见面的时间太长，或孔子一身香水味回来，或出来时衣冠不整，或满面通红略显狼狈，等等，子路认为存在两人亲密互动的可能，从而坐实了自己在这一点上的担心，因此生气。考虑到子路事前知道这次会面概率很大，且很可能就是他陪同孔子赴会，因此上述第四项成立的可能性较大。

矢。同"誓"，发誓。多数解读者本着为尊者讳的态度，无法接受孔子对弟子发誓的事实，硬解成"陈述"，不妥。面对弟子的猜疑和不悦，要么简单直接地说明，但有可能无法彻底消除弟子们的困惑；要么就依托自身的正直的声誉，用誓言的方式证明自己，从而彻底消除一切潜在的风言风语，这是个不错的选项；子路之不悦及孔子之发誓自证本是应有之义，史上诸多曲解，皆因为圣人讳，反复曲折，不厌其烦，穿凿附会，均不可取。

予所。此二字合称，多解为发誓的发语词。同样，为了想尽办法去除孔子发誓的可能性，历来对这两个字也是百般凿附，不赘。

否。有数解，两解为主。

其一把"否"等同"不";此解需要对"所否"的对象有所说明,一般把这个对象理解成"和南子讨论治国化民之道",显然不通。

其二取"否"(pǐ),用为"否极泰来"之"否"。此解往往要结合后半句以理解成"我道否泥不行,是上天不喜欢"。从此解,则前面的"矢"就得解读成以上对下的"陈述"和"教导",训"矢"为"陈",没有出处,勉强;而且这样就无法理解为何子路不高兴了。为了使整段故事逻辑通顺,前面得有比如"南子辞之"类的让孔子碰钉子的挫败,才能使子路不悦,然后孔子才会把失败归咎于天,为自己开脱,并安慰弟子;同时,这样就没有必要把南子拉进故事里来了,因为这样显然会干扰和削弱后边孔子发誓的力量。以微言大义、惜字如金著称的《论语》不会安排了一个很有故事的女角,却不让她发挥带有其特点的作用;故不从此解。

正解是取"否"字"恶"义为妥,也读pǐ,指坏事或不妥之事。

厌。又有多解,配合前述各解,主要有解为"嫌恶"(此时读yàn)和"压制"(此时读yā)的。本书取前解。

今 译

师父拜会了南子,子路不高兴。先生对他发誓说:"如果做了不妥之事,让上天嫌弃我吧!让上天嫌弃我吧!"

英 译

The master paid Nan Zi a visit, and Zi Lu was sulky. The teacher swore to him, saying: "If I did anything improper, may the heaven renounce me! May the heaven renounce me!"

6.29【原文】

子曰:"中庸之为德也,其至矣乎!民鲜久矣。"

字词章句

中庸。"中",中而不偏,无过无不及也。是通过权衡和权宜以合乎仁、守于礼、显于义，而不是骑墙之"中"，更不是和稀泥；"庸"，同"用"，用久而为常，因此有"常、不易、不变动"义。

"中庸"，在孔子的理论体系中，是治国理念和德行修养的集大成者，其重要性不言而喻。但有趣的是，整部《论语》中，这个概念仅仅出现一次。大概正是这种重要性和出现频率之间不可思议的分离，促使《中庸》后来（被朱熹）单独成篇吧。

程颐在《中庸》一书开篇说："不偏之谓中，不易之谓庸。中者，天下之正道。庸者，天下之定理。乃孔门传授心法。子思恐其久而差也，故笔之于书，以授孟子。其书始言一理，中庸为万事。末复合为一理。放之，则弥六合。卷之，则退藏于密。其味无穷，皆实学也。"此说基本可以统领各解；此解强调其作为治国治世、待人接物、通达处世的理念。可以分为"治国"和"处世"两者。

除了上述这两层意思之外，"中庸"应该还有一层意义，指性格上的中正平和。人需要保持中正平和，失去中正平和一定会喜、怒、哀、乐太过。此解补足上述未涉及部分，强调的是心态建设、行为控制、个人修养上的自处正道。

上述三层意思的结合点是：个人的行为既是自我修习的呈现，更是社会秩序的基点，所以个人品格的呈现，既是各人安身立命的重大问题，也是政治层面"中庸"表现的基础。

《中庸》有云："喜怒哀乐之未发，谓之中。发而皆中节，谓之和。中也者，天下之大本也。和也者，天下之达道也。致中和，天地位焉，万物育焉。"其解释也是把三层意思合为一体。

"中庸"理想可以看作孔子最高的道德标准（仁）和终极的治世理想（先王之道的普遍施行）的外在风格。

孔子在此处的感叹，是针对哪一层意思呢？是针对治国中的中庸呢，还是待人接物中（即社会性的人的行为）的中庸呢，还是个人心态和修养上的中庸呢？

解读关键是"民"的外延。把"民"理解为和"官"及"君"对应的"民"，即老百姓，语法上成立，但这样等于只针对底层人民，由于缺乏自我觉醒和自我提高的潜力和能力，他们本应接受"官"及"君"的影响、教导、指引，简言之，他们本应被"官"及"君"所教化，所以他们本来不该承担自身不够"中庸"的责任，孔子没有理由只针对他们。所以孔子是对乱世中百姓遭遇表示同情,或是对百姓无法跨正"中庸"境界的垂怜,总之是为人民叹惜;境界不够,角度狭窄,不是孔子应有态度。

如此解读等于免除"官"及"君"对社会风气和人民行为习惯的决定性影响和教化民众的责任,而这种责任在孔子那里却是"官"及"君"们不言而喻必须承担的。对人民的这种态度,在孔子那里是一贯的,在今天难以被主流价值观接受,属于政治不正确,但在孔子的时代,在孔子心中,与其说这是对人民的歧视,不如说是实事求是的爱护。精英阶层的使命感,在教育和教化不充分的时代,在等级分明的分层社会里,往往代表进步的价值理念、为底层和弱者鼓呼的道德坚守、积极的入世实践和伟大的献身精神。如果此解正确,等于为不负责任的统治者以民劣为借口推卸责任提供依据。

如此解读,还等于遗漏"治国"层面的"中庸",而在这个层面上,由于其对官员和人民有示范和指导作用,对于引导社会风气和民众行为方式,既有必要性,也有重要性。话没说完。其必要性来自于它自上而下的示范性,其重要性来自于它上行下效的相关性。

综上可知,"民"只能是泛指"国民",含不含"君"不好说,但肯定是含"官"。

孔子认为自己所处的时代礼崩乐坏,"中庸"在上述几个层面上都不复存在,所以本段感慨应是针对全部上述三个层面——治国、处世、自处。

矣乎。语气助词,有通过反问来肯定,但也保留了一点点"仍有可能不是、接受方家挑战"的不坚定和改变观点的空间。

鲜。xiǎn,少、缺乏义。

今 译

师父说:"中庸作为德行,是至高无上的了吧?! 民众缺乏它已经很久了。"

英 译

The master said: "Isn't balanced constancy as a virtue supreme?! People have been short of it for a long time."

6.30【原文】

子贡曰:"如有博施于民而能济众,何如?可谓仁乎?"子曰:"何事于仁?必也圣乎!尧舜其犹病诸!夫仁者,己欲立而立人,己欲达而达人。能近取譬,可谓仁之方也已。"

字词章句

博。广泛。

施。给予,引申为施惠于。

济。帮助,不是特指救济。

何事于仁。关仁何事,不是关于仁的事情。

必也圣乎。一定算是圣人了吧。圣指德位兼备者。仁者如果无位,就不能博施济众;有位者如果无德,就不会博施济众;必须德位具备,才能做到博施济众,才算圣人。

病。或解为"缺乏、不足",或解为"忧虑"。本书从后者,因为语义和行文逻辑更自然——连尧舜都还在担忧这个(指博施济众)呢。为何担忧呢?无非是担忧自己做不到,等于通过引申涵盖"缺乏、不足"的意思,一举两得。

尧舜其犹病诸。尧舜有德有位,但博施济众没有上限,所以也会感到力有不逮。这句话呼应前面"何事于仁"的反问,即即使做不到"博施济众",也仍可能达到"仁"的境界。"博施济众"比"仁"更高级,因为它要求有"位"来保证实践"仁"的能力。

三者的关系密切。仁+位,是"博施济众"的必要条件。是否是充分条件呢?不知道,应该不是,因为在有了仁+位之后,仍可能有种种原因不取"博施济众",比如没有必要,比如缺乏时机或其他条件不具备,比如有更紧要的事务……

夫。fú,发语词,相当于现代口语中的口头禅"这个"。

立。有解为"三十而立",过于拘泥;有解为"有所建树",又定位过高,因为需要给后面的"达"留出梯级差。取较为中间的"立足"为妥,意为在社会上取得一席之地。

达。可多解。

一,可解为"通达,通晓事理",指个人的洞察力和灵活的处世手腕。

二,可解为"举荐、获得职位"。

三,可解为"显达",功成名就也。

四,可解为"到达",引申为"实现自己的目标"。

一个人,首先要在社会上站稳脚跟,能生存,然后呢？什么可以作为孔子认可的、作为"立足"之后进一步的状态呢？上述一不成立,因为掌握了这个也不能保证,而且"立足"是世俗标准,不该用抽象的"通达"来对应；二也不成立,因为"获得职位"既可以是"达",也可以仅仅是"立",即它涵盖了需要对应和区别的两个层次,因此不能作为其中一个的表达；三也不成立,因为"显达"要么是"达",等于同语反复；要么是"显",即"著名",不合孔子一贯初衷。

因此正解是上述第四:一方面通过"实现目标"的主观标准的模糊性,涵盖目标的世俗标准；另一方面则通过其个人理想的抽象性和前瞻性,实现对"立足"这一门槛目标的升华和超越,形成梯级上的差异和延续性。

己欲立而立人。己欲达而达人,"欲"字决定了这句陈述是条件格式无疑,但似乎无人注意到这个常识,基本都解读成"自己立/达也让别人立/达"这样的并列格式,体现自己优先,然后推己及人的态度。缪也。应解成"如果自己想立/达,就要帮助别人立/达",体现的是将心比心、服务他人(没有自己优先)的境界。两解的共同基础是"推己及人",这或许就是谬解的原因吧。

能近取譬。可有两种解读。其一,能从身边选取比喻,引申为由近及远,从身边做起。其二,能从自身选取比喻,引申为推己及人,将心比心。这是主流见解。

本书认为,正解应是两者的合集,论述如下:

前面"己欲立而立人,己欲达而达人"这句是从自身推己及人的两个例子；本句可以视为在举出两个例子之后,从方法论上给出一般性结论；这个方法就是"近取譬":首先要有推己及人的出发点,即"近取自身,施与他人",其次要有由近及远的路线图,即"近取身边,逐步展开"；两者缺一不可。

圣人是生而知之者,本来就知道人民的需求和欲望,因此不需要从自己的需求和欲望出发来推己及人；圣人德位俱备,有能力直接博施济众,不需要按部就班,从自己身边做起，然后逐步扩大受惠人群。简言之，圣人不需要"近取譬"。对比之下，仁者由于不必然是生而知之者，也不必然有能力博施济众，因此需要"近取譬"；圣人和仁者之间的这种对比，可作为"近取譬"有上述两层含义的佐证。

鉴于"推己及人"是出发点，同时在逻辑上更大可能会要求（可能的例外是：在推己及人知晓人民的需求后，略去身边人等，直接从全天下的角度施行仁术。从某种意义上来说，这就是"博施济众"的愿望。人类历史上有众多抱有这种愿望的人，包括各种圣徒、教主、革命家，等等）由近及远的实施路线，因此在表达上用可从心理和行动两方面来阐释的"推己及人"一词较妥。

这种推己及人的出发点，本质就是"己所欲，施与人"的道德原则。这一原则，比起"己所不欲，勿施于人"来，共同的最大挑战都是把"己"的判断变得客观而公正，或者说，应使"己"的标准和"人"的标准协调起来，变成共有而普适的一致标准；两者的核心区别在于："己所欲，施与人"强调采取主动行为，更有可能引发干涉过度，导致本来可以避免的集权和暴政，类似于统计学上的贝塔型错误或管理学上的过度管理；而"己所不欲，勿施于人"强调谨慎和保守，更有可能形成无作为，导致无政府主义或政治虚无主义，类似于统计学上的阿尔法型错误或管理学上的管理不足。

两者在伦理学、社会学和哲学上的意义和引申潜力巨大，此处不赘。

方。可解为"方向"或"方法"。因为"己欲立而立人，己欲达而达人"已经不是方向，而是具体的方法，解为"方法"为妥。

仁和圣。显然，在孔子的体系中，最高的境界是圣，其次是仁，而且他不认为自己达到其中任何一个境界。坦白地说，如果只能用一个字来描述孔子，本书也不会用这两个字，反而会选"智"或"达"来描述，又尤以"达"胜。

因此，子贡的提问就暴露了对"圣"和"仁"的混淆和混乱，显示出他把"仁"过分拔高的倾向，或者说，显示出他把"仁"和"圣"的界限看得过于接近的随意。

孔子的回答不仅明确了"仁"和"圣"的差别尤其是差距，而且通过"尧舜其犹病诸"的反问明确拒绝进一步讨论"圣"，等于明确了适合子贡目前学习的范围及其修炼层次——未到与之谈"圣"的时机。随后孔子把建议和指示主动缩小和限制到"仁之方"这个较低的实操层面,根本不谈"圣道"。不是不信任子贡,而是整个社会现实提供的大环境和时机不成立。领先两步不仅会成为烈士,也是入世实践的劣势。这是在警告子贡不要好高骛远,忙于跳级。

最后,关于"仁之方",孔子的教导是推己及人了解他人的需求,然后由近及远逐步去满足这种需求。虽然做不到"博施济众",但只要将心比心、尽己之力,就是仁术。

本章所谈概念重大,义理深刻。

今 译

子贡说:"如果能做到广泛地施惠于民而且能帮助大众,怎么样啊?可以算是仁了吗?"师父说:"这哪里还是仁不仁的事啊?一定算是圣了吧!尧舜对此也会力有不逮吧!所谓仁,就是如果自己想(在社会)立足就帮助别人立足,自己想达成目的就帮助别人达成目的。能够推己及人,可以说是仁的路线图了。"

英 译

Zi Gong said: "In the case that one can extensively benefit the people and assist the masses, how is he? Can he be said to be humanitarian?" The master said: "Will this still be humanitarian only? This must be saintly I say! Even Emperors Yao and Shun were not fully capable of achieving it! Being humanitarian is to get others established when one wants to get himself established, and to assist others to reach their goals when one wants to reach his own. Being able to devolve one's own desires and success to others from close-by to far-off—this can be callad the roadmap for humanitarianism."

述而篇

7.1【原文】

子曰:"述而不作,信而好古,窃比于我老彭。"

字词训诂

述。传述。

作。制作,创作。

述而不作。有两解。只演讲而不作文,这是现代通行的误解。只通过转述来传承先王之道而不创造新的内容,但有可能作文,这是正解。

窃。私下,斗胆。

老彭。有数解。

一,老子和彭祖。此解只释字面,且没有来处。与彭祖相关的传说内容和其代表符号应该是出世和长寿,和"述而不作,信而好古"无关。老子留下了一部《老子》,是"作"。

二,把"老"解为"老莱子"。《史记·仲尼弟子列传》中提到过老莱子,说他是孔子在楚国所尊重的人。《史记·老子韩非列传》中提及道家的另一个始祖,也叫老莱子。同时代竟然有两个以"老"为氏的道家始祖,太过神奇,估计司马迁本人也不以为然,所以在该篇介绍老子的章节中,只是用引述的口吻提了一句:"或曰:老莱子亦楚人也,著书十五篇,言道家之用,与孔子同时云。"司马迁有时极不严谨,此处就是一例,除了破坏自己的修史体例、行文突兀之外,还有混淆视听、污染史料之嫌。假设上面两处的老莱子是同一个人吧。东晋皇甫谧在其《高士传》中有《老莱子》一篇,但显然是搜索野史所得;此三处史料均不应认真对待。

三,商朝重臣,其名见于《大戴礼记·虞戴德第七十》,其中孔子有"昔商老彭及仲傀,政之教大夫,官之教士,技之教庶人"云云。且不说《大戴礼记》的记录出处不详,就是其记录本身也未对"老彭"概念有所增益。

无论如何,"老彭"肯定不是被普遍认识并带有公认明确符号的名人。要么就不强考,要么不如取下述解读,见后。

比于。比作是,而不是"和×××比"。

窃比于我老彭。这个表达有疑点:要么应该把"我"字去除,要么应该把"于我"二字位置对调,表达会更通顺。或许是"比我于老彭"的倒装吧,只能勉强从之。极端一点,把"我老彭"当成那个"述而不作,信而好古"的人士也是成立的。

章句义理

孔子之所以"述而不作",原因可能包括:因为孔子认为先王之道惟圣人能作,自己没有资格和能力;先王之道,或者更为宽泛的古代文明博大精深,已经够用,不需要创新。先王之道,或者更为宽泛的古代文明需要有人传承,而传承需要一个人全身心的投入,留不出精力再去增补。水平未到而妄作有可能对上述文明造成扭曲和破坏。人性有局限,尘世有羁绊,与其自以为是地对古代文明进行删改和创新,不如安全一点诉诸于其至高无上的高度,把自己的思考可能得出的不同的和新的结论当成学习过程中可以忽略不计的小小浪花,而不是真正值得重视的拓展和深化。

今　译

师父说:"传承而不创造,相信并热爱古代文化——我斗胆把自己比作是老彭。"

英　译

The master said:"To inherit but not to originate, to believe in and love antiquity—let me venture to compare myself to Lao Peng."

7.2【原文】

子曰:"默而识之,学而不厌,诲人不倦,何有于我哉?"

字词章句

默。沉默。

识。zhì,同"志",记住义。

这几句话是孔子的自我总结,因此又谈学习,又谈教人。

"默而识之"作为学习方法成立吗?现代心理学提倡要出声,认为把听说读写结合起来同步进行的记忆效果最好,因此可以认为:如果孔子在传授一种记忆方法,那么他是错的;但本书认为"默而知之"是包含态度的方法,其态度在于:不要叽叽歪歪,稍有不解就举手提问,而应先背下来再说,往往背下来了就理解了大半,而这是有心理学理论基础的。

厌。满足,不是厌烦。

何有于我哉。多解。

一,掌握了前三项,就不复有其他。此解如果成立,为何不说"夫更何有于我哉?"故不取。

二,把"于"解为"如",变成"哪里有像我这样的呢",属于自我夸耀。语法上成立,且结合上一段"窃比于我老彭"以及本篇总体的赞美基调,集中地自我吹捧一下无可厚非,毕竟有能力基础做保障,不算过分膨胀。但难点在于把"于"解为"如",同增字或减字训诂一样,改字或添义也是大忌。因此不取。

三,解为:"除此之外,我也没有其他能力了。"同属自得,但比上述第二解略显轻狂。难点在于应该表达成"我复何有哉"才妥当,故不取。

四,解为:"这些我做了哪些呢?"此解纯属不能接受孔子自夸而强行篡改,不取。

五,解为:"对我算得了什么?"此解简洁,语义连贯,在《论语》中有多处类似表达,除非有更明显胜出的选项,当从此解。历代解读者常常掉进故纸堆中,不从纸堆中挖出曲折材料来就不肯罢休,担心自己错过孔子留下的重要线索,结果往往失之于曲解和牵强。

今 译

师父说:"默默地记住知识,持续学习从不满足,教导别人孜孜不倦,这些对于我算得了什么呢?"

英 译

The master said:"To learn by heart the knowledge silently, to study with no satiation, and to instruct others with no lassitude—aren't these nothing to me?"

7.3【原文】

子曰:"德之不修,学之不讲,闻义不能徙,不善不能改,是吾忧也。"

字词训诂

学。此处应指"学到的知识"。

讲。有"说、探究、注重、解释、商议、讨论"诸义,均成立。细究应取"集体学习"之义,包含"演讲、讨论、辩论、研究"等内容,用今天之"讲习"可以统之。

闻。"知道"义。"听到"就过于拘泥,仅仅听到不该成为"跟随"的决定性原因,应该"知道"之后才能主动"从之"。

徙。迁而从之。

今 译

师父说:"品德不去修炼,知识不去讲习,知道了义不去跟随,发现了(自己)不好的不去改变,(这些)是我所担心的。"

英 译

The master said:"Not to cultivate virtues, not to study and discuss the knowledge, not to follow the righteousness after recognizing it, not to rectify what are not good (when they are identified in oneself) — on these I am anxious."

7.4【原文】

子之燕居,申申如也,夭夭如也。

字词训诂

燕居。退朝而居,闲居。

申申。舒缓,指容貌放松。

夭夭。安静和悦,指脸色愉悦。

如也。如何如何的样子。

章句义理

本章是弟子们对师父日常起居状态精神的记述,说明在闲暇时,孔子是放松而愉悦的,而不是板着脸,拿着劲,试图从生活细节体现与众不同的圣人气象。可见孔子自己没有走上神坛的意愿。伟人传记中往往强调他们在日常生活中也体现出肩负历史使命的领袖气象,基本可以归为两类:一是性格的强直性扭曲,二是别人在场时的装模作样。

今 译

师父闲暇在家时,容貌放松,脸色和悦。

英 译

When the master was in his leisure time in home, his manner was relaxed, his countenance was amiable and pleased.

7.5【原文】

子曰:"甚矣吾衰也!久矣吾不复梦见周公。"

字词章句

衰。cuī,衰减、递减义,基本同今读"衰"义。

本段还可以断句成"甚矣,吾衰也久矣! 吾不复梦见周公。"这种断句不妥处有三:

其一,"甚矣"角色尴尬,不知指什么"甚矣"。

其二,"吾衰也久矣",衰老很久了,还是衰老啊。对"衰"这样一个状态,用"久"来描述不妥。

其三,"吾衰也久矣",后面应该是"吾不复梦见周公久已"。因为"不复梦见周公"只能是"衰"的后果,而不该是"久衰"的后果。如果把"久衰"当成"不复梦见周公"的原因,就暗示着"衰而不久"的时候还能够梦见周公,不合孔子表达语境。

周公。姓姬名旦,是周文王姬昌第四子,周武王姬发的弟弟,因其采邑在周(今陕西岐山北),爵为上公,故称周公。曾两次辅佐周武王东伐纣王,武王去世后成王年幼,周公摄政七年。摄政期间,据称他创设了各种基础的典章制度,完善了宗法制度、分封制、嫡长子继承法和井田制,对中国社会产生极大的影响,为周族八百年的统治奠定基础。被尊为"元圣"和儒学先驱。孔子极其仰慕和推崇周公,自视为尧、舜、禹、汤、文、武、成、周公旦这个道统的光辉链条的下一环,而且孔子后来也确实被普遍认为是其传承者。

不复。不再。"复"字意味着以前是常常梦见周公的。

不复梦见周公

意味着什么呢? 仅仅是因为年老体衰而很少做梦了吗? 应该不是。这句感慨的思路逻辑应该是这样的:"我已经很老了,入世治国推广先王之道的机会看来不会再有了;以前还抱有希望时,念兹在兹,所以常常会梦见能代表先王之道的周公;现在因为希望破灭了,所以也很久没有梦见周公了。"

所以衰老不是"不复梦见周公"的直接原因,而是衰老导致理想破灭,从而导致"不复梦见周公"。

今 译

师父说:"我衰老得也太厉害了吧! 很久了我都没再梦见周公了。"

英 译

The master said: "How severe is my senility! For a long time I have not dreamed of the Duke of Zhou anymore."

7.6【原文】

子曰:"志于道,据于德,依于仁,游于艺。"

字词训诂

志。立志于。

道。应是正确的治国之道,即先王之道。英文取 the grand way。

据。多解为根据。本书认为不妥:说以"品德"为依据或准绳,语法上等于去除了"据"的带有主动性的动词属性,和"志、依、游"均不对称。应把"据"解为"据守",引申为"坚守"。这样等于把"德"作为成为君子、仁者的基础,也是孔门弟子理所当然的课程。

依。依从,不违背。即必须把不违背"仁"作为前提,其他任何同级别或次一级的修养如果和"仁"发生冲突,必须为"仁"让路。结合本句,更加证明上述"据于德"不可能是"以德为准绳"。

游。游玩,去了还得回来,可以玩,可以涉猎,但不是目的地,所以还得回来。

艺。六艺,即:礼、乐、射、御、书、数。

章句义理

本章是提出做人的理想境界呢,还是对自己的总结?

述而篇主要是对孔子进行总结和评价,本段话应该是孔子对自己的总结;但从内容来看,显然可以成为对弟子们以及所有有志之士的教导。孔子说过"吾少也贱,故多能鄙事"(子罕9.6),"鄙事"指各种技能,包括各种"艺";可见孔子自己掌握"艺"是为生活所迫,没有"游于艺"的出发点。因此,本章应是对理想境界的描述,也是对他人成长路径的建议。

今 译

师父说:"立志于大道,坚守品德,依从于仁,在六艺中遨游。"

英 译

The master said:"Aspire to the grand way, stick to virtues, yield to humanitarianism, and roam in the six arts."

7.7 【原文】

子曰:"自行束脩以上,吾未尝无诲焉。"

字词章句

束脩。脩,xiū。有两解。

其一解为"束",捆束,捆成十条而成一束。"脩",肉干,风干的咸猪肉。"束脩"就是一捆猪肉干,作为送给老师的学费,古代有此风气。这样,整句话就是:"只要有给我送一捆猪肉干的,我就没有不教导的。"此解是主流。

其二把"脩"同"修",也是"脩"的本义。"束修"是古时男子十几岁时(一说十三岁,一说十五岁,我取十五岁,主要因为十五岁是男孩性成熟的年龄,此时用正装来增加对他们的约束,有用仪式感和正式感来提醒其自律和稳重的含义)要进行的一个着装仪式(着深色正装并束紧腰带),且用"束修(束紧腰带)"这个动作来指代行此礼的年纪,如同用"弱冠"来指称二十岁一样(例如,《后汉书·延笃传》中有:"吾自行束修以来,为人臣不陷于不忠,为人子不陷于不孝。")。这样,整句话就是:"十五岁以上的,我没有不教导的。"

上述两解均不妥,如下:

按前解,"自行"二字不仅别扭,还多余,没有理由不直说"束脩以上";"以上"二字还有解为"之上"的,就是说"只要有十条肉干或以上的",首先暗示"束脩"是薄礼,其次等于孔子给出学费的下限;孔子的学生有些相当贫苦,拿出十条肉干未必容易,如颜回和冉雍,反证孔子不可能把交学费当成必要条件。孔子教学收费是合理的,但更应该靠弟子们根据自身条件自觉缴交各种东西,形成孔子和弟子们共同的库存和存款。正如雍也6.4中体现的,这个库存甚至可以调拨出来去周济弟子的家人。即使假设孔子不靠弟子们的自觉而有明确的收费标准,这份标准也应该是公开的,执行即可,不需要用嘴巴讲,毕竟明示明确的肉条数量作为施教的前提,有辱斯文。

后解使"自行"二字成立,意思就是"从履行过束修礼往上的"。首先明示小于十五岁的一概不教,等于说启蒙阶段的不教,不像孔子语气,违背"有教无类"(卫灵公15.39)的原则,也不符合事实,比如颜回就是十四岁时入孔门的;其次明示十五岁和以上的来者不拒。无法成立。即使真把自己招生的标准定在十五岁,反映了什么思路呢?没有什么深意吧?没有理由收录进《论语》。本篇基本都是赞美孔子的,而此解不仅意义不大,而且没有正向的赞美倾向。因此不取此解。

建立在"束修"后解的基础上,本书有新解:把前半句主语变成孔子自己,"我从十五岁起"。这样整句话就是:"从十五岁起,我无时不在教育他人啊。"

孔子是否从十五岁起就具备教导别人的能力?史料有限,很难考证。但孔子自己说过"十有五而志于学"(为政2.4),可以确认十五岁时已经开始苦学了,以他的习惯,一定会"学而时习之",即会勤于实践,而实践的内容中可以肯定包含对他人的教化。以孔子的天资,在这个年纪开始诲人不倦的一生,完全合理。

今 译

师父说:"从举行束修礼之后,我从未停止过教育别人啊。"

英 译

The master said:"From the time of performing waistband lacing ceremony, I have never stopped teaching others."

7.8【原文】

子曰:"不愤不启,不悱不发。举一隅不以三隅反,则不复也。"

字词训诂

愤。 充盈,引申为思路很多而纷乱困惑。

启。 开导,启发。

悱。 fěi,想说却说不出来的样子。

发。 引起,开启。

隅。 yú,角落。

复。 回到原点,此处指"再谈同一个话题"。

今 译

师父说:"未到思如乱麻时我不去启发他,不到欲言而词穷时不去开导他,把一件事的一角告诉他,如果他不因此回复其他三角,我就不再教他这件事了。"

英 译

The master said:"I will not enlighten him before he's full of thoughts but feels lost in them. I will not open him up before he's eager to convey his ideas but fails to express them out. I will not teach him the same subject if when I present one corner of a thing to him he doesn't come back with the remaining three."

7.9【原文】

子食于有丧者之侧,未尝饱也。

章句义理

丧家悲伤,人情相通,所以在有丧者旁边吃饭,不吃饱,以体现恻隐之心。

有解家认为孔子和其弟子们在周游列国前,主要就是靠替人办丧事来维持生计的,于理成立,但不知史料出处为何,特标出供有心者参考。

今 译

师父在死了亲人的人旁边吃饭,未曾吃饱过。

英 译

When the master had meals by the side of the bereaved, he never ate to the full.

7.10【原文】

子于是日哭,则不歌。

章句义理

有把"哭"解为吊丧之哭,虽然合情合理,而且除了吊丧,也很难找出其他使人哭泣的情景,但没有来处,应该严守原文,不擅增添。

哭,定是因为哀伤,短时间内就唱歌,反差太大,让人不得不怀疑哭的真诚。在一定的时间内保持严肃和哀恸的连续性,是所有民族的共同习惯,有人类统一的心理学基础。

既然把这个规矩列出来单讲,反推可知孔子如果哪天没哭,则往往要唱歌。除非孔子真靠为人办丧事作为主业而且生意很好,否则可以认定不哭还是生活的常态,由此可知孔子多数的日子里都会唱歌。设想这个画面,无疑增加了孔子作为活生生的人的真实感和趣味性。

今 译

师父如果在这天哭过,就不唱歌了。

英 译

If the master wept on one day, he would not sing (on the same day).

7.11【原文】

子谓颜渊曰:"用之则行,舍之则藏,惟我与尔有是夫!"子路曰:"子行三军,则谁与?"子曰:"暴虎冯河,死而无悔者,吾不与也。必也临事而惧,好谋而成者。"

字词训诂

用。使用,招用。

舍。同"捨",放弃,不用。

有是夫。有这种(能力)吧,指能行能藏、进退自如的能力。

行。统帅。

三军。有多解。

其一,《周礼·夏官司马·叙官》:"凡制军,万有二千五百人为军。王六军,大国三军,次国二军,小国一军。"则诸侯大国有三军,其中中军最尊,上军次之,下军又次之。一军一万二千五百人,三军合三万七千五百人。

其二,指前、中、后三军。前军一般是先锋,负责开路、架桥、侦察、应付小规模的战斗,带部分军需物资。中军就是统帅所处的大军,有当时作战的大部分作战兵种(骑兵、步兵、战车)。后军就是全军的军用物资、工匠以及民工等。

其三,指步、车、骑三军。

其四,通称军队。本书取此解。

暴虎冯河。语出《诗经·小雅·小旻》:"不敢暴虎,不敢冯河。人知其一,莫知其它。战战兢兢,如临深渊,如履薄冰。"或指徒手搏虎,徒步过河,喻有勇无谋、鲁莽从事。有把"河"解为黄河的,以黄河古时的流量之大,不大可能徒步而过吧?而且这种具体化也没有必要。

必也。两解:其一,如果一定要找人合作的话。这么解读一般情况下是合适的,本段中要这样解读,就变成"必也,其临事而惧、好谋而成者也"。故不取。其二,一定要。此解成立。

成。一般解为成功,但成功不是孔子必有的目标,过程中的"谋而后执行"反而是要旨,故解为"完成",即执行前面的"谋"。

章句义理

有人把本段分为两段,从"子路"开始另作一段,不妥。结合下面子路插话的逻辑,分为两段,子路的问题就更显唐突。

为何子路要插话?可能是看到师父把颜渊抬到如此高度进行赞美,心中不服,就挑了自己擅长的统兵领域,应该是想也赢得几句肯定。没成想师父针对其好勇有余而进退把握不足的特点,教导他"暴虎冯河,死而不悔"不妥,不愿和有勇无谋者一起带兵。他告诉子路面临任务要恐惧谨慎,用谋略去完成,而不是凭借一时的意气用事而去拼命。子路之死印证了师父的担心,也是其个性体现的高潮,算是慷慨就义、英勇赴死。

孔子对颜渊和子路的回答中有没有统一的主线呢?如果没有,只是因为子路不服而问就把两段话合在一起,就不太严肃。本书看来,有这样一条主线——不要把成功作为必有的目标。对颜渊,就是"不用则藏",对子路,就是不要"死而无悔",而要"临事而惧""好谋"。好谋未必能成,但必须做到好谋才行。说到底这还是"用之则行,舍之则藏"。

这个态度,《论语》中屡见。入世是一贯目的,但真没有机会,也不勉强,不和命运做拼死抗争,可以算是通达吧。其背后的逻辑可能还有:如果一定要强力抗争,可能会导致更加混乱和失控的局面,虽或能伸张己志,但整个社会可能得不偿失,不是仁者所应为也。他处可供参照者包括四处。八佾3.21下解读。子谓南容:邦有道,不废;邦无道,免于刑戮(公冶长5.2)。宁武子,邦有道,则知;邦无道,则愚。其知可及也,其愚不可及也(公冶长5.21)。子曰:"笃信好学,死守善道。危邦不入,乱邦不居。天下有道则见,无道则隐。邦有道,贫且贱焉,耻也。邦无道,富且贵焉,耻也。"(泰伯8.13)

今 译

师父对颜渊说:"被招用时就干事,不被录用就退隐,只有我同你有这个境界吧!"子路说:"师父如果你去统帅军队,那么你会同谁一起去?"师父说:"暴虎冯河、死而无悔的人,我是不会同他合作的,必须得是办事时心怀敬畏、喜欢做计划并执行的人。"

英 译

The master told Yan Yuan: "To endeavor when called for, and to retire when not employed—only you and I have this mastery!" Zi Lu said: "When you sir command an army, with whom would you pick to work?" The master said: "I would not work with one who would fight a tiger with bare hands and wade a river with bare feet, thus dying yet without regret. He must be one that handles business with awe, likes to plan ahead and then executes his plans."

7.12【原文】

子曰:"富而可求也,虽执鞭之士,吾亦为之。如不可求,从吾所好。"

字词训诂

执鞭之士。或按《周礼·秋官司寇·衔枚氏/司仪》,解为"衔枚氏"。原文有"衔枚氏掌司嚣。国之大祭祀,令禁无嚣。军旅、田役,令衔枚。禁嚣呼叹鸣于国中者,行歌哭于国中之道者",今人译作:"衔枚氏负责禁止喧哗。国家举行大祭祀期间,下令禁止喧哗。出征、田猎,命令众人衔枚。禁止在都城中喧哗、呼叫、叹息、呻吟的人,以及在都城中道路上边走边唱或边走边哭的人。"或按《周礼·地官司徒·司市/掌节》解为在市场门口执鞭维持秩序的人。原文有"胥执鞭度守门","胥"相当于今天掌管市场的城管。

按孔子的语境逻辑,应该强调这个职位的低贱,因此取后解更妥。

章句义理

本句可以看作对前一段"用之则行、舍之则藏"态度在财富追求上的应用,层次较低,但意味相似。

本句还可以看作用财富之求和不求的表象继续谈论"用藏"之道:如果财富可以通过做市场的看门卒而得之,我也可以干;如果我道能行之于天下,我是不会在乎我的职位的;如果我道不可行,给我职位也没有用,我不如去干我想干的事了。

今 译

师父说:"如果财富可以求得,就是当个手持皮鞭的市场看门卒,我也去干。如果求不得,就干我想干的吧。"

英 译

The master said:"If the wealth is obtainable, I would be willing to become even a market gatekeeper with a whip in my hand. If it is not obtainable, I would follow my heart to do what I love to do."

7.13【原文】

子之所慎:齐、战、疾。

字词训诂

慎。认真对待。

齐。音义均同"斋",斋戒也。

章句义理

三者分别事关天地祖先、国家、和个人。

除了这三者,孔子就不慎了吗?显然不可能。朱熹引尹焞有云:"夫子无所不谨,弟子记其大者耳。"此论殊当。可以推定孔子无所不慎,但对此三者尤其谨慎。

今 译

师父所认真对待的是:斋戒,战争,疾病。

英 译

What the master was much cautious about were: fasting, war, sickness.

7.14 【原文】

子在齐闻《韶》,三月不知肉味。曰:"不图为乐之至于斯也。"

字词章句

为。创作。

有的把此处断句成:"子在齐,闻《韶》三月,不知肉味。"参考《史记》中断句,此解可以放弃。据《史记·孔子世家》记载:"孔子年三十五……孔子适齐,为高昭子家臣,欲以通乎景公。与齐太师语乐,闻《韶》音,学之,三月不知肉味,齐人称之。"

韶。可参考八佾 3.1 和 3.25 下解读。

孔子时代如何记录音乐是个值得考证的问题,此处不纠缠。可以确定的是,直到孔子时代,至少还有号称传承有自并得到广泛认可的《韶》存世。

当然对此也有不同见解,说是,《韶》乐早已失传,"闻《韶》"只是听齐国太师根据某些资料进行的描述而已。此解牵强。首先,需要认同只是听别人谈论一番、然后靠自己憧憬就能三月不知肉味,不合常理;其次,按孔子的知识储备,只在资料堆里缅怀已经失传的音乐,即使不能教导太师,也该能平等对谈,反正不需要让别人来刺激起自己对《韶》的认识和向往。最后,按上述《史记》记载,还有个"学"的过程,至少证明司马迁认可在孔子时代《韶》乐犹存。

三月不知肉味。有人认为是听了一遍就三月不知肉味,于常理不通;再参考上文《史记》中记载,可以认为实际情况是:孔子在齐国听到并有机会学习《韶》,大约时长是三个月,这段时间内,哪怕吃了肉,也品不出肉味,因为心思全被《韶》乐占据,连饮食感官都不能正常发挥作用了。

无论如何,孔子除了认可音乐在文化传承、风气教化、礼仪规范等方面具有不言而喻的重要作用之外,这个实例证明,单单对个人感官感受,好的音乐都能教人食不知味、欲罢不能。"游于艺",这一次游得有点长,有点乐不思蜀了。英文叫 carried away by the music。

为乐至于斯也。有多解。

其一解为:《韶》乐竟然流落到齐国。此解无法解释"为"的存在,且和语境不合,不敢。

其二解为:欣赏音乐能到这种境界。这种解读是主流。此说首先需要把"为"解析为"欣赏",不是不可以,略勉强,但难点在于?难道不该去赞美音乐本身吗?故不取。

其三解为:音乐创作竟能到这种境界。据以上分析,此解简洁妥当。

今　译

师父在齐国听到《韶》乐,在三个月的时间里品不出肉味。他说:"没想到音乐的创作竟能到这种境界。"

英　译

When the master heard the music of *Shao* in the Qi state, for three months he could not know the taste of meat. He said: "I didn't expect that music creation could reach such an extent."

7.15【原文】

冉有曰:"夫子为卫君乎?"子贡曰:"诺。吾将问之。"入,曰:"伯夷、叔齐何人也?"曰:"古之贤人也。"曰:"怨乎?"曰:"求仁而得仁,又何怨?"出,曰:"夫子不为也。"

字词训诂

为。此处四声,帮助义,引申为赞同。

卫君。此处指卫出公。卫出公:姬姓,卫氏,名辄,卫国第二十九代国君,卫灵公之孙、卫后庄公姬蒯聩之子。卫灵公逐太子蒯聩,灵公死后,卫人立蒯聩之子为君,是为卫出公。晋人送还蒯聩,卫人拒不接受。当时孔子居卫,弟子们不知孔子是否认可卫出公以子拒父,不知道已经在试探和犹豫中度过卫灵公时代的孔子,是否愿意放松原则而在卫国新君手下干一番事业,而有本章故事。

章句义理

冉有要通过子贡来问,显示了他们和孔子间的亲疏差距以及两人性格上的差异。冉有敬谨是明显的,子贡去问像是直率,却用典故来旁敲侧击,并自行代替师父作出决定,反映了微妙的心理:原则上相信师父无虚言,标准永不变;但有点吃不准,就先用历史故事挖个坑,让师父表个态,封堵了师父的弹性空间和后路。考虑到孔子在卫国的所作所为,确有言行不一、向现实妥协的动机和行动。其中的"怨乎"就是挖坑和埋伏的明证。

可见当时对为了一显身手而在卫国放弃原则这件事,孔子犹豫不决,弟子们也众说纷纭。可参见雍也6.28子见南子故事,作为佐证。

孔子还在以下各段中表现出对待卫国和卫灵公的态度,子路13.3,通过和子路的辩论,提出治理卫国的设想;宪问14.19,通过赞赏卫国的几个大臣来解释为何卫灵公无道而不亡国;卫灵公15.1,通过和卫灵公的应对来表达不屑并决定告辞。总体来说,卫国看起来是有机会让孔子有一番作为的,但或许由于上述的矛盾心理,或许由于形势的变化容不得孔子进一步等待,最终还是离开了,未有建树。

子贡之问和孔子之答,核心在"无怨"上。伯夷叔齐相互谦让王位,蒯聩和辄恰恰相反。孔子的态度不用问也知道,肯定赞赏谦让。但谦让的结果就是失去王位,就有可能怨悔日盛。所以潜台词是:师父您如果不赞同卫出公,则就没有机会受到重用了,到时你会后悔吗?当然他得到期待的回到:求仁而得仁,何怨之有?

今 译

冉有说:"老人家会赞同卫出公吗?"子贡说:"嗯,我去问他。"他进去了,问:"伯夷和叔齐是什么样的人?"答:"古代贤人。"问:"他们后悔吗?"答:"追求仁而得到仁,又后悔什么呢?"(子贡)出来,(对冉有)说:"老师不赞同啊。"

英 译

Ran You said:"Does our teacher approve of King Chu of the Wei state?" Zi Gong said:"Hmm, I will ask him." He went in and asked:"What kind of men were Bo Yi and Shu Qi?" The master replied:"Sagacious men in the past." Zi Gong asked:"Did they repent?" The master replied:"They aspired after humanitarianism and got it. What did they repent for?" Zi Gong came out and said (to Ran You):"Our teacher does not approve of him. "

7.16【原文】

子曰:"饭疏食饮水,曲肱而枕之,乐亦在其中矣。不义而富且贵,于我如浮云。"

字词训诂

饭。吃。

疏食。粗粮,糙米义,解为"菜食"不妥。

肱。gōng,上臂。

枕。作动词用,此时读 zhèn。

浮云。本义简明,但取它的什么象征呢? 是"倏忽变幻",还是"稍纵即逝",或是"身外之物"? 比起不动如山的"先王之道"或巍然屹立的"义",富贵之有无明显充满变数,因此取第一义为妥。

章句义理

"乐亦在其中矣",指可以在"饭疏食饮水,曲肱而枕"中发现乐趣。对比雍也 6.11 颜回"一箪食,一瓢饮,在陋巷……回也不改其乐",有所不同。颜回是忽略穷困,专注于其他的乐趣,孔子此处是享受穷困;上述两种态度,没有境界上的差别,只是角度的不同。

从境界上讲,对穷困根本没感觉可以说是超然而大气的,体现志向的高远;享受穷困可以说是通达而智慧的,体现精力充沛、游刃有余的精神能力;从角度上说,颜回是只关心其他乐趣,孔子则灵活地开发穷困的吸引力;一个"亦"字,暗示孔子在"美食琼浆、高屋大床"中也会乐在其中;"不义则富贵如浮云",则"以义得富贵"就不是浮云了,孔子不会反对。

今 译

师父说:"吃粗粮,喝白水,弯曲胳膊枕着头,其中也有乐趣啊。通过不义获得财富和地位,对我就像浮云。"

英 译

The master said: "To eat coarse grain, to drink plain water, to rest head on my bended forearm—pleasure also exists in these things. Riches and honors acquired through non-righteousness are like floating clouds to me."

7.17【原文】

子曰:"加我数年,五十以学《易》,可以无大过矣。"

章句义理

本段歧义甚多,解读纷呈,穿凿附会和篡改增减层出不穷,试举现代学者牛泽群在《论语劄记》中总结的解读版本为例:

一,据字面直解,如《集解》《皇疏》等。

二,解"学"为"赞""修"。

三,以"易"为"亦"之误。

四,"五十"为"卒"字的脱误。

五,或以为"五十"乃"吾""七十""九十"之误。

六,以为是晚年赞《易》之后,追述之语,如刘宝楠《论语正义》说。

七,以"五十"为《易》数,谓以五十之理数学《易》。

八,常言说。元代白珽在《湛渊静语》当中提出,与下一章连读为:"加我数年,五十以学易,可以无大过矣,子所雅言。《诗》、《书》、执礼,皆雅言也。"

九,读"五十"为"五、十"。

十,其他杂说。

十一，无解。元陈天祥在《四书辨疑》一书中主张："此章之义，本不易知，姑当置之以待后之君子。"（牛泽群此处称陈天祥为作者，学界未有定论。）

本书认为，在无明确的考证证据之前，应当严守原文，不应擅自加字、减字或改字。而且，如《论语集解》《论语义疏》等按字面直接可以得出符合逻辑的结论，何必舍近求远、穿凿附会呢？

孔子重视《易经》，是相信它揭示天地之间万物运行的大道，可推知吉凶消长之理和进退存亡之道，可以使自己"无大过矣"。

反推可知，孔子承认自己有过大过。以孔子的修养，肯定不会在个人行为层面犯大错，"大过"一定是在入世治国的判断和选择上，即在洞察政局变幻、通盘考虑进退得失、衡量取舍短期和长期效果等方面的判断能力和决策理性上。本书认为孔子或多或少地被自己的学说绑架，为维持言行一致的形象，为使道德的红旗永远飘扬，他在上述重要而又复杂的领域内未能充分发挥自己的判断力，屡次与机会擦肩而过。在行将进入"知天命"之年的时候，虽然嘴上说着"何怨之有"，心中应该是有所懊悔的。

为何要从五十岁开始学呢？为何不早点学呢？一是，因为孔子认为自己"五十而知天命"（为政2.4），在知天命之年学习揭示天地万物规律的《易经》，会触类旁通，事半功倍。二是，应该是担心如果知识储备和人生修炼层次不够，学习《易经》可能会把人带偏，《易经》本是卜封算命的书，来自远古巫术，无所不含并充满神秘色彩，没有足够的理性定力，不仅无法掌握，还很容易误入歧途。此处对《易经》的价值本身不做判断，但古往今来陷入《易经》应用的种种陷阱而不能自拔、走火入魔、怪力乱神满天飞的现象屡见不鲜，可作为慎学《易经》的反证。

从"加我数年"推论，说这话时孔子的年纪应该是四十五到四十七岁之间。

今 译

师父说："如果能让我多活几年，到五十岁时开始学习《易经》，就可以不犯大错了。"

英 译

The master said:"If several years could be added to my life, then from the age of fifty I would study *Book of Yi*. Thus I would make no big mistakes."

7.18【原文】

子所雅言:《诗》、《书》、执礼,皆雅言也。

字词章句

所。位置尴尬。是助词无疑,但按一般句读法,不好理解。解决方法是在"子所雅言"后面不用逗号而用冒号,"子所雅言"可理解为"师父关于(对于)雅言",成立。

雅。正也,正式。和"俗"相对。多有把"雅言"释为"西周朝廷语言"或莫名其妙的"常言",不妥。孔子时代方言肯定很多,但各国间交往,必有约定俗成的通用语,这就是雅言。虽然这种语言不可考,但可以推定它和孔子作为鲁国人日常使用的"俗语"不同。这就是本段内容的背景。

诗,书。《诗经》和《尚书》。这两者在孔子的语境中不泛指(唯一的例外在先进11.25,其中"读书"之"书"是泛指,不是专指《尚书》)。

礼。《仪礼》也,又称《礼》《士礼》或《礼经》)。此处应指其在孔子时代的前身版本,或为成书,更大的可能是口耳相传的非文本内容。其成书或内容原貌早已佚失,只能从今传《士礼》揣摩其大概,用其名而所指不同。请参阅子罕9.12下对孔子和《仪礼》关系的探讨。

为何用"执礼"而不用《礼》和《诗》《书》对应呢? 因为阅读或传授《诗》、《书》,都以朗诵为主,用正式语言既能保证传承过程中信息不被扭曲,也体现对其内容的尊重;但《礼》(无论是成书或其内容)不是用来朗诵的,而是用来执行的。在执行礼仪规定的时候,需要有祭祀人、司仪、祝官、参与者等口诵指令、问答呼应,这些发音为了表现出庄重和正式,需要用雅言。故用"执礼"来和《诗》《书》对应。同理,此处的"礼"指的是《仪礼》这本书所要求的"礼仪",故不加书名号。

今 译

师父对于正式语言:读《诗经》《尚书》和践行礼仪时,都用正式语言。

英 译

The master's attitude toward formal language: in reading *Book of Poetry* and *Book of Shang*, and in practicing the rules of propriety, without exception he used formal language.

7.19【原文】

叶公问孔子于子路,子路不对。子曰:"女奚不曰:其为人也,发愤忘食,乐以忘忧,不知老之将至云尔。"

字词训诂

叶公。"叶",shè 音;楚大夫沈诸梁,字子高,担任过叶县县尹;据称他僭称公。说他僭称,无非是为"子路不对"找个理由。此说出处不明,不取。

发愤。有人解为发奋用功,不妥。应解为"发弟子之愤",即为别人"解疑答惑"。

乐以忘忧。是和前面"发愤忘食"相对应的"快乐得忘记了忧愁"呢,还是对前面"发愤忘食"进行补充说明的"以发愤为乐从而忘了忧愁"呢?应取后解:首先是因为独立成句的"乐以忘忧"没有来处,干了什么就"乐以忘忧"了呢? 其次是孔子在周游列国途中因罕有机会,渐渐萌生集中精力传道授业的打算了吧。叶公提问时应在前 490 年(公冶长 5.22 下注),虽然离最终返鲁还有六年,但已经是归国行程的后半程了,可以尝试的机会基本都试过了,后面剩下的主要是陈蔡之困和归途中第三次客居卫国的过渡时间了。已经六十一岁的孔子借机表达自己的理想,也等于向以子路为代表的的随行弟子们打个招呼。此解也可佐证上述"发愤"是"发他人之愤"。

章句义理

子路为何不对？我们先排除掉因为叶公僭称而看不起叶公从而拒绝回答的情景；那么子路不对，应该是因为叶公的问题不好回答。

孔子到叶县时年六十一，这和后面"不知老之将至"吻合；孔子说子路应该这样这样回答，可以肯定他是知道叶公的问题的；因此孔子自己给出的回答应该是反推出叶公问题的关键。

根据后面"发愤忘食，乐以忘忧，不知老之将至"反推，叶公的问题应该在"为何孔子年纪也不小了，还四处漂泊，就不嫌累吗"这个方面。这个问题确实不好回答，因为没有外在的成功，这么折腾是为了什么呢？难怪子路不对。

孔子显然回避了正面回答，而是用传道授业的快乐来替代"我道不行"的遗憾。

今 译

叶公向子路问孔子，子路没有回答。师父说："你怎么不这样说呢：他这个人啊，启发他人而忘记了吃饭，并因此快乐得忘记了忧愁，没有意识到衰老即将到来。"

英 译

Duke She asked Zi Lu about Confucius, and Zi Lu did not answer him. The master said: "Why didn't you say something like this: he as a man, devotes himself in enlightening others so much as to forget his meals, and enjoys it so much as to forget all worries, not realizing that the old age is setting in."

7.20【原文】

子曰："我非生而知之者，好古，敏以求之者也。"

字词训诂

敏。有取"快速"义者，不合孔子风格，取"勤勉"义为妥。

之。此处泛指各种知识为当。

章句义理

有无"生而知之者"？孔子认为有。语见季氏 16.9："孔子曰：'生而知之者上也，学而知之者次也……'"所以孔子否认了自己属于"上"，而把自己归类于"次"。

今 译

师父说："我不是天生就拥有知识的人，而是喜好古代文化并刻苦求索知识的人。"

英 译

The master said: "I am not one who is born with knowledge, but one who loves antiquity and pursues knowledge with diligence."

7.21【原文】

子不语怪力、乱神。

字词章句

一般的句读是把怪、力、乱、神并列，分别解读四种对象。不妥，理由如下：

"力"和"神"是名词无疑，"怪"和"乱"一般用作形容词，因此本句话强烈的对称性暗示了"怪力"和"乱神"的对应。

除非人为地赋予"力"和"神"不同的含义，这样就有在意思上添字的嫌疑和勉强，否则在《论语》中这两个字出现的次数可不少：算上本章，"力"字共出现十三次，而"神"字出现六次。其中表现出"不愿语"的，对"力"只有本章，而对"神"字除本段外尚有两处。敬鬼神而远之，可谓知矣（雍也 6.22）。季路问事鬼神。子曰："未能事人，焉能事鬼？"（先进 11.12）因此，说子"不语力、神"是不符合事实的。

反之，"怪"字除本段外，《论语》通篇未出现过；"乱"字含本段共出现十五次，撇除其中非孔子发言、虽用其字但不表其意、及本段之外，尚有以下各段论及

"乱"。勇而无礼则乱(泰伯8.2)。好勇疾贫,乱也。人而不仁,疾之已甚,乱也(泰伯8.10)。乱邦不居(卫灵公15.27)。巧言乱德。小不忍,则乱大谋(泰伯篇8.13);好勇不好学,其蔽也乱,阳货17.18;……恶郑声之乱雅乐也(阳货17.8)。君子有勇而无义为乱(阳货17.23)。……而乱大伦(微子18.7)。

把"怪力"和"乱神"作为带有限制的对象,即"怪的力"和"乱的神",则符合"子不语"的事实。故取此解。

"怪力"和"乱神"是什么呢?孔子历来专注于人类社会的治理和自我修养的提高上,不愿意让与社会治理和自我提高无关的事情转移注意力,而把可以理解和应用的内容作为学习和教育的重心;因此把"怪力"和"乱神"置于可以理解和应用的背景中进行分析即可:

"力"本身既可为善比如用来"求仁",亦可为恶比如用来欺负别人,但只要在可控的、可理解的范围内,就是"常力",即生活中能被发现、被认知、被提倡、被抑制、被奖励、被惩罚、被改造、被制止等的力量。其对立面就是"怪力",稀奇古怪而神秘荒诞,即那些人类知识尚无法理解、常会被人夸大和赋予神秘色彩、有时会被利用来迷惑和控制他人、使人产生恐惧和迷信、让人从正确的追求道路上分散精力或走向歧路的力量;例子包括湘西赶尸,苗民下蛊,密宗修炼,佛教神通,道教咒语,各种神乎其神的神秘现象。

"神"同样有区别:有可以作为生存背景给人安慰的、作为礼仪传承的载体的、代表天地收纳未知规律的等的神,即能促进"治"的"善神";其对立面就是"乱神",即那些不仅不会促进社会治理形成社会凝聚力、反而会分裂人心制造困惑的、过度转移人民对现实生活关注的、对人类生产存续收缴过多财富进贡的神;例子包括:各种卖弄神通的宗教,各宗教中光怪陆离的神,邪教,等等。

上述两者的共同点是:对于人类来说,它们都是外力。而在孔子的理论中,改善社会和自身靠的都是人类自身的努力,无需外求,也无法外求。

今 译

师父不谈论神秘极端的力量及扰乱人心的神。

英 译

The master did not talk about grotesque forces and disruptive spirits.

7.22【原文】

子曰:"三人行,必有我师焉:择其善者而从之,其不善者而改之。"

字词章句

三人。"三人"含自己;为何必须有另外两人而不是一人?因两人相比才能看出优劣,才能"择其善者而从之,其不善者而改之"。如果只有自己和另外一人,主观因素会干扰判断,在两者水平难较高低时,不知是该"从"还是"改"。

行。一般解为"旅行,走在路上"。不妥,如下:

从孔子的语境中可以推知,三人彼此本来不熟悉。如果熟悉,就没有必要在路途中才去观察和学习,本来该观察和学习的早就完成了。

三个本来不熟悉的人,在旅途中偶遇,不太可能有很多交谈,除了三人之间的有限应对外,没有体现其价值观和修养的机会。

如果是三个本来不熟悉的人,决定结伴远行,从而有机会在路上彼此熟悉,并给有心者留下学习他人的机会,应该表达成"三人旅",或"三人游"。

和陌生人相约远行不仅不合情理,而且真要如此,就等于交朋友了,何必一定要走在路上呢?在这种情况下,"行"只是形式,"交"才是内容,应该说"三人交"才妥。

本书把"行"解释为"干事,从事",因此"三人行"就是"三个人一起干活、共事"。此时有心者有足够的时间和角度观察另外两位,从中有所收获。一起干一件事时更能体现各色人等在社会交往中的真实表现,比起"居而学"多了一些实战的色彩和应用,判断会更客观,所学更有针对性。

师。多解为"老师",不妥。解为"老师",就语境逻辑来说,就是说另外两人中至少有一个可以做老师,如下述,这等于要给初次合作的陌生人划分等级,不符合孔子的一贯态度;再说了,把另外两人中的"善者"选作老师,如何保证这个人就因为相对"比较善"就有担任老师的资格呢？一个白痴程度或恶劣程度稍低的人就自动获得"师"的资格了吗？不合情理;最后,后文有"从之"二字:对于行为,可以把"从之"解释为"模仿或学习",但对于人来说,这可就是跟随了,怎么可能就因为一起干了某件事就开始跟随别人了呢。

因此,"师"应解为"行为的榜样",引申为"值得效法的品质",是人表现出来的特点,不是人本身。

"三人行,必有我师焉"就是:"三个人一起干活,必然会有值得我效法的东西。"

择其善者而从之,其不善者而改之

一说从上,指另外两人之中一高一低;此说等于一定要给陌生人划分等级,且等于要跟随那个"善者",哪有这个道理？不妥。

二说也从上,但指的却不是其人,而是其所作所为及体现出来的品质,即,观察两人的所作所为,体会他们的品质,然后择其善者而从之,其不善者而改之。此处"其"指另外两人的行为和品质。

三说把"善者"和"不善者"分别解读为"他们认为是善的"和"他们不认为是善的",这样,后半句就是:他们以为好的事,我就照做;他们以为不好的事,我就改正。这个解读牵强:首先如何处理"择"字？因为这个解读的本意是遵照别人的价值观,和"择"字不合;其次,孔子本意显然是强调随便选两个人,都能从中找到可以为师者,即认为这两人的水准本身不是问题,重要的是自己要从观察中找到可以学习的材料和目标。如从此解,则需按照比较随机选取的两个人的价值取向去行事,南辕北辙也。

无论哪种说法,"改"都是改正自身,即以"不善者"为镜观察自身,如有同样毛病,就要改正。语义看似曲折,实为简明;故取上述第二说。

在《论语》中,除了本段,孔子还提出其他的学习方法。学而时习之(学而1.1),强调实践的重要性。见贤思齐焉,见不贤而内自省也(里仁4.17),类似本章义理。好古,敏以求之(述而 7.20)。卫公孙朝问于子贡曰:仲尼焉学? 子贡曰:"文、武之道,未坠于地,在人。贤者识其大者,不贤者识其小者。莫不有文武之道焉。夫子焉不学? 而亦何常师之有"。(子张 19.22)体现的是善于从学习对象身上见微知著、举一反三,从而达到学习的目的,和本章内容可以互相启发。

今 译

师父说:"三个人一起干活,(另外两人的表现中)一定会有值得我学习的东西:选其中好的去效法,对不好的就改正。"

英 译

The master said:"When a group of three work together,(among the actions of the other two)there must be something from which I can learn:I will choose the good to follow,and the bad to change."

7.23【原文】

子曰:"天生德于予,桓魋其如予何?"

字词训诂

桓魋。音 huán tuí,又称向魋,东周春秋时期宋国(今河南商丘)人,任司马,掌控宋国兵权。他是宋桓公的后代,有可能是孔子弟子司马牛的哥哥。

孔子周游列国抵达宋国时,宋景公当朝,准备出城迎接孔子并委以重任。桓魋担心孔子师徒来后会取代自己,就进谗阻拦,最后竟不经宋景公同意,带领人马去截杀孔子,导致孔子被赶出宋国。本段话就是因此而发,此时是前 492 年,孔子时年五十九岁。

上述背景故事梗概见于《史记·宋微子世家》,相关记载是:(景公)二十五年,孔子过宋,宋司马桓魋恶之,欲杀孔子,孔子微服去。

章句义理

这段话首先反映孔子以天命承负者自任的使命感。这种使命感在子罕 9.5 中也有同样体现,且表达更为透彻:"子畏于匡,曰:'文王既没,文不在兹乎？天之将丧斯文也,后死者不得与于斯文也。天之未丧斯文也,匡人其如予何？'"其次,结合子罕9.5下解读可知,孔子并不是说因为自己有天赋之德,桓魋就杀不了自己了,而是在逃离死地之后,表达一种"我有天助我怕谁"的豪情。最后,还可以理解多一层意思,不违和,但多了一层曲折,不取,但权列于此供参考:上天赋予如此美德给我,桓魋即使把我杀了,仍改变不了我有天赋美德这个事实,即"能杀我身,不可夺我德"。

今 译

师父说:"上天赋予我美德,桓魋能奈我何？"

英 译

The master said: "Heaven endowed me with virtues. What could Huan Tui do to me?"

7.24【原文】

子曰:"二三子以我为隐乎？吾无隐乎尔。吾无行而不与二三子者,是丘也。"

字词训诂

二三子。你们诸位,指弟子们。

与。赐予,此处解为公开和分享为妥。

章句义理

孔子带着圣人的光环,但日常行事并无异乎寻常之处,故弟子们自然怀疑师父是否并未倾囊相授。孔子的回答既明说没有藏着掖着,又特别指出"行"从来都向弟子们公开,再一次强调"行"的重要性。等于明确教导弟子们要从老师的行为中学习,而不要老是盯着老师的言谈,试图发掘出修炼的秘密。即使是圣人也是在

"行"当中践行并形成伟大的品德和人格的,正所谓"人能弘道,非道弘人"也。美德和修养就存在于实践他们的路径中,实践就是最好的修炼。

亚里士多德说:"我们由于从事建筑而变成建筑师,由于奏竖琴而变成竖琴演奏者。同样,由于实行公正而变为公正的人,由于实行节制和勇敢而变为节制的、勇敢的人。"其行为主义的德行观和孔子是一致的。而且他关于"中道即美德"的观点和孔子的"中庸"理论也是合拍的,有兴趣者可自行对照参考。

今 译

师父说:"你们诸位以为我有所隐藏吗?我对你们没有隐藏啊。我的所作所为没有不向你们公开的啊,这是我的为人啊。"

英 译

The master said: "Do you gentlemen think that I have any concealments? I have no concealments from you. I have no deeds that are not made known to you gentlemen—this is who I am."

7.25【原文】

子以四教:文、行、忠、信。

字词训诂

文。有解为"六艺"者,有点狭隘,应是古代流传下来的先王之道和文化典籍的统称。

行。指"践行,躬行",即对前面"文"的实践。

忠、信。指对上之忠和对友之信。

多有提出"忠信"应包含于"行"所以不该并列者。可以这样解释:

"文、行"是针对对自身的,"忠、信"是针对他人的,故单列出来作为对照,在表达上有美感;"忠信"是"行"的一部分应无歧义,但在语言文字中常有把部分拎出并和统称并列的惯例,比如致辞时常用的"某某主席,某某议长,某某总统,各位来宾"句式,突出单列的部分并未否认其属于总体的一部分,而是突出其重要性而已。可和八佾3.26互相参证;孔子有可能在传道授业时把"忠信"作为单独的课程,好比大学历史课程,在读完中国通史后,有可能会对其中某段历史再单开一门课。以此类推。

今 译

师父在四个方面施教:文献,实践,忠诚,诚信。

英 译

The master offered teachings in four fields: classics, practices, loyalty, and trustworthiness.

7.26【原文】

子曰:"圣人,吾不得而见之矣,得见君子者,斯可矣。"子曰:"善人,吾不得而见之矣,得见有恒者,斯可矣。亡而为有,虚而为盈,约而为泰,难乎有恒矣。"

字词训诂

亡。音义同"无"。

约。穷困。

泰。安定,引申为"富足"。

章句义理

两次"子曰"

本段两次"子曰",或说当分两章,或说第二个"子曰"是衍文。此说首先没有来处,减字尤其不宜;其次两句话前后呼应得很好,没有必要拆开,第二句多了后面的一段可以理解为孔子对"有恒"也不容易的延展评论;最后,两次"子曰"无非是弟子们记录时把不同时间段的谈话放在一起时留下的文字痕迹。

善人和有恒者

君子不如圣人,没有歧义;但如何就说"有恒者"不如"善人"呢?关键是"有恒者"有的是哪方面的"恒"。既然把"善人"放在"有恒者"之上,可以反推是指能让人成为"善者"的"恒";善者,综合孔子的思路,可以认为是:一心向仁且多有德行的人。因此,"恒"就是"向仁"和"行德"的一惯性。

但显然,即使具备"向仁"和"行德"的"恒",还不够格成为"善者",可以反推出,孔子所谓"恒"不是"没有例外",而是"经常但非总是",或许相当于在公司进行年终评估时给出的第二级评价吧,这种评价在讲究量化标准的美国公司里常常表达成:几乎总能达到,又能经常超出对其工作表现的预期,并能偶尔有超越更高标杆的卓越表现。或多或少,"几乎总能"对应着95%的概率,而"经常"则对应着数十个百分比。正因为如此,英译应取 persistence 而不是 constancy。

亡而为有,虚而为盈,约而为泰,难乎有恒矣

这是本段难点,有多解:

其一解为:没有的说有,空的装成满的,穷困扮成富足,这样很难持久啊。此解是主流,但不妥,如下:这三种表现都属于虚荣,肯定不好,这种撑出来的表面光能不能维持下去先不说(现代成功学和心理学多数认可这种自我暗示,尤其是通过在行为层面先行模仿达到目标后的应有行为来促进目标的达成),就算假定不能持续,还是财富领域的问题啊,与"向仁"和"行德"无关。这就使得孔子的展开变成无的放矢了,有离题之实。"难乎有恒矣",从语气上是针对前面的"有恒"的,即应该表达出"对有恒会制造困难"之义,而按本解,则此处的"有恒"只能指撑面子的"有恒"了,既有偷换概念之嫌,又有语气违和之感(如从本解,则原文应为"难有恒也",不该有"乎"字)。

其二解为:没有的说有,空的装成满的,穷困扮成富足,这样干就很难有(自身修炼的)恒力了。此说前半同上,后半回归本书所认可的"恒"的解读。此解也不妥,如下:因为虚荣而强撑面子,最后损失的无非还是财富,和自身修炼的恒力没有必然联系;如果说虚荣本身就是修炼要去除的陋习之一,那就与"恒"无关,而是根

本就不够格;如果说虚荣会使人分心,成立;但上述三种表现也可以理解为对物质条件的漠视,对外按世俗惯例撑个面子,但心中不当回事,"不改其乐"甚至"乐在其中"也未尝不可。

其三解为:没有的要拥有,空的想装满,穷困的想变得富足,这样的话就很难有(自身修炼的)恒力了。此解成立。因为这种从低到高不断加码的追求财富的过程可不像撑个门面那么简单,需要持续不断的努力,而且心气会水涨船高,欲壑难填,因此会干扰"向仁"和"行德"的恒心无疑。此解和上述二解的区别在于:本解是基于人类得寸进尺的物质欲望的本性,这种本性的力度和广度要比虚荣心强大而持续得多,因此对非物质理想的侵蚀甚至对立更为严重,更需要预防。

无论取上述第二或第三解,本段话说的都是物质欲望对"向善"的干扰和破坏,暗示了孔子虽然不反对获取财富,但同时也认为求财很容易使人忘记和放弃对更高尚目标的追求。不仅仅是对精力分配的干扰,更有人性难以驾驭的必然惯性。财富和德行(善,或修养等)的对立是天然的,本来也是人类智慧的常识,但在拜金主义一统全球的当代,两者可以并行不悖的微弱可能被放大和夸大,反而成为了价值观的主流,对人类社会的多样性和使命感正在造成巨大的冲击和破坏。

今　译

师父说:"圣人,我不可能见到他们了,能见到君子类人物,这就可以了。"师父说:"好人,我不可能见到他们了,能见到有恒心(求善)的人,这就可以了。没有的要拥有,空的想装满,穷困的想变得富足——这样的话就很难保持(求善的)恒力了。"

英　译

The master said: "The saints, are not available for me to meet with. It's all right for me to meet people who are like cultivated gentlemen." The master said: "The good men, are not available for me to meet with. It's all right for me to meet men with persistence(in seeking to be good). To try to have when having not, to top up what's empty, to become abundant from destitution—thus the persistence (in seeking to be good) will be difficult to keep."

7.27【原文】

子钓而不纲,弋不射宿。

字词章句

钓。钓鱼也,特点是垂杆而钓,一竿一钩。

纲。有多解。

一说是"网"之讹。不擅做增减应是解经态度,故不取。

二说是"网纲",即能把网提起来的绳索,纲举目张之纲也。此说又有两解:在纲下面挂网,把整个水流都拦住的布网法;在纲下面挂很多鱼钩,增加机会但不算通杀的多钩法。

由于不知道孔子时代的习惯,二说中的两解均可,考虑到此处表现孔子取物有节的态度和陶冶情操的目的,用和一竿一钩对比更强烈的布网法更可取吧。联想起美国和加拿大对人民钓鱼娱乐的规定,就明确是 sporting fishing,而不是 commercial fishing,各州各省基本都规定一竿一钩或一杆两钩,禁止一竿多钩,更不用说下网了。打猎规则也体现出类似的平衡,都体现出同样的"取物有节"和"乐趣为主"的双重考量。乍一看此说有点复杂,但对打猎和钓鱼爱好者来说,又是顺理成章的。

弋。名词指"带有绳子的箭",此处是动词,指"用带有绳子的箭射"。

宿。多解。

其一解为晚上归巢夜宿之鸟;此解是主流,但为何晚上还要用箭射鸟呢?掏鸟窝不就好了吗?

其二解为白天归巢孵化之鸟;此解无出处,几乎可断定为臆造;而且任何飞翔中的鸟也都有正在孵蛋的可能,作为打猎者无法分辨,除非在整个孵化季节禁猎,那这样就该表达成"弋不射哺"或"春不弋"才合适。

其三解为停息下来的鸟。此解最当,理由如下:当时射鸟的箭为何要系根绳子呢? 是为了射中后不用进入树丛或草丛中去搜寻,是为了找到射中的猎物;这反映了当时把打猎作为补充食物的手段是比较普遍的现象;而孔子捕鱼打鸟,应该不是为了满足口腹之欲,要么是为了陶冶情操,要么是享受打猎的快感,反正不会像猎取食物者那样追求数量;这样,对孔子来说,猎取停息下来的鸟的乐趣就不大,猎取正在睡觉的鸟简直就是对打猎的侮辱,当然更不用说去打正在孵宝宝的鸟了。只有飞行过程中的鸟,才符合孔子打鸟的目的;基于同样的理由,钓鱼的乐趣通过下网或下排钩都不如一竿一钩来得深刻而持久。

那么,孔子有没有"取物有节"的动机呢? 应该是有的。也因此更要选择只打飞鸟而不取宿鸟,因为这样在获取打猎乐趣的同时,能减少猎取的数量。

总结成一句话:孔子用单杆钓鱼,且不打息鸟,体现了"取物有节"和"乐趣为主"的双重态度。

今 译

师父钓鱼但不下网,箭猎不打停歇下来的鸟。

英 译

The master angled but did not fish with net, shot arrows but not at perching birds.

7.28【原文】

子曰:"盖有不知而作之者,我无是也。多闻,择其善者而从之,多见而识之,知之次也。"

字词训诂

盖。可能。

识。zhì,记住义。

作。制造,创作。当时未有写作出版之说,因此要把"作"理解为"发明理论"为妥。参考述而7.1"述而不作",可知孔子提倡传承先王之道,反对自行创新。

知之次也。季氏16.9:孔子曰:生而知之者上也,学而知之者次也……孔子认为自己是学而知之者,属第二等级;述而7.20:我非生而知之者,好古,敏以求之者也,观点一样。

章句义理

本篇的主要思路不是调侃那些"不知而作之者",而是从表扬自己的角度来自我肯定,潜台词大约是:虽是二等,仍是知之者,知从学来;别人或有"不知而作"行为,自己呢,"知而不作",对比鲜明;为防止所知不传于世,所以要"述";最终就是"述而不作"。

本章隐含了知识的来源问题。孔子认为知识的来源是"生而知之"的圣人,而"学而知之者"只有通过"多闻、多见,择善而从、多见而识之"才能掌握。如果孔子都只能学而知之,那么这些生而知之者可否作为"绝对理念"的比喻呢?或者说生而知之者只是上天在有限的时间窗口,当做无所不包的智慧包裹下放给人类,替代自己完成绝对理念在人类社会中的第一次复制?它还暗示了反推"华夷之辨"和"崇古派"理论出发点的路径:正因为古代圣王直接从上天得到完整而完美的知识,所以才有华夏民族理所当然的优越性,且最佳政治就是复古,否则必然是去圣日久、今不如昔。这是孔子理论中少有的可供引申到哲学领域的话题,此处不展开了。

今 译

师父说:"可能会有不知道(大道)却凭空创造的人吧,我没有这样的(习惯)。多听,从中选取好的去效法,多看并记在心里,这就是知道(大道)的次一级的方法啊。"

英 译

The master said: "There may exist someone who creates without knowing (the grand way), but I don't have this (habit). Hearing a lot and selecting the good to learn from, observing a lot and learn them by heart—this is the secondary way of knowing(the grand way)."

7.29【原文】

互乡难与言童子见,门人惑。子曰:"与其进也,不与其退也,唯何甚?人洁己以进,与其洁也,不保其往也。"

字词训诂

难与言。此处解读纷呈,因为需要探究为何事"难与言",所以就得搬出孔子各种可能的讲究或者原则,下面"门人为何惑"中的总结和推论,但在语词和翻译上还是严守字义为当,即翻译成:难以沟通。

童子。少年。

与。yù,赞许。

进。进取。"退",堕落。注意此处之"进"和后面"洁己以进"的"进"字同而义异。

唯何甚。"唯"是语气助词。"唯何甚",有什么过分的呢?

洁己以进。清洁自己来拜见,引申为:决心自律来拜见。此处"进"取"求见、拜见"为妥。

往。一说为"过往",一说为"未来方向",正面对立,后详。

章句义理

句读正解

主流句读首句断成"互乡难与言,童子见"。即解为:"互乡这个地方的人没法和他们沟通,该地有个少年仆役被孔子接见了。"不妥,如下:解读者都承认"互乡"不可考,但确认是个地名无疑;地名无法可考,可见其小。一个小地方,如何形成有别于周边的特色民风呢?独树一帜、恶名远播,以至于孔子和弟子们周游路过都得知此事,不可思议。民风必须得有足够大的地理面积才能形成,比邻而居,不可能整个地区民风淳朴偏偏有个乡镇民风奸猾;这种地域偏见也不符合孔子的一贯思路。

本书认为首句合并成"互乡难与言童子见"为妥,这样意思就成了"互乡有个难以和他沟通的小子被孔子接见了",语义通顺,表达合理,而且避开了前述疑点。

朱熹认为此处有顺序错误,"人洁"至"往也"十四字,当在"与其进也"之前,调整后应为:"人洁己以进,与其洁也,不保其往也。与其进也,不与其退也,唯何甚!"语义更顺,但不妥,理由有二:不能通过删改经书来为解读服务,这是基本原则,否则各说各话,基础顿失;顺序调不调,大意不变,调它干吗?

门人之惑

孔子对会见的人是有基本前提的,大致可以归结为:有向仁的基本价值观,不过分违背礼的要求,不违背"义"。其余如"信"或"智"等不是非有不可的。对拒绝向仁、违礼无度及奸诈不义之人,孔子是不会见的。由此可以反推,这个互乡小子肯定是恶名在外,不符合以往条件的。

卫灵公 15.8 中,孔子说:"可与言而不与之言,失人;不可与言而与之言,失言。知者不失人,亦不失言。"显然弟子们认为这次会见属于"失言"类的;见了这种坏小子,不仅可能"失言",还有可能遭受屈辱,最后还有可能为舆论所不齿,徒损自身名声。

从孔子的表达中可以推知,这次见面能彻底改变这个小子的可能性是很小的,而且从结果导向上看,确实也没有任何成就。

故"门人惑"。

不保其往也

以朱熹为代表的一派认为指的是"不保证其过往行为"。不妥。见面前显然就知道其过往,当然不需要孔子保证这方面了。

以郑玄为代表的的一派认为指的是"不保证其以后行为"。此说成立。意思和逻辑是:他有意洁身向善,我赞赏他这种意向,但却不能保证他是否真能走上这条正道。

此处等于承认对方有可能重归旧习，表达的是"但求自己努力，不求必有正果"的虽然无奈但却理性的教育观；由于事先知道是个恶人，后面又承认未必能成功改造他，确实容易使人认为不值得，再加上孔子一般不会见这种人，所以推论是：路过互乡时，比较有闲心，就打破常规，不妨一试。

总结通篇语义，故事梗概应该是：名声在外的坏小子可能准备洗心革面，重新做人，故求见孔子以求指点和加持，孔子正好有空，就见了，但由于种种原因，显然未能实现点化救人的目标。门人不解，孔子给出解释。

今 译

互乡有个很难和他沟通的下层小子得以面见孔子。弟子们不理解。师父说："我赞许他（此时）的上进，不赞同他（过往）的堕落，这有什么过分的呢？当有人（立志）洁身来拜见，我赞许他（此时）的洁身之志，不保证他的未来如何。"

英 译

A lad from the Hu community who was difficult to communicate with managed to visit Confucius. The disciples did not understand why. The master said: "I agreed with his positive efforts (at present), not his degeneration (in the past)—how could this be too much? If someone (aspires to) purifies himself and calls on me, I will be agreeing with his aspiration to purification, while not guaranteeing his future path."

7.30【原文】

子曰："仁远乎哉？我欲仁，斯仁至矣。"

章句义理

"我欲仁，斯仁至矣"的逻辑

文字简单，义理复杂，试析如下：

仁道处于人心，反求诸己即可得到。可参考颜渊12.1中"为仁由己，而由人乎哉"。强调的是"仁"在自己心中。

孔子在很多场合都强调"仁"之难得，从不轻许别人，如何和上述观点调和？

在孔子心中，仁既是完善人格的顶点，又是人格完善、自我提升的阶梯。就是说：它既是目的地，也是旅程；它既是统一而不可分的道德至尊，又有众多而内容丰富的具体体现。在本段中，应该是指后者，即只要我想践行仁德，就能马上践行。

把旅程和目的地统一的方法，也是把抽象原则和具体体现统一的桥梁，就是实践。

"斯仁至矣"的具体含义

是说"仁"的概念或"仁"的实现吗？不是，因为如果说概念涌现就能代表德行实现，就纯粹是文字游戏、太不严肃了；只能是"仁"的行为或"向仁"之心的出现。由于"向仁"之心和"我欲仁"重复，所以只能是"仁"的行为，即"我欲仁，即行，斯仁至矣。"

作为对比，在其他语境下"向仁之心"亦可用来证明"为仁由己"。如雍也6.7中赞美颜回有云"回也，其心三月不违仁"。

今 译

师父说："仁离得远吗？我想要仁，仁就到了。"

英 译

The master said: "Is humanitarianism distant? When I want humanitarianism, humanitarianism will arrive."

7.31【原文】

陈司败问："昭公知礼乎？"孔子曰："知礼。"孔子退，揖巫马期而进之，曰："吾闻君子不党，君子亦党乎？君取于吴，为同姓，谓之吴孟子。君而知礼，孰不知礼?"巫马期以告。子曰:"丘也幸。苟有过,人必知之。"

字词训诂

陈司败。有人认为是人名,无来处,不取。司败,同司寇,西周始置,位次于三公,与六卿相当,与司马、司空、司士、司徒并称五官,掌管刑狱、纠察等事。各诸侯国亦置此官,楚、陈等国称司败。所以此处是陈国的司败。

昭公。鲁昭公,姓姬名裯,春秋时期鲁国第二十四位国君,前542年—前510年在位,以知礼重礼闻名,所以孔子对他评价积极。

巫马期。复氏巫马,名施,字子期,孔子弟子,七十二贤之一。

党。偏袒。因孔子是鲁人,故有偏袒之疑。

章句义理

"君取于吴,为同姓,谓之吴孟子"的故事是:鲁昭公娶吴国女子,而两人同姓姬,有违同姓不娶的礼法。《史记·仲尼弟子列传》中是这样记载的:鲁君娶吴女为夫人,命之为孟子。孟子姓姬,讳称同姓,故谓之孟子。

所以看来鲁昭公过错有两个:娶了同姓;不把夫人叫"吴姬",而叫"吴孟子"。但看不出因避国君姓讳而改夫人称呼有什么问题啊?所以"吴姬"改称"吴孟子"是个与故事主旨无关的巧合,而陈国司败加入"谓之吴孟子"一句不仅画蛇添足,且有扰乱视听之嫌。

包括《荀子》《史记》和朱熹在内的主流都说孔子为尊者讳,不论鲁昭公之过而代为受责,更显伟光正云云,本书认为都是为孔子回护曲解,殊为不当。本章后半段的"丘也幸,苟有过,人必知之"已经说明孔子承认自己在给出答案时考虑不周,本章体现了其"过则勿惮改"的精神,完全没有必要越俎代庖,替他老人家打掩护。

今 译

陈国司败问:"鲁昭公算懂礼吗?"孔子说:"懂礼。"孔子离开后,司败向巫马期作揖请他走上前来,说:"我听说君子不袒护,君子也会袒护吗?国君从吴国娶夫人,是同姓,把她叫做吴孟子。这个国君要算懂礼,还有谁不懂礼?"巫马期把他的话告诉孔子。师父说:"我是幸运的。如果我有了过错,别人一定知道。"

英 译

The law minister of the Chen state asked: "Did King Zhao of the Lu state know the rules of propriety?" Confucius said: "He knew them." Confucius left, and the law minister bowed to Wuma Qi to invite him to come forward, and said: "I've heard that cultivated gentlemen are not partisans. Could cultivated gentlemen also be partisans? The king married a lady from the Wu state, who had the same surname as his own, and called her Wu Meng Zi. If the king was said to know the rules of propriety, who else doesn't?" Wuma Qi told his comments to Confucius. The master said: "Fortunate I am. When I have errors, others are sure to know them."

7.32【原文】

子与人歌而善,必使反之,而后和之。

字词训诂

与。yù,赞赏。

善。美好,指唱得好。

反。重复,再来一遍。

和。hè 音,有两解:一是"伴唱",二是"酬答以唱"。本书从二解,如下:"而后"二字一般就可以证明在对方"反之"的时候没有"和";如果说对方"反之"反了一半,然后孔子加入"和之",语义上成立,但半路插入,恐不合礼,正如去唱 K,有人在唱了一半加入合唱,参与者也许嘴上不说,但心中应有不快;既然请别人"反之",就该认真欣赏别人的表演,没有伴唱之理。另外,"和"无论是伴唱还是酬答而唱,一定不是重复的,应是根据对方所唱的内容和风格表演对应但却不同的歌词和旋律,在伴唱时就是副歌,在酬答时就是对歌。

章句义理

一般把"子与人歌而善"解为:孔子同别人一起唱歌,如果别人唱得好。此解不妥:一方面有自夸嫌疑,另一方面请别人把本来合唱的曲目变成独唱,未必能保证好听,这种请求有带给自己失望从而毁掉融洽气氛的可能。

假如要求别人把同一首歌又"反"一遍,就等于他唱了两遍;然后孔子要"和之",等于要对方唱第三遍,而且之所以请别人唱第三遍还是为了自己去和,是不是有点使唤小丑的感觉啊?至少也是不尊重对方唱或不唱的选择权吧?哪里还有赞赏和鼓励的本意呢?

应该把"子与人歌而善"解为:孔子赞赏别人唱歌唱得好。这样过程就变成了:哪怕是偶然听到陌生人唱歌唱得好的,都会请别人再唱一遍,然后自己和之,这时就不需要对方再唱了,而是自己唱给对方听,报答对方唱得好而且还应邀重唱了一遍。语法上成立,情理上恰当,态度得体,不违赞赏和鼓励的本意,而且排除了只听熟人唱歌的局限性,认可了乡野旅途之上偶遇天籁的惊喜,当为正解。

因此在"子与人歌而善"后面应该是个冒号,体现"当别人唱得好时,孔子是这样的"或"孔子赞许别人唱得好就会"的语气。

今 译

当孔子认可别人唱歌唱得好时,一定会请他再唱一遍,然后自己酬和而歌。

英 译

When the master thought that someone sang well, he would for sure ask him to repeat the song, and sing back his responsory.

7.33【原文】

子曰:"文莫吾犹人也。躬行君子,则吾未之有得。"

字词训诂

文莫。有多解。

一,当成"忞(mín)慔(mù)"之假借。《说文》"忞,强也",自强努力的意思。

慎,勉也,勉励的意思。合在一起,就是"努力"之意。

二,把"莫"当成带有自问意味的语气助词,则可以断句成"文莫,吾犹人也",此时把"莫"当成"么"。

三,把莫当成"大约",断句成"文,莫吾犹人也"。

四,把"莫"当成"不",则"文莫吾犹人也"的意思就很谦卑了:"文吗,我不如别人。"

整个段落的重点显然是后半句"躬行君子,则吾未之有得",其"则"字决定了前半句必须是做到了的优点。

第一解属于擅自改字解经,算作弊行为,就不用考虑其是否通顺了。不取。

第四解首先语法上解释不了为何把否定词"莫"放在"吾"之前而不是之后;其次如此自谦不符合孔子对自己好学且多有所得的一贯自信。例如公冶长5.28中有"十室之邑,必有忠信如丘者焉,不如丘之好学也",再如本篇述而7.20中"我非生而知之者,好古,敏以求之者也",都充分体现了这种自信;最后就是如前述,此解忽视了后半段"则"字对前半句的约束。故不取此解。

基于孔子对自己"文"的一贯自信,上述第三解也不妥,有过谦之嫌。

故取第二解。

文。应该和7.25中的"子以四教:文、行、忠、信"中的"文"一样,应是古代流传下来的先王之道和文化典籍的统称,任何具体化的解读都难以在不偷运概念的基础上自圆其说。

人。字面指别人,内容应是指"君子"。

躬行君子,成为一个践行先王之道、尤其是仁的君子。

今 译

师父说:"文献知识方面呢,我和别人一样。做一个实践所学的君子,我还没有做到。"

英 译

The master said:"On the knowledge of classics,I'm equal to others. But in becoming a cultivated gentleman who practices his learning, I have not lived up to it yet."

7.34【原文】

子曰:"若圣与仁,则吾岂敢? 抑为之不厌、诲人不倦,则可谓云尔已矣。"公西华曰:"正唯弟子不能学也。"

字词训诂

若。发语助词。

抑。不过,转折义。

为之。努力成为"圣与仁"。

云尔。这样说。

已矣。语气助词,与"矣"同义,没有"而已、罢了"之义。

正唯。正是在这点(修己又诲人)上。

为之不厌。常有根据他处(7.2 中"学而不厌"等)解读为"学而不厌",本书认为不妥。如果要表达"学"的意思,直接表达出来不是更简单吗? 此处"为之"应是"努力成为圣与仁",即向着目标前进、不停进步。这样"为之不厌、诲人不倦"就既讲了自己努力修行以成正果的上进心,又讲了教导他人广施福音的利他心,很好地总结了孔子自己的人生角色。又能修己,又能教人,所以不容易。故此才有后面公西华的感慨。

不能学也。学不会,即做不到,而不是学不到。"学"转换为了"做",有趣。

今 译

师父说:"圣与仁,那我怎么敢当? 不过要是说自己努力不辍、教育别人孜孜不倦,则可以这样说吧。"公西华说:"正是在这点上弟子们做不到啊。"

英 译

The master said:"The saints and the humanitarians, how dare I think myself qualified as one? However on striving to become one, and instructing others with no lassitude—this may be said of me." Gongxi Hua said: "This is exactly what we students cannot achieve."

7.35【原文】

子疾病,子路请祷。子曰:"有诸?"子路对曰:"有之。诔曰:'祷尔于上下神祇。'"子曰:"丘之祷久矣。"

字词章句

疾病。"疾",病也。"病",加重也。合在一起,"病情加重"也;和现代汉语对比一下,很有意思。现代汉语中,"病"就是病,"疾"反而有"猛烈、迅疾"等表达"病情重"的含义,等于现代汉语和古汉语的"疾病"两字词性和意义恰巧对调了,但却保留意义上的一致,有趣。

祷。向神告白以求保佑或降福。"请祷",请求代为祷告。

有诸。有这样的事吗?有这样的道理吗?字面意思无异议,但到底指的是什么呢?一说是指"别人代为祷告"这件事;另一说是指"平民向神祷告病情"这件事;暗指有僭礼之举;还有一说是指"生病向神祷告"这件事

根据下文对孔子思路的解读,上面第一解为妥。

诔。lěi,作动词时指叙述死者生前事迹并表示哀悼,作名词时指诔文,即悼辞;清代训诂家以为"诔"当作"讄"(同样是 lěi 音)。义为表白功德以求福。不知有何出处?大约是因为觉得子路用给死人才用的"诔文"为还活着的师父祷告不妥,才强行解作"讄"的吧?

祷尔于上下神祇。出处不明,可能来自于当时尚存而后佚失的某部周朝文献吧。

久。很久之前,早就。不是很长时间。

"祷"的义理

朱熹《四书集注》解读合理,特录于此:"祷者,悔过迁善,以祈神之佑也。无其理则不必祷,既曰有之,则圣人未尝有过,无善可迁。其素行固已合于神明,故曰:'丘之祷久矣。'又士丧礼,疾病行祷五祀,盖臣子迫切之至情,有不能自已者,初不请于病者而后祷也。故孔子之于子路,不直拒之,而但告以无所事祷之意。"

皇侃在《论语义疏》中引栾肇云:"案说者徒谓无过可谢,故止子路之请,不谓上下神祇非所宜祷也。在礼天子祭天地,诸侯祈山川,大夫奉宗庙,此礼祀典之常也。然则祷尔于上下神祇,乃天子祷天地之辞也,子路以圣人动应天命,欲假礼祈福二灵。孔子不许,直言绝之也。曰'丘之祷久矣'此岂其辞乎?欲卒旧之辞也。自知无过可谢而云'丘之祷久矣',岂其辞乎?在圣行无违,凡庸所知也。子路岂诬夫子于神明哉?以为祈福自不主以谢过为名也。若以行合神明无所祷请,是圣人无祷请之礼,夫如是,知礼典之言弃,《金縢》之义废矣。"

上文所说《金縢》之义,典出《尚书·周书·金縢》。故事梗概是:武王生了重病,周公为武王祷告,请求用自身代受武王之病,把祷告的册书锁今匣子里,告诫众人对武王保密。第二天,武王的病就好了。武王死后,周公被成王误会失权。天降灾祸到周后,成王打开周公封存的匣子,才发现周公的真心;所以,《金縢》之义,就是秘密为对方祈祷的好意。

从孔子自认为无过可谢的角度来解读,此解太过曲折勉强,臆度有余而文理不通,不取。

从孔子因为反对僭礼而不同意别人代为祷告也不合理:首先,平民不可以向神祷告以求病愈的限制,其依据是什么?其次,如果真有这样的禁止性规定,无法保证它的执行。最后,在治病救人这种个人事务上,没有理由规定只有君王才能祷告。君主之礼都关乎天下社稷,在事关个人的治病层面,没有分级的必要。

以孔子对子路历来直言不讳的习惯来看,如果孔子认为子路的建议有僭礼之嫌,没有任何理由不直接制止甚至呵斥一番,不会先迂回问"有诸"然后又委婉地表示"丘之祷久矣"。如果真有这种礼法规定,孔子必然了然于胸,还要问什么"有诸"?

丘之祷久矣

到底孔子会不会祷告呢？从孔子"敬鬼神而远之""不语怪力乱神"的态度看，孔子不会认真考虑鬼神问题，不会让鬼神问题来干扰自己修身、治国、诲人的努力；但这并不排除自己偶尔（尤其是私下）向鬼神祷告。因为这样并不会形成对自己修养、治国、诲人的努力的干扰；从"祭神如神在"的态度上看，向神祷告从未排除在孔子的行为之外，要点还是不要让"神"这种形而上的问题干扰社会改造和个人修炼这个要点即可。

本章故事的逻辑

弟子请示，想代师父祷告以求病愈，由此可见孔子病得很重，已经无法自己按"祭神如神在"的 SOP 及其动作要领完成祷告仪式了。

孔子可能没试过也没听过有请别人代为祷告之事，所以反问；应该是基于好奇，而且已经决定不会答应子路的请求了。

子路搬出对比不太妥当的诔文来说事，但要点是针对"代为祷告"是古已有之的事实及其没有不妥的判断，所以拿针对死人的诔文来说，也无大碍。而且看来孔子也不觉其唐突。

在确认有"代为祷告"之旧制后，孔子仍然要表达拒绝的意思，就声称自己早就祷告过了，来说明祷告无用，告诉子路别再折腾了。

而这种"祷告无用"的内涵在本书看来是个要点，不仅符合孔子一贯的对神秘力量的不信任，而且也是使本章故事逻辑自洽的最简洁主旨。

至于把"丘之祷久矣"说成是孔子强调自己一直在提升、一直走在正确的道路上、一直在用行动向上下神祇展示自己的德行，即用"人在做，天在看"的态度来对待天命，也是成立的引申，但鉴于本章文中没有明示，就没有成立的必然，因此不把此解作为正解，只作为一种可能性来看待。

今 译

师父病重，子路请求为他祷告。师父说："有这样做的吗？"子路回答说："有的。诔文上说：'为你向天神和地神祷告。'"师父说："我很早就祷告过了。"

英 译

The master was very sick, and Zi Lu asked to pray for him. The master said: "Is there such a thing?" Zi Lu replied: "There is. The Memorial Speech has: 'Pray for you to the gods of the heaven up there and the earth down here.'" The master said: "I have prayed long since."

7.36【原文】

子曰:"奢则不孙,俭则固。与其不孙也,宁固。"

字词章句

孙。音义皆同"逊",谦逊、顺从。

固。鄙陋,不足。

奢和俭。指生活方式;不孙和固,指待人接物的态度。由此可以推出"固"指的是在待人接物中礼数的不足。

"奢而不孙"和"俭而固"两者的高低何来?《皇疏》的解释合理,特录于此:"二事乃俱失。若不逊陵物,物必害之,顷覆之期,俄顷可待。若止复固陋,诚为不逮,而物所不侵。故与其不逊,宁为固陋也。"

"奢而不孙"和"俭而固"符合人类的社会心理:奢侈惯了,会把财富上的成就投射到其他领域,认为财富上的成就证明自己在其他领域也有积累的能力,从而变得狂妄而倨傲;同时,奢侈惯了,行为上容易变得粗野和放荡,心理上容易变得自我中心。结合起来,就是"不逊";寒酸惯了,容易得过且过,形成凑乎将就的习惯,从而很可能形成对事物和流程的螺旋式下降的质量放纵,最终连本来还可以勉强过关的能力和机会都会丧失。

今 译

师父说:"奢侈会导致不谦逊,吝啬会导致鄙陋。与其不谦逊,宁愿鄙陋。"

英 译

The master said: "Extravagance leads to immodesty, and parsimony leads to falling short. Rather than being immodest, it's better to fall short."

7.37【原文】

子曰:"君子坦荡荡,小人长戚戚。"

字词训诂

荡荡。宽广开阔。
戚戚。局促忧惧。
长。常义。

章句义理

君子修身求仁,俯仰无愧,无所隐瞒,故能坦荡荡;小人患得患失,明争暗斗,心胸狭窄,为鸡毛蒜皮就会情绪波动,故长戚戚。

今 译

师父说:"君子胸怀宽广开阔,小人常常局促忧惧。"

英 译

The master said: "Cultivated gentlemen are broad-minded and large-hearted, while base men are narrow-minded and anxious."

7.38【原文】

子温而厉,威而不猛,恭而安。

章句义理

合适的音容举止,反映孔子内在的修养和外在的行为模式的结合。而且显然这种表现出来的音容举止不是某些极端风格,而是看似矛盾的两种风格的拿捏和平衡,从而其本身就透露出孔子的内在的品格、修炼和价值观。

文中提到的三个风格,体现的内涵和心理逻辑分别是:

温而厉:温和者往往失之柔弱,严厉者往往失之凶狠,孔子则从温和的态度出发,温而有度,不失其必要的严厉,不会为了温和而温和,而是有所坚守,该严厉时就严厉。

威而不猛:威严者往往失之粗暴和鲁莽,孔子则能经常维持威严而不流于粗暴和鲁莽。

恭而安:恭者往往拘谨畏惧、举止局促,孔子则能在保持恭敬态度的前提下做到从容和舒缓。

可参考《论语》中相关各段。子夏曰:"君子有三变:'望之俨然,即之也温,听其言也厉。'"(子张19.9)俨然人望而畏之,斯不亦威而不猛乎(尧曰20.2)?

今 译

师父温和而不失严厉,威严而不粗暴,恭敬而不失从容。

英 译

The master was mild yet stern, majestic but not fierce, respectful yet easy.

泰伯篇

8.1【原文】

子曰："泰伯，其可谓至德也已矣。三以天下让，民无得而称焉。"

字词训诂

已矣。同"矣"，没有"而已、罢了"等勉强赞同的意思。

泰伯。其故事主要据《史记·周本纪》，梗概如下：

周太王，姬姓，名亶（dǎn），又称古公亶父（fǔ），上古周族的领袖，周王朝的奠基人。据推算，古公亶父是轩辕黄帝第十六世孙、周祖后稷的第十二世孙，他是上承后稷、公刘之伟业，下启文王、武王之盛世的关键人物，是有远见卓识的政治家和军事家，历史上的著名贤王。

古公亶父在豳（bīn）地普施仁义，大力兴农，使部族逐渐强大，很受国人爱戴。戎狄的薰（xūn）育族来侵扰，想要夺取他们的财物，古公亶父就主动给他们。后来戎狄又来侵扰，想要夺取土地和人口，人民想奋起反击。古公说："民众拥立君主，是想让他给大家谋利益。现在戎狄前来侵犯，目的是为了夺取土地和民众。民众跟着我或跟着他们，有什么区别呢？民众为了我的缘故去打仗，我不忍心这样干。"于是带领全家离开豳地，到岐山（今陕西凤翔）脚下居住。豳邑全城上下扶老携幼，都跟着古公搬家。

听说古公这么仁爱，归顺者日众；古公营造城郭，建筑房舍，让民众分成邑落定居下来。又设立各种官职，办理各种事务，如此建立了周国。

古公生三子：长子泰伯，次子虞仲，三子季历。季历生下姬昌，即后来的周文王,据说姬昌有成为圣贤的祥兆。古公说:"我们家族有一代要兴旺起来,恐怕就在姬昌身上应验吧?"由此长子泰伯和次子虞仲知道父王想让季历继位以便再传给姬昌;为了让三弟季历顺利接班,兄弟二人主动避居吴山(今宝鸡市北),后又离开吴山,避退到南方荆、蛮之地(今江苏无锡一带)定居,随当地的习俗,断发纹身以明志,创建吴国。武王灭商后,吴国就成了周王朝的诸侯国,算是回归吧。

古公去世后,季历继位,是为公季。公季实行古公的政教,努力施行仁义,诸侯都归顺他;公季去世,儿子姬昌继位,即周文王。文王去世后,周武王继位。

经过祖孙三代人的苦心经营,周国的国力日渐强盛,最后武王率领天下诸侯,抓住商纣王暴虐无道、丧尽民心的时机,一举灭商,建立西周王朝。

三以天下让。一说。古公病而泰伯托采药出,生不事之以礼,一让也;古公薨而不反,使季历主丧,死不葬之以礼,二让也;断发文身示不可用,使季历主祭礼,不祭之以礼,三让也。二说。季历、文王、武王三人相传而终有天下,皆泰伯所让。

本书认为:文王和武王即位时,恐怕泰伯早就去世了,不存在"让"的问题,硬要把他身后的权力交接都记在他的功劳簿上,过于牵强,故第二说不当。第一说中的三让,解读者选取三个带有仪式感的事件,算是绞尽脑汁,但其中的第三让显然是在季历即位之后,不存在让。如果真有人在当时有心去数到底让了几次,恐怕未必只有这三次,比如就可能把古公生病期间泰伯的连续回避当成好多次"让"。最后,既然孔子未明示,何必犯难把三让一个一个找出来呢?故此说也不可取。

这两说的共同难点是:把"让天下"理解成"让出天下",把"让"这个词理解成本义而不是喻义。让天下在实操层面只能让一次,让了第一次,天下就是别人的了,就没有资格让第二次;解决上述难点的唯一路径是把"让"理解为表态,即"辞让"而不是"让出"。理解成泰伯在父亲还在世时多次主动辞让较为妥帖。

按孔子时代的语境,"三"可虚指,亦可实指,在无法确证的情况下,我们应该按实指来理解,这同样是本着不要自以为是强行解读的原则。虽然是实指,由于孔子没明说,我们并不知道是哪三次"让",就不细究了吧,反正也不影响泰伯低调辞让天下的故事本意。

民无得而称焉。"得",得到,引申为有机会。

让位的行为很低调，因此不为外人所知，故无能称其让德也。也正因为这种不事声张的谦让，才让孔子有"至德"的评价。

这种德性的高尚之处在于：不仅不追求荣华富贵，也不追求他人对自我修养的认知和赞美，所以连放弃荣华富贵的行为都保持低调，让自己的德行变成只针对自己的纯粹的个人修养，从而不为人知。

这种把"不为人知"作为德行追求目标的心理就是"君子不为人知的低调谦让"，它的对立面就是德行上不遗余力的自我宣传。这种"行德不为人知"的心理既是修养的境界，也是智慧和能力的境界。可以与此相提并论的行为还包括：不战而屈人之兵的谋略，大道无痕的利他主义，润物无声的教育方式。

章句义理

本章涉及礼和让的关系，对理解孔子内心轻重缓急的标准，很有帮助。

孔子伦理的核心是礼，"礼"作为社会规范，确定了每个人的行为边界和社会活动中的SOP，不仅改善了治理的效率，极大地降低了管理成本，而且是治理结构得以维系的基础，是政权稳定运行的保证。礼应该成为常态，成为社会生活中的稳定的背景。礼是人类社会永恒的框架。

"让"只有在有"礼"作为参照系时才能成立，"让"只能是对"礼"的稳定结构的偶发性偏离，而不应成为常态。正如继承与创新一样，"礼"是基础，"让"只能在总体继承的基础上偶有创新，才不至于毁坏基础本身。

孔子身处礼崩乐坏的时代，"让"承担着特殊的历史使命，它不仅可以用来对抗礼崩乐坏的现实，而且可以用来重建政治和社会生活的规范。正是这一特殊的时代背景才使孔子将"让"推崇为"至德"。忽略这一时代背景，则既难以理解孔子对"让"的推崇备至，也不好理解孔子在弱肉强食的时代提倡近乎自杀的"让"。

"至德"无关于"仁"，并非最高典范，更远不及"圣"，只是在个人德行层面的顶级修养，而非全部修养的顶点。

今 译

师父说："泰伯，他可以说是拥有最高的德行了。三次辞让王位，人民没有机会(发现他的美德而)称赞他。"

英 译

The master said:"Tai Bo, he could be said to have the supreme virtue. For three times he declined the throne of the empire, and thus the people did not have the chance (to find his virtue and) to extol him. "

8.2【原文】

子曰:"恭而无礼则劳,慎而无礼则葸,勇而无礼则乱,直而无礼则绞。君子笃于亲,则民兴于仁;故旧不遗,则民不偷。"

字词章句

葸。xǐ,畏惧。

绞。多解为"急切",比如朱熹,不知出处在哪。还有解为"粗野"的,比如礼雅各,意思通顺,但同样没有出处,属于反推臆度。不如解为本意"勒紧",即让自己像被绞勒一样难受,被压迫得喘不过气来,英文 choke 是也。可参阅阳货 17.8 下对"好直不好学,其蔽也绞"的解读。

一味恭敬而不按礼仪节制就会累得慌,因为总要摆出敬畏讨好的姿态;一味谨慎而不按礼仪来保证自己的权利并约束他人的行为,就会动辄得咎、畏缩不前;一味勇敢而不按礼仪自我约束,就会恣意而为,从而犯上作乱;一味直率对人而不用礼仪来从行为上体现出对别人的尊重,就会让自己腾挪空间日渐狭窄而处境逼仄。这四个总结充满了人生智慧,也是对"礼"之所以重要的极好诠释,浓缩为一句话就是:做人得有规矩,行为得有度数。

君子。此处指统治者,而且是对全国人民有示范作用、从而必须是君主和宰相级别的核心统治阶级。

偷。薄情,不厚道。

前半章

恭、慎、勇、直,均为美德,但行而无度,会有劳、葸、乱、绞的不良后果。这个度就是礼。以礼为节,前半章说的是修己问题。

后半章

原桴和前半章的联系并不紧密,前半章讲个人修养,后半章显然是针对统治者给出的教化民众的技巧,与礼无关;"笃于亲"和"旧不遗"无关乎礼,最多算是统治者以身作则治理人民的手段和技巧罢了;权当成书时把两段不相干的话放在一起。句子遗失的原因,我们无从得知,就不猜测,只管专注于内容所体现的思想和智慧即可。

对"笃于亲"和"旧不遗"的评价

从道德层面看,对于统治阶级来说,照顾亲友恰恰是自私的劣根性;"内举不避亲"强调的是客观公正的态度,恰恰是以"内举要避亲"的一般社会规范为参照和出发点的,一般社会规范防备的恰恰就是"内举常是亲"的自私动机。孔子不仅不防备人类自私的劣根性,也不尊重"内举要避亲"的一般社会规范,反而要统治阶级"笃于亲",反映的是身处礼崩乐坏时代饮鸩止渴的焦急。

从情操高度看,优先照顾亲朋好友体现的是狭隘的动物本能的残留,是眼界和胸怀的不足,是对世俗的惯性和浅层炫耀的执着,是拉帮结派的"党"的行为,实在乏善可陈。

从实际效果看,朝堂之上对亲友厚道,老百姓知道了,未必会从善待亲属、血浓于水、不忘旧交的角度来理解和赞赏,却很有可能得出裙带关系、假公济私、利益勾结等负面结论,更难从模仿君王及皇亲国戚的角度来有样学样。上行未必下效,因为效仿的物质条件、权力保证、周边环境及目的性均大不相同。君主在宫里的做派,平民即使想在家里模仿,也不是就能模仿得了的。

从传播难度看,难以保证朝堂之上的做法能被广泛知晓。包括孔子在内的古代学者常常只强调理论上的可能,而忽略信息传播的难度,习惯于把宣传到位当成理所当然的事情。

从因果逻辑看,一是没有上行下效的必然性;二是"上笃于亲"不会导致"民兴于仁",人民"笃于亲",就"兴于仁"吗?对"笃于亲"的效果的宣传分夸大之嫌。"笃于亲"最多算是"仁"的初级阶段,远远未到把"自我"概念放大到全天下的范围,只是在"亲"的小范围内推己及人而已。同样,"上不遗旧"也不能保证"民不偷",毕竟帝王对老部属重感情,关老百姓何事?对朋友厚道与否主要还是靠天性、交往中的对等性(reciprocity),靠对礼尚往来的重视和期待吧。

从历史上看,中国两千多年来法制精神的缺乏必然有更深刻的人文、种族、地理等原因,此处不展开,但儒家文化轻法制而重道义的倾向无疑是重要推动力量。或许在更长的历史进程中(以人类大一统为目的),孔子的理论是成立的,但人类不是为了最终目的而活的,不能用牺牲或委屈很多代人的代价来守候一个无法见证其实现的梦想。其法制至少是维持社会的基本运营有效的手段,连孔子自己都承认"道之以政,齐之以刑,民免而无耻",期待直接达到最高的境界——"道之以德,齐之以礼",对最高境界以下的基础和其他阶段都不屑为之,只能是美好的愿望。

从哲学的角度看,难以证明孔子的理论在社会中可持续践行。在有限的时间内,在有限的地域内,借助于国际间钩心斗角的微妙平衡,利用各种社会势力之间的利益纠结和错综复杂的演化动态,打个时间差或空间差是可能的,但在足够大的国土面积上较长时间地证明"先王之道"的成功、高效及长效没有先例,也看不出实现的可能。把社会和国家生存及治理的KSF归结为"君君臣臣父父子子、亲亲尊尊贤贤、仁义礼智信"等礼法和道德修养层面,可以说是把 nice to have 的日常管理规范错误地当成长治久安的战略存亡的选择,无法跳出抽象道德和现实生存之间矛盾的漩涡,体现出的是其理论的象牙塔出身和纸上谈兵的理想主义气质。

今 译

师父说:"一味恭敬而不按礼法就会累着自己,一味谨慎而不按礼法就会变得胆怯,一味勇敢而不讲礼法导致犯上作乱,一味直率而不讲礼法导致自我逼仄。统治者如果与亲属感情笃厚,人民就会盛行仁德;统治者如果不忘旧交,人民就不会薄情。"

英 译

The master said: "Respectfulness not in accordance with the rules of propriety leads to exhaustion, carefulness not in accordance with the rules of propriety leads to timidity, valiancy not in accordance with the rules of propriety leads to insubordination, and candidness not in accordance with the rules of propriety leads to one's own choke. When the rulers are kind and magnanimous to their relatives, the people will be imbued with humanitarianism; when the rulers do not neglect their old acquaintances, the people will not become ungrateful."

8.3【原文】

曾子有疾,召门弟子曰:"启予足,启予手。《诗》云:'战战兢兢,如临深渊,如履薄冰。'而今而后,吾知免夫。小子!"

字词训诂

曾子。显然是曾参的弟子们对曾参的尊称。

门弟子。自己门派的弟子。

启。打开。曾参卧病在床,教弟子们掀开被子看自己的脚和手。

曾子的引文出自《诗经·小雅·小旻》的最后一段:"不敢暴虎,不敢冯河。人知其一,莫知其他。战战兢兢,如临深渊,如履薄冰。"正是提倡敬畏谨慎态度的。

吾知免夫。一般解读为"我知道自己可以免于伤害了",义理不通。应解释为:"因为我快要死了,现在我知道我可以免除这一辈子的小心谨慎了。"

章句义理

曾参是唯一继承和传承了孔子正统学说的的弟子,生平谨小慎微。孔子评价他说"参也鲁"(先进11.18),意思是说曾参迟钝,老实,认死理。孔子很器重他,颜渊死后,孔子事实上把曾参当成自己学术事业的接班人,并把自己的孙子子思交给曾参做学生。《孝经》的部分内容应该来自曾子。《孝经·开宗明义》中孔子有云:"身体发肤,受之父母,不敢毁伤,孝之始也。"可与本章互为印证。

曾参一生,坚守孔子思想,一丝不苟,对己对人要求极为严格。学而 1.4 中他说:"吾日三省吾身:为人谋而不忠乎?与朋友交而不信乎?传不习乎?"

曾参性格严谨固执,对师父的教导的理解和执行拘泥刻板,从不稍做变通,并且谨慎局促,唯恐稍有差池,颇有"小人长戚戚"之感。

正因为如此,他将孔子的训诲转化为刻意的教条,去除了孔子本身融会变通、无可无不可的不确定性和灵活性,从而为儒家提供了标准化的系统。

孔子那种灵活贯通、角度纷呈的应用能力不是一般人能学得会的,就连他的亲传弟子们也常有徒叹其美却无法效仿的赞赏和绝望,就像让我们眼花缭乱的表演者,让我们为之叹服的同时,也深知学不来一样。最好的例子就是子罕 9.11 中颜渊的感叹:"仰之弥高,钻之弥坚。瞻之在前,忽焉在后。"曾参的地位和影响力在孔子身后不断提高,特别是从汉代开始,更逐步登峰造极,原因主要是他提供和提倡的这种标准化的体系,虽然僵硬死板,但却降低了对判断力的要求和执行的难度,通过格式化的判断依据和执行细节,更利于儒家体系的理解和推广。

这种灵活拿捏和标准化的判别及执行细节之间的矛盾,在管理上往往就体现为工作主动性、灵活性与管理章程及 SOP 之间的矛盾,体现为创新、改革和继承、坚守之间的矛盾。解决之道当然是平衡,但平衡何其难也!有人根据公司所处的发展阶段来调整这个平衡点,在早期初创阶段更鼓励变革和灵活性,在成熟运营阶段更倾向于规范工作流程。且不说想法落地的巨大挑战,单单在兵棋推演中设定这个平衡点就很不容易;多数时候,好坏和得失只能事后判断。

把上述矛盾用到法律上,就像是习惯法体系和成文法体系之间的对比。再完备的成文法,也无法涵盖所有的可能,并必然落后于法律实践,因此必须借助于一定量的基本原则,通过这些原则的普适性包括其模糊性来提前封堵成文法的漏洞。习惯法通过案例判决形成具有指导和借鉴意义的案例库,每次面对新的案例时,同样根据一定量的基本原则,再援引先前的类似案例,做出裁决。习惯法体系对法官的判断力和公正性的要求高得多,因此不利于迅速普及,很难在快速发展的新兴社会中应用。

具体到本章,曾参应该是自知不久于人世了,通过让弟子们看自己手脚完好未辜负父母生育之恩来传达师父的教导,意思是:"看呐,我一直小心谨慎,才手脚完好,对得起父母所赐了。我就要死了,从今往后不用再这么小心谨慎了。你们记着啊!"

今 译

曾子生病了,召集自己的弟子们说:"掀出我的脚来,掀出我的手来。《诗经》上说:'恐惧谨慎,如临深渊,如履薄冰。'从今往后,我知道可以免除这些恐惧和谨慎了。孩子们!"

英 译

Mr. Zeng was sick. He called in his students and said: "Uncover my feet, uncover my hands. In the *Book of Poetry* it says: 'Be fearful and cautious, as if approaching the abyss, as if treading on thin ice.' From now on, I know that I will be free of the fears and cautions. Boys!"

8.4【原文】

曾子有疾,孟敬子问之。曾子言曰:"鸟之将死,其鸣也哀;人之将死,其言也善。君子所贵乎道者三:动容貌,斯远暴慢矣;正颜色,斯近信矣;出辞气,斯远鄙倍矣。笾豆之事,则有司存。"

字词章句

孟敬子。姬姓,仲孙氏,名捷,世称仲孙捷,谥号敬。鲁国孟孙氏第十一代宗主,是孟武伯的儿子、孟懿子的孙子。孟懿子在为政 2.5 中、孟武伯在为政 2.6 中分别向孔子问过什么是"孝",孔子给出的答案都带有不屑之感,可见孔子对孟孙氏一家没有什么好感。

曾子言曰。"言"是语气助词,无词义。

笾豆。"笾",biān,竹制为笾,木制为豆,是祭祀时盛祭品的两种器具。

孔子死后,曾参居鲁,声名远噪,权臣来探病,合情合理。曾参借机进言,而有本章。

鸟之将死,其鸣也哀。"哀"肯定是悲哀无疑。但全句却有两解:一是把本句解为"鸟鸣只有哀伤,没有善言",和后句"人之将死,其言也善"对比式对应。二是把本句解为"鸟鸣哀伤",和后句"我言必善"比兴式对应。第一解不妥,因为没有必要在这个关口还顺便骂一下将死的鸟,反而比兴可以起到烘托之感。取第二解。

为何要先预告一下自己进言的诚心呢?无非是更显郑重其事,同时为自己的话做个广告,刺激一下对方的胃口,期待对方能吸收得更多。

进言涉及祭祀

朱熹在《四书集注》中说:"贵,犹重也。容貌,举一身而言。暴,粗厉也。慢,放肆也。信,实也。正颜色而近信,则非色庄也。辞,言语。气,声气也。鄙,凡陋也。倍,与背同,谓背理也。笾,竹豆。豆,木豆。言道虽无所不在,然君子所重者,在此三事而已。是皆修身之要、为政之本,学者所当操存省察,而不可有造次颠沛之违者也。若夫笾豆之事,器数之末,道之全体固无不该,然其分则有司之守,而非君子之所重矣。"此解殊为不当:动容貌、正颜色、出辞气就是音容仪表,就算重要,也不至于成了"修身之要、为政之本,学者所当操存省察,而不可有造次颠沛之违者也",朱熹此处失之于过。

从只关心音容仪表可大致推知话题是有关仪式仪轨的,结合后面"笾豆之事,则有司存"来看,应该就是讲祭祀时的行为规范的,而不是泛指日常施政和生活中的礼仪。如果不是谈具体的领域,在自己即将去世前会见权臣这样的时候,本该给出更具有根本意义、更深刻、更有价值的建议,比如仁、义,而不是只关注面部表情和表达风格。

由此反推,可知孟敬子应该是在探病时请教了关于祭祀的问题,更可能是自己或将主持国家大祭,特提出请教。总之,绝非"修身之要,为政之本"。

道。行为方式也。

动容貌。古文中"动容"常合称,"动"指举止,"容"指面容,这样的话,"动"字就是名词,不是去动"容貌",而是三个名词合称"举止、面容、面貌",和后面的"正"和"出"两个动词对应不上。故不取。

另有一说:把"动"解释为"表现出来",这样全句就是使自己的内心感情表现于容貌,通过外在风度体现心理状态。经过学问修养的熏陶,仪态就会平和安祥、从容不迫,从而"远暴慢矣"。此说的难点有二:一是内心修养如果总能体现出来,则何不直接建议提高修养?没有必要对音容仪表做一系列的规范和建议;二是礼仪之所以存在,就是为了用格式化的行为(包括音容仪表)来规范个人的表现,允许大家自然流露感情,还要礼仪干吗?故不取。

把"动"解为"使用"妥当。不仅和后面的"正"和"出"两个动词完美对应,义理也通:根据场景的不同,使用不同的容貌,可以不招惹粗暴和怠慢。此处强调的和上述第二说恰恰相反,说的是要主动使用不同的表情包,而不是随心所欲任由内心情绪自然流露。

远暴慢。自己远离暴慢,而不是远离"暴慢之人"或别人远离自己的"暴慢"。后面的"近信"和"远鄙倍"同理;"远"读四声。

正颜色。端正脸色。

出辞气。"出",显露也;"辞气",词锋,文采;合在一起就是:秀出演讲的文采。

鄙倍。"鄙",粗俗;"倍",同"背",背叛,乖离;合在一起就是:粗俗和乖张。

则有司存。此处有歧义:一说是"司存"是个官名,让他去管笾豆之事即可;一说是"有司"是个官名;子路13.2中有"先有司"的说法,该处解读为"官员",明显成立,故应该是"有司"二字连读;"存",在认可第二说的人中,多解为保存,本书认为不妥,应取"存"字"心中怀有"之义,引申为"操心"。

今 译

曾子病了,孟敬子来探病。曾子说:"鸟如果快死了,它的叫声是悲伤的;人如果快死了,他的话语是善意的。统治者所应该重视的行为有三条:相机使用容貌,这样就能避免粗暴和怠慢;端正脸色,这样就能接近真诚;话语显露文采,这样就可以避免粗俗和乖张。至于像容器类的事情,让相关的官吏去操心吧。"

英 译

Mr. Zeng was sick, and Mr. Meng Jing paid him a visit. Mr. Zeng said:"When a bird is dying, its singing is sorrowful; when a man is dying, his words are well-meaning. There are three rules that a ruler should attach importance to in his behavior: make use of his appearance, and therefore he will avoid rudeness and slight; make proper his countenance, and therefore he will keep close to trustworthiness; make literally nice speeches, and therefore he will avoid vulgarity and eccentricity. As for the things of utensils, leave them to the corresponding officials to worry about."

8.5【原文】

曾子曰:"以能问于不能,以多问于寡,有若无,实若虚,犯而不校——昔者吾友尝从事于斯矣。"

字词训诂

校。jiào,计较。

吾友。我的朋友,指颜渊。孔门弟子中,唯有颜渊具有这等修养。当然,说的是颜渊,夸的应该是颜渊和自己,至少也表明了自己也一直在努力的意思吧。

章句义理

除"以能问于不能"和"犯而不校"指向明确外,"以多问于寡,有若无,实若虚"均无明确对象,但从行文逻辑上,可以推定为:拥有丰富的知识却向知识贫乏的人请教,有大把才能却像没有一样,思想博大精深却像叩之空空一样。

每个行为习惯对应的美德大约如下:

一,以能问于不能:不耻下问,博采众长,有学无类。

二,以多问于寡:博采众长,有学无类。

三,有若无:低调含蓄,谦虚自律。

四,实若虚:低调含蓄,虚怀若谷。

五,犯而不校:胸襟开阔,宽以待人,不拘小节,豁达大度。

今 译

曾子说:"有能力却向无能力的人请教,拥有很多却向几无所有的人请教,有却像没有,满满的却像空空的,被冒犯也不计较。以前我的一位朋友就是这样做的。"

英 译

Mr. Zeng said: "Being capable, yet consulting the incapable; being plentiful, yet consulting the deficient; having, though as if being having not; being full, though as if being empty; being offended, though not haggling over it—formerly I had a friend who behaved this way."

8.6【原文】

曾子曰:"可以托六尺之孤,可以寄百里之命,临大节而不可夺也——君子人与?君子人也。"

字词训诂

六尺之孤。古代尺短,七尺代表成年,"六尺"形容个子不够高,引申为尚未成年。"孤"指孤儿。合称指成年的孤儿。从思路上分析,此处表达必然指没成年但父王已经去世的幼主,因为只有被托付幼主和摄政权,才有僭越甚至夺国的机会和诱惑,才能产生据以判定是否是君子的条件。如果被托付的是平民孤儿,最多只能验证慈爱和不忍之心,没有辨识君子的机会。

寄百里之命。"寄",托付;"命",号令,指示,不是命运;合称即"给以管理边长百里之地的命令",即给出边长百里之地的国家的摄政权。

大节。国家社稷安危之事,加上个人在坚守道义的紧要关头的生死考验。可合称为"重大考验"。

不可夺。指志向和原则不会偏离。

君子人与?君子人也。"与"和"也"都是语气助词,前者表疑问,后者表肯定,自问自答也。

今 译

曾子说:"可以把未成年的孤儿幼主托付给他,可以把边长百里之国的摄政权交给他,遇到重大考验时原则不会动摇——这样的人算君子吗?算君子啊。"

英 译

Mr. Zeng said: "He who can be entrusted with the guardianship of a young orphan prince, and commissioned with the regency over a state with one hundred Li in side length, and he who will not waver on principles in moments of great testing—is such a man a cultivated gentleman? A cultivated gentleman he is."

8.7【原文】

曾子曰:"士不可以不弘毅,任重而道远。仁以为己任,不亦重乎?死而后已,不亦远乎?"

字词训诂

士。春秋时期介于统治者与平民之间的阶层。贵族从上到下依次是天子、诸侯(含族群聚落首领)和卿大夫。士由卿大夫的宗亲构成,来源于贵族,但却是平民与卿大夫之间的中间阶层,地位上属于"民",但有机会往上爬,从而成为统治者。

因此,统治者不全由贵族构成,贵族也不全会成为统治者,比如周朝直辖的族群聚落中的贵族们(见季氏 16.1 下注解)。统治者和贵族两个概念的重合度在孔子时代日益缩小,虽然孔子原则上反对这种偏离,但他的弟子主要由士构成,或者因为主动顺应潮流,或者因为被迫接受趋势,或者因为大胆开创潮流,他无疑是希望以他的弟子们为代表的"士"有更多机会进入统治者阶层。

士多习艺,或文或武,凭一技之长依附于统治者,为他们效力,或为谋士,或为武士,或为官吏。统治者依靠士来处理具体政务,统治平民。

春秋末期,政治权力逐步下移,从天子到诸侯,从诸侯到卿大夫,政治斗争日益激烈,士在其中逐渐成为有影响的势力,统治者的主体贵族们纷纷养士为己效力。后来演变到战国时期,四大公子各养士上千。

这个阶层在中国早已消失,中文中的"世家子弟"勉强类似之,英文用"gentleman"来表达,不尽其意,权且为之,以俟大方。

弘毅。解家多把"弘"解为"弘大,宽广",而把"毅"解为"刚毅、坚强而有毅力",但未说明何者弘大,何者刚毅;章太炎把"弘"当成"强",强方可负重,义理通顺,可惜等于给"弘"造了新意,不取;用后面的"任重而道远"来反推,再结合两个字字义的选项,可知"弘"指"目标远大"而"毅"指"意志坚强"。

仁以为己任。"任"此处作动名词较妥,意为"职责"。用作动词不仅语法上成立,而且古文有言简意赅和多用动词的作文习惯。但由于前面有"任重而道远",明确把"任"用作名词,则同章之内,保持一致为妥。

今 译

曾子说:"士不可以不目标远大而意志坚强,(因为)责任繁重而且路途遥远。把仁作为自己的责任,难道不繁重吗?到死才能停止,难道不遥远吗?"

英 译

Mr. Zeng said: "A gentleman cannot be short of lofty goals and strong will power, (because) the burden is heavy and the journey is long. To take humanitarianism as his burden, isn't it heavy? To stop only upon his death, won't it be long?"

8.8【原文】

子曰:"兴于《诗》,立于礼,成于乐。"

字词章句

首先要排除认为本章是讲政治的观点,太过牵强。应该明确这是讲人的教育和成长过程的。其次要排除掉把本章当成孔子总结自己成长之路的说法。因为这三句话显然具有普适性,也具备向别人传教的口吻,即使它确实反映孔子自己的成长之路,也没有理由不把它作为孔子教导别人的路径。本章谈的是君子养成的三阶段。

兴。起,开始。

立。站起,立身,定居于。

成。完成。

"兴于《诗》"之解

朱熹对本句的解读很到位,特录于此:"诗本性情,有邪有正,其为言既易知,而吟咏之间,抑扬反复,其感人又易入。故学者之初,所以兴起其好善恶恶之心,而不能自已者,必于此而得之。"

诗歌是人性修养的很好的起步教材。人之性情、好恶、善恶之心、志向、情趣等,都可以从诗歌中得到启发,受其影响而逐渐发展形成;这是由诗歌的以下特点决定的:

一,绝大多数诗歌,尤其是孔子所说的《诗经》,表达人的情绪、情感、欲望、冲动等感性领域,与理性的议论、分析、推理相对应,接近人的原始本能,其语境背景,青少年容易易于接受,产生共鸣,影响其气质和性格的形成。

二,诗的内容往往涵盖生活中众多的事物、关系、事件、行为、社会现象、政治实践、历史典故等,可以作为初步知识教育和常识教育的课本;正如在阳货17.9中孔子所说:诗,可以兴,可以观,可以群,可以怨,迩之事父,远之事君,多识于鸟兽草木之名。诗歌可以成为众多领域的教材或教育媒体。

三,读诗可以学会作文,积累素材,练就口才。正如孔子在季氏16.13中说的:不学《诗》,无以言。

四,诗歌贴近人类的原始本能,往往只对青少年能起到大的作用,对成人就不行了。作为人类智力的表现方式,在各种艺术形式中,可能只有舞蹈和歌唱更贴近人的动物性;在人类独有的艺术形式(舞蹈和歌唱不能算是人类独有)中,从其内涵的智力程度来说,诗歌是最低级的。正因为如此,伟大的诗歌往往不仅由诗人在其年轻时创作,读者也明显年轻人居多。在人的成长过程中,从二十岁以后,诗歌的魔力和影响力基本上就消失或衰微了吧。

成于乐

皇侃在《论语义疏》中说:"学礼若毕,次宜学乐也。所以然者,礼之用和为贵,行礼必须学乐以和成己性也。"有点不知所云;朱熹的解读是:"乐有五声十二律,更唱迭和,以为歌舞八音之节,可以养人之性情,而荡涤其邪秽,消融其渣滓。故学者之终,所以至于义精仁熟,而自和顺于道德者,必于此而得之,是学之成也。"有点意思了,但仍是在概念之中模糊腾挪,无法认真分辨。"更唱迭和"怎么就可以"养性,荡涤邪秽,消融其渣滓","必于此而得者"也是断言,等等。

把"乐"能行教化,使人修炼到家的关键因素提炼出来,应该是理解"成于乐"的关键。有什么因素能从"乐"中提炼出来呢?

一,旋律和和音之美。

二,音乐中体现出的"善"。上述两者是合适的候选者,可参考孔子在八佾3.25中的评论。子谓《韶》:"尽美矣,又尽善也。"谓《武》:"尽美矣,未尽善也。"

三,阳货17.18中有"恶郑声之乱雅乐也"。郑声是当时在郑国流行的靡靡之音,其特点是轻浮淫靡无节制,表现出对物欲的狂热,使人听后意志颓废或骄横,完全悖逆德治的精神,孔子称之为溺音。由此可推知孔子认为音乐不能表达放纵或萎靡的情感,而应体现典雅的气质并表达高尚的情操。由此可把"含蓄有节""典雅高尚"和"德"也作为候选者。

四,阳货17.11中有"乐云乐云,钟鼓云乎哉"之语,可推知孔子认为音乐具有不在表面而在内容的特点,由此可把"重在表达的内容"作为候选者。

五,八佾3.23中,孔子对鲁国乐师的谈话中,认为音乐有如下特点:分段行进,各部和而不同从而组成整篇音乐,和谐有序,主旋律突出,连绵不绝。提炼一下,可作为候选者的有"和而不同,和谐有序,主次分明,顺序推进"。

六,最后理所当然还有"礼"。礼乐经常并称。孔子认为音乐必须尊重和体现礼的最好的例子就是八佾3.1首章"八佾舞于庭,是可忍,孰不可忍也",既然理所当然,此处不再详赘。

总结以上,音乐能教育人的选项包括:礼、美、善、德、和谐、有序、主次分明、典雅高尚、含蓄有节、和而不同、重在内容。

以上从"礼"到"主次分明"都是作为学习对象的内容,余下的都是作为行为修炼的风格。合在一起,内容涵盖广泛,担负起"成于乐"的重任不算托大。

和诗歌相反,音乐很有可能是人类智力活动中最为复杂和抽象的一种,从其创作难度和理解难度上都是第一梯队的,用作个人修养训练的最高课程和集大成者,难有他选。见学而1.16下对"知人"的相关论述。

《诗》、礼、乐的地位

本章谈的是个人修养,不出仕治国层面,即使完成这三阶段的学习,仍不是学习的全部。不说"圣"了,就是"仁",也要求必须在与他人的交往中及治国化民的社会实践中,才有可能尝试,才有可能实现。只守着"诗、礼、乐",最多是成功的利己主义个人。

一种有趣的假想

如果本章不出现在本篇中,本来是可以理解为礼仪过程的:礼仪开始于《诗经》朗诵,然后是根据相应的场合进行礼仪的表演,最后在音乐声中结束。

今 译

师父说:"发端于《诗经》,据守于礼仪,完成于音乐。"

英 译

The master said: "Start from the *Book of Poetry*, settle down in rules of propriety, and finish in music."

8.9【原文】

子曰:"民可使由之,不可使知之。"

字词章句

由。有两解:主流解为"用",字义无出处;解为"顺从,听从",引申为"跟随"。妥当。

本章句读繁多,不一一列举,仅列出其中至少语法上较为合理而解读上最有代表性的一种:"民可使,由之;不可使,知之。"意思是:老百姓自己可以做,就让他们去做;不会做,就教育他们,让他们知道应该怎么做。恰恰和原来的意思大致反转。主张此说的有康有为和梁启超;此说在语法上的难点是:"使"是"使用"义,"民可使"是"如果民可以被使用"的意思,对于"民"来说是被动态,那么后面的"由之"就解释不通,因为"由之"的主语显然是统治者。让一个被动的主体"由他去吧",不通。

类似的解读基本上都因为无法接受圣人孔子竟然有这等愚民或者说操纵人民的思想,不符合近现代平等、民主等人文主义价值观,都在用平民化时代的视角试图去解救孔子的言论,既犯了时代偏见的错误,也忽视了孔子时代的价值观,更粗暴无视孔子一贯的理论态度。不可取。

孔子的思想具有强烈的精英色彩,明确区分平民和统治者;《孟子·滕文公章句上》中有"劳心者治人,劳力者治于人"就是孟子对孔子思想的继承和总结。

先秦"人"与"民"对应,所指不同:有时"人"指贵族统治阶级,"民"则指在族群竞争中失败的族群,后来用以指称被统治族群以及被统治阶层;有时"人"用来强调被统治者其社稷之民的属性,而"民"用来强调他们君王之下的地位(学而1.5下对此概念的解读)。无论取哪个定义,本章中"民"都强调其地位上的从属性。以及在社会生活中的被动性。

古代中国对统治者和被统治者的区分基本上都是不言而喻的,在受教育的权利、被教育的内容、行为方式的要求、道德标准的差异、肩负责任的天然区分等几乎所有社会角色方面都如此。把他们混为一谈,反而令人惊讶。这是中国历史的常态和常识,不能为了想让孔子具备平民主义的现代色彩和特点就公然漠视。

孔子认为,"小人""人""野人""众""民"都属于民,"君子""上""主""有过有家者""天子""诸侯""王"及各级官员,都属于统治者。

子路 13.4 记载,樊迟请学稼,子曰:"吾不如老农。"请学为圃,曰:"吾不如老圃。"樊迟出,子曰:"小人哉,樊须也! 上好礼,则民莫敢不敬;上好义,则民莫敢不服;上好信,则民莫敢不用情。夫如是,则四方之民襁负其子而至矣,焉用稼?"这段对话正可说明孔子对统治者和被统治者的区分,从"小人哉,樊须也"的语气可以看出他甚至无法理解和容忍统治者掌握被统治者的技能。

因此,"民可使由之,不可使知之"是孔子的本来之义和应有之义。

对孔子观点的综述

孔子关于社会秩序的理想是先王之道,即古代圣王治理天下的体系。圣王是秩序的创造者和维持者,以其一己之私作为天下之大公,圣王是唯一的有自主能力的主体,是绝对的支配者,其余人只有生存和服从的义务。

孔子试图以崇高的"天命"这种来处不明的使命来使圣王的支配权合法化,或至少去除其个人色彩,但"天命"概念太过主观,无法去除圣王之道的个人化色彩和天下命运系于一身的风险。

通过层层分封、任命和选拔,圣王就可以建立起从天子到诸侯,从卿大夫到各级官员(有司)的统治系统和管理网络。基于这种分封、任命和选拔,这些人获得权力的正统和合法性;他们和天子一起构成本章中所谓"民"的对应人群,也就是孔子本章指示的听众,即应该"使民由之,不可使知之"的主动行为方,统治阶层。

孔子这一观点在今天毫无疑问是不符合主流价值观的,在社会治理实践上即使存在部分应用,但也肯定不是理论出发点。说其落后也好,反动也好,都成立;但不要忘了时代背景,而用今天的标准去对两千多年前的人民观进行道德评价。

孔子观点的现实意义

这个观点在实践中有无积极作用,答案毫无疑问是肯定的。

在漫长的人类历史中,等级的划分是常态,把统治者单独拎出来,赋予其管理社会、领导被统治者的责任和权力,是人类文明发展的保证和基础,是社会分工的关键一步。

即使在今天,也必须承认社会的总体治理及其代表的政治结构有其特殊性,参与者需要具备不同于日常工作和生活所需要的角度、思路和能力;即使在今天,众多关键的社会治理的决策仍然不适合全体人民的参与,尤其是具有生死存亡意义的重大决策,比如战争、国家路线、结盟方向;即使在今天,即使在适合人民全体参与的领域,"使民知之"的成本巨大,而民知之后未必能形成更好的决策结果(三个臭皮匠,往往赛不过诸葛亮。集体决策往往得出平庸的结果);抛开效率不谈,单单人类的短视本性和利益博弈的必然,都使民众的参与更多地得出不利于自身的决策和结果。民众的知情权和参与只是权利,与利益最大化无关,现有的民主实践往往沦为纯粹的流程的执行,体现不出结果的优越性。结果的优越性和全体利益的最大化本来是包括孔子在内的众多思想家不言而喻的出发点。

缩小点范围,在机构(比如公司)的管理上,总是让成员知情也是一样:不仅成本巨大,而且往往结果很糟。很多企业一本正经地制定并宣传自己的使命和战略,好像公司的前进方向根本不需要保密似的,这么做而不会让自己陷于被动的唯一解释就是:这些使命和战略根本就没有信息量和可以落地的刚性,否则等于把公司最核心的机密主动公布了,难道是为了便于竞争对手制定对策吗?

此处题目甚大,不展开了。

今 译

师父说:"老百姓可以让他们跟随,而不可以让他们知道原因。"

英 译

The master said: "The common people may be made to follow a way, but may not be made to understand why."

8.10【原文】

子曰:"好勇疾贫,乱也;人而不仁,疾之已甚,乱也。"

字词训诂

疾。两个疾,都是"厌恶、憎恨"义。

已。太。

甚。过分。

乱。第一个的主语是"好勇疾贫之人",第二个是"不仁之人"。

章句义理

常有把"好勇疾贫"的主语解读为某国或某处人民,不妥,应解为泛指的个人。原因如下:某个较大区域的人民都"好勇疾贫"的可能性很小,因为"贫"是相对状态,参照区域内其他人而定,没有绝对标准,因此大家都"疾贫"的情况不存在。其次,如果真的某处人民全体"好勇疾贫",当然会乱,不用单说。既然要郑重其事地说,肯定指别人不认为有必然性的现象,此处就是"好勇疾贫之个人,会生乱"。最后,前半句需要和后半句对应,显然后半句的"不仁之人"指个人。

好勇之人,喜欢以勇力解决问题,如果又不满足于贫困的生活,往往容易通过暴力或歪门邪道来集聚财富,即为恶作乱。贫穷乃祸乱之源,好勇是祸乱之流,源而流之,乱无疑也;请参照本篇8.2中"勇而无礼则乱"。

大部分人达不到"仁"的标准,这就是"人而不仁",不是说一定为恶。"不仁"只是达不到"仁"的道德要求而已。如果作为当政者或者作为仁者,对这些构成人民主体的"不仁之人""疾之已甚",痛恨厌恶得不行,不宽容,不体恤,使这些人无所容身,不仅会使他们丧失上进求仁的动力,还往往触发他们的对抗心态和逆反心态,说不定会从"不仁"的大众常态下降到"恶"的层面,适得其反,诱使生乱。孔子显然提倡要通过教育对"不仁之人"加以引导,使之循序渐进,以避免欲速不达,适得其反。可参照《论语》中另两处相关言论。子曰:"苟志于仁矣,无恶也。"(里仁4.4)子曰:"我未见好仁者恶不仁者。好仁者,无以尚之;恶不仁者,其为仁矣,不使不仁者加乎其身,有能一日用其力于仁矣乎?我未见力不足者。盖有之矣,我未

之见也。"(里仁4.6)

参照里仁4.6,还可以推断:不去"疾之已甚",除了能预防刺激别人作乱,还能使自己专注于"为仁",一举两得。

严于律己,宽以待人,自己孜孜以求,但却能怀着悲天悯人的情怀努力促使但却不强求他人达到自己的修养和高度,不仅道德上是高尚的,也是实践中可行的。

今 译

师父说:"一个人如果尚勇而憎恶贫穷,就会作乱;别人不仁,如果我们憎恶他太过分,他就会作乱。"

英 译

The master said: "If one likes valiancy and hates poverty, he will become insubordinate; if one is not humanitarian, and we abhor him too much, he will become insubordinate."

8.11【原文】

子曰:"如有周公之才之美,使骄且吝,其余不足观也已。"

字词训诂

之才之美。一般解为"才的美",即"能力之优良",语义通顺,但有两个问题:一是为何不用"如有周公之美才"或"如有周公才之美"呢?不仅语法通顺且更简洁合理;二是和后面的"骄且吝"对应,"才"和"美"并列更妥。

因此,"如有周公之才之美"应解读为"如果有周公那样的能力和优点",此处取"美"之"善"义,引申为"优点",将无关是非的能力和具有道德取向的优点并列,更显周公之高,更显后面"其余不足观也已"的坚决,从而凸显"骄且吝"的杀伤力及其一票否决的关键性。

使。假使。

吝。主流解为"吝啬,鄙吝"。朱熹在《四书集注》中说:"骄,矜夸。吝,鄙啬也。"又引程颐的话说:"骄,气盈。吝,气歉。"然后总结道:"愚谓骄吝虽有盈歉之殊,然其势常相因。盖骄者吝之枝叶,吝者骄之本根。故尝验之天下之人,未有骄而不吝,吝而不骄者也。"把吝啬当成骄横的源头,很有趣味,或许可从心理学角度印证,但从义理上难脱牵强之感。此处应取"吝"本身自有的另一含义——贪心。当"吝"和骄、急等连用时,解为"贪心"较妥。

不足观。不值得看。

今 译

师父说:"如果一个人有周公那样的才能和优点,假使他骄傲而又贪心,(他的)其他方面就不值得去看了。"

英 译

The master said: "Suppose one has the abilities and merits as those of the Duke of Zhou, yet if he is arrogant and avaricious, all other aspects (of him) will not be worth watching."

8.12【原文】

子曰:"三年学,不至于谷,不易得也。"

字词训诂

至。去。引申为"出发去干"。

谷。音义同"穀",官俸义,因为古人常以谷物计禄。

章句义理

当时多数弟子都以学求仕,正常三年毕业,如果有人准备继续专注于学习,而不求出仕为官,可算难能可贵了;孔子不反对弟子做官,《论语》中就多次谈到从政为官的方法。比如为政 2.18 中,他教导过子张如何做官。

虽然如此,孔子显然对那些淡泊名利、一心向学的学生更为赞赏,如颜渊、仲弓、漆雕开、闵子骞、原宪、曾参,《论语》中多有例证,此处不赘。

今 译

师父说:"学了三年,还没去当官,(这种人)不容易见到啊。"

英 译

The master said:"Having studied for three years yet not gone for official employments—such men are not easy to find."

8.13【原文】

子曰:"笃信,好学,守死,善道:危邦不入,乱邦不居。天下有道则见,无道则隐。邦有道,贫且贱焉,耻也;邦无道,富且贵焉,耻也。"

字词训诂

善。解说纷纭,总结和分析如下。

一,当名词用,即作为道德标准的"善"。

二,当形容词用,即用作"美好、良善",以限定和修饰后面的"道"。

三,当动词用,通"缮",修治义,引申为"修炼"。

考虑到和"笃信好学"的对应,加上可以把从"危邦不入"开始的指示当成前面两句在应用层面的举例,则取上述第三解较为合理。这样,此处的"道"就不是下文提出的"先王之道",而是修炼先王之道的道路和方法。有点绕,但合理。

这样,"笃信、好学、守死、善道"就该有个共同的宾语,考虑到孔子的一贯主张和此处用了"守死"这么坚决的词汇,这个共同的宾语只能是"吾道"——"先王之道"。这样意思就是:坚定地相信,热爱学习,至死不渝于,持续修炼实践先王之道。因此,他们之间要用逗号隔开以示并列,后面应用冒号引出具体指示。

章句义理

危邦不入,乱邦不居

语义简明,无歧义,但义理有曲折。

"危邦、乱邦",说的无非就是天下无道,更需要孔子这样的人出来拨乱反正,怎能用躲避和离开来应对?孔子一生周游列国,何曾因为邦危而不入?即使有过邦乱而不居的例子,离开也不是因为"邦乱",而是因为没有一展抱负的机会罢了;那么孔子这句指示是干吗用呢?

作为人生在世的现实考虑,需要在时机未到之时,把保护自己的生命、维护自己的名声、坚持自己的原则作为决定去留的标准;后面"有道则见,无道则隐"的指示可反证此论。

作为以入世治国为己任的孔子,"知其不可为而为之"是他的道德担当,贯穿在他一生的奔波和选择中。

但作为针对弟子们人生选择的通用指示,"知其不可为而为之"不妥,"留得青山在,不愁没柴烧"的耐心和综合考量更为可取。这不是对入世治国化民的背叛,而是从长计议的坚守和智慧。

有道则见,无道则隐

可参照公冶长5.2孔子对南容的评价以及述而7.11对颜渊和自己的总结。

邦有道,贫且贱焉,耻也;邦无道,富且贵焉,耻也

可参照宪问14.1中的"邦有道,谷;邦无道,谷,耻也",义理简明而通顺:

邦有道,社会运行就有效率,富贵之道就公平,奖惩机制就合理,有能力的人自然就会更加成功,社会地位更高,个人财富更多。生活在这样的国家、这样的时代,贫穷和卑微就是能力欠缺的明证,就该引以为耻。

邦无道,则正人君子由于坚守底线不会同流合污,奸佞小人反而会充分利用不道德、不公平的社会运行机制,浑水摸鱼,乱世出头,或昧着良心做官,或黑着良心发财,在这样的国家、这样的时代,富贵就是卑鄙无良的明证,是耻辱的招牌。

当社会总是表现出对不道德行为在财富或社会地位上的奖励,则可以认定社会的运行机制出现结构性缺陷,并因此削弱更具备可持续性、更积极向上、可以更加公开和普及的价值观和道德理念,从而使社会在实践和道德标准两个领域形成互为因果的螺旋式下降。

今 译

师父说:"(对先王之道要)坚定信仰,热爱学习,至死不渝,完善路径:不进危难中的国家,不住动荡中的国家。天下有道就出来,无道就隐居。国家有道,而贫困卑微,是耻辱;国家无道,却发财当官,是耻辱。"

英 译

The master said: "(With the grand way, we should) Stand fast in faith, love to learn, hold firm to death, and perfect one's course: do not enter a distressful state, and do not dwell in a turbulent state. Present yourself when the empire is on the right way, and seclude yourself when it's not. Being poor and lowly when the state is on the right way, is disgraceful; being rich and honored when the state is not on the right way, is disgraceful."

8.14【原文】

子曰:"不在其位,不谋其政。"

章句义理

孔子的语境中,本章的说法属于另类,竟然只从名分和授权范围上来说事,充满了当代管理中权责明确的专业风格。这种风格和主人翁精神本质上是互补的,也因此是协调的,因为只有明确区分职责和权力,才能提倡越界操心的精神,否则就是乱上加乱,不胜其乱。企业初创阶段,往往强调职责模糊跨界,因为需要人人尽其用,按需互助,同时每个人的职责构成充满随意性,并没有工作量上恰好合适的经验性依据;但在稳定运转的机构或社会中,每个人的角色、权责、工作量都是明确的,最好具备一定的"事不关己不掺和"的冷酷性,否则不得不依靠具体情境下每个个人来判断是否需要超越 SOP 和权责来行使常识赋予的责任,或体现主人翁精神所要求的主动性,从而逐步丧失规范性和可预测性,使管理退化成对个人自觉的依赖。

今 译

师父说:"不在那个位子上,就不要谋划那个位子上的事。"

英 译

The master said:"Without a specific office, do not undertake the duties of it."

8.15【原文】

子曰:"师挚之始,《关雎》之乱,洋洋乎盈耳哉!"

字词章句

师挚。师,太师,乐官也。挚,人名。师挚,乐官挚,一个名叫挚的乐师。

乱。乐曲的最后一章,或辞赋末尾总括全篇要旨的部分。

孔子及其以前的礼乐制度难以详考,而且由于音乐载体的特殊性,恐怕未来也难以形成统一认识或出现有说服力的考古证据。不过把本章所谈对象理解为《诗经》和音乐混合的表演,大致不差。

"师挚之始"应是描述演奏起始阶段,参考八佾 3.23 可知"始作,翕如也",即合奏气势磅礴的样子,吻合后面"洋洋乎盈耳哉"的描述。

《关雎》诗词的最后一句是"窈窕淑女,钟鼓乐之",也是钟鼓齐鸣,通过合奏达到最后的高潮。可以推论,把这种场面感很强的文字用纯音乐或辅以人声来表达,也一定吻合后面"洋洋乎盈耳哉"的描述。

按八佾 3.23 下的解读,音乐的构成和各部的进行是有规律的,结合本章对《关睢》乱章的描述，可以确认孔子时代音乐开始和结尾都是合奏，而中间应该是各部独奏，符合大部头音乐的一般表达规律，也暗合经典交响乐的作曲规律。

所以，乐章之始和乐章之末，"洋洋乎盈耳哉"实在是恰当的形容了。

洋洋乎。有几个本义都算合理——盛大、广远貌；美善貌；合并前两种词义，解为"美盛"意，朱熹就主此说，但有典型的"合并两义凑成新词"的嫌疑；丰富多彩；嘹亮；舒缓。

结合上述"合奏"的背景和后面的"盈耳"的结果，只有"盛大广远"和"丰富多彩"有可能，比较之下，后者更恰当。

今 译

师父说："太师挚的启章，《关睢》的终章，如此丰富多彩，满耳都是啊。"

英 译

The master said: "The first movement played by the chief musician Zhi, and the finale of "Guan Ju", are so rich and magnificent that my ears are completely filled with them."

8.16【原文】

子曰："狂而不直，侗而不愿，悾悾而不信——吾不知之矣。"

字词训诂

狂。狂放、任性。

直。爽直、坦率。

侗。tóng，无知、幼稚义。

愿。谨慎义。

悾。kōng，"悾悾"，空虚貌。

信。诚实义。

吾不知之矣。我不理解这样的。

章句义理

狂者多爽直,狂是其病,爽直是其可取处。如果徒有其病却无可取之处,即又狂又耍心机,则一无是处,不会有好结果的。

无知者因其无知而往往谨行慎言,以免行差踏错,丢人现眼不说,还有可能造成无法挽回的损失或伤害。如果又无知又无畏,则易于猛冲直撞,容易误人害己、难以收拾。无知者无畏,如果不是指战略上的自信而是指实操中的莽撞,只能是闭着眼睛往前冲,把命运的控制权拱手让给纯粹的运气,概率上完败。

一无所有者因其无可损失而无后顾之忧,对机会更加珍惜以求翻身,往往会诚实可靠,对机会的提供者以感恩的态度报以忠心和真诚。如果一无所有却耍奸取滑,就会声名狼藉而丧失机会,因无本钱自救,只能是死路一条。

今 译

师父说:"狂放而不坦荡,不知道而不谨慎,一无所有而不诚信——我不理解这样的。"

英 译

The master said: "Being unruly yet not straightforward, being ignorant yet not prudent, having nothing yet not sincere—I don't understand these."

8.17【原文】

子曰:"学如不及,犹恐失之。"

字词训诂

不及。赶不上。

犹。好像。

章句义理

本章有几解,如下。

一,学习担心不及时,像怕失去机会的样子。此处把"不及"解为"不及时",害怕的是失去学习的机会。此解首先要放弃,因为"不及"没有"不及时"的词义,如果取此义,则后面的"犹"字就显多余。

二,学习起来怕来不及,学到的又怕会失去。王夫之的《读四书大全》就主此说,此说强调既担心来不及学到新知识又害怕忘掉老内容的诚惶诚恐。此解不妥,学到了就不会失去,还担心什么呢?尤其要考虑孔子所说的学习内容都是"先王之道",不是算术类的技能类知识,一旦掌握是不会忘记的。

三,学习就像没学透的样子,担心因此忘掉。朱熹主此说。此说不妥,学习过程中一直保持没学透的担心,反而没有理由担心会彻底忘掉,最多担心自己理解力不够无法掌握其精髓罢了。"犹恐困之"是合理的,"犹恐失之"是多余的。

四,学习起来就像担心来不及,又像害怕失去。强调的是时不我待、唯恐学不到的紧张和焦虑。程颐主此说。此解未能解释为何还未学会,就开始担心失去。我们会对还没有掌握的东西担心失去它吗?

分析和得出正解的过程如下:

先问孔子此处所说的学习的内容和对象是什么?显然不是技艺类和文献知识类的,而应该是"先王之道"。

本章的口吻,虽然也可以作为对弟子和其他人学习态度的教导,但内容本身应该是对自己学习过程的总结。

先王之道传至孔子时代,有遗失和失传的可能。虽然孔子相信"礼失可求诸野",但他同时显然也担心先王之道的失传、谬漏和渐进式的变形,否则不会"述而不作"。

因此才应尽管掌握手头已经知晓的和可以从民间挖掘的先王之道,"学犹不及"是也,同时担心在自己还未能全面掌握和传承下去之前,部分内容就已经佚失,"犹恐失之"是也。

反过来重新看对程颐之说的质疑:"我们会对还没有掌握的东西担心失去它吗?"答案是肯定的——对像"先王之道"这样博大精深的体系级别的学问,就会有"学犹不及,犹恐失之"的心态。

这个解读乍看上去和上述程颐的没有区别,但区别是本质的,也是巨大的:此解明确了学习的对象是内容庞大的体系,程颐的原话是:"学如不及,犹恐失之,不得放过。纔(按音义同"才")说姑待明日,便不可也。"显然是针对具体的可以分割成学习段落的内容而言,是今天所说的"学问"级别的,否则不会说"姑待明日,便不可也"。学习对象的不同,是此解出新的要点。

今 译

师父说:"(对先王之道)学习时就像赶不及了,又像担心会失去它。"

英 译

The master said:"(In learning the grand way of the antiquity,) I studied as if I could not make it, and seemed worried about losing it."

8.18【原文】

子曰:"巍巍乎! 舜、禹之有天下也,而不与焉。"

字词章句

巍巍。高大、崇高貌。

与。是本章关键,其不同词义导致多种版本的解读,主要有:

一说是自己未求而得天下。"与"解为"与之相求"。何晏主此说。此说不妥。首先,此解太过迂回,用词别扭;其次,被动加冕如何"巍巍"? 最后自己不求但后来还是得到了,算什么呢? 欲拒还取、半推半就,即使不是摆姿态作秀,也有出尔反尔之嫌,兼有前期不为天下担责任的逃避,更有安坐草庐待价而沽、自抬身价的可能,不取。

二说是舜、禹管理天下，不亲预其事，选贤任能，无为而治。"与"解为亲力亲为。王充《论衡》主此说。此说勉强。首先，无法证明舜禹二帝无为而治，事实可能恰恰相反，他们都是亲力亲为的典范。其次，授权他人假手治国如何"巍巍"？不取此解。

三是生不逢舜禹之世。"与"作"适逢"解。皇侃主此说。此说缺乏常识："而不与焉"的"而"决定了这句话的主语和前面"有天下也"的主语是一致的，即舜禹二帝，关孔子何事？孔子若真有此意，何不表达成"惜不与焉"？不取。

四指不将富贵放在眼里，不去享受因为拥有天下而带来的好处。宋儒主此说。这样说义理上通顺，但赋予"与"的含义太过丰富，难逃臆造之嫌。不取。

第五解指不把天下当回事。礼雅各主此说。显然不妥。管理天下即使不战战兢兢、如履薄冰，至少也要兢兢业业、鞠躬尽瘁，怎么能摆出无所谓的态度呢？不取。

第六解把"与"读为四声，取其"参与"义，引申为"取予由己"，把天下当成自家财产取之予之，家天下也。未必不为他人考虑，但一定首先满足自己。说的是舜禹二帝天下为公，不为己私。杨伯峻和网络解家严光辉（言麸子）主此说。本书从此说。

今 译

师父说："真伟大啊！舜和禹拥有天下，却从不予取予求。"

英 译

The master said: "How lofty they were! Shun and Yu owned the empire, but they didn't exact it for themselves."

8.19【原文】

子曰："大哉尧之为君也！巍巍乎！唯天为大，唯尧则之。荡荡乎！民无能名焉。巍巍乎其有成功也！焕乎其有文章！"

字词训诂

大。伟大,言其无法超越的状态。

则。以某某为准则,取法于。

荡荡。宽广浩瀚。

有。存在义,引申为"留下、创造"。因为尧依从天道治国,自然而然,不留痕迹,所以人民无法发现其治理的努力,无从称颂,但好在"有成功""有文章",这些可以看见、享受、传承和恢复。

焕。光亮。

文章。礼乐法度,不是著作,但可以引申为文化,因为"礼乐法度"在早期就是中华文明的文化核心。

今 译

师父说:"尧这位帝王至高无上啊!太伟大了!(本来)只有上天能算伟大,只有尧能效法上天啊。(他的德行)太广阔了!老百姓没有机会来称颂他。他取得的功绩太伟大了!他制定的礼乐法度太光辉夺目了!"

英 译

The master said:"Great indeed was Emperor Yao! How lofty(he was)!(Originally)Only the heaven was great, and then only Yao emulated it. How vast(his virtues were)! The people did not have the chance to extol him. How great the achievements he had accomplished were! How splendid the behavior rules and regulations he had established were!"

8.20【原文】

舜有臣五人而天下治。武王曰:"予有乱臣十人。"孔子曰:"才难,不其然乎?唐虞之际,于斯为盛。有妇人焉,九人而已。三分天下有其二,以服事殷。

周之德,其可谓至德也已矣。"

字词训诂

舜有臣五人。据西汉孔安国在《论语集解》中所述,五人是禹、稷、契、皋陶、伯益。禹主管水利,大禹治水也。舜把帝位禅让给禹,禹的儿子启后来建立中国第一个朝代夏朝;稷是后稷,名弃,掌管农业,他的后代周武王建立了周朝;契是子契,担任司徒,主管教化,他的后代成汤建立了商朝;皋陶担任大理,掌管刑法,皋陶与尧、舜、禹齐名,被后人尊为"上古四圣"。禹根据皋陶的品德和功劳而选他为继承人,但皋陶未继位即去世;伯益是皋陶的儿子,主管山林湖泊,他的后代建立了秦朝。

武王。周武王姬发(生年不详,卒于前1043年),姬姓,名发,是周文王姬昌与太姒的嫡次子,其正妻为邑姜;姬发于前1046年消灭商朝,建立西周王朝,是中国历史上一代圣王。

乱臣十人。"乱",作动词时有"治理"义,"乱臣"就是"治乱之臣",曲折迂回,本义反义互相发现,类似今天用"重案组"来指称"重大案件侦破组"。据东汉马融在《论语集解》中所述,十人是周公旦、召公奭、太公望、毕公、荣公、太颠、闳夭、散宜生、南宫适、文母(女性),今从之。

周公旦。请参阅述而7.5下人物介绍。

召公奭。"奭",shì。姓姬名奭,因采邑于召(今陕西岐山西南),故称召公,又称召伯、召康公、召公奭。西周大臣,与周武王、周公旦同辈。姬奭辅佐周武王灭商后,受封于蓟(今北京),建立臣属西周的诸侯国燕国。但他派长子姬克管理燕国,自己仍留在镐京(今陕西长安)任职,辅佐朝廷。周武王死后,其子周成王继位,姬奭担任太保。周成王死后,姬奭辅佐周康王,开创"成康之治",为周朝八百多年福祚打下坚实基础。

太公望。即大名鼎鼎的姜子牙(约前1156年—约前1017年),商末周初人。姜姓吕氏,名尚,一名望,字子牙,或单称牙。因其先祖辅佐大禹有功被封于吕,故以吕为氏,也称吕尚。被周文王请出来封为"太师",称"太公望",俗称太公。辅佐周武王伐纣建立周朝;缔造了齐国。

毕公。毕公高,生卒年不详,姓姬名高,周文王姬昌第十五子,周武王姬发同父异母弟;周武王灭商朝后,受封毕地(在今陕西咸阳),史称毕公高,是毕国与毕姓始祖;周成王临终时,遗命他与上述召公辅佐周康王继位;周成王与周康王时期的"成康之治"有他的功劳。

荣公。可能是周王宗室姬霞,周武王灭殷后受封于户(今陕西户县),周公旦摄政时期,封姬霞于荣锜涧(今河南巩县境内),建立荣国,称荣公;为荣姓始祖无疑;秦以前,"氏"都是通过分封而从"姓"中分流。所以这个"荣公"即使不是姬霞,也肯定是周武王的宗室,因封地而取氏为"荣"。

太颠。生卒不详,是辅佐周文王、周武王的大臣;在周武王伐纣时,他与散宜生、闳夭皆执剑以卫武王,算是贴身保镖吧。据《史记·周本纪》记载:"伯夷、叔齐在孤竹,闻西伯善养老,盍往归之。太颠、闳夭、散宜生、鬻子、辛甲大夫之徒皆往归之……周公旦把大钺,毕公把小钺,以夹武王。散宜生、太颠、闳夭皆执剑以卫武王。"连周公旦和毕公都要拿起武器保护周武王,可以推断当时的辅佐人士都是掌握武功的,也反推出太颠干的保镖的活不低贱,同时很有可能也提供谋划服务,不仅仅是靠武艺辅佐武王的,虽然进馆"执剑"显然比"把钺"要低一级或两级(因为把钺还分"把大钺"和"把小钺"两级)。

闳夭。"闳",hóng。生卒不详。与散宜生、太颠等共同辅佐姬昌(周文王),执剑以卫武王。姬昌被纣囚禁时,他与众人设计,献给纣王美女宝物,营救西伯脱险。事见《史记·殷本纪》:"西伯之臣闳夭之徒,求美女奇物善马以献纣,纣乃赦西伯。"后辅佐武王灭商。

散宜生。散宜是复氏。"散",sǎn。生卒不详。西周开国功臣,参与策划营救姬昌(周文王)的过程。后辅佐武王灭商。周以前,散宜是氏号,随着姓氏演变,散宜氏简化为散姓,因此散姓皆尊散宜生为始祖。

南宫适。生卒不详。辅佐文王、武王、成王三世,是周族创业时期的重要谋臣和大将,周朝的开国元勋。"文王四友"之一。另外三位就是上面的太颠、闳夭和散宜生。其为南宫氏的始祖,因此是与其同名的孔子弟子的祖先。

文母。大姒(sì)。周文王之妃,武王之母。有人认为周武王不能把自己的母亲当成"臣",所以此处的"文母"指邑姜。邑姜,生卒年不详,姜子牙之女,周武王的王后。母亲不能辅佐自己,太太也不合适啊。文中明确说是"文母",强行改成"邑姜"尤为不妥。再说了,在周朝那个时代,可以想象礼仪尚未完备,没有那么多讲究,人才难得,有则用之,自己的母亲合作起来更无隔阂,忌讳之感怕是后人臆度。

"予有乱臣十人",语出伪古文《尚书·泰誓·中》,是周武王讨伐纣王的阵前演讲中的一句。

唐虞。唐,尧帝,姓伊祁,号放勋。古唐国人(今山西临汾尧都区,古称河东地区),唐国名取自唐水,故连称"唐尧"。虞,舜帝,生于姚地(今河南濮阳),故姓姚,名重华,受尧禅让后,国号为"有虞",故号为"有虞氏帝舜"。连称"虞舜"。

章句义理

唐虞之际,于斯为盛

众说纷纭,主要有:

一,周武王时人才盛于唐虞。此解不妥,如下。人数上是超过唐虞时,但从孔子本意,舜帝有五位贤臣,也算人才济济,没有理由在两个正面的例子中再作划分,分出高低,从而削弱自己的中心思想。

二,"唐虞之际"出现于"于斯为盛"之前,语法上别扭,无法解读出周武王时代人才比唐虞之际更多的意思。后面还有"有妇人焉,九人而已"之语,明显不从人数上来对比,而强调人才难得,因此少数几个能干的就足以实现盛世之治,不可能声称周武王时代人才比唐虞之际多是其优越之处。

三,唐虞时人才之多与周武王时一致。此说更不能成立,因为词义上无法自圆其说,在"唐虞之际,于斯为盛"之间加上"周武之初"或可成立;唐虞以下,周武王时代人才为盛。此说语义通顺,然而等于给"际"生造了一个"以后、以下"的含义,不妥。

本书给出新解:把"际"解为"时机";把"唐虞之际"解为"像唐虞时代那样的时机";"唐虞之际,于斯为盛"就是:像唐虞时代那样的时机,在周武王时代(再次)茂盛兴旺。

三分天下有其二

注疏者对"三分有其二"纠缠繁复，试图从地理上考订，完全没有必要。无非是说周武王已凭借为数不多的几个辅臣，得到大半个天下而已。

以服事殷

只能理解为周武王在最后讨伐并消灭殷商之前的韬光养晦。

周之德

"周"指诸侯国 kingdom，而不是后来周朝的"周"（empire）。有人认为此处"周"应包含周文王在内，义理上通顺，史实上或许也成立，但鉴于本章并未明示，所以就取没有明确内涵的"周国"为妥。

"周之德"是说武王灭商，为天下清除独夫，创建太平盛世之举吗？显然不是，因为这无法和前面"三分天下有其二，以服事殷"调和起来；是说武王韬光养晦、不急于求成的风度和耐心吗？应该也不是，因为这最多算风格，不是内容，可以算个人的修养，但算不上帝王的德行。

本书认为，可以把孔子在《论语》中表达过的、有定义或可挖掘出内涵的（为政 2.3 中"道之以德"中的"德"就没有定义，也无线索可供深挖，就不算）、有可能和此处的"德"相关的"德"（不相关的比如学而 1.9 中的"民德"抛开不谈）总结一下，来帮助反推此处"周之德"所指内容。计有十二处，主要内容摘录之后，提炼出可供候选的"德"的内涵的关键词。

一，为政以德，譬如北辰，居其所而众星共之（为政 2.1）。关键词"守中不动"。

二，中庸之为德也，其至矣乎！民鲜久矣（雍也 6.29）。关键词"中庸"。

三，泰伯，其可谓至德也已矣：三以天下让，民无得而称焉（泰伯 8.1）。关键词"让"。

四，主忠信，徙义，崇德也（颜渊 12.10）。关键词"忠诚""诚信""坚持正义"。

五，君子之德风，小人之德草（颜渊 12.19）。关键词"能动性"。

六，先事后得，非崇德与（颜渊 12.21）？关键词"劳苦抢先而利益避后"。

七，子曰：有德者必有言，有言者不必有德（宪问 14.4）。关键词"留言"。

八，南宫适问于孔子曰：羿善射，奡荡舟，俱不得其死然。禹、稷躬稼而有天下。

夫子不答。南宫适出,子曰:君子哉若人!尚德哉若人(宪问14.5)!关键词"戒杀而好生""务农为本"。

九,子曰:巧言乱德(卫灵公15.27)。关键词"勿巧言"。

十,子曰:乡原,德之贼也(阳货17.13)。关键词"不做无原则的好好先生"。

十一,子曰:道听而涂说,德之弃也(阳货17.14)。关键词"躬行美德"。

十二,子夏曰:大德不逾闲,小德出入可也(子张19.11)。关键词"严守大德而不拘小节"。

总结上面的关键词,计有:守中不动;中庸;让;忠诚;诚信;坚持正义;能动性;先于别人劳苦而后于他人得益;留言;不尚武,不好战;以农为本;勿巧言;不做无原则的好好先生;躬行美德;严守原则而不拘小节。

排除掉上述主要是个人修养及行为层面的德行,则可供选择的德行有:守中不动;中庸;让;坚持正义;不尚武,不好战;以农为本。

考虑最后灭商的结果,结合前面"人才济济却侍奉殷商"的语境,可以把上述的"中庸"和"不尚武,不好战"去掉;"以农为本"是手段,不算德行。因此还剩下三条:

一,守中不动。求诸己身,自然而然,不强求,不急就,时机到了也不放过,顺势而为是也。

二,让。不因能力具备就干,而要因天命召唤才做。

三,坚持正义。在现任天子尚未暴虐无道至于丧失天命之前,即使能力具备了,即使万民请愿了,也不僭礼;但当现任天子残暴昏瞆到成为独夫之际,则义不容辞、当仁不让,该出手时就出手,拨乱反正,重续天命。

能把上述三条德行拴成一体的主绳应该是:时机未到不强求,顺应天意不躲避。再简单点,就是:顺势而为,fulfill the mandates of the heaven with right timing。再浓缩为一个名词——时势,trend of the times。近人孙中山所谓"天下大势,浩浩荡荡,顺之者昌,逆之者亡",正此谓也。

本章的篇章结构

"三分天下"之前是前半部分,说的是人才难得,但真正的人才几个就够了,就可以成就夺取天下,治理天下的事业;其中"有妇人焉,九人而已"不仅一如既往地展示了孔子歧视妇女的尾巴,而且在逻辑和语义上是多余的,权且理解为顺便一说,相当于我们今天在连贯的表达中用个括号插入表示"顺带说一下"的内容。

"三分天下"开始是后半部分,说的是:虽然周武王手下人才济济,而且已经囊括了大半个天下,仍然选择在纣王没有彻底破坏天命之前按礼法旧制,以诸侯身份服侍之,其顺势而为的忍让、耐心和胸怀算是至高无上的德行了。

全篇从对人才能力的赞美开始,终于对"至德"的歌颂,正是取其"能力再强,不如德高"的对比效果,亦可反证上述对"德"的定义的分析。

今 译

舜有五个大臣便天下大治。武王说:"我有十位治国大臣。"孔子说:"人才难得,不是这样吗?像唐虞时代那样的时机,在这个(周武王)时代(再次)茂盛兴旺。其中还有个妇女,只算九个人而已。拥有三分之二个天下,仍然用它去服侍殷朝。周国的德行,可以说是至高无上的德行了吧。"

英 译

Emperor Shun had five ministers and the empire achieved great order. King Wu of the Zhou state said: "I have ten competent ministers." Confucius said: "Talents are difficult to get—isn't it so? Opportune moments like those of the Tang and Yu times, became luxuriant (again) in present times (of King Wu of Zhou). And there was a female among them, so there were only nine men of them. Possessing two of the three parts of the empire, he made use of them to serve the Yin dynasty. The virtue of the Zhou kingdom can be called the supreme virtue or what."

8.21【原文】

子曰:"禹,吾无间然矣。菲饮食而致孝乎鬼神,恶衣服而致美乎黻冕,卑宫室而尽力乎沟洫。禹,吾无间然矣。"

字词训诂

间。隔阂、嫌隙也。引申为不满。"间然",不满的样子。

菲。微薄义,形容词做动词用,取"使某某微薄"义。

恶。wù。排斥义。

黻冕。"黻",fú,指古代礼服上黑与青相间的花纹,借指礼服;黻冕合称,则指包含礼服和冠冕在内的正式套装礼服,这种礼服可以在上朝、祭祀和丧礼三种场合穿着。对这三种场合的不同选择,形成对"恶衣服而致美乎黻冕"的三种解读,当然也反映禹帝不同的关注点。

后面有"卑宫室"之说,可见禹帝不讲究朝廷的硬件设施,怎么会重视上朝办公时的衣服呢?因此肯定不是指上朝的礼服。前面有"致孝乎鬼神"之说,已经涵盖祭祀,不该重复表达,因此也不指祭祀的礼服。所以只能是参加丧事时穿的礼服。这也是主流的解读,但以前各解均直接断言指丧服,但无分析。虽殊途同归,不考途殊之由,就会大而话之,中也偶然。

卑。卑陋,形容词作动词用,"使某某卑"的意思。

洫。xù。"沟洫",水道沟渠的统称。

今 译

师父说:"禹,我对他无可挑剔呀。不讲究饮食但在祭祀鬼神时却孝敬有加,不在乎穿着却努力让丧服丧帽完美,不关心皇宫居室而集中精力修水道沟渠。禹,我对他无可挑剔呀。"

英 译

The master said:"Yu, I cannot carp at him. He made little of drinks and food but made much of the deceased and the gods, cared nothing about his clothes but cared a lot about his formal dress and hat in funerals, hardly concerned himself with his palace and houses but devoted himsecf to (the excavation of) canals and ditches. Yu, I cannot carp at him."

子罕篇

9.1【原文】

子罕言利,与命与仁。

字词训诂

利。利益、富贵等世俗好处的统称,放大一点,就是"人的私欲的实现"。孔子对此不反对,但也不提倡,因为他有更好、更高的人生目标去追求。

与。yù,赞同。

命。天命,见为政2.4下对这个概念的解读。

章句义理

主流断句是"子罕言利与命与仁",其解读也因此完全不同。朱熹引程颐的话说:"计利则害义,命之理微,仁之道大,皆夫子所罕言也。"但此解最难成立。

一,孔子不谈"利",成立。

二,孔子在《论语》中谈及"命"(用了"命"字但不表达"天命"或"命运"意义的不算,其他人说的不算)的共有以下九章(这还不算其他带有明显的"命运"意味只是不用"命"这个字来表达)。天之将丧斯文也……天之未丧斯文也,匡人其如予何?子罕9.5中的"天":五十而知天命。(为政2.4)颜回……不幸短命死矣。(雍也6.3)叹冉伯牛命运:亡之,命矣夫!斯人也而有斯疾也!斯人也而有斯疾也!(雍也6.10)有颜回者好学,不幸短命死矣!(先进11.7)赐不受命,而货殖焉,亿则屡中。(先进11.19)子曰:道之将行也与,命也。道之将废也与,命也。公伯寮其如命何！（宪问 14.36）陪臣执国命,三世希不失矣。（季氏 16.2）君子有三畏：畏天命,畏大人,畏圣人之言。（季氏 16.8）不知命,无以为君子也。（尧曰 20.3）还有比这句更直白的吗？

三,《论语》中谈及"仁"有五十九章一百〇九处之多,不赘。

因此,说孔子罕言"命""仁",完全是罔顾事实。

其他断句主要有七种：

一,把"罕言"解为"微言"。不妥。因为无此字训,这样无法解释后面将"利"和"命""仁"并列。

二,把下一章的第一个字"达"提前,然后注入很多语气假设,如康有为《论语注》："子罕言,利与？命与仁,达。"私货太多,且犯加字大忌。就说一点吧：孔子何时"罕言"了？他说自己"述而不作",如果连述都不述,何来"诲人不倦"之说？康有为曲意纠结,甚于朱熹。

三,"子罕言利与命,与仁",等于说不谈"利"和"命",但赞同"仁"。如上所示,孔子谈"命"不算不多,此说亦非实事求是。

四,还有把"子罕"当成人名的,不仅未能调和"利"和"命""仁"的关系,还凭空造了一个人出来,实有穷极乱变,慌不择路之窘态。

五,反其道而行之,认为"罕"字不应解作"罕见",而应解为轩豁之"轩",有显豁之义。黄式三《论语后案》中就认为"罕言者,表显言之也"。完全颠倒意义,得反过来证明孔子常常谈论"利"了,没有论据支撑先不谈,解读角度太过标新立异,不取。

六,今人孙钦善《论语本解》认为："子罕言利,而言利则必与命、仁关联。"义理成立,但整部《论语》没有例证,因此不取。

七,近人程树德 1943 年出版的《论语集释》,说："盖言者,自言也。记者旁窥已久,知夫子于此三者皆罕自言,非谓以此立教也……言仁稍多,言命次之,言利最少,故以利承罕言之文,而于命于仁则以两'与'字次第之。"有新意,但其所谓"次第之"的意思不仅语法上没有,现实生活中也不这么说,不取。

所以还是读为"子罕言利,与命与仁"为妥,符合孔子的一贯表现。

今 译

师父很少谈论利益,但赞同(讨论)天命和仁道。

英 译

The master seldom talked about benefits, but approved of (the topics of) the heaven's purpose and humanitarianism.

9.2【原文】

达巷党人曰:"大哉孔子!博学而无所成名。"子闻之,谓门弟子曰:"吾何执?执御乎执射乎?吾执御矣。"

字词章句

达巷党人。有多解。

一,《礼记·曾子问》中记载:"孔子曰:'昔者吾从老聃助葬于达巷党。'"有人据此认为"达巷党"三字当连读,是地名。此解不成立。首先,孔子没见过老子几乎可以肯定,整部《论语》一次未"提"及老子;反面史料均不可靠,《史记》和《礼记》所载可以忽略。其次,孔子时代罕有三个字的地名,即使有,也应该是远古传下来从而必然佶屈聱牙的怪名字,不可能是"达巷党"这么三个简单的字构成的,而且这三个字还都容易产生歧义,和孔子时代地名惯例不符。最后,三字连读,还是个专有名词,并没有解决它在哪里的问题,没有进步,何苦为之?

二,如前述,康有为认为"达"字应归前一章,本章只有"巷党人"。此说从方法论到语词训诂均穿凿附会,极不可取。

三,也有把"达巷党人"解释为项橐(tuó)的。不妥。据传项橐是春秋时期莒国(今山东省日照市)的神童,七岁时就被孔子当作老师一般请教,后世尊项橐为圣公。故事出处是《史记·樗里子/甘茂列传》,其中主角之一的甘茂有个孙子甘罗,在毛遂自荐时宣称"项橐生七岁为孔子师",可说是借人之口,回避了史料的真正来源,不算靠谱的史料;这个解读将项橐和达巷党人等同,或是有人托梦吧,属于双重不靠谱;再说了,说是项橐,还是没解决"达巷党人"的句读问题。

四,还有忽略"达巷党人"的具体字义,一股脑解为"穷乡僻壤处有见识浅薄者发言"的,就更不认真了。

五,三国时期郑冲(《论语集解》)、南朝皇侃(《论语义疏》)、朱熹均认为五百家为一党,每党都有专名,即此处名为"达巷"的党,他们中有个人评价孔子。此说合理,和几个字单独使用时的字义不冲突;每党五百家,肯定由多条巷子构成,因此有"达巷"之说,顺理成章;党指乡党,没有今天农村地区偏僻鄙陋的意味,指古代城市内城之外的区域,归"士"居住,算是皇城根下或都城外廓,近郊也,属于人口稠密的城市的一部分,绝对不是乡村。皇侃《论语义疏》中云:"天子郊内有乡党,郊外有遂鄙。"在这样的士子云集之地,出现一个可以用居高临下的口吻评价孔子的人,合理。

除非有更有说服力的考据,否则此解最为简洁。在各解都无法确证这到底是个什么地方的情况下,用最简单的"达巷"来称呼,应是最佳选择。

无所成名。同样有多解。

主流解家把"大哉孔子!博学而无所成名"当成对孔子的赞美,因此,"无所成名"没有贬义,而有三种可能:

一说是赞美到底,解读为:"孔子不靠任何具体技艺来成名,其博学本身就足够伟大或更加伟大。"

一说是为孔子惋惜:"那么博学,却没有一门技艺出类拔萃。"有为孔子博而不专而叹息之意。

还有一种可能是赞美孔子博学,本来就不应该成名于具体的技艺,符合其"君子不器"(为政2.12)的主张,呼应后面孔子宁愿驾车四处涉猎而不愿拉弓射箭专注于一隅的倾向和比喻。

本书赞同把"大哉孔子!博学而无所成名"当成对孔子的讥讽,理由有三。

一,如果是真心赞美,应该把要赞美的美好品质放在看似不妥的风格之后,即表达成"艺无所成名而博学"。说别人"博学而不专"是贬其不专,"不专而博学"才是称其博学啊。

二,孔子后面的话虽然也有多种解读,但最顺当的还是理解成通过归谬法来反驳:"你说我没有专长,那我该钻研哪门技艺呢?是学驾车呢,还是该学射箭呢?还是学驾车吧。"用一个根本不会去认真对待的选项,冷讽对方评价。

三,孔子是在知道了别人的这个评价后,专门对弟子回应的。孔子不可能认真地对子弟们宣布自己要学驾车。如果弟子们当真了,也会一窝蜂地学习驾车,孔子不傻眼了吗?"游于艺"有可能会演变成"志于艺"了。孔子怎么可能给弟子们留下这样误读的空间呢?唯一的解释就是他确信自己表达的语境、语气和逻辑不会让弟子们产生误读。让人几乎能听到弟子们在孔子宣称自己去"执御"后的哄堂大笑。

本章有前后两段,解读版本中就有承认前半段是讽刺孔子但坚持后半段孔子虚心以对决心钻研御车之术的。本书认为:前半段是别人讽刺孔子无所专长,后半段是孔子反讽回去,用选项的荒诞感来化解被误解成不接受批评的可能性,同时又明确表达立场,再次确认"君子不器"的教导。

执。多解为"掌握,学习"义,原无不可,但考虑到孔子欲用极端的"专"来凸显"专于一艺而成名"的可笑和荒诞,所以取"坚持、执迷"义更妥。

射御。六艺之二,分别是射箭和驾车。为何孔子用这两个"艺"来表达呢?

有人就如上述提过的,从"射"的专注性和"御"的流动性来发掘孔子的微言大义,比如高效学习的阶段论等等,看似深刻而失之琐碎。

宋代邢昺云:"以为人仆御,是六艺之卑者,孔子欲名六艺之卑,故云'吾执御矣'。谦之甚矣。"说"射御"都是六艺之卑下者,孔子就是要用低层次的技艺来表达自己的谦卑。赞同上述的"赞美"说,则等于承诺要从入门级的"六艺"开始学得专一点。按"反讽"说,则是孔子故意用不可能去研究的低层次技能来凸显对方评论的不堪和自己的不屑。后面这个解释加强了上面讽刺说的可信度,形成用归谬式的"荒诞"对付"讽刺"的隔空反讽,当为正解。

今 译

达巷有个居民说："孔子真伟大啊！学问广博而没有专长可称于世。"师父听到了，对门下弟子们说："我该专注于什么呢？驾车吗？射箭吗？我还是专注于驾车吧。"

英 译

A townsman from Da Lane said: "How great is Confucius! His knowledge is extensive but he has never made a name in any specialty." The master heard this, and said to his students: "What should I specialize in? Driving a chariot? Or practicing archery? Let me specialize in driving a chariot then."

9.3【原文】

子曰："麻冕，礼也，今也纯，俭，吾从众；拜下，礼也，今拜乎上，泰也，虽违众，吾从下。"

字词训诂

纯。丝也。孔子时代以用丝为俭。

拜下、拜上。拜于堂下，拜于堂上。有数解，但无非是说：拜下是在进到大堂前就拜，更显尊重和自贬，更符合孔子心目中的礼仪。

泰。傲慢。

章句义理

显然孔子心中对"礼"的 SOP 也是分轻重的：有些可以酌情处理，便宜处理；有些就得按部就班，不可将就。从《论语》中相关各篇可以得出孔子的大致标准：

一，国家和天下层面的礼，尤其是祭祀类和君臣之间的礼，不可稍逾，不可稍懈。孔子在这些领域的坚持有其道理，此处不展开。

二，家庭、亲友及个人生活中的礼，只要不太过分，保留礼的目的不变，则可灵活松动,相机为宜。这反映了孔子灵活通达的人生智慧,也由于其对个人能力有很高的要求,所以难以变成通行的SOP,不仅生前弟子往往无法学会(比如颜渊在子罕9.11中感叹的"瞻之在前,忽焉在后"),而且后世事实上就因难以判断和传播,而被刻板的教条所替代而抹杀。

三,深层的标准大概是礼仪的影响范围、有无被史书误读的可能、是否会影响名份秩序以及具体情境中各项考量因素的动态权重吧。

今 译

师父说:"(在正式场合)麻做的帽子,是礼的要求,现在呢用丝了,算节省,我呢就从众;在堂下就磕头,是礼的要求,现在呢上了堂才磕,算傲慢,虽然会和大众不同,我还是在堂下就磕头。"

英 译

The master said: "Linen hats (in formal events) are required by the rules of propriety, but now they are replaced by silk ones. This is economical, and I follow this common practice. Bowing in front of the hall is required by the rules of propriety, but now people bow when then are in the hall. This is arrogant. Though it may go against the common practice, I continue to bow in front of the hall."

9.4【原文】

子绝四:毋意,毋必,毋固,毋我。

字词训诂

绝。断绝。

毋。同"无",不的意思;有人认为前面说了"绝",因此就绝了后面的"毋",实在是刻舟拘泥。从语法上说,可以把四个"毋"字去掉,但不去掉也合理。就像现代汉语中可以说:我有四个东西坚决不干:不吸毒,不沾赌,不吸烟,不酗酒。有无

"不"字都成立。

意。猜想,揣度。

必。一定要,执着。有解为"预测一定会"的,不妥,这和上面的"意"重叠,还是猜想。上面都说"毋意"了,就没有必要就"意"中的极端例子"意必中"再说一遍;一定要再强调一次,也该把"毋意、毋必"颠倒顺序变成"毋必、毋意"才通顺。

固。拘泥、无变通。

我。自我,私心。

今 译

师父断绝这四样:不猜测,不执迷,不拘泥,不自私。

英 译

The master kept himself off four things: no conjecture, no obstinateness, no rigidity, no selfishness.

9.5【原文】

子畏于匡,曰:"文王既没,文不在兹乎?天之将丧斯文也,后死者不得与于斯文也;天之未丧斯文也,匡人其如予何?"

字词章句

畏。有多解。

其一解为害怕、畏惧之本义,或引申为"心存戒心"(朱熹),等于人为地降低了"畏"的等级,以维护孔子形象。这是主流解读但也是最不可能成立的。首先,负责记录的弟子会维护孔子大无畏的光辉形象,肯定不会把师父恐惧无助的样子描述出来,因此不可能用"畏"的本义。其次,本章后面明显是孔子在表达肩负天命、舍我其谁的英雄气概,气氛肯定不会是充满恐惧。皇侃在《论语义疏》中引东晋孙绰说孔子:"夫体神知几,元定安危者,虽兵围百重,安若泰山,岂有畏哉?虽然,兵事险阻,常情所畏,圣人无心,故即以物畏为畏也。"曲意维护、强为之辩的态度很有代表性,特列于此供参考。

其二,取吓唬义。说孔子一行人被别人吓唬。成立,但威胁级别不够,难以触发孔子后面带有生死抉择的厚重感。不取。

其三,取拘禁义。清代学者俞樾在其《群经平议》中说:"《荀子赋篇》'比干见刳,孔子拘匡',《史记·孔子世家》亦云'匡人于是遂止孔子,拘焉五日',然则畏于匡者,拘于匡也。《礼记·檀弓上》,'死而不吊者三,畏、厌、溺'。郑注即以孔子畏于匡为证而《通典》引王肃注曰'犯法狱死谓之畏'是畏为拘囚之名,后人不达古义,曲为之说,盖皆失之。"此论甚当,考据有力,本书从此说。

匡。其位置众说纷纭,都无定论,此处列出一种比较大的可能:公元前496年,孔子从卫国到陈国去的过程中"畏于匡";则"匡"应在卫国到陈国之间。今河南新乡市长垣县县城西南十五公里附近匡城村,就在卫国到陈国的半路上,此处是"匡"的可能性较大。

子畏于匡。主流的说法是,孔子的相貌与阳虎(见阳货17.1下注释)相像,匡人误以孔子就是阳虎,所以将他围困。据《史记·孔子世家》记载:"去卫。将适陈,过匡,颜刻为仆,以其策指之曰:'昔吾入此,由彼缺也。'匡人闻之,以为鲁之阳虎。阳虎尝暴匡人,匡人于是遂止孔子。孔子状类阳虎,拘焉五日,颜渊后,子曰:'吾以汝为死矣。'颜渊曰:'子在,回何敢死!'匡人拘孔子益急,弟子惧。孔子曰:'文王既没,文不在兹乎?天之将丧斯文也,后死者不得与于斯文也。天之未丧斯文也,匡人其如予何!'孔子使从者为宁武子臣于卫,然后得去。"

还有一说是:孔子过匡时的陪同学生之一颜刻,以前曾经跟随阳虎,而被阳虎欺负过的匡人就因此认定队伍中间有阳虎,从而围攻复仇——此说合理。

先进11.23中也有"子畏于匡"的记录,记录了孔子以为颜渊已死,亦可证明当时局面之混乱和匡人拘而不杀的犹豫。

没。mò,死义。"既没",死了以后。

文。应是对周朝流传下来的包含礼仪、规章和典籍在内的文化的总称。

丧。sàng,使消亡。

斯文。这些文化。

与。yù，参与。

后死者。一般解读为孔子自称，后死是相对于文王已死而说。不成立，本书有新解，是"未来的后死者"，即"未来的学者"或"未来的人"。

按主流解读，这句话意思是："如果上天要这些文化消失，我本来就不会掌握它了。"反推就是："既然我掌握了这些文化，可见上天并不打算让它消失。"在孔子看来，在他自己去世之后，这些文化会不会消失呢？以传承它们为己命的孔子既不会狂妄到认为文随己亡，更不会拒绝将之授而传世，以期永续。因此，唯一的担心应该是：在还没有来得及传授给后来人之前，作为承上启下的一代继承人的孔子本人就离世了，从而导致"斯文丧也"。

因此，把"后死者"说成自己，就仅仅是无来由的断言——凭什么说孔子掌握了，就证明上天要它流传，就证明自己不会死？这样的狡辩虽有天命在我的自豪，但却未能体现出承上启下的历史责任感。

相反，把"后死者"解释成"后来人"，则这句话就成了：如果上天要这些文化消失，后来人就看不到它们了。这是一种惋惜，避免了盲目断言的狂妄，并未否认自己死于此地的可能性，因为这是常识，尤其是参考当时局面的混乱。结合后一句，就是："如果上天要这些文化消失，则后来人就看不到它们了，因为我会死在这里；如果上天还不想要这些文化消失，则就不会让我死在这里，匡地的人能奈我何？"逻辑、义理、和语法均通顺。

相应地，英文中表达"如果上天要"就不能用 if the heaven had wished 而应该用 if the heaven wishes。

今　译

师父在匡地被拘禁，他说："周文王死了以后，文化遗产不都在我这儿吗？上天如果要消灭这种文化，那后来者就不可能掌握这种文化了；上天如果还没要消灭这种文化，那匡人又能把我怎么样呢？"

英　译

The master was detained in Kuang. He said:"After the death of Emperor Wen, aren't the cultures here with me? If the heaven wishes to annihilate these cultures, then the future people will have no access to these cultures; if the heaven does not want to annihilate these cultures yet, then what can the people of Kuang do to me?"

9.6【原文】

太宰问于子贡曰："夫子圣者与？何其多能也？"子贡曰："固天纵之将圣，又多能也。"子闻之，曰："太宰知我乎！吾少也贱，故多能鄙事。君子多乎哉？不多也。"

字词训诂

太宰。"太"有作"大"者，仍是"太宰"义；西周时开始设置太宰，也叫大冢宰、大宰，职责是掌管国家的六种典籍，用来辅佐国王治理国家。六种典籍是治典、教典、礼典、政典、刑典、事典，可见当时的太宰是百官之首，相当于后来的宰相或丞相；由于王室的衰落，太宰这个官职的重要性在春秋时期下降了许多，以至于被排除在三公（太师、太傅、太保）之外，但仍是朝中大臣无疑；此处指何国太宰，已不可考。

与。语气助词，疑问语气。

固。本来。

纵。放任，不约束，不限制。

将。有多解，主要有解为"大"和"将要"两种。虽然在生前就被不少人视为圣人，但孔子从未如此自许，而且未能成王，连"公"都没做过，不太符合"圣"的定义。就算半推半就，无论如何也不能承认自己是"圣中之大者"，成为"大圣"。作为其弟子，子贡不可能擅自拔高其地位，因此不取"大"，取其"将成为"义，既体现"天命指定"的使命性质，也表达了"一直在努力"的承担精神，殊为恰当。

章句义理

夫子圣者与？何其多能也

对太宰此问的理解是解读本章的关键，有两解。

主流观点是："孔子是圣人吧？要不怎么会那么多才多艺？"赞美为主，暗藏的前提是："多才多艺是圣人的特点，是加分因素。"另一派观点是："孔子是圣人吗？怎么会掌握那么多具体技能呢？"怀疑为主，暗藏的前提是："技能众多是成为圣人的障碍，是减分因素。"

本书认为第一解错误，第二解成立。

孔子历来主张君子和圣人应该专注于以"仁"为主要德行，以"礼"为主要手段，以化民济众为主要实践的"先王之道"，而不应该用专门技能和知识来作为判定君子和圣人的标准。为政2.12中"君子不器"，述而7.3中"德之不修，学之不讲，闻义不能徙，不善不能改，是吾忧也"，本篇9.2中对"达巷党人"的反讽，子路13.4对樊迟的藐视和对干农活的不屑等等，都是明证。

今人严光辉在其网络版《论语凿度》中的解读甚好，特录于此："'多能鄙事'乃是谋生之能，此固是生存层面的能事而与人生的高度无关，若乎以'多能'辨贤愚，别善恶，分君子小人，即是认谋生之具为度量人生的尺度，如此则财货权势即成为标识崇高的刻度，认生存之本能为第一要义，从而在人生的刻度上消解了贤愚、善恶、好坏的重要意义，进而也就消除了崇高/卑俗的分野，因此也就舍弃了社会崇高的可能并进而放弃了可能的崇高性探究……至于君子之谋生，则有'禄在其中'之说。"

从孔子回答的语气上看，显然是在辩解为何自己"多能鄙事"，说自己情况特殊，而按道理和自己的理论，一个君子反而不该具备很多具体技能，反推可知孔子是针对太宰的疑问来回答的，从而反证了太宰问题的疑问性质而不是赞美指向。

从子贡回答的语气上看，显然也是在解释为何是个圣人却又掌握那么多技能，有"本来上天就让他成为圣人的，又赋予他很多技能"的意味，等于承认"圣人本不该有那么多技能"的前提和共识，只是对"何其多能也"没能说出个道理，语焉不详,这才引出后面孔子说"太宰知我乎"的感慨,相当于批评子贡的回答不知所云而赞赏太宰的质疑,然后自己来给出解答。

圣人本不该有那么多技能,这对孔子是成立的,在当时的上流社会上应该也是有共识的,贵贱之分肯定比今时今日更为明确和理所当然,太宰有此一问符合常理。即使今天,如果我们得知国家领导人或宗教界领袖琴棋书画样样精通,唱歌踢球无所不能,上天能开飞机,下水游若蛟龙,经常发表诗歌,能说多门外语,我们不也会担心他们涉猎过多、不务正业吗?

太宰知我乎

有解为疑问句的,比如礼雅各。不妥。如果孔子是疑问语气,则要疑问的应该是太宰懂不懂上述共识,问题就该是"太宰知圣乎"而不是"太宰知我乎"了,而后面就不该说明自己的特殊情况,而应直接讲"君子多乎哉? 不多也"。太宰显然知道贵贱之分和圣人的应有特点,即懂上述共识。因此不取此解。

"太宰知我乎",有解为肯定句的,成立:把"乎"字作为肯定的语气助词是成立的,例如八佾3.7中"必也射乎"中的"乎",雍也6.5中"以与尔邻里乡党乎";解读为肯定的意思,隐含了"太宰知道我不是圣人"的自谦,这样和后面的解释及"君子多乎哉? 不多也"的总结也吻合;太宰问的是"圣人",孔子回答的是"君子",用降了等级的"君子"来回应,以免留下认同他人吹捧之嫌。如果解为疑问句,则相当于反驳太宰,不仅斥其无知,还等于肯定自己是圣人,有傲慢之情,绝非孔子风格。

<h3 style="text-align:center">今 译</h3>

太宰向子贡提问说:"你们先生是圣人吗? 怎么那么多才多艺呢?"子贡说:"本来上天就无所保留地让他成为圣人,(只是)又多才多艺(而已)。"孔子听到了,说:"太宰了解我呀! 我少年时地位低贱,所以掌握了许多上不了台面的技艺。君子会有这么多的技艺吗? 不会多的。"

<h3 style="text-align:center">英 译</h3>

A high official asked Zi Gong: "Is your teacher a saint? How come he has versatile skills?" Zi Gong said:"The heaven has originally endowed him whth the qualities to become a saint without reservation,(however)he got the versatile skills(anyway)." Confucius,hearing that,said:"This official understands me! I was lowly when I was young, and therefore I acquired many vulgar skills. Should a cultivated gentleman be versatile in skills? He should not be so."

9.7【原文】

牢曰:"子云:'吾不试,故艺。'"

字词训诂

牢。弟子琴牢。字子开,又字子张,故或称琴张,卫国人;琴牢在整部《论语》中出场就这一次,可见他不是重要弟子;因此,或许编纂者不敢担保孔子说过这个话,或者怀疑为何只有琴牢听过师父这么说,所以特地在"子曰"前又加上"牢曰",既显严谨,又留存疑吧。

试。用,见用于人。

艺。名词当动词用,"掌握技艺"。

章句义理

本章和前一章可互相参考,算是进一步解释了孔子为何才艺很多的问题,也又一次确认了"艺"的低下,明示了自己之所以多艺,是因为未能出仕治国,是被逼无奈的结果。

今 译

琴牢说:"师父说:'我因为未被录用,才掌握了不少技艺。'"

英 译

Qin Lao said:"The master said:'I was not employed for an office, and hence mastered many arts.'"

9.8【原文】

子曰:"吾有知乎哉?无知也。有鄙夫问于我,空空如也。我叩其两端而竭焉。"

字词训诂

知。此处指"知识、学问",不是"智"。

无知也。有人解读为"我不知道",即不知道自己有没有学问,礼雅各主此说。此说语义上成立,且无过谦之嫌。难点之一是"无"为何不用"不"替代,之二是和后面的"空空如也"不和,故不取。取其本义"不知道"最为妥当。

章句义理

本章两难,分别是"空空如也"和"扣其两端而竭焉"。

空空如也

一说主语是鄙夫,实为不妥。因为前文已经设定语境——"我无知也",此处怎么会转移语境,反说他人?主语是孔子方才成立。

古注多把"空空"解为"悫",què,诚实、谨慎貌;按今人钱锺书《管锥编》中所说:"'空空如也','空'可训虚无,亦可训诚悫,两义不同而亦不倍。"于两解皆认可,既可解为"虚无"又可解为"诚恳",因为"一无所知"就会"诚恳谨慎",等于赋予"空空"两个带有一定因果性的词义,有点取巧和糊弄,且"不倍"不是正解的保证,故不取此解。应取其"没有"的原义,虽是佛教概念进入中国之前,但字义已有,"空空"连读而强化并形容其原义,合乎语法和情理。

扣其两端而竭焉

"扣",敲击,引申为推敲和分析;"两端",两头,即正反、先后、本末、轻重等标准的两至,统计学上决定范围(range)的最大和最小值是也。

清代焦循《论语补疏》解读恰当,特录于此:"此两端即'舜执其两端,用其中于民'之两端也。鄙夫来问,必有所疑,惟有两端,斯有疑也。故先叩发其两端,谓先还问其所疑,而后即其所疑之两端而穷尽其意,使知所向焉。盖凡事皆有两端……

凡若是皆两端也,而皆有所宜,得所宜则为中。孔子叩之,叩此也;竭之,竭此也;舜执之,执此也;用之,用此也。处则以此为学,出则以此为治,通变深化之妙,皆自此两端而宜之也。"

孔子的逻辑,也是生活中的事实状态,往往就是这样的:

虽然不知道具体问题,但拥有解决问题的方法,即分析问题,找到症结,提供解决方向的整套思维定式,辅之以在类似问题中的实操和成功经验,则仍能为提问者提供很好的建议。正如今天的顾问。

只要掌握这种方法论,不管它是思维的套路还是分析的模板,都可以做出八九不离十的、方向性的判断。对于不习惯于战略分析、系统论证的常人来说,第一次见到咨询公司的人很难不被其震慑住,叹服于对方分析的全面性、逻辑性、严谨度和说服力。如果提问者是个"鄙夫",几乎可以肯定会很有收获。眼界、视野、知识水平、成功经验、失败教训、对最佳实践的接触、对先进模式的熟悉等诸多方面的能力形成压倒性优势,虽然提供帮助者或真或假地宣称自己真的是一无所知。正如今天经常听到的"我对你这个问题没有研究,但可以提供一些思路供你参考"或"具体工作还得你们干,我能做的只是给你们提供个方向"等。

苏格拉底宣称自己无知,但却可以像助产婆帮助别人生孩子一样帮助他人自行找到答案和获得知识,与此处逻辑有异曲同工之妙。

有人认为孔子此处提出的就是"中庸",过于拘泥,不妥。不能因为看到"两端"就想到中间,就想到取中间值。叩其两端未必要落于中间,而可能落在两端中间的任何一点。确定两端不仅是确定可供选择的 range(范围),也提供了判断的 criteria(标准),否则叩其两端也未必有结果。

竭。是指自己尽全力呢,还是说"叩其两端"而穷尽其可能?应是后者,因为自己尽了全力是从努力的角度而论,问者未必满意或有收获,而只有穷尽问题的各种可能性,才能肯定对问者有所启发或使其豁然开朗,才有人经常来问,才能有机会表现"我其实无知"式的俯瞰式谦虚。

本章提供的方法只针对需要分析和推理的问题,不适用于主要依靠记忆来实现的学习内容。在很多场合,孔子并不需要"叩其两端"就可以侃侃而谈,给出答

案,秘诀无非就是好学不倦、孜孜以求且博闻强记,虽然有时难免有轻信玄虚奇谈之嫌。从《史记·孔子世家》中试举两例如下:

吴伐越,堕会稽,得骨节专车。吴使使问仲尼:"骨何者最大?"仲尼曰:"禹致群神于会稽山,防风氏后至,禹杀而戮之,其节专车,此为大矣。"吴客曰:"谁为神?"仲尼曰:"山川之神足以纲纪天下,其守为神,社稷为公侯,皆属于王者。"客曰:"防风何守?"仲尼曰:"汪罔氏之君守封、禺之山,为厘姓。在虞、夏、商为汪罔,于周为长翟,今谓之大人。"客曰:"人长几何?"仲尼曰:"僬侥氏三尺,短之至也。长者不过十之,数之极也。"于是吴客曰:"善哉圣人!"

……

有隼集于陈廷而死,楛矢贯之,石砮,矢长尺有咫。陈愍公使使问仲尼。仲尼曰:"隼来远矣,此肃慎之矢也。昔武王克商,信道九夷百蛮,使各以其方贿来贡,使无忘职业。于是肃慎贡楛矢石砮,长尺有咫。先王欲昭其令德,以肃慎矢分大姬,配虞胡公而封诸陈。分同姓以珍玉,展亲;分异姓以远职,使无忘服。故分陈以肃慎矢。"试求之故府,果得之。

今 译

师父说:"我有学问吗?没有啊。如果有没文化的人向我请教问题,而我一无所知,我就会推敲问题的两端而穷尽其各种可能。"

英 译

The master said: "Do I have knowledge? I do not. When an ignorant fellow asks me a question, and I know nothing about it, I would elaborate the two extremes of it and exhaust all its possibilities."

9.9【原文】

子曰:"凤鸟不至,河不出图,吾已矣夫!"

字词训诂

凤鸟。凤凰也。《尚书·益稷》(即今通行版本《尚书·虞夏书·皋陶谟》的后半部分内容)中云:"《箫韶》九成,凤凰来仪。"《箫韶》据传是舜创作的音乐,九成指《箫韶》乐舞奏到第九遍时(应是结束时分)。《尚书》内容是说《箫韶》演奏到第九遍时,凤凰会飞来起舞以和(也有说是扮演凤凰的舞者登场和舞,但难以代入吉祥意象,尤其难以融入孔子语境,不取),是王道得行之吉象。

河。黄河。"图",指神话传说中伏羲通过黄河中浮出的龙马身上的图案,结合自己的观察而画出的八卦图。"河出图",也是王道得行之吉象。

已。罢了、算了、完了。

章句义理

本章慨叹自己已无机会,这没有疑义。但从哪个角度慨叹,有多解:一说是我没机会亲睹盛世了。这种解读是从旁观者和凑热闹的角度看,其惋惜之义浅薄易逝,无可重视,不取。二说是我没机会像舜帝那样成王了。非分之想,绝非孔子心意,不取。三说是没有舜帝那样的帝王出现了,我也没机会被征用了,天命也。正解。

据《史记·孔子世家》,本章发生于鲁哀公十四年,即前481年,颜渊当年离世,孔子时年七十,两年后去世,对治国化民、恢复王道已经心灰意冷了。

今 译

师父说:"凤凰不飞来了,黄河不出河图了,我算完了啊。"

英 译

The master said: "The Feng bird is not coming, and the Yellow River is not bringing forth the diagrams—I am all over."

9.10【原文】

子见齐衰者、冕衣裳者与瞽者:见之,虽少,必作;过之,必趋。

字词章句

齐衰。zī cuī。要说明"齐衰",得从五服概念说起,一般把自高祖至玄孙的九个世代男性及其配偶称为本宗九族,也有其他说法,此处不赘。在此范围内的亲属,包括直系亲属和旁系亲属,为有服亲属,去世了就要为其服丧,丧服样式、衣料粗细和服丧期限按亲疏分为五种等级,即五服。视与死者关系亲疏,服期分三年、一年、九月、五月、三月。

一,斩衰,亦作"斩縗"。五服中最重的丧服。用最粗的生麻布制作,裁剪处不锁边,即毛边,称"斩",上衣叫"衰",合称"斩衰"。表示毫不修饰以尽哀痛,服期三年。

二,齐衰,次于"斩衰"的丧服。齐,下衣的边。齐通纃,衰通縗。用粗麻布制作,断处锁边,因此边缘整齐,故名"齐衰"。服齐衰一年,用丧杖,称"杖期",不用丧杖,称"不杖期"。

三,大功,亦称"大红",是次于"齐衰"的丧服。用粗熟麻布制作。服九月。

四,小功,亦称"上红",是次于"大功"的丧服。用稍粗熟麻布制成。服五月。

五,缌(sī)麻,是次于"小功"的丧服,"五服"中最轻的一种。用较细熟麻布制成,做功较细。服三月。

《仪礼·丧服》所载亲属间各种服制被后世遵奉,但不同时期都有不同程度的变通和改变。

图9-1展示通行的九族关系和五服丧制,这张图之外的直系和旁系亲属就属于"出五服",不需要为他们服丧;其中的"期年"指服齐衰一年。这只是主流的通行版本,并非学界公论,更不必然吻合孔子语境中的"齐衰"丧服之制,只供大概参考:

				四服 高祖 齐衰三月				
			四服 叔伯曾祖 缌麻	三服 曾祖 齐衰五月	四服 曾祖姑 在室缌麻, 出嫁无服			
		四服 堂祖父母 缌麻	三服 叔伯爷 小功	二服 祖父母 齐衰不杖期	三服 祖姑 在室小功, 出嫁缌麻	四服 堂祖姑 在室缌麻, 出嫁无服		
	四服 从叔伯 缌麻	三服 堂叔伯 小功	二服 叔伯 期年	一服 父母 斩衰	二服 姑姑 在室期年, 出嫁大功	三服 堂姑 在室小功, 出嫁缌麻	四服 从姑姑 在室缌麻, 出嫁无服	
五服 族兄弟 族兄弟缌麻, 族兄弟妇无服	四服 从兄弟 从兄弟小功, 从兄弟妇缌麻	三服 堂兄弟 堂兄弟小功, 堂兄弟妇缌麻	二服 兄弟 兄弟期年, 兄弟妇大功	一服 自己	二服 姐妹 在室期年, 出嫁大功	三服 堂姐妹 在室大功, 出嫁小功	四服 从姐妹 在室小功, 出嫁缌麻	五服 族姐妹 在室缌麻, 出嫁无服
	四服 从侄 从侄缌麻, 从侄妇无服	三服 堂侄 堂侄小功, 堂侄妇缌麻	二服 侄子 侄子期年, 侄妇大功	一服 子女 长子、长子妇、众子期年, 众子妇大功	二服 侄女 在室期年, 出嫁大功	三服 堂侄女 在室小功, 出嫁缌麻	四服 从侄女 在室缌麻, 出嫁无服	
		四服 堂孙 堂孙缌麻, 堂孙妇无服	三服 侄孙 侄孙小功, 侄孙妇缌麻	二服 孙辈 嫡孙期年,众孙大功,嫡孙 妇小工,众孙妇缌麻	三服 侄孙女 在室小功, 出嫁缌麻	四服 堂侄孙女 在室缌麻, 出嫁无服		
			四服 曾侄孙 曾侄孙缌麻, 曾侄孙妇无服	三服 曾孙辈 曾孙缌麻,曾孙妇无服	四服 曾侄孙女 在室缌麻, 出嫁无服			
				四服 玄孙辈 玄孙缌麻,玄孙妇无服				

图 9－1　九族五服示意图

除了上图之外,部分外亲也有丧服惯例,主要有以下几类。在对外姓亲属的典型歧视的背景下,其丧服规定是用小功对标上表中的三或四服,而缌麻又降一等:

一,涉及母亲家族的,见图 9－2。

		外祖父母 小功		
舅之子 舅之子缌麻, 其妇无服	母之兄弟 母之兄弟小功, 其妇缌麻	一服 母亲 斩衰	母之姐妹 小功	姨之子 姨之子缌麻, 其妇无服
		一服 自己		

图 9－2　母亲家族五服示意图

二,涉及妻子家族的:岳父母,缌麻。

三,涉及女儿的:女婿和外孙,缌麻。

四,父亲姐妹(姑姑)的儿子:表兄弟的一种,缌麻。

五,自己姐妹的儿子:外甥,小功。

冕衣裳者。"冕",冠,大夫戴的帽子。"衣",上衣。"裳",下衣。"冕衣裳者",穿戴整齐的大夫。有把"冕"解为"統",并把"冕衣裳"解读为较齐衰为轻的丧服的,不妥。首先,改字解经,大忌。其次,显然"齐衰者、冕衣裳者与瞽者"三者并举,说"冕衣裳者"是另一种服丧者,义理不通。最后,本章虽未谈"斩衰"者,但可以想见孔子见了"斩衰者",即使不更加慎重,至少也得和对待"齐衰者"一样吧。因此如果此说成立,不如直接省略掉"齐衰者"。

瞽。gǔ,眼睛瞎。

子见,见之。"子见"之"见",是"会见";"见之"之"见"同"现",指别人来访而被引见;这样在"瞽者"后就该用冒号,就把"子见"分为两种情况:来求见孔子的是一类,孔子路过而见的是另一类。

少。比自己小。

作。起身。

过。有人解为"经过",结合后面的"必趋",即经过他们就要快步走开,不仅不够礼貌,也不稳重,在失明者面前疾行更有惊吓到他们的可能。不取。应解为"路遇"。

趋。疾行,言快走上前、主动打招呼之貌。

对这三种人的行为模式是一样的,体现尊重,但心理出发点有所不同,分别体现对服丧者的同情和致哀,对尊贵者的尊重和致意,对失明者的体贴和照顾。

今 译

师父见到服重丧的、着正装的大夫及失明者时:如果是对方来拜见,即使年纪比自己小,也一定起立(迎接);如果是路遇他们,一定快步向前(打招呼)。

英 译

When the master met those in deep mourning, high officials in formal dress, and the blind: in the case that they came to visit, even if they were younger, he would stand up (to welcome them); in the case that he was passing by them, he would hasten forward (to greet them).

9.11【原文】

颜渊喟然叹曰:"仰之弥高,钻之弥坚。瞻之在前,忽焉在后。夫子循循然善诱之,博我以文,约我以礼,欲罢不能。既竭吾才,如有所立卓尔,虽欲从之,末由也矣。"

字词章句

本章后半段句读和解读复杂多样,无法逐一分析。上面文本中标点符号的使用,代表本书认为最合理的句读,并因句读而界定了基本的解读框架。

喟。kuì,"喟然",叹气的样子。

之。前三个和第五个"之"指孔子的学问和思想,第四个"之"指自己。

循循然。按顺序进行的样子。

如有所立卓尔。"卓尔",高大矗立的样子;解说纷纭,难以详列。考虑到本章的要旨在感叹孔子思想和学问的博大精深,难以穷尽,可以肯定此处说的是:我尽了全力,还是仿佛有高大的东西矗立在那里显得高不可及。

诱。引导。

末。没有。"由",路径。

作为孔子最为赞赏的弟子,颜回之好学不倦和深得其妙是不言而喻的,连他都发出如此的感叹,更见孔子思想和学问之博大精深、深不可测。

今 译

颜渊深深地感叹说:"抬头仰望它,它好像更高了,想钻到它里面去,它好像更坚固。看着它好像在前面,忽然又出现在后面。老师循序渐进地高明地指导我,用各种知识来开拓我,用礼法来约束我,我想停都停不下来。在穷尽了我的才能以后,仍然好像有东西在前面高高矗立,虽然我想追随而得,却怎么也找不着路径啊。"

英 译

Yan Yuan sighed deeply and said: "When I look up at it, it seems to grow even higher; when I penetrate into it, it seems to become more firm. It seems to be before me, and then suddenly appears to be behind. My master, in an orderly way, guides me skillfully, enlightens me with knowledge, and defines me with the rules of propriety, making me unable to pause or stop. After all my abilities have been exhausted, it seems that something is still standing tall and upright over there, something I desire to follow and apprehend, but cannot find a way anyhow."

9.12【原文】

子疾病,子路使门人为臣。病间。曰:"久矣哉,由之行诈也！无臣而为有臣。吾谁欺？欺天乎？且予与其死于臣之手也,无宁死于二三子之手乎？且予纵不得大葬,予死于道路乎？"

字词训诂

疾病。得了重病。见述而7.35下注解。

门人。子路的弟子,孔子的再传弟子。

臣。大夫是国家之臣,而为大夫工作,从大夫手中领取薪酬的是"家臣",此处指家臣;孔子曾做过大夫,但此时应是返回鲁国的途中,不做大夫久也,所以按礼不该有家臣；还有一说是说此处指家臣无疑,但应是指专办丧事的"家臣",但不该因本章谈及"葬、死"就把"臣"限制到这个特殊的定义,不取。

间。四声,间隙义,即病重转好稳定时。

大葬。君主和国臣(即卿和大夫)的葬礼。

章句义理

到孔子时代为止,"礼不下庶人"(语出《礼记·曲礼上》)还是基本社会规范;

对介于庶人和大夫之间的士,是否有专门的丧礼,学界无定论。主流观点认为有,其论据来源主要是下述两种:《仪礼》中有《士丧礼》一篇,里面详细规定了士丧的流程;《礼记·杂记下》中有"哀公使孺悲之孔子,学士丧礼,《士丧礼》于是乎书"的记载,郑玄对此注曰:"时人转而僭上,士之丧礼已废矣。孔子以教孺悲,国人乃复书而存之。"

但是,如何能证明《士丧礼》规定的内容在孔子时代已经存在(即士丧礼古已有之),或证明《士丧礼》成书在孔子时代或稍后(即士丧礼自孔子始),由于《仪礼》成书年代以及《礼记》篇章内容出处的存疑,是个难题。如果没有这种证明,则《礼记》的记载有可能是编造事实来为自己的出身背书,无法作为《礼记》及其注疏对象《仪礼》成书年代和内容属实的确证。

《仪礼》一书的成书时间和过程学界尚无定论,但从《孟子》和《荀子》中多处引《仪礼》章节可以推知,《仪礼》的成书时间应在孟子之前无疑。孟子的活跃时代距孔子逝世约为一百三十四年,如果推定孔子时代《仪礼》的内容已经存在,或者推定孔子确实参与了其部分内容的传承甚至是创作,都算是合理的假设。

孔子说过"无宁死于二三子之手乎?且予纵不得大葬,予死于道路乎",要么是确信自己理所当然会有相应的丧礼,要么就有暗示弟子们开创针对"士"或针对"师"的丧礼的意味。按《史记·孔子世家》记载,孔子死后,"弟子皆服三年",孔子身后的丧礼是不言而喻的;有学者认为礼及于士,就是从孔门开始的,这当中当然也包含丧礼。

综上可有两个结论:

一,孔子不会反对为自己身后举行丧礼,无论当时有无约定俗成或成文的士丧礼。

二,子路欲尊崇孔子,且孔子曾经是大夫,大约就想趁机僭礼,用大夫礼而不是本来就有或正在行成中的士礼来为师父安排丧礼;孔子痛骂子路,是因为念念不忘名份和礼仪的匹配,以免落下僭礼之名,死不得其所也。

今 译

师父病重,子路安排自己的弟子们担任他的家臣。师父病好些了的时候,说:

"很久了吧,仲由干这种欺诈的勾当!没有家臣而假装有家臣,我骗谁啊?骗天吗?而且我与其死在家臣的手上,不是宁可死在你们几个手上吗?再说了我即使得不到大葬,我难道会死在路途上吗?"

英 译

The master was very ill, and Zi Lu sent his own students to act as the master's retainers. When the master recovered a little, he said:"It's been some time for Zhong You to conduct the cheat! To pretend that I have retainers when I have not, whom is it to deceive? To deceive the heaven? Moreover, rather than dying in the hands of the retainers, should I not prefer to die in the hands of you gentlemen? Besides, though I will not have a grand burial, could it be possible that I die on the road?"

9.13【原文】

子贡曰:"有美玉于斯,韫椟而藏诸?求善贾而沽诸?"子曰:"沽之哉!沽之哉!我待贾者也。"

字词训诂

韫。yùn,包含、蕴藏义。

椟。dú,木匣子。

善贾。有多解,主要有二:一是好价钱。此时"贾"音义均同"价";二是懂行的商人。此时"贾"音gǔ,商人义;两解字义和语义均通,但第二解更为妥当:第一解等于是个复杂提问,complex question 是也,等于一次问了两个问题:卖不卖?要卖个好价钱吗?语境上显然子贡是试探师父是否要抓住机会出仕的,主要的问题是卖还是不卖。如果强调的是价格,那就是贬低师父为国为民的胸怀,不符合孔子的风格和情操;第二解显示的是有机会就上的愿望,但暗示的也有对双方匹配的坚持,期待善贾者前来,双方在基本思路、价值观和治国要点上取得一致,才会沽出自己。此解妥帖。

章句义理

师徒二人在用字上有个差别:子贡问的是"求",孔子回答的是"待",应该是反映了子贡对出仕的进取和孔子对等待时机的耐心。从孔子一生的结果导向来看,孔子可能偏保守了,如果能更积极一点,更坚决一点,更早一点"求善贾",或许在政治上会有大得多的表现。

本章意思简明,但对话精彩:子贡以喻试探,师父心领神会,大笑而答,两人机锋风采跃然纸上。

今 译

子贡说:"这里有一块美玉,是把它收在木匣子里藏着呢,还是找识货的人把它卖掉呢?"师父说:"把它卖了吧!把它卖了吧!我正等着识货的人呢。"

英 译

Zi Gong said: "Here is a beautiful piece of jade. Should we put it in a wooden case to keep it, or go find one who knows and appreciates it and sell it out?" The master said: "Sell it out! Sell it out! I'm waiting for him who knows and appreciates it."

9.14【原文】

子欲居九夷。或曰:"陋,如之何?"子曰:"君子居之,何陋之有?"

字词章句

古代中国号称中央之国,对于四周的少数民族地区,有东夷、西戎、南蛮、北狄之分。这种华夷之辨甚至可以说是"中国"立国之本,也有可能成为现代中华民族伟大复兴的理论基础之一,即使不是其最重要的立柱。

孔子周游列国,到过陈、蔡、楚,前两者属于淮河流域,后者属于长江流域,都属于蛮夷之地。"九夷"是对居于今安徽、江苏、湖北东部和南部、河南东南部、山东东部、江西北部、浙江北部的部族的泛称。有人试图坐实"九夷"之九,拘泥生硬,没有必要。

陋。有多义可用于此处的就有"简陋""浅陋""偏远""粗俗"和"粗劣"五种可能;刘禹锡在《陋室铭》中最后借用孔子"何陋之有"的"陋"是用"简陋"之义。华夷之辨的关键,在于"礼教"的有无和存废,说"九夷"居处"陋",一定是"礼教"上的"陋",上面五种可能中最接近的应该是"浅陋",言其地礼数不兴,教化贫乏,没有礼制概念,总之尚未开化。

何陋之有。有两解。一是说只要君子去了,就不算浅陋了,即君子凭自身的分量就可以即刻改变局面。二是说君子去了,就会设教化民,慢慢就可以改变其浅陋的状态。

第一说几乎是所有解读者的共识,也是刘禹锡在《陋室铭》中引用的意思,但本书认为是误读。只要认识到"陋"指礼仪教化而言,而教化不会随某位君子的抵达而立马普及或提升,就可知只能是说"君子居之,陋日见消,终归于无",但省略过程,只谈结果,体现的是推广教化的信心,而不是凭一己之名改变局面的狂妄。

当然,根据史料,孔子最后并未去夷地居住,而是掉头北上,继续行走在"中国"之内。所以本章应是在蔡或在楚时做的一种假设,算是最坏打算吧,因为毕竟在没有礼乐传承和基础的蛮夷之地,想践行自己恢复先王之道的政治理想,要远比在中原地带困难。八佾 3.5:"子曰:'夷狄之有君,不如诸夏之亡也。'"

今 译

师父想到夷地去居住。有人说:"那里尚未开化,拿它怎么办啊?"师父说:"如果君子住在那里,怎么还会(一直)不开化呢?"

英 译

The master wanted to live in the east barbarian area. Someone said:"That place is uncivilized. How would it be dealt with?" The master said:"When a cultivated gentleman lives in it, how can it(remain to)be uncivilized?"

9.15【原文】

子曰："吾自卫反鲁，然后乐正，《雅》《颂》各得其所。"

字词训诂

自卫反鲁。孔子"自卫反鲁"有过两次，一次在前495年，另一次在前484年；第一次自卫反鲁，还是周游列国初期，不大可能沉下心来整理文化典籍；第二次返鲁是结束周游的漫长行程，对自己主政治国化民已经不抱希望，所以才有机会整理音乐和诗歌。

正。拨乱反正、回归本来面目也。

章句义理

孔子正乐删诗

鲁国在春秋时代是周礼的正宗，但春秋时代，各种仪典礼制约束日减，诗、礼、乐流程渐乱。孔子返鲁后正乐，重新梳理三者之间的关系及其在各种礼仪上的表演流程。

现今留传下来的《诗经》只是文字，但在当时，诗词是配合音乐传唱的，孔子返鲁之前有部分音乐佚失和错漏，所以孔子要先"正乐"，确定音乐旋律及其和诗歌的搭配，这样《雅》和《颂》中的各篇诗歌才能各得其所。

为何孔子不提《诗经》中篇幅最大的《风》呢？因为《风》乃民风，没有《雅》和《颂》重要，不像后两者那样对名份等级、礼仪教化及重大事件和场合有不可替代的作用，而且如下文所说，"美者既正，则余者正亦可知也"。

皇侃在《论语义疏》中总结了孔子所说的这个过程，分析其中道理，特录于此："孔子以鲁哀公十一年从卫还鲁，而删《诗》《书》，定《礼》《乐》，故乐音得正。乐音得正，所以《雅》《颂》之声各得其所也。《雅》《颂》是《诗》义之美者，美者既正，则余者正亦可知也。"

据《史记·孔子世家》记载："古者诗三千余篇，及至孔子，去其重……三百五篇孔子皆弦歌之，以求合韶武雅颂之音。礼乐自此可得而述，以备王道，成六艺。"

说的就是孔子"删诗"和"正乐"的过程及"诗、礼、乐"三者的关系。

推测一下,孔子之所以删去九成古诗,或许有找不着对应音乐的原因吧。

"删诗说"最初出于司马迁,后来班固、郑玄都支持这个说法,唐代以前没有什么争论;唐代孔颖达在《毛诗正义》中,为郑玄的《诗谱》作疏,才开始提出不同的看法。但是孔颖达只是说孔子不会删去这样多的诗,倒没有公开否认孔子的"删诗"。

从唐代一直到清代,正反双方争论了一千多年,支持"删诗说"的著名人物有欧阳修、程灏、王应麟、马端临、顾炎武、赵坦、王崧等人;反对"删诗说"的阵营要大一些,有郑樵、朱熹、吕祖谦、叶适、朱彝尊、王士祯、赵翼、崔述、魏源、方玉润等。现代的主要反对者是梁启超、胡适、顾颉刚、钱玄同等。

当代主流是否定派,认为孔子"删诗"不能成立。

正反双反各有理由,此处不赘。我从正方,主要还是因为:在没有决定性的证据时,相信《论语》原文,在各派自洽的观点中以最早的史料为准,在此就是《论语》和《史记》。

孔子删诗的功与过

从动机、行为和直接结果看,今天诗存乐佚的现状是中华民族巨大的无法挽回的损失,而且孔子擅自删掉九成古诗也造成无法估量的损失,因为没有音乐配合的诗词的独自存在仍然很有价值,如果孔子不去删诗,则那些诗篇同样是一笔巨大的财富。即使孔子不是因为没有音乐对应而删诗,按照他对礼乐的理解,拿促进教化和先王之道作为准绳,对淫声乱乐的道德性排斥,以及他个人对音乐的好恶,删了那么多古诗使其不得流传,也算是对中华文明的一次巨大摧残,其造成的损失的范围和程度我们无从考据,但从数量上十去其九看,可以知其大概。这些损失的产生主要归咎于孔子,他用一己之见剥夺了全体人民和所有后人的选择权,实千古之恨也。

但从社会效果和间接结果看,评价就会截然不同,没有孔子正乐删诗,则"礼乐不可得而述",或许所有古诗都会佚失,因为没有一个普遍被接受的精华版本,则原始的素材被传承的可能性就大为削弱,很有可能一首都流传不下来。正如各地民歌或小调,没有出类拔萃的艺术家进行加工和提炼,利用自己的影响力,以精品选本的方式使其中一部分流传开来,则这些民歌或小调更大的可能是一直不为人知,而且正因为受众太少,很有可能或渐渐消亡,或毁于意外。世界各民族包含语言、音乐、史诗、舞蹈、雕塑、工艺、技能、智慧等在内的文化,其宽度和丰度大致都是逐渐萎缩的,反映的就是这样一种多样性自我淘汰的天然趋势。孔子用一己之力,正乐删诗,使古诗中的精华"诗三百"得以用诗词的方式流传至今,实乃中华民族之福气,正万世之幸也。

孔子删诗动机有待商榷,却成就无心之功。当然,如前述,孔子删诗一事不是学界共识,上述评论是建立在肯定这一历史事件的基础之上的。

今 译

师父说:"我从卫国回到鲁国,然后音乐得以订正,《雅》和《颂》的每一篇都找到了它应有的位置。"

英 译

The master said: "When I returned from the Wei state to the Lu state, the music got to be revised. Each piece of *Ya* and *Song* found its proper place."

9.16【原文】

子曰:"出则事公卿,入则事父兄,丧事不敢不勉,不为酒困,何有于我哉?"

字词训诂

勉。拼尽全力。

章句义理

本章可做为认识解读者能曲意迂回、强为之说到何种程度的极佳范例,有兴趣者请自行搜索各种过往解读版本验证,此处无法一一列举驳斥,只能抓住核心的两点进行分析。

三事还是四事

多有把前面三事并列，而把"不为酒困"单列，从而变成在干前面三事时都能"不为酒困"，皇侃就主此说。此说的支持点是：前面三事分别是"国、家、丧"，都是孔子极其重视的领域，"酒"不够格和它们并列。此解不妥，如下：

一，饮酒在周礼中是大事，从诸侯会面到"乡饮"到朋友交往，都有礼仪规定和约束，犯了酒禁，坏了饮酒规矩，酗酒闹事，都会遭致严厉处罚。对于强调节制生活、重视礼仪的孔子来说，饮酒不是小事。

二，真有皇侃所说之义，则为免混淆，应该说"俱不为酒困"。这样一说，后面的"何有于我哉"就强调"不为酒困"，等于只对这样一个礼仪的基本功和前提（不为酒困）表达自得之情，小题大做，实为不当。

三，丧事应该包含饮酒的环节，算不可回避的，但"事公卿和事父兄"并不必然牵涉饮酒，饮酒不是必有环节，用来作为"不为酒困"的场景缺乏关联性和说服力，不合论述逻辑。就像今天说"我陪领导出访各国，从不会受贿"一样，本来就不该受贿，外交场合受贿更有卖国嫌疑，而外国政府更罕有贿赂权力有限的随访人员的动机，如何用这种场景下没有受贿来证明自己洁身自好呢？

四，"不为酒困"，很显然是和前面三事并列，即使分量不如前面三事，但合在一起作为四事，并无不妥。

何有于我哉

意义简明，述而7.2中也这么说，同样是体现"对我算得了什么"的自信；但歧解众多，试举如下，不逐一反驳了：

一，这些，我做到了那一条呢？礼雅各主此说。

二，别人若能如此，那还要我干吗？正因为别人不行，所以才有我。

三，与我没有关系，因为所有人都能如此。

四，我只有这些，其他的都不懂。

今 译

师父说:"在外就服侍诸侯和卿大夫,在家就服侍父亲和兄长,在丧事中不敢不尽全力,不被饮酒所困扰,(这些事)对我算得了什么呢?"

英 译

The master said:"To serve the dukes and ministers when outside, to serve one's father and elder brothers when at home, not to dare not to exhaust oneself in funerals, and not to be obsessed by wine—aren't these nothing to me?"

9.17【原文】

子在川上曰:"逝者如斯夫!不舍昼夜。"

字词训诂

逝。消失。"逝者",正在消失的东西,不是已经消失的东西,因为已经消失的不可能"不舍昼夜"。

章句义理

此处曲解而值得一驳者,唯有"川流不息、无穷无尽"之说,而其意洽和"无刻稍停、时不我待"相反。此解首先不符合孔子在有限的生涯中干一番事业的急迫感;其次无法解释为何不用"来者如斯夫,不舍昼夜";最后此解含义浅薄,只是总结了"川流不息"的现象,完全没有对"时间飞逝而自己对其无能为力"的深沉感叹,不取。

本章词句,千古传诵,既有时不我待的劝诫之义,又有时光荏苒叹息之痛,还可以理解为"天行健,无关人类"的客观认识,而字面不改,一以贯之。

类似而更有戏剧性的一句是歌德《浮士德》中的台词:"你真美啊,请停一下。"剧中设定梅菲斯特和浮士德打赌,只要他说出这句话,就要献出灵魂,后来浮士德眼睛看不到,误把钉棺材的声音听成人们在劳动,就说了这句话,然后死掉。比起孔子的感叹,浮士德的祈求更无奈,更直白,更感性。

今 译

师父站在河边说:"所有逝去的东西都像这一样啊!日夜不停。"

英 译

The master, standing by the river, said: "All that is passing away is like this! Not ceasing day or night."

9.18【原文】

子曰:"吾未见好德如好色者也。"

字词章句

本章也见于卫灵公 15.13,不同之处仅在于 15.13 中多了几个感叹词。

色。"美"也,不是"女色"。

《孟子·告子章句上·第四节》有云:"孟子与告子辩论,告子曰:'食、色,性也。'"这是"食色,性也"出处,孟子的"色"指"情欲",和孔子的"色"不同。

"色"字在孔子的语境中,也有取"面容"义的,比如为政 2.8 中的"色难"之"色"。但此处显然不是,需要特别区分。

"好色",喜爱美丽的事物,是人之本性,是"性相近"所决定的人的共性;"德"则是社会生活的修养,是"习相远"所决定的差异;"好色",因为本来就贴近本性而常见;"好德",却因要约束自我而难得。前者是弗洛伊德的"本我",id,靠 libido 驱动;后者是弗洛伊德的"超我",super-ego,靠 ego ideals 驱动。

本章并不否认"好色",只是认为"好德"难以匹配"好色",这是动力的本质所决定的,显示孔子也知道"习"难以和"性"对垒,本我面对超我是压倒性优势。至于以朱熹为代表的宋儒所主张的"存天理,灭人欲"绝对不是孔子原意,只是"花开几朵,只表一枝"罢了。

但正因为如此,"好德"更显难得,"好德之人"更为珍贵,德行修炼更为必要,而"至德"更有资格成为修炼准绳。

未见。没见过。义训无疑,但如何解释孔子在其他场合认可有些人有此等德行呢?比如颜回?是因为说这话时孔子还很年轻,还未遇到颜回等人吗?显然不是。合理的解释是,虽然用的是决绝的"未见",真实的想法还是"少见"吧。正如今天表达"我从没见过"或"怎么可能"时,并不是完全否认,而是言其少有也。

按《史记·孔子世家》:"灵公与夫人同车,宦者雍渠参乘,出,使孔子为次乘,招摇市过之。孔子曰:'吾未见好德如好色者也。'"似乎是孔子被卫灵公和南子利用了,心中不忿,就用这句话骂卫灵公。于情合理,但一定要把这句话的出处放在此处,未必符合历史事实,恐怕还是太史公根据自己的理解,把《论语》中的故事,合理但未必坐实地和孔子的年谱做了匹配,权供参考吧。这句话在实践中具有普遍的适用性,因此发言的场景反而不重要了。

今 译

师父说:"我没见过爱德行像爱美色一样的人啊。"

英 译

The master said: "I have not found one who loves virtues as he loves beauties."

9.19【原文】

子曰:"譬如为山:未成一篑,止,吾止也;譬如平地:虽覆一篑,进,吾往也。"

字词章句

篑。kuì,盛土的篮子。

平地。多解为在平地上堆土成山,实在莫名其妙:如果说前面在山上加土成山还算正常,那此处在平地堆土成山就纯属背离常理。应解为"填坑以使地平"为妥。前者添高,后者补缺,意象对应而努力相同,恰当。

首先把最不靠谱的一种解读排除掉。这个解读解成：就像堆山，一筐未积，说停就停；又像填坑平地，哪怕才刚刚填了一筐，说进就进。讲的是做出决定之后，当机立断。如果只是讲决策风格，这个解读或许还有可取之处，但显然孔子并不重视决策风格，而更重视决策内容的合规和合情。合规，符合礼仪制度也；合情，体现灵活通达也。因此不取此解。

然后是两种较为合理的解读。一说：好比堆土成山，只要再加一筐土便成山了，如果自己不想做下去了，因为是自己的决定，就停；又如填坑，哪怕刚刚倒下一筐土，如果决心继续，因为是自己的决定，就坚持到底。这一说强调的是"操之在我"的自由；另一说：好比堆土成山，只差一筐土了，如果该停，我就停；又如填坑，哪怕刚刚倒下一筐土，如果该继续，我就继续。这一说强调的是"义不容辞"的责任。

上述第二说为妥，如下。

一，本章讲的应该是学习和实践的过程，而且基本可以判定是试图给出在这个过程中的决断原则：一旦发现不对，就算功亏一篑，也要坚决放弃，别被沉没成本所束缚；而一旦认定方向，哪怕刚刚开始，也要坚定信念，勇往直前，别被漫漫长路所吓阻。语义和逻辑通畅。

二，"操之在我"从来不是孔子的主张，虽然他会依托于自己的判断力和通达的精神灵活处置具体事务，"无可无不可"（微子18.8）也，但作为原则的东西，即作为学习对象和实践准绳的"先王之道"则应尽量维持原貌，"述而不作"（述而7.1），"吾从周"（八佾3.14）。

三，"义不容辞、当仁不让"却是孔子一贯的主张，比如季氏16.1中反对季氏出兵颛臾的努力。余例不赘。

今　译

师父说："好比堆土为山：即使只差一筐土了，如果该停，我就停；又如填坑：哪怕刚刚倒下一筐土，如果该继续，我就接着干。"

英　译

The master said: "It's like piling up a mound: even when it's short of only one final basket of earth, if it should be stopped, I will stop; it's also like leveling the ground; even when it's filled with only one basket of earth, if it should be continued, I will go on."

9.20【原文】

子曰:"语之而不惰者,其回也与!"

字词训诂

语。yù,相告、教导义。

惰。懈怠。

也与。助词,是强调前文的感叹。

章句义理

本段唯一值得认真对待的他解是:"对他一直教导而我却不累的,只有颜回了吧。"也是对颜回的赞赏,但前面主语是孔子自己,因此意义就有曲折:因为颜回好学且能与一返多(公冶长5.9 中有颜回"闻一以知十"之说),所以孔子教导他时就充满乐趣和成就感,施教终日而不觉累(为政2.9 中有"吾与回言终日"之语)。此解的难点有二:一是结合下一章,应正面表扬颜回为妥,而不是通过自己的感受来迂回;二是"语之"的主语是孔子无疑,但"不惰"的主语肯定是听讲者,否则后半句只能是"孔子是也",全然不通;反过来,如果要保留此解而不改后半句,则前半句只能是"与之语而其不惰者"。

孔子教导颜回到底有没有乐趣?

如前,颜回既然能"闻一知十",和孔子的对答中不可能不拿"十"出来请老师验证,由此可知,颜回不可能仅仅是个沉默的学生,只吸收而不反馈;参证先进11.4 下解读,颜回应该不是和孔子机锋相对、互相促进的学生。

两相结合可知:颜回会在孔子的教导之中融会贯通并据以和孔子应答互动,甚至有可能会因此帮助孔子深化和固化其理论系统,但肯定不会像子路那样直接挑战孔子,也不会像子贡那样游刃有余地把孔子带进自己设定的讨论领域,从而离开孔子已有的教导范围,拓展出新的理论领域。

基于孔子较为保守的做派、对自己肩负天命的自信、对"利口"和"佞者"的一贯排斥,可以推知,和别的弟子应对或许有机锋来往的快感,但颜回即使"非助我者",教导他一定是充满乐趣的,这种乐趣主要来自于对颜回"闻一知十"和习之不倦的欣赏、自己育人有成的成就感以及传承先王之道后继有人的欣慰。

今 译

师父说:"对其教导而他一直不懈怠的,就是颜回了吧!"

英 译

The master said: "The one whom I instruct and who will not become sluggish, must be Yan Hui!"

9.21【原文】

子谓颜渊曰:"惜乎! 吾见其进也,未见其止也。"

章句义理

本章语句是颜渊死后孔子所发无疑。颜渊卒于前481年,孔子时年七十,两年后去世。所以这个感叹的惋惜之情真切而深沉,应该既有惋惜颜渊早死无所大成的本义,也有己道不得经由颜渊传承下去的遗憾吧。

今 译

师傅讲到颜渊时说:"可惜啊! 我见过他进步不止,没见过他停步不前啊。"

英 译

The master said of Yan Yuan, saying: "What a pity! I saw him progress without stop, never saw him cease to advance."

9.22 【原文】

子曰:"苗而不秀者有矣夫!秀而不实者有矣夫!"

字词训诂

苗。出苗。

秀。开花。

实。结果。

有矣夫。后两字都是语气助词,代表不是绝对肯定但基本可以确定、同时寻求听者赞同的意味。

章句义理

本段语义简明,但是否有所指、是否有深意有不同说法。主流意见认为还是惋惜颜渊早亡、未得充分发挥其潜能。也有的认为本章前承颜渊之叹,后启后生之赞。但基于解经原则,此处不旁涉。本章如果和后一章互相启发,会有出人意料的思路,详见后章。

今 译

师父说:"出了苗而不开花的有吧!开了花而不结果的有吧!"

英 译

The master said:"The case that it sprouts but does not blossom exists or what! The case that it blossoms but does not fruit exists or what!"

9.23 【原文】

子曰:"后生可畏,焉知来者之不如今也?四十、五十而无闻焉,斯亦不足畏也已。"

字词训诂

后生。晚辈、下一代。

章句义理

"来者之不如今也"应该解读成"未来不如今天",解读成"未来者不如今者"不仅拘泥无据,而且和本书主张的整体解读不合,故不取。

本章罕见地几乎没有歧义,古往今来基本都解释成:后生可畏,怎知来者不如今者?但如果这些后生到了四五十岁还未成名,也就不值得被人敬畏了。本书认为不妥,如下:

前半段无歧义,但"来者之不如今"可以解读成"未来不如今天",算是原解也能接受的可有之义;后半段说的是人到四五十岁还没名气,就不值得敬畏了。如果单独成段,甚至只要"焉知来者之不如今也"不夹在中间,作为陈述,或成立或不成立,属于判断问题,无逻辑毛病。一旦和前半段连读,逻辑上就不通顺了:前面通过反问确认后生未来不会比不过今人,那怎么还会出现"如果四五十了还没成名就另当别论"的选项呢?如果不是作为选项,而是作为可能出现的现象并从而对前半句的普遍化论述进行条件约束,那就等于承认"后生可不可畏"得等到他们五十岁时再作判断:如果成名了呢,就可畏,否则就不可畏——这是可笑的,因为这等于否认了在后生还是后生的时候判断其是否可畏的可能,也就等于否认了"后生可畏"这个一般性论述。

本书提出的新解是:后生可畏,因为怎知未来不如今天?因此即使四五十了还没扬名立万,这也没有什么好担心的,因为还有未来继续努力的空间。此解中第二个"畏"解为"担忧"为妥。此解意义全改而语法、逻辑、及义理皆通:

一,语法上,前后呼应,用"四十、五十"来对应"后生",用"不足畏"来对应"焉知来者之不如今也",一气呵成,远胜原解。

二,逻辑上,正因为"焉知来者之不如今也",所以哪怕四五十了还未成名,仍可寄希望于未来,因为明天会更好。

三,义理上,孔子提倡终生学习、终身实践,没见过他表达过"出名要趁早"这类的观点,不可能会有"四五十岁还没成名就不值得认真对待了"的想法。他恰恰表达过"朝闻道,夕死可矣"这样完全忽视年龄和名气而只关心是否掌握了真理的观点,而从未有过把"闻"当成判断人生成功、或作为受人尊敬的标准的言谈或行为;孔子不可能会低俗到用"足畏"或"不足畏"来分别对待中年的成名人士和未成名人士,相反,他一直提倡"不用则藏",那些"藏"起来的人士难道就"不足畏"了吗?

结合上一章,可推知孔子对待"后生"(也就是"苗"和"秀")的潜力的观点:

一,因为是潜在的,所以不能否认他们会达到或超越现有的,"焉知来者之不如今也"。

二,因此对"后生"要保持开放心态,因此要接受对现有事物的改造,因此先王之道也有改造和发展的可能。题目重大,此处不展开了。

三,因为苗未必秀,秀未必实,所以"后生"也有可能最终证明无所成就,其潜力未必能得以实现。

四,所以对"后生"的潜力也要保持清醒的态度,所以不能随便展开对现有事物的改造,所以对先王之道的改造和发展要慎之又慎。

今 译

师父说:"年轻人值得敬畏,怎知未来不如今天?四十、五十岁了还没出名,这也没有什么好害怕的。"

英 译

The master said: "The youth should be revered, for how do we know that the future is not as good as the present? One in his forties or fifties is still not heard of—this should not be afraid of anyhow."

9.24【原文】

子曰:"法语之言,能无从乎?改之为贵。巽与之言,能无说乎?绎之为贵。说而不绎,从而不改,吾未如之何也已矣。"

字词训诂

法。道理。"法语之言",用道理和他讲,"之"字指谈话对象。

改之为贵。"之"指谈话对象原来的错误或不当行为。

巽。谦卑。"巽与之言",态度谦卑、婉言相劝。

绎。理出头绪,分析探究。"绎之为贵"的"之"指和谈话对象所谈的内容,可以是对方面临的困境,可以是对方的不当言行,也可以是提供给对方的意见或建议。

章句义理

所有过往解读者都不约而同、自然而然地把"改之为贵"和"绎之为贵"的主语当成谈话对象,因此把本段当成孔子对谈话对象的劝勉,希望他们能"改之",能"绎之"。本书认为不妥,给出新解如下:

"法语之言"和"巽与之言"的主语是劝勉者无疑,顺理成章的,后面的"改之为贵"和"绎之为贵"的主语也应当是劝勉者,即主语不变。如按旧解,则要么语法混乱,要么就得改变为:"法语,能不从乎? 改之为贵。巽言,能不说乎? 绎之为贵。"

"能无从乎"是说劝勉者如果用大道理说服被劝勉者,因为道理显明,对方迫于主流价值观的压力会当面顺从,但可能心中不以为然,更可能回去后依然故我,因此劝勉工作只算是做了起步和表面功夫,真正难能可贵的是更进一步,"改之",即帮助对方改正错误或不当行为,"改之为贵"是也。

婉言相劝、辞卑意切,劝勉就会易于吞咽,体现 NLP 提倡的沟通原则和技巧,对方就会愉快受之,但这种接受更多的是在其乐融融的背景下对劝勉者善意的回报,难有真心的认可和事后坚持改正的恒心,结局往往是一转脸就忘个一干二净,继续我行我素。因此劝勉工作也只是取得暂时的、口头上的进展,要想锁定并延续这种进展,劝勉者需要更进一步,"绎之",即向对方详细分析双方所谈内容的来龙去脉、前因后果,以使对方知其然也知其所以然,理解深刻而周祥,从而坚定改善或改正的决心,"绎之为贵"是也。

毕竟被人用大道理压制时唯唯诺诺而不以为然是普遍现象,而面对和风细雨式的甜言蜜语时随口应承也是人类共性。

如此,则"说而不绎,从而不改"的主语是被劝勉者,而"吾未如之何也已矣"中的"之"是指劝勉者而不是被劝勉者。

因此,本章是孔子对劝勉者的劝勉,警告他们不可以只做表面功夫、浅尝辄止,而要更进一步、有始有终,以结果为导向,以被劝勉者实现改变为目的。

今 译

师父说:"用道理和他讲,他能不听从吗?他改正了才算难得。婉言相劝,他能不开心吗?得把问题说透了才算难得。(如果他)开心了而未理解透彻,听从了而不改正,我就不知道(拿你)怎么办了啊。"

英 译

The master said: "Talk with him with reasons, can he not agree with you? Only his correction will be valuable. Talk with him with humbleness, can he not be pleased? Only detailed consultation (with him) will be valuable. Being pleased yet not well consulted, agreeing with you yet not correcting himself—then I do not know what to do (with you)."

9.25【原文】

子曰:"主忠信,毋友不如己者,过则勿惮改。"

章句义理

本章是对学而1.8后半部分的重复。

今 译

师父说:"把忠诚和诚实当做要旨,不交不如自己的朋友。犯错时不要怕改正。"

英 译

The master said: "Hold faithfulness and honesty as key principles, and associate with no friends who are not matching yourself. When blundering, do not fear to rectify yourself."

9.26【原文】

子曰:"三军可夺帅也,匹夫不可夺志也。"

字词训诂

三军。军队统称,详解请看述而 7.11 下注解。

可。不是道德意义上的"可以",而是可能性上的"能够"。

匹夫。男性平民。

章句义理

《论语集解》中孔安国的解读简洁有力,深符本书之意,特录于此:"三军虽众,人心不一,则其将帅可夺而取之。匹夫虽微,苟守其志,不可得而夺也。"

今 译

师父说:"军队能够夺走它的主帅,而平民不能够夺走他的志向。"

英 译

The master said: "An army can be deprived of its commander, but a commoner cannot be deprived of his ambition."

9.27【原文】

子曰:"衣敝缊袍,与衣狐貉者立,而不耻者,其由也与?'不忮不求,何用不臧？'"子路终身诵之。子曰："是道也，何足以臧？"

字词训诂

敝。破旧。

缊。yùn，旧絮。

袍。棉袍子。"敝缊袍"，破旧的、填了旧棉絮的袍子。

狐貉。用狐、貉的毛皮制成的皮衣。"貉"，hé，犬科动物，外形似浣熊而略大。

忮。zhì，恨也，引申为嫉恨。《诗经·邶风·雄雉》中共有四段，最后一段是："百尔君子，不知德行？不忮不求，何用不臧？"大意是埋怨那些发动战争的人，最后说如果没有仇恨也没有贪欲，做什么不都是好的吗？可作旁证。

臧。音义同"脏"，美善义。

终身。一辈子，此处解为一直较妥。

是道也，何足以臧。"仅仅如此，怎能算得上好呢？"意思是仅仅"不忮不求"是不够的，还得另有成就，是告诫子路不要以为"不忮不求"就是修养的一切了。

章句义理

子路家境贫穷，但性格豁达大气，孔子用其衣着寒酸而心态良好来表扬他，或许也是呼应公冶长5.26中子路表达过的志向"愿车马衣轻裘与朋友共，敝之而无憾"吧。但子路的这个志向也说明他虽然能做到"衣敝缊袍，与衣狐貉者立，而不耻"，但显然心中对穿着华丽还是向往的，不觉其耻不是因为超然物外，不当回事，而是气场上不愿落于下风，同时也有"老子总有一天也会发达"的自信吧。听到师父夸奖自己后，"终身颂之"，更加证实子路对穿衣打扮有点情结，不是"不忮不求"，而是念念不忘啊。

今 译

师父说："穿着破旧的填旧棉絮的袍子，和穿着狐貉皮衣的人站在一起，而不觉得丢脸的，是仲由吧？'不嫉妒也不贪求，怎么做不都是好的吗？'"子路一直念叨着这句诗。师父说："仅仅这样，怎么能算得上好呢？"

英 译

The master said: "Dressed in a worn-out gown stuffed with recycled cotton wadding, and standing with those wearing fox and raccoon dog furs, yet not ashamed—is this Zhong You? 'Not envying and not coveting—will whatever he does be not good?'" Zi Lu kept repeating this verse. The master said: "Following these only will by no means be regarded as good."

9.28【原文】

子曰:"岁寒,然后知松柏之后凋也。"

字词章句

凋。有版本作"雕",音义皆同,半伤也,树木落叶状。

后凋。有人认为松柏秋冬时不是后凋,而是不凋,不符合常识。常识是:松柏的松针随凋随生,虽然深秋为多,但不像其他树木有那么明显的季节特征,所以常被误以为不凋。但看孔子语境,没必要从这种学术细节入手,确定其大意为"丛林尽凋松柏独青,可见其耐寒之德"即可。历代解读者多有拘泥于"后凋"之义、强为辩解者,徒自娱自乐,远孔子宗旨甚矣。

那么孔子用这个比喻到底要说什么呢? 就是一个很直白的比喻,无非就是说:好时节良莠均盛,无所区别,而遇到严酷考验,劣者就会消亡,唯有优秀者才能脱颖而出、彰显其德。"疾风知劲草,烈火现真金"是也。由此大意发挥下去,角度众多,或有偶中孔子原意者,但因无法确证,不如不赘。

今 译

师父说:"天气严寒,然后才知道松柏最后才凋零。"

英 译

The master said: "Only when the weather becomes bitterly cold can we know that the pine and the cypress are the last to wither."

9.29【原文】

子曰:"知者不惑,仁者不忧,勇者不惧。"

章句义理

本章内容的主体也出现在宪问 14.28 中,在那里,子贡认为孔子体现了这三个优良品质。

本章字词简洁,无疑义。"知",音义均同"智"。

试看朱熹解读,虽不算强词夺理,终归是似是似非、无可无不可,可以作为古代汉语大而化之、断言式论证的典型,信之则觉博大精深、其乐无穷,厌之则觉其八面玲珑而独偏一隅、若有所据而随用随取,无法验证。朱熹原文:"明足以烛理,故不惑。理足以胜私,故不忧。气足以配道义,故不惧。"

孔子这段话有同语反复之嫌:有点像说"聪明的人不笨、好人不坏、勇敢者不胆小"或"高个子不矮、有钱人不穷、光明处不暗"一样;唯一给出额外信息的是"仁者不忧",因为仁者一心为人,没有己私,所以不为己忧。但仁者也会担忧"仁道"不兴,或者虽然自己努力行仁但事与愿违,不会因为自己立志为仁、实践仁道,就相信世道美好而无所担忧,这不像仁者风格。

孔子的这段话还不如调整一下字词搭配,反而能揭示更深刻的智慧。其中一种可以是:知者不忧,仁者不惧,勇者不惑。

汉语中,尤其是古代汉语的论说文中,这种从各种现实的可能性中选择一个方面表达,因此把论述打扮成一般规律的断言式论证几乎是议论的主流,至少也是广为应用的写作方式,也是广被接受的论证风格。言之凿凿,铿锵有力,大有舍我其谁的气势和自信。读者们往往容易被这种气势所摄服和感动,倾向于把表达上的模糊性和断言式的一般性论述当成智慧的浓缩、经验的提炼和不言而喻的证明。类似"仁者不忧""学而不思则罔""君子和而不同"……都是此类手段,或是直接断言,或是把特殊性一般化,或是从结论倒推论据,或是选择性使用自证素材和特殊角度逻辑上往往经不起推敲。汉语的这个特点是中华文明深具挑战性的遗传性特点,从思维习惯、沟通风格、表达语气、理解角度,到价值观的形成和传递、对待科学的态度、逻辑能力的培养、思辨能力的形成、是非判断的论证、臧否人物的标准的制定、对等级观念的理解等等都有负面影响。题目甚大,无法展开。

今 译

师父说:"智者不会困惑,仁者不会忧虑,勇者不会畏惧。"

英 译

The master said:"The wise will not puzzle; the humanitarian will not worry; the brave will not fear."

9.30【原文】

子曰:"可与共学,未可与适道;可与适道,未可与立;可与立,未可与权。"

字词章句

未可。不是不可以,而是未必可以。

适。往也。"适道",有人认为是一起追求"先王之道",不妥,应是"人生道路"。即:共学时个人追求不同,如果发现和某人人生追求一致,则可以一起踏上共同的人生道路,或经商,或从政,或弘扬先王之道。

立。立于社会也,"三十而立"之立。如果几个朋友一起上路去闯社会,经过一段时间的磨合、挫折和合作,有人会离去,或许也能发现可以长期合作、共同做一番事业的伙伴,即一起努力"立"于世间的伙伴。维系这种伙伴关系的就是共同的坚守、共同的价值观和共同的信仰。

权。是本章关键:基本字义是"称量",引申为权衡;再引申即为"变通",即在坚持原则的基础上灵活变通之义。不坚持原则,就可能迷失方向,在机会主义和流寇主义的苟且中随波逐流、没有归宿;没有灵活的变通,就会刻舟拘泥,在流程至上的官僚主义和照本宣科的懒政习惯中变得僵硬刻板,最终脱离实际,被时代抛弃。

做人而未立,往往容易打着"权"的旗号百无禁忌;唯有先"立",才有资格用"权"。

最能体现孔子对"权"的理解或许就是微子18.8中"无可无不可"这句话了。

本段话从人生成长不同阶段、不同境界中择友的角度,提出四个渐进的修炼维度及标准,分别是:学习、进入社会、立身、变通。

今 译

师父说:"可以一起学习的,未必可以一起上路;可以一起上路的,未必可以一起立于社会;可以一起立于社会的,未必可以一起权衡而变通。"

英 译

The master said: "Those with whom we can learn together, may not set out on the road with us together; those with whom we can set out on the road together, may not get established in the society with us together; those with whom we can get established in the society with us together, may not size up and accommodate to circumstances accordingly with us together."

9.31【原文】

"唐棣之华,偏其反而。岂不尔思?室是远而。"子曰:"未之思也。夫何远之有?"

字词训诂

唐棣。郁李,别名爵梅,秧李。花粉红色,繁密美艳;果实深红,也很漂亮。

华。音义皆同"花"。

偏其反而。古注多解为"其华偏然反而后合"云云,对照其花,似桃花,小而密,哪里有什么"反而后合",实在莫名其妙;应训为"翩其翩尔",即翩翩然随风翻动的样子。

室。居所也。"室是远而":你住得太远了。

章句义理

"唐棣之华"见于《诗经·国风·召南·何彼秾矣》首行"何彼秾矣?唐棣之华"。意思是:"怎么那么美啊,唐棣的花儿。""岂不尔思"在《诗经》中出现四次,是"岂不思尔"的倒装句,分别见于《卫风·竹竿》《王风·大车》《郑风·东门之墠》《桧风·羔裘》;"偏其反而"和"室是远而"两句不见于《诗经》。

因四句作为整体未出现在《诗经》中,所以多有说这是佚诗者,包括《论语集解》和朱熹。

孔子作为删改古诗订正《诗经》者,按理说不该引用被自己删掉的篇章。但考虑到后面对这几句诗的否定,而且是对其境界的否定,或许说明这是一首被孔子删掉但又拿回来说明删除原因的例子。这个解释权作参考吧。

孔子在本章中强调的是对志向的坚持,提倡的是为了目标积极进取的精神,反对把不利的客观因素当成不作为的借口,充满正能量。在文学上,是"千里共婵娟"的浪漫;在心理学上,是情绪的自我暗示;在哲学上,体现思想对现实的超越。

钱穆认为:"此章言好学,言求道,言思贤,言爱人,无指不可。"成立。

今 译

"唐棣的花儿啊,翩翩舞动。难道不想念你吗?只是你住得太远啊。"师父说:"是因为没有思念啊。(如果真的思念)哪里算得上远呢?"

英 译

"The flowers of the Cerasus japonica flutter gracefully. Do I not long for you? Only that you live too far away." The master said:"It's due to lack of longing. (If one really longs for it,) How could it be too far away?"

乡党篇

10.1【原文】

孔子于乡党，恂恂如也，似不能言者。其在宗庙朝廷，便便言，唯谨尔。

字词训诂

乡党。泛指周边乡亲。详见雍也6.5下注解。子罕9.2中所言，孔子时代的"乡"指内城外围的近郊，围绕皇城或诸侯都城，是"士"居住之地，相当于明清的皇城根下，或现代北京二环以外、三环以内，不指乡下。"乡党"者，近郊（乡）之中包含自己住所在内五百户左右（党）的社区。

恂恂。恭谨貌。

便便。pián，说话流利的样子。

章句义理

孔子面对邻里和蔼可亲，主要是做一名忠实的听众。因为属于日常交往，明辨秋毫、遇事则发不仅有小题大做之嫌，还有恃才傲物之实。而在宗庙朝廷，事关礼法要务，肩负阐明和推广先王之道的使命，必须义不容辞、条分缕析、不敢沉默，但态度上仍然保持谨慎谦卑，避免高谈阔论、得意忘形、刹不住闸。

今 译

孔子在家乡时，恭敬谨慎，好像不善言谈的样子。当他在宗庙里或朝廷上时，就侃侃而谈，只是谨慎有加。

英 译

Confucius, in his community, looked respectful and circumspect, as if he was unable to talk. When he was in the ancestral temples or king's court, he spoke fluently but with prudence.

10.2【原文】

朝,与下大夫言,侃侃如也;与上大夫言,誾誾如也。君在,踧踖如也,与与如也。

字词章句

前501年,孔子出仕,前499年,孔子由大司寇行摄鲁国相事,也就是代理宰相职权,达到个人权力巅峰。本章及本篇所述,应主要来自这段时间。

下大夫、上大夫,官位级别,从西周到春秋期间,各国各朝具体定义不一,以鲁国而言,孔子时季、叔、孟三家当为上大夫,而作为大司寇的孔子则在下大夫之列。

侃侃。流畅而从容,流畅言其口才流利,从容言其神态自若。

誾。yín。"誾誾",和蔼但不忘直诤,不随声附和,不卑不亢是也。

和卿大夫们沟通的礼仪,《仪礼·士相见礼》这样记载:"凡与大人言,始视面,中视抱,卒视面,毋改。"今文译作:"只要是和大官们(卿大夫级别)说活,开始时要看着对方的脸,过程中目光要下移至对方的胸前,最后(说完时)再抬头注视对方的脸。整个过程中要容色不变。"这是对和"大人"沟通时的目光脸色以及肢体语言做出规范,本章谈的是孔子和"大人"言谈时的态度和风格,体现的是遵守规范基础之上的个人能力和魅力。

踧踖。cù jí。手足无措、恭敬而不自然的样子。

与与。有多解。

解为"徐徐",引申为威仪适中。《论语集解》中,马融主此说。不妥。词义没有出处;而且前面都说了,踧踖如也,怎么还会兼顾威仪、恭敬而安呢?多有解者不愿意接受孔子在君主面前这种局促不安的拘谨，要么就曲解"踧踖"，要么就试图从"与与"这里找补回去，全然不顾字读上是否所来有自。由此也可以反证孔子在音容笑貌上所追求的礼节确有过分自我矮化的倾向，以至于很少有后来者能理解和相信。

解为"不忘向君"，即虽然手足无措、局促不安，但仍保持面向君主、视线集中。词义上引申合理，但保持面向对方或视线接触是现代礼仪，孔子时代这样做恐怕算粗鲁和冒犯吧。《礼记·曲礼下》中有"国君，绥视"的要求，即"臣望国君时，目光应在其面部以下"，可为佐证。《礼记》该篇还说："凡视：上于面则敖，下于带则忧，倾则奸。"意思是："只要是望向他人：如果目光高过对方面孔就显得傲慢，目光低于对方腰带就显出自己烦忧，目光游移侧视就显然心术不正。"符合一般人类心理。

本书解为"友好、欢迎"，即虽然紧张不安，但仍保持"随时为你服务"的友好和怡人姿态，英文 friendly and inviting 是也。

孔子在君主面前的行为模式

这种以下事上的姿态是低层人士面见权贵时自卑心理的外在反应，用外在形体语言来表达对自己卑微而对方高贵的认可，从而或者希望对方因此对自己和蔼有加，或者至少也能避免对方心生不悦而于己不利。再前进一步，这就是动物间表示顺从的肢体语言在人类社会的体现，就像一只小狗面对一只大狗时那种匍匐讨好、仰躺示弱的姿态一样，通过外显自己的卑微而表明自己对等级差异的认可。

孔子显然是为表示恭敬有加而故意做出紧张的样子，因为像孔子这样级别的礼仪宗师，必然早就超越上述这种反应的自发性，他应该是基于自己对礼仪的理解，把面对君主的场合都当成合乎"礼"的音容举止等外显行为的实践机会。

今　译

在朝上（等君主）时，和下大夫们说话时，流畅而从容；和上大夫们说话时，和蔼而耿直。君主在时，就显得局促不安，但仍不失友善怡人。

英　译

When (waiting for the king) in the court, in speaking with the junior ministers, he spoke with fluency and easiness; in speaking with the senior ministers, he spoke with amicableness and candidness. When the king was present, he was ill at ease, but remained friendly and inviting.

10.3【原文】

君召使擯，色勃如也，足躩如也。揖所与立，左右手，衣前后，襜如也。趋进，翼如也。宾退，必复命曰："宾不顾矣。"

字词训诂

擯。bìn，迎宾。"君召使擯"：君主召唤来参与迎宾，即君主自己见客，召孔子参与迎宾仪式。这种仪式，按客人所代客人的身份、来访的目的以及双方的爵位不同，分别有不同的 SOP，比今日外交礼宾流程有过之而无不及，细节不赘。

勃。变色状，当然是变得庄重严肃了。

躩。jué，快步走的样子。

揖所与立，左右手。向和自己一起站立的人作揖，分别向左右两边转身抬手行礼。

衣前后，襜如也。"襜"，chān，本义是遮至膝前的短衣，即围裙；"襜如"，衣摆潇洒飘动的样子。因为要作揖，俯仰之间，衣摆飘动，如有韵律，潇洒灵动。

趋近。快步向前。

翼如。有两解。一说是如鸟展翼。不妥。接待国宾，肯定是以庄严肃穆为主要基调，不可能一路小跑，架起胳膊，像个小鸟一样鼓翼前行；一说是"小心翼翼"之"翼翼"，即小心谨慎，成立。正因为要快步走，更要小心翼翼，以免失足趔趄或跌倒，出丑尴尬，不成体统。可供参证的有《礼记·玉藻》中的要求："疾趋则欲发而手足毋移，圈豚（徐步前行状）行不举足，齐如流……"今文是："疾趋时要迅速但手足不可摇摆。碎步前行时好似脚不离地，衣服的下摆紧贴地面像流水一般……"

顾。回头看。

今 译

国君召唤去接待来宾时,他脸色会变,步履会加快。向和自己一起站立的人作揖,分别向左右两边抬手行礼,衣摆前后俯仰,潇洒地飘动。客人辞别后,一定会回来向国君回报说:"客人不再回头了。"

英 译

When he was called by the king to play host to guests, his countenance would change, his feet would scurry. He bowed to those he stood by with with his hands folded in front of him, to his left side and right side respectively, his robe skirts moving up and down before and behind his body, swinging with pizazz. When the guests had retired, he would surely come back and report to the king: "The guests are not looking back any more."

10.4【原文】

入公门,鞠躬如也,如不容。立不中门,行不履阈。过位,色勃如也,足躩如也,其言似不足者。摄齐升堂,鞠躬如也,屏气似不息者。出,降一等,逞颜色,怡怡如也。没阶,趋进,翼如也。复其位,踧踖如也。

字词训诂

公门。君门。

鞠躬。弯身也,引申为"敛身":形体收敛,避免大摇大摆、放浪张扬,以示尊重。

中门。门正中;"立不中门"就是站立时不正对着门的中间,一是避免挡着道,二是直接按对应自己的道去排队,做好进门准备。据《礼记·玉藻》:"君入门,介拂闑,大夫中枨与闑之间,士介拂枨。宾入不中门,不履阈,公事自闑西,私事自闑东。"今文译作:国君从大门中央进入,而由卿担任的上介挨着"闑"走进,由大夫担任的次介走在"枨与闑"之间,由士担任的末介要挨着"枨"走。来访的如果是卿和大夫,那就不能由门的中央进入,也不能脚踩门槛。在执行国君交给的公事时,就从"闑"的西边进入;以私人名义拜见国君,就从"闑"的东边进入。这里说的是外国君臣来访的规矩,但可以参照想象上朝时进门的繁文缛节,知道规矩众多即可。

翻读《仪礼》和《礼记》时,常有以下感想:繁文缛节,令人不胜其烦,社会效率必然会被这些规矩所拖累;有些规定纯仪式化了,看不出对尊卑秩序、风俗教化的促进作用;SOP 的思路和实践的鼻祖在这里,美国的 6 Sigma、日本的 5S、ISO 的要求、GMP 条款等等,都比《仪礼》和《礼记》晚了两千多年啊。

阈。yù,门槛也。"行不履阈",过门时不踩门槛,一是因为踩上门槛会像爬山似的忽高忽低,很不庄重,二是踩脏了门槛就会搞脏自己和别人的衣摆,三是仪轨要求。《礼记·曲礼上》有"大夫士出入君门,由闑右,不践阈"的规则。

过位。经过国君的席位。此时国君尚未到来,所以是空位子,"色勃如也",更见礼数。

齐。zī,指衣服下摆在身体两侧拼接处留下的缝隙,如同旗袍的缝。"摄齐",就是抓住这个缝,把下摆提起来,以防绊倒和弄脏。为何此时要提起来呢?因为一要上楼梯,二是弯着腰前摆就会着地。京剧中常有这个动作。

屏气。抑制呼吸,使之微弱而均匀。虽然看着像,但不是憋气,那只会脸红脖子粗、呼吸更急促,适得其反。

逞。放纵。"逞颜色",放松表情也。因为不再屏息,加上心情有所放松,所以表情也放松了。

怡怡。怡然自得的样子。

今 译

入君主大门时,他收敛身段,好像门口不够大容不下自己似的。站立时不对着门中间,走路时不踩门槛。经过空的国君席位时,面色变化,脚步加快,说话好像说不出来的样子。提起衣襟登上大堂,他收敛身段,抑制呼吸好像不喘气似的。出来后,下一级台阶,脸色就开始放松了,怡然自得的样子。下完台阶,快步前行,小心翼翼的样子。回到自己的原位后,就又回到局促不安的样子。

英 译

When entering the palace gate, he restrained his body, as if the gate was not big enough to admit him. He did not face the center of the gate while he was standing, and he did not tread on the threshold when he went in and out. When passing the vacant seat of the king, his countenance would change, his feet would scurry, and he spoke as if he could not speak out. When lifting up his skirts and ascending the hall, he restrained his body, and controlled his breath as if he was not breathing. After he came out, and once he descended only one step, he started to relax his countenance, looking pleased and satisfied with himself. After descending all the steps, he would hasten ahead, though remained cautious. After he was back to his place, he looked ill at ease again.

10.5【原文】

执圭,鞠躬如也,如不胜。上如揖,下如授。勃如战色,足蹜蹜如有循。享礼,有容色。私觌,愉愉如也。

字词训诂

执圭。圭乃玉器。出使他国,执君之圭作为信物,相当于授权书。礼法对圭的尺寸及其对应的场合等讲究多多,要之在分三六九等,不赘。

胜。shēng,胜任也。

蹜蹜。sù,小步快走的样子。

上如揖。下如授。勃如战色,足蹜蹜如有循。这几句朱熹的解读精当简洁,特录于此:"上如揖,下如授,谓执圭平衡,手与心齐,高不过揖,卑不过授也。战色,战而色惧也。蹜蹜,举足促狭也。如有循,记所谓举前曳踵。言行不离地,如缘物也。"举圭说话时,不能太高,要好像作揖一样,即"上如揖";其他时刻,圭得收回,放在腹前,其高度同于授人以物,"下如授"也。《礼记·曲礼下》的相关规则是"凡奉者当心,提者当带……执(国君之器)则平衡……凡执主器,执轻如不克。执主器,操币圭璧,则尚左手,行不举足,车轮曳踵。"大意是:凡捧东西时都要让手与胸口齐平,凡提东西时就要让手与腰带齐平……如果捧(国君的器物)就要双手与胸口齐平……凡捧尊者的器物,要轻轻地捧着,好像捧不动的样子。凡捧尊者的器物,或捧着币帛玉石之类的,就要右手在下左手在上,走路时要足不离地,就像车轮转动时贴地一样拖着脚后跟。

享礼。"享"是献出的意思,"享礼"是使臣向朝聘国君主进献礼物的仪式,或许包含对方回礼的次要仪式,但无论如何没有"享受礼节"的意思。

容色。感觉光荣的脸色。

觌。dí,见面也。"私觌",以私人名义相见时。

愉愉。和气放松貌。

章句义理

本段看上去是对孔子出使他国的记录,但史料没有孔子替鲁国出使的记录。因此问题是:本章记录的是事实还是想象?

朱熹在《四书集注》中引晁说之的话曰:"孔子,定公九年仕鲁,至十三年适齐,其间绝无朝聘往来之事。疑使摈执圭两条,但孔子尝言其礼当如此尔。"

孔子在鲁国为官时,史料没有朝聘往来之事。或疑此乃孔子描述过出使礼仪应当如此,而弟子发挥点想象力,记录下来试图混淆视听,坐实师父出使情节,以壮声势。

《史记·孔子世家》云:"孔子适宋,与弟子习礼大树下。"或许是和弟子们演练出使情节,被弟子们或有意或无意当成确有其事,记录下来。

所以,大概率是想象。

今 译

当拿着玉圭(出使他国)时,他好像力气不够的样子。向上举到作揖的高度,向下放到授物的位置。面色变动,好像在颤抖,拖足而行,好像被什么东西拴在了地上。呈献礼物时,满脸的光荣。私下见面时,和气而放松。

英 译

When holding the jade scepter of his king (on his visit to another state), he restrained his body, as if he could not bear the weight of it. He did not hold it higher than the position of the hands as in bowing, nor lower than the position of the hands as in giving something to others. He changed his countenance and looked as if he was trembling. He shuffled as if his feet were tied up to something on the ground. When presenting the presents he showed a glorious countenance. In his private meetings, he looked friendly and relaxed.

10.6【原文】

君子不以绀緅饰。红紫不以为亵服。当暑，袗絺绤，必表而出之。缁衣羔裘，素衣麑裘，黄衣狐裘。亵裘长，短右袂。必有寝衣，长一身有半。狐貉之厚以居。去丧，无所不佩。非帷裳，必杀之。羔裘玄冠不以吊。吉月，必朝服而朝。

字词训诂

绀。gàn，《说文》说是"帛深青扬赤色"，即深青色底子透出红色，指带有紫色的深蓝色，是蓝色系中最深的颜色，从视觉效果上看是深紫色。古时用于斋戒服饰。

緅。zōu，青赤色，黑中透红也，古时用于丧服。

亵。xiè，贴身内衣。

袗。zhěn，单衣，此处用作动词，"着……单衣"。

絺。chī，细葛布或其做的衣服。

绤。xì，粗葛布或其做的衣服。

必表而出之。必须要在葛布单衣外加件外套才能穿出去。有解为加内衣者，不妥，因为"袗絺绤"显然是轻薄的单衣，里面再穿内衣，古代又没有紧身打底内衣，就会臃肿滑稽，而且只有在居家单衣外另加外套才能体现出门见人的庄重和礼貌,而里面加了内衣"袗絺绤"仍露在外面,体现不出出门在外比居家处暑要讲究一点的意思。

缁。zī,黑色布帛。

麑。ní,幼鹿。

缁衣,羔裘;素衣,麑裘;黄衣,狐裘。说的是冬天穿的皮草的颜色要和外面的罩衣相同,未必是最佳搭配,但同色搭配能保证不丢人现眼,今日服装设计和着装标准仍守此例,取其安全。这一段,今人杨伯峻解说简明,特录于此:"古代穿皮衣,毛向外,因之外面一定要用罩衣,这罩衣就叫做裼衣。这里缁衣、素衣、黄衣的衣指的就是裼衣。缁,黑色。古代所谓羔裘都是黑色的羊毛,就是今天的紫羔。麑……它的毛是白色。"狐裘当然是黄色的了。

亵裘。"亵"在此处指"居家便服","亵裘"就是冬日居家棉袄。

短右袂。"袂",mèi,衣袖。"短右袂"有各种解释,但本书认为应直白译为"把右边的袖子截短"。在家穿着长棉袄过冬,行动不便,"短右袂"就能给右手一点活动的便利,是很自然也很接地气的生活技巧。

寝衣。不是睡衣,而是被子。

狐貉之厚以居。有歧义。《论语义疏》和《四书集注》都解读为"在家待客穿厚厚的狐貉皮草",不当。首先"居"是坐也,怎能视而不见?其次"待客"义从何而来?应解为"用狐貉之毛厚者当垫子而坐"。

去丧,无所不佩。服丧期间不可佩戴饰物,结束时自然就可以该佩戴的全戴上。

裳。cháng,下衣。"帷裳",今人杨伯峻认为:"帷裳,礼服,上朝和祭祀时穿,用整幅布做,不加剪裁,多余的作褶叠。""非帷裳,必杀之"就是说其他服装要裁去多余部分。

羔裘玄冠不以吊。"玄冠",黑帽子。中国丧事主素,白色是主调,因此黑衣黑冠不宜用于吊丧。

吉月。以前有四解。

一,正月;整整一月都"朝服而朝",还如何能显示其重要?不取。

二，吉祥的月份，无确指。首先同上，其次未见月份有吉凶之说，不取。

三，月中吉者，指农历每月初一。但"朝服而朝"，是臣子每日功课，当然包括初一，没有理由提出单列。不取。

四，认为"吉"字应该是"告"字，即是告朔，还是初一，结论同上一说，但来历不同。因为上述同样的理由，不取。

本书给出的新解是："初一之外的月中吉者。"古代用月亮来定日子，因此把"吉月"解为今天的"吉日"是合理的；"朝服而朝"，是臣子每日功课，由此反推"吉月"必指特殊日子。可供备选的特殊日子可以从《礼记》中挖掘。要之，包括各种针对天地（仅针对天子）和宗庙（含诸侯、国君）的祭祀、庆典，这些日子包括每月初一，因国君要去"告朔"，但也包括像春分这种节气的庆典，还包括"春禘秋尝（春天的礿祭，秋天的尝祭）"这种应景之祭；在这种特殊日子里，国君需要到场，因此臣子需要先到朝中报到，再和国君一起出发去仪式现场，所以不是日常早朝，而是"朝服而朝"，而后随君与礼，所以单独列出。

上朝后，去仪式现场之前，是否需要更换衣服，把朝服换成祭祀着装呢？答案是肯定的。比如在《礼记·玉藻》中就记载有孔子关于这个问题的说法："孔子曰：'朝服而朝，卒朔然后服之。'"意思就是："上朝时都应穿朝服。跟随国君听朔时要穿皮弁服，听朔礼毕再换上朝服。"

要义在于：此处说的无非是遇到某些有特殊意义的日子，要郑重其事、"朝服而朝"罢了。

章句义理

那么，本章罗列的各种着装规范有无来历呢？本段内容在《礼记》中有所呼应的部分包括：

一，"袗绤绤，必表而出之。"《礼记·玉藻》中的对应表述为："振绤绤不入公门，表裘不入公门。"

二，"缁衣羔裘，素衣麑裘，黄衣狐裘。"《礼记·玉藻》中的对应表述为："君子狐青裘豹褎，玄绡衣以裼之；麑裘青犴褎，绞衣以裼之；羔裘豹饰，缁衣以裼之；狐袭,黄衣以裼之。"

三,"羔裘玄冠不以吊。"《礼记·玉藻》中的对应表述为"吊则袭,不尽饰也。"

本章提到的很多讲究不见于《礼记》和《仪礼》,估计是孔子基于礼仪的精神和自己的理解,加以发挥,试图形成新的 SOP;此外,《礼记》和《仪礼》到底出自谁手还没有定论,在《论语》和它们之间互相参照有可能是循环考证。这个结论也适用于本篇中其余各处对礼节的引用,即各种礼仪的 SOP。大概率孔子部分本之《礼记》及《仪礼》内容(不管当时这些内容有无成书),部分加以发挥。不管是《礼记》或《仪礼》要求还是孔子自己发挥,其具体 SOP 因年代久远,详考对本书目的帮助不大。

今 译

君子不用蓝中带黑或黑中带红的色彩作为服装的饰边,不用红色或紫色来做内衣。在暑天,穿细葛布或粗葛布的单衣,但如果出门就要套层外衣。(冬天时)黑色的罩衣配羊皮袄,白色的罩衣配小鹿皮袄,黄色的罩衣配狐狸皮袄。居家皮草比较长,截短右面的袖子。一定要有被子,长度是身长的一倍半。用狐貉的厚毛当垫子坐。丧期结束,该佩戴的饰件全戴上。若不是上朝和祭祀用的礼服,就要(根据自身尺寸)裁去多余部分。不能穿羊皮袄或戴黑冠去吊丧。遇到吉日,(哪怕稍后要去参加相应仪式并换装,也)必须穿上朝服(先去)上朝。

英 译

A cultivated gentleman does not use navy color with black touch or black color with reddish touch in the ornaments of his dress, nor use red or purple colors in his under-dress. In summer, he wears single-layer fabric with either fine or coarse textures, but will cover it with an overcoat when going out. (In winter,) He wears a black dustcoat over lamb fur, a white dustcoat over fawn fur, and a yellow dustcoat over fox fur. His home fur coat is long, with the right sleeve shortened. He surely has a quilt, with a length of one and a half of his height. He uses the thick fur of the fox or raccoon dog as a pad to sit on. When the mourning period is over, he adorns himself with all ornaments as he should. Except for the formal dresses for court presence and sacrificial ceremonies, all other clothes must be trimmed (by his actual size). He does not wear lamb fur or black hats on condolence visits. On propitious days, (though he needs to participate in corresponding ceremonies and change his dress, still) he will put on his court dress and go to court (first).

10.7 【原文】

齐，必有明衣，布。齐必变食，居必迁坐。

字词训诂

齐。音义均同"斋"，斋戒。

明衣，布。沐浴后穿的布质内衣，浴袍也。皇侃在《论语义疏》中说："浴竟身未燥，未堪着好衣，又不可露肉，故用布为衣，如衫而长身也，着之以待身燥。"解释明了。《礼记·玉藻》中的相关要求是："君子……出杅……衣布晞身。"意思是：君子除了浴盆后，要着布衣晾干身体。《礼记》该处对沐浴还有诸多要求，不赘，要之在于郑重其事且要求多多。

沐浴在古代是件大事，甚至在家用热水器普及之前在中国北方都不是小事，很多地方的人民把去公共浴室洗澡当成带有社交色彩的活动，有仪式感，甚至有点节庆感。一方面是因为每日冲凉没有条件，另一方面或许就是残留古风。今天藏族、傈僳族等仍对沐浴郑重其事，甚至当成某些重大节日的组成部分，可作参考。

齐必变食。斋戒期间要改变食谱，不讲究滋味，而以简洁、仪式感为要。

居必迁坐。"居"，家居。"坐"，就是坐。用"迁坐"指代"迁寝"。钱穆说："古人斋戒必居外寝，外寝称正寝，斋与疾皆居之。内寝又称燕寝，乃常居之处。""居必迁坐"，就是从内屋搬到外寝里住；搬动的目的就是要避免干扰，尤其是为了避开男女之事。

今 译

斋戒(沐浴),必有浴衣,布做的。斋戒期间必须改变日常饮食,居家时要搬座位(及寝床到外屋)。

英 译

(Bathing) For fasting, there must be a bathrobe, made of cloth. In fasting, the routine diet must be replaced, and living in his home, he must move his regular seat (and bed to the outer room of his house).

10.8【原文】

食不厌精,脍不厌细。食饐而餲,鱼馁而肉败,不食。色恶,不食。臭恶,不食。失饪,不食。不时,不食。割不正,不食。不得其酱,不食。肉虽多,不使胜食气。惟酒无量,不及乱。沽酒市脯,不食。不撤姜食,不多食。

字词章句

本章分段

本章内容按类别可分为两段:第一段到"不时,不食"为止,谈的是日常饮食的态度、规范和智慧,除了开始两句是态度外,余下各条都是食物鉴别法,是饮食卫生和健康指南,义理上和斋戒或祭祀饮食无关;第二段从"割不正"开始,谈的是祭祀时的饮食规范,否则无法理解"割不正""不得其酱""沽酒市脯"三种"不食"以及"不撤姜食"的要求。这四种要求显然充满了仪式感,不可能是日常生活的讲究。

顺便说明,第二段古说多解为斋戒食规,不妥。斋戒的话就不可能吃肉饮酒了,也就不存在"割不正""肉虽多""酒无量""沽酒市脯"的表达了。

脍不厌细。"脍",kuài。《说文》云:脍,细切肉也。《礼记·内则》云:"肉腥细者为脍。"也有解为细切的肉或鱼均可的。总之是细切的动物食品。

不厌。有两解:一是把"厌"解为"满足,吃饱"。祭祀期间因为"食精脍细",

容易吃得过多。因此就有"不因食精而过饱,不因脍细而多吃"的警告意味。语法上,"食不厌精"可以理解为"食不厌于精"的省略,但仍有生硬之感;二是把"不厌"解为不以为厌、不排斥。这是主流解读。意思是:"饭食不嫌精细。"当取第二解。

上述第一解在语法上别扭,真有此意,应表达成:"精食不厌"或"食精不厌"才是。

孔子在里仁 4.9 中说:"士志于道,而耻恶衣恶食者,未足与议也。"可以肯定孔子认为"耻恶食"不对;孔子在述而 7.16 中说:"饭疏食饮水,曲肱而枕之,乐亦在其中矣。"可以肯定孔子认为"乐恶食"很好;同时"亦"字暗示"乐美食"也很好(详见该章解读);合起来可以推出孔子的态度:不该"耻恶食",而该"乐恶食",但不反对"乐美食"。这个态度和"饭食不嫌精细"是吻合的。

当然这里没有"食美"或"食精"非有不可的暗示;"食不厌精"本身的意思也是说不反对"食精"或"食美",没有必须如此的意味。

能够把"食精"或"食美"变为必选项的条件是什么呢?是斋戒吗?显然不是,因为斋戒需要抑制而不是放纵欲望;或许是祭祀吧,也没有祭祀食物需要特别精细和美味的出处啊。因此本书赞同把"不厌"解读为"不反对",并且把"食不厌精,脍不厌细"解读成"饭食不嫌精良,肉食不嫌细切"。至于有人把"精"解读为舂米舂得细,或许是对的,但因为没有确指,没必要多走那一步。

食饐而餲。"饐",yì,食物腐败发臭。"餲",ài,食物败坏变味。

鱼馁而肉败。"馁",něi,腐烂变质。全句不能解成"鱼肉腐败或肉败坏",而是只讲鱼,肉是鱼肉,"鱼腐而其肉坏"也。

恶。色恶,臭恶,均取 è 音。

不时。有两解,一是不当节令,二是不到吃饭时候。如上所述,本段全是健康饮食指南,当然应该取第一解,否则在安全手册中突然出现一句无关指示,令人费解。

割不正。切得不像样子。

肉虽多,不使胜食气。"气",同"饩",粮食的意思。肉虽然多,不能超过所吃的主食。

沽酒市脯。指市场上打来的酒和买来的肉干。为何不能从市场上买来？这不可能是日常饮食的忌讳,只能是祭祀时的讲究。大概的逻辑是:祭祀食品,供天奉神飨祖先,最好自己准备,以保证质量;如从市面采购,酒可能是劣酒,肉干更不知原料为何,有可能使祭祀诚意和效果因祭品质量不佳而大打折扣。

不撤姜食。饮食完毕要撤走,但姜食要保留,取其辛温除味、化食提神之功效,当做饭后小吃,不时取食几片,可以理解。

不多食。一说是指整个进食过程中不多吃,不妥,应专指姜食。因为此时已经撤席了,如果有此意,则应把"不多食"和"不撤姜食"位置对调,义理才通。

今 译

饭食不怕精细,肉食不怕细切。谷物腐烂变味,或鱼腐而肉烂,不吃。颜色不正,不吃。气味难闻,不吃。烹调不当,不吃。不当季,不吃。肉切得不成样子,不吃。没有搭配的酱,不吃。即使肉很多,不能吃得比饭还多。只有酒不限量,只要不醉而闹事。打来的酒和买来的肉干,不吃。(宴会结束后,)不撤除姜食,但不能吃太多。

英 译

Cooked cereals are welcome to be finely prepared, and animal foodstuff are welcome to be thinly sliced. Do not eat bleting or smelly cereals, or decomposing fish with rotten flesh. Do not eat discolored food. Do not eat stinking food. Do not eat those improperly cooked. Do not eat those not in their season. Do not eat meat that is not properly cut. Do not eat those without their proper sauces. When there is lots of meat, do not have it more than you do with the cereals. Only with wine there is no limit, as long as one's intake does not intoxicate and inflame himself. Do not intake bought wine or jerky. (After the feast) Do not remove the ginger snack, though do not have too much of it.

10.9 【原文】

祭于公,不宿肉。祭肉不出三日,出三日,不食之矣。

字词章句

本章义分两段:前段到"不宿肉"止,讲的是公祭;后段讲的是自家家祭。

祭于公,不宿肉。国家祭祀,大夫和士助祭,需要自带祭肉,主祭者或为诸侯,或为权臣,孔子作为大夫参与助祭的情况,只能是鲁国国君或三家上卿作主祭。主祭者当天早上宰杀牺牲,然后举行祭典。第二天又祭,叫绎祭。绎祭后,助祭者拿回自己的祭肉,并分到主祭者的祭祀肉;到这时,肉已经放了两天了,为了防其腐败,最好在祭祀结束的当天就把它吃完。《礼记·曲礼上》对此的说法是:"凡祭于公者,必自彻其俎。"意思是:"凡参加国君祭祀的人,(事后)都要把自己那份自带的祭肉带回家中。"

家祭时自己可以掌握时间,但祭祀贡品的量肯定也比较大,所以宽松一点,三天为期,合理。过了三天,就因担心肉腐,不再吃了。

但作为原则,不管是公祭还是家祭的肉,都应该尽量吃完,一怕浪费,但更主要的是要把祭祀对象(上天、神明或祖先)寄托在祭品中的祝福和保佑,尽快通过吃掉这个过程来接收和享受。如果被迫扔掉,等于是辜负了祭祀对象的一片好意,还有不敬之嫌。

今 译

参加国家祭祀时,拿回来的祭肉不让它过夜。家祭的肉不能超过三天,过了三天,就不能吃它了。

英 译

In participating in the state sacrificial ceremonies, he would not keep the distributed sacrificial meat overnight. Meat from family sacrificial ceremonies would not stay over three days. If it was over three days, no one should eat it.

10.10 【原文】

食不语,寝不言。

章句义理

词义简明。然而问题在于:这是一般原则吗?

今天我们在生活中使用这句训导时,大概的意思是:嘴中在咀嚼的时候不要说话,因为形象不雅、容易发音含混甚至呛着自己;上床以后就别聊天了,以期安静下来,尽快入睡。

只有决定入睡才会上床"寝",当然应该闭嘴休息;咀嚼之际,当然不该发言,何况本就难以发言。这不是废话吗?"寝不言"按定义就是正确的,无可挑剔。能让这句话避免成为废话的解读就是重新解读前半句,读成"整个吃饭的过程中,而不是仅仅咀嚼时,都不要说话",凭半句之功,使整句话不变成废话。

但这样一来,太不近人情了吧?自家吃饭、朋友聚会、乡饮酒、接待来宾,哪一种场合能让所有人闭嘴,默默吃饭?既不礼貌,也不现实;所以要么就理解成"咀嚼时不说话但口中没有食物时可以",要么就理解成"斋戒和祭典聚餐时全程不说话"以示庄重。

考虑到本章所处位置的前后都是在谈公众场合的礼仪,而不是居家日常习惯,所以应该把本章理解为对斋戒和祭祀期间的行为要求,而不是生活中的一般性原则。

今 译

(斋戒和祭祀期间)饭间不说话,上床不言语。

英 译

(In fasting and sacrificial ceremony periods,) Do not speak when eating; do not converse when in bed.

10.11 【原文】

虽疏食菜羹瓜,祭,必齐如也。

字词训诂

齐如。庄重貌。

章句义理

本章的主流句读是:"虽疏食菜羹,瓜祭,必齐如也。"不取,后详。

本段的难点是"瓜祭",它到底是什么?

主流把"瓜"解为"必",在"瓜"前断句,意思是:"即使是疏食菜羹,也必定要先祭祖再吃,必须要庄重。"此解不妥:如何就成了"必"?说是笔误,等同改经,懒而犯忌;或如朱熹所说鲁国把"必"读作"瓜"音,且不说他是怎么知道的,就是真地如此,那《论语》的编纂者们就不知道记录成本来的"必"字吗?如果此解成立,则连用两"必",语法上别扭,去掉任意一个都即刻通顺,反推则知"瓜"肯定不是"必"也。

"瓜祭"是存在的,如《礼记·玉藻》中有云:"瓜祭上环,食中弃所操。"意思是:"吃瓜要先祭,用连着瓜蒂的那个环切的部分进贡,然后吃中间瓜瓤,再把手拿着的瓜皮部分抛掉。"

祭祖作为每餐的组成部分,平日里动筷子之前,做个样子比划一下,在今天仍是中国很多地区惯例,如同有人每天拜关公或观音,或像基督徒的饭前祷告,是开饭前必要而简单的仪式。因此不仅仅是吃瓜,日常吃饭也可以有祭拜之举。

孔子在本章本意是否是每餐必拜呢?倒不是。这里说的应该还是有别于每餐祭拜的简单仪式,是除了郑重其事的家族大祭之外,逢其他节日、纪念日、或偶发的特殊需求,使用的简易版祭祖仪式。后面"祭,必齐如也"有"只要祭,就要严肃认真"的意味,反推不是每次"疏食菜羹瓜"都要祭的。

因此,句读应分解如上,同时可以确认"疏食、菜羹、瓜"是三样东西,而后面的"祭,必齐如也"就是说:"只要用它们来祭,就要严肃认真"。

今 译

虽然只是糙米饭、蔬菜汤或瓜,只要拜祭,就要庄重有加。

英 译

Although there is only coarse rice, vegetable soup, or melon, once using them for sacrificial ceremonies, one should look respectful.

10.12【原文】

席不正,不坐。

字词章句

本段有人认为应和下一段合并成那一段,不取,理由同前。

席。指坐席无异议,南北朝以前无桌椅,均席地而坐。但"不正"意义复杂:

一,按《礼记·礼器》:"天子之席五重,诸侯之席三重,大夫再重。"《仪礼·乡饮酒礼》:"席……公三重,大夫再重。"互为佐证。

二,《礼仪·曲礼上》中有:"席:南乡北乡,以西方为上;东乡西乡,以南方为上。"

三,本篇10.18中有"君赐食,必正席先尝之"。

综上,可以有以下结论:上述一说明"正席"之"正"包括层数;上述二说明"正"包括方向和按高低尊卑之排位;上述三说明"正"还包括"整洁、平整"之义,因为孔子既然坐在席上侍奉国君,他坐的席子在层数和方位上肯定已经调整完毕,接受赏赐时,仍要"正席",只能是"打扫、平整"以示尊重之义。总之,"正"既包括名位、礼数、SOP之正,也有"整洁、平整"使之端正之义。

上述一、二、三还说明,此"席"为陪同国君、参与典礼时所坐,不特指"宴席"而包含之,因为毕竟宴会是多数典礼的重要组成部分。

此外,坐席还有关于人数、移席、席上位置安排等规定,但不涉及"正",不赘。

今 译

坐席不正,就不坐。

英 译

If the sitting mat is not put right, do not sit on it.

10.13 【原文】

乡人饮酒,杖者出,斯出矣。

字词章句

乡人饮酒。不是大伙儿在祭祀后或其他重要场合的聚会,也不是今天自然村性质的邻里在重要日子里的集体围餐,而是指在家以私人身份招待宾客的聚会,包括而不特指婚嫁、迁居、家祭等特殊场合的宴会;其招待的对象可以是乡党庶人,也可能是卿大夫,更多的时候是和主人身份匹配的乡绅和士。《仪礼·乡饮酒礼》和《礼记·乡饮酒义》中对此流程和礼仪分别单独成篇,从中可知流程繁琐,还有乐队表演,肯定耗费不菲,非庶民或一般的士所能承担,所以可以推知乡人饮酒的主人应主要是有身份和名望的士(乡绅,乡大夫)以及做了官(国臣,家臣)的社区精英。

乡饮酒不只是聚餐娱乐那么简单,《仪礼》和《礼记》为之单独成篇,原因可由《礼记·乡饮酒义》中找到说明:"知其能安燕而不乱也。贵贱明,隆杀辨,和乐而不流,弟长而无遗,安燕而不乱,此五行者,足以正身安国矣。彼国安而天下安。故曰:'吾观于乡,而知王道之易易也。'"今文是:"由此可知乡饮酒礼能够使大家玩得痛快却不乱成一团。(参与聚会人员之间)贵贱分明,招待规格清晰明了,和谐愉快而又不失之随意,长幼人等无所遗漏,玩得痛快却不乱成一团。这五种表现,足以用来修身安国。一旦国家安定,天下也就安定了。所以(孔子)说:'我观察过乡饮酒礼以后,就知道王道教化很容易。'"或有夸张之嫌,但从礼仪在生活中的普遍施行能形成治国化民的功能来说,以及从与人民生活息息相关的聚会交往层面的礼的普及来判定治国层面的表现来说,重视乡饮酒礼,成立。

杖者。字面意思是"拄拐杖的人",借指老人。按《礼记·王制》:"五十杖于家,六十杖于乡,七十杖于国,八十杖于朝,九十者,天子欲有问焉,则就其室,以珍从。"今文是:"五十岁以后可以挂杖于家,六十岁以后可以挂杖于乡,七十岁以后可以挂杖于国都,八十岁以后可以挂杖上朝,九十岁以后,天子若有事询问,就要派人到他家请教,还要带上精美的食物。"由此可知乡中"杖者"应该是六十岁以上的老人。

按《礼记·乡饮酒义》:"六十者坐,五十者立侍,以听政役,所以明尊长也。"说明六十岁以下的普通人都只能站着。

《仪礼》和《礼记》中都没有让"杖者"先走的记录,应该又是孔子根据乡饮酒礼的精神发挥引申的自家规矩吧。

今　译

乡中私人饮酒聚会时,只有挂杖者离开后,他才离开。

英　译

At private banquets in the community, only after those on crutches left did he leave.

10.13【原文】

乡人傩,朝服而立于阼阶。

字词训诂

傩。nuó,舞蹈形式的驱鬼仪式,至今云贵川藏和两湖各地仍有此种仪式。

阼。zuò,本义大堂东西两侧的台阶。"阼阶",特指举行仪式时东边的台阶,意思是主人站的位置。

朝服而立于阼阶。一说是"恐其惊先祖五祀之神,欲其依己而安也",怕被驱之鬼吓着祖先,所以身着正装为他们站岗。依据应来自《礼记·郊特牲》中"乡人裼,孔子朝服立于阼,存室神也"的说法。此说有托大或自私之嫌,孔子如何会自认为自己的气场能够镇得住?如何只为自家宗庙站岗?古制无此要求。故不取。

一说是时为大夫的孔子的身份在他的乡党中应属最高,所以以贵宾身份站在主人位上,以体现对这种活动的尊重和重视。此说成立:述而 7.21 中说"子不语怪力、乱神";雍也 6.22 中也有"敬鬼神而远之"之说。可见孔子除祭祀仪式外,不赞同奉神事鬼、五迷三道,但也不会禁止别人从事之,而且会本着尊重的精神从众,相当于佛家"开戒"也;所以他一方面不参与驱鬼仪式,但另一方面对这种社区大事还是以尊重的态度配合一下,"朝服而立于阼阶",既不违心亲为,又能有所表示也。

那么是什么建筑的"阼阶"呢?有说是"宗庙",但无法解释为何驱鬼要在宗庙附近进行,且"傩"是要在较大的区域内沿街而过,如同游行一般,不可能局限于一栋建筑;有说是仪式现场某栋建筑,但同上,仪式覆盖很大的范围,很难有一栋建筑算是活动现场;所以要么是活动启动处、要么是活动结束处,估计更大的可能是后者,因为更有仪式感,也更接近活动的高潮。

今 译

乡中举行驱鬼仪式时,他穿上朝服站在东边的阶梯上。

英 译

In the community ceremony of driving out evil spirits, he would put on his court dress and stand on the eastern steps.

10.15【原文】

问人于他邦,再拜而送之。

字词训诂

问。多有解成"送上礼物并问"的,不知"送礼"之义何来?不取。就取"问候"义。

问人于他邦。托人向其他国家的友人问好。

拜。拱手弯腰,作揖也。可参考本篇 10.23 下对"拜"的解读。

今 译

托人向他国友人问好时,他会向信使拜两次再送他离开。

英 译

When he was sending compliments to a friend in another state, he would bow twice to the messenger and then walk him out.

10.16【原文】

康子馈药,拜而受之,曰:"丘未达,不敢尝。"

字词训诂

康子。季康子。

达。通晓。

章句义理

此事应在孔子周游列国返鲁后,当时季康子是鲁国实际掌权人,算是半个君主吧,而孔子只能算是士;即使把季康子当成大夫,按礼也该拜受,见于《礼记·玉藻》:"大夫亲赐士,士拜受,又拜于其室。"结合本篇 10.23 下对"拜"的解读,应是季康子差人来而不是亲自来,不算是"亲赐士",所以孔子只要当场对使者揖拜即可,不用回访"拜于其室"。

君主或大夫赐食,应拜而受之,尝而谢之。但对药,就不敢保证其安全性和适用性;因此,于礼要拜而受之,但于理就不能尝而谢之,需要查验之后确认安全对症才能服用。

剩下的选择只能是明言以告,托词"未达",请使者回禀季康子。算是解释了原因,礼貌之中有理智,客气之中显直率,有意无意之间,多少也传递了"道不同不相为谋(卫灵公15.40)"、希望季康子不要试图来招用自己的政治信息吧。

今 译

季康子送药过来,孔子拜而受之,说:"我不了解它,不敢试吃。"

英 译

Mr. Ji Kang sent some medicine over. Confucius bowed and accepted, saying: "I don't know it well and dare not try it."

10.17【原文】

厩焚。子退朝,曰:"伤人乎?"不问马。

字词训诂

厩。jiù,马棚。

今 译

马棚焚毁。师父退朝归来,说:"伤着人没有?"没有问马。

英 译

The stable was burned down. When the master retired from the court, he said: "Has anyone been hurt?" He did not ask about the horses.

10.18【原文】

君赐食,必正席先尝之。君赐腥,必熟而荐之。君赐生,必畜之。侍食于君,君祭,先饭。

字词训诂

君赐。君赐的一般规定,按《礼记·玉藻》有:"君赐车马,乘以拜赐;衣服,服以拜赐……君赐,稽首,据掌致诸地;酒肉之赐,弗再拜。"今文译作:"国君赐给臣子车马,臣子要乘着它去拜谢;赐衣服,要穿上它去拜谢……对于国君的赏赐,臣下要行稽首之拜,即双手着地跪拜;对于国君的酒肉之赐,不需要叩拜两次。"

腥。生肉。

荐之。把它进献给祖先。

畜之。养起来(以供来日祭祀之用)。"君赐生,必畜之"在《仪礼》和《礼仪》中无对应章节,但孔子的做法合情合理。

先饭。先于君主而饭。怎么回事呢?

一,首先要区分"饭""食"和"羞"。"饭"是谷物主食,"羞"是菜肴,"食"是两者的统称,做动词时也是指"吃",吃饭、吃菜均可。

二. 有人认为是孔子为君主尝饭,试吃也,或为尝味,或为试毒。此说不成立,因为单单尝饭是不够的,谁来尝菜呢?另外,君主有专门的"膳夫"来兼任品尝师,用不到大夫来充当。真要是防毒的话,必须用专人才行,否则无法确保临时来品尝的臣子不是下毒者;需要技术官僚的时候,是不会使用业余临时工的。

三,《周礼·天官冢宰·宫正/外饔》有"膳夫授祭,品尝食,王乃食",说的就是膳夫,孔子可不是。

四,《礼记·玉藻》中有"先饭辩尝羞,饮而俟。若有尝羞者,则俟君之食,然后食,饭,饮而俟",今文译作:"臣子要先吃饭并遍尝各种菜,然后喝汤并等候国君吃菜。如果有品尝师尝食,则臣子要等国君吃过之后再吃,先吃饭,后喝汤并等候。"这里说明在没有"尝羞者"即专门品尝师的时候,臣子是要先吃饭的,同时尝菜,要点是:饭要吃饱,但菜只能尝尝。吃饱是为了后面有劲陪主子,就像今天聚餐,有人会说"我先扒拉几口饭,吃饱了好专心给各位夹菜倒酒"一样。

五,《仪礼·士相见礼》中有"若君赐之食,则君祭先饭,遍尝膳,饮而俟,君命之食,然后食。"今文是:"如果君赐给他食物,则君祭食,臣先吃饭,又为君遍尝各种菜肴,然后饮酒等候。待君下令后,才能进食。"流程和道理同上而更明确。

综上,君主有专门的"膳夫"来从防毒的角度来品尝,而作为"侍食于君"的大夫,要在君主祭祀的时候赶紧吃饱饭,而之所以要赶紧吃饱,是为了保证后面侍候君主吃喝时有充沛的精力。简言之:先饭不是为了试毒,而是为了抓紧时间补充能量。

今 译

国君赐予食物,一定会整顿坐席先自己试吃(然后分给门人)。国君赐予生肉,一定会煮熟后向祖先进献。国君赐予活物,一定要养起来(以供未来祭祀之用)。侍奉国君进食时,在国君祭祀时,自己先吃饭。

英 译

When the king bestowed food on him, he would surely adjust his sitting mat and tasted the food first (before distributing it to his disciples). When the king bestowed raw meat on him, he would surely cook it and offered it to (the spirits of) his ancestors. When the king bestowed live animals on him, he would surely keep and rear them (for future use as sacrifice). When he was accompanying the king for meal, when the king was practicing the sacrificial ceremony, he would eat the cooked cereal first.

10.19【原文】

疾,君视之,东首,加朝服,拖绅。

字词训诂

君。此处应是鲁定公,因为孔子在鲁国为官的时间都在鲁定公任内。

绅。腰带,或腰带系上后垂下的部分。

东首。头朝东,字面无疑义。《礼记·玉藻》中有"君子……寝恒东首"的记载。一般说来,房屋是坐北向南的,主人睡在东厢房或东边房间靠北墙的位置,头向东,这也符合今天的习惯。邢昺《论语注疏》和皇侃《论语义疏》都在上述基础上加上了推理,大意是:为了保持君主面向南面的方位,孔子特地把寝具从北窗下搬到南窗下,这样国君进来就能面向南面而问病。此解牵强,如下:

一,原文没有确指,属于自己想象。

二,《礼记》没有提到这种要求。

三,如果能接受国君屈尊进卧室来看望自己,怎么就接受不了让国君面北问病?毕竟是特殊情况,且是私宅内屋,没有公众性质,并无不妥。

四,如果都能把寝具从北窗搬到南窗,又如何不能下床拜君,非得卧床"加朝服,拖绅"不可呢?难道是弟子们一起连人带床抬过去吗?春秋时代的床没有实物传世,但可以参考一九五七年河南信阳长台关战国楚墓出土的木床。该床长二米、宽一米三九、足高十九厘米、通高四十四厘米,这个尺寸的床,如果上面躺个人,移动起来肯定不容易,想象一下画面,即知可能性不大。

因此,不如严守字义,不做臆想,确认"头向东"即可。

加朝服,拖绅。把上朝正装披在身上,腰带搭在上面。不能起身着装,所以搭在身上,以象征的方式表达尊重。

今 译

生病时,国君来看望,他把头向着东方,把朝服披在身上,上面搭着腰带。

英 译

When he was sick, the king came to visit him. He had his head to the east, spreading his formal court dress over himself, with the girdle drooping over it.

10.20【原文】

君命召,不俟驾行矣。

章句义理

本章说的是在不当班及本来不需要上朝的时候,如果接到国君召见的命令,则就要赶紧出发,不要等到马车备好才动身。义理如下:大夫应召,本应坐车前往;但同时有其他规定,就是《礼记·玉藻》中提到的"在外不俟车",即:臣子如果在宫外,如遇君召,则必须马上出发,不能等马车备好再动身;人马上出发,但随后马车多会赶上,半途上车即可;因此,"不俟驾行矣"只是表达个姿态,显示对君命的重视,"不俟驾行矣"并不保证会比坐车提前到达。

今 译

当国君传令召唤,他不等马车备好就马上出发。

英 译

When his king dispatched an order to call him, he would, without waiting for his chariot to be prepared, set out immediately.

10.21【原文】

入太庙,每事问。

章句义理

本段和八佾3.15的首句大致重复,该处原文是"子入太庙,每事问",重复有各种可能,或许《八佾篇》中是记录其事,本章是记录其日常守礼之态。

今 译

(孔子)进了太庙,每件事情都提问。

英 译

When he (the master) entered the grand temple, he raised questions on everything.

10.22【原文】

朋友死，无所归，曰："于我殡。"

字词训诂

归。去处，引申为"为之处理后事之人"。

殡。bìn，本义是停棺待葬，此处显然代指包含停棺待葬在内的安葬全过程。

章句义理

《庄子·内篇·大宗师第六》中间讲了一个或许与此有关的故事："莫然有间而子桑户死，未葬。孔子闻之，使子贡往侍事焉。"有人认为这里的"子桑户"就是雍也6.2中的"子桑伯子"，恐怕只是因为都有个"桑"字引发的附会，因为首先，庄子的故事仅仅就是故事，而"子桑伯子"虽不可考，但显然是个诸侯级别的统治者（详见该章解读），不会"死无所归"；其次《庄子》成书在后，或有依托《论语》附会故事之可能，除非另有史料，否则不能用它来论证《论语》背景，而我们找不到这种史料。理解为孔子表达愿为朋友处理身后丧葬事宜，从而体现其朋友义气和人文关怀，就足够了。

今 译

朋友去世，如果没人料理其后事，他就说："我来安葬他。"

英 译

When his friend died, and there was no one to take in hand the funeral affairs, he would say: "I will bury him."

10.23【原文】

朋友之馈，虽车马，非祭肉，不拜。

章句义理

拜。本义是两手作揖，有时指叩首，这是从"拜"的姿态来看；有时又特指礼仪上的回访拜谢;因此,"拜"共有四种可能:当场揖拜,当场叩拜,回访揖拜,回访叩拜。

《论语》中此字出现在五章,共六处,其他五处如下。拜下,礼也;今拜乎上,泰也(子罕9.3)。此处取"作揖而拜"义。问人于他邦,再拜而送之(乡党10.15)。亦取"作揖而拜"义。康子馈药,拜而受之(乡党10.16)。亦取"作揖而拜"义。阳货欲见孔子,孔子不见,归孔子豚。孔子时其亡也,而往拜之(阳货17.1)。取"回访揖拜"义。

参考《仪礼·士相见礼》,可知一般朋友相见,都多有作揖之礼,如果有人赠送车马,作揖而谢应为常理。

《礼记·玉藻》有:"君赐,稽首,据掌致诸地;酒肉之赐,弗再拜。"国君赐肉,叩拜一次即可。

上述结合本篇10.18下对"君赐"拜谢的引文,可以得出结论:此处"不拜"。指的是不会叩拜,即前述当场叩拜之义。

车马在价值上远胜祭肉,但只是礼物,无关乎重大礼仪,属于朋友间的私事,没有叩拜的由头;而祭肉是祭祀用品,代表着礼仪制度和对国君的尊重,叩首而拜,理所当然。

非祭肉,不拜。这暗示了另外一种情景:朋友赠以祭肉,则要叩首而拜。这时拜的不是朋友,而是祭肉所代表的的太庙祭祀,以及虽经转手、但仍是国君赐物的祭品。

今 译

朋友送的礼物,即使是车和马,只要不是祭肉,他就不会叩拜。

英 译

To the presents from his friends, even if they might be a chariot and horses, as long as they were not meat from the sacrificial ceremonies, he would not kowtow.

10.24【原文】

寝不尸，居不容。

字词章句

寝不尸

主流解读是说睡觉时不要"仰面朝天直挺挺的像个死人"，不妥。

"尸"本义是祭祀时代表死者受祭的人；古代表示今日"尸体"的字是"屍"；既然用的是前者，就不该用后者的字义；睡觉是私人事情，又在夜晚，以舒适为要，应该"寝不语"，因为怕影响别人，但仰面朝天有什么问题吗？又不会产生任何的公共或社会影响，也不会污染或干扰心灵的平静，没有来处，也于理不通。

《礼记·曲礼上》中对于睡觉只有一个要求"寝毋伏"，即"别趴着睡"，这个要求虽也有过分干涉私生活之嫌，但更像是生活智慧的总结，趴着睡容易压迫胸腔，导致呼吸不畅，对健康不利，即使是今天，也是常见的父母对子女的劝告。

应该严格地把"尸"按其本义来解读：代表死者受祭的主要行为特点是什么呢？无非就静止肃穆、非礼勿动，因为要配合庄重的气氛；而睡觉时应以舒适为主，怎么自在怎么来，翻翻身调整个姿势，掖掖或蹬蹬被子以调整温度，移动枕头以调整高度和角度，这是所有四肢健全的人都会做的入睡前的动作。

因此，本章正解是：在睡觉时，不要像"尸"那样绷着、端着。

居不容

有把"容"字用"客"字替换的，取其"居家就不要像做客那样"绷着、端着的意思，语境上吻合，但不妥。

较早版本的《论语注疏》用的是"容"字；如解成"客"，则本句就是"在家闲居时不要像做客似的"，看似也提倡私人时间可以放松，但有点像是废话。如果是认真建议，应该鼓励在私人交往中"不容"，表达上应该是"燕居见友，不容"。

本章前一句说的是睡觉时身体放松，则这一句理解成"在家待着时面色放松"对应更为贴切。"容"取其面容本义，名词用作动作，"保持面容"，即在公众场合表现出合乎礼仪的面容;"不容",就是不再有意识地控制面容,放松是也。

本章说的还是"礼",但角度是说私人时间可以放松,反证公众场景中守礼的不言而喻。很好的参照是述而 7.4 中"子之燕居,申申如也,夭夭如也"的描述。

今 译

睡觉时他不像做"尸"时那样端着身体,闲居时他不约束面容。

英 译

In sleeping he did not tighten his body like the ghost symbol; in home casual time he did not regulate his countenance.

10.25【原文】

见齐衰者,虽狎,必变。见冕者与瞽者,虽亵,必以貌。凶服者式之,式负版者。有盛馔,必变色而作。迅雷风烈,必变。

字词章句

齐衰。见子罕 9.10 注解。

虽狎,必变。一般把"狎"解释为"亲昵、熟悉",整句解读为"见到穿丧服的,即使是熟悉的人,也一定会变色以对"。不妥。参考子罕 9.10,可以推知孔子见到"齐衰"者,一定会体现出特殊的行为方式以示尊重和同情,根本不存在因为是熟人就便宜从事的可能;相反,遇到着重孝的熟人,更应该"作"或者"变"。因此,"即使是熟人"这种表达完全是背离常识和情理。

本章的"虽""必"句式明显是表达孔子针对某些不太合规的场景仍然坚持礼仪的一致性,因此,此处一定是表达某种"本来或许可以免除孔子遵守礼制的要求"的某种特殊场景;那么,可以推定"狎"就是这种"本来可以免除孔子遵守礼制、或可以使其他遵守礼制的人士可以合情合理地选择不遵守礼制"的场景;因此"狎"就是"齐衰"者的某种不恰当的行为举止或风貌,而不是孔子和他的某种关系；那么，对一个"齐衰"者来说，什么样的行为或风貌是不恰当的呢？本来应该表现出哀伤悼念，但却嬉皮笑脸、放浪形骸，让别人吊无可吊，想表达同情而无从表达，用今天的一个词来表达，就是"放浪"吧？

因此，"虽狎，必变"只能是："即使对方放浪不堪，也一定会变色以对。"

虽亵，必以貌。前人解读纷呈，但要么附会扭曲，要么不得要领，此处不赘。

按上一句同样逻辑，则"亵"应该是对方的不妥行为或风貌。

按子罕 9.10 注解，"冕者"指大夫，此处没说"冕衣裳者"，说的是戴了"冕"而确定其大夫身份，但未着正式"衣裳"因此不是正在公干的大夫；"瞽者"，失明人士，他们因为失明，往往举止端庄，以避免手舞足蹈的张扬所带来的的潜在伤害。

这种休闲中的大夫和"瞽者"既然并列，他们会有什么样的行为或风貌有可能一样并成为"亵"呢？结合"亵"的字义，只能是"张狂、轻慢"所体现的"不自重"了。

全句意思因此就是："见到大夫级别的官员和失明人士，即使他们张狂不羁而不自重，也要体现出合适的容貌（即尊重）。"

凶服者。穿丧服的人。有从"凶服者"另起一章者，不从。

式。车前木也，即马车上前面可供乘坐者抓握的横杆。此处用作动词，取其"握住横杆"义，伴有俯首的动作，以表达敬意；《礼记·曲礼上》中的相关记载有："故君子式黄髮，下卿位，入国不驰，入里必式。"今文译作：所以君子乘车遇到老年人要凭着横杆致敬，经过卿的位置要下车示敬，进入城门不可驰骋，进入里门必须凭着横杆致敬。

负版者。有多解，主流说是"背负国家户籍资料的人"。此说词义上或许可行，但作为乘车之人，遇到这种情景的机会实在罕见，不值得专门为它设计个 SOP，不取；有解为"图籍"的，不取，道理同上；有解为"丧服"之一种的，没有来处，且与前"凶服者式之"重复，不取；有解为"背着东西的小贩"的，也不妥：首先等于是改字解经了；其次作为大夫的孔子，不可能因为经过贩夫走卒而俯首示意，如果对他们都敬重有加，那还有什么人孔子认为不需要"式之"的呢？这种人肯定人数众多，老是"式之"岂不不胜其烦？

可以解为上朝用的"朝笏",因其是臣子地位的象征,又是国君赐予的特权标志,所以孔子要表达一下敬意。此为新解;也可以解为抄书用的"木简"。孔子时代,抄书不易,作为文化传承的载体的木简或竹简,均有重要的文化象征意义,对它们表示敬意,合情合理。此亦为新解。这两种新解均合理。考虑到本章其他各句说的都是不牵涉国君、而且不是非做不可的行为,本书认为解为"木简"最为妥当。

有盛馔,必变色而作。应是主人提供盛馔时。孔子必变色起身以谢的意思。参考《仪礼·乡饮酒礼》和《礼记·乡饮酒义》中的主客之道,可知应该"变色而作"的场合很多,因此,此处说孔子"有盛馔,必变色而作",只是众多"变色而作"的例证而已。

迅雷风烈,必变。遇到迅雷和狂风,必定改变面容。听起来这是人的自然反应,怎么能成为君子或臣子的礼仪风貌呢?

《礼记·玉藻》中有"若有疾风迅雷甚雨,则必变,虽夜必兴,衣服冠而坐",今译作:若有狂风、迅雷、和暴雨,就要改变常态,心怀惊惧(因为可能是上天在表达不满,或有天谴),即使是夜里也要起来,穿好衣服端坐(以示收到天意,并愿为担责)。上述场景或许就是述而 7.21 中所说的"怪力"吧。

纯粹因其突然猛烈而恐惧,是人之常情,但君子或臣子之所以"必变",不是因为胆小,而是担心或有天谴,必须正色端坐,代表人民直面暴虐的大自然。

今 译

见到服重丧的,即使对方放浪形骸,他也一定会变色以对。见到戴帽子的大夫及失明者,即使他们不知自重,他也一定会呈现出合适的面貌。(在马车上)见到穿丧服的,就会凭栏示意,也会对背负竹简者凭栏示意。面对丰盛的饮食,一定会改变面色并起身。遇到迅雷或狂风,一定会改变神态。

英 译

When seeing those in deep mourning, even if they were dissolute, he would surely change his countenance. When seeing high officials wearing their hats, and the blind, even if they were not self-possessed, he would show appropriate appearance. (When on his chariot) He would reach for the crossbar to greet those in mourning dress, and he would also reach for the crossbar to greet those bearing wooden slips. Offered with a feast of food, he would surely change his countenance and stand up. Encountering a sudden thunderclap or gale, he would surely change his countenance.

10.26【原文】

升车,必正立,执绥。车中,不内顾,不疾言,不亲指。

字词训诂

正立。古人乘车,除妇女外,都是站立,不会坐下;乘车者站在左边,驾车者站在中间,如有陪同人员就站在右边。

绥。借以登车的绳索。

不内顾。历来解读为"不回头看",孔子是乘车人,不是为别人驾车,何来"回头看"之说?"内"字也没有"回头"之义啊。又是大而化之、私运词义所致;"不内顾",就按其字面意思解读成"不看车里面"很合适:驾车也好,乘车也好,都要盯紧前方,目不斜视,而不应该对车内细节东张西望,威仪尽失。前一章所谓"凶服者式之,式负版者"如果没有紧盯前方的前提,也不可能实现。

《礼记·曲礼上》的相关记载是:"车上不广咳,不妄指。立视五嶲(按,音义均同"规",指车轮转一周),式视马尾,顾不过毂。"今译作:在车上不要大声咳嗽,不要随手乱指。站着时,视线放到车轮转动五周距离的前方;凭着横栏时,视线达到马尾所在;回头看时,视线不得超过车毂。可佐证不该看车里面。

疾。猛烈义,则"疾言"就是大声说话。行车会有噪声,不知不觉中,就会音量渐宏,仪态渐失。

不亲指。不指指点点。坐在车上,居高临下,如果指指点点,则有盛气凌人之感,充满侵略性,令人厌恶。合乎上述《礼记》引文要求。

NLP下有个模块是萨提亚家庭治疗模式,经常用来挖掘学员内心世界的方式之一就是让多人扮演被启发学员的家庭成员,站在各个角度,用手指指向该学员,也不说话,但其指责的态度最后能汇聚成一股巨大的能量,彻底冲垮该学员的心理,令其嚎啕大哭。"亲指"的效果及其杀伤力类似于此。

章句义理

本章讲的是孔子登车和坐车的仪容,简言之,就是稳重内敛,没有多余动作和言语。

今 译

上车前,他一定会端正而站,拉着登车绳。在车里面,不左瞧右看,不大声说话,不用手指指指点点。

英 译

Before mounting the chariot, he would stand straight and hold the mounting cord. When riding in the chariot, he would not look around, nor speak loudly, nor point with his fingers.

10.27【原文】

色斯举矣,翔而后集。曰:"山梁雌雉,时哉时哉!"子路共之,三嗅而作。

字词训诂

共。音义均同"拱",拱手。

章句义理

本章是个训诂迷宫,本书虽然没有新解,但可用新的方法来进行分析和剔除,把走出迷宫的过程尽量讲明白。

在分析之前,首先按照本书一贯的原则,不考虑所有通过改变经文来解读的版本,不管方式是增删字词,还是改变段落顺序,或是声称章节有遗失,都直接排除;其次,有人把"雉"解读为鸟的统称,本质上也是改经,也不取。

本书把本章分为四段,然后把各段有代表性的解读分别列出,大约如下:

表10－1　10.27分析筛选过程

色斯举矣,翔而后集	山梁雌雉,时哉时哉	子路共之	三嗅而作
雉惊恐状而飞起来,飞一圈后又落下集合	孔子赞美雉得其时,生活愉快	子路向雉拱手表达敬意	雉闻了几次,然后飞走了
	孔子赞雉得其时而哀人逢乱世不得其时	子路向孔子表达敬意	雉识破了子路的陷阱,闻了几次,然后飞走了
雉看到行人面色不善而飞起来躲避	孔子赞雉知进退	子路张网欲捕鸟	雉振了几次翅膀,然后飞走了
	孔子警示雉不知风险将至,知常而不知变,愚钝不堪	子路抓住并放开雉	雉不知好歹,还闻几次,才飞走
孔子察人颜色而有所举动	孔子判断出是母雉育雏期	子路把雉烹煮了献给孔子	孔子面对煮好的雉,闻了几次,然后站起来不吃

可以采用逐步排除法来缩小选择面,过程如下:

本篇的共同点是讲孔子如何尊礼守礼,因此与礼无关的选项可以先排除掉;其次排除掉不合词义或语法、以及不合情理的选项,计有:

一,子路向孔子拱手致意。不管子路对孔子"山梁雌雉,时哉时哉"剩下的三个选项如何理解,都应该向雉拱手;即使因为钦佩师父赞美得恰如其分或叹服于师父能分辨出是母雉在育雏,也是师父一贯的高超能力的体现,没有去表达敬意的必要。

二,说"子路张网欲捕鸟",却被识破,与前面内容不搭,唯一的内涵只能是暗示雉足够聪明,勉强符合"时哉"之叹,义理生硬,而且无法从字词语法上自圆其说。

三,说子路抓住又放掉,更无词义来处,而且没有目的性,除非是为了用行动证明雉不知进退或不得其时,和师父唱反调,不合情理。

四,说雉振翅而飞,没有词义来源,不取。

五,把"色斯举矣,翔而后集"的主语当成孔子,过于迂曲。

这样,排除掉上述选项后,余项如下:

表 10-2　10.27 分析筛选过程

色斯举矣，翔而后集	山梁雌雉，时哉时哉	子路共之	三嗅而作
雉惊恐状而飞起来，飞一圈后又落下集合	孔子赞美雉得其时，生活愉快	子路向雉拱手表达敬意	雉闻了几次，然后飞走了
雉看到行人面色不善而飞起来躲避	孔子判断出是母雉育雏期	子路把雉烹煮了献给孔子	孔子面对煮好的雉，闻了几次，然后站起来不吃

包括马融、皇侃、邢昺、朱熹在内的诸多大家对后面三段合起来的故事说成：

孔子赞叹雉得其时；子路把"时哉"误解成师父说的是时令美味，因此抓了一些雉，煮熟了给师父吃；因不是本心，孔子不想吃；但又怕挫伤子路一片好心，所以闻了三次，还是起身不吃。

上述故事牵强附会，十分不妥：首先，子路抓鸟，孔子很难不知道，可以明确禁止；其次，即使子路动作迅速，抓鸟时孔子不知道，那劈柴、升火及煮食的过程，孔子更难不知，可以随时叱令终止；即使孔子只是在煮好献上来以后才发现子路误解己意，大煞风景，也可以加以斥责。以孔子在《论语》中对子路体现出的坦率批评的态度，不存在不直言呵斥、偏偏通过"三嗅而作"这种寓意曲折的行为艺术来表达态度的可能；再说，"三嗅"也体现不了尊重子路的意思啊，只要最后没吃，就是没给面子，因其过程曲折，反而更有不屑意味。此外，事情发生后，子路一定会问个明白，而孔子也一定会给出答案。这个答案不仅能提纲挈领地总结本章的内涵，也能使故事有个合理的收尾，为什么没有被记录下来呢？反推可知这个故事根本不成立。

因此后半部分"子路共之，三嗅而作"可以确定是"子路向雉拱手致意，雉因不知其意，所以三嗅，最后还是有所担心而飞走"。

至此剩下的选项只是前半部分了，如下：

表 10-3　10.27 分析筛选过程

色斯举矣，翔而后集	山梁雌雉，时哉时哉
雉惊恐状而飞起来，飞一圈后又落下集合	孔子赞美雉得其时，生活愉快
雉看到行人面色不善而飞起来躲避	孔子判断出是母雉育雏期

不管是雉变色而举还是因为雉看到行人面色不善而飞起来，都是被惊飞的，很难得出"得其时，自由自在，令人羡慕"的感叹。而且这样的演进虽然有一点"四时

行焉,百物生焉,天何言哉"的取法自然的情怀,毕竟和本篇所谈的"礼"的规范格格不入;因此"山梁雌雉,时哉时哉"只能是"母雉育雏,正当其时"的意思:"雌"字在这里不是因为碰巧看到的是母雉从而被记录下来,而是有意识的确指,指的就是孵化或育雏期间的母雉。

这样难点就剩下最后一句"色斯举矣,翔而后集",如下:

雉,俗称野鸡或山鸡,公鸟艳丽而独居,母鸟灰暗而喜欢小群集体活动,产卵孵化和育雏期间,仍是如此。结合"集"字,可确认是一群母山鸡,亦可判断后面的"三嗅而作"是指这群山鸡对着子路闻了多次,"三"是虚指。

有人(比如朱熹)认为野鸡不善飞,不能用"翔"这个带有盘旋意思的字来描述其飞行姿态,且不说这种咬文嚼字拘泥迂腐,朱熹自己常常就大而化之,似是而非,单单在此处纠缠,反显其粗细标准前后不一;单单从事实上和我个人的经验来说,山鸡在起飞和落地的时候确实有直上直下的笨拙感,但在空中飞行时,仍可以盘旋而飞,只是转一圈半径更大而已。说其能"翔",不算过分。

"色斯举矣",首先缺乏把"色斯"和"人"关联起来的字词,其次也没有这个必要,因为无论如何,山鸡是被吓飞的,最后把"色斯"之"斯"理解为语气助词,描述山鸡"变色"的样子,在词义和语法上都是成立的。

因此"色斯举矣,翔而后集"的意思就是:一群山鸡惊慌之中飞起来了,它们盘旋之后又一起落下来了。

如此本章故事和演进路径就是:一群鸟惊飞而起,盘旋之后又纷纷落下,站在树枝上观察(小鸟或蛋应该就在附近的草丛中);孔子说:"这些是山梁上的母山鸡,正是它们哺育的季节啊!所以才翔而不去,因为要回来照顾草丛里的幼鸟啊。"既显示了自己山林知识的丰富,又警告了随行者(或许只有子路,或许还有他人)不要猎取或打扰正在哺育后代的鸟儿;子路听了,对着它们拱手致意;这群山鸡对着子路看了又看,闻了又闻,还是不放心,最后还是飞起来了。等于子路无心吓着了它们。

孔子感叹的是"物在其时",要做的是"不扰其时",体现的是"不麛不卵"、不时不猎的狩猎原则,也就是古今中外共有的、维持生态延续的古老智慧。

今 译

一群鸟儿惊飞而起,盘旋之后又纷纷落下。师父说:"这些山梁上的母山鸡,正是它们的季节啊!正是它们的季节啊!"子路对着它们拱手致意,它们闻了几次,还是飞走了。

英 译

A flock of birds were alarmed and fluttered into the air. They lingered around and then perched down. The master said: "These female pheasants on the ridge, they are in their season! They are in their season!" Zi Lu crossed his hands in front him to greet them, but they sniffed at him several times and flew away.

祝朝晖 著

論語析正

下册

本书出版得到齐鲁优秀传统文化传承创新工程重点项目
"孔孟儒学历史传承与转化创新研究"的资助

厦门大学出版社　国家一级出版社
XIAMEN UNIVERSITY PRESS　全国百佳图书出版单位

序

二〇一七年冬,一位朋友说他的大学同学祝朝晖写了一部解读《论语》的著作,很有特色,问我能否帮忙推动出版。我和我所在的单位本就以弘扬儒学为职责使命,对这样的书当然很有兴趣了。

这些年我也陆陆续续接触了不少大学和科研机构体制外的国学学者,他们带着呕心沥血完成的大作来找我,总体上来说,他们的精神令我很是感动。他们在工作之余挤出时间来从事学术研究,没有纯粹的兴趣、志趣很难长期坚持下来。当然,其学术成果水平参差不齐,但就创新性、思想性、启发性而言,有的一点也不比学院派差,甚至有过之而无不及;有的确实难登大雅之堂,基本的学术规范都未能遵守,甚至就是一腔热血的"异想天开"。对于他们,不能一概否定,应该鼓励、支持他们学术的发展,不能相互瞧不起,知识、思想、真理是没有群界的,大家都是平等的。民间学术的发展及其生命力的伸展,是新时代人文社会科学繁荣发展的重要标志。

当祝朝晖发来《论语析正》部分章句时,我几乎一口气读完,很快被其独特的解析风格所吸引。在接下来一年多的时间里,尽管工作比较忙,我还是断断续续读完全书,可谓受益匪浅。总体上来说,尽管该书里面的一些细节还存在这样或那样的问题,但不失为当代众多《论语》解读中一部富有特色的好书。祝朝晖在安徽大学哲学系读过本科,二〇〇四年获加拿大西安大略大学毅伟商学院工商管理硕士学位;曾任多家外资及民营公司高管,联合创立投资银行,并担任多家公司董事或顾问。祝朝晖长期从事国际贸易,精通英语,在很多国家有过生活和工作体验。独特的生活阅历和职场经验,使得祝朝晖对人生社会有着独特的思考和感悟。

儒家是生活的学问,是在做人做事中修养修炼的学问,这在《论语》中体现得非常明显。《论语》反映了孔子生活世界、情感世界与理性世界的交融。动之以情,晓之以理,儒家是一套情理交融的人文教化系统。智、仁、勇为三达德,智为理性,仁为情感,勇为意志。智仁勇,在儒家经典中,有时也表述为仁智勇。既仁且智,仁智在儒家是密切交融的,但有的人往往以仁见长,以仁统智,有的则以智见长,以智统仁。读祝朝晖书,与祝朝晖打交道,我能感觉到祝先生是以智见长,或以智统仁类型的。这也许与其长期的商场谈判经验有关,他对人的心理活动机制、人情世故有很深的洞察,而且能清晰明快地表达出来。凡此种种,在读《论语析正》一书时,能感受到。

《论语析正》是一部比较理想的适合新时代大众国学阅读的力作。该书删繁就简,跳出繁琐的考证,抓住关键字词句展开简洁明快的解析,常常直接摆出历史上的各种观点,然后一一分析其是否合理,从情理、义理、心理上进行各种逻辑推演,最后推导出作者认为比较合理的解释。作者在很多章节给出了新解,令人耳目一新;这些新解得失另论,但至少提供了有论证基础的新见解,可供进一步研究所用。作者在体例和表达上也跳出传统解读的窠臼,用结构清晰的呈现方式和严谨流畅的语言,把本来错综复杂的解析过程和繁冗纷乱的论证层次,清晰地表现出来,给读者线条脉络明白直观、近乎故事性的阅读体验。作者在汇总和提炼历代各种解读版本的过程中,不仅避开各版本之间的交叉和重复引用,还对解读所依据的史料源流进行了梳理和厘定,在史料出处的可信度、不同出处之间的对比以及引文的准确和严谨性等方面，下了不少功夫。当然，全书还有一个非常醒目的特色——英汉对照，有地道的英文翻译，这得益于作者娴熟的英语驾驭能力。我觉得这也正是新时代儒学或国学所需要的，儒学一方面要大众化，跟时代气息接应，另一方面要国际化，异域的、国际的语言视角可以使我们对儒学经典有全新的体验。

儒学研究，在态度上、心理上有两种，一种可以说是尊经崇圣派，另一种是宽和对话式。前一种不容怀疑经典，把经典神圣化，我们所能做的就是原原本本地理解经典圣意。我比较倾向后者，经典智慧是用来"养"我们的，哪些还有营养，哪些不必盲从，是需要我们咀嚼思考的。在经典面前不能没有自我思考、自我判断。当然，这种强调主体性的态度有时需要谨慎，不能师心自用、自以为是，更多时候，我们在经典中虚心体会圣贤智慧来"养"自己，否则经典矫正人心的功能就很难发生作用。在经典面前，"虚心"与"实心"、"无我"与"有我"要寻求中和平衡。总体上来说，《论语析正》一书的"我"性比较强，这个"我"也融汇了现代视域下的实用理性精神，因此，往好的方面说，这本书在经典面前有独立思考，甚至反思态度，在很多疑难点的解析上，对心理、情理推演揭示得很透彻，在人情世故上给我们以启发，也使得我们认识到孔子在人心、人情的把握体认及判断上确实是大师，让我们想起一句俗语"世事洞明皆学问，人情练达即文章"，这些总体上来说也都属于智者的态度，也较为接近于实用理性的精神。但就孔子的另一向度，仁的超越向度而言，这本书存在一些不足，仁是情感，同时也融汇了孔子的超越精神，是一种人生境界。就这方面的体会而言，这本书似略有不足。当然，我们很难期待一本书在各方面都很理想完美。在经典诠释方面，这本书的特色和贡献足以使其成为当今时代颇有价值、值得一读的好书。本书另一方面的社会意义，是走出了一条实践大众儒学、体会国学经典的可行之路，有榜样示范效应。作者身在商界,却坚持多年,利用业余时间写出一部颇有力度的经典解读之作,这是当前新时代中华优秀传统文化传承发展过程中富有标志性意义的现象。相信将来会有更多或一批类似祝朝晖这样的社会贤达,利用业余时间,坚持兴趣志趣,在某一文化领域作出卓尔不凡的成绩,从而在全社会形成强烈的向学、创新的文化氛围。当崇尚经典文化、崇尚思想美德、崇尚个性探索、崇尚自由创新成为社会的普遍的风尚,我想这一天的到来,离中华民族全面伟大复兴之日就不远了。

二〇一九年十二月二十四日于山东大学

(序者为山东大学儒学高等研究院教授、博导)

自　序

　　精读《论语》时，我发现很多章节有截然不同的解读版本，就试图比较各种版本，结合对《论语》自身各处内容的互相参证，借助对字词和相关古籍的溯源考证，找到所有有歧义章节的正解。

　　在这个过程中，我发现过往版本的解读和注疏，包括几种流传较广、影响较大的，都存在一些问题。有人把孔子当成神，为圣人讳，绝不允许怀疑孔子言谈举止的正确和崇高，总是试图从中发现伟大的人格和深刻的思想；有人让孔子为自己服务，通过扭曲改造或过度引申孔子言论，来为自己的理论体系或观点背书。这两种倾向，导致了客观冷静态度和就事论事精神的缺失，造成众多牵强附会、过度引申的人为曲解。

　　在这种人为曲解之外，还常有自相矛盾、义理不通的硬伤。这类问题的出现，有些是因为注疏者没有在内容之间互相参证，前后不一；有些是因为专注于一词一句，而忽略了孔子的基本思想；有些是因为缺乏逻辑分析手段，导致漏洞百出。当然还存在一些字词训诂的硬伤，因这些硬伤导致义理误读。

　　于是我就有一个想法：能不能把历史上各种有代表性的解读汇总在一起，然后在训诂和考证的基础之上，以孔子的基本思想作参照，在《论语》所有内容之间互相参证，运用分析和推理方法，来推导出每个章节最为合理的解读呢？

　　《论语析正》一书的书稿，就是这种尝试的结果。后经朋友介绍，认识了山东大学儒学高等研究院翟奎凤教授，他认可我的努力，审阅了书稿，提出了不少细致的修订意见，使本书得以最终完成。

　　本书以解读出《论语》各章本义为最高宗旨，以训诂为基础，以义理为核心，务求还原其本来面目。为此，本书制定了系列解读原则（解读原则汇总请见前言），为了史料的可靠、论证的严谨及结论的扎实，在字词训诂、史料考证、逻辑分析及行文格式等方面，做了大量的功课，通过严谨的筛选、甄别、推导，明确提供了所有章节的最佳解读，包括众多论证严密的新解。当然，因作者本身水平的限制，其中不可避免地存在一些谬误和误解，但是本书提供的解读和论证方法，却可以作为一种工具，用来对包括本书在内的对象进行挑战、批判以及证伪。这种工具示范功能，使本书在自身最高宗旨之外，或许能让读者获得额外收益。

为了解读《论语》内容，本书引用了大量资料，史料来源主要包括《诗经》《尚书》《伪古文尚书》《仪礼》《礼记》《周礼》《左传》《国语》《史记》《汉书》等在时间上较为接近孔子时代，同时也被主流学界认可的古籍。在此过程中，对史料和史实本身，本书也时有新鲜发现和创新结论，例如在解读颜渊 12.9 中的"彻"和"二"概念时，本书从周朝税制出发，对井田制、公田、什一税率等概念进行了定性和定量考证，证明"初税亩"是对"税亩"二字的讹传讹用。

促使我写作本书的动机，决定了这本书的内容结构和论述方法，也大致界定了它理想的读者。如果你打算精读《论语》，或者喜欢通过逻辑和分析工具来论证推导，或者希望磨炼自己的批判性思维和独立判断能力，或者对阅读、挑战和批判思辨类著作有兴趣，那么，你应该会喜欢这本书。

作为一本未按照一般体例写作的著作，本书试图体现出学术质量和检索引用的深度。是否成功，只能由读者来判断。

批评、指正、建议、交流，都无任欢迎，敬请联系 stanley-zhu@foxmail.com。

前 言

本书以研读过或计划参照多种流传版本、希望用平行比较方法来精读《论语》的人为目标读者，试图对古往今来各种解读版本进行汇总加提炼式的呈现、分析、证伪、论证及甄选，得出新解，带领读者找出训诂、逻辑和义理上各章本义的最佳解读，锻炼进一步研究《论语》和其他经典古籍的能力，帮助读者获得阅读思辨类书籍时进行独立思考和分析论证的方法技能。

《论语》过往版本的解读和注疏，有失于浅陋而研读不精者，有失于繁冗而难以卒读者，缺少解读精度上把握恰当的版本。本书意在填补这个空白。

过往版本的解读和注疏，有牵强附会、臆造曲解者，有随读随解、前后不一者，有预设倾向、解为己用者，有为圣人讳、惶恐维护者，更多无限引申、应用层出者，常令人感受不到客观冷静的态度和就事论事的精神。本书意在充分贯彻客观中立精神，还原《论语》本来面貌。

通行解读和主流注疏版本在某些章节有硬伤，本书意在揭示这些硬伤，正本清源。

本书以解读出《论语》各章本义为最高宗旨，从上述几个角度对内容进行条分缕析，以训诂为基础，以义理为核心，务求还原其本来面目，故名析正。

本书的解读结果自成一系，在字词章句和义理解读上多有不同于至今所有英译版本（包括礼雅各的译本）之处。为此，本书提供了英译，既可以成为英文读者阅读《论语》的选项，也是中文读者用以理解和佐证原文的辅助工具。

选本说明

《论语》原文选本以郑玄注版本为基础，但需要作三点说明：

一，章节可合并也可独立时，一律独立处理。

二，本书多有新解，并因此导致部分句读和标点符号比起通行版本来有所不同，相关各处均有说明。

三，除句读和标点符号外，一律避免对原文进行增、删、改，不接受所有关于原文有错漏的假设。

解读构成

原文自成第一部分。

原文的解读是核心，构成第二部分。此部分又由两部分构成，即字词训诂和章句义理。字词和章句常常纠缠在一起，并多有互相发现或互相印证之处，往往难以断然区隔，故在结构上有以下几种可能：

一，只有字词训诂而无章句义理。此时此部分就命名为"字词训诂"。

二，只有章句义理而无字词训诂。此时此部分就命名为"章句义理"。

三，既有字词训诂，也有章句义理。此时两部分依次独立出现。

四，字词和章句纠缠在一起。此时此部分就合并成"字词章句"。

今译构成第三部分。此部分以原文的解读为基础，把原文翻译成现代汉语。

英译构成第四部分。此部分把现代汉语译文翻译成英文，只论信达，不求简雅。

解读原则

字词训诂原则

一，以各权威字典的字词本义为基础，以行文逻辑和章句义理为准绳，在《论语》内容之间互相参照，并参考前人解读，进行字词训诂；接受合理引申，但尽量避免通过上下文倒推出字词应有之义从而赋予其新义。

二，对受过非文字专业大学教育的读者大概率读不出的字，加注音。

三，当字词在外延和适用面上有广义和狭义两种可能性时，除非分析发现狭义有极大概率成立，一概采用广义解读。

四，避免过度解读，尤其是和行文语境及《论语》中所体现出的孔子风格及思想不符合的引申。

五，务求词义妥当有出处、语法通顺无纠结，不留一字、一词、一句疑惑。

章句义理解读原则

一，所有人物年龄的计算都只精确到年，且忽略虚岁之说，因此事件发生时人物实际年龄可能有一年的误差。

二，注释、解析、引用、参考资料来源全在正文中说明，避免所有脚注和资料来源的统一罗列。

三，在遵守上述字词训诂原则的前提下，以行文逻辑为基础，以孔子一贯思路为准绳，在《论语》内容之间互相参照，并参考前人解读，进行义理论证。

四，尽量多用《论语》本身文字互相参证，只在必要时引用其他同时代或稍晚的典籍和资料来源，出处有伪疑时作标注提示。

五，分析和解读以推导出章句本义为最高目标，不预设任何理论体系的倾向或框架，避免一切预设方向和结果的推导。

六，原则上不对各章节所体现出的思想进行系统引申，只在贴切自然时对其潜在理论影响、适用范围和相关理论的对比等进行点到为止的总结。

七，两可时，在不违背字词训读、义理分析和孔子一贯见解的前提下，以"孔子不会出错"和"孔子必有道理"为假设，即把benefit of doubt（无错推定）和hypothesis on rationality（有理假设）都让渡给孔子；一旦发现存在无法自洽、逻辑混乱、偷换概念、大而化之或其他问题时，不为孔子讳，均明确揭示出来。

八，适当之处使用逻辑方法和统计学工具，务求分析和解读严密合理。

九，在解读有多解和歧义时，引用历代有代表性的版本，逐一分析、甄选或证伪；为避免陷入过于繁冗的注疏陷阱，在引用过往版本时，常会总结出主要的几派观点，而不是罗列出各派具体观点及其代表人物；有兴趣的读者，可自行选读本书中引用较多的集解类著作，或通过网络查阅来细究相关题目的本末。

十，对过往版本令人信服的解读，在注明出处后直接录入。

十一，义理如果在适用面上有广义和狭义两种可能，除非分析发现狭义有极大概率成立，一概采用广义解读。

十二，务求对义理、逻辑和孔子思路的使用前后一致。

体例说明

上述"解读原则"中对解读方法进行了说明，这些原则和方法部分界定和解释了本书行文中的体例和表达方式。以下进一步对这种体例和表达方式的主要特点作出说明。

字词训诂和章句义理的区分

历来《论语》解读，字词训诂和章句义理多杂糅一处，按原文行文顺序逐次解读，在版面呈现和阅读习惯上都贴切自然，并无不妥。鉴于本书针对的读者是研读过或计划参照多种解读版本精读《论语》的人群，他们对原文逐字逐句的理解是这种精读不言而喻的基础，而他们对《论语》各章节的总体把握才是本书的核心目标，这就要求避免字词训诂的不断插入干扰章句义理的连贯性。因此，把字词训诂并作一处，相当于把技术性的字词及其难点汇总到一起，形成研读章句义理的基础。

当然，常有字词训诂决定章句义理的情景，此时两者无法断然分隔，比如述而7.21中的"怪力乱神"，对其字义的理解直接决定了该章所体现的孔子态度，或者说对孔子态度的认定反过来决定了对字义的解读，这就是有些章节把"字词训诂"和"章句义理"合并成"字词章句"的原因。

对过往注解的使用

本书行文的基本框架是列举具有代表性的观点，逐个辨析，然后提出本书认可的解读。比如为政2.4下对"耳顺"的解读、八佾3.22下对"三归"概念的对比分析、泰伯8.8下对"成于乐"的论述，以及泰伯8.20下对"唐虞之际，于斯为盛"几种常见版本的证伪。

如果其他版本的解读义理简正、见解精辟，本书就直接录用。比如泰伯8.8中"兴于《诗》"一句，就直接录用朱熹的解读。

在易生歧义及解读纷呈处，过往版本多有解读相同或相似者，亦常有照录古注、一脉相承者，从考察解读选项的角度考虑，没有必要一一列举，且后人对前人解读的引用和前人本注并列的罗列，不仅不能增加论证的力量和效度，反而容易使读者迷失在考据迷宫中。为免于逐一抄录之烦，同时为读者总览全貌计，本书或者汇总有代表性的各家之言，如为政2.6及2.7下对史上各种解读的汇总；或者在不注明解读版本和解读者姓名的情况下，用"主流观点""常有""多有""亦有""一派、另一派""一说、二说"等指称提炼并列举多家观点，如先进11.1下对"先进、后进"各种解读的罗列；又或者虽然过往注解没有某种解读，但从逻辑上存在这种可能，则采用排列组合的方式穷尽各种选项，然后逐一排除和甄选，比如为政2.16下的逐步筛选过程，宪问14.23下对"上达、下达"概念的甄别，宪问14.34下对"德、直、怨"三种态度相互关系的探讨，以及卫灵公15.39下对"有教无类"的分析。

古注中考据和行文如有更早的资料出处，本书会略过古注，直接引用最早出处。这样相当于把各种古注中没有注明的资料出处，明白地揭示出来，便于读者在参考相关古注时，知其所以然者，而不至于把其相关论述当成注疏者的原创。比如八佾3.24下对"封人"和"木铎"两个概念的解读，就直接注明史料中的最早出处；再如颜渊12.9下对"彻"字文字由来及税率的考证；其他还有卫灵公15.6中的"州里"概念，虽然主要版本都有注解，因最早定义出处是《周礼·地官司徒·遂人/土均》和《周礼·地官司徒·大司徒》，本书就直接引用《周礼》；等等。

古注对某些概念的解读，其没有史料来源的，就注明不知出处，比如八佾3.22下对郑玄"反坫"论述来源的疑问、公冶长5.4下对把"瑚琏"解作"胡辇"的质疑、泰伯8.2下对"绞"的释义，以及乡党10.2下对"与与"的训读。

古注中考据和引用无法确证出处的，就以商榷的口吻提出可能的最早史料出处，比如八佾3.1下对马融"八佾"解读出处的探讨。

选用的史料来源主要包括《诗经》《尚书》《伪古文尚书》《仪礼》《礼记》《周礼》《左传》《国语》《史记》和《汉书》等在时间上较为接近孔子时

代，同时也被主流学界认可的古籍，即使其中有伪书或伪篇，因伪托时间的接近，其内容仍可供考证及校验之用。其余各种史料均在明确提示后有限引用，以供参考。

本书的论述方法

本书大量运用逻辑分析和推演方法（例如学而 1.9、1.12、1.16 和乡党 10.27 等），同时结合对社会现象和人类心理规律的理解，在不过度引申的前提下提供了不少思辨性的分析和总结（例如学而 1.8 下谈"无友不如己者"、1.16 下谈"知人"、子路 13.3 下对孔子言论的评价等）。

本书会酌情使用统计工具来辅助解读，例如为政 2.3 下对"德"概念的描述性统计、泰伯 8.8 下对"成于乐"的解读、子路 13.23 下对"君子"和"小人"概念的对比汇总，以及附录中供读者参考的统计结果。

在《论语》各篇章之间出现可供互相验证和对比的原文时，除了极高频的概念或观点外，均罗列出可供参考的相关篇章，比如子路 13.10、13.11、13.12 和 13.29 下对不同人等治国化民的时间周期的对比，其他如学而 1.15、雍也 6.11、述而 7.16 及宪问 14.10 下对"贫"状态下心态的论述。

本书各处论述之间，亦多有互相参照和对比。比如对"一以贯之"概念在里仁 4.15、卫灵公 15.3 和 15.24 三处的解读的对比。

正文最后，对《论语》进行了统计总结，以供参考。

目 录

下 册

先进篇 …………………………………………………………… 427

颜渊篇 …………………………………………………………… 481

子路篇 …………………………………………………………… 526

宪问篇 …………………………………………………………… 579

卫灵公篇 ………………………………………………………… 657

季氏篇 …………………………………………………………… 716

阳货篇 …………………………………………………………… 747

微子篇 …………………………………………………………… 787

子张篇 …………………………………………………………… 806

尧曰篇 …………………………………………………………… 836

附录 ……………………………………………………………… 848

跋 ………………………………………………………………… 859

先进篇

11.1【原文】

子曰:"先进于礼乐,野人也;后进于礼乐,君子也。如用之,则吾从先进。"

字词章句

进。走进,引申为"掌握"。

先进、后进。来众说纷纭,主要有六种,均不可取。

有解为孔子之前朝代的先后的,比如五帝为先,三皇为后;或商朝为先,周朝为后。不妥。首先,本篇主体是直接或间接品评弟子,包括本章在内的前三章作为总结性的开场,谈自己的弟子或同级别人物,方为恰当。其次,解为朝代之先后,没有字义和义理上的来处,属于臆解。再次,在朝代之间选择,没有以五帝或商朝为先的道理。最后,一个"用"字,体现明确的居高临下的态度,孔子不会用这样的措词来对待自己推崇的先王盛世或其人物。

有认为"先进、后进"不是指年代上的先后,而是指"文、质"意义上(详见雍也6.18中对这两个概念的解读)各个朝代的文化和价值观特点,因此对朝代没有具体指向。不妥。首先,此说除了避开上述朝代先后的臆解外,仍无法解释其余三项。其次,在"文、质"的对比中,对"野"的定义是"质胜文则野",意思是"质朴的本性超过外在的修饰就会粗鄙",显然"礼乐"的学习属于"文"而不是"质","进于礼乐"之后肯定不能算"野"了。即,"进于礼乐"者无论先后,都有"文质彬彬"中的"文"。因此,这种对比不成立。最后,不用这个对比,只强调"先进"和"后进"之间在文化特性上的差别,即把"野人"和"君子"当成两种社会建设路径的比喻，能否成立呢？仍然不能，因为野人型社会也好，君子型社会也好，都"进于礼乐"了，结果是一样的，对孔子来说，"进于礼乐"之先后没有实际意义，最多算个人偏好吧，对于强调治世实践的孔子来说，比起结果来说，路径完全可以忽略不计。

有解为出仕先后的。代表人物是西汉孔安国，其《论语集解》中有"先进、后进，谓仕先后辈也"之说。此说亦不妥。首先，如按此说，则先进、后进就变成学习和当官的先后次序。先进指先学习礼乐而后再做官的人，"学而优则仕"也；后进指先做官后学习礼乐的人，"仕而优则学"也。前者多是原先没有爵位的平民（即野人），后者是世袭的贵族，孔子没有理由厚此薄彼。其次，如按此解，则后面的"用"字应是"使用"即"使之为官"之义，但"仕而优则学"者本来就已经是官了。最后，如果主此解者退后一步，说本章讲的是为官者中"先进于礼乐"和"后进于礼乐"的区别，而不是上面所说学习和当官的先后顺序，则当官与否就与本章无关，为何还用当官先后来说事呢？再说了，如果只是比较"先进于礼乐"和"后进于礼乐"，还用说"我从先进"吗？当然是先学会了好啊。

有解为平民因为没有世袭名分，只能通过学习"礼乐"才能获取功名，所以得以"先进于礼乐"的；而拥有世袭爵位的君子，不修礼乐也会做官，所以他们学习"礼乐"要么是必要时才干，要么只是作为装饰自身的羽毛，虚与委蛇。此解不妥。没有习成礼乐就能做官的史实惯例，至少"进于礼乐"不是做官的充分条件。如果习成礼乐是做官的必要而非充分条件，则世家弟子也必须"先进于礼乐"才能做官；如果习成礼乐不是做官的必要条件，则平民更没有"进于礼乐"的动机，更别谈什么"先"了。

有人解读为孔子弟子入门的先后，并以孔子周游列国失望返鲁为节点，之前算"先进"，之后算"后进"。孔子归鲁后，已经放弃出仕治国大志，而专心教育晚辈，此时孔子名声在外，"后进者"中肯定精致君子比例远超收徒初期。此论或许成立，但过于拘泥于"返鲁"这个节点，不如下一解，因此不管可否成立，本解都不可取。

主流解读为孔子弟子入门的先后问题：颜回、闵子骞、冉雍、子路等人入孔门较早,为"先进之人",子游、子夏、曾晳等人入门较晚,是"后进之人"。前期弟子多是平民,质朴;后期孔子名声日盛,弟子慕名而来者众,多有文化(此处指包含六艺和文献在内的文化的统称)修炼精深之贵族子弟。此解等于把弟子们一分为二,和后面两章中也对弟子们进行分类相呼应,语法、义理和逻辑上均成立;但此解的难点之一是:为何本可从一般人为分析对象却局限在自己的弟子中呢?这样等于自我限制了这个论述的适用范围;此解的难点之二是:如果孔子明确推崇前者而非后者,干吗要招收后面那种类型的学生呢?如果没有更好的解读,此解可以接受。但如下述所示,有更好的解读,因此不取此解。

先进或后进于礼乐,是先于或后于什么进于礼乐呢?从这个角度来推论,是破解本章内涵之正道:相对于"礼乐",只能是作为"文献、具体知识、六艺"等统称的"文化知识",即述而7.33"文莫吾犹人也"中的"文";因此,"先进后进"就是"先习礼乐后学文"和"先学文后习礼乐"之别。

"先习礼乐后学文"者,在掌握了礼仪规范但还没有掌握足够的具体知识和技能的时候,做人规矩、举止得体、进退恰当、熟知流程,但因知识储备不够,知其然而不知其所以然,可以熟练地按礼仪SOP办事,但却不知其来龙去脉,算是不假思索而"时习之"的楷模,正如今天某些古风犹存的农村地区,各种风俗仪式通过言传身教而代代相传,但很少有人能说出令人信服的道理,或梳理其来龙去脉。这种风格体现的是尊重传统不去挑战、身体力行做了再说、宁流于俗不惑于理、不求甚解只求践行、不善言谈老实巴交的平民风貌,如果用一个词来描述,大约是"朴素"吧。

对应地,"先学文后习礼乐"就是指掌握很多具体知识和技能,但尚未掌握礼乐的人。按理说,在学习机会是稀缺资源的孔子的时代,能够掌握很多具体知识和技能的人,应该都是贵族子弟,只有他们才有学习的机会;贵族子弟应该比平民更懂得礼乐,因为他们应用礼乐的机会更多,范围更广,频率更高。这些人有可能在掌握了足够多的具体知识和技能的时候,却不掌握"礼乐"仪轨吗?答案是肯定的。这种看似矛盾的现象就是礼崩乐坏时代的特征,也就是孔子时代的特征。《汉书·志·艺文志》:"仲尼有言:'礼失而求诸野。'"逻辑是:礼崩乐坏时代,贵族子弟(即本章中的君子)因为没有必要而不学习,从而不懂得礼乐,平民却由于风俗的惯性继续掌握礼乐的流程,所以出现贵族子弟比平民后学习并掌握礼乐的可能和现象。

因此,有一种过往解读者忽略掉的可能性是:孔子不是针对自己的弟子,而是针对礼崩乐坏时代两种人进行对比并表达态度。详述如下:

从这个角度来看,则孔子的本段论述有广泛得多的适用性,避免了上述解读只针对弟子的限制,而这种限制本来就没有字词上的来处。

孔子后面说"如用之,则吾从先进",可供反推之用:这是个假设句,而不是描述自己在实践中如何对待自己的弟子们。可以确定,不管如何定义"用",在孔子自己可以决定的范围内,他应该一直在"从先进",不需要说"如果"。

如果说本章的背景是孔子在向潜在雇主们推销自己的弟子,说"要是我呢,就会这样",用这种假设来引导对方,则等于公开宣示自己对某类弟子的偏爱,不仅不合情理,而且无法解释为何自己不只收"先进于礼乐"者就好了,干吗还要收"后进于礼乐"者呢?

能使"如用之,则吾从先进"成立的语境只能是在治理天下的普遍范围内才能出现,意思是:这两种人,如果要重用,我愿意用先进于礼乐者。

剩下的最后一个问题是,如从此解,如何解释本篇主体是直接或间接品评弟子,而本章却不只谈弟子呢?本篇前三章都算总论,本章是普遍论述,而下一章在时空节点上有所细化,第三章更具体到几个组别,然后就是具体的人及其事,由远及近,恰当。

可以说孔子弟子中能叫得出名号的基本都是"先进于礼乐"的,鲜有能证明是"后进于礼乐"的,因此用本章开宗明义,表达明确的价值取向,可以视作对后面所有出场弟子给出他们最重要共性的总结。

野人。有多解,主流解为居住于国城之外的郊区之人。注意此处"国城"是包含"乡"的。此解不妥。因为显然孔子此处所说的"野人"恰恰是"先进于礼乐"之人,毫无偏僻懵懂、礼乐不兴的鄙陋;同理,解读为"粗野"或"鄙陋"类的均不妥。

此处"野人"必然和"君子"对应。按下文对君子的三个可能的定义，由于君子"人格"和"风格"的对立面有鄙陋、粗野之义，显然"先进于礼乐"者不可能如此，因此"野人"唯一的定义只能是和统治者对应的"平民"。刘宝楠《论语正义》中说："野人者，凡民未有爵禄之称也。"可作为此解佐证；按前述把"野"解为"朴素"，则野人就是"风格朴素的常人"，吻合此处"平民"的判断，两者加以比较和结合，取"平常人"之义。

君子。《论语》中"君子"有三种可能的含义（参阅学而1.1下注解），本章中"君子"是取哪一个呢？只能是"统治者"。"统治者"是因其世袭身份而成为统治者的，又因为在礼崩乐坏时代无礼可守，或者说不守礼乐不是当官的障碍，所以尽管他们不掌握"礼乐"但仍是"统治者"意义上的"君子"。故此处"君子"只能指"统治者"，而且是"无道时代的统治者"。

多有解读者无法解释为何孔子在"君子"和"野人"之间竟然提倡"野人"，就强行曲解之，增加"野人"之褒义而平添"君子"之贬义，实为不妥。典型代表如《四书集注》中引用程颐说："先进于礼乐，文质得宜，今反谓之质朴，而以为野人。后进之于礼乐，文过其质，今反谓之彬彬，而以为君子。盖周末文胜，故时人之言如此，不自知其过于文也。"这种曲解的根本失误在于未分辨"君子"在不同语境中的不同含义，在本章中就把它错以为是"人格完美者"了。

孔子的选择的启发

至于孔子的这种选择是否合理，是否最佳，则见仁见智，此处也不想展开。但可以在正反两派中大致取得一致意见的应该包括：

一，掌握礼乐或许不能促进社会进步和治理效率，但肯定不会激发或加重社会动乱。礼乐是社会的稳定器。

二，掌握知识和技能而忽略礼乐，能使社会高效运转，能迅速提高硬实力，但因缺乏目的性，会导致道德标准混乱，从而对长治久安不利。

三，这两派的不同可以类比到稳定对发展、修养对技能、理想对功利、精神对能力、信念对现实二分概念之间等的对应。

今天人类社会的主流面临一样的选择,目前胜出的显然是孔子之选的对立面。

今 译

师父说:"那些先掌握了礼乐(后学习知识和技能)的,是朴素的平常人;那些(先学习了知识和技能)后掌握礼乐的人,是(无道时代的)统治者。如果要重用,那么我就会选择先掌握它们的。"

英 译

The master said: "Those who first master the rules of propriety and music ceremony (before they do with knowledge and skills), are simple civilians; those who (first master the knowledge and skills and then) master the rules of propriety and music ceremony later, are rulers (of the lost times). If I was to employ them for critical positions, I would choose those who master them first."

11.2【原文】

子曰:"从我于陈、蔡者,皆不及门也。"

章句义理

从我于陈、蔡者。指"陈蔡之厄"前后跟随孔子的弟子。陈蔡之厄发生于前489年,孔子时年六十二岁,算是孔子人生的最低潮;期间,能确定跟随孔子的,按《史记》统计,有颜回、子贡、子路、冉求、公良孺。

多有把本章和下一章合并作一章的,并说下一章是对当时跟随孔子奔波于陈蔡之地的主要弟子的分组。假设此说成立,看看当时还有哪些跟随者,除上述外,计有:闵子骞、冉耕、冉雍、宰我、子游、子夏。除公良孺生卒完全无考,其余十人和孔子在"陈蔡之厄"时的年岁对比如下:

表 11-1　孔子和相关弟子生卒年份对比

人物	生年	卒年	卒年说明	陈蔡之厄时年龄	是否先于孔子而死
孔子	-551	-478		62	
冉耕	-544	-500	不详。因其早亡而孔子叹息,权作44岁	55	是
子路	-542	-480		53	是
闵子骞	-536	-487		47	是
冉求	-522	-456	不详,但必定晚于孔子	33	否
冉雍	-522	-456	不详,但肯定晚于孔子。对标冉求	33	否
宰我	-522	-458		33	否
颜回	-521	-481		32	是
子贡	-520	-456		31	否
子夏	-507	-406	不详,但相传子夏活了一百多岁,故用101年寿命来倒推	18	否
子游	-506	-436	不详。权且参照排挤他的曾子之卒年	17	否

可以排除掉子夏和子游,因为他们当时年纪太小。剩下的名单中的人权且可以认为是"从我于陈、蔡者"中之主要弟子。

不及门。有多解。

一是指孔子学门。是说弟子学道,先到门口,进门入堂,由堂及室,而这些家伙连门都找不到呢。显然这不成立。上述各位都是孔门十哲成员,都是得意门生,怎么会"不及门"?主此说者完全不顾事实。

二指都已去世不在了。此解也不妥,因为如表 11-1 所示,有三个人后于孔子去世,即使只按《史记》中可以确认的五个人来看,冉求和子贡也死在孔子后面,孔子不可能发出这种感叹。

三指都未能出仕为官。显然不符合事实,不取。

四指说话当时不在门下,或死或散或在他国做官。此解过于小气和拘谨,把某个时空的瞬间特殊状态记录下来,毫无意义也毫无必要,不取。

五指都未能在那段时间内成功出仕。此说妥当。首先,在那段时间内,确实没有弟子出仕为官的记录。其次,孔子周游列国而弟子跟随,最重要的目的就是沿途推销自我,包括孔子自己和一众弟子,这是毫无疑义的。陈蔡之间的困顿,不仅是孔子的人生低谷,也是弟子们的共同低潮,奔波穷困而无人相中,几年之内都没有人找到好工作;期间有人动摇,还发生过孔子为稳定团队逐个会见弟子并分别提出同一个问题的故事,详见《史记·孔子世家》中"孔子知弟子有愠心"部分的记载;所以返鲁安顿后,忆及当年,感慨良多,乃发此言,既有想当年的回忆成分,也有对那些"从我于彼,虽不及门,终不舍我"的弟子们的赞许。因此"门"指公门,"不及门",未能进入公门。

今 译

师父说:"当年在陈、蔡一带跟随我的人,当时都没能进入公门啊。"

英 译

The master said: "Among those who followed me in Chen and Cai areas, there were no one to manage to enter the gate of the government court."

11.3【原文】

德行:颜渊、闵子骞、冉伯牛、仲弓。言语:宰我、子贡。政事:冉有、季路。文学:子游、子夏。

章句义理

多有解者把此章和上一章合并,并因此认为本章所提十人均是陪同孔子经历过陈蔡之厄的,讲究一点的就会排除掉子游和子夏,尤其因为本章句首没有"子曰"二字,更显此论为妥。但如前一章解读所示,本章所谈部分弟子生卒年月不允许如此解读。加上本书历来坚持"章节能分则分"原则,本章只从本章说事,不旁涉。

有人认为本章是在陈蔡之厄期间的一次讲话,不妥:

其一,孔子在陈蔡期间,无法预知自己将终于何处,这时如果就给出弟子们的定论,难免未来会有改动之必要,而彰显此时之匆忙和不慎,正如朴槿惠过早地出版了名为《绝望锻炼了我》的自传,后来却被弹劾审判一样,无论未来命运如何演化,尴尬是难免的。

其二,如前11.2中所述,本章提到的四科优等生未必都在陈蔡期间陪伴过孔子,其中子游和子夏基本不可能身历此事。

其三,以孔子性格,言必有自,不会随意品评人物;同样,如果对弟子的总结真地在陈蔡期间说过,那么当在返鲁定居之后,在预知自己将死之前,必然会再总结一次,以作定论。除非有一种可能,即从陈蔡时期到临死之前,他的判断没有改变过——在这种情况下,仍然可以认为本章评论是其临终前的定论。

有人从"德言政文"的先后顺序出发,认为其体现了四科(德言政文)高低的排序,不妥:

其一,这种解读不是完全不可能,但考虑到孔子弟子三千、单列十人的严苛,还分出四科高矮顺序,于情不通。

其二,把言语放在政事之前,不符合孔子对雄辩术的一贯轻视甚至是反感,如对"巧言"的排斥(学而1.3)和对"佞"的不屑(公冶长5.5),因此只能理解为:本章是孔子按德言政文四科并列而无高低暗示所做的评价。

其三,由于子游和子夏年纪很轻,显然可见这次评估是孔子一生之中最重要的一次弟子评估,应该就是一生中最后的一次,具有终极评分的意味,因此各科反而没有按优先顺序排列的必要。

其四,孔子时代没有区分排序和并列的表达习惯,但不可因此剥夺其并列表达的权利和可能。

这十个人就是所谓"孔门十哲"。有两个弟子没有出现在这份dean list(院长提名优等生)上,令古往今来的解读者们困惑不已,并因此产生种种附会曲解,这两个人就是有若和曾参,两个在《论语》中被称为"子"的人(还有一个是冉有)。

何解？

有若。总起来说，有若未能体现出值得尊敬的能力；他的出名及后来被拔高的地位，都不是基于能力，而是基于其他因素；他在孔门的地位，一是由于其一贯的拍马功夫，二是由于其相貌上和孔子的类似，以至于在孔子身后被推举扮演师父，从而确定了他在孔门中的地位；因此，洞察秋毫的孔子不把他作为优等生，合情合理。

曾参。孔子卒于前479年，假设本章是孔子逝世当年所谈，曾参也才二十六岁上下，在卧虎藏龙的孔门之内，尚未成名很正常；曾参成名当在孔子身后，一是年龄决定了其黄金时代只能在孔子去世后来临；二是因为曾参主要不是因为个人能力或魅力，而是靠忠实传达师父教诲而渐渐成名；三是后世逐渐需要把孔子的见解用SOP固化下来，而曾参恰恰强于此道；因此，在孔子生前，个性不张扬、口才不突出、德行无法确认、政治手腕没机会显现的曾参淹没在一众弟子之中，实属正常。

后世回顾，总习惯于把孔子弟子们的排序当成是静态的，而且习惯于用孔子一人的意见去对比各个弟子在后世各个时期舆论中或意见领袖心目中的位置，自然会有不一致的判断，其实，这种不一致恰恰是正常的和自然的，因为它们只能反映每个时期、每派学者不同的价值观。本文作者虽然试图本着"只谈论语"的精神自我约束，只求就《论语》本身客观解读，但仍不可避免地带有各种偏见，如时代偏见、古文底子的浅陋、论证方法和习惯、语义逻辑的偏好，等等，也无法做到客观公正。再说了，未必有个客观公正的"本来面目"存在，孔子有可能也不总是知道自己说了什么，而且他自己的解读也未必就是对自己言论的最佳解读，毕竟言论或作品发布之后，作者就自动丧失解读的权威性。

没有"子曰"二字，权且认为是记录者汇总孔子各个场合下的多次谈话而得出的结论，因为不是如是我闻所以没有"子曰"，但又确是孔子说法，因此记录如此。

今 译

德行卓越的:颜渊、闵子骞、冉伯牛、仲弓。善于言语的:宰我、子贡。长于理政的:冉有、季路。精通文献的:子游、子夏。

英 译

Excellent in virtues:Yan Yuan,Min Zi Qian,Ran Bo Niu,Zong Gong. Adept at eloquence:Zai Wo,Zi Gong. Skilled at governance:Ran You,Ji Lu. Proficient in literature:Zi You,Zi Xia.

11.4【原文】

子曰:"回也非助我者也,于吾言无所不说。"

字词训诂

助。有助于,增益。

说。音义同"悦",满意状。

章句义理

颜回绝对服从和崇拜孔子,同时勤奋好学,向仁不辍,是孔子头号爱徒无疑;但以此等身份,兼有孔子慷慨有加的赞美,颜回在整部《论语》中出场的总次数是二十一次,排在子路的四十二和子贡的三十八之后,且次数相差悬殊,反而接近于排名在他之后的子夏二十次、子张十八次、冉求十六次和曾参十五次,在出场频率上明显属于第二梯队。

结合其风格和性格,可以认为孔子对颜回的认可更多地是因为颜回是理想弟子的化身,而非可以亦师亦友、坦诚相待的伙伴,不仅不可能像子路那样像个朋友一样直率相对,也不会像子贡那样机智善谈、互相启发。

虽然颜回从不回嘴,从不挑战,把老师的教导当成圣经,默志退省、举一反十,但也有盲目崇拜、不善独立思考之嫌,同时因为对师父永远都是虚心接受,鲜有质疑,更无反驳,因此孔子无法从和颜回的互动中提升自我,"非助我者也"。

王阳明在《传习录·卷下·门人黄以方录》(第二十六章)中,对孔子本段话的解读很有深度,特录于此:"此道本无穷尽,问难愈多,则精微愈显。圣人之言本自周遍,但有问难的人,胸中窒碍,圣人被他一难,发挥得愈加精神。若颜子闻一知十,胸中了然,如何得问难?故圣人亦寂然不动,无所发挥,故曰'非助'。"

老师只顾传授、学生只管接纳的教学方式,尤其在中小学教育中,虽然在今日中国仍是通行教育方式,但在主流意见中多受诟病,只是师资能力跟不上,同时应试教育的压力难以给出改善现状的空间。互动式问答教学更能发挥学生潜能,更能提高其发散性和批判性思维能力,这是理性的共识。教学的过程,包括启蒙教育、大学课程、企业培训、MBA 等,问答式的教学更为有效,同时教育提供者本身也能得到不断的提高,因为总有新的案例,总有新的场景,总有新的角度,总有新的挑战。

总之,孔子这句话既是对颜回一心向学的赞许和对自己能力的得意,也有一丝不能同其尽兴应对的不满和遗憾。至于哪种情绪为主,就见仁见智吧。

今 译

师父说:"颜回啊,不是能对我有所助益的人,他对于我所说的无不喜悦有加。"

英 译

The master said: "Yan Hui, was not one who could bestead me, there was nothing I said in which he did not delight."

11.5【原文】

子曰:"孝哉,闵子骞!人不间于其父母昆弟之言。"

字词训诂

间。jiàn,"非难"义。

昆。兄。从其芦衣顺母的故事可以推出,闵子骞后母所生两子只能是他的弟弟,他本人曾说"母在一子寒,母去三子单",辩护词又说明其生母先前并无诞育,所以这里用"昆"字不够严谨,或许是孔子转述江湖定论时,明知细节有误,但选择义理为主,以免纠缠于细节、节外生枝吧。

章句义理

本章评价有内在的递进逻辑,如下。

一,闵子骞孝顺。可能很多人按照客观标准都算得上孝顺。

二,他的父母兄弟都夸他孝顺。如果孝顺的对象和作为日常观察者的亲人们,按照其主观标准,也都认为这个人孝顺,就更难了,往往这一主观标准因为身在其中而高过客观标准,每个人的标准又高低有差,每个人对道德评价都有一票否决权,必须要达到每一个人的标准才能形成一致的肯定意见。

三,不仅如此,那些认识和了解闵子骞的人,都认可其父母兄弟们的意见,也都认为他是个孝子。这尤其难得,因为参与评价其孝顺表现的评委人数更多了,而且他们不像家人们那样和闵子骞朝夕相处,而是时有交往,更容易发现其行为习惯的离散性而非趋中性,更容易产生误读和误解,如果连他们都赞同其父母兄弟的评价,可以证明其孝顺的行为是持之以恒、绝无稍懈的。

孔子本段品论义理曲折而有趣,体现了他对大众心理的洞察力。

今 译

师父说:"真是孝顺啊,闵子骞!别人没有不同意他父母兄弟对他的评价的。"

英 译

The master said: "How filially loving Min Zi Qian is! No one disagrees to the comments of his parents and brothers on him."

11.6【原文】

南容三复"白圭",孔子以其兄之子妻之。

字词章句

南容。请参阅公冶长 5.2 下注释。

三。此处显然是虚指多次。

复。重来,引申为"背诵,复习"。

白圭。白色的玉器。语出《诗经·大雅·抑》,全诗较长,主题就是不要随便说话。"白圭"二字出现的前后与警示要慎言的几句是:"慎尔出话,敬尔威仪,无不柔嘉。白圭之玷,尚可磨也;斯言之玷,不可为也!无易由言,无曰苟矣,莫扪朕舌,言不可逝矣。无言不雠。"最相关的四句是:"白圭之玷,尚可磨也;斯言之玷,不可为也。"意思明确,是说白玉脏了,还能磨白;言语肮脏,无可挽回。就是训示慎言之义。

妻之。"妻"读 qì。

南容通过多次朗诵"白圭"段落而强调慎言的自我要求;但慎言风格本身不能成为嫁侄女的充分理由,否则太儿戏了。慎言应体现谨慎的精神、洞察人心的智慧以及自控的水平,和公冶长 5.2 中"邦无道,免于刑戮"的能力是一致的。

南容如果就是南宫敬叔,则大约是善终的,后世也多有好评,算是配得上他谨慎有加的人生态度。

南容如果就是南宫敬叔,则是显赫贵族,孔子把侄女嫁给他,是个好选择。孔子弟子众多,想娶他侄女的人肯定不少,因此在《论语》中两次解释为何要把侄女嫁给南容,或许就是担心别人说他攀龙附凤,通过赞美侄女婿的品质而化解嫌疑。

最后,为何孔子不嫁女儿偏偏嫁侄女给南容呢?或许有时机问题,或许还是避嫌心理在起作用,或许是真心欣赏公冶长,相信女儿嫁给他是个好选择;无法推定。根据史料来看,公冶长一生修德治学,名望日隆,善终之外,后世还有追封。把女儿嫁给他,孔子也没有失察。

今 译

南容经常背诵含有"白圭"的几段诗。孔子把哥哥的女儿嫁给了他。

英 译

Nan Rong frequently recited the lines containing "white jade". Confucius married his elder brother's daughter to him.

11.7【原文】

季康子问:"弟子孰为好学?"孔子对曰:"有颜回者好学,不幸短命死矣。今也则亡。"

章句义理

本章内容约同于雍也 6.3。

今 译

季康子问:"你的弟子中谁算是热爱学习的?"孔子回答说:"曾经有个颜回热爱学习,不幸短命死了。现在呢就没有这样的了。"

英 译

Mr. Ji Kang asked: "Who among your students can be said loving to learn?" Confucius replied to him: "There was once one named Yan Hui who loved to learn, unfortunately he was short-lived and died. Now there is no one who is like him."

11.8【原文】

颜渊死,颜路请子之车以为之椁。子曰:"才不才,亦各言其子也。鲤也死,有棺而无椁。吾不徒行以为之椁。以吾从大夫之后,不可徒行也。"

字词章句

颜渊死于前 481 年,享年四十,孔子时年七十,两年后去世。颜路,颜渊的父亲,也是孔子弟子。

请。请求使用之义,不是只有"请求"之义。

椁。guǒ,外层棺材,古代富贵人家有内棺外椁的讲究。

《庄子·杂篇·天下》中有:"古之丧礼,贵贱有仪,上下有等。天子棺椁七重,诸侯五重,大夫三重,士再重。"此说流传甚广,但考之《礼记》有出入。《礼记·丧大记》中有:"君大棺八寸,属六寸,椑四寸;上大夫大棺八寸,属六寸;下大夫大棺六寸,属四寸;士棺六寸。"今译作:诸侯棺有三重:最外边的大棺厚八寸,中间的属厚六寸,贴身的椑厚四寸;上大夫的棺有两重:大棺厚八寸,属厚六寸;下大夫的棺两重:大棺厚六寸,属厚四寸;士棺一重,厚六寸。显然《礼记》中说的是:诸侯三重,大夫两重,士一重无椁。《礼记·檀弓上》中有:"子之棺四重:水兕革棺被之,其厚三寸,杝棺一,梓棺二。"今译作:天子之棺有四层:第一层是用水牛皮和兕牛皮包住木板的棺,其厚三寸;第二层是用杝木作的棺,厚四寸;第三、第四层都是用梓木作的棺。可见庄子有所发挥。

在孔子的时代,估计上述标准都未严格执行,没那么讲究,凑乎将就即可,不太可能会下层僭礼,反而用上一级才可以用的丧葬规格。不管是孔鲤还是颜回,都是"士",本来就没有两重棺的礼制,不考虑孔子的俭葬倾向(如本篇11.11中所示),孔子也不可能同意弟子僭礼用两重棺。

一种可能是,在孔子时代,形成了新的风俗,即在送葬路上用马车运输,而不是用级别较低的牛车或是人工抬送,下葬时马车不用入土,权作路上临时外椁,聊表敬重吧。此说没有来处,纯粹是假设,可参考下述分析。

才不才,亦各言其子也。"亦",不过,只是。才,指颜渊之才。不才,指孔鲤之不才,身为父亲的孔子对儿子的谦称。全句的意思是:有才或没才,只是各自对自己的儿子的评价罢了。暗含的意思是:不能因为这样说了,就在行为上厚此薄彼,不能因为一个有才就厚待,另一个无才就薄待。

鲤也死。孔鲤,字伯鱼,孔子的儿子,也是其弟子。死于前483,时年四十九岁。孔子时年六十八岁。

以吾从大夫之后,不可徒行也。孔子在鲁国做过大夫,但那已经是很久以前了

（前499年任鲁国大司寇）。颜渊死时,是孔子周游列国返鲁之后,没有官职。

"吾从大夫之后"表达曲折,历来解读纷呈,此处不赘。本书认为把"从"解为"参与,从事"为妥,全句就是"因为我当过大夫以后,就不可以徒步上街了"。

那么,礼仪上有这种要求吗？首先是大夫是否不可徒行,其次是否当过大夫就再也不能徒步上街？从《周礼》《礼记》和《仪礼》中均找不到出处,反而《礼记·玉藻》中有"凡君召,以三节：二节以走,一节以趋。在官不俟屦,在外不俟车"的记载,今译作：凡国君召唤臣子,会用三个符节：用两个符节时臣子要跑着前往,用一个符节时臣子快步前往前往即可。国君召唤时,臣子如果在朝中,就要不等穿上鞋子就去；如果在外面,就要不等备好车子就出发。说明大夫有时必须徒行。《礼记·玉藻》中还有"君子在车,则闻鸾和之声,行则鸣佩玉"的说法,今译作：君子在乘车时能够听到鸾和之声,在步行时则要使佩玉相撞而发声,也是对"大夫"（大夫是君子的一个子集）"不徒行"的否定。所以,孔子的说法大概是根据自己对"礼"的精神的理解所作的发挥吧。

请子之车以为之椁。主流解为请求卖掉孔子的马车来为颜渊做椁。不妥。如果当过大夫就不得徒步出街是要求的话,则颜路不可能提出这样的要求；而且很有可能孔子的马车是当年鲁定公赐予的,对于君赐之物,不可能出售,颜路不可能提出这样的不合理要求；此外,一部马车的价值肯定远远超过外椁,卖掉车子去做椁,逻辑上不成立；最后,孔子应该没有穷困到连一个外椁都负担不起的程度,尤其是在自己声名远播、广招弟子的晚年。颜路因为家贫而求助于孔子是合理的,但直接提出申请即可,不该指定要师父卖车,没有理由要求师父非得变卖特定财产不可。

退一万步讲,即使孔子穷困,也总有其他和外椁价值相当的财产可以变卖。

本书认为应该解读为"请求用师父的车子来充当出殡仪式中的外椁"：如上所说,颜路不可能要求师父卖掉马车,但借用师父的马车来运送棺材却是颜路合理的出发点,无非就是装点场面,以示隆重；由此反推,当时应该有这种用车子来运送棺材的风气；同时,由于棺材是放在车内,把车子称为"椁"也算合理。进一步反推,当时或许普遍存在把灵车当成"椁"的习俗。

吾不徒行以为之椁。这一句应该和前面"鲤也死,有棺而无椁"联为一段呢,还是和后面"以吾从大夫之后,不可徒行也"联为一段呢,或者单独成为一段?如果和后面联合或独立成段,则其中的"之"就指颜渊,否则就指"孔鲤"。

应该和前面"鲤也死,有棺而无椁"联为一段,如下:

在逻辑上,孔子应该在提出孔鲤有棺而无椁的事实后,给出自己的解释,而这个解释就是"吾不徒行以为之椁"。后面另起一段再进一步解释为何不能徒行。

在语境上,如果把本句和后面联合成段或独立成段,过于生硬,丝毫体现不出说话的技巧。技巧要求用不愿为自己儿子出殡而徒步的案例来表达不会为颜渊出殡而徒步的选择,从而不用正面拒绝。

在修辞上,只有把本句和前面联合,才能更好地呼应前面"才不才,亦各言其子也",因为前面这句话就是对"孔鲤死而无椁,因为我不愿徒行以为之椁"的伏笔,让颜路自行得出"因此颜渊出殡孔子也不愿徒行"的类推。本句和后面联合或独立成段就会使"才不才,亦各言其子也"没有对应的下文,孤零零的,很是突兀。

孔子拒绝颜路的原因

应该不是丧葬礼制的限制。因为从孔子的回答看,他没有用这个理由,可见当时已经没有这个讲究了,即《礼记》上对各个级别人士的棺椁配置已经没人遵守了。实际情景的合理猜测是:不仅对天子、国君、上大夫、下大夫、士等不要求按《礼记》规定配足棺椁,而且也不会反对士和庶民根据各自财力配置外椁。

有人解读为孔子通过拒绝颜路来表达对颜渊未能赚钱以至于让自己父亲操心,从而有不孝之嫌的不满,过于曲折牵强,不取。

拒绝应该源自孔子对出行礼仪的自我约束。因为自己必然会出席颜渊的出殡仪式,算是正式场合,所以按前述孔子自己"不可徒行"的礼仪习惯,必须要乘车以往。或许也体现了孔子对俭葬的提倡吧。参阅本篇11.11。

今 译

颜渊死了,颜路请求用师父的车子作为(运送棺材的)外棺。师父说:"有才还是没才,不过是做父亲的评价自己的儿子罢了。孔鲤死时,只有棺材没有外棺,我没有自己徒步而为他准备外棺。因为我当过大夫之后,就不可以徒步出行了。"

英 译

Yan Yuan died, Yan Lu asked to use the master's chariot as the (transporting) outer shell (for the coffin). The master said: "Talented or not, are just comments of fathers on their sons respectively. When Kong Li died, he had only coffin but no outer shell, I did not walk on foot to offer him an outer shell. Because I was once the minister and since then, I have not been allowed to walk on foot."

11.9【原文】

颜渊死。子曰:"噫!天丧予!天丧予!"

章句义理

此叹何来?子罕9.5:"子畏于匡,曰:'文王既没,文不在兹乎?天之将丧斯文也,后死者不得与于斯文也;天之未丧斯文也,匡人其如予何?'"显然说明孔子自认为肩负着传承和发扬先王之道的天赋使命。孔子一直把颜渊作为自己的接班人来看待和培养的,自己一生壮志未酬,已经七十岁了,本来还有让颜渊继续承担使命的念想,但颜渊早亡,所以有上天"将丧斯文"的恐慌和绝望,遂有此叹。

今 译

颜渊死了。师父说:"哎呀!上天要我灭亡啊!上天要我灭亡啊!"

英 译

Yan Yuan died. The master said: "Alas! The heaven is annihilating me! The heaven is annihilating me!"

11.10 【原文】

颜渊死,子哭之恸。从者曰:"子恸矣!"曰:"有恸乎?非夫人之为恸而谁为?"

字词训诂

恸。tòng,极其悲伤。

从者。跟随者,可见是去颜渊家吊丧时发生的事。

夫人。这个人。

章句义理

按《仪礼·士丧礼》,没有吊唁者为死者哭的要求,无论是国君本人、国君使者、大夫,或一般的吊唁者。孔子痛惜颜渊之死,往吊而哭,不能自已,不仅完全失去自己一贯的自制和得体,且自己都没有意识到悲痛至此,甚至需要别人来提醒自己。可见颜渊早死对孔子打击之沉重。

今 译

颜渊死了,师父哭他哭得极其悲痛。陪同去的人说:"师父太悲痛了啊!"说:"我太悲痛了吗?要是不为这个人悲痛还能为谁呢?"

英 译

Yan Yuan died, the master cried for him, painfully grieved. The escort said: "You master are so much painfully grieved!" Said: "Am I so much painfully grieved? If I'm not so much painfully grieved for this man, then for whom else will I be so?"

11.11 【原文】

颜渊死,门人欲厚葬之。子曰:"不可。"门人厚葬之。子曰:"回也视予犹父也,予不得视犹子也。非我也,夫二三子也。"

字词训诂

门人。解读者都不假思索地认为是孔子的弟子,而本书认为是颜渊的弟子。《论语》中所说门人,可以是孔子弟子,也可以是孔子弟子的弟子,关键要看门人二字出现的场合是针对谁的;很遗憾,本章语境模糊,两解从语法上均可。但孔子弟子就是颜渊的师兄弟,为师兄弟办理丧事不合常理,尤其是颜路还在。无论如何,丧葬之事,必是自家操办,师兄弟们最多帮个忙,不能越俎代庖。但作为颜渊的弟子,既是晚辈,且是门人,为自己的师父操办丧事合情合理。有学者认为正是从孔子开始,确立了在"士"这个层面弟子为师治丧礼并守孝的传统。参见子罕9.15中对"臣"字的解读。

章句义理

马融在《论语集解》中对孔子心理有简洁而合理的解读,特录于此:"言回自有父,父意欲听门人厚葬,我不得割止,非其厚葬,故云耳。"

怎样才算厚葬

文中没有明说;如前所说,《礼记》中对丧葬的要求应该已经无人严格执行了,因此无法从《礼记》中来推导孔子时代厚葬的具体规格;但可以推测,厚葬应该体现在以下几个方面:死者衣、棺、椁、墓的丰盛;对殉葬财物的重视;对生者丧葬流程和礼仪的严苛要求,比如丧期长短、丧服轻重、仪式繁简,等等。

孔子与厚葬

孔子虽然在此处提倡"俭葬",但只是从颜渊家贫不该勉强这个意思上说。与其说是俭葬,不如说是对"量力而行"的认可。《礼记·檀弓上》云:"子游问丧具。夫子曰:'称家之有亡。'"大意就是按各自家庭财力配置即可。

作为原则,孔子对丧葬是重视有加的。他对丧葬礼仪的重视是中华文明厚葬传统的理论和价值观的重要来源。诸如"三年之丧"(阳货17.21)和"丧,与其易也,宁戚"(八佾3.4)之类要求,等等。孔子提倡重视丧葬的礼仪和流程,而不是讲究投入丧葬的财物的讲究,因此他的主张和一般意义上的"厚葬"不同。但是,鉴于孔子提倡丧葬礼仪中对居丧者要求多多,他虽然未发"厚葬"之滥觞,却启"重丧"之风气,而"重丧"比起"厚葬"来,对丧家的制约和影响更为长久和沉重。

《礼记·檀弓下》有:"子路曰:'伤哉贫也! 生无以为养,死无以为礼也。'孔子曰:'啜菽饮水尽其欢,斯之谓孝;敛首足形,还葬而无椁,称其财,斯之谓礼。'"子路叹息贫穷者在父母生前死后都难以尽孝,而孔子回答的大意是:(生前)即使只有粗茶淡饭让父母高兴,就可以说是孝顺了;(死后)即使只能勉强裹住尸体下葬,且有棺而无椁,但只要是符合自身财力,就可以说是合乎礼了。显然他认可在丧礼中量力而为。

简言之,孔子反对"厚葬"但提倡"重丧"。

今 译

颜渊死了,他的弟子们准备厚葬他。师父说:"不可以。"弟子们还是厚葬了他。师父说:"颜回啊把我当成父亲,我却不能够把他当成儿子。不是因为我啊,是这几位先生啊。"

英 译

Yan Yuan died, his disciples were about to bury him elaborately. The master said: "You should not." The disciples buried him elaborately anyway. The master said: "Yan Hui treated me as his father, but I was unable to treat him as my son. This was not owing to me, it was owing to these several gentlemen."

11.12【原文】

季路问事鬼神。子曰:"未能事人,焉能事鬼?"曰:"敢问死?"曰:"未知生,焉知死?"

字词章句

对本篇解读,多有联系孔子在鲁为官及周游列国而终不见用的背景,发挥挖掘,似有所得,本书认为,都是过度解读,此处不赘。本章义理简明,就是孔子告诫子路:在实践中应专注于为真实的人服务,而不要纠缠于故去之人;在学习中应专注于生活本身,而不要分心于死后之事。

敢问。表示谦卑的表达,相当于今天"可否斗胆问一句"。

生死。一说是"出生"和"死亡",即人生的起始;一说是"生存之道"和"死后之事",即生前和死后两个阶段。第二解妥当,如下:

一,解为"出生和死亡"两个节点,等于是从这两个"事件"的层面来看生死,过于狭隘,缺少宏观性。

二,如果只是指这两个人生的时间节点,则需要从技术层面,比如受孕怀胎、精气聚散、阴阳合离等角度,来给出解释。虽然这个过程也不简单,但是,即使孔子时代能够从生理学、遗传学、解剖学等领域给出详尽解释,恐怕也不像是孔子会关心的问题吧。如从此解,则死亡过程显然没有出生过程复杂,不能用"未知生,焉知死"这种语气,反而该表达出"知死"易、"知生"难的常识。

三,只有把"生"理解为整个人生,才具备难以把握的广度、深度和复杂性,才能让孔子有"未知生"这种判断。而之所以"焉知死",是因为建立在每个人贴切经验之上的对人生的洞察都做不到,哪里还有去了解连一手经验都没有的缥缈的死后事务的可能和精力呢?

在英文中,life and death 同汉语一样,有歧义。上述第一解对应 birth and death,而第二解对应 life and post-death life。

子路问的是鬼和神,但孔子的回答只谈到鬼,一是表达习惯,对话中不会被误解,二是神比起鬼来,离人更远,因为"鬼"是具体的人的具体的"鬼",即祖先,而"神"则是大家共同的,因此也更疏远。

孔子这话的主语是谁呢?是说子路"未能事人"和"未知生"呢,还是泛泛指包含"我们"在内的"人类"呢?对这个问题的回答决定了孔子在此处的回答到底是在不屑地训斥子路呢还是不耐烦地提醒他说"别问这种傻问题了,没人知道"呢?我认为是后者。主要是因为孔子不可能在明明有答案的时候却不告诉子路,哪怕觉得子路还不够格谈论这个问题,也该明示他以后够格了再谈。此外,整部《论语》中只有孔子"敬鬼神而远之"的态度和在礼仪上对鬼神的敬重,没有一处在非祭祀、非丧礼的实际生活中关注鬼神和死后生活的记载。

今 译

季路问如何服侍鬼和神。师父说:"连人都服侍不了,怎么能服侍鬼?"问:"可否斗胆问死后之事?"答:"连生前都不了解,怎么能了解死后?"

英 译

Ji Lu asked about the way to serve ghosts and gods. The master said:"When we cannot serve people, how can we serve the ghosts?" Asked:"May I venture to ask about the post-death life?" Replied:"When we don't comprehend the life, how can we comprehend the post-death life?"

11.13【原文】

闵子侍侧,訚訚如也;子路,行行如也;冉有、子贡,侃侃如也。子乐。"若由也,不得其死然。"

字词训诂

訚。yín。"訚訚",中正正直、不偏不倚。古注多有增加"和悦"而成"中正和悦"之义,没有来处。中正者,因为只认道理,就事论事,不看人脸色,不为尊者讳,不卑不亢,因此常有不急不躁、面色和悦之感。古注是把与词语本义所表达特点经常有关联的其他特点也当成词语本身的含义了,属于典型的大而化之、一锅乱炖。就像美女因其貌美而财路多多,因此不求上进,就有人总结这种现象并把"美艳"解释为"貌美而无能"或"貌美而多财"一样,都是对本义和世间常有因果的混淆。可见乡党10.2中对这个词的注解。

行行。《论语集解》《论语义疏》和《四书集注》中均解为"刚强貌",不知所从何来。或许就是从子路一贯的风格推出,第一个解读者如此推论后,有解家从之,然后就互相印证,渐成主流。汉语古词汇的含义本来就是在应用中不停发展,兼容并蓄,逐渐扩大或固化词义范围,同时,《论语》本身也极大地拓展和引领了汉语的使用习惯、实践和定型了部分字词的含义及其用法,因此,通过《论语》的语境倒推出某个字词的含义,也算合理;但因此就给解读者留下太多的发挥和臆造空间。因此,除非必要,这种通过反推得出词义的方法应尽量少用。

本书给出新解,"行行"本义是"不停行走",稍加引申就可以用来形容坐立不安、急不可耐的样子,符合子路急躁直率、说干就干的行动派风格。有这种风格的人往往计划性不强,沉不住气,热血涌动之际,容易冲动行事,因此容易"不得其死"。

孔子时代理解其表达应该不太困难,但也会有指向的模糊和岐解的可能,时过境迁之后,去日越久,理解其本意就越难。就如今天语境中类似"白左、保守主义、蓝营绿营"的表达,本身就有岐解的可能,但身在其中,更多的是通过语境和习惯来学会使用和理解,互相之间沟通和理解都没有问题,但几代过后,或许就难以理解,从而解读纷呈,浅入深出了。

侃侃。请参阅乡党 10.2 中解释。此处只言风貌不论口才,所以只取"从容"义。

子乐。孔子看到几个弟子侍坐在身旁时体现出本色,很是快乐。快乐是因为几个弟子各有天性而又都一览无余吧。

不得其死然。得不到其应有之死,即不得善终。子路性格刚强耿直,尚武重义,是热血男儿,在钩心斗角的社会上,自然难得善终;子路最终死于卫国内乱,印证了孔子的预测。

今 译

闵子骞侍立在孔子身旁,一脸正直的样子;子路,坐立不安的样子;冉有、子贡,从容貌。师父很开心。(他说:)"像仲由(子路)这样的人,怕不得善终。"

英 译

Min Zi Qian stood by the side of the master, looked fair-minded; Zi Lu, looked fidgety; Ran You、Zi Gong, looked unhurried. The master was delighted. (He said:) "People like Zhong You(Zi Lu) will belike not die a natural way."

11.14【原文】

鲁人为长府。闵子骞曰:"仍旧贯,如之何? 何必改作?"子曰:"夫人不言,言必有中。"

字词训诂

仍。动词,"因袭、沿用"义。

贯。贯例。"仍旧贯":沿用以前的惯例,引申为"继续使用以前的东西"。

何必。"何",为何;"必",一定要。

夫人。这个人,那个人,指闵子骞。

不言。不是完全不言,是很少言。

中。四声,此时应作动词,取"命中"之义。

章句义理

本章的难点在于"鲁人为长府"到底指什么,这不仅决定了闵子骞言论的指向,也决定了孔子夸赞他所体现的价值取向。

可能的故事背景

鲁国实权在"三桓"手中。所谓"三桓"指鲁桓公的三个儿子庆父、叔牙、季友的后代孟孙氏、叔孙氏、季孙氏三家贵族。这三家贵族在鲁国世代相传,历任卿相,出现"三分公室"的局面。到了春秋末年,季孙氏势力膨胀,一家独大,掌握了鲁国的军政大权,并比其时在位的鲁昭公更得民心,而鲁昭公则有意夺回权力。前517年,季平子与郈昭伯斗鸡,各自使了阴招,发生冲突。鲁昭公被郈昭伯鼓动之下准备拿掉季氏,从而使权力争斗达到高潮,引发鲁国内乱;当年九月,鲁昭公攻伐季氏。季平子请求迁居到沂水边上,被拒;又请求把自己放逐到费邑,被拒;又请求带五辆车逃亡,还是被拒;叔孙氏的司马鬷戾营救季氏,孟懿子后来也助战,三家共同攻伐鲁昭公,鲁昭公于是出逃齐国。

上述故事取自《左传·昭公·昭公二十五年》:"季、郈之鸡斗。季氏介其鸡,郈氏为之金距。平子怒,益宫于郈氏,且让之。故郈昭伯亦怨平子……公居于长府。九月戊戌,伐季氏……平子登台而请曰:'君不察臣之罪,使有司讨臣以干戈,臣请待于沂上以察罪。'弗许。请囚于费,弗许。请以五乘亡,弗许……叔孙氏之司马鬷戾……帅徒以往……孟氏执郈昭伯,杀之于南门之西,遂伐公徒……己亥,公孙于齐……"

长府。有几种解释,或说是财物仓库,或说是兵器仓库,或说是一个叫"长府"的具体建筑,或说是国君行宫。无论如何,不如直取"长府"其名而不计较其内涵为妥。虽然《左传》有"公居于长府"的记录,但无法确知长府是否是昭公临时征用的,其本来功能还是无法确定;从下文分析来看,不管长府是什么府,它极有可能是某种公众建筑,而不是供国君一人享用的住宅。

鲁人。一说指昭公,说他计划改造长府,作为据点以伐季氏。如按此说,则闵子骞就是在说鲁昭公不该折腾,但背后的逻辑仍有两解:其一,作为国君可以光明正大地进攻季氏而不用偷偷地准备,更何况也无法做到隐蔽——连闵子骞这种平民都知道的动向还算是秘密吗?其二,季氏深得民心,不如维持现状。同样在《左传·昭公·昭公二十五年》中,在昭公拒绝季平子的三个请求后,子家子(即子家羁,又称子家懿伯,是鲁庄公的玄孙,在昭公朝内任大夫。从左传史料上看,是个智慧而冷静的贤者)劝昭公说:"君其许之!政自之出久矣,隐民多取食焉。为之徒者众矣,日入慝作,弗可知也。众怒不可蓄也,蓄而弗治,将蕴。蕴蓄,民将生心。生心,同求将合。君必悔之。"显然例证了季氏深得民心的事实;同样是这个子家子,在昭公被郈昭伯鼓动准备动手之后,劝昭公说:"逸人以君侥幸,事若不克,君受其名,不可为也。舍民数世,以求克事,不可必也。且政在焉,其难图也。"其中后半段是说:国君失去百姓已经几代了,在这种情况下追求成事,必然是不可能的。而且政权在季氏手里,难以夺回。也证明鲁昭公的冒险缺乏实力和民意基础。闵子骞因此不认可昭公折腾,也是有可能的。鲁国内乱发生在前517年,而闵子骞生于前536年,当年只有十九岁,有人因此断定闵子骞年纪太小,不可能发表这种有深度的评论。但首先闵子骞本来就有少年早熟的名声(请参考其"芦衣顺母"故事);其次他十五岁师从孔子,跟随师父四年,能有此等眼界,也不算过分;但作为一介平民,同时必受孔子尊君守礼的教导,不太可能如此居高临下地评价鲁昭公,用"鲁人"来指称鲁昭公,不管是从闵子骞或孔子两个当事人角度,还是从编纂《论语》的后辈弟子来说,这都有大不敬之嫌,不符合孔子一贯风格;因此,不取此说。

一说"鲁人"指三桓。昭公去世(前510年)后,三家想改造长府,以毁掉具有象征意义的遗迹。此说亦不成立。首先,按照《论语》中对三桓的一贯态度,如果真是指他们,则会明确指称,不会用"鲁人"代指。其次,如果闵子骞真是指三桓,则针对一个长府的改造发表意见,而不是针对三桓篡权僭礼这种更不可接受的行为,就是轻重不分、太过迂腐了。有人辩解说,闵子骞正是通过反对改造长府来表达自己反对三桓不守礼法旧制而凌驾于君主之上的深层含义,这不是不可能,但仍不妥:作为一个十九岁的年轻人,在一个三桓听不见的场所,有必要这样隐晦吗?而且三桓掌权已久,"仍旧贯",遵从的是哪个旧贯呢?是鲁昭公没被赶走之前的旧贯呢,还是三桓没有掌权之前的旧贯?如是前者则仍不够格称为"旧贯",如是后者则属于要"恢复"旧制,不是"保留"旧制,即需要改造现状回到从前了,这就要求在表达上不能用"保留长府现状不更改"来打比喻,而该使用类似"改为旧贯"的表达了。

还有一说就放弃上述故事,从闵子骞反对劳民伤财的角度解读,本书从此解。此解因为符合常识,从而感觉上缺乏深意,因此导致很多解读者技痒难耐,非要超越这一层另寻他解;但爱民惜财题目并不小。正因为没有上述故事了,反而可以用"鲁人"来指称决策者,背后的逻辑是:这是个国家工程,因此算是国君和他的人民的共同项目,闵子骞反对的也正是这种国家项目。这就好像如果今天的领导人修建自己的度假别墅,算是因公谋私,如果挨批,只能由他们自己来承受批评;但如果是代表国家利益和脸面的公共建筑,比如会议场馆、国家音乐厅,就可以算是"国人"的项目,如果被批评,也该整个国家来承受。用"鲁人"来作为批评对象也说明

"长府"很有可能是公共建筑而不是国君行宫。从语境上看,闵子骞的评论应该不是对决策人的直接建议,而是在孔门之内发的牢骚,没有必要把自己的观点藏着掖着有所忌讳,因此如果有其他深意,应该明白出示,不会欲言又止,摆出高深莫测的姿态。

按此解,则此段论述所指的"鲁人为长府"必然早于上述征伐故事,而《左传》中"公居于长府"的记载,应是后来鲁昭公临时征用"长府"。

为。最后一个关键点就是"为",应为制作、建造义;因为后面有"改"字,所以历代解家均对此处取"改造"义。不妥:"为"字词义明确,就是建造,没有改造、修葺之义;如果作者想表达"改造"义,就该用"改"或"修"等词;后面的"改作"二字恰恰是"改而重作"之义,即"另起重制",这里的"改"是"重新"的意思。历代解读者应该就是被"改"字的"改变"含义所误导了吧。

从情理上讲,不管长府指仓库还是君主的住所,如果只是维修,应该就有维修的理由,而且维修或许有时也是浪费,但更多时候应该算是节俭。充分地使用现有设施,必要时通过维修来延长其使用寿命,在原则上应该是要加以提倡的。闵子骞如果见识短浅,连维修都反对,那孔子也不该在一般意义上赞赏闵子骞这种不加区分的节约主张吧。

今 译

鲁国建造长府。闵子骞说:"沿用以前的东西,怎么样啊?为什么一定要另建呢?"师父说:"这个人不太说话,一旦说了就正中要害。"

英 译

The Lu state was building Chang mansion. Min Zi Qian said: "Continue to use the old things, how about that? Why must build a new one?" The master said: "This man seldom speaks, but when he speaks, he will certainly hit the mark."

11.15【原文】

子曰:"由之瑟奚为于丘之门?"门人不敬子路。子曰:"由也升堂矣,未入于室也。"

字词训诂

瑟。弦乐器,似古筝,平放演奏。有一百、五十、二十五、二十三及十六根弦不等。现实中,瑟早被古筝取代。

奚。为什么。

为。弹奏。

堂。多解为厅堂或客厅,但据梁思成《台基简说》(收录在其《中国建筑艺术图集》和《凝动的音乐》中),古时"堂"应是"台基",即通向厅堂的阶梯。因此,"升堂"就是爬台基,为的是"入室"。本书取此解。

章句义理

升堂,入室

按孔子对学习的境界的划分,应分为入门、升堂、入室三等。

一,入门,被孔子接受进来学习,相当于入学,体现求学的欲望和意愿。

二,升堂,如前述,指爬台基,但孔子说"升堂矣",一个"矣"字说明已经爬完台基了,即将进入堂屋(即客厅),比喻学问很好了,但尚未融会贯通,相当于基础教育完成,本科结业。

三,入室,进入屋内了,不是一般理解的内室,反而很可能是厅堂。这时算是"到家"了,融会贯通,得师真传,可以从研究院毕业了。

鼓瑟和孔门全科

本章中所说的"升堂入室"指子路的鼓瑟技巧呢还是其他?虽然可以推论孔门中常有人鼓瑟(如本篇11.26中有曾皙在座谈中鼓瑟伴奏的记载),也可以推论孔子自己也善于鼓瑟,但没有孔子教门人鼓瑟的记录。合理的设想是孔子把鼓瑟当做弟子们自修的爱好,或许偶尔指点和切磋一下,但应该不会把鼓瑟列入教学课程表。

既然有"由之瑟奚为于丘之门"这样充满鄙夷的讽刺,也可以反推出孔子并未教授子路鼓瑟,否则不仅是辱骂学生不能,也等于骂自己教学乏术。

所以其场景应该是:子路鼓瑟,孔子由于某种原因心生反感,并说出了有点绝情并充满鄙夷的讽刺。部分弟子听到后,把对师父言语的理解转换成自己不敬子路的行为,表现出见风使舵的势利气质。孔子发现这现象,再发言制止,告诉这些家伙:"子路已登我堂,只是还没入室罢了。"意思是,别因为我不喜欢他鼓瑟,就以为我讨厌他,就以为人家一无是处。从这个语境中应有的场景可以看出,孔子后面所说的"升堂入室"不可能指鼓瑟技巧。

很多解家都把"升堂入室"解释为"德行"之堂、之室,不妥。首先,孔子本人没这么表达过。其次,孔子之室应该包含更广泛的内容,应该是包含德行、学问、礼制、先王之道在内的德行、知识、道、和方法论的集大成者,权且称之为"孔门全科"吧,不只有"德行"。

孔子讨厌"由之瑟"

或许是嫌其技巧低劣,而基于自己对子路一贯直率以对,就随口一说而不觉伤人,更未曾料想自己的评论被势利眼们用作歧视子路的由头;也或许如主流解家所说,子路鼓瑟如同其人,有杀伐之声、刚强之气,不符合孔门内"中庸"的主旨和音乐"尽善尽美"(参考八佾3.25)的标准,孔子因此发出批评,期待其有所收敛,并进而改善人格,避免"不得其死"(本篇11.13)的结局。

鉴于孔子不大可能从鼓瑟技巧这一技术层面来考虑问题,同时考虑到孔子应该不会因为别人演奏技巧不够好就给出这么狠辣的讽刺,所以上述"因其杀气而厌恶"的解读合理。

今 译

师父说:"仲由的瑟为何在我的门内弹奏呢?"弟子们(因此)开始不尊重子路。师父说:"仲由吗,已经爬完台基了,只是还没进入屋内罢了。"

英 译

The master said: "Why is the Se zither of Zhong You played in my door?" The disciples (therefore) started to disrespect Zi Lu. The master said: "Zhong You, he has ascended the stairs already, just not entered the house yet."

11.16【原文】

子贡问:"师与商也孰贤?"子曰:"师也过,商也不及。"曰:"然则师愈与?"子曰:"过犹不及。"

字词训诂

师。复氏颛孙、名师,字子张。

商。卜商,字子夏。两个都是孔子后期弟子,分别比孔子小四十八和四十四岁,比子贡小十五和十一岁。子贡作为师兄,想知道师父对这两个后起之秀的评价,故有此问。

贤。在《论语》中,贤有多种含义,只能根据上下文和语境来区分。有时指"贤达",有时指"睿智",有时指"善良",有时指"能干"。本处取"能干"意,指发挥和表现出来的能力。

过和不及。肯定都有个标准和参照物,只能是"中庸"。"贤的中庸"应该是指"能力发挥得恰到好处"吧。

然则。那么就是。

愈与。"愈",胜过。

与。疑问助词。

章句义理

子张、子夏在《论语》中的表现确实体现出孔子所提炼的个性特点,读者可自行验证,此处不赘。

过犹不及提示的社会规律，本来意义深远，内蕴曲折的智慧，但由于这句话的广泛流传，加上对比符合汉语、字义辩证转换的特点，使得这个理解起来本来有点难度的智慧几乎变成国人的常识；反观英文世界，就没有这种共识。

这种共识的形成，削弱了国人对这个问题的理性思考和分析。此处不展开，但需要指出"过犹不及"不能普遍成立的几种情况，留待读者自行细化：在有门槛或阈值的前提下，"不及"就会丧失资格或全部失去，"过"显然胜出。例如：液体沸腾所需的温度，各种竞赛和考试中的基本参赛条件，某些竞争选拔的前提资格要求，等等；在存在承压上限的领域内，"过"可能就意味着生存或继续参与机会的丧失，"不及"显然胜出。例如：21点牌局的爆牌，为免浪费时间而掐着马表去赶飞机或赶火车但晚了几秒，试图穷尽系统或自身潜力而不停加码直到系统崩溃或心脏骤停，等等。

今 译

子贡问："颛孙师和卜商谁更能干？"师父说："颛孙师过了，卜商呢不够。"问："那么就是说颛孙师更强了？"师父说："过了和不够一样（不好）。"

英 译

Zi Gong asked: "Between Zhuansun Shi and Bu Shang, who is more competent?" The master said: "Zhuansun Shi goes much beyond, and Bu Shang falls short." Asked: "Then it is that Zhuansun Shi is more competent?" The master said: "Going much beyond is similar to (and as bad as) falling short."

11.17【原文】

季氏富于周公，而求也为之聚敛而附益之。子曰："非吾徒也。小子鸣鼓而攻之可也。"

字词训诂

季氏。季康子。

周公。应是承袭周朝周公旦爵位的、延续到孔子时代的后代,具体所指不可考。

求。冉求。

附。依附于。"附益",附而益之也,在原来的基础上使之增加。

徒。弟子也。有人解为"徒党",不妥。

小子。学生们。

章句义理

前 492 年,在跟随孔子周游列国途中,时年三十岁的冉求被季康子召回国内,担任季氏家宰,此后一直得到季氏重用。冉求政绩卓然,在前 484 年齐国攻鲁时,说服三桓坚决抵抗,亲自率军与齐国作战而取胜。就在同一年,冉求凭借自己的卓越功勋,说服季康子,把孔子请回鲁国。孔子也由此结束长达十三年的周游列国之行。

但是,季康子与孔子在政治上历来就有分歧,在孔子返鲁后,两人矛盾逐渐加大并在孔子返鲁次年达到高潮:季康子当时计划改革赋制,称作"以田赋",就是把原先只有战争时期才征收的军赋,以田亩为基数,制度化为经常性税赋。起因是齐国对鲁国形成的战争压力,目的是提高鲁国的军事自保实力,有现实的需要。当然由于季康子控制了鲁国,自然有把国库资产变为私有财富的机会,所以本章记录者才会故意模糊鲁国国库和季氏之财之间的界限,行文中好像谈的都是季氏的私人财富似的,从而贬低其道德水准。

季康子曾派冉求就此事咨询孔子意见。孔子历来主张轻敛薄赋,以德治民,以仁治国,当然强烈反对。但前 483 年季康子正式启用新赋制。

作为季康子的主要助手,冉求的政治能力在孔子弟子中是首屈一指的,其政治敏感度和实事求是的判断力一定要求他从实际出发,而不是从"先王之道"出发,因此他支持季氏改革是必然的,执行新政更是职责所在,很有可能他就是新赋制的倡议者和起草者。

《左传·哀公·哀公十一年》中对于此事的记载是:季孙欲以田赋,使冉有访诸仲尼。仲尼曰:"丘不识也。"三发,卒曰:"子为国老,待子而行,若之何子之不言也?"仲尼不对。而私于冉有曰:"君子之行也,度于礼,施取其厚,事举其中,敛从其薄。如是则以丘亦足矣。若不度于礼,而贪冒无厌,则虽以田赋,将又不足。且子季孙若欲行而法,则周公之典在。若欲苟而行,又何访焉?"弗听。

那么,孔子是否把冉求逐出师门了呢?常有用孔子总体上对冉求的欣赏来论证孔子其实还是喜欢冉求的。这种论调忘了一种可能,即,孔子对冉求的所有赞美都是在此事发生以前,此事过后,或许真地就把冉求逐出师门了。以孔子的性格,更大的可能是不主动搭理冉求,但应该不会和其断绝关系。但由于没有史料,且孔子在本章的表达既可以理解为一言九鼎的决绝,也可以理解为就事论事的一时愤慨,还能理解为一面鞭挞一面继续交往和引导的双轨,不作定论为妥。

今 译

季康子比周公还富有,而冉求又为他聚敛,使其财富更多。师父说:"他不是我的弟子。孩子们你们可以敲着鼓去讨伐他了。"

英 译

Mr. Ji Kang was richer than the Duke of Zhou, yet Ran Qiu amassed the wealth for him to make it even greater. The master said:"He's not my student. My sons you can beat the drum and attack him now."

11.18【原文】

柴也愚,参也鲁,师也辟,由也喭。

字词训诂

柴。高柴,字子羔,又称子皋、子高、季高、季皋、季子皋;孔子弟子。《孔子家语·弟子行》中记载:"自见孔子,出入于户,未尝越礼,往来过之,足不履影,启蛰不杀,方长不折。执亲之丧,未尝见齿,是高柴之行也。"今译为:自从见到孔子,进门出门,从不违反礼节,走路来往,脚不踩别人的影子,不杀蛰伏刚醒的虫子,不折正在生长的草木。为亲人守丧,不曾言笑,这是高柴的品行。

愚。本来字义指不通达、拘泥,《说文》解作"憨",结合起来就是憨厚之义,取其"单纯而死板"之义。这也符合上述《弟子行》中对高柴的描述。

鲁。一般解为"迟钝",取其"有点一根筋但胜在坚持"的意思。本意是"任性",也有认死理不变通的意思。结合曾参的性格特点,把此处的"鲁"解读为"迟钝而固执"为妥。

辟。通"僻",偏执、极端。也符合颛孙师一贯"过"的性格(参阅本篇11.16)。

喭。yàn,字冷僻难训,多有根据子路性格反推得出"勇猛、刚强"等义的,不妥。

正解应是通"谚"。可供参证其义的最早史料是《尚书·周书·无逸》第一段,中有:"相小人,厥父母勤劳稼穑,厥子乃不知稼穑之艰难,乃逸乃谚。既诞,否则侮厥父母曰:'昔之人无闻知。'"今译为:看那些老百姓啊,他们的父母勤劳地春耕秋收,他们的孩子却不知道春耕秋收的艰难,变得安逸,变得谚。既已放荡,就侮慢他们的父母说:"老家伙们什么也不懂。"从此处的上下文,可以得出"谚"是贬义,解为"不恭敬"或"鄙陋"或"狂妄"或"堕落沉沦",均成立。

对照子路的性格,可以排除掉上述"鄙陋"和"堕落沉沦"二义;剩下"不恭敬"和"狂妄"两义,是两种高度相关且有因果关系的风格:因为狂妄,自以为是,就会藐视一切,不会恭敬对待他人。

章句义理

虽然没有"子曰",但可以认为是汇总了不同场合孔子对四人的评价,还是子曰。

从四人的结局来看,孔子的评价是一针见血的:高柴憨厚,得以善终;曾参拙守,终成大器,开儒家之正统;子张偏激,虽开儒家一派,终未能发扬光大;仲由勇猛义气,最终慷慨赴义。

为何此四人并列?四人年龄跨度大,层次也不同(仲由显然比高柴要资深得多,可参阅本篇 11.25 中"子路使子羔为费宰"的表述),除非有特定的巧合机遇,否则很难理解为何他们四人并列于此。从上述的各自结局来看,似乎有一点内在逻辑:首先是子张和曾参的对比,一人湮没而一人流传;其次是高柴和子路在卫国内乱中的命运对比:高柴幸免而子路就义。但这个内在逻辑是不成立的,尤其是《论语》成书时无法得出曾参会大放异彩而子张会默默无闻的结论。估计是因为用了四个单字来总结四人,具有明显的表达上的一致性,才被编纂者收录在一起,而没有什么四人并列的内在逻辑吧。

对四人的评论总体上是贬义,尤其是原文"愚鲁辟喭"四字更是如此。过往解家多试图通过训诂曲折来改贬为褒,在我看来,是忽视了孔子冷静客观的定力,忽视孔子通过直言不讳的批评来促其改善的动机。孔子对弟子的批评,本意大约并未期待被流传出来,只是因为被编纂者记录成书,才引发种种曲解误读;其他类似处,均可如是观。

今 译

高柴单纯而死板,曾参迟钝而固执,颛孙师偏执而激进,仲由狂妄而不敬。

英 译

Gao Chai was simple and rigid, Zeng Shen was slow and stubborn, Zhuansun Shi was extreme and radical, Zhong You was arrogant and disrespectful.

11.19【原文】

子曰:"回也其庶乎!屡空。赐不受命,而货殖焉,亿则屡中。"

字词训诂

亿。通"臆",臆度、预测也。

中。四声,命中。

章句义理

本章历来解读纷呈,蔚为大观,有兴趣的读者可自行上网搜寻,互为参证。因为解读版本太多,此处无法逐一论证其非,只能抓住要害,展开分析,直接给出认可的正解。

可以肯定本章的语境是对比颜回和端木赐,这种对比可在解读两可时用作选择的依据。

本章的难点有三处:前面的"庶乎"和"屡空",后面的"不受命"。

屡空

最后两句"而货殖焉,亿则屡中"意义比较明确:"货殖",两字均做动词用,指"买卖货物从而使财富增殖",简言之,就是经商盈利;通过买卖东西赚钱,需要判断货物的供需态势、价格走势,了解不同地区价格差异的动态变化,要求对货物市场行情要有大致不差的预测,即要有"亿"的能力;因此这两句说的就是端木赐经商赚钱不少,因为他做预测经常正确。"货殖焉"和"亿则屡中"不能并列,因为后者是能力,是手段,是"货殖焉"这结果的原因。

由此可以认定前面的"屡空"就是对应此处的"而货殖焉,亿则屡中",其意义因此有两种可能:对应"货殖焉",取"空无所有"之义,引申为"穷困";对应"亿则屡中",取"徒然、猜不中"之义。

"亿则屡中"是"货殖焉"的原因,"货殖焉"才是结果,"屡空"在两可的情况下,应取其表达"结果"的意义。在上述两种可能的意义中,"猜不中"显然是"穷困"的原因,"穷困"才是结果,因此"空"应取"穷困"之义。

庶乎

"庶"的本义是平民,孔子在感叹"颜回注定是个平民"吗?不可能。其次"庶"也没有穷困的必然性。换个角度,"庶乎"和"不受命"显然是对应的,因此可以反推出"庶乎"应该有"受命"的意味,从而使"回也其庶乎"的意思变成"颜回啊他算是肩负天命了吧",这样就要求取"庶"的"庶几"义,即"几乎算是"的意思。

受命

首先,根据"颜回庶乎"而"赐不受命"这一对应,排除掉"受命"指"受禄命",

因为颜回从未当官。

其次，也可以排除掉"受命"指"受孔子之命"，因为子贡和颜回同为孔门高徒，不能说颜回接受了孔子之命而子贡却没有，除非把"孔子之命"缩小到本篇11.3中所说的"德行"，从而说子贡没有受孔子"德行之命"。这种解释等于把"孔子之命"限制在"德行"之中，用"命"这个宏大的字来表达"德行"这一个领域，很不恰当。

然后排除"受命"指"奉公家之命而做买卖"，因为颜回或许想顺便做点生意赚点钱，但不可能去申请国营买卖牌照，因为那样意味着学习中会严重分心，这万万不是颜回意愿。许多人认为端木赐"不受命"指不受公家之命而以其私财做生意，此说从今可以休也。

所以此处的"命"必须是足够宏伟的使命，得是颜回较有可能被赋予而端木赐不太可能肩负得起的某种"命"。在孔子的选择池里，恐怕只有以下三种可能吧：

一，成为圣者。虽然颜回比端木赐更有潜力，但显然也远不够格，因此不取。

二，成为仁者。比起端木赐来，颜回肯定更接近仁者的标准，但"成为仁者"应该是所有孔门弟子的共同追求，也是孔子对他们的普遍要求，端木赐怎么可能不受此命呢？

三，像孔子一样，传承"先王之道"，即传承和实践天命的责任（请参阅为政2.4下对"天命"的解读）。孔子弟子中，最有可能肩负这个使命的就是颜回，而端木赐则属于"知天命而不受命"，即自己也知道天命但或由于能力不够，或由于意愿不强而未能"受命"，没有能力或没有意愿来肩负这个使命。端木赐不仅当过官纵横捭阖，也做过大买卖成为时代富豪，但不曾"受命"。

因此，"受命"就是肩负起传承和实践先王之道的天命。

由于有了上述解读，则在"回也其庶乎"后面就应取感叹号，以示孔子的肯定，而不是传统上的问号，好像孔子连对颜回"庶乎"还有所不确定似的。

受命与否和贫富的关系

那么孔子在这里暗示了"受命与否"和"穷困富裕"之间的关联性了吗？没有。

孔子只是感叹肩负伟大使命的人会有穷困、而没有这种伟大使命的人却能取得世俗的巨大成功的事实；至于这种事实是否合理，或者说，孔子是否暗示了受命者本该"屡中"或者"不受命者"本该"屡空"，孔子没有给出明确说法，但从其语气似乎能闻到这种味道。

孔子看到的应该是时代变迁过程中出现的新现象，即财富向作为务农者对照的商人阶层的快速转移，体现的是社会阶层的分化、涌现和重新洗牌。或者出于困惑，或者出于反对，或者出于认同，孔子用自己两个高徒世俗境遇来对比，描述伟大人格和财富之间没有必然联系的现象，而这个现象古往今来几成主流。

今 译

师父说："颜回啊他几乎够格（去肩负传承先王之道的使命）了吧！却常常穷困。端木赐没有肩负使命，却经商盈利，猜测屡中。"

英 译

The master said: "Yan Hui, he was almost there (to be qualified to shoulder the mission of passing on the grand way of the ancient sages)! Yet he was often destitute. Duanmu Ci did not shoulder such a mission, yet he traded goods and amassed wealth, guessing correctly very often."

11.20【原文】

子张问善人之道。子曰："不践迹，亦不入于室。"

字词章句

善人之道

"善人"，一心向仁且多有德行的人。详见述而7.26下注解；"善人之道"，成为善人的方法。

子张问的是成为善人的方法，但孔子回答的却是善人的特点，怎么回事？孔子确有答非所问之嫌。为了消除这一嫌疑,多把"善人之道"释为"善人的方法",语法上不成立,不取;但孔子也算是侧面回答了子张的问题,因为通过总结其特点,尤其是指出其"不入于室"的不足,等于告诉子张"善人"为何只能是善人,而无法更进一步,成为仁者,甚至圣人。

善人既然决心向仁,不可能主动"不入于室",只能是因为机遇不足或能力不够而未能"入室"。机遇不足是未遇良师,命运使然;能力不够是先天不足,也是命运;两者都不是善人主观问题,所以善人不能更进一步,都是命运使然。此处或多或少暴露出命运由天的宿命论倾向。

从述而7.26中"善人,吾不得而见之矣,得见有恒者,斯可矣"可见,孔子是推崇善人的,但此处显然又揭示了善人"不入于室"的能力上限,"室"显然是本篇11.15中所说"升堂入室"之"室",是孔子教育的最高殿堂,等于说善人按其定义都不可能达到孔门的最高境界。两相比较,矛盾突出。合理的解释有两个:其一,述而7.26所言仅仅是客气而已,此处才是真心流露;其二,善人虽然"不入于室",略显不堪,但善人也很少见,值得珍视。本着对孔子观点一致性的信任,本书认可第二解。

不践迹

"迹"指脚印。词不算冷僻,但意义晦涩。主流的解释是:善人本质善良而又一心向仁,所以能根据天性行事,即使不按照前人脚印走路,也能做到不入歧途。语义曲折,但和后文"不入于室"吻合,而且没有更好的解读,权从之。

今 译

子张问如何成为善人。师父说:"他不沿着前人的脚印走,但也没有进入内屋。"

英 译

Zi Zhang asked the way to become a good man. The master said: "He does not tread in the footprints of the predecessors, but he does not enter the inner house either."

11.21【原文】

子曰:"论笃是与——君子者乎?色庄者乎?"

字词章句

有把本章和上一章合并的,本书不取。

笃。解为"笃实"无异议,但"笃实"到底是什么意思呢?可以从"色庄"反推:色庄,面色庄重恭敬;色庄者,是面色庄重恭敬的人;仅仅是面色庄重恭敬的人,他内心的真实状态有可能却是"庄重恭敬"的反面,即"不屑一顾";因此只要找出"不屑一顾"的反义词,即可知道"笃"的意思。这个反义词应该体现出"敬重有加"的意味,大约就是"诚恳而实在"吧。

这样绕个圈而不直接从"色庄"之"庄"来推导"论笃"之"笃",因为前者谈面貌,后者谈语气,不可直接推导。心理乃是面色和语气的共同来源,所以从心中感受迂回一圈,才能求得此解。

论笃是与。"与",赞赏也;本句是"与论笃"的倒装句,"是"在其中无词义,但起倒装的效果。本句后面多用逗号,用破折号为妥,相当于说完"论笃是与"这个现象之后,喘一口气,然后提问:"论笃者,到底是真君子呢,还仅仅是言谈庄重的假扮者呢?"

今 译

师父说:"赞赏别人言谈诚恳而实在时(别忘了提醒自己)——这是君子吗?还是仅仅是面容庄重而恭敬的人?"

英 译

The master said:"When appreciating the sincere and down-to-earth words of someone,(don't forget to remind yourself)— is this a cultivated gentleman,or someone with a serious and respectful countenance only?"

11.22【原文】

子路问:"闻斯行诸?"子曰:"有父兄在,如之何其闻斯行之?"冉有问:"闻斯行诸?"子曰:"闻斯行之。"公西华曰:"由也问'闻斯行诸',子曰'有父兄在',求也问'闻斯行诸',子曰'闻斯行之'。赤也惑,敢问。"子曰:"求也退,故进之;由也兼人,故退之。"

字词章句

本章完美地诠释了孔子因材施教、对症下药的原则和应用能力。大约就是这种能力是弟子们所无从学会的,他们的崇拜和绝望感在子罕 9.11 中通过颜渊这一首席弟子的感叹来说明。

闻斯行诸。"斯",此也;"诸",之乎的合称。全句意思是:"听到这个就去做它。"《论语集解》把"斯"解为"赈穷救乏之事",没有出处,不取。有人把"斯"解为"义",也没有来处,不取。合理的假设反而是把"斯"理解为"孔子的教导",这是本书的观点,符合公冶长 5.14 所述"子路有闻,未之能行,唯恐有闻"。但是由于不敢保证,不如就把"斯"解读为"这个"这种虚指为妥。

退。畏缩。

进。使其进取。

兼人。主流都解为"胜人、过人",没有来处,不取。"兼"字本义就是"加倍","兼人"就是"一个顶两个",引申为"恨不得一个顶两个",形容子路急于表现的性格,引申训为"急不可耐"为妥。

退。使之退,使其迟缓。

有父兄在,如之何其闻斯行之。意思是,有需要你体现孝悌的对象,你该考虑自己的孝悌义务,不能说干就干啊。

今 译

子路问:"听到了就去做吗?"师父说:"有父兄在,怎么能听到了就去干呢?"冉有问:"听到了就去做吗?"师父说:"听到了就去做吧。"公西华说:"仲由问'听到了就去做吗?',师父说'有父兄在'。冉求问'听到了就去做吗?',师父说'听到了就去做吧。'我感到困惑,可不可以问为什么。"师父说:"冉求畏缩,所以促其进取;子路激进,所以使其迟缓。"

英 译

Zi Lu asked:"Should I act on it upon hearing it?" The master said:"With your father and your elder brothers alive,how can you act on it upon hearing it?" Ran You asked:"Should I act on it upon hearing it?" The master said:"Act on it upon hearing it." Gongxi Hua asked:"Zhong You asked 'Should I act on it upon hearing it?' You my master said 'Your father and elder brothers are alive.' Ran Qiu asked 'Should I act on it upon hearing it?' You my master said 'Act on it upon hearing it.' Being confused,may I ask you why." The master said:"Ran Qiu hesitates to press forward,so I press him forward;Zi Lu is anxious to take action,so I push him to take time."

11.23【原文】

子畏于匡,颜渊后。子曰:"吾以女为死矣!"曰:"子在,回何敢死?"

字词训诂

子畏于匡。请参阅子罕9.5。

后。脱危后赶到汇合处。

章句义理

表达景仰的最高境界就是:发自内心、言行一致、习之不辍。这时,拍马就变成了信仰,从而自我否定,不再是拍马了。颜渊就是个好例子。"你还在,我怎敢先死?"很难比这个表达更容易感动对方了,这算得上是"天下第一拍"了。

颜渊谨慎寡言,因此开口必有思路;他深知孔子把自己当成传人,希望自己传承和发扬"先王之道",因此需要活着,而且必须全身心学习和挖掘,尽可能地掌握师父的知识和智慧,因此孔子一日不死,颜渊就会一日不辍地学习。这就要求自己不可死于孔子之前,否则衣钵未传,师父传承大计就会落空。

泰伯8.7中曾子所说"士不可以不弘毅,任重而道远。仁以为己任,不亦重乎?死而后已,不亦远乎",正是颜渊心态和真实写照吧。

颜渊或许就是因为太过专注于这个伟大的使命,才贫穷终生,而且可能其早亡也与学习刻苦而同时食物营养跟不上有关。

今 译

师父在匡地被拘禁,(脱危后)颜渊后至。师父说:"我以为你死了呢!"答:"师父在,颜回怎么敢死?"

英 译

The master was detained in Kuang, (when out of danger) Yan Yuan rejoined him later. The master said: "I thought you were dead!" Replied: "When you my master are alive, how could I dare to die?"

11.24【原文】

季子然问:"仲由、冉求可谓大臣与?"子曰:"吾以子为异之问,曾由与求之问。所谓大臣者,以道事君,不可则止。今由与求也,可谓具臣矣。"曰:"然则从之者与?"子曰:"弑父与君,亦不从也。"

字词章句

季子然。不可考,但应是季氏族人无疑。因为自家门下有仲由和冉求这种一流人物,想向孔子求证一下,结果被呛得够呛。

吾以子为异之问,曾由与求之问。"异",其他事。"曾"zēng音,竟然、原来义。全句意思是:"我还以为你会问其他事,原来问的是仲由和冉求啊。"

孔子没有正面回答,通过反问表示心中的不屑,而用"我还以为有什么大事呢"这样的公开藐视来让对方知道自己的态度。孔子的藐视对象是什么呢?

首先是针对季子然的:这种小事,只有你们季氏当回事,还来问我?

其次是针对季氏:你哪有资格聘用大臣啊?只有国君才有资格;再说了,仲由和冉求也算不上什么英雄才俊,在你那里凑个数还行。

然后是针对仲由和冉求的地位的:你们只是季氏的家臣,不是鲁君的大臣,我当年做过的大司寇才算是大臣职位。

最后是针对仲由和冉求的所作所为的:本来你们去季氏为宰,应该辅助他尊重礼法,以仁治国,结果呢,季氏将伐颛臾,冉有、子路不能制止(季氏16.1);季氏僭礼取祭祀泰山,不能制止(八佾3.6);冉有还支持季氏增加税赋(本篇11.17);实在是令人失望。

不可则止。做不到就停止,引申为"做不到以道事君,就辞职不干"。

具臣。"具"字难解,一般解为"具备","具臣"解为"聊以充数之臣"。不妥。"大臣"估计是季子然随口一问,结果被孔子抓住作为由头加以发挥,提出"大臣"和"具臣"两个概念并煞有介事地加以区分。显然在孔子的语境中,"具臣"是与"大臣"相对应的,因此从"大臣"的定义可以推知"具臣"的定义方向:按孔子所说,"大臣"之所以称为"大臣",是因为他们能"以道事君,不可则止"。道应是先王之道,其反面可以是"无道",即使对于"具臣"来说,也不可能把"以无道事君"做为原则,因此只能指其他含义。"道"也可以从其宏观性和价值观高度解释,这时它的对立面就是"术",即"具体性和事务性",则"具臣"就是"不按照道只管完成具体事务的臣";这种解读也符合"具"原有的本意。

"具臣"和"大臣"的另一处区别应该是"不可而不知止"。

因此,对应孔子对大臣的说法,他所认定的"具臣"应该是:以事务事主,不可而不知止。

季康子拥有大臣

那么,孔子是否认为像季康子这样的权臣,就不能拥有大臣呢?本章字句中没有给出明确答案。

何为"大臣",孔子用"以道事君"来界定,明确把服务对象限定为"君"而不是包含季康子在内的"主"或"上"或"君子";后文所言"今由与求也,可谓具臣矣"时,按行文对称和语义对应来说,本来中间应该有"以术事主"这样的说法,其中的"主"如果是"君",则等于暗示季康子"君"的地位,如果是"人",则等于明确否定季康子的特殊地位,显然孔子是有意回避正面界定季康子地位的尴尬。但这种回避等于暗含对季康子的否定,明确他不是"君"。

从季子然的追问看,显然季子然也明白孔子的否定。季子然问"那么他们应该服从季康子吗?"暗含的逻辑是:"好吧,季康子不是君我知道了,但请问他们是否该服从他呢?"

孔子的最后一句回答,再次确认季康子不是"君",因为只有"臣"才可能弑君。因此结论是:按照孔子的定义,季康子就不可能拥有"大臣"。

孔子论述的逻辑

既然权臣不可能拥有大臣,"大臣"和"具臣"的区分就变成纯粹由身份决定的了,和是否"以道"、是否"不可而止"就没有必然联系了。这样的话,何不直接用服务对象的级别来定义呢,干吗还要兜个圈子谈什么"以道"和"不可而止"呢?孔子不可能想不到这一层,因此,"事君"只是成为"大臣"的必要而非充分条件。成为大臣必须具备三个必要条件:服务对象是"君",懂得"以道事君",能够"不可而止"。

如果某个大臣"不可而止"了,也即辞职了,那他就不是大臣了,所以要么得把这一条从必要条件中删除,要么把它换成"承诺或表示将会不可而止"。因此三个条件应该表达成:服务对象是"君",坚持"以道事君",保证做到"不可而止"。

因此,为国君服务的臣子,如果做不到"以道事君"或不能保证"不可而止",也都不是大臣;这也是上文中解释"具臣"时用了"主"字来统称服务对象的原因。

最后一个问题:是否做不了"大臣"的臣子,就是"具臣"呢? 不一定,因为孔子没有给出明示,而且他如果愿意,完全可能在做不了"大臣"的臣子中,再做出区分,比如分成还能做事的技术官僚"具臣"和事也做不了的混子"尸臣",或者还有"乱臣""贼臣"等等。

孔子的逻辑并不混乱，但有点迂回曲折，估计他说这段话的时候，心中有个大概的思路，也没考虑那么细致，但由于其一贯对名份审慎，所以虽然迂回曲折，最终还是可以梳理清楚的。

然则从之者与。"之"指仲由和冉求的服务对象，即季康子；"与"是疑问助词。全句的意思是："那么具臣就是服从于主人的臣喽？"

弑父与君，亦不从也。既然"具臣"是事务性臣子，而且不可而不知止，那么是否就有令必从呢？答案是否定的：虽然一般来说他们不辩善恶只管照办，但杀父弑君之令，仍然不会服从。此处说的是仲由和冉求，而不泛指"具臣"，由此可以反推"具臣"未必能做到"不从弑父与君之令"。

今 译

季子然问："仲由和冉求可以说是大臣吗？"师父说："我还以为你要问其他事呢，原来是问仲由和冉求啊。所谓大臣，依照大道来服侍君主，如果无法做到，就辞职不干。现在仲由和冉求呢，可以算是具臣。"问："那么他们就是服从主人的臣喽？"师父说："杀父弑君之令，那也是不会听从的。"

英 译

Ji Zi Ran asked: "Can Zhong You and Ran Qiu be called great ministers?" The master said: "I thought you would ask about other things, it turned out that you were only asking about Zhong You and Ran Qiu. A great minister is called so for he can serve the king with the grand way, and quit when he cannot. Now Zhong You and Ran Qiu, they can be called specific ministers." Asked: "Then are they ministers that will obey their master?" The master said : "As for orders on patricides and regicides, they will not follow anyhow."

11.25【原文】

子路使子羔为费宰。子曰："贼夫人之子。"子路曰："有民人焉，有社稷焉，何必读书,然后为学?"子曰:"是故恶夫佞者。"

字词训诂

子羔。即本篇11.18中的高柴,孔子的后期弟子。

贼。害。

夫人之子。其中"夫"字指"这个、那个","人之子",别人的儿子。

社稷。社,土神;稷,谷神。"社稷"合称,代表国家,强调的是其社会和大众属性以及农业为先的特点。有解读者认为"社稷"唯诸侯国才有,因此认为费邑应是某个不可考的侯国,本书认为过于拘泥了。哪怕是家臣的封地,也会有对应于封邑级别社稷活动的仪式,具体名称或有不同,但通过仪式祭祀神灵和教化民众则是一致的,子路无非是用"社稷"来指称此类活动罢了。

书。泛指各种文献,不特指《尚书》。在《论语》中,"书"如此泛指是唯一例外。

然后为学。才算学习。不是"然后才学习"。

是故。因为这个原因。"故"字作动词用,"因为"也。

佞。巧言善辩。

章句义理

子路当时应是季氏家宰,应该是向季康子推荐了子羔并获准,从而有"使子羔为费宰"之说;一个"使"字,暗示了"费"邑地位较低和子路地位高于子羔两种事实。

为何孔子说这样做是害了子羔呢?有说是季氏僭权,让子羔为其服务,等于从道义层面陷子羔于不义。此说不妥;按后面子路的反问"何必读书,然后为学",可以反推孔子的背后考量是关乎读书和学习的。因此合理的解释只能是:孔子认为子羔学习未精,匆忙从政,可能会举措失据、漏洞百出,或有害民乱政、无法挽救之虞,从而害了自己。

子路的反问的逻辑

作为孔子高徒,子路不可能不知道跟随老师学习的好处;从其"何必读书,然后为学"的表达,可以推知子路也同意子羔学术未精。子路此处是从实践就是学习的角度,来为自己的立场辩护。强调子羔可以从治理人民、管理政事中学到真才实学,没有必要非得跟着师父才算学习。

从孔子的最有一句评论可以推知,虽然孔子也强调实践的重要性,认可及其作为"学"的唯一目的,但也相信充分的学习准备是必要的。由此反推,对于子夏在学而 1.7 中所说的"虽曰未学,吾必谓之学矣",估计孔子在原则上也该是反对的。

本章内容的启发

本章讨论的学习与实践的关系问题,可以引申出以下议论:

其一,从基层工作出发、靠实战逐步提拔的进步路径,对比先完成完整的知识训练、然后再投入实战的选择,各有得失。

其二,实战中成长起来的人才,大都具有潜力发挥的上限;如果有一些人能够坚持学习使自己与时俱进,从而冲破这个上限,只是证明了他们本来就具备先从学院开始发展的潜力。同时,实践也会带来偏见,提前封闭了部分成长的空间,从而在整体上限制了这部分人到达事业顶峰的可能。

学院派出身的人才,普遍具有宏观胜过微观、全局胜过部分、战略胜过战术、严谨胜过灵活、规则胜过变通等特点,更适宜于在等级明确、权责清晰、令行禁止的职业化程度高的环境中发挥。反之亦然。

今 译

子路派子羔去做费邑家宰。师父说:"这是害了这个别人家的孩子。"子路说:"那里有人民,有社稷,何必一定要读书,才算是学呢?"师父说:"正是因为这个原因,我才讨厌牙尖嘴利的人。"

英 译

Zi Lu assigned Zi Gao as the governor of fiefdom of Bi. The master said: "This is impairing this son of others." Zi Lu said: "There are people, there are altars for earth and grains. Why must he read books before he can be considered to have learned?" The master said: "It is because of this reason that I hate smooth talkers."

11.26【原文】

　　子路、曾晳、冉有、公西华侍坐。子曰："以吾一日长乎尔,毋吾以也。居则曰:'不吾知也!'如或知尔,则何以哉?"子路率尔而对曰:"千乘之国,摄乎大国之间,加之以师旅,因之以饥馑;由也为之,比及三年,可使有勇,且知方也。"夫子哂之。"求!尔何如?"对曰:"方六七十,如五六十,求也为之,比及三年,可使足民。如其礼乐,以俟君子。""赤!尔何如?"对曰:"非曰能之,愿学焉。宗庙之事,如会同,端章甫,愿为小相焉。""点!尔何如?"鼓瑟希,铿尔,舍瑟而作,对曰:"异乎三子者之撰。"子曰:"何伤乎?亦各言其志也。"曰:"莫春者,春服既成,冠者五六人,童子六七人,浴乎沂,风乎舞雩,咏而归。"夫子喟然叹曰:"吾与点也!"三子者出,曾晳后。曾晳曰:"夫三子者之言何如?"子曰:"亦各言其志也已矣。"曰:"夫子何哂由也?"曰:"为国以礼,其言不让,是故哂之。唯求则非邦也与?安见方六七十如五六十而非邦也者?唯赤则非邦也与?宗庙会同,非诸侯而何?赤也为之小,孰能为之大?"

字词训诂

曾晳。又称曾点,字子晳,鲁国南武城(今山东嘉祥)人;曾参之父,孔子早期弟子。

以吾一日长乎尔,毋吾以也。因为我比你们大一些,不要因为我大(而有所顾忌)。

居。平常。

则何以哉。"以",干;"则何以哉",那么如何干呢?

率尔。急忙、匆忙。

摄。压迫,迫近。

师旅。按《周礼·夏官司马·叙官》:凡制军,万有二千五百人为军,王六军,大国三军,次国二军,小国一军,军将皆命卿;二千有五百人为师,师帅皆中大夫;五百人为旅,旅帅皆下大夫。按《管子·匡君小匡》及《国语·齐语·管仲对齐桓公》:"二千人为旅……五乡一师,故万人一军。"显然两处"师旅"规模差别很大。

因《周礼》规定多是大而全的理想模型而非事实,而管仲和齐桓公所谈却是要落地的政策,所以师旅规模以《管子》和《国语》为准;如此,则师旅是万人规模的军队了,符合子路所谓"大国"的军事能力。

因。受也。"因之以饥馑",承受饥荒。

方。方向,引申为正确的道路。

哂。shěn,微笑。

何如。如何也,如之何,拿它怎么办。

方六七十,如五六十。"方"指边长;"如"是或者义。全句是:边长六七十里,或者五六十里。

宗庙之事,如会同,端章甫,愿为小相焉。"宗庙之事",祭祀之事。"如",及。"会同",原义分别为诸侯觐见天子及派人觐见,在孔子时代应该只是泛指诸侯间会面或有诸侯参与的国际交往。"端章甫",端是礼服,章甫是礼帽,合称指正装。"相",傧相,司仪也。"小"是谦称。

希。少、稀疏也,此处指弹奏渐收、准备收尾。

铿尔。声音洪亮的样子。应是指最终收尾时出现的一个大和弦。

撰。才干。

莫春。"莫"字音义同"暮","莫春"指春季的第三个月。

春服。单衣。

既成。穿上。

冠者。着冠者,成年者。

童子。未成年者。

浴乎沂,风乎舞雩,咏而归。"沂",沂水,位于鲁南苏北;"风",吹风。

舞雩。台名,是鲁国求雨的坛,在现在曲阜市东。

赤也为之小,孰能为之大。如果公西赤只能当个小相,谁还能当大相呢?

章句义理

主流句读把"唯求则非邦也与"和"唯赤则非邦也与"分出来,当成曾皙提问,完全不合语境,应该把从"为国以礼"开始的全部内容当成孔子的回答,才合乎语境和逻辑。

今 译

子路、曾晳、冉有、公西华陪着孔子坐着。师父说:"因为我比你们年长一些,请你们不要把我当成如此。平日里常说:'不了解我啊!'如果真有人了解你们,那么你们会怎么干呢?"子路急忙回答说:"有一千辆战车的国家,被压迫在大国之间,被它们的万人军队侵犯,又有饥荒,我去治理的话,等到三年,能够使它的人民充满勇气,并且知道前进的方向。"先生报以微笑。"冉求!你会怎么办呢?"回答说:"边长六七十里,或者五六十里的地方,我去治理的话,等到三年,可以使它满足人民需求。至于它的礼和乐,就得等待君子了。""公西赤!你会怎么办呢?"回答说:"不是说能够做到,权且说愿意学习。祭祀之事,以及诸侯会面,我愿意穿着礼服、戴着礼帽,做一个小小的司仪。""曾点!你会怎么办呢?"曾晳弹瑟渐止,终止于一个洪亮的音符,推开瑟站起来,回答说:"我和三位先生的才能不一样。"师父说:"有什么不妥呢?只是各自说出自己的志向罢了。"说:"晚春时节,穿上单衣,戴冠者五六人,年轻人六七人,在沂水里洗澡,在舞雩台上吹风,唱着歌儿回家来。"先生长叹一声说:"我赞同曾点啊!"三位先生出去了,曾晳留在后面。曾晳说:"这三位先生的言论怎么样啊?"师父说:"不过是各自说出自己的志向罢了。"问:"先生为何笑仲由呢?"答:"治理国家要用礼,他的言语不谦逊,因为这个原因我笑他。难道冉求所谈的就不是国家吗?怎么见得边长六七十或五六十里的地方就不是一个国家呢?难道公西赤所谈的就不是国家吗?宗庙祭祀和诸侯会面,不是诸侯事务还能是什么?公西赤如果担任其小司仪,谁还能做大司仪呢?"

英 译

Zi Lu, Zeng Xi, Ran You, Gongxi Hua were sitting by the side of the master. The master said: "Considering that I'm a little older than you, please don't be bound to this. You were often saying 'No one knows me!', suppose someone did, what would you do then?" Zi Lu answered in a haste: "A state with a thousand chariots, oppressed by its neighboring large states, which impose their armies of ten thousand soldiers on it, and adding to that there is a famine—If I was employed to govern it, in three years, I would make its people brave, and be aware of the right way." The teacher jeered at him. "Ran Qiu! What would you do?" Reply was: "For a place with sixty to seventy Li or fifty to sixty Li as its length of side, if I was employed to govern it, in three years, I would make it satisfy its people's needs. As for (the cultivation of) its rules of propriety and music, it must wait for the cultivated gentlemen to come." "Gongxi Chi, what would you do?" Reply was: "I would not say that I am able to do them, but am willing to learn them. In the ceremonies of sacrificing in the grand temple, and in the meetings between the dukes and princes, with the formal dress and hat on, I would like to undertake the role of the minor master of ceremony." "Zeng Dian, what would you do?" Zeng Dian ceased to play his Se zither gradually, with a resonant concluding note, then he pushed away his Se zither and stood up, replied: "Mine is different from the talents of these three gentlemen." The master said: "What harm can it does? Just that everyone speaks up his own wishes." Replied: "In late spring, with seasonal coats dressed on, five or six men with hats, together with six or seven youngsters, bathe in the Yi River, breeze-dry on the rain-praying altar of Wu Yu, then go back home, singing along the way." The teacher sighed deeply and said: "I approve of the wish of Zeng Dian." The three gentlemen went out, Zeng Dian remained behind. Zeng Dian said: "How about the speeches of these three gentlemen?" The master said: "Just that everyone spoke up his own wish." Asked: "Why did you my teacher jeer at Zhong You?" Replied: "Governing a state demands (the practice of) rules of propriety, but his speech was not humble, it's for this that I jeered at him. Wasn't the place Ran Qiu talked about a state or what? How could it be said that a place with sixty to seventy Li or fifty to sixty Li as its length of side was not a state? Wasn't the place Gongxi Chi talked about a state or what? Sacrificing ceremonies in the grand temple and meetings among the dukes and princes—if these are not affairs of the dukes and princes, what else can they be? If Gongxi Chi was to be a minor master of ceremony, whoelse could be a major one?"

颜渊篇

12.1 【原文】

颜渊问仁。子曰:"克己复礼为仁。一日克己复礼,天下归仁焉。为仁由己,而由人乎哉?"颜渊曰:"请问其目。"子曰:"非礼勿视,非礼勿听,非礼勿言,非礼勿动。"颜渊曰:"回虽不敏,请事斯语矣。"

字词章句

"克"之多解

按《说文》中本义,"肩"也,肩负义。但后面行文和此义显然不合,不取。

消灭。取此义者多是宋代学者,代表人物是朱熹和程颢、程颐。二程提出的道德修养的最高目标就是"存天理,灭人欲"。孔子的一贯态度是中庸和通达,从未否认过"人欲"的合理性,在不违背礼的前提下,其倾向于适当满足"人欲"。例证众多,此处不赘。因此不取此义。

克制、制约。这是主流解读。如果解为此义,则宾语应该是"自己的某种东西"才合适,一般解读为"自己的私欲";但后面有"为仁由己"之说,可见"己"指"自己"而不是"自己的私欲"。私欲只是欲望,未必转换为实际行为,"礼"却是纯粹的行为规范。对内心层面的抽象价值取向进行克制,无法保证行为层面符合"礼",属于方向错误。这再次证明"己"不可能指私欲。因此不取此义。

战胜、控制。"克己"就是战胜自我,控制住自己。控制自己不是否认自身的私欲,或必须要消灭它们,而是收放自如,操之在我。从此解。

"复"之多解

返回、还原、恢复。这是主流解读,意思是恢复礼崩乐坏之前先王之道盛行时的"礼"。此解显然是对整个社会提出要求,单单凭借个人努力是无法恢复礼制的。后面的"为仁由己"显然谈的是个人,因此不取此解。

如果在上述基础上辩解说"复礼"不是指整个社会"复礼",而是自身"复礼",则暗示自己本来守"礼",后来变得不守礼了,现在要重新守礼。这种"原本守礼"的假设不仅义理上别扭,而且逻辑上不成立:要么是说"守礼"是天生的习惯,而这显然不成立,因为"礼"和"善恶"不同,是行为规范,不可能天生具备;要么是说某些人通过学习,掌握礼,后来又放纵自己,从而失去礼,现在只要他们"克己",则就会"复礼"。这种人即使有,恐怕也没有代表性吧,用这种特例无法得出"克己复礼为仁"这种一般性结论;因此也不取此解。

实践、践行,这是"复"字本义之一。如此,"复礼"就指不停地践行"礼"。此解保持了个人作为主语的一致性,且符合孔子一贯主张,恰当。

"克己复礼为仁"中的"为仁"

多有把"为"解释为"从事",则"为仁"就是"践仁",代表人物是刘宝楠。此说的依据之一是本章中有两处"为仁",显然后面"为仁由己"中的"为仁"是"践仁"的意思,因此给前面"为仁"取"践仁"之义支持;如此解读就要求把"克己、复礼、为仁"三事并列;后面"一日克己复礼,天下归仁焉"显然是把"克己复礼"作为"归仁"的原因,而不是并列。此处单把"克己"和"复礼"并列,显然可反证"为仁"不是和"克己复礼"平行的概念。因此不取此解。

把"为"解释为"是",则"为仁"就是"就是仁"。这是主流解读,语义通顺,而且和后面的行文吻合,妥当。

"为仁由己"中的"为仁":此处当解作"践仁"。由于"克己复礼"就是仁,因此"为仁"就是坚持"克己复礼"。

一日克己复礼,天下归仁焉

一说是天下向仁之所在归附。此说等于把"克己复礼"的主角限制成"君王"。

古注多从此解。此解显然荒谬：且不讲孔子不太可能把明明可以适用于所有人的"克己复礼"的指示限制在"君王"这么小的范畴中，也不说后面的四个"非"字指示显然是针对个人而言的，单单从最后颜渊下决心"请事斯语"就可得知，主角不可能是君王，因为颜渊不可能自视为君王。

一说是"只要你一天克己复礼，则天下人就会赞赏你的仁义"。朱熹从此说。此处把"归"字解读为"与"，即赞赏。不妥。克己复礼显然要长期坚持，不可稍辍；克己复礼一天，仁义就会被天下传颂——如果以当今媒体的传播效率，或许还有可能，在孔子时代，这种表达不是夸张，而是发疯；如果辩解说这种表达就是夸张，那么就有这样的可能：当天克己复礼的人，其仁义被天下传颂，第二天他不克己复礼了，同样会坏事传千里；几次往复，还有人民会被"一日克己复礼者"所感动吗？最后，如果此说成立，则应表达成"天下归其仁焉"，没有"其"字，字面意思就该是"你一天克己复礼，全天下就会回归仁义"，而不该是"天下称颂"。当然这种字面意思就更是天方夜谭了。因此不取此解。

正解应是把"一日"解成"一旦"，"归"取其本义"回归"，添加"所有人"这个主语。如此还有两解：其一把全句解成："一旦所有人开始克己复礼，则天下就开始归仁。"其二把全句解成："一旦所有人克己复礼了，则天下就归仁了。"

最后这个解读妥当，主要是因为"克己复礼"是个持续过程，但"仁"却是一种状态而不是过程。道理上应该是：一旦所有人都开始"克己复礼"，则"仁"就已经实现了。这和前文所说"克己复礼为仁"也吻合，否则前面这句话应该说成"克己复礼，仁始归也"了。

从本章的行文逻辑上看，此解也妥当。行文逻辑是：克己复礼就是仁；一旦都能做到，则全天下就实现仁。实践仁（就是克己复礼）靠自己不靠别人；如何才能克己复礼呢？坚持后面的四个不做即可。

目。小项、条目。纲举目张之目。

仁。孔子从未对"仁"给出正面而系统的定义，而是通过对这个概念大量的直接使用来勾勒其大致轮廓，通过各种局部定义、描述、列举或排除来进一步给出其质感、特点、风貌，包含本章在内的本篇前三章分别就是局部定义法、行为描述法和特点列举法。

根据笔者的理解,可以通过推导得出"仁"的大概定义:

仁,从其字源上看,首先关乎人,而且是两个人(一说指多人,亦成立),即自我之外还有他人;因此,仁应该是在社会关系中,针对他人的态度或行为,或两者的统称。

结合孔子的多处表达,仁应该是建立在对自我人性(性)的充分理解之上的、通过推及他人而能被普遍化(及人)的、所有人一致遵守时仍能和平相处(礼)的基本态度和行为规范,或其统称;这就要求"仁"必须可以普遍施行而不会自我否定,否则就会形成博弈失衡从而不可持续(比如欺压他人),或者自我毁灭(比如加倍复仇)。这个前提内含诸多要求,主要包括:克己、守礼、诚信、中庸、敬人、不忍、让。

因此,"仁"可以定义为:可以普遍施行的社会交往中的态度和规范的统称。内心状态不在仁的范畴之内,内心状态只有体现为他人可以感知的态度或行为时,才能给予"是否是仁"的判断;所谓"仁心",必须有外在体现,无法单独存在。

英文没有比 humanitarianism 更合适的翻译了,虽然英文这个词的出发点和"仁"的出发点不同,但落脚点基本相同的。

请。谦辞,无意义。表示谦虚。

今 译

颜渊问仁是什么。师父说:"控制自己并实践礼仪就是仁。一旦所有人克己复礼了,则天下就归于仁了。践行礼仪靠自己,难道靠别人吗?"颜渊说:"我想请问具体条目。"师父说:"不合礼的不看,不合礼的不听,不合礼的不说,不合礼的不干。"颜渊说:"我虽然不聪明,也会实践这些说法。"

英 译

Yan Yuan asked what humanitarianism was. The master said: "To control oneself and practice the rules of propriety is humanitarianism. Once all control themselves and practice the rules of propriety, the world will end up with humanitarianism. Practicing humanitarianism depends on oneself, how can it depend on others?" Yan Yuan said:

"May I ask about the specifics of it?" The master said:"Look not at what is not conforming to the rules of propriety, listen not to what is not conforming to the rules of propriety,speak not of what is not conforming to the rules of propriety,act not on what is not conforming to the rules of propriety." Yan Yuan said:"Not intelligent I may be, I would still practice these teachings."

12.2 【原文】

仲弓问仁。子曰:"出门如见大宾,使民如承大祭。己所不欲,勿施于人。在邦无怨,在家无怨。"仲弓曰:"雍虽不敏,请事斯语矣。"

字词章句

本章同样是解"仁",但显然是从为政者角度来谈的,或者因为孔子认为冉雍"可使南面"(雍也6.1),所以就从为政者的角度来谈,更有针对性,因材施教是也。

仲弓。冉雍。

出门。可以解为离家远行或去他国,也可以解为日常出门公干。为体现对敬重态度的强调,取第二义更妥。

大宾

有说指觐王诸侯,来源当是《周礼·秋官司寇·衔枚氏/司仪》,中有"大行人掌大宾之礼,及大客之仪,以亲诸侯"。此处可知"大宾"指天子的诸侯来客。

《仪礼·乡饮酒礼》中有"众宾之长升拜受者三人,主人拜送"的说法,该篇中还有"众宾之长,一人辞洗,如宾礼"的记载。"众宾之长"就是来宾中推举的三位主宾(一说是三位长者,尊义不变);《礼记·乡饮酒义》中有"三宾象三光也",是说这三位"众宾之长"象征着日月星三光。从这两处可知,居家宴客有在来宾中选出三位主宾的习惯。

《礼记·乡饮酒义》又有"主人亲速宾及介,而众宾自从之"的说法,此处"宾"和"众宾"相对,或者就是前面的三位"众宾之长",或者就是只有一位的"主宾"。

到底是指哪一种呢？同篇另一处提到"宾主象天地也……三宾象三光也……"另一处提到："立宾以象天,立主以象地……立三宾以象三光。"都是把"宾"和"三宾"对列,可知"宾"是特指只有一位的"主宾"。综上,可以假设这位"主宾"也有可能就是"大宾"。

如前述,孔子对冉雍的教导很可能是从为政者的角度来谈,而乡饮酒属于居家宴客,没有治国属性;同时,为强调敬重态度,也要求在两可时,选取更有重大意义的场景来说事;因此,此处"大宾"应是指朝觐天子时的诸侯。

大祭。对天地之祭。出自郑玄对《周礼·天官冢宰·酒正/掌次》中"凡祭祀,以法共五齐三酒,以实八尊。大祭三贰,中祭再贰,小祭壹贰,皆有酌数"之注:"大祭,天地;中祭,宗庙;小祭,五祀。"此处可以泛指诸侯国及以上层面的重要祭祀。

出门如见大宾,使民如承大祭。对于为政者来说,无论做什么事,都不能随心所欲,要有庄重、敬畏之心。不管是日常出门,还是劳役百姓,都应敬重以对。

己所不欲,勿施于人。这句话久负盛名,意义显明,不赘。

在邦无怨,在家无怨

此句有多解。首先,在句读上,很多解读者,尤其是古代注家,往往把这一句单列,作为"出门如见大宾,使民如承大祭"和"己所不欲,勿施于人"两种修养的结果,而不是并列的第三种修养。此说不妥。首先因为,如果取此,则在"在邦无怨,在家无怨"之前应该有"则"字或类似含义的词;其余原因后详。所以先排除上述句读,确认"出门如见大宾,使民如承大祭"和"己所不欲,勿施于人"以及"在邦无怨,在家无怨"是三种并列的修养。

其次,古注大多认为"在邦"指在诸侯国为大夫,而"在家"指在卿大夫家为宰,不仅无出处,而且词义牵强、义理崎岖,不取。"在邦"应解为在侯国任职,"在家"就是"退而赋闲"。

然后就是谁"无怨"的疑惑了:古注多解为"别人"无怨。意思是"不管是当官还是赋闲,都不招人怨恨";今人多解为"自己"无怨。意思是:"不管是当官还是赋闲,自己都不怨恨。"持此解者还常常把这三种修养分别放进"敬""恕"和"立身"

三个领域,煞有介事。在语法上两解均可,但"无怨"的上述第一解更为妥当:首先,在邦为官,自己有什么理由去怨恨呢? 其次,几乎所有解读者都不会联想到"仁"的性质,或者忘记了用这种性质用来推理到底是谁"无怨"。如前一章对"仁"的定义部分所说,"仁"一定是体现在人际关系中的,自己的心理状态如果不能对他人产生积极作用,就不可能是"仁"的范畴。自己"无怨"与他人何干? 不是所有的修养都是"仁",有些只是个人修养罢了;只要不在人际交往中起作用,就与"仁"无关。只有解释成别人"无怨",才能算是"仁",才能与"仁"这个题目有关。

今 译

仲弓问仁是什么。师父说:"出门公干就像会见来访国君,役使百姓就像负责国祭。自己不喜欢的,不强加于人。在国为官时不招怨恨,赋闲时不招怨恨。"仲弓说:"我虽然不聪明,也会实践这些说法。"

英 译

Zhong Gong asked what humanitarianism was. The master said:"Looking like meeting with visiting dukes when out for business, and feeling like undertaking grand sacrificial ceremonies when employing the people. Don't impose on others what one would not like to be done. Provoke no grudges when employed by the state, provoke no grudges when unemployed at home." Zhong Gong said:"Not intelligent I may be, I would still practice these teachings."

12.3【原文】

司马牛问仁。子曰:"仁者,其言也讱。"曰:"其言也讱,斯谓之仁已乎?"子曰:"为之难,言之得无讱乎?"

字词训诂

讱。rèn。言语迟钝缓慢。

斯谓之仁已乎。这样就可以把它算成仁了吗？

司马牛。或是一个没有史料佐证的弟子，或是下面所说之人，无法确考。传说中司马牛家族曾是宋国的一个大家族，是宋桓公的后代。到了宋景公时，这个家族显赫一时：大哥向巢，是名义上的军队统帅；老二向魋，也称桓魋，就是述而7.23中那位欲加害孔子的那位，时任宋国大司马，握有兵马实权；老三就是司马牛；老四和老五分别是子颀和子车，跟着桓魋。

《史记·仲尼弟子列传》中说："牛多言而躁。"然后就记录了和本章一样的问答。

司马牛在《论语》中出场三次，都在本篇，且前后相连（详见本篇12.3和12.4）。从后面两章来看，一章是孔子教导他说"君子不忧不惧"，一章是体现了他担心自己没有兄弟的忧愁。从这三章中都得不出司马牛"多言而躁"的结论，反而从下一章(12.3)中反推他容易"忧惧"还能在12.4有所体现。

为之难。做起它来艰难。"之"指"仁"。有人把"为之难"解为"知道践仁艰难"，语法不通，不取。

章句义理

司马牛问"仁是什么"，即寻求"仁"的定义；而孔子一如既往地避开正面回答，但这一次他回避得更狠，仅仅用"仁者"的一个较为微不足道的行为特点（说话慢）来回答，这个特点即使不谈它的次要性，按孔子的说法，也只是成为仁者的一个必要条件。其他的必要条件可能很多，而且也很有可能在权重中占比更大，但都被孔子有意忽略了。就算孔子是因材施教吧，也有点过分零碎和拿捏了，按这种进度，等到可怜的司马牛学会了"言讱"，再教给他另一个特点，何时才有机会认识"仁"的全貌啊？何况，万一司马牛要是只学会了"言讱"这种特点，而没有掌握之所以要"言讱"的道理，那顶多算是培养了一个演员，但绝不会是"仁者"。

奇怪的是，司马牛竟然把师父说的"仁者的特点"当成"仁"，然后发出追问。虽然可以理解师徒二人通过"仁"和"仁者特点"的混用仍然可以进行交流，但不得不说又是汉语的通感或者含混特点在这里起作用。

最后孔子所说"为之难,言之得无讱乎"完全没有道理:做起来难,为何表达起来就难呢?这不成立。克己十日比克己一日要难,但表达起来并无难度之分;认真践仁的人,说话也未必就会缓慢迟钝,因为践仁既不会影响语言组织能力,也不会伤害声带或舌头的灵活性,总不能说践仁者就得装出这个样子吧?孔子在此处的这种反问,是典型的腾挪,乍看乍听之下有点接近的东西,就被大而化之地归为一体,还振振有词。

可以肯定,孔子在此处要么是对司马牛不负责任,要么就是自己托大狡辩,恶佞反佞也。即使有人把"言讱"引申为"说话慎重",逻辑上和实践中也不成立,不赘。

今　译

司马牛问仁是什么。师父说:"仁者啊,他言语迟缓。"问:"言语迟缓,这就可以算是仁了吗?"师父说:"做起来难,说起来能不迟缓吗?"

英　译

Sima Niu asked what humanitarianism was. The master said:"A humanitarian man, his speech is slow." Asked:"Being slow in speech—can this be said to be humanitarianism?" The master said:"When practicing it is difficult, how could the speech on it be not slow?"

12.4【原文】

司马牛问君子。子曰:"君子不忧不惧。"曰:"不忧不惧,斯谓之君子已乎?"子曰:"内省不疚,夫何忧何惧?"

章句义理

有人认为司马牛之忧惧是针对其兄桓魋的,或许是吧,但没有确证,不取。

本章中,孔子又是用被问主体的特点来以偏概全,类似前一章;但是本章中孔子变本加厉,在回答司马牛的追问时,完全抛开逻辑:"内省不疚,夫何忧何惧"是典型的振振有词而经不起推敲的修辞式论证。漏洞百出,就不赘驳了。司马牛追问的是"不忧不惧就可以算是君子了吗",问的是"不忧不惧"是不是成为"君子"的充分条件。结果孔子回答的是"内省对得起良心,当然不忧不惧了",完全牛头不对马嘴。

好吧,就算孔子答非所问,他的回答本身有无自洽的逻辑呢?

首先,"内省不疚"作为"无忧惧"的充分条件,这不符合事实,但却是孔子的大前提。

其次,既然孔子提出"君子不忧不惧",则虽然他没有正面回答,可以推论他认为"不忧不惧"是成为君子的充分条件。

这样,"内省不疚"是"不忧不惧"的充分条件,而"不忧不惧"就是"成为君子"的充分条件。

因此,"不忧不惧"作为品质,其地位应该比"君子品质"还要高,否则无法成为后者的充分条件;这就意味着,"不忧不惧"还有可能为其他更高级的某种人提供富余的贡献,或者也作为充分条件,或者作为重要或必要条件,为其所用。同理,"内省不疚"作为一种品质,地位比"不忧不惧"更高,可供他用的潜力也更大。

那么,这种更高级的某种人是谁呢?孔子没答案,但从其一贯表达来看,只能是"仁者"或"圣人"了。

孔子真地可能认为"内省不疚"和"不忧不惧"那么重要吗?显然不是。"不忧不惧"最多就是"君子"常有的特点而已,算成必要条件都未必能成立,不可能是成为君子的充分条件,否则没心没肺、感觉麻木、凶残野蛮、不懂反省之辈都可以成为君子了。

所以结论是,按孔子自己的话语系统,本段话也属于逻辑混乱。

孔子或者是信口开河而被不明所以的编纂者记录下来了,或者就是司马牛真地是"多言而躁",令孔子不胜其烦,所以东拼西凑,想把他尽快打发走。

今 译

司马牛问君子是什么样的。师父说:"君子不忧不惧。"问:"不忧不惧,这就可以算是君子了吗?"师父说:"内省时没有愧疚之事,哪里会忧,哪里有惧呢?"

英 译

Sima Niu asked about cultivated gentlemen. The master said: "A cultivated gentleman is neither worried nor frightened." Asked: "Being not worried or frightened—do these qualify a cultivated gentleman?" The master said: "When introspective reflection finds nothing to be ashamed of, how could he be worried or frightened?"

12.5【原文】

司马牛忧曰:"人皆有兄弟,我独亡。"子夏曰:"商闻之矣:死生有命,富贵在天。君子敬而无失,与人恭而有礼,四海之内皆兄弟也。君子何患乎无兄弟也?"

字词训诂

亡。无也。

章句义理

司马牛的故事都是传说,没有确证。传说请参考本篇12.3中所述。

司马牛所说的"我独亡",或者是因为担心自己的兄弟们不得善终,或者是因为和他们失去联系而觉得形孤影单,不可考,故不详究。

显然子夏的回答属于偷换概念,把血缘关系的兄弟概念换成社会关系的"朋友"概念;偷换概念未必就没有说服力或洞见,但子夏本章所述纯属强词夺理,即使在修辞式论证中也是末流,属于懒得论证、直接断言派,不必为之委屈解读。

撇开子夏要嘴皮子不谈,子夏在本章还是体现出所有人都是兄弟姊妹的博爱思想,这和基督教称呼所有人都是"弟兄姐妹"有异曲同工之妙。

子夏的引语"死生有命,富贵在天"在史料中无更早出处,或许是当时流行俗语吧。

是否可以大胆假设：《论语》编纂者就是把这种"修辞式的论证"有意集中在本篇呢？通观整个《颜渊篇》，确有这种可能。当然，如果这个假设真的成立，则证明汉语在孔子时代是具有向"非修辞式论证"演化的可能的，这个题目甚大，此处不展开了。

　　从先进11.16中说子夏"不及"，似乎和此处表现不吻合：事实上，整篇《论语》中，子夏共出场二十次，除孔子本人外，位列第四；在被孔子赞赏的次数上，共十四次，仅次于颜回的十七次和子贡的十六次，排名第三；孔子有时直接赞扬别人，有时只能从其态度或编纂者的态度来推论孔子是否赞赏。在推论的赞赏中，子夏有十四次，即他从未被孔子直接表扬过。我猜想这是因为他是后期弟子，孔子虽然很赞赏，但为了顾及早期弟子的面子，不好公开对比罢了。对《论语》中各个弟子出场进行统计比对，本书的结论是：孔子最爱子路，其次就是子夏。合理的推论是子夏没有"不及"，只是比起子张来，不那么张扬和神气而已。

今　译

　　司马牛忧伤地说："别人都有兄弟，只有我没有。"子夏说："我听说：死生有命，富贵在天。君子行为庄重而没有过失，与人交往恭敬而守礼，（因此）天下到处都是他的兄弟。君子为什么要担心没有兄弟呢？"

英　译

　　Sima Niu sadly said:"Others all have their brothers, but I have none." Zi Xia said:"I have heard:death and life have their own order, and riches and honors depend on the wills of heaven. A cultivated gentleman will behave himself gravely and not err, respect others and conform to the rules of propriety, (therefore) at every corner of the world there will be his brothers. How should a cultivated gentleman be worried that he has no brothers?"

12.6 【原文】

子张问明。子曰:"浸润之谮,肤受之愬,不行焉,可谓明也已矣。浸润之谮,肤受之愬,不行焉,可谓远也已矣。"

字词训诂

明。明白、洞察。

谮。zèn,谗言也。"浸润之谮",逐渐渗透的诬陷。

愬。sù,同"诉",诉说也。多有解为"为自己申诉"的,并与前文"谗言毁人"对应,没有来处,也没有必然性,不如就取"诉说"义。

肤受之愬。如同让人肌肤亲受一样的诉说,形容其急迫而有说服力。

远。多解为"德行高远",不知"德行"限定何来? 不如解为"深远、远大",仍用来形容判断力,形容其不仅洞察秋毫,而且见识深远。

章句义理

显然,孔子此处又以偏概全,用"明"的两个特例来作为其定义的替代品。

"浸润之谮",因其缓慢而难以察觉,因其持续而易被接受,所以能洞察其非不容易;"肤受之愬",因其急迫而有摄人气势,因在现场而易被感染,所以保持客观不容易。

孔子在说完能做到哪两点算"明"以后,可能是认为其体现的能力还不止于"明",还可以算得上"远",所以又说"可谓远也已矣"。从回答的角度上算是画蛇添足,但从教育的意义上却是合情合理。

"远"比"明"更高级吗,或者仅仅是同级并列的两种能力? 本书认为是后者。"明"可算是基于细节观察,结合人生经验所产生的洞察力,属于现场判断;"远"可算是基于概率和规律、结合,对人性心理的把握所产生的智慧,属于趋势把握。两者侧重不同,互为补充,各有所长,相得益彰。

今 译

子张问明是什么。师父说:"慢慢渗透的诬陷,现场迫近的诉说,在你这里行不通,可以算是洞察秋毫了。慢慢渗透的诬陷,现场迫近的诉说,在你这里行不通,可以算是见识深远了。"

英 译

Zi Zhang asked what clear-headedness was. The master said: "Gradually soaking slanders, closely pressing lectures—if they do not work with you, you can be said clear-headed. Gradually soaking slanders, closely pressing lectures—if they do not work with you, you can be said profoundly insightful."

12.7【原文】

子贡问政。子曰:"足食,足兵,民信之矣。"子贡曰:"必不得已而去,于斯三者何先?"曰:"去兵。"子贡曰:"必不得已而去,于斯二者何先?"曰:"去食。自古皆有死,民无信不立。"

字词训诂

兵。兵器、军备也,不是士兵。

民信之矣。多认为"民信之"是"足食,足兵"的结果,不妥。"去兵,去食"后人民仍能"信之",可见"民信之"不是"足食,足兵"的结果。

主流意见把关键词"信"解释为"取信于民",而"民信之"就是"使人民信任统治者",不妥:后面说"民无信不立",显然说明"信"是民自立之本,而不是对统治者"信"。由此可以否决此解。

这种人民立身之本的"信"到底信什么呢?子路13.9中,孔子明确提出(对人民)要先"富之",然后"教之";为政2.3中,孔子说"道之以德,齐之以礼,(民)有耻且格";里仁4.13中,孔子通过"能以礼让为国乎,何有?不能以礼让为国,如礼何"的反问,强调了礼让;再结合孔子对"仁"作为社会生活中的终极标杆的一贯表达,可以推知孔子希望人民"信"的应该是德、仁、礼三种。德是仁在日常生活中的具体表现,两者都是品德和修养;礼是社会交往的流程,属于行为规范。因此"民信之"就是：使民有所信仰，信仰的就是德、仁、和礼。

有人或许会辩解说：为何不可以是统治者以身作则体现出"德、仁、礼"、然后人民就会信任他们呢？孔子确实多次论证上行则下效的因果关系，比如本篇12.19中所说"君子之德风，小人之德草，草上之风必偃"，比如泰伯8.2所说"君子笃于亲，则民兴于仁；故旧不遗，则民不偷"，但"上行"的目的还是为了"下效"，还是要在人民的层面上推广"德、仁、礼"，因此单单让人民信任统治者是不够的，只有让他们信仰"德、仁、礼"才算完成工作，才能长治久安。反推更加确证："民信之"不可能是指使民信任统治者。

章句义理

民无信不立

是谁"不立"？是人民不立，即在社会上无所立身，引申开来就是无法形成有效的社会组织而只是一盘散沙，也会使政府和国家失去统治的基础。虽然结果无非就是"政府不立"或"社会不立"也即"统治不立"，但表达上不能略去中间环节直接借代，逻辑上不能跳级直达。

本章论述的思路和逻辑

所有的说法都是从统治者治理人民的角度出发的，这是孔子的基本语境。

孔子说法成立的前提是：去食后，不是全部人民饿死，而是不够吃、有饥荒，或许会有部分人饿死。否则如果全体饿死，就没有"民"去"信"了。当然，人类历史证明了，从没有过民族全体饿死的悲剧，因此如果孔子坚持"宁愿饿死一部分也要坚持立信"，是没有逻辑问题的。说到最后，这是坚持治国化民的原则和维系民生的现实压力之间的先后排序。

显然孔子认为：如果民不信，则即使足食足兵，也不会国运长久；相反，只要民有了信，则即使食兵不足，国家仍有机会生存，成为最后的胜者。

孔子的想法与其说是对社会治理和其发展规律的洞察，不如说是他提倡的理想状态，并不反映现实。没有灵魂和高尚的价值观，并不必然导致民族的灭亡；而具备高尚灵魂和道德优势的民族，也常有被"足食足兵"的野蛮人消灭的案例。事实上，在人类历史上,虽然各种情景都有,但占主流的还是"足兵"的民族才有更好的生存和发展机会。国际间博弈的常态是:往往各国各民族都没有精力和机会去"使民信之",虽然也明白道理,也向往理想状态,但都迫于现实的存亡压力,不得不专注于"足兵",有了生存的保证,再去"足食",还有富余,才能"使民信之"。

所以结论是:孔子的理论是理想主义的梦想,在逻辑上是自洽的;但他试图把梦想变成现实,在春秋时代,就缺乏实现的条件,暴露出他自己判断力的欠缺和政治上的天真。

今 译

子贡问如何治理(国家)。师父说:"粮食备足,军备备足,使人民树立信仰。"子贡说:"如果不得已要减除,在这三项中先去掉哪一个呢?"答:"去掉军备。"子贡说:"如果不得已要减除,在这两项中去掉哪一个呢?"答:"去掉粮食。自古以来所有人都会死,但人民如果没有信仰,就无从立身。"

英 译

Zi Gong asked about the governance (of the state). The master said: "Make adequate the foodstuff, make adequate the armament, instill belief in people." Zi Gong said: "If it cannot be helped to remove one, which out of these three should be removed first?" Replied: "Remove the armament." Zi Gong said: "If it cannot be helped to remove one, which out of these two should be removed?" Replied: "Remove the foodstuff. From the everlasting all would die, but if the people have no belief, they cannot establish themselves."

12.8【原文】

棘子成曰:"君子质而已矣,何以文为?"子贡曰:"惜乎,夫子之说君子也!驷不及舌。文犹质也,质犹文也。虎豹之鞟犹犬羊之鞟。"

字词训诂

棘子成。历来说是卫国大夫,不可考。但从子贡称呼他"夫子",可以确认是当时的社会名流。从其对"文"不屑一顾的提问来看,显然推崇内涵和本质而反对外在修饰。

质。文。请参阅雍也 6.18 下解读。

驷。四匹马,引申为四匹马拉的车,状其快。"驷不及舌",是俗语"一言既出,驷马难追"的源头,表示说出的话无法收回了,批评说话者思考不周、言谈不当。

鞟。有的版本为"鞹",两者音义皆同 kuò,去毛的皮革。

章句义理

虎豹之鞟、犬羊之鞟

虎豹之皮革肯定贵重过犬羊之皮,都去毛,看上去就区别不大,也显不出其贵重,因此反推"毛"的重要性,动物身上的花纹是体现在毛上的。通过这个暗喻,说明"文"的重要性,意思是"文"是君子得以和他人区分开的标志,不可或缺。

文犹质也,质犹文也。虎豹之鞟犹犬羊之鞟

这句表达有点饶人,解读版本很多,不赘,此处直接给出我的解读,而且显然风格不直白说透,留待结论自行浮现,比如述而 7.15 中试探的对话,其其他诸多场合的讲话也为类似风格,可为佐证。所以此处子贡余味,应是情理之中;"文犹质也,质犹文也"最直接而合理的解读是"分",分了就导致"文"没有了,就辨认不出"质"了,无法证明"质"的不同。

子贡的表达逻辑就是:文质不可分,文不可少,否则就如去毛的虎豹之皮和犬羊之皮,看上去就没有区别了。

关于"文和质"的关系,不宜引申到"本质和表象""内容和形式"等哲学领域,因为孔子从不做抽象思辨,利用他或能代表他思想的弟子的言语中潜在的解读空间,去发挥自家学说,属于偷运私货,应避免这种诱惑。

今 译

棘子成说:"君子拥有优秀的本质就够了,要外在的修饰干吗呢?"子贡说:"可

惜啊，先生您这样说君子！现在连四匹马的马车也追不上你的舌头了。修饰就是本质，本质就是修饰。虎豹去毛之皮和犬羊去毛之皮没有区别。"

英 译

Ji Zi Cheng said: "A cultivated gentleman is all right with inside nature's excellence, what does he need the outside ornaments for?" Zi Gong said: "A pity it is, that you sir talk about a cultivated gentleman this way! Now even a four-horse chariot cannot catch up with your tongue. Ornament is nature, and nature is ornament. Hides of tiger and leopard stripped with their hair are the same as stripped hides of dog and goat."

12.9【原文】

哀公问于有若曰："年饥，用不足，如之何？"有若对曰："盍彻乎？"曰："二，吾犹不足，如之何其彻也？"对曰："百姓足，君孰与不足？百姓不足，君孰与足？"

字词训诂

用。花销。

盍。何不。

彻。多解为"通"，并认可是周朝（有说是从夏开始，但无可靠史料佐证，均为后代断言）时的税收"通例"。解为通例则可，但为何"彻"成为通例，多语焉不详，试析如下。

周朝以前，税赋徭役分为"彻""贡""助"三种：

"助"，是在公田上劳作；这时，"公田"是土地中物理性的存在。

"贡"，按《孟子·滕文公章句上》，"贡者，挍（音义同校对之"校"）数岁之中以为常"，属于平均数年收成而定的定额租金。

"彻"，是合并贡、助，取消公田徭役，按家庭承包制缴纳的税赋，属于分成租金。具体做法是，在收获时，由田官"司稼""巡野观稼，以年之上下出敛法"（据《周礼·地官司徒·掌葛/槁人》），即根据作物长势、气候、收成等，动态决策划出产出率最好的十分之一田地(按面积计算),把其产出全部作为赋税;"彻"即取其"全部"义。

上述"贡"和"彻"中,物理性的"公田"已经消失,已经从"徭役"演变为"税赋"。

周朝,至迟到周朝后期,通用"彻"法;既可以省去监工之劳,也可以避免庶民在公田上怠工的动机。

因此,"彻"的出处是"全部",只是在应用中有时特指"周朝税赋通例"罢了。

那么,"彻"的税率是多少呢?这是个巨大而难啃的骨头,需要另有专著来论述,此处只能择其大概,总括如下:

井田制

《春秋·谷梁传·宣公十五年》:"古者三百步为里,名曰井田。井田者,九百亩,公田居一。私田稼不善,则非吏;公田稼不善,则非民。"

《周礼·地官司徒·小司徒》:"九夫为井……以任地事而令贡赋。今文:九夫所受的土地为一井……使人民从事土地生产并交纳贡赋。"

上述两处引文说的就是井田制。简言之,因土地划分为方块,形似"井"字,故曰井田制。更多更详细的关于井田制的早期史料,有兴趣者可搜读《礼记·王制》、《汉书·志·刑法志》和《汉书·志·食货志上》,此处不赘。

在周朝,全部土地名义上归天子,但通过层层分封到士一级,本质是"王有制"名义下的多层所有制;天子实际上只拥有首都附近的"籍田千亩",即"帝籍"。到了孔子时代,这种产权下沉已成事实,并通过税亩制(后详)的实行和流行而最终终结了井田制。

在井田制下,事实上拥有土地的各级人等,权且称之为"领主",包括天子分封的诸侯、诸侯分封的卿大夫以及从卿大夫手里受领土地和庶民的士。

"公田"概念

井田制下,把土地分为三类:

位置和质量优质的的留给领主自己,是为"公田";因面积巨大,又叫"大田",

由庶民集体耕种。

距离城市较近的土地，以"田"为单位分给和统治者同族的人，这群人因住在国内，因此叫"国人"；他们不交土地税赋，只负担军赋和兵役，平时按年交少量军赋，战时自备武器粮草从军，因此又叫"武夫"，即孔子时代的"士"。

离城市较远、质量低劣的田，分给庶人，也叫"野人"，他们为公田服徭役并为领主服杂役。优先为公田劳作之后，他们可以为自己赖以维持生活的土地劳作。

公田产出的使用，可参考《周礼·地官司徒·大司徒》："以保息六养万民：一曰慈幼，二曰养老，三曰振穷，四曰恤贫，五曰宽疾，六曰安富。"今文作：用六项修养政策养育万民：一是慈爱儿童，二是赡养老人，三是救济穷人，四是救助贫民，五是宽免残疾人的赋役，六是安抚富人。当然，这里谈的是理想，事实上公田的产出，即使不是全部或大部，也会有相当一部分由领主自用。

什一税率

上面说过，从周朝开始，已经通用"彻"法，历来学界都说税率是"十取其一"，最初出处无法考证，但总在孔子时代以前。

《春秋·谷梁传·宣公十五年》中评论鲁国税亩制时，有"古者什一"之说，应该是最早记录。在此处引文同一篇内，有"古者三百步为里，名曰井田。井田者，九百亩，公田居一"之说，说的是公田占了一成，属于自证"什一"之说。

按《汉书·志·食货志上》："六尺为步，步百为亩，亩百为夫，夫三为屋，屋三为井，井方一里，是为九夫。八家共之，各受私田百亩，公田十亩，是为八百八十亩，余二十亩以为庐舍。"今译作：六尺作为一步，百步是一亩，百亩是一夫，三夫是一屋，三屋是一井，井的方圆是一里，就是九夫。八家共同拥有它，各自接受百亩私田，十亩公田，这是八百八十亩，剩下二十亩作为屋舍。庐舍是建在公田上的，依据来自《春秋·公羊传·宣公十五年》："古者公田为居，井灶葱韭尽取焉。"这说明公田占比是80/880，约为9%；或者把庐舍面积算上，就是100/900，约为11%。都不是"什一"。

《汉书·志·五行志中之下》："税亩，就民田亩择美者税者什一。"今译作：（鲁宣公)按田亩征税,就是以庶民的田亩产量高的为标准,征收十分之一。结合上文对"彻"的解读,可知周朝和实行了税亩制的鲁国名义上采用了"什一",由于是按"田亩美者"计算,实际税赋水平肯定高于10%,权取百分之十几这个大概表达吧。

学界还有"八家共井"和"九夫为井"之辩:前者就是前述《汉书·志·食货志上》引文之义,而后者增加一人,从而在算术上构成公田占十分之一的模型。

上述种种算术模型虽然不同,但出入不算太大,都接近10%的税率;我们权且接受"什一"之说,作为大概。

但是,考虑到多层分封的存在,这些模型就会变得复杂。比如:当诸侯进行二级分封(即把从天子处受领的封地的一部分再分封给卿大夫)的时候,就等于把本来自己直接收税的部分私田地盘分给卿大夫,虽然自己保有公田,但每次分封都是在消减自己的税基。解决的途径要么是不再分封,要么是分封时仍保留从封地上收取部分(比如仍是10%)税赋的权利,而受封的领主如果也期待从封地上收取10%的税赋,就必须要把原先的10%税率提高到20%;如果还有继续向下的分封层级,税率就会变得更高,当然还得考虑土地耕种者及实际占有者的承受极限。使这些模型更为复杂的是,还要考虑在土地税赋之外的进贡、兵赋等等,这些支出也多从土地税赋中预留。关于这种多层分封制下如何平衡各级领主税赋利益的史实及其考证,留待他日或以俟大方吧。

鲁哀公之所以说"二,吾犹不足",除了诸侯间斗争倾轧和增强国力的需求之外,或许也有上述分封过多、自己直接掌控的税基占比日益减少的焦虑吧。

税亩制(初税亩)

首先,"初税亩"应句读为"初,税亩",意为"破天荒地,开始按亩收税"。制度本身应称为"税亩"而不是"初税亩"。以讹传讹,"初税亩"三字连读,竟成为该制度今天通称,颇为讽刺;还是用"税亩"称之,方才安心。

按西晋杜预在其《春秋经传集解》中所说,税亩之法就是"公田之法,十取其一,今又履其余亩,复十收其一",即对私田也按10%收缴税赋。

税亩制由鲁宣公在前594年实行,即不再分公田和私田,一律按土地亩数征税,这就意味着原来的公田都在事实上划拨给实际占有者,变成事实上的私田;实行税亩制的原因就是不用交税的私田的开垦越来越多,公田则保持大体不变,导致财富日益下沉。征税权是政权的基础,在一定意义上,政权就是征税权。周王的收税权向诸侯的下沉就是权力的下沉,而春秋时期作为国君的诸侯,其税基在最大可能税基(即土地总量)中的占比的逐渐减少,也就意味着其政权的分散和削弱;为了政权的存续和群雄争霸中的胜出,向私田收税来实现集权势在必行,既能对外强化国力,也能对内维持治理强度。

税亩制下,在公田尚未明确划拨给实际占有者(即公田产出仍然全归征税者)之前,实际税率提高了:原先作为公田徭役替代品的10%税赋,加上每块私田上缴的10%;如按上述900亩计算,就是100 + 800 × 10% = 180,总体税率就是180/900 = 20%;随着私田占比的增加,这个税率就会从20%逐渐下降,但无论如何都会高于10%。例如,在公田不变而私田翻倍到1 600亩时,总体税率仍高达15.3%;即使私田从800亩增加到8 000亩,税率仍有11.1%。因此税亩制下,至少在公田所有权未被明确之前,税率必然增高,并维持在10%～20%。

但在新税制下,基于土地实际控制者的利己动机,辅以新政的监控难度和执行便利性的考量,除了国君直接掌控的之外,公田被实际占有者私有化是不可避免的,在这种私有化完成之后,这些田地的产出就不会全归上级征税者(天子或国君),而是和私田一样,按10%的税率交税;到了这个阶段,无论私田开垦多寡,总体税率都能维持在10%一线。

因此,在井田制下,总体税赋初始约为10%(9%至百分之十几区间);随着人口增加和生产效率的提升,垦田日增,私田占比越高,总体税赋就越接近零。而在税亩制度下,整体税赋从初始的10%～20%,伴随着公田的私有化进程,逐渐回归到10%一线,落脚处仍是古制的什一税率。这种殊途同归的现象,或许揭示了传统农业生产什一税率的合理性,以及收税交税之间的博弈平衡点吧。

从井田制到税亩制之间税率的变化,体现的正是周朝权力的没落和春秋时代权力又从民众(土地实际占有者)向诸侯(国君)集中的过程。

对"彻"和"二"的三个结论

一,"彻"指的是只收公田产出的税制,其税率因为公田的初始占比而成为名义上的10%左右。

二,"二"指的是在"彻"之外,对私田统一征收10%的税制,对应的是公田尚未被完全私有化的阶段,否则鲁哀公不会提起"二"这个概念,有若也不会提出"彻"的建议。

三,鲁哀公在位期间,税亩制已实行一百余年,因此"二"对他来说已是事实上的"通例","彻"反而只是遥远的古制了。

孰。什么。"与",助词。"孰与",有什么,引申为怎么会。

章句义理

本章句意显明,表达了有子及孔子一贯的轻徭薄赋、以民为先的治国主张。

百姓足,君孰与不足

百姓富足了,君主是否就会富足呢?

税收 = 税率 × 税基。乍看之下,税率越高,税收也越高。但税基不是固定不变的,随着税率变高,人民从事经济活动的积极性就会降低,使得税基缩水;税率高到一定程度,就会引起税基大幅萎缩,结果就是税收下降。相反,如果降低税率,投资和生产的积极性就会提高,税基就会加大,导致税收的增加。

上述理论的最佳代表就是美国经济学家阿瑟·拉弗于20世纪70年代提出的拉弗曲线:

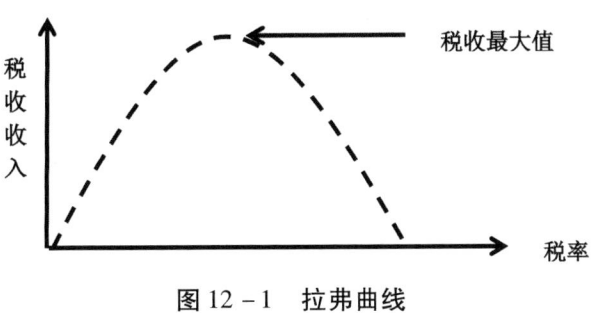

图 12-1 拉弗曲线

这个曲线的运用有个原则性前提——足够的时间。就是说,这种税收和税率之间的相关性必须在重复博弈的前提下才能成立,而我们知道,这个前提往往由于对当期利益的需求、税制决策者的私心或其他考量、决策惯性等因素的存在而无法成立。

同时,还有量化模型的限制:只有当新税基除以原有税基的商大于原有税率除以新税率的商时,降税才能带来总税收的提高。这就意味着税率降一半,税基必须翻倍才能实现总税收不变;如果税率翻倍,则税基哪怕降低一半,也能保持总税收不变。如果我们认识到农业生产效率(可用亩产来表示)提高的难度,就会难以指望在税率降低时,亩产的增幅能跟得上对税基增幅的期待;假设农民在税率降低时能迸发出足够的力量,腾出足够的精力去开垦新田,而且这些新增的田地的产出可以跟得上对税基增幅的期待,尤其是在税率减半、税基要翻倍的推演中,就太过自信和天真了。稍微验算一下,恐怕所有有权制定税收制度的人都难以拒绝提高税率的诱惑,而无法接受把税基的大幅增加推给未来的不确定性。即使认可上述关于时间和重复博弈的原则,税政决策者们,尤其是作为税收直接受益者的国君们,也可以在理性的基础之上,证伪并否决减税方案。不展开了。

如果不从税收的角度考虑,百姓足时是否君主就会足呢?这时就会涉及社会财富的其他分配原则和联动机制,以及对"足"的量化定义,很复杂,不在本书讨论范围,不赘。要之,百姓足和君主足之间有相关性,但不是刚性的。

百姓不足,君孰与足

百姓不足时,君主是否就不足呢?

从长期执政的角度看,这是成立的。正如前述,长期横征暴敛,严重削弱税基,最终导致整体税收总额下降。

但暴君们可以打时间差,通过不停加大税率来维持自己的开支,在整个社会经济基础被摧毁或社会发生暴动之前,或许有足够的时间供其挥霍。这种人的心态就如蓬巴杜夫人所说:"在我死后,哪管洪水滔天。"

因此,结论是,百姓足则君主未必足,百姓不足君主也未必不足。在逻辑上,有若之论终归还是修辞式论证,没有说服力;在理论上,他的见解既有理想主义的超前,也有脱离现实的反动,还有复古情结的幼稚;在实践中,他的建议要么导致政权衰弱甚至灭亡,要么导致小国寡民、偏安一隅。结果当然只能是自说自话、徒逗口舌罢了。

今 译

鲁哀公向有若提问说:"年成歉收,开销不够用的,怎么办?"有若回答说:"何不启用税赋通例?"说:"两种(田地)都收税,我还不够,按通例怎么办呢?"回答说:"百姓富足,君主怎会不足?百姓不足,君主怎会富足?"

英 译

King Ai of the Lu state raised a question to You Ruo:"This year there was a poor harvest, expenditure is not sufficient, what to do about it?" You Ruo replied:"Why not use the customary taxation rule?" Said:"With taxations on both (types of farmlands), I still feel not enough, how can I do with the customary taxation rule?" Replied:"When the people are plentiful, how could the king be destitute? When the people are destitute, how could the king be plentiful?"

12.10【原文】

子张问崇德辨惑。子曰:"主忠信,徙义,崇德也。爱之欲其生,恶之欲其死。既欲其生,又欲其死,是惑也。'诚不以富,亦祗以异'。"

字词训诂

崇德辨惑。尊崇德行,分辨惑乱。

徙义。徙于义,按照义来改变。

主忠信,徙义。朱熹的解读是:"主忠信,则本立,徙义,则日新。"解释得简明而义深,恰当而又新鲜,有所发挥而不牵强附会,代表了朱熹的优越之处,只是朱熹的解读不总是如此得体,除了生拉硬拽强为己说之外,多有修辞式论证、大而化之的毛病。

诚不以富,亦祇以异。语出《诗经·小雅·我行其野》,全诗三段,是一个被抛弃的妻子对另有新欢的男人的控诉,虽是抱怨,但语气理智。其最后一段是:"我行其野,言采其葍。不思旧姻,求尔新特。成不以富,亦祇以异。"今译作:独自走在郊野,收集葍草根茎。你不念结发情谊,却把新欢追寻。不是因为她富有,只是你已变心。有人认为这两句不该出现在这里,是竹简措置之故。按本人一贯原则,不从;引用"不是因为她富有,只是你已变心"来作为心思变化的反面教材,呼应前面所谈的"惑",相当于引了两句诗,然后说"惑,就像这两句诗所说的情景啊",无不妥。

章句义理

关于"崇德",孔子算是给出了正面答案,而且其内容也不算偏颇。

关于"辩惑",孔子仍然采用"特点描述"和"例证"两种迂回方式,用"既欲其生,又欲其死"这种特例来说明"惑",有两种可能:或是给不出正面答案,只好用举例来示范;或是想让子张自己从这个特例中推而广之,推导出定义。

试帮孔子推导,会是怎样呢?大约是这样吧:有时欲其生,有时欲其死;推而广之,就是所有在两个极端好恶之间来回摆动的情感;因为心思飘忽不定,所以情绪反复无常;所以可以把"惑"定义为"在两端间摆动而做不到中庸"吧。反推,唯有保持中庸,才算脱离惑乱。本书觉得孔子的内心就是这样认为的,至于本章中他是否故意用特例来引导子张"举一反三",不好说,或许他一时语塞,未能把内心所想充分表达吧。

从本章来看,"德"的主要内容就是"忠、信、义"。

今 译

子张问什么是崇德以及如何辩别惑乱。师父说:"以忠信为主,按义来改变,就是崇德。喜欢一个人就希望他活着,厌恶他就希望他死去。又想他活着,又想他死去,这就是惑乱。(恰如《诗经》有云:)'不是因为她富有,只是因为你变了啊。'"

英 译

Zi Zhang asked what reverence on virtues was and how to distinguish confusion. The master said: "Hold faithfulness and trustworthiness as principles, make changes by benchmarking righteousness—this is reverence on virtues. Love one and wish him to live, hate him and wish him to die. Wish one to live and then wish him to die—this is confusion. (As said in the *Book of Poetry*:) 'It's not because that she is rich, it's only because that you have changed.'"

12.11【原文】

齐景公问政于孔子。孔子对曰:"君君,臣臣,父父,子子。"公曰:"善哉! 信如君不君,臣不臣,父不父,子不子,虽有粟,吾得而食诸?"

字词训诂

齐景公。约前550年—前490年,姜姓,吕氏,名杵臼,齐灵公之子,齐国君主。齐景公同父异母的哥哥齐庄公和齐国大夫崔杼的妻子通奸,结果被崔杼杀死,于是才立齐景公;他当政前期,朝政被崔杼和庆封把持;后来庆封消灭了崔杼,大权独掌,骄横异常;再后来田、鲍、高、栾四大家族联合,赶走庆封。孔子在齐国时约为前517—前515年,其时齐大夫陈桓专政,而景公不立太子,礼制混乱未有稍解,才有此段对话。

粟。小米,此处借指粮食。

今 译

齐景公向孔子请教如何管理国家。孔子回答说:"国君要像个国君,臣子要像个臣子,父亲要像个父亲,儿子要像个儿子。"景公说:"说得好啊! 如果国君不像个国君,臣子不像个臣子,父亲不像个父亲,儿子不像个儿子,即使有粮食,我能够吃得着吗?"

英 译

King Jing of the Qi state asked Confucius about how to govern the state. Confucius replied:"The king should be like a king, a minister should be like a minister, a father should be like a father, a son should be like a son." King Jing said:"Well said! If the king is not like a king, a minister is not like a minister, a father is not like a father, a son is not like a son, although there may be foodstuff, would I be able to eat it?"

12.12【原文】

子曰："片言可以折狱者，其由也与？"子路无宿诺。

字词章句

片。半也。"片言"，一方之辞。

折。判决。"狱"，诉讼案件。"折狱"，断案。

片言折狱。今天听上去是贬其偏听易错，但此处显然是褒其高效，至于原因，文中没说，无法确认，但可能性很多，包括但不限于：

一，子路智力高超，从一面之词即可明辨是非、推导事实。

二，子路提前做好了功课，略听陈述，即可连贯头绪，茅塞顿开。

三，子路勇猛果断，名声在外，控辩双方都不敢撒谎，子路扣其一端，即可断案。

四，面对控辩双方，子路拥有明显的智力和经验优势。这种情况在生活中常见，比如听自己的孩子描述在学校里和同学闹矛盾的过程，不用听另外那位当事小朋友的说辞，也基本可以判断出事件的大致过程，再比如我们听某人说邻居坏话，一般稍加用心，就能对是非曲直有个判断，未必需要三方对质。

宿诺。有解为"过夜之诺"的，有点牵强，因为不是所有的诺言都能当天兑现的，有些从其承诺的内容上就不可能当日实现，比如"三月不违仁""明年再见"；有解为"随便之诺"的，言其谨慎，和子路性格不合，不取；有解为"犹豫之诺"，言其坚定之态，承诺时毫不犹豫，词义没有出处，不取。本书认为可以解为"积久之诺"，引申为"积压很久、已经过期之诺",即子路不会不兑现承诺。参考公冶长5.15,可知符合子路一贯性格。

前后两句的关联

"子路无宿诺"和前半章孔子对其评价有何关系?为何放在一起?首先排除错简之论,这种论调狂妄而懒惰,给了解读者无限自由,因此全无可取之处。

"片言折狱",言其高效无疑;"无宿诺",状其言出必行,也有夸赞其执行能力强大的意思。两者的共同点是:子路能力高超、风格强悍,别人需要拖拖拉拉的,他一出手就势如破竹,足可信赖;如此看来,子路就是那种corporate hero,言出必行,执行效率高,充满实战智慧而不关注流程,事情只要他应承了,就可以认为完成了。他是乔峰式的大哥、早期美国西部经验丰富的警长、李云龙式的团长、黑白通吃的老大以及英伦老派的全能绅士,是一个可以百分百信任的人,尤其对于愿意受其管控的百姓来说。

当然,也有可能《论语》编纂者或许在记录完孔子的评价之后,把不适合单独成章的"子路无宿诺"一句放在此处,作为对子路上述性格的集中记录吧。

今 译

师父说:"只听片面之词就能判决案件的人,不就是仲由吗?"子路从无没有兑现的诺言。

英 译

The master said:"The one who can conclude a case with court statement from one side only, isn't it Zhong You?" Zi Lu has no undelivered promises.

12.13【原文】

子曰:"听讼,吾犹人也。必也,使无讼乎?"

字词训诂

听讼。审判案件。

必也。多和后面"使无讼乎"结合解为"务必使其没有诉讼吧",不妥;应该将"必也"单列,正如八佾3.7中"必也射乎"的"必也"一样,其意思是"如果一定要怎样怎样的话",在本章中,结合前面"吾犹人也"来看,显然此处应该体现"如果一定要说我和别人有什么不一样之处的话"的意思。

使无讼乎。"乎"字决定了这个文句有"或许、也许"等谦虚的语气。

章句义理

"使无讼"是在诉讼形成之前就把它消灭在其萌芽状态,需要更高超的观察和沟通技巧、对人性更深刻的预判以及设计皆大欢喜的调解方案的能力,聊以对比的或许是今天的调解员吧。这样的能力当然是更高超的,所以孔子事实上是在自夸,而不是谦虚。前面的"吾犹人也"只是虚晃一枪,落脚处还是"吾能使无讼也"的自信。自得之态,跃然纸上。

今 译

师父说:"审判案件,我和其他人一样。一定要说我有什么不一样的话,或许就是我能使其没有诉讼吧?"

英 译

The master said: "In hearing litigations, I am similar to others. If there must be something on which I am different from others, may it be that I can preclude the litigations?"

12.14【原文】

子张问政。子曰:"居之无倦,行之以忠。"

字词训诂

居之。居其位。

行之。履其职。

章句义理

孔子的回答都是从自我约束上谈,全靠自觉。从积极的角度看,这是把所有人都当成君子来对待;从消极的角度看,这是放弃通过 JD(Job Description,岗位职责描述)、SOP、SMART goals、明确的规章制度等来约束和定义的责任,在社会分工日渐细致、技术壁垒日益明确的现代,这种只在价值观上做文章的方法,无法普及。即使在孔子时代,这种依托于为政者自我约束的路径,也难以在方法论上成立。

今 译

子张问如何管理国家。师父说:"居其位从不懈怠,履其职忠心耿耿。"

英 译

Zi Zhang asked about how to govern a state. The master said:"Do not slack when in office, remain devoted in doing the job."

12.15【原文】

子曰:"博学于文,约之以礼,亦可以弗畔矣夫!"

章句义理

本章与雍也 6.27 基本重复,只是不见主语"君子"二字。

今 译

师父说:"如果广泛地学习知识,并用礼来约束学到的东西,就不会偏离(正道)了。"

英 译

The master said:"If one extensively studies knowledge, and benchmarks his learnings with the rules of propriety, he will then not go astray(from the right way)."

12.16【原文】

子曰:"君子成人之美,不成人之恶。小人反是。"

字词训诂

成。成全。助以使成也。

是。这个,指前面的君子行为。"反是",与此相反。

此处君子和小人,是从修养上讲,不是指统治者和平民。

美、恶。有解为"好事,坏事"的,显然不妥:"好事,坏事"如果按别人的标准来看,则有可能失去客观标准,从而不符合"德、礼、仁"等公共标准,或者说孔子认可的标准。因此不取。"好事,坏事"如果是按君子的标准来看,则必然符合"德、礼、仁"等等公共标准,这时"好事,坏事"就不仅仅是事件层面的好事和坏事了,而是道德层面的"美德"和"恶行"了,不如直接取"美德"和"恶行"的定义更妥。

解为"美德"和"恶行",妥当:"成人之美"或"不成人之恶",如果仅从事件层面谈,过于琐碎和拘泥,但从道德修炼层面谈,就是个帮助别人的持续过程,和孔子一贯的主张更加吻合。

今 译

师父说:"君子帮助别人成就美德,不协助别人完成恶行。小人做的正好相反。"

英 译

The master said:"A cultivated gentleman will help others achieve their virtues, will not assist others to accomplish their evildoings. A base man will do the opposite of this."

12.17【原文】

季康子问政于孔子。孔子对曰:"政者,正也。子帅以正,孰敢不正?"

字词训诂

正。指正道无疑,但正道又是什么呢?本来或有多义,但既然听众是季康子,则可以肯定是指名分秩序之"礼",即"君君臣臣"也。如果季氏能做到守礼,则上行下效,国治可期也。由于季氏以臣子身份掌控鲁国实权,等于犯了礼之大者,而季氏又没有还政于君的打算,所以在孔子的判断中,整个鲁国从上到下的"不正"是无法改变的。

今 译

季康子向孔子问为政之道。孔子回答说:"政,就是正。你如果用正道来统率人民,谁又敢不正呢?"

英 译

Mr. Ji Kang asked Confucius about the way of governance. Confucius replied, saying: "To govern, is to set it right. If you command the people with rightness, who dares then not to set right."

12.18【原文】

季康子患盗,问于孔子。孔子对曰:"苟子之不欲,虽赏之不窃。"

章句义理

孔子此处又是使用修辞式论证。领袖做出表率肯定对促进风化有益,但领袖能清淡寡欲,不贵珍宝,人民就能同样寡欲贱财并没有偷盗的动机吗?把榜样的示范和引导作用无限放大,其实是把教化过程当成儿戏。

今 译

季康子苦于盗患,向孔子求教。孔子回答说:"如果先生你不贪婪,即使给出奖励,他们也不会偷盗。"

英译

Mr. Ji Kang was troubled with the theft, and asked for Confucius' opinion. Confucius replied: "If you, sir, are not greedy, then even you reward for it, they would not steal."

12.19【原文】

季康子问政于孔子曰:"如杀无道,以就有道,何如?"孔子对曰:"子为政,焉用杀?子欲善而民善矣。君子之德风,小人之德草。草,上之风,必偃。"

字词训诂

就。成就。

无道,有道。无道之人,守道之人。可以简称为"坏人,好人"。

章句义理

杀无道,以就有道

杀坏人,既是惩罚了坏人,也算安慰了好人;杀坏人,等于为遵守秩序的好人维护了通过正道取得成就的社会机制,腾出上升通道;通过杀坏人和有意地提拔或呵护好人,可以产生示范效果,有利于促使整个社会风气弃恶从善。

作为反对依法治国的斗士(见为政 2.3 中孔子话语),孔子当然反对这种严厉手段,细节不赘。

君子之德风,小人之德草。此处的"君子"和"小人"分别指统治者和人民。意思是:君子的特点像风,有主动行动的能力;小人的特点像草,有被动而动的特点。

草,上之风,必偃。"偃",yǎn,倒下也;本句主流句读为"草上之风必偃"连读,也有读为"草上之风,必偃"的,大意不改,但句读不够精确;理解本句的要点在于"上",此处应取其"强加、使遭受"之义,如同"上刑"之上。如此则"上之风"就是"加之以风"。

孔子本章强调的还是上行下效的有效性,希望统治者能以身作则,并宣称人民就如草一样,遇到统治者示范行为之风,就会如臂使指一般马上仿效。此论简单幼稚,把复杂的社会心理和风气的演变规律简化成经不起推敲的道德说教,不值得认真批评,故不赘。

但是,孔子一如既往地把改善社会风气的责任放在统治者身上,直到今天仍是有现实意义的。孔子从不认为人人平等,但正因为不平等,所以统治者应承担起治国化民的责任,应该以父母般的仁心来治理人民。今天的世界在理论上、在价值观层面上、在法律流程上基本都承认人人平等,但如果因此就宣称真地实现了人人平等,就很不客观。普遍平等从来都是名义上的,并且因为其大肆宣传而几乎变成很多人不假思索的信仰,掩盖了事实上的不平等。人民从来都没有机会在不平等但被保护和平等但被抛弃之间做出选择。

今 译

季康子向孔子问为政之道说:"如果杀坏人,以成就好人,怎么样?"孔子回答说:"先生你为政,干吗用得着杀人? 先生你只要心向善,人民就会变得善。统治者的风格像风,人民的风格像草。草,只要有风吹,就会倒伏。"

英 译

Mr. Ji Kang asked Confucius about the way of governance: "What do you think about killing the bad to facilitate the good?" Confucius replied: "You sir, in governance, why do you need killing? If only you sir set your mind on goodness, the people will become good. The ruler's style is like that of the wind, and the people's style is like that of the grass. The grass, when blown in the wind, will surely bend."

12.20【原文】

子张问:"士何如斯可谓之达矣?"子曰:"何哉,尔所谓达者?"子张对曰:"在邦必闻,在家必闻。"子曰:"是闻也,非达也。夫达也者,质直而好义,察言而观色,虑以下人。在邦必达,在家必达。夫闻也者,色取仁而行违,居之不疑。在邦必闻,在家必闻。"

字词训诂

斯。就,则。

达。虽然后面孔子给出"达"的定义,但那属于针对"达者"特点所做的描述性发挥,不是对词义的解读;"达",本义畅通,此处解为"取得成功"为妥。

虑以下人。有多解,均牵强附会,有兴趣者可自行搜索,此处不赘。

本着不为字词增加意义的原则,结合上下文,正解是:"虑",取其"审察"义;"下",取其"谦让"义;则"虑以下人"就是"审察人心而对人谦让"。审察人心,就能理解人类心理,就会深知NLP那些行为主义教导,通过谦让而赢得信任和服从,从而为自己的目的服务,为成功护航和加油。

在邦,在家。请参考本篇12.2中注解。

色取仁。面容上采取仁德,引申为"表面上崇尚仁德"。

居之不疑。自以为有仁德而自信满满。分析见下文。

章句义理

"闻者"的定义式贬义

"闻"是出名,"达"是成功;"出名"按一般世俗习惯来说可以作为"成功"的一种,即"出名"本身就是"成功",是后者的充分条件。

但显然孔子不这么认为,他否认"出名"是"成功"的充分条件。之所以不是充分条件,显然是因为"闻者"不具备后面所说的"质直而好义,察言而观色,虑以下人"的特点。相反,"闻者"的特点包括"色取仁而行违,居之不疑"。

这样,孔子等于把"闻者"归类为"道貌岸然、言行不一而又自欺欺人的人",否定和贬低的态度非常鲜明:"闻"本来即使不算褒义,至少也不能算成贬义,因此"闻者"本来和"坏人"之间没有关联性;但孔子显然试图直接通过定义来建立这种关联性,从而把"闻者"统统变成"坏人",并把"闻"这个特点也变成否定的和贬义的。

闻也者,色取仁而行违,居之不疑

如果说"行违"自己不知道,就只能是错误地理解"仁"而不是明知故犯,属于无心之失,因此才会"居之不疑"。"居之不疑",就会习以为常,把自己错误的理解和"仁"的不当实践固化下来,一错再错,在这种情况下,很难想像别人会看不出来,还能让他"在邦必闻,在家必闻",除非是臭名远播,而臭名远播显然不是子张提问中所指的情景。

在述而7.30中,孔子说:"我欲仁,斯仁至矣。"宣称只要心里向仁,就能实践仁德,这样的表达也符合孔子一贯的思路,怎么本章中会变成"欲仁而行违"呢?

因此"行违",自己一定是知道的,是故意的。那么怎么还会"居之不疑"呢?

所以结论是:"闻者"要么不可能"违仁"、至少不可能经常"违仁",要么就不可能"居之不疑",孔子的表达无法自洽。

在邦必闻,在家必闻

如果指臭名远播,则不符合前面子张提问语气,等于换了一个话题,显然"在邦必闻,在家必闻"指"社会名声",针对于"实际行为"所对应的"外在声誉"而言。因此不可能指"坏名声"。

如果指"外在声誉",就带有褒义。在这个情况下,就算"闻者"能够又"违仁"、同时又能"居之不疑",也无法保证一定能出名。

对"达者"的自洽论述

孔子的这段话中,只有对"达者"的论述还算自洽:如果能做到"质直而好义,察言而观色,虑以下人",则"在邦必达,在家必达"。虽然孔子体现一贯的以偏概全,把案例当成规律,把可能性当成必然性,把道德呼吁打扮成现实规律的不严谨,但总算是在努力给出道理,给出为什么。

总之,孔子的这段话漏洞百出,不能自洽。对于一段试图用定义来自我论证的言谈来说,逻辑不自洽是很难的。这段话之所以表现得罕见的低劣,大约是因为他不经意间或是为了语言上的对称性而在主要脉络之上画蛇添足("色取仁""居之不疑"和"必闻"就是多出来的足),把自己带进沟里了,又或许是因为子张的提问是针对具体一人的,而孔子对此人深恶痛绝,因此想在回答中施展春秋笔法,结果被自己的愤怒或仇恨所干扰了。

今 译

子张问:"士怎样做就可以称为成功了呢?"师父说:"什么意思,你所说的成功?"子张回答说:"当官时必有声誉,赋闲时必有声誉。"师父说:"这是出名,不是成功。所谓成功,就是本质正直而崇尚正义,分辨别人的言论并观察别人的表情,审察人心而对他人谦让。(能做到这样)当官时必然成功,赋闲时也必然成功。所谓出名,就是表面上赞赏仁但行动上违背仁,还以仁德自许、煞有介事。(这种人)当官时必然出名,赋闲时也必然出名。"

英 译

Zi Zhang asked: "What should a gentleman do before he can be said to have come to the top?" The master said: "What do you mean, 'come to the top'?" Zi Zhang replied, saying: "When employed by the state, he comes to the front; when unemployed at home, he comes to the front." The master said: "This is coming to the front, not coming to the top. Coming to the top, requires that one has upright nature and upholds righteousness, distinguishes other's talks and observes other's countenances, examines people's psychology and humbles oneself. (Being able to do so) One will come to the top when employed by the state, and come to the top when unemployed at home. Coming to the front means assuming the appearance of exercising the humanitarianism but going against it in actions, and resting in his claimed humanitarianism with seeming earnest. (Being like this) One will come to the front when employed by the state, and come to the front when umemployed at home."

12.21【原文】

樊迟从游于舞雩之下,曰:"敢问崇德,修慝,辨惑。"子曰:"善哉问! 先事后得,非崇德与?攻其恶,无攻人之恶,非修慝与? 一朝之忿,忘其身,以及其亲,非惑与?"

字词训诂

舞雩。名为舞雩的祈雨台。前面见于先进11.26.

崇德。辩惑,见于本篇12.10.

非…与? 不就是…吗?

修。整治、纠正也。

慝。tè,邪恶、罪恶也。"修慝",纠正罪恶。

恶。《说文》解为"过也"。"攻其恶",批判自己的过失。

亲。父母。

章句义理

先事后得

意思是"劳苦在人先,收益在人后",体现吃苦在前,享受在后的风格,算是两种德行。谦让和利他主义。这是用特例来解释整体,必然不够全面。比如本篇12.10中提到过的"忠、信、义"都是"崇德"之行为。

攻其恶,无攻人之恶

自我批判,而不批判别人,就是严以律己、宽以待人。如果说这样算是纠正邪恶,则邪恶就该是"隐己恶,攻人之恶"。单看"攻人之恶"是"直",不能算是邪恶;只有在骂别人的同时又把自己打扮得跟一朵花儿似的,才算是邪恶。我们今天管这种风格叫"面子上道貌岸然,一肚子男盗女娼",与"邪恶"有点出入。"修慝"中的"修"字暗示"隐己恶且攻人之恶"是必然存在的,否则不该用"修",而该用"免"或"远"字。说邪恶必然存在,不符合孔子一贯思路,所以只能解读为孔子把社会生活中经常会滋生的缺点当成普遍性的现象来谈,正如我们今天说"现在人人拜金,没人谈理想了",并不是指全部,而是用"全部"字样来表达"很多"或"数量突出"的意思罢了。和上面一样,这也是用特例来解释整体,必失于偏。

一朝之忿，忘其身，以及其亲

因为一时的愤怒，而忘记自身的安全，以至于牵连亲人。回答的不是"辩惑"，而是"惑"。不严谨，但可以接受。这也是用特例来解释整体。作为对比，本篇12.10中提到过的惑的情景是"既欲其生，又欲其死"；结合这两篇对"惑"的例证，可见孔子对"惑"的理解基本是指情绪的极端化。

因材施教未必总要订制答案

三个问题都用特例来回答，只能理解为是专门针对樊迟的因材施教了，如此反推，则可知樊迟性格如下：不愿意"先事后得"，追求事而有得；有严以待人、宽以对己的陋习；容易怒不可遏，无法管控愤怒情绪。

不算本章，樊迟在《论语》中共出场五次，两次只是提问（为政2.5和雍也6.22），看不出孔子对其态度；一次显得不够聪明（本篇12.22）；一次因为专注于具体技能而被孔子藐视得无以复加（子路13.4）；还有一次像本章一样，被孔子用特例来回答什么是仁（子路13.4），均看不出他有上述毛病。

孔子一句"善哉问"，可以证明他很欣赏樊迟能提出这个问题，不大可能通过针对性的回答来揭示出樊迟那么多的缺陷，而且前两个还算是挺严重的。由此反证，孔子的回答不是针对樊迟的缺陷而订制的。

孔子在用特例回答弟子问题时，确有因材施教之用意，但未必一定是针对该弟子的缺点和不足，也有可能是因为其他原因，比如为了便于对方理解和把握，或有什么具体事件作为当时当地的特殊背景而这种背景没有被记录下来，或者是因为习惯于一次说一点而不是毕其功于一役，或者就是因为自己一时没有更好的答案。假设一定存在针对该弟子缺点的订制过程，不仅是解读上的偷懒取巧，也可能对该弟子不公。

今 译

樊迟跟着师父在舞雩祈雨台下溜达，说："敢问如何尊崇德行、纠正罪恶，和分辨惑乱。"师父说："这个问题提得好啊！劳苦在人先、收益在人后，不就是尊崇德行吗？批判自己的过失，不批判别人的过失，不就是纠正邪恶吗？一时气愤，就不顾自身安全,甚至于牵连父母,不就是惑乱吗?"

英　译

　　Fan Chi strolled with the master at the foot of the Wu Yu rain-praying altar, he said:"I would dare to ask how to revere virtues, correct evils, and distinguish confusions." The master said:"It's a really good question! To toil and moil before others and enjoy the benefits after others—isn't this the way to revere virtues? To assail one's own wickedness but not to assail others' wickedness—isn't this the way to correct evils? For a sudden anger, to disregard one's own safety, and even to involve one's parents—isn't this confusion?"

12.22【原文】

　　樊迟问仁。子曰:"爱人。"问知。子曰:"知人。"樊迟未达。子曰:"举直错诸枉,能使枉者直。"樊迟退,见子夏,曰:"乡也吾见于夫子而问知,子曰:'举直错诸枉,能使枉者直',何谓也?"子夏曰:"富哉言乎! 舜有天下,选于众,举皋陶,不仁者远矣。汤有天下,选于众,举伊尹,不仁者远矣。"

字词训诂

爱人。关爱别人。不是爱一切人。

知。通"智",智慧。二个"知",前后为此意,中间"知人"中的"知",一声,作动词用。

举直错诸枉。这句也出现在为政2.19中,请参见其下解读。

樊迟退,见子夏,曰。主流句读是:"樊迟退,见子夏曰",不妥。"见子夏曰"合读,有单挑子夏而问之义,不符合语境。应理解为碰见子夏,所以问他,因此需要在"曰"之前断句。

乡。此处音义同"向",原先也。引申为"曾经"。

见于。被接见于。用被动态表示谦卑。

未达。没听明白。但没听明白什么?一派认为使既不明白为何"爱人"就是"仁",也不明白为何"知人"就是"知"。此解不妥,因为后面樊迟和子夏的对话中显然只专注于"知"而没有提及"仁",说明樊迟已经理解了为何"爱人"就是"仁"。

在和子夏对话中涉及的问题,樊迟内心可能是在问以下几种:为何"知人"是"知"?为何"举直错诸枉,能使枉者直"是"知"?为何"举直错诸枉,能使枉者直"既可以定义"仁"、又可以定义"知"?

从后面子夏回答中自然而然地用历史上举贤的例子来说明"不仁者"就会因此消失来看,可以反推出子夏和樊迟在当时的语境中,他们不言而喻地在探讨为何"举直错诸枉,能使枉者直"在无疑是"仁"之外、如何又是"知";因此,樊迟"未达"的是:"举直错诸枉,能使枉者直"是仁无疑,为何也是"知"呢?

富哉言乎。"哉"是赞叹助词,"乎"为带有反问意味的助词。全句意思是"这句话内容丰富啊"。

举。推举、任用。

皋陶。"陶",yáo;是与尧、舜、禹齐名的"上古四圣"之一,传说曾被舜任命为掌管刑法的"理官",制定刑法,推广教育,刑教兼施,对天下大治贡献很大。

汤。商汤,即成汤,子姓,名履,又名天乙,商朝开国君主。

伊尹。伊姓,名挚。"尹"不是名字,而是"右相"的意思。是商朝初年著名贤相、政治家、思想家,也是中华厨祖;约公元前16世纪初,伊尹辅助商汤灭夏朝。担任丞相期间,整顿吏治,洞察民情,使商朝初期经济比较繁荣,政治比较清明,国力迅速强盛;伊尹被后人奉祀为"商元圣"。

远。读四声;本义远离,此处解为"消失"为妥。详见下文。

章句义理

舜因为有智慧,所以使皋陶这种正直的人在不正直的人(不仁者)之上,使不仁者消失、仁道得行;商汤因为有智慧,所以选用伊尹这种正直的人到不正直的人(不仁者)之上,从而使不仁者消失、仁道得行。

这两个例子有共同点,因为"知人",才能"举直错诸枉",而"举直错诸枉"就能

"使枉者直",枉者变得正直,等于枉者消失,即"不仁者"消失了。一般把"不仁者远矣"解读为"不仁者不敢靠近",不妥:前面说过"举直错诸枉,能使枉者直",显然"不仁者"只要放在"仁者"之下,受其管理、教导和感化,就会矫枉向直。仁者,爱人也,当然也要爱"不仁者"。而爱"不仁者"的最好方法除了把他也变成仁者之外,还有更好的选项吗?

因此"举直错诸枉,并使枉者直"是"知"转化为"仁"的桥梁:先"知人",区分好人和坏人并洞悉改变坏人的路径和手段,然后"举直错诸枉",导致"枉者直",这个最终结果就是"仁",它既包含"举直错诸枉",即对好人的认可,也包含"枉者直"的结果,即对坏人的改造。

理解"对好人认可是仁"对樊迟来说应该不难,他本来所不理解的应该是上述"对坏人的改造也是仁"这一部分。但从樊迟问完"仁"马上就问"知"来看,应该也隐隐约约知道"知"是"仁"的前提。

是的,虽然孔子未明确表达过,他此处表达的逻辑推论只能是:"知"是"仁"的前提。宋朝学者多解为"仁知合一",多因逻辑辨析不透所致。

今 译

樊迟问什么是仁。师父说:"就是爱别人。"问什么是智慧。师父说:"就是了解别人。"樊迟没听明白。师父说:"提拔正直的人到不正直的人之上,能让不正直的人变得正直。"樊迟退下,见到子夏,说:"我曾经拜见师父而问什么是智慧。师父说:'提拔正直的人到不正直的人之上,能让不正直的人变得正直。'说的是什么意思呢?"子夏说:"这句话内容丰富啊! 舜帝拥有天下,从众人之中选择、任用皋陶,不仁者就消失了。商汤拥有天下,从众人之中选择、任用了伊尹,不仁者就消失了。"

英 译

Fan Chi asked what humanitarianism was. The master said:"It is to love others." Asked what wisdom was. The master said:"It is to know others." Fan Chi did not comprehend it. The master said:"Promoting the upright over the crooked, can make the crooked upright." Fan Chi left, and seeing Zi Xia, he said:"I once visited our master and asked him what wisdom was. The master said: 'Promoting the upright over the crooked, can make the crooked upright.' What did this mean?" Zi Xia said: "This statement is rich in meanings! Emperor Shun owned the empire, selecting from the masses, he appointed Gao Yao, and the non-humanitarian disappeared. Emperor Tang owned the empire, selecting from the masses, he appointed Yi Yin, and the non-humanitarian disappeared."

12.23【原文】

子贡问友。子曰:"忠告而善道之,不可则止,毋自辱焉。"

字词训诂

道。dǎo,做动词用,开导、劝导也。

自辱。自取其辱。不能理解为自己侮辱自己。因为朋友不听从,自己继续进言,属朋友之义,如果说这就是自己侮辱自己,就有过分爱惜羽毛之嫌;而不可则止,是在发现朋友听不进去之后,如果继续进言,则朋友有可能翻脸,从而使进言者难堪。

章句义理

孔子的回答显然是针对对朋友劝诫这个领域说的。问题很大,但回答只针对其一面而进行。这种情景的一再出现,只能理解为对话双方很清楚问题的针对性和其特指对象,但记录和编纂者则要么不知道这种针对性,要么认为不需要说明,总之最后没有把问题的特指对象和对话的语境背景流传下来。

今 译

子贡问什么是为友之道。师父说:"忠诚地劝告并有技巧地开导他,如果行不通就停下来,不要自取其辱。"

英 译

Zi Gong asked the way of being a friend. The master said: "Faithfully advise and skillfully guide him, stop trying if it doesn't work, lest you beget disgrace (from him)."

12.24【原文】

曾子曰:"君子以文会友,以友辅仁。"

字词训诂

文。指学问、知识等,包含但不限于文学。

君子。显然指修行上的君子。

章句义理

"以友辅仁":君子"周而不比"(为政 2.14),"和而不同"(子路 13.23),交友基础是对德、仁、义、礼的共同认可,在这些共识下借助于彼此的不同,期待自己的道德学识能有所提高。彼此不同,各有千秋,才能互相启发、取长补短;自有仁本、友直忠告,才能避免盲点、修仁有进。前一章所说"忠告而善道"就是"以友辅仁"的形式之一。

今 译

曾子说:"君子用文化知识来和朋友交往,用朋友来辅助自己仁的修炼。"

英 译

Mr. Zeng said: "A cultivated gentleman associates with his friends with cultural knowledge, and employs his friends to assist his cultivation on humanitarianism."

子路篇

13.1【原文】

子路问政。子曰:"先之劳之。"请益。曰:"无倦。"

字词章句

先之劳之。解读纷呈,计有五处。

一,先导民以德,然后劳役他们。代表人物是孔安国。此解增加"导民以德"内容,属于添字解经,因此不取。

二,有令先于民而行,有活先于民而干。代表人物是朱熹和苏轼。此解首先增加了"有令"之义,没有来处,估计是为了和后面的"劳之"对应而臆造出来的;其次此解把"劳之"解读为"有活先于民而干",完全不符合语法,不取。

三,自己先有勤政之劳,然后以勤政之道德优势劳其民。代表人物是陈天祥。此解增加了"勤政之劳"之义,也没有来处;此外还增加了"以政勤劳其民"这种递进关系,也不符合句义。不取。

四,先于人民而劳,即有活自己先干做出表率。代表人物是俞樾。此解是把四字连读而不分"先之"和"劳之"两部分。如此则后一个"之"字显然多余,应为"先之劳"或"先之劳也"。此解的引申义应是"先劳而劳之",否则单单说"先之劳",只要求统治者先干活,而不用这种表率来促成人民干活,不算为政,算是自修而已。不取。

五,也有把"劳之"解为"为之劳"的,此解亦不取。其一,字训牵强。其二,用词和前面"先之"不对称。其三,同上,不能只要求统治者付出而不要求人民干活,那这就不是谈为政了,而是在谈"统治者的自我修养"了。孔子一贯认为统治者必须治国化民,不存在不涉及治国化民的、只涉及统治者自身的"自我修养"。因此不取。

正解是,"先之劳之"并列,做对称的动宾结构看,取其最简单直接的意思:"先于人民做表率,并役使人民。"

有人会辩解说:人民干的活五花八门,统治者不可能样样都亲自示范。对的,正是因为如此,所以统治者只是对春耕、秋收、纺织季节开始等具有重大意义的生产活动进行仪式化的表率参与,并对规章制度和礼仪中牵涉到每一个人(比如孝,信)或只对统治者有效(比如君君,恤民)的部分做出带头执行的示范,就算是"先之"了。

"劳之"成为为政之道的逻辑

人民不干活,社会无法存续,因此必须鼓励人民热爱劳动。古今中外,概莫能外。

人民不勤劳,风气会变坏。正如《国语·鲁语下》中所说:"昔圣王之处民也,择瘠土而处之,劳其民而用之,故长王天下。夫民劳则思,思则善心生;逸则淫,淫则忘善;忘善则恶心生。沃土之民不材,淫也;瘠土之民,莫不向义,劳也。"今译为:以前圣王治理百姓,总是挑选贫瘠的土地来安置他们,使百姓辛勤劳动,所以能长久地统治天下。百姓辛苦就会想到节俭,想到节俭就会产生善良的心;安逸则会心猿意马,心猿意马就会忘记善良,忘记善良就会产生坏心。生活在肥沃土地上的百姓不能成材,就是因为心猿意马;生活在贫瘠土地上的百姓,没有不一心向义的,就是因为辛劳的缘故。因此,即使不考虑粮食生产的必要性,单单从引导民风和社会价值导向的重要性来看,都必须"劳民"。

从社会实践和群体管理的经验来看,只要让大众忙于生计或专注于具体而琐碎的事情,就容易管理。这或许不符合今天的主流价值观,但却是古今中外的事实。不展开了。

泰伯8.9中有"民可使由之"之说,也是要指使人民跟随统治者指挥棒走的意思,可作为本章佐证。

无倦。有两解。其一,同颜渊12.14中所说"居之无倦"之"无倦",即统治者一贯的不懈怠的态度。其二,解为针对前面"先之劳之"的不懈怠的执行。

上述第一解为妥:为政除了"先之劳之"之外,还有其他内容,比如为政2.1中的"为政以德"的"德",仅仅要求为政者"先之劳之而不倦",有可能在总体方向上就错了,比如缺少先王之道所要求的"仁、德、礼、义"等价值观。如果某个统治者基于错误的信仰而"先之劳之"而且"不倦",可能就会把整个社会带偏;只有在"先之劳之"之外,还能"不倦",即在更广泛的领域内努力不辍,才有可能实现治国化民的终极目标。

今 译

子路问如何治理国家。师父说:"为人民做出表率,使人民忙碌。"子路请师父多说点。答:"不懈怠。"

英 译

Zi Lu asked how to govern a state. The master said: "Set example for the people, and keep them laborious." Zi Lu asked for more instructions. Replied: "Don't slack."

13.2【原文】

仲弓为季氏宰,问政。子曰:"先有司;赦小过,举贤才。"曰:"焉知贤才而举之?"子曰:"举尔所知;尔所不知,人其舍诸?"

字词章句

有司。泛指官员。

先有司。有多解。

一,先任用有司,即先把各级职位填满。

二,先选择有司人选,出发点不同,但效果和上一解相同。

三,先抓好有司这个环节。因无法确认有司指哪个级别,因此无法知道为何这个环节尤其重要。按情理,如果有司不是泛指而指特定官员,则有司应该是"宰"的直接下属。虽然只是季氏家宰,但"宰"肯定也是负责全局的,所以有司就是各职能部门负责人,相当于各部部长吧。

上述各解其实差别不大,共同点是"给予有司人事安排优先权"。本书认为可以把有司解为处理具体事务的官员之统称,而且后面谈到"举贤才",因此"先有司"就是"优先选拔任用官员",隐含的意思是:要避免陷于具体事务,而应以选用官员为主,一旦官员各就其位,则具体事务就由他们去办。这个思路也符合现代管理准则,不赘。

赦小过,举贤才。词义显明,不赘。关键是句读。

主流句读把"先有司,赦小过,举贤才"三句并列,作为平行的三项举措,不妥:按此解,好像孔子在说"先有司,后赦小过,再举贤才"似的,与理不通。即使不考虑先后,也无法理解把"赦小过,举贤才"和先有司并列,因为在"先有司"之外,赦谁的小过呢?"举贤才"做什么工作呢?难道只能让他们担任除有司以外的其他职位吗?这种划分难道是在暗示有司这个级别的官员(假设这真的是个特殊的阶层),不能通过"举贤才"的方式来聘用吗?不合情理。

前面说过,"先有司"就是"优先选拔任用官员","赦小过,举贤才"显然是"先有司"这一主题下的两种具体手段:"赦小过"能够避免因为过于严苛而开除了不该开除的现有人才,"举贤才"则能补充和聘用士阶层中的优秀人士,从两个角度尽快建设官员团队。这样就要求在"先有司"之后用冒号来带出后面的两个选项。

焉知贤才而举之。根据语境和后面孔子的回答,可知此处发语不是因为不知道如何找到贤才,而是担心不能尽知而有所遗漏。

举尔所知;尔所不知,人其舍诸? "诸","之者"合称;有把"举"字单列,然后把后面三者并列,变成"举——尔所知者,尔所不知者及被人所忽略者"的。不妥:抛开语法上的牵强不谈,"举不知者"要求必须有举荐体系来覆盖"尔"的盲点和"知"的限制,可行,但在表达上过于曲折;而"任用被人所忽略者"在逻辑上就不能成立:既然被人忽略而且我也不知,那如何用他,因此不从此解。还是按主流断句,分为"尔所知"和"尔所不知"两种情况为妥。

剩下的问题是"人其舍诸"中的"人"是指作为举荐人的别人呢,还是指被举荐者本人呢? 应该是前者。这是因为:如果自荐是理所当然的,怎么还会有"焉知贤才而举之"的担忧呢? 如果能做到"举尔所知",则别人也就会"举其所知",不会"舍诸"。

孔子的人才观

孔子此处谈的是为政中选拔人才的问题,要么是在他和仲弓都知道而读者不知道的语境中有针对性的问答,要么也可以理解为孔子心目中为政时开展工作的优先顺序。如果是后者,显然还是有语境前提的,这个前提就是,不谈"仁、德、义、信、礼"等高大上概念,只从技术层面上谈如何开展工作。这样理解的话,则孔子的教导符合今天的主流管理思路,即,先任用称职的管理团队,因为人才是成功的基础和保证。

孔子对季氏的期待

从孔子对担任季氏家宰的仲弓进行谆谆教导来看,他虽然从原则上反对季氏的僭权,但在实操上还是实事求地接受了季氏的权臣地位的,对季氏有一定的期待,希望季氏能在治国上有所作为,从而能像管仲一样,虽有"非礼"之实,但于治国却有"仁"的实际成果。可参阅八佾 3.21 下对"仁"和"礼"的分量差异的解读。

今 译

仲弓做了季氏的家宰,问如何开展治理工作。师父说:"先任用官员:赦免小过失,举荐贤才。"问:"如何知道贤才来举荐呢?"师父说:"举荐你所知道的;你所不知道的,别人难道会忽略他们吗?"

英 译

Zhong Gong became the fore-overman of Ji family, and asked how to carry out the governing job. The master said: "First of all, appoint officers: pardon small faults, recommend and raise the competent." Asked: "How could I come to know the competent to recommend and raise them?" The master said: "Recommend and raise those you know; those you don't know, how could others neglect them?"

13.3【原文】

子路曰:"卫君待子而为政,子将奚先?"子曰:"必也正名乎?"子路曰:"有是哉,子之迂也！奚其正?"子曰:"野哉,由也！君子于其所不知,盖阙如也。名不正,则言不顺;言不顺,则事不成;事不成,则礼乐不兴;礼乐不兴,则刑罚不中;刑罚不中,则民无所措手足。故君子名之必可言也,言之必可行也。君子于其言,无所苟而已矣。"

字词训诂

奚。什么,为何。"子将奚先?"您将先做什么?"奚其正",为何使其正?

名。有多解,但多曲折别扭,不赘。不管是否和下述故事有关,单从字面上解释,也应是"名份"之义:名份者,地位也,即按"先王之道"应有的等级地位以及这种等级地位所规定的各种权利和职责范畴。"君君臣臣,父父子子"就属于此类。

君子。第一个"君子"指个人修养上的"君子",用来批评子路修养不够;后一个"君子"显然指统治者。

盖阙如也。因为不懂而谨慎、不吭声的样子。"盖",发语词,无意义。

正。"必先正名"中的"正"是动词"匡正"之义,后面"名不正"中的"正"是形容词"正确、合规、恰当"之义,是前面动词"匡正"而得的结果。

章句义理

故事背景

此章应和述而 7.15 互相对照阅读。

卫君,卫出公也。灵公逐太子蒯聩(蒯聩后来成为卫后庄公),灵公死后,卫人立蒯聩之子辄,是为卫出公。晋人送还蒯聩,卫人拒不接受。孔子后面所说"必先

"正名"，很可能是批评卫出公拒绝让位给自己父亲的事实。

孔子最终未能在卫国一展抱负。

名不正，则言不顺

名份不恰当，言论就不顺畅，没有说服力。

对"名份"的理解可以放大一些，用今天的"立场、角度、发起人、负责机构"等来类比，体现的是采取行动或发出号召的主体所扮演角色的适当性。比如某个国际机构制定各成员国交往规则，就属于角色适当，就属于"名正"；如果某国试图劝说另一国采用特定的法律，就属于角色不当，就属于"名不正"；父母教育子女属于"名正"，插手别人家对孩子的教育就属于"名不正"；以此类推。"名正"体现的是特定权利和义务拥有方的行为的恰当性和合适性。

此外，"名"的正不正，不一定要求一定是特定权利和义务拥有方的行为的恰当性和合适性，也包括在谈论特定权利和义务时用语的适当性与否。比如平民把自己叫"朕"，称呼年纪比自己大的人为"贤弟"，把民选总统当成皇帝，把仲裁当成审判，简言之，所有对具备社会性内涵的概念的误用和乱用，都属于"名不正"。

因此，"名正"就是特定权利和义务在行为和沟通中的恰当性和合适性。结合本章最后孔子所说"君子于其言"，可推知在本章中孔子说的"名正"指名份表达上的恰当性和合适性。

"名"如果不正，则表达时就会定义混乱，就难以在定义一致的基础上进行沟通。如果听者对"名"没有概念共识，就会以讹传讹，造成混乱。在国际外交场合，常常为了一个词争来争去，一字之差，在今天这个特定的时间节点，含义就悬殊有别；相应的，"名正"是否就"言顺"了呢？按孔子的思路，应该如此。

但无论是"名不正，则言不顺"，还是"名正，则言顺"，都没有必然性，前半句都不构成后半句的充分条件，只是体现了较大概率的关联性和因果性。这是孔子一贯的表达方式，原则上属于以偏概全，但随着关联性和因果性的概率的增加，做一般性结论也是不可避免的，这不仅是语言表达习惯要求把虽非必然但常常如此的现象总结为一般规律，而且在无法彻底量化的各种社会现象中，找出具有指导意义的非必然但高盖然的趋势,本身就具有实践指导意义。如果我们要求带有置信度和具体概率标签的社会规律,基本上等于否定全部社会规律的一般性陈述,对自然语言提出难以达到的要求。例如:我们知道绝大多数人不喜欢打针,但不能否认有人享受这个过程,虽然我们不知道确切的比例,但说"人都不喜欢打针"还是能揭示一种非必然但高盖然的社会现象,这和说"绝大多数人都不喜欢打针"没有根本区别。即使通过大量取样,得出结论说"97%的人不喜欢打针"也难以揭示出更深刻的规律或智慧,而且这种带有量化限制的结论也有众多适用限制条件、取样时无法规避的偏见、精细度设定的不同、在特定人群中适用的差异,等等,仍然无法保证其普适性。

本书认为,针对这种社会领域中规律的盖然性和得出一般性结论的需求及习惯之间的矛盾,可以给出定性为主、定量为辅的大致解决方案。

一,把社会现象中的两个极端中的个例去除,建议各去除5%。例如,去除5%"名不正"则"言不顺"以至于只能不欢而散的极端现象,再去除"名极其不正"甚至根本无"名"可言,但仍能"言顺"的另一端的极端现象,则会剩下90%左右的、能代表社会现象主流的相关案例。

二,在这些剩下的案例中,不管有几种可能的现象类别,只要"名不正,则言不顺"这种类别发生的概率最高,则可以认为这种规律是存在的。

三,把"名不正,则言不顺"这一句式简化成"如果非A,则非B",如果此时其否定句式"如果A,则B"也在否定句式所谈的现象中占相对最大概率,在本例中即"如果名正,则言顺"在"名正"的案例中发生概率最高,则可以认为原来的"名不正,则言不顺"成立的可能性就更大了,其所陈述的现象就具有更强的规律性。

至于这种规律成立的具体概率是多少,除非另做实验,否则只能猜测。对社会现象来说,只要能挖掘出在各种可能性中概率最大的那种可能性,就可以算是智慧了,对听众和读者来说,就会有所收益。

在学习前人的智慧时,常常会发现各自都有道理但又彼此尖锐对立的两派观点,比如,性本善和性本恶,信任别人和防备别人,儿童教育的种种对立的理论和实践,爱与恨,宽恕与复仇,享受当下与延迟满足,等等。这种现象之所以发生,有时是因为各种可能性势均力敌所致,有时是因为其中一派错误地高估自己总结的规律的实现概率,更多时候是因为虽然某派观点概率上胜出,但概率上落后者仍有实践上的指导意义,并不因其不占第一就没有存在价值。

上述对一般性结论的观点,适用于以下针对孔子这段排比句的全部解读。

言不顺,则事不成

如果言论不顺畅,没有说服力,说不通,则所谋之事就不能成。

如果说"名正不正"是讲出发点和立场,是身份,是决定性条件,是商业模式,则"言顺不顺"就是表达和说服过程中的表现,是展示的PPT。即使商业模式再好,如果面对投资人说不清楚,也吸引不来资金。以此类推。

生活实践中,必须承认,"言顺或不顺"有时影响很大,但其对"事成或不成"的相关性和影响不是决定性的。套用前述方法,因为"言不顺"而导致"事不成"的可能性是存在的,占比估计有30%吧,但无论多少,可以肯定"言不顺"会加大"事不成"的可能性,而且找不出"言不顺"时哪种结果占比更高。

如果"言顺",会增加"事成"的几率,这符合生活经验。但更可能"言顺而事不成",因为决定"事"成或不成往往有更多的、更具与决定性的因素,比如现实的巨大的利益、所谈之事落地的难度,等等;即其否定句式不成立,未能为原句式加分。

因此,可以认为"言不顺则事不成"是社会现象之一,但规律性不是太强。

事不成,则礼乐不兴

所谋之事不成功,则礼乐不会兴盛。

前两句的主语可以是任何人,但到了这一句显然不能指一般人,而只能指核心统治者了。因为一般人(大夫、士及以下)是不可能决定"礼乐"兴不兴的。

对统治者来说,所谋之事在此处应指"富民"(参阅子路13.9),使其足衣足食。如果无法做到丰衣足食,人民就会专注于吃饭穿衣这种基本的生存需求,就没有通过教化来兴"礼乐"的物质基础。这正是管仲"仓廪实则知礼节,衣食足则知荣辱"之说体现的逻辑。

本句在逻辑上和人类经验上都成立。本篇 13.1 中解读中讲到的通过"劳民"来培养和改善社会风气表面上和本句有冲突，其实说的是不同事物：本句说的是，生存是礼乐的基础；13.1 中说的是，辛劳才能避免淫佚，不矛盾。

礼乐不兴，则刑罚不中

礼乐不兴盛于社会，刑罚就会无所依据而丧失准绳。

需要说明一点：虽然《礼记·曲礼上》有"刑不上大夫"之说，但在孔子的时代，实践中几乎可以肯定刑罚不会为大夫网开一面。虽然如此，无论是"礼不下庶人，刑不上大夫"这一情况在孔子的时代是否属实，都不影响下文对"礼乐"和"刑罚"关系的论述。

礼乐规定了各种社会关系和交往中的相对位置和各种礼节，相当于在价值观和社会习俗高度有了规范和约束，刑罚只是对这种规范和约束的强制执行，是对违反者进行强制纠正。礼崩乐坏，刑罚就失去准绳。这个说法漏洞很多。

一，刑罚从礼乐中来，没有问题；但刑罚形成了之后，有其独立的存在，并不需要时刻对照礼乐条款进行修改。因此，在礼崩乐坏的时候，刑罚仍能独自存在，其"中不中"可以针对自身而言，不需要对标礼乐。

二，礼崩乐坏时，不该是"刑罚不中"，而该是"刑罚不免"，即无法免于用暴力刑罚来维持社会秩序。参阅为政 2.3"道之以政，齐之以刑，民免而无耻；道之以德，齐之以礼，有耻且格"可知，此处逻辑上应该为："礼乐不兴时，才用刑罚，即刑罚此时才不可避免。"

所以，说"礼乐不兴，则刑罚不中"是不成立的。正是在礼崩乐坏的社会中，往往需要法律扮演更重要的维持社会运作的角色；在礼乐不兴的时代，刑罚本身就是标准，它自定义什么是"中"，因此不仅不会"不中"，而且逻辑上和实践中都是每罚必中。

虽然孔子惯于用修辞式论证来谈话，但此处论述仍太过牵强且缺乏事实基础，只能推论孔子是用"刑罚不中"这种明显比"刑罚不免"更严重的情景来从修辞上为自己加分。

本句在逻辑上的另一个缺陷是：即使承认有刑罚不中的可能，刑罚的条文仍会存在，供人民对照、学习和掌握，最多人们认为它们是不合理的恶法，但不可能无所适从，"无所措手足"。一边恨得牙根痒痒，一边按刑罚规定行事，正是人类社会的常见态势，怎么会有"无所措手足"的情况呢？《左传·昭公·昭公六年》（前535年，正是孔子所在时代）记载："三月，郑人（子产）铸刑书。"这是中国历史上首部有据可考的成文法，而且是铸于大鼎向人民公开的，可作为人民不会"无所措手足"的佐证。

能使这句话成立的唯一可能是，把"中"解为"中庸"之"中"，读一声，取其"中庸适度"之义，从而使全句变成"礼乐不兴，则刑罚就会变得极端"，即乱世用重典之义。刑罚极端，必失公平合理之旨。

不管采取哪个解读，都觉得"刑罚不中"不该出现在孔子这段因果逻辑流里。真正使"民无所措手足"的，只能是"礼乐"的缺位。假设孔子论述成立，分析其思路，会发现原文藏有一个逻辑迂回：

一，礼乐不兴，则依靠刑罚治国治民就不可避免。

二，按为政2.3中所说，这就意味着"德"和"礼"的缺位，由于"礼"的缺位在前面"礼乐不兴"中已经包含了，因此此处就等于提出"德"的缺位。

三，因为"德"的缺位，所以人民"无所措手足"。

把孔子的逻辑的各种可能性综合起来，大约可以表现如图13-1，其中，实线箭头代表的是孔子自己的逻辑流；从"礼乐不兴"开始，弧形虚线箭头代表拿

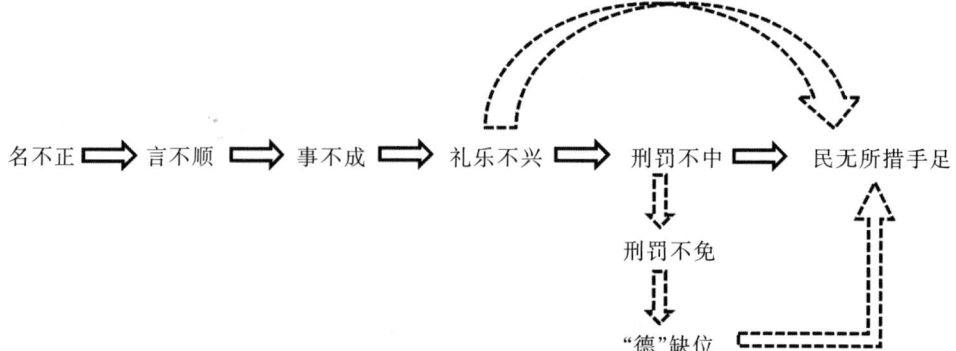

图13-1 孔子论述逻辑示意图

掉多余的"刑罚不中"环节后的逻辑流;从"刑罚不中"开始,虚线箭头代表的是上述迂回路线。这个迂回路线是能使孔子思路和言谈变得自洽而符合逻辑的唯一路径。

因果性的急剧降低

如果给予每个阶段一定的概率,比如赋予"名不正"就会"言不顺"的概率为80%,赋予"言不顺"就会"事不成"的概率为40%,"事不成"就会"礼乐不兴"的概率是70%,"礼乐不兴"就会"刑罚不中"的概率是30%,而"刑罚不中"就会"民无所措手足"的概率是"80%",则从"名不正"导致最终"民不知措手足"的可能性就是 80% × 40% × 70% × 30% × 80% = 5.38%。数字是随手填的,权为一试,但只要认定每个阶段的因果关联概率不是100%,则起句和收尾之间的因果关系就必然会急剧降低,从而丧失其规律性。

华丽修辞之下的简单内容

孔子这段读起来朗朗上口的排比句看起来内容丰富,其实是用修辞技巧堆积起来的,其本质内容并没有这么复杂和华丽。

根据这种推进关系,好像"民无所措手足"是什么大不了的结果似的,但显然它不是,它只是逻辑流中被孔子选定的下游截止处而已,本来还可以继续流淌下去,比如"民无所措手足,则惑;惑,则乱;乱,则国亡矣",等等,等等;同理,它的上游也可以继续上溯,比如"理不察,则道不显,道不显,则名不正",等等,等等。

其实孔子的排比句可以浓缩为一句有实质意义的陈述"名不正,则礼乐不兴",其他的上下游都是用来凑数的。"礼乐"是这段论述的核心,前面的上游是在用似是而非却也似有其事的两个规律来证明"正名"对"礼乐"的重要性和必要性,后面的下游只是通过展示"礼乐不兴"的后果来强调"礼乐"的重要性,这种重要性本来在孔子和子路的语境中应该是不证自明的,根本不需要多说。

用孔子的这种文风来记录孔子一生,则可以是:无伯夏(孔子祖父)则无叔梁纥,无叔梁纥则无孔丘,无孔丘则儒家不立,儒家不立则杂家百出,杂家百出则民心乱，民心乱则大道死，大道死则圣教不传，圣教不传则无所依，无所依则华夏不知其可也……以此类推，上推下推均可。但如果是为孔子立传，则浓缩为"无孔丘则儒家不立"即可，其余皆可忽略。

古今中外，陶醉于这种因果流的排比铺陈对于作者和读者都是个巨大的诱惑，哪怕因此而牺牲了起句和结尾之间的因果效度也在所不惜，当为著述和阅读两方面所戒。

结　论

孔子此处逻辑不严，流转不顺，而且为了修辞上的递进气势而截取了过长的因果之流，却使把自己的核心观点变得不那么突出，实为败笔。

今　译

子路说："卫国国君等待先生您去管理国家，先生您会先干什么呢？"师父说："一定要去的话，就是匡正名份吧？"子路说："到了这个程度了吗，先生您的迂腐？"师父说："太放肆了，仲由！君子对自己所不知道的，谨慎不言。名份措辞不恰当，则言谈不顺；言谈不顺，则事情不会成功；事情不成功，则礼乐不会兴盛；礼乐不兴盛，则刑罚不会恰当；刑罚不恰当，则人民就会手足无措。所以君子用词必须使它可以表达出来，而表达出来就必须使它可以执行。统治者对于措辞，不能有马虎之处啊。"

英　译

Zi Lu said: "The king of the Wei state is waiting for you sir to govern the state, what would you sir do first?" The master said: "If I must do it, may it be the rectification of names and people's positions?" Zi Lu said: "Are you really so wide of the mark, you sir! Why bother to rectify those?" The master said: "How boorish you are, Zhong You! A cultivated gentleman will remain cautiously silent on what he does not know. If the names and people's positions are not appropriately expressed, the talk will be not smooth; if the talk is not smooth, the business will not be successful; if the business is not successful, the rules of propriety and the music will not be flourishing; if the rules of propriety and the music are not flourishing, the crime punishment will not be proper; if the crime punishment is not proper, the people will fail to know how to place their hands and feet. Therefore a ruler must name those properly to make them expressible, and express them in a way to make them executable. A cultivated gentleman can not be perfunctory with his expression."

13.4【原文】

樊迟请学稼。子曰:"吾不如老农。"请学为圃。曰:"吾不如老圃。"樊迟出,子曰:"小人哉,樊须也! 上好礼,则民莫敢不敬;上好义,则民莫敢不服;上好信,则民莫敢不用情。夫如是,则四方之民襁负其子而至矣。焉用稼?"

字词章句

稼。jià,种植谷物,动词。"学稼",学习种庄稼。

圃。种植蔬菜瓜果的园子,名词,所以在前面加个"为"字。"老圃",老菜农。

老。暗示孔子还是会种庄稼和种菜的,只是不如老农和老菜农罢了。从这里可以看出,微子 18.7 中那个老头骂孔子"四体不勤,五谷不分"应该是托老自大、贬损无据。

小人,此处作为统治者(上)的对应词,指平民。

背后骂人

孔子有背后骂弟子的习惯,除本章外,再如:公冶长 5.10 中,骂"宰予昼寝";公冶长 5.24 中,骂微生高不够"直";子罕 9.12 中,骂子路"行诈";先进 11.17 中,骂冉求"非吾徒也";阳货 17.21 中,骂宰予"不仁"。

对历史和当代人物的评价倒不算背后骂人,算是对公众人物的点评;但对自己弟子,这样做实在有失风范。不仅自己骂,还禁止弟子骂别人。比如宪问 14.29 记载:"子贡方人。子曰:赐也,贤乎哉? 夫我则不暇。"

孔子背后骂人,或者是性格使然,或是当面骂不出口,或是用贬损被骂子弟的方式来教育身边其他弟子。但不管是哪种情形,体现出来的都不能算是君子风度吧。

请学稼,请学为圃。有人解读为不是要向孔子学习,而是"请孔子同意自己去学稼,学为圃"。从字面意义上看是成立的。但后面孔子的回答"吾不如老农、老圃"显然又确定了两人的对话语境是樊迟想向孔子学习无疑。

用情。以诚实以对。

上如何如何,则民就会如何如何,显然没有必然性。上行下效只是可能,想实现,必须有其他社会和心理要素的配合和支持。不赘。

孔子对待农活的态度

宪问14.5:南宫适问于孔子曰:"羿善射,奡荡舟,俱不得其死然。禹、稷躬稼而有天下。"夫子不答。南宫适出,子曰:"君子哉若人! 尚德哉若人!"显然孔子知道农事对社会的重要性和必要性,而且也认可"禹、稷躬稼而有天下"的陈述,并对这么认识问题的弟子大加赞赏。孔子认为搞好农业生产是对人民进行教化的前提,如本篇13.9中所谈"富之"在"教之"之前,再如在颜渊12.7中把"足食"摆在"足兵"之上,作为治国的重要目标;可见孔子十分重视农业无疑,只是本人鄙视生产劳动而已。这种鄙视当然有君子应该关注更宏伟的事物的意味,也有胸怀治国化民抱负、因而不能为毫末技艺和具体工作所分心的使命感。与其说是鄙视,不如说是轻重缓急排序中淘汰一部分清单内容的决心。

今 译

樊迟请求学习种庄稼。师父说:"我不如老农。"请求学习种菜。说:"我不如老菜农。"樊迟离开了。师父说:"真是个胸无大志的人啊,樊迟! 统治者崇尚礼,则人民不敢不恭敬;统治者崇尚义,则人民不敢不服从;统治者崇尚信,则人民不敢不对以诚实。如果做到这样,则四方百姓就会背着孩子投奔而来。哪里用得着种庄稼呢?"

英 译

Fan Chi asked to learn to farm. The master said:"I am not as good as an old farmer." Asked to learn to garden. Answered: "I am not as good as an old gardener." Fan Chi left. The master said: "What a short-sighted rustic, Fan Chi! If the ruler upholds rules of propriety, the people will not dare not to hold in reverence; if the ruler upholds righteousness, the people will not dare not to obey; if the ruler upholds trustworthiness, the people will not dare not to respond with honesty. If it happens this way, then people from all quarters will come, carrying on the back their children. What does he need the farming for?"

13.5【原文】

子曰:"诵《诗》三百,授之以政,不达;使于四方,不能专对。虽多,亦奚以为?"

字词训诂

专对。独自面对。古时出访,没有即时通讯工具,不能事事汇报,必须具备随机应变、现场决策的能力,是为"专对"。

虽多。指读《诗》虽多。

亦奚以为? "亦以为奚"的倒装句,"又用它做什么呢"的意思。

章句义理

读《诗经》有好处,孔子在阳货17.9中说"可以兴,可以观,可以群,可以怨,迩之事父,远之事君,多识于鸟兽草木之名"。孔子时代,国家间迎来送往,应该多有引用《诗经》内容的,在各种仪式上,结合《诗经》和音乐的表演应是常有项目,因此熟读《诗经》有实用价值。

但孔子历来强调学以致用,读熟《诗经》但不能帮助完成世俗事务,只算是陶冶自身情操,不算知尽其用。

有人认为孔子这些说法是对无法对《诗经》学以致用者全盘否定,这是不对的。对照阳货17.9中所说,参照孔子对《诗经》的其他表达(参阅学而1.15下解读中的统计),可知读《诗经》即使不能有益于治理国家和出使,在其他领域仍大有裨益。孔子为了强调其实用功能,有意忽略《诗经》的其他功用,有前后不一及表达极端之嫌;但作为读者,不能忘了孔子对《诗经》的一贯态度。

今 译

师父说:"如果诵读《诗经》三百首,把政务交给他,却无法完成;让他出使四方,却不能够独自应对——读的虽多,又用它来做什么呢?"

英 译

The master said: "If, being able to recite the three hundred pieces of the *Book of Poetry*, when employed with the governing affairs, he cannot complete them; when serving as an envoy abroad, he cannot cope with the job alone—then though there are lots of recitations, what does he use them for anyway?"

13.6【原文】

子曰:"其身正,不令而行;其身不正,虽令不从。"

字词章句

参阅颜渊 12.17,和本篇 13.13,立论相同。

其。显然指统治者。

身正。行为正派。

孔子此处又把理想和事实混淆了,修辞式论证,本质上是自欺欺人。

今 译

师父说:"如果他自己行为正派,则不发布命令,(他想干的)事务也能执行;如果他自身行为不正派,则即使发布命令,也不会有人听从。"

英 译

The master said: "If he behaves upright, then without issuing an order, the things (he wants to do) will be done; If he behaves non-upright, then even with an order issued, no one will follow it."

13.7【原文】

子曰:"鲁卫之政,兄弟也。"

章句义理

朱熹在《四书集注》中的解读是:"鲁,周公之后。卫,康叔之后。本兄弟之国,而是时衰乱,政亦相似,故孔子叹。"

"周公",请参阅述而7.5下人物介绍;"康叔",姬姓,卫氏,名封,周文王姬昌与正妻太姒所生第九子,因获封畿内之地康国(今河南禹州西北),故称康叔。是卫国第一代国君。

孔子明确说的是"鲁卫之政",没有"两国开国之君本是兄弟"的意味,所以朱熹解读稍有牵强。但孔子既然用"兄弟"这个有点突兀的喻体来比喻两国的政治的相似,或许真的是联想到两国立国时的血脉关系了吧。

今 译

师父说:"鲁国、卫国的政治,就像兄弟一样。"

英 译

The master said: "The governments of the Lu state and the Wei state, are like brothers."

13.8【原文】

子谓卫公子荆:"善居室。始有,曰:'苟合矣。'少有,曰:'苟完矣。'富有,曰:'苟美矣。'"

字词训诂

卫公子荆。卫国大夫,名荆,字南楚。卫献公的儿子。鲁哀公时,鲁国也有个公子荆,卫国的公子荆虽然时间在先,但在鲁人语境的《论语》中只好委屈一点,加个卫字。

居室。居家过日子。

有。获得、取得。可指钱财,可指物品,没有必要强行确指。英文 property 也。

苟。一般解为差不多,字义上无来处。可取"姑且"义,引申为"现在算是"。

合。史上有多解,取"合适、恰当"义。

美。好义,言其令人满意、无有复求也。

章句义理

句读有把首句断为"子谓卫公子荆善居室"的,不影响整章意思。

孔子在本章提倡的到底是什么样的过日子风格呢？选项包括:循序渐进地积累财产;知足常乐;不强求,顺其自然;节俭;对这些风格的组合。

正解是"循序渐进地积累财产"。原因如下。

一,知足常乐和顺其自然都是对待结果的被动态度,不是"善居室"的主动品质。孔子既然表扬他"善居室",说的一定是他如何使自己"居室善"的主动规划和实施的能力,而不是在看到结果之后的坦然接受。这种对结果和现状的坦然接受也是优良品格,类似于雍也 6.11 中"回也不改其乐"的超然,或述而 7.16 中孔子本人"乐亦在其中矣"的洒脱和适应能力,但与"善居室"这种具体的生活能力无关。

二,文中没有看出卫公子荆节俭之处,暗示的也没有。

三,循序渐进地积累财产,既有不急不躁的从容,又有逐步实现财产增殖的结果,体现的不仅是积累财富的能力,还有心理素质的修炼。

今 译

师父谈起卫国公子荆:"他善于居家过日子。刚刚有了点积累,就说:'现在合适了。'积累稍多了以后,就说:'现在够了。'积累富足以后,就说:'现在够好了。'"

英 译

The master talked about Prince Jing of the Wei state: "He's good at making a living. When he began to have some amassment, he said: 'Now it can be said suitable.'

When his amassment increased a little more, he said: 'Now it can be said sufficient.' When his amassment prospered, he said: 'Now it can be said satisfactory.'"

13.9【原文】

子适卫,冉有仆。子曰:"庶矣哉!"冉有曰:"既庶矣,又何加焉?"曰:"富之。"曰:"既富矣,又何加焉?"曰:"教之。"

字词训诂

仆。驾车的人,因驾车而为仆。

庶。众多,状人口众多。

既。第一个"既"是既然、已然之义。第二个是假设语气,有"如果已然"之义,用现代汉语表达,应是"一旦"义。

章句义理

对人民,先让其富足,再施教化。思路类似于本篇 13.3 中的"事不成,则礼乐不兴"。正是管仲所谓"仓廪实而知礼节,衣食足而知荣辱"的先后顺序。

今 译

师父去卫国,冉有为他驾车。师父说:"人口众多啊!"冉有说:"人口既然已多,对他们又能干什么呢?"答:"使其富足。"问:"一旦富足了,对他们又能干什么呢?"答:"教化他们。"

英 译

The master went to the Wei state, with Ran You driving the chariot for him. The master said: "How populous is it!" Ran You said: "Since the people are populous, what more could be done for them?" Replied: "Make them affluent." Asked: "Once they are affluent, what more could be done for them?" Replied: "Cultivate them."

13.10【原文】

子曰:"苟有用我者,期月而已可也,三年有成。"

字词训诂

期。同"朞"jī,周而复始、整的意思。按孔子的语气,不可能说一个月就"已可",因此义理上必是一年。但如何把"期月"确训为"一年"是个难点。

"期月",按字面意思应解为"一个月"。但主流解读者取"期""周而复始"之义而解为"月的一个循环",从而把"期月"解为"一整年"。此解从结果上说得通,但没有说明来处。

《旧唐书·志·卷二》中有:"按《尚书》(本书按,《尚书》中无此记载):一期有四时,故四面各一所开门;每时有三月,故每一所开三门。一期十有二月,故周回总十二门。"这里面明确说"一期"是一年。

《黄帝内经·素问·天元纪大论》中有"五气运行,各终期日,非独主时也"之说,今译作:五种气交替运行,各自主宰一年,不是只主宰四时而已。这里明确把"期日"解为一年。

结合上面两种对"期"的用法,可以认为用"期月"和"期日"在孔子时代均可用来表达"一整年"。

但如此就把"期月"和"期年"等同了,等于把"期月"具体是指一个月还是一年的客观依据放弃了,要求读者自行判断,实在是不够严谨。这大概是汉语在演化过程中新旧用法替代过程中的混乱现象吧。

可。可以,带有一点还不够的意味,相当于现代汉语"还行吧"或英文中"OK"。类似的表达在学而1.15中也有而且上述意味更鲜明,可互相参证。

章句义理

多有认为这是孔子第一次到卫国时踌躇满志的宣言,或许是吧。这种表述今天任何一个职业经理人都可以剪贴在自己简历上面,事实上他们确实在剪贴着,但往往是面对董事会的表述,为自己赢取一到三年的时间。如果结果不理想,可以拍拍屁股离开。

本章中孔子给出的三年期限,是否太过狂妄?请参考本篇下面两章(13.11 和 13.12)内容和解读。

今 译

师父说:"如果有人起用我,一年时间就差不多了,三年就会大见成效。"

英 译

The master said: "Suppose that someone would employ me, in one year, I could make it OK, in three years there will be a remarkable success."

13.11【原文】

子曰:"'善人为邦百年,亦可以胜残去杀矣。'诚哉是言也!"

字词训诂

善人。一心向仁且多有德行的人。详见述而 7.26 下注解;

亦可以。一个"亦"字,表达了有点不屑的意思,符合孔子对善人的历来态度。

胜残去杀。全解较复杂,下面详析之。

"杀"多解为"刑杀",不仅没有出处,而且不合情理:当民间还有杀戮时,如何单单消除"刑杀"?显然在民间消除杀戮不仅更为理想,而且自然就使"刑杀"变得没有必要。因此解为宽泛的"杀戮"为妥。

有解为"感化凶暴之人,从而可以去除刑杀"的,义理通顺,但这样就不仅添加了词义,而且等于把"胜残去杀"限制在制服凶杀犯罪这个狭窄的范围内,不妥。

即使不加入"刑罚"之义,也多有把"残"解为"残暴之人"的,不妥。首先,应该和后面的"去杀"对应,"杀"是无法解为"好杀之人"的。其次,把"残"解为民风中的残暴戾气,更有治国化民的恰当性和合理性,而不应该等到这种残暴戾气发挥到必须出手治理或惩罚的程度时才采取行动。总之,把"胜残"解释为"制服残暴之风"才是预防手段。

因此,全句应解读为:制服残暴、消除杀戮。

那么,"去杀"是"胜残"的结果呢,还是把两者都当成"善人为邦百年"的并列的结果呢?本书认为是并列。把"胜残"作为"去杀"的原因有两个:一是前面的"以"字,可以理解为"用",从而把"亦可以胜残去杀"理解为"也可以用胜残来消除杀戮"。但这只是词法上的可能性,不应该作为决定性依据;"胜残"和"去杀"对仗工整,表达上有并列的倾向。二是,即使在某个社会中"胜残"了,民间仍有谋杀的动机,比如财产争夺、情感纠缠、怒不可遏、虚荣、误解、复仇……无法保证就能"去杀"。

诚哉是言也。严格说来,也有可能是自己说了前面的话,然后自己赞叹一声。但是更大的可能是对听到的别人的言谈表示认可。

章句义理

善人显然能力不如圣人,因此"为邦百年",也只能做到"胜残去杀"。"胜残去杀"在圣人治理的清单上,最多算是打底的,上面还有礼、乐、信、义、勇、孝等一长串更高级的目标呢。

为邦百年,需要几代人的时间,如何保证每一代都是"善人"? 一旦中间出现非善人,则前功尽弃,甚至跌到更低的起点,又得重来,一百年又要重新掐表。参考述而7.26,可知"善人"并不常见,所以"善人为邦百年",几乎是个不可能出现的现象。

孔子是在骂人还是夸人? 说人家"为邦百年",才能"胜残去杀",像是对"善人"的能力和其发挥其能力的可能性的双重否定,如下:

一,如前述,"亦"字有不屑的意味。

二,用"诚哉是言也"这种评论别人话语的语气,等于回避了因为自己正面表达而赋予其肯定指向的态度,把自己的真实态度隐藏起来了,而且"诚哉是言也"完全有可能是对前面的"百年"之长和"亦可以"之不屑的肯定,而不是对"胜残去杀"的可能性的认可。

三,如取孔子表面认可而内心否定的解读,则必须承认孔子在此处是有意用

"诚哉是言也"中的"是"的具体所指对象的模糊来进行双关表达。这种能让听者误解、自己偷笑的双关语,在心理学上是对智力超越对方的自我确认和暗示,对方由于没有领会所以会误解说话者的意思,从而使说话者除了偷笑之外,不能实现任何沟通的目的。这是幼稚的心理游戏,就如同不停称呼一个不懂汉语的外国人为"傻瓜",而其一直笑嘻嘻地答应,而自己乐不可支一样,除了证明自己的幼稚,还能说明什么呢?

上述对孔子心理的解读看似曲折,但合情合理。既然无法确定,就把这个解读当成背景,在字面翻译上,在表达出语气的前提下,还是直译吧。

孔子引文出处,今不可考,应是当时流行俗语吧。

今 译

师父说:"'好人治国一百年,也能够制服残暴、消除杀戮了。'这句话说得对啊!"

英 译

The master said:"'If the good men were to govern a state for one hundred years, they would also be able to subdue the brutality and eliminate killings.' How true is this saying!"

13.12【原文】

子曰:"如有王者,必世而后仁。"

字词训诂

王者。"王"读四声。"王者",成王业之人,即圣人也。总结孔子思路,尧、舜、禹、成汤、周文王、周武王、周成王、周公旦八人是也。

世。按《说文解字》,本义为三十年。解为一代为宜。

章句义理

三章之间的对比

上一章说善人为邦一百年,可以"胜残去杀";此章说王者用一代人的时间,可以实行仁道;仁道的层次远远超过"胜残去杀",所以"王者"在效率和教化的内容广度上都远非"善者"可比。

按本篇13.10,孔子自认为有治国机会,可"三年有成"。三年只是一代人的10%的时间,孔子是否太自信了?有几种可能的解释:

一,孔子真地认为自己比圣人还能干。此说显然和孔子对"先王们"一贯崇敬有加的态度不符。因此不取。

二,孔子说"苟有用我者"指的是治理诸侯邦国,而本章的王者治理的是全天下。此说不妥,首先孔子自己没有这么区分,其次治理天下和治理一个诸侯国没有根本的区别,相反,可能在天下的层面上实行仁政可能更加容易,详见下述。

三,孔子说的"成"指的不是本章的"仁道行于天下",而是和本篇13.3中"事不成"中相同的"成",即事务性的成功,而不是"先王之道"的全面实施。本书从此解。

但无论如何,在治国化民的级别上,本篇把孔子自评、对善人的评价和对圣人的评价三章联排,显然有在三者之间进行对比的意思,更加反证孔子所谓"三年有成"和"王道得行"是两码事。

过往解者似乎对这种有意而显明的对比视而不见,最多有把"善人"和"王者"对比的,没有把孔子的"三年有成"和"王者"的"世而后仁"作对比的,本书认为只有一种可能——未能理解孔子的"成"的狭义性,错把它等同于"仁道",因而无法理解孔子为何如此狂妄,所以选择沉默。

"仁"道得行的可能性

"仁道"具有那种必须同时和全体实行才能保证其实施的性质,就像爱、信任、诚实,只有所有人都执行,才能保证其持续实现。一旦部分人不执行,从中谋取私利,就会发生多米诺效应,摧毁正向循环。这是群体博弈的性质所决定的,其平衡非常脆弱和微妙,维持很难而破坏很容易。

仁道,如果只在某些区域比如诸侯国实行,会更加困难,因为这些区域必须作为整体接受周边不信奉仁道的区域来占便宜,并可能缺少保卫自身的军事力量和抵抗意志。比如,某地人民特别信任他人并宽容,外地人就会利用他们这个特点占其便宜而不受惩罚,久而久之,该地人民要么损失殆尽,要么变得多疑防备并展开报复。在军事自卫上更是如此:要么打造铜墙铁壁并闭关锁国来保护一方净土,要么就敞开胸怀,以德服人,最后被信奉现实主义和先发制人战略的邻国侵吞,两种结局都不像是"仁道得行"的样子。

相比较之下,如果在全天下全领域层面,基于游戏规则的统一性和普适性,只要中央政府有能力保证政策的执行,实行仁道反而比局部更为有利,更有可能成功。所以价值观级别的民风,实行的领域越大,反而越有机会延续。

今 译

师父说:"如果有圣人出现,也需要一代人的时间才能实现仁治。"

英 译

The master said:"When a saint ruler arose, it still would require a generation's time to achieve humanitarian government."

13.13【原文】

子曰:"苟正其身矣,于从政乎何有?不能正其身,如正人何?"

章句义理

本章主题和观点近似于本篇13.6和颜渊12.17。

今 译

师父说:"假如端正了自身,治理国家还有什么难的吗?如果不能端正自身,怎么能端正别人呢?"

英 译

The master said:"If the ruler corrects himself, what difficulty will he have in governing a state? If he could not correct himself, how would he correct others?"

13.14【原文】

冉子退朝。子曰:"何晏也?"对曰:"有政。"子曰:"其事也。如有政,虽不吾以,吾其与闻之。"

字词章句

冉子。冉有也。既尊称为冉子,多半是冉子门生所记录,而后面显然是孔子对冉有的批评,可见记录者还是能做到公正客观的。冉有能力一流,深为季氏倚重,但其政治主张有别于孔子教导,而倾向于季氏利益,孔子当然不满。在先进 11.17 中孔子说冉有"非吾徒也。小子鸣鼓而攻之可也"就体现不满代表言论。

朝。有两解。一说是季氏私朝,一说是鲁国国君之朝。取后说,分析如下。

一,"朝",臣子见君也。追求名正言顺的孔子不太可能同意把冉有参加季氏例会称为"朝",他的这个态度不可能不反映在《论语》的记录上。

二,季氏虽是权臣,但每日早朝应该不敢不去,而且情理上他也需要利用早朝的机会,行使其对鲁国国政的实际掌控,主持讨论并布置工作。因此季氏即使要召开自己的每日例会,也要等回到季府才能进行,从时间上就很难成为"朝"。

三,冉有是季氏家宰,每日跟随季氏去鲁国朝堂早朝,应是情理之中。虽然不能和大臣们并列,但作为权臣的首辅,以跟班的形式协助季氏开展工作,应属正常。

其余分析详见后文。

晏。晚。

其事也。"其",那、这,指冉有称为"政"的行为;"事",事情。此处孔子正如在颜渊 12.20 中对"闻"和"达"的区分一样,通过自己的定义来区分"事"和"政",从而试图推销其临时发明的定义并使其"正名"。按孔子的逻辑,什么叫"政",什么叫"事"呢?

一,多有解家认为:孔子把君主之事叫政,把臣子之事叫事。但这显然不符合孔子的一贯表达。比如在颜渊 12.17 中,就是你自己端正自身",等于承认季氏所为是"政"。

二,孔子弟子有不少出任别人家宰的,他们也常常来请教如何为政,比如本篇 13.2 中明确说"仲弓为季氏宰,问政"。可见孔子认可为臣子做事也是"为政"。

三,为政 2.21 中,孔子认为"孝"和"友"都是"为政",不可能为季氏谋事反而不是"为政"。

四,"事",应如同本篇 13.3"言不顺,则事不成"的"事",指的是具体的事物,是执行层面的,而不是国家发展方向之确定、战略之规划及大政之决策。"事"是英文 business,"政"是 governance。

五,也正因为如此,孔子才有自信说:"如有政,虽不吾以,吾其与闻之。"因为国家发展的方向、战略规划及重大决策领域的动态,所来有自,有规律可循,对时政具有洞察力的孔子即使不在其位,也能有所耳闻,有所判断。

因此,孔子此处并不是想把季氏例会贬低为只能谈"事"来贬低冉有,而是通过否定冉有参与讨论国家大事而打击其自得之状,或许也有"想当年我去上朝的时候,那架势"……的争强好胜心理吧。

虽不吾以。"以",用。"虽不吾以",虽然不用我(为臣)。

其与。必然也。

今 译

冉子退朝。师父说:"怎么这么晚呀?"回答说:"有政事。"师父说:"那是事务,不是政事。如果有政事,虽然现在不用我了,我必定也会知道。"

英 译

Mr. Ran retired from the court. The master said: "Why so late?" Replied: "There were government affairs." The master said: "Those were businesses, not government affairs. If there were government affairs, though being not employed now, I would surely be aware of them."

13.15【原文】

定公问："一言而可以兴邦,有诸?"孔子对曰："言不可以若是,其几也。人之言曰:'为君难,为臣不易。'如知为君之难也,不几乎一言而兴邦乎?"曰:"一言而丧邦,有诸?"孔子对曰:"言不可以若是。其几也:人之言曰:'予无乐乎为君,唯其言而莫予违也。'如其善而莫之违也,不亦善乎?如不善而莫之违也,不几乎一言而丧邦乎?"

字词训诂

几。接近、近乎。

章句义理

言不可以若是其几也

主流句读是"言不可以若是其几也",意思是"说话可不能有这种期待呀。"不取。此解等于把"几"解为"期",没有来处。另一种句读是:"言不可以若是,其几也。"意思是"话可不能这么说,有接近的说法"。不取。按此说,就应该在"其几也"后面用冒号引出到底怎样说才算是"几",这样就成了正解,即在"其几也"后面加冒号,引出后面的引用。其余数种解读更为牵强,不赘述。本书句读方为正解。

孔子论述的逻辑

首先,孔子通过夸大可能性,把现象打扮成规律;其次,孔子用"言语"来指代"行为",等于假设"言语必然代表行为"的假设,而这种假设显然违背了他自己在公冶长5.10中"听其言而观其行"的指示。

"为臣不易"出现得有点突兀,从后面只谈"为君之难"可确认与论述无关。以孔子和《论语》编纂者惜字如金的风格,不大可能只是一句画蛇添足的废话。只有一种可能,孔子引用的是当时的名言,虽然其后半句和议题无关,但引用时仍按习惯保持完整以顺应表达习惯并确认其名言来源,正如哪怕我们只想表达"一旦惹我我必还击"时就引用"人不犯我我不犯人,人若犯我我必犯人"一样,把不相干的半句也引用出来。

对于"一言而丧邦",在回答完"唯其言而莫予违也"之后,孔子又把它分为两种情况,总结说只有"其言不善"时才会"几乎一言而丧邦",逻辑复杂:

首先,这等于自我否定,认为单单"唯其言而莫予违也"不是"几乎丧邦"的充分条件。

其次,必须不仅"唯其言而莫予违也",然后还得是"其言不善",然后才会"几乎丧邦"。为什么不直接说"言不善而莫敢予违也"就会"丧邦"呢?而且我们知道统治者刚愎自用、一意孤行,基本都以"丧邦"为结局,干吗还要分其言"善"或"不善"两种情况呢?难道"善"就能一直善吗?不正是因为个人表现的波动性,所以一旦"唯其言而莫予违也",必然会有时"其言不善"吗?一旦有时"其言不善",则累加起来就会"几乎丧邦",何必还要区分上述两种情况呢?

所以本书认为,孔子在此处的区分属于义理上的画蛇添足,他把无法保证其持续性及锁定成果的"如其善而莫之违也,不亦善乎"和具有规律性的"如不善而莫之违也,不几乎一言而丧邦乎"并列,削弱了自己的论述,反映了自己对于这个规律认识的模糊和态度的犹豫。

此外,对话双方都把"一言"的主语理所当然地设定为国君,这一点就排除所有针对国君的教导,只能从符合国君口吻的表达中筛选。好像过往解家都未意识到这个限制。

孔子的两处引文的出处,均不可考,大约也是当时的流行表达吧。

今 译

鲁定公问:"一句话就可以使国家兴盛,有吗?"孔子回答说:"话不可以这么讲,但有接近(这个标准)的说法:有人说'做国君难,做臣子也不容易'。如果知道做国君的艰难,不几乎就是一句话使国家兴盛吗?"问:"一句话就毁灭国家,有吗?"孔子回答说:"话不可以这么讲,但有接近的说法:有人说'我并不以做国君为乐,除了我的话没人违抗之外'。如果他的话是好的而没人违抗,不也很好吗?如果他的话是不好的而没人违抗,不几乎就是一句话毁灭国家吗?"

英 译

King Ding of the Lu state asked: "One single sentence that can prosper a state, does it exist?" Confucius answered: "It cannot be said this way, but there does have a similar expression that qualifies (to that standard). Someone says 'To be a king is difficult, to be ministers are not easy.' If he knows the difficulty in being a king, doesn't this almost qualify as one sentence that can prosper a state?" Asked: "One single sentence that can ruin a state, does it exist?" Confucius answered: "It cannot be said this way, but there does have a similar expression that qualifies (to that standard): someone says 'I take no pleasure in being a king, except that my words will not be disobeyed by others.' If his words are good and not disobeyed by others, isn't this good, too? If his words are not good yet and not disobeyed by others, doesn't this almost qualify as one sentence that can ruin a state?"

13.16 【原文】

叶公问政。子曰:"近者说,远者来。"

字词训诂

叶公。"叶",shè。请看述而 7.19 下注释。

章句义理

前五世纪初,楚昭王作为楚国一代中兴之主,有北进中原扩充国土之意。而与楚国相邻的蔡国,在十多年前的吴国伐楚之战中站在吴国一边,此时因怕楚国报复,便迁都到靠近吴国的地方。部分蔡地居民不肯迁居,楚国便筑城把他们安置起来,叶公正是此事负责人。因此孔子在回答其问题时,才有针对性地用吸引人民投奔的角度来回答,等于肯定叶公的政绩和楚国的政策。

能让"近者说,远者来",靠的还是仁、义、礼、信等"先王之道"。

今 译

叶公问如何管理政事。师父说:"让近处的人喜悦,让远方的人来归附。"

英 译

Duke She asked how to govern. The master said:"Make the people nearby happy, and attract the people far away to come."

13.17【原文】

子夏为莒父宰。问政。子曰:"无欲速,无见小利。欲速,则不达;见小利,则大事不成。"

字词训诂

莒父。分别是 jǔ 和 fǔ,一说地在今山东莒县,一说在今山东高密市。更大的可能是前者。

无。毋也。

欲。想要。

速。速成。

达。实现目的。

见。看见,引申为盯着。

今 译

子夏当了莒父的主管。问如何理政。师父说:"不要急于求成,不要关注小的利益。急于求成,则实现不了目的;关注小利,则大事就干不成。"

英 译

Zi Xia became the governor of Jufu. He asked about how to govern. The master said:"Do not rush for quick results, do not follow small interests. Rushing for quick results will prevent their being achieved; following small interests will prevent important tasks from being fulfilled."

13.18【原文】

叶公语孔子曰:"吾党有直躬者,其父攘羊,而子证之。"孔子曰:"吾党之直者异于是——父为子隐,子为父隐——直在其中矣。"

字词章句

语。yù,相告义。

直躬者。有以行为正直为"躬"者,很是牵强。首先,是因为叶公没有给出具体人名的语气,理解为"我们那里有个这样这样的人",符合举例习惯;其次,"直躬者"可以理解为"本身正直的人",没有必要加入人名;最后,可能孔子正是因为认为不加上"本身"二字仍能表达一样的意思,所以在回答中才不照用叶公措辞,而改用简练的"直者",这种措辞的改变不能像俞樾在《群经平议》中主张的那样,作为证明前面的"直躬"之"躬"是人名的依据。

攘。rǎng;有人说"攘羊"不是主动偷,而是羊来了推进屋里,在自家门口顺手牵羊也,所以不算偷盗,只算不当得利云云。此解背后的动机还是试图为后面孔子令人不解的指示做铺垫,试图使孔子为了亲情抛弃正义的迂腐显得不那么过分。不取此解;就取其"盗窃"义,简明直白,合乎逻辑。当取其进行时而非完成时含义,原因见下文对"证"字的分析。

证。到底是主动告官,还是应邀出庭作证,或是对失主坦白?主动报官显然不合情理,正常处理方法应是劝说父亲放掉羊。在庭上作证或面对失主据实以告,可以合并为"作证",是被动状态下的坦白,于理于情都不算过分,是应有之义。但从后孔子用了"隐"字,可知他否定这种"被动状态下的坦白";这和孔子"互为之隐"的指示是千古以来的著名公案,解说纷纭。本书则提供最符合情理和逻辑的新解:应该取"证"的其他含义,重新理解孔子所说"互为之隐"的指示。

《说文解字》:"证,谏也"。"谏"可以理解为"正""止"或"劝",这三个字义均可用来解读"证"。取"制止"最妥。这样,"子证之"就可理解为"儿子制止父亲"。这样,叶公的叙述就可以解为:"我们社区有个正直的人,在他父亲把别人家的羊往自家屋里推的时候,这个儿子制止了父亲。"

孔子反对这样做,他认为父亲和儿子之间不该这样当面对立,伤和气,伤面子,还尴尬,对维持双方在彼此心目中的地位,尤其是各自自认为在对方心目中的形象定位,伤害很大,且难以弥补。

因此,请设想这样一个情景:父亲正在把别人家的羊往自家屋里赶,儿子看到了,而父亲不知道儿子看见自己的行为。这时儿子最得体的做法应该是默默躲开,找个适当时机偷偷把羊放掉,或者找个机会,当着父亲的面,假装偶然发现自家羊圈里有外来者,顺势把它放。

这种解读乍看很曲折,但琢磨一下这个场景,联想一下生活中类似的尴尬困局,恰恰这种演戏的手腕,在不和当事人撕破脸皮的前提下就匡正了对方的错误,维持了对方在场面上的尊严,是应该提倡的。这种处理方式和孔子对"孝"在内心中和脸色上的多重修炼的提倡也吻合。

这种解读中,把"隐"解读为"隐瞒",也成立,但更好的解读应是取其本来就有的"怜悯、怜爱"之义。为了维持字面上的强烈色彩,翻译时仍取"隐瞒",但读者应认识到这种隐瞒不是对外人隐瞒,而是父子之间隐瞒自己知情的事实。英文翻译用 disguise 特别妥帖,兼有隐瞒和假装之义。

这样,孔子的立场就不是提倡父子之间为了免于刑罚而不顾正义、不讲诚信、无原则地护短,并坚决撒谎,而是提倡父子之间在发现对方有不义之举时,体现关爱精神,利用技巧化解,而不是当面拆穿,不留情面。

直在其中矣。按上述解读,则本句的逻辑就是:虽然父子之间应该本着关爱精神、迂回化解"义"和"亲情"之间的矛盾,看似曲折,但因为这样做既能维护正义,又能合乎亲情,反而更能体现"直"的情怀,因此,表面上曲折,反而"直在其中矣。"

今 译

叶公告诉孔子说:"我们那里有个自身正直的人,他父亲顺手牵羊时,儿子制止了他。"孔子说:"我们那里正直的人与此不同:父亲为儿子隐瞒,儿子为父亲隐瞒。——正直就在其中啊。"

英 译

Duke She told Confucius:"In my community there was an upright man, when his father was trying to steal a sheep, the son himself stopped him." Confucius said:"In my community the uprightness is different from this: fathers disguise for their sons, and sons disguise for their fathers. —Uprightness is here inside of it."

13.19【原文】

樊迟问仁。子曰:"居处恭,执事敬,与人忠。虽之夷狄,不可弃也。"

字词章句

樊迟在《论语》中问仁问过三次,另外两次见于雍也6.22和颜渊12.22。

居。居住。

处。此处三声,居住。"居处",还是居住,特指"日常生活"。因为有人把它解为"日常的仪容举止",本来属于限制性的引申,无可厚非,但结果却被词典编纂者引用,以讹传讹,导致今天词典里都承认"居处"有"仪容举止"之义。类似以讹传讹的词义演化还有卫灵公15.37中的"谅"。

恭。谦逊。

敬。慎重。

忠。真诚。

虽之夷狄,不可弃也。"之",到、去。意思是,虽然夷狄尚未开化,礼仪水平比中原要低,但是去了也不能丢弃"居处恭,执事敬,与人忠"这些"仁德"。正如里仁4.5中所谓"君子无终食之间违仁。造次必于是,颠沛必于是"要求的那样,不能因为环境变化了就改变对"仁德"的追求和执行。

孔子在本章对仁的定义,属于用对象的特点来说明。说好听点就是孔子基于我们无法确知的角度在因材施教、对症下药,说难听点就是孔子没有一贯而明确的思路,只好避开正面回答,用各种技巧(用对象的特点代替对象,描述其行为特征,使用排除法、转移话题、大而化之、似是而非,等等)来东拼西凑,结果自然是挂一漏万、前后不一、深浅有别、模糊混乱。弟子们就同一个话题老是提问,反证孔子道理没有说透的事实,不能只用"因材施教"的意愿和技巧来回避其定义不清的缺陷。

今 译

樊迟问什么是仁。师父说:"日常生活中谦逊,做事慎重,对人真诚。即使到了蛮荒之地,也不能丢弃(这些素质)。"

英 译

Fan Chi asked what humanitarianism was. The master said: "Be modest in everyday life, be discreet in business, be sincere with others. Even when traveling to the savage and wild regions, don't give up (these qualities)."

13.20【原文】

子贡问曰:"何如斯可谓之士矣?"子曰:"行己有耻,使于四方,不辱君命,可谓士矣。"曰:"敢问其次。"曰:"宗族称孝焉,乡党称弟焉。"曰:"敢问其次。"曰:"言必信,行必果,硁硁然小人哉,抑亦可以为次矣。"曰:"今之从政者何如?"子曰:"噫!斗筲之人,何足算也?"

字词训诂

士。详见泰伯8.7下注释。

行。进行、行事。"行己",在社会上呈现自己。

乡党。周边乡亲。详见雍也6.5下注解。

果。有两解:其一取"果断",其二取"办成"。本书取第二义。主要原因是

"行"而"无果",还算是"言而无信",只有"行动必须成功",才算"言必信"。

硁。kēng,本义是石头相击之声;"硁硁然",声音洪亮清脆的样子。主流多解为"浅薄固执、心胸狭窄",从后面的"小人"二字反推出"硁硁"这一词义,这个反推出的词义本无来处。朱熹为了自圆其说,把"硁"解为"小石之坚确者",私塞了"小"字,然后加以发挥,缺乏客观诚实之治学态度。

也有解为"固执"的,虽然义理上恰当,但同样词义上没有来处,不取。

"硁硁然"的样子吻合"言必信,行必果"这种说一不二、说干就干的风格,"言必信,行必果,硁硁然"结合在一起,很有画面感:一个愣头小子,以"言出必行"自许,对自身要求很高,不达目的誓不罢休,豪气干云,爽朗豪迈,说活自然也是洪亮自信,正气凛然。

因此,就取其"声音洪亮"的本义。

小人。解为"见识和气量狭窄"无异议。因为总体上"小人"也是"士",而且上面描述的"言必信,行必果,硁硁然"好像是正面风格和形象,因此多有人不理解孔子为何用贬义明确的"小人"来表达,所以会有曲折附会的各种解读,不取,不赘。

孔子用"小人"来描述"言必信,行必果,硁硁然"之人,并无不妥。

一,孔子有时用"小人"表示"平民",有时用它来表示"心胸狭窄、见识鄙陋"之人。此处既然肯定"小人"是"士",虽然当时"士"是"民"和"上"之间的中间阶层,但孔子显然希望"士"能成为统治阶级的一部分,因此在自己的表达中就不会用"小人"指"平民",可参阅子罕9.12下注解。此处"小人"是指"心胸狭窄、见识鄙陋之人"。

二,"言必信,行必果,硁硁然"之人,体现"信、勇、义",无疑是优良品质,但都是个人素质,关乎风格,而无关乎对社区或国家的贡献,同时也缺乏对事情是非曲直的判断和当止则止的变通。比起"使于四方,不辱君命"为国做出贡献的人,缺乏具有宏观意义和高度的成就;比起"宗族称孝焉,乡党称弟焉"这种为家族和社区做出道德表率的人来说,缺乏利他性的道德高度和促进社会风气的楷模效应。在"治国"及"化民"两个领域,"言必信,行必果,硁硁然"之人都谈不上贡献,其体现的优良品质只有用在"治国化民"领域才具有更大的意义。

三，当然，正因为其体现出优良品质，所以这种人被征用会产生更大的贡献。如果连这种优良品质都不具备，则连产生更大贡献的可能都不存在。

四，所以，"小人"也算难得，个人风格突出，或有鄙陋和骄横之嫌，但品德优良无疑，只是未能为宗族和乡党所认可，未能对国家做出更大贡献而已。

斗筲之人。"斗"，十升容量。"筲"，shāo，竹制容器，十二升容量。"斗筲之人"就是只关心十来升谷子的人，形容气量狭小。

章句义理

"行己有耻"是德，"使于四方，不辱君命"是能，德能兼备，这是第一等的士。

宗族知其孝，邻里称其"悌"，足见其向仁之心坚决、践仁之行一贯，参考学而1.2中"孝弟也者，其为仁之本与"，可知其德行之高，而且因为其广被认可，更有楷模示范效果。这种人，能力不好说，但德行肯定没问题。

再次一等就是"言而有信，行必有果，声音洪亮，正气凛然"之士。这种人能力不好说，体现的德行也主要是关乎自身的，而不是对社会有效果的。

最后骂当政之人，属于一棍子打死，目的只是为了说整个政界不堪罢了，"今之从政者"是否整体上比不过上述三种士，不是孔子关心的，也不是子贡想从师父嘴里听到的。无论如何，孔子从总体上否定"今之从政者"，认为他们不仅无法"德能兼备"，也没有德行，甚至连"小人"都算不上，其实是在否定整个官员选拔和任用机制，不仅仅是否定，而是彻底否定——因为只有总机制彻底把标准搞反了而不仅仅是失效了，才会导致"今之从政者"整体连"小人（士）"都不如的局面。不要忘了，在孔子时代，"士"是平民和卿大夫之间的阶层，大致上是"拥有卿大夫宗亲背景的各类技术人才"的统称，可以做官，和"从政者"属于从两个角度定义的圈子，有点像今天的"官员"和"学者"这样，有重叠，但总体社会地位低于"从政者"。因此孔子等于把两个阶层的地位掉了个个，或许有为"士"出头和打抱不平的想法吧。

今 译

子贡问："怎么样才能称为士呢？"师父说："自己做事知道羞耻，出使四方，不辱没国君的使命，可以称为士了。"问："可否问次一等的呢？"答："本族的称赞他孝,本地的称赞他敬重兄长。"问:"可否问再次一等的呢?"答:"说了话必会遵守,一旦行动必有结果,说话铿锵洪亮的样子,鄙陋之人也,但是也可以算是再次一等的了。"问:"如今的治国人士如何呢?"师父说:"哎呀!他们是心胸狭隘之人,怎么能算得上呢?"

英 译

Zi Gong asked: "What are those that qualify one as a gentleman?" The master said: "If one maintains a sense of shame in behaving himself, does not bring disgrace to the commissions of his king when serving as an envoy in any quarter of the world, he can be called a gentleman." Asked: "May I venture to ask about the next tier?" Replied: "The one whose clansmen praise him to be filially loving, and whose neighbors praise him to be fraternally subordinate." Asked: "May I venture to ask about the next tier?" Replied: "The one who keeps faith in his words, and must carry out once he takes action, with a loud and clear voice, he is actually a superficial guy, yet he could also be considered the next tier." Asked: "How about today's government officers?" The master said: "Pooh! They are rice bags, how can they be qualified?"

13.21【原文】

子曰:"不得中行而与之,必也狂狷乎?狂者进取,狷者有所不为也。"

字词训诂

中行。在中间行走,引申为"以中庸行事"。此处用此动作指称"中行之人",后面"狂狷"是用形容词指称"狂狷之人"。

与。结交。

狂。狂放激进。

狷。juàn,洁身自好。

章句义理

把"狂"比作有点"过"而把"狷"比作有些"不及",都用"中行"来做标杆。问题是,"必也狂狷乎"显然指退而求其次,避免结交更糟糕的人,这些更糟糕的人,从逻辑上推理,只能是离"中行"更远的人,即"更过"和"更不及"两种;什么风格比"狂"更"激进"呢?或许只有"滥"(取卫灵公15.2中"小人穷斯滥矣"中的"滥"义)字了吧?指无所顾忌;什么风格比"狷"更"保守"呢?或许只有"退"(取先进11.2中"求也退"中的"退"义)字了吧?指不思进取。

因此,孔子的潜台词是:遇不到中行高人,又一定要结交的话,就结交狂放激进但还不算无所顾忌的人、或者洁身自好有所不为但又不是不思进取的人吧。

今 译

师父说:"没有机会和行事中庸的人结交,一定要的话,就该是狂放激进和洁身自好的人了吧?狂放激进的人进取,洁身自好的人有所不为。"

英 译

The master said:"If there is no chance to associate with those following balanced constancy, yet one has to associate with someone, must they be the wild radicals and the obsessively aloof? The wild radicals forge ahead, the obsessively aloof have something that they will not do."

13.22【原文】

子曰:"南人有言曰:'人而无恒,不可以作巫医。'善夫。'不恒其德,或承之羞。'"子曰:"不占而已矣。"

字词章句

南人。南方人,应是楚地及以南之人。

巫医。巫师和医生的合称。"作巫医",多解为当巫师或医生,不妥,因为此时应用"为巫医"字眼;解为"行巫医之术"为妥。

恒。一贯性。

人而无恒,不可以作巫医

这句引用今天已不可考,《礼记》中虽有类似表达(见《礼记·缁衣》最后一段,其中有:子曰:"南人有言曰:'人而无恒,不可以为卜筮。'"),却是引用孔子言谈,如果用作引文来源,就属于循环互证了。

全句意思是:"人如果没有一贯性,就不可以行巫师或医生之术。"字面简明,但义理晦涩,试析如下:

参考前面说"南人",可以想象当时南方落后,充满神秘感和仪式感的巫术不少,利用神秘力量来治病的医术应该比中原地带远为盛行,相应的条条框框也就更多,"人而无恒,不可以作巫医"应该就是其中的讲究之一。

行巫术医术,在仪式上和流程上应该遵守固定的套路,才能煞有介事,让人信服,便宜处置、变动将就都会损害过程的信服力和庄严性,除了严重减弱其安慰剂效果外,还会使自己的行为和职业变得不严肃,甚至成为笑料,因此有对"恒"的要求。

朱熹认为"巫医"乃贱业,即"贱业如巫医都不允许,何况其他乎",牵强,不取。"巫医"在孔子时代应是重要工种,巫、医分家就在其时,即使"巫"的地位开始从庙堂之上走下坡路,但还远不是卑贱的行当。

善夫。"夫"是语气助词,表示叹赏。"善夫",说得好啊。

不恒其德,或承之羞。本章句读纷呈,不赘。多有把本句放在"善夫"后单做一句的。应把本句作为孔子用"善夫"赞赏南人之言后又引用《易经》爻辞所做的总结和呼应,然后"子曰",给出自己的建议。

文字出自《易经·恒卦·第三爻》爻辞释义:"九三:不恒其德,或承之羞。"今译为:不能坚守德行的人,常常会受到羞辱。

孔子引用这句话,呼应上面的"南人之言",用引语来说明巫医没有"恒",就会常常自招羞辱。

不占而已矣。"而已":语气助词,表达仅止于此的意味,相当于"罢了"。"矣":语气助词,表达言谈结束的意味,相当于今天的"了"。"不占而已矣":那就别去占卜了吧。

今 译

师父说:"南方人有句话说:'人如果没有恒德,就不可以行巫师或医生之术。'说得好啊。(《易经》爻辞上说:)'不能坚守德行的人,常常会受到羞辱。'"师父说:"那就别去占卜了吧。"

英 译

The master said:"The southerners have a saying:'He who doesn't incarnate constancy should not practice the skills of a wizard or a doctor.' Well said.(The explanations on the *Book of Change* say:)'Without the constancy of his virtue, one will often suffer disgrace.'" The master said:"Then do not practice divination."

13.23【原文】

子曰:"君子和而不同,小人同而不和。"

字词章句

此处君子和小人是从个人修炼角度而不是统治者和平民的阶层差异这一角度来对比。

和。和谐相处。"同"字多有训为"赞同"并引申为"附和"的,但没有词义出处,大约是解读者望文生义,给"同"赋予了"赞同"之义,然后代入孔子原话,发现如此解来,也说得通,就欣然自许了。后人沿用既久,就不再考究其词义来处,甚至后世辞书也顺水推舟,把这个本来没有的含义赋予"同"字,并只用来解读孔子本章言论。其实,从孔子后半句"小人同而不和"就可推知,"不和"之人怎么会彼此"附和"呢?

孔子论述的逻辑

君子之间互相尊重，又都遵守相同的行为规范和礼仪，因此能和谐相处。但各人因为独立思考，所以对待事物的看法不同、信仰不同、风格不同、侧重点和优势不同、从事的职业不同，因此呈现出人格、能力、背景、倾向、风格等方面的多样性。这样的人既不盲从他人，也不会强求他人接受自己的观点，符合今天全球人际交往的主流价值观，也是自信和公平精神的体现。

见识鄙陋之人因为见识有限，在知识储备、世界观、对事物的看法、分析问题的方法、表达和措辞习惯，甚至个性风格上容易趋同，因为本来就容易人云亦云，不善于独立思考和判断，所以容易形成集体无意识。同时，由于利益追求或者相似，或者不懂忍让，就容易产生矛盾，从而争斗不断，形不成一个可以持续存在的团体。这正是今天那种酒桌上呼兄唤弟、共事时互相拆台、利益面前未成先乱的团伙的写照。

只有尊重不同意见、见解、风格、价值观和利益，才能实现和谐共处，才能实现各自发展；而以"同"为目的的社会约束，只会扼杀多样性，摧毁能涵养社会持续发展机制的健康生态。

孔子在本处的总结体现了深刻的智慧，揭示的是古今中外人际交往中的较为普遍的规律，相信读者自有体会。

类似的在"君子"和"小人"之间的对比，在《论语》中共有二十处。本章。君子周而不比，小人比而不周（为政2.14）。君子怀德，小人怀土；君子怀刑，小人怀惠（里仁4.11）。君子喻于义，小人喻于利（里仁4.16）。女为君子儒！无为小人儒（雍也6.13）！君子坦荡荡，小人长戚戚（述而7.37）。君子成人之美，不成人之恶。小人反是（颜渊12.16）。君子之德风，小人之德草（颜渊12.19）。君子易事而难说也……小人难事而易说也（本篇13.25）。君子泰而不骄，小人骄而不泰（本篇13.26）。君子而不仁者有矣夫，未有小人而仁者也（宪问14.6）。君子上达，小人下达（宪问14.23）。君子固穷，小人穷斯滥矣（卫灵公15.2）。君子求诸己，小人求诸人（卫灵公15.21）。君子矜而不争，群而不党（卫灵公15.22，未谈小人，但可推知）。子曰："君子不以言举人，不以人废言（卫灵公15.23，小人可推知）。君子不可小知而可大受也，小人不可大受而可小知也（卫灵公15.34）。君子有三畏……小人不知天命而不畏也(季氏16.8)。君子学道则爱人,小人学道则易使也(阳货17.4)(借子游之口说出)。君子有勇而无义为乱,小人有勇而无义为盗(阳货17.23)。

把各处对比汇总并分类,大约如下:

表13-2 君子小人对比总览表

君子	小人	类别
重视品德	重视乡土	倾向
重视法治	重视恩宠	倾向
理解正义	理解利益	倾向
成人之美而不成人之恶	成人之恶而不成人之美	倾向
有勇无义时会生乱	有勇无义时会为盗	潜力
有可能不是仁者	一定不是仁者	潜力
学道就会仁爱	学道就能使唤	潜力
向上进步	向下退步	潜力
穷而不移	穷了就没有原则	潜力
不能从小处去赏识,但可以委以重任	不能委以重任,但可以从小处赏识	潜力
主动	被动	风格
知道敬畏天命	不知敬畏天命	风格
胸怀宽广	局促忧惧	风格
容易服侍但难以取悦	难以服侍但容易取悦	风格
求诸己	求诸人	风格
和谐相处但不拉帮结派	拉帮结派但不和谐相处	风格
和而不同	同而不和	风格
安详不骄	骄而不安详	风格

从上表可知,君子和小人的区别可以分为三组领域:

一,潜力,即能力。

二,风格,即行为特点。

三,倾向,即心理倾向。

这三类领域涵盖作为社会个体的主要特质,唯一不在其列的就是社会成就,社会成就要么是世俗的,要么就是崇高的。世俗成就从来就不是孔子关心的,崇高成就只能是"仁"和"圣"了,即对社会和他人的积极贡献。这大概就是孔子基本不谈世俗成就,同时明确区分君子和"仁者""圣人"的原因吧。

今 译

师父说:"君子们和谐相处但各自不同,见识鄙陋之人彼此相同却不能和谐相处。"

英 译

The master said:"Cultivated gentlemen are compatible together but different respectively, base men are alike yet not compatible."

13.24【原文】

子贡问曰:"乡人皆好之,何如?"子曰:"未可也。""乡人皆恶之,何如?"子曰:"未可也。不如乡人之善者好之,其不善者恶之。"

字词训诂

乡人。近郊社区居民,可简为"邻居"。

未。不能。

可。好,形容词。"未可也",不能算好。

不如。比不过,连词,引申为"最好还是"。

章句义理

第二个"未可也"

说"不能说他好"呢,还是说"不能说他恶"呢?应是前者,理由如下:

"可"字做"认可"解,两处"可"字应做统一解读。

后面说最好是"邻居中的好人喜欢他,而邻居中的坏人讨厌他",显然是用评价者本身的好坏来作为判断其好恶是否可取的依据,反推出前面"乡人皆恶之,何如",这个问题本来问的就是"大家都讨厌他,是否可以认定他是好人呢"。

以子贡的水平,当然知道"乡人皆好之"不能作为认可其人的充分条件,因为他清楚地知道"乡人"中本来就有善恶两种人,所以他才会接着问:"乡人皆恶之,何如?"暗含的逻辑是:"师父当然也知道善人和恶人并存,那么师父会不会因为乡人的恶评反而会认可其人呢?"

孔子论述的逻辑

对待公众对某人的风评,孔子的态度是一致的,可参阅卫灵公15.28:"众恶之,必察焉;众好之,必察焉。"

孔子的回答假定了以下逻辑的成立:善人一定会喜欢善人;恶人一定会讨厌善人。这个假设不涵盖下列两种可能:善人也喜欢恶人;恶人也讨厌恶人。

因此,即使孔子的上述两个假设成立,由于存在上述两种可能性,从"乡人之善者好之"也推不出其人"可也"的结论;同理,从"乡人之不善者恶之"也推不出其人"可也"的结论;这意味着:即使同时满足"乡人之善者好之"和"乡人之不善者恶之"两个条件,也不能得出结论说其人"可也"。

所以,此处有很大的逻辑漏洞:孔子的两个假定在实际生活中也未必成立,但还算合乎情理;但显然孔子漏了另外两种可能性,而这两种可能性恰恰很有可能成立。善人就是常常爱一切人,包括恶人;孔子自己也说过"苟志于仁矣,无恶也"(里仁4.4);恶人几乎总是讨厌一切人,包括其他恶人,他们不会因为对方也是恶人就同类相亲,恶人之间互为威胁并因此互相讨厌才是生活中的常态啊(本篇13.23"小人同而不和")。

孔子论述成立的可能性,恐怕还比不上"乡人皆好之"就肯定他、或"乡人皆恶之"就否定他成为正确判断的概率吧?算是白白兜了个圈子。

今 译

子贡问道:"邻居们都喜欢他,他怎么样啊?"师父说:"不能因此算他是好人。""邻居们都讨厌他,他怎么样呢?"师父说:"不能因此算他是好人。最好是邻居中的好人喜欢他,而其中的坏人讨厌他。"

英 译

Zi Gong asked:"All neighbors like him, how is he?" The master said:"Cannot for that regard him as good.""All neighbors hate him, how is he?" The master said:"Cannot for that regard him as good. It would be better when the good men of his neighbors like him, and those bad hate him."

13.25【原文】

子曰:"君子易事而难说也。说之不以道,不说也;及其使人也,器之。小人难事而易说也。说之虽不以道,说也;及其使人也,求备焉。"

字词训诂

事。服侍。

道。正道。

器。才能也。"器之",按其才能使用之。参考为政 2.12 中"君子不器"的解释。

求备。苛求齐备。

章句义理

孔子在本章中的总结,体现了对所述两种人深刻的洞察,有心理学基础,具有普适性。

今 译

师父说:"君子容易服侍但难以讨好他。讨好他而不用正道,他不会喜欢;当他用人时,会按其才能而使用。小人难以服侍但容易讨好他。讨好他即使不用正道,他也会喜欢;当他用人时,苛求齐备。"

英 译

The master said:"A cultivated gentleman is easy to serve but hard to please. Trying to please him but not by the right way, he will not be pleased; when he employs others, he will use them according to their competencies. A base man is hard to serve but easy to please. Trying to please him though not by the right way, he will still be pleased; when he employs others, he will demand perfection."

13.26【原文】

子曰:"君子泰而不骄,小人骄而不泰。"

字词章句

泰。安详。"骄",傲慢。

尧曰20.2中也有"君子……泰而不骄"之语。

心中有自信和原则,态度就会安详,不会傲慢待人;缺乏自信和原则,反而常会用傲慢的态度来掩盖内心的不安,但眉目举止之间,必然惴惴不安,终归难以掩盖内心无主之实。

今 译

师父说:"君子安详而不傲慢,小人傲慢而不安详。"

英 译

The master said: "A cultivated gentleman is serene but not arrogant, a base man is arrogant but not serene."

13.27【原文】

子曰:"刚、毅、木、讷近仁。"

字词训诂

刚。坚定。参见公冶长5.11。

毅。意志坚强。参见泰伯8.7。

木。朴实。

讷。少言状。参见里仁 4.24。

章句义理

这四种特点都关乎个性和风格,与道德倾向无关,"仁"却是道德的最高标准。因此只能假设孔子在此处把这四种个性和风格的应用理所当然地设定在德行领域之内。做这种假设,等于是在替孔子补漏,难免有点勉强的感觉。按情理,孔子应该说"刚、毅、木、讷而德,近仁"。现有表达则有被滥用的风险,比如很多职业杀手或江洋大盗就具备"刚、毅、木、讷"的特点,他们离仁却很远。这四种风格对完成任务和目标很有帮助,但任务和目标本身却有可能是邪恶的。同时,具备这四个特点的人,也可能同时具备残暴、冷酷、阴险、狡诈等不良品质。它们只是对个人部分品质的赞扬,并不代表对象个人品质的完整,更不暗示对象的善。

今 译

师父说:"坚定、坚强、朴实和少言,接近仁德了。"

英 译

The master said: "Steadfastness, strong will, simplicity, and taciturnity are close to humanitarianism."

13.28【原文】

子路问曰:"何如斯可谓之士矣?"子曰:"切切、偲偲、怡怡如也,可谓士矣。朋友切切、偲偲,兄弟怡怡。"

字词训诂

切切。诚恳貌。

偲偲。sī;《说文解字》说:"偲,强力也。"用在朋友之间,"偲偲"就是不停劝勉之义。颜渊 12.23 中,子贡问友。子曰:"忠告而善道之,不可则止,毋自辱焉。"为何此处又说朋友之间要不停劝勉呢?道理很简单:只有不停地、但是必须又是有技巧地劝勉了,才算尽了朋友之义,才算努力过;但一旦发现不可,则应该停止,这样才是合理而中庸的态度,才能保留友谊,留待他日再择机继续劝勉,否则翻了脸,连机会都不存在了。

怡怡。和气。

章句义理

本章中孔子是从"士"的风格来谈的,而且只谈其交友及兄弟交往有关部分的风格,属于偏门中的偏门,如果说孔子又是因为子路过于刚直勇猛,从而因材施教,特地教导他要收一收、缓一缓,那这一次把"士"的标准也降得太低了,等于是在对有志为"士"之人进行大放水。因材施教若此,近乎没有底线了,正过犹不及也。

显然,孔子赋予朋友更多的、更高级的义务,而对兄弟只要求和善,这符合情理,因为兄弟关系来自父母,不能自选,朋友是后天选择,责任自负。

兄弟可否成为朋友,当然可以,孔们之内就有冉耕、冉雍、冉求三兄弟。

最后,成为朋友的兄弟,哪种关系优先呢?是该"切切偲偲"呢,还是该"怡怡"呢?既然同入孔门,自然身份以师兄弟为先,互相之间需要"切切偲偲",否则等于放弃互相切磋、共同进步的机会,孔子不可能如此迂腐,还要求他们"兄弟怡怡"。

今 译

子路问:"怎么样才能称为士呢?"师父说:"具有诚恳、劝勉、和气的样子,可以称为士了。对朋友要诚恳、劝勉,对兄弟要和气。"

英 译

Zi Lu asked: "What are those that qualify one as a gentleman?" The master said: "Being sincere, exhortative, and amicable—he can be called a gentleman. Be sincere and exhortative to friends, and be amicable to brothers."

13.29【原文】

子曰:"善人教民七年,亦可以即戎矣。"

章句义理

本章可以和下一章互为参照,涉及孔子很少谈及的战争话题。

善人。一心向仁而多有德行之人。此处显然指做了统治者的"善人"。详见述而7.26下注。

教。这是关键点。多结合"即戎",把"教民"理解为"教授军事"的,不妥:

首先,在孔子的语境中,"教"全部是"教化、教育"之义,《论语》中还有六处:举善而教不能(为政2.20)。子以四教:文、行、忠、信(述而7.25)。"既富矣,又何加焉?"曰:"教之。"(本篇13.9)以不教民战,是谓弃之(本篇13.30)。此章用词和本章相同。有教无类(卫灵公15.39)。不教而杀谓之虐(尧曰20.2)。

其次,善人是一心向仁而多有德行之人,说他一上台就练兵,而且一练就是七年,不符合其价值观取向。

一个"亦"字,暗示了还有其他"即戎"的兵力来源,无非就是正常招募和训练的士兵,反证此处的"教民"还是教化人民,语气上意味着:"教化他们七年,也可以让他们上战场了"。

如果真地练兵练了七年,则"即戎"只能是去侵略别人,因为不可能练了七年兵只是为了抵抗入侵,难道入侵者还会等你练好了兵再进攻吗?如果是为了自卫而练兵,则必须在更短的时间做好"即戎"的准备。

"练兵"用不了七年,这不符合常识。

因此"教"只能是"教化"。人民由于有了长达七年的教化,则会有立身安命的价值观之本,就会形成和有道之国之间具体而密切的利益捆绑,因此在国家需要时,就有为国出战的动机和主动性;同时教化之下的风气,会使人民在"礼、忠、勇、信、义"等领域有强大的精神储备,稍加训练,即可"即戎",而且战斗力会很强大。大约相当于这样的说法:人民是战争胜败的决定因素,而"教化"是人民态度的决定因素。

七年。或许是虚指,但即使是虚指,也表达了孔子认为一个"善人"级别的治国者,需要不少年头才能完成人民的"教化"。参考本篇13.10,13.11及13.12可知：孔子自己治国，三年有成；善人教民七年，可以送他们上战场；王者执政三十年，可以实现仁政；善人执政一百年，可以胜残去杀。

由于上述四种情景涉及的外延和内涵不同，难以直接比较。但结合上述相关各章的解读，基本可以把上面四种情景按高低难易的降序排列如下：

一，王者执政三十年，实现仁政。

二，孔子治国，三年有成。

三，善人执政，百年胜残去杀。

四，善人教民，七年可使出战。

即。走向。"即戎"，走向军事，引申为"出发打仗"。

今 译

师父说："善人教化人民七年，也可以用他们去打仗了。"

英 译

The master said:"When the good man had been cultivating the people for seven years,it would also be OK to engage them to wars."

13.30【原文】

子曰："以不教民战，是谓弃之。"

字词章句

教。义同前一章中"教"。为使"以不教民战"语法上成立，必须把"不教民"连读，并解为"没有教化的人民"才可以，虽然三字连读作为名词词组有点别扭，但没有更好的解读了。

弃之。解为"抛弃他们"无异议，但是从什么意义上"抛弃他们"呢？

主流既然把"教"解为"教习军事"，则自然就把"弃之"解为"任其失败"或"任其牺牲"。此说自洽，但如上一章所分析的那样，"教"不是"军事训练"，因此后面的"把没有军事训练的人送上战场等于是不顾其死活"就没有基础。不取此说。

那么可否理解为"把没有教化好的人民送上战场等于是不顾其死活"呢？也不妥，因为有没有教化好，并不影响他们在战场上的生存概率。

正解是："把没有教化好的人民送去打仗，等于剥夺了他们教化完成之后再去死的机会。只有教化完成了，人才死而无憾；教化未成身先死，死而不得其所也，这简直就是抛弃他们啊。"这种解读要求孔子认可"教化"比生命更重要。至少在人民的总体层面上，这是符合孔子一贯的思路的。比如在颜渊 12.7，孔子明确说"自古皆有死，民无信不立。"（参考该章解读）这个道理正如基督教在人死之前派神父接受其忏悔一样，以及在更深刻的意义上，在人去世之前为其赎罪或洗礼，等于赋予其教徒的身份，得以死得其所，避免成为上帝的弃子。孔子大约是认为，如果没有接受"教化"的洗礼，则让人民战死等于让他们成为"王道"的弃子吧。

今 译

师父说："让没有教化好的人民去打仗，这是抛弃他们啊。"

英 译

The master said: "To engage the uncultivated people to wars—this is abandoning them."

宪问篇

14.1 【原文】

宪问耻。子曰:"邦有道,谷;邦无道,谷,耻也。""克、伐、怨、欲不行焉,可以为仁矣?"子曰:"可以为难矣,仁则吾不知也。"

字词章句

本章义理可参考公冶长5.2及泰伯8.13,三章观点一致。

宪。原宪,字子思,又称原思。在《论语》中出场两次,另一次在雍也6.5中。原宪出身贫寒,一生清苦,个性清高,远离权贵。孔子死后,他在卫国隐居,穷困而终。

谷。音义同"禄"。

克。原义"武力收复",引申为"强求",主流解为"好胜",不知"好"义何来,不取。

伐。自夸。

怨。怨恨。

欲。贪心。

"克、伐、怨、欲"四种性格的相关性

贪心会导致强求,得到就会自夸,得不到就会怨恨。

贪而强求体现的是贪欲及其对行为的扭曲,将一己之私凌驾于他人利益之上,显然是"仁"的对立面。

怨恨和贪心是性格和心理的不成熟,与"仁"关系不大,更多属于"性格和德行"上修养的缺乏。但参考孔子在他处用"性格"对"仁"的促进功能来侧面定义"仁"的案例(比如子路13.19),可以推知孔子认为"怨"和"欲"对"仁"的追求和达成是不利的,所以将它们与"克、伐"并称,也算合理。

难。不容易、难得。

仁则吾不知也。承接前面"可以为难矣"中的"为",意思是:"能否为仁,我就不知道了。"

今 译

原宪问什么是耻辱。师父说:"国家有道,就出仕;国家无道,出仕就是耻辱。""强求、自夸、怨恨、贪心都不干,可以把这当成仁吗?"师父说:"可以把这当成难得的,可否当成仁,我就不知道了。"

英 译

Yuan Xian asked what shame was. The master said:"When the state is on the right way, to become an official; when the state is on the wrong way, becoming an official is shame.""When importunity, braggadocio, resentment, and cupidity are not practiced, can it be regarded as humanitarianism?" The master said:"This can be regarded as hard-won, humanitarianism or not, I do not know then."

14.2【原文】

子曰:"士而怀居,不足以为士矣。"

字词章句

怀。依恋。

居。住所。"怀居",留恋家乡、不愿远行之义。

本章意义简明:士应该志在四方,不能留恋故土,否则学习技能是为了什么呢?

士和君子是两个划分维度中的两种人,有重叠,有关联,但因维度不同,当然有差异。士指卿大夫的外围宗亲,有贵族渊源而没有贵族头衔,不属于统治阶层,而属于"民"的上层,他们往往掌握一定技能从而为统治者服务,并有机会成为统治者。可参考泰伯8.7下对"士"的注解。道德意义上的君子是从个人修养来讲的,指的是按照孔子的标准达到很高个人修养的一类人,不是社会阶层,而是孔子定义的一类人。按孔子语境,君子当然更为难得。

整部《论语》中,除本章外,孔子论及"士"的章节如下,大约代表孔子心目中"士"的最高标准,显然标准不低,而且看上去应比"君子"的标准还高。原因就是这些是近乎理想的"士"的标准,不代表"士"的普遍状态,所以不能用它们来和"君子"的标准对比。里仁4.9中有"士志于道,而耻恶衣恶食者,未足与议也"。泰伯8.7中通过曾参之口说:"士不可以不弘毅,任重而道远。"子路13.20中把士分为三等。子路13.28中描述了士交友和对待兄弟的风格。卫灵公15.9有"志士仁人,无求生以害仁,有杀身以成仁"之说。子张19.1中通过子张之口说:"士见危致命,见得思义,祭思敬,丧思哀,其可已矣。"

今 译

师父说:"作为一个士还留恋家乡,就不可以把他当做士了。"

英 译

The master said:"Being a gentleman yet loving to stay in home, such a man does not qualify to be regarded as a gentleman."

14.3【原文】

子曰:"邦有道,危言危行;邦无道,危行言孙。"

字词训诂

危。正直。

孙。音义同"逊"。

危行言孙。语法诡异,要么该用"危行孙言",要么该用"行危言孙",怎么就偏偏用了一个不对称的表达呢?只能理解为孔子的表达习惯吧。

章句义理

邦有道则正义得行,直言直行无大碍;邦无道时行事仍然要直,因为这关乎自身原则,但表达上要谦逊,以免惹祸上身。换句话说:邦无道时,自身要正,但就别管闲事了,因为自身正最多进不了上升的通道,但不会影响自己的生存;管闲事则会挡着别人的路,会招致报复和伤害。

这种态度承认明哲保身可以是美德,或者说:美德可以不关乎他人而只涉及自身。从道德定义本身来说,它必须牵涉他人,但此时的孔子显然认为:哪怕对他人的苦难和世间的不公闭上眼睛,只要自己正直,也是可以的。

这种有原则但又接受现实的智慧既符合一般的价值观,也体现成熟的心理、对生存压力的妥协以及自我平衡的能力;公冶长 5.2 中所说"邦无道,免于刑戮"也体现这种智慧。

今 译

师父说:"国家有道,应该言语正直、行为正直;国家无道,应该行为正直、言语谦逊。"

英 译

The master said:"When the state is on the right way, one can speak uprightly and behave uprightly; when the state is on the wrong way, one should behave uprightly but speak yieldingly."

14.4【原文】

子曰:"有德者必有言,有言者不必有德。仁者必有勇,勇者不必有仁。"

字词训诂

言。有多解,解为"观点、主张"最为妥当。

章句义理

孔子显然认为"有言"对"有德","有勇"对"有仁",都是必要而非充分条件;说"有言"和"有勇"不是"有德"和"有仁"的充分条件,很好理解;说"仁者必有勇"也容易理解,因为仁者为了贯彻仁德,必须直接对抗恶,没有"勇"做心理基础,就没有践行"仁道"的条件。尽管如此,孔子在《论语》中两次说过"仁者不忧,勇者不惧",和本章表述有点出入,至少暴露了前后不一致的毛病,虽然可以接受,但也算个小小的瑕疵吧。子罕 9.29 中,子曰:"知者不惑,仁者不忧,勇者不惧。"本篇 14.28 中,子曰:"君子道者三,我无能焉:仁者不忧,知者不惑,勇者不惧。"

难点在于,"有德者必有言"令人费解,为何"有言"能成为"有德"的必要条件呢?

阳货 17.19 中,子曰:"天何言哉?四时行焉,百物生焉。天何言哉?"显然认为大德如天者不必有言。学而 1.3 中,子曰:"巧言令色,鲜矣仁!"反对的是花言巧语,倒不是一概反对"言",而且对应的是"仁",属于"德"中至高无上的部分而不是普通的"德",但仍有否定"言"的重要性的意味。

在社会实践中,"有德者"完全可以不"言",不管这"言""理论、观点、信仰、言谈、宣传、号召、旗号、营销",还是其他什么,均成立。例子比如成名前的特蕾莎修女,比如众多默默奉献、实践美德的小人物,比如行善若水、润物无声的高人,不胜枚举。没有理论指导,仅凭朴素的"仁心",或者说"善的本性",或者"同类相怜的不忍之心",就可以表现出"德",就可以"有德"。有了德行而不说,不自夸,不宣传,不分析,不总结,更是古往今来普遍被认为能给"德行"加分的另一种"德行"。

"有德"可以是有一点点德,也可以是有很多德,如果要求所有"有德者"都必须"有言",则等于排除了很多不具备个人影响力的"有德者",肯定不是孔子本意。如果要求"有德者"通过"有言"来为社会和他人树立榜样和典范,从而使"德行"的价值最大化(既体现在德行本身之中,也放大到教化他人的领域内),则谈的恐怕是"至德者"而不是泛泛的"有德者"了。因为"有至德者"才有通过"言"去影响他人,改善风气的义务和能量,一般人在自身层面践行"德行"就可以算是"有德者"了。

结合孔子的一贯态度,基本可以肯定,他心中不会把"有言"当成"有德"的必要条件。在表达"有德者必有言"时,很可能只是为了表达的对称性和修辞上的美感及戏剧性,其本意在逻辑上应该指"有至德者"而非普通的"有德者"。

今 译

师父说:"有美德的人必有(适当的)主张,但有(适当的)主张的人不一定有美德;仁者必有勇,但有勇之人不一定有仁。"

英 译

The master said:"Those who have virtues are sure to have (appropriate) expressions, but those having (appropriate) expressions are not sure to have virtues; those humanitarians are sure to have courage, but those courageous are not sure to possess humanitarianism."

14.5【原文】

南宫适问于孔子曰:"羿善射,奡荡舟,俱不得其死然。禹、稷躬稼而有天下。"夫子不答。南宫适出,子曰:"君子哉若人!尚德哉若人!"

字词训诂

南宫适。请看先进 11.6 中注释。请注意与泰伯 8.20 中的同名历史人物区分开。

羿。有两解。

一是传说中神话人物,嫦娥的老公,尧帝的射手,曾射下九个太阳拯救了世界,被称为"羿""大羿"或"司羿"。传说中关于其死亡有三解,一说善终,二说因嫦娥飞去月亮而郁郁而终,三说被弟子逄蒙所杀。

二是真实人物,夏朝东夷族有穷氏首领,生于今山东省济宁市。名"后羿",又称"夷羿",也简称为"羿"。这个后羿后来通过篡位成为夏朝第六任君主;夏代君主采用由"司"字反写而造成的新字"后"(应读"司"音)作为自己的官方正式头衔,一直沿用到前1640年(夏桀末年);因此"后"字成为夏代最尊贵的称号;这个"后羿"本业就是射师,其职业和技能世代父子相传。在帝喾时代,当时的"司羿"被任命为王宫侍卫负责人,称作"司衡",此后这一职务就在该家族内世代传承。后羿后来就利用这个特殊地位先是摄政,后来赶走傀儡国君"相",自己成为了夏朝第六代君主,在位八年后被家臣寒浞所杀;由于"司羿"掌握过夏朝的王权,所以后世用上述尊称的"后"字作为前缀称他为"后羿"。虽然"后"字本来和"司"同音,但渐渐就被念成 hou 音,并成为标准读音。

传说中的神话人物"羿"也被以讹传讹地加了个"后"字前缀变成"后羿",两个"羿"虽然都善射,但不是同一人。

本章中的"羿"只能是第二个,即夏朝第六位君主:首先,虽是南宫适发言,但体现的是孔子的思路,所以不会用神话人物来做例子,毕竟"子不语怪力、乱神"(述而7.21);其次,此处举例说的应是王侯,加进一个既不是王也不是国君的"大羿"不妥;最后,从"不得其死"来看,"大羿"传说中的三种死法中的两种也不合乎标准。

奡。ào,又作"浇"(音不变),传说中夏代寒浞之子,故事后详。

奡和羿的故事。值得认真对待的见于两处。

一是《左传·襄公·襄公四年》,相关内容是:"魏绛(按,姬姓,魏氏,名绛,谥号为庄,故称魏庄子,春秋时晋国卿)……曰:'昔有夏之方衰也,后羿自鉏迁于穷石,因夏民以代夏政。恃其射也,不修民事而淫于原兽……用寒浞……以为己相。浞行媚于内而施赂于外,愚弄其民而虞羿于田,树之诈慝以取其国家,外内咸服。羿犹不悛,将归自田,家众杀而亨之,以食其子……浞因羿室,生浇(即奡)及豷,恃其谗慝诈伪而不德于民……靡自有鬲氏收二国之烬,以灭浞而立少康……"今译为:"魏绛……说:'从前夏朝刚刚衰落的时候,后羿从鉏地迁到穷石,依靠夏朝的百姓取代了夏朝政权。后羿仗着他的射箭技术,不致力于治理百姓而沉溺于打猎……任用寒浞……使用他作为自己的助手。寒浞对内对女人献媚,在外边广施财物,愚弄百姓而使后羿专注于田猎,扶植奸诈邪恶之人并利用他们取得后羿的国和家,外部和内部都顺从他。后羿还是不肯改悔,将要从打猎的地方回来时,手下人把他杀了煮熟,让他的儿子吃……寒浞和后羿的妻妾生了浇和豷,仗着他的奸诈邪恶而对百姓不施恩德……靡从有鬲氏那里两国(斟灌和斟寻氏)的遗民,用他们灭了寒浞而立了少康……"

二是西晋皇甫谧《帝王世纪·卷三》,相关内容是:"羿,有穷氏,未闻其姓。其先帝喾,以世掌射故……为帝司射……至羿……亦以善射闻……及有夏之衰……因夏民之不附以代夏政,逼篡帝位,故号有穷氏。寒浞,有穷氏,既篡帝位,复袭有穷之号……生浇及豷,多力,能陆地荡舟……(寒浞)恃其诈力,不恤民事……夏之遗臣,曰靡,事羿,羿死,逃奔有鬲氏,收斟寻二国余烬,杀寒浞而立少康。"大意同上,不赘译。

两处故事梗概基本相同,但《帝王世纪》中就有"陆地荡舟"的记载,或者皇普谧当时确有史料来源,或者他照搬《论语》记载,如此就是循环考证。今天已不可确考,权且从之。

荡舟。多按上述故事解为"陆地行舟",但少有从字词上加以说明的。"荡"可以理解为"摇晃使之四处移动",则"荡舟"既可理解为在水中行舟,也可理解为在陆地上靠蛮力使之移动,大约上述故事在当时人皆知之,以之为背景,然后用"荡舟"这一略显突兀的表达来特指陆上行舟吧。

稷。即后稷,姬姓,名弃。尧舜时期稷掌管农业。稷是周朝始祖,被尊为中华农耕始祖和五谷之神。

若人。此人,指南宫适。

章句义理

多有说南宫用禹和稷和比附孔子,曲折勉强,不取。从南宫适的话看,应是引用古代故事来赞美躬稼之德并批评尚力之非,意图说明靠蛮力容易不得其死,靠以身作则从事生产活动反而能获得天下的道理。

孔子为何要在南宫适走后才表扬他？有人就因此分析说：正是因为南宫适用禹和稷和比附孔子，所以孔子才不好当面肯定，只能背后赞美。果真如此，也不该让其他弟子听见啊，这不还是通过赞美南宫适来肯定自己吗？本书认为，之所以背后赞美南宫适，主要还是为了在其他弟子面前树立威望，或许有为把侄女嫁给他制造舆论的想法吧？可参阅先进11.6。

孔子对"躬稼"的态度，可参阅子路13.4中的分析。有人认为别处比如子路13.4体现孔子对农业的歧视，而此处孔子表现对农业的重视，应该都是误读。此处把"躬稼"用作在小事上以身作则的符号，而非取其农业生产对获取天下的重要性，对比的是"力大无穷"和"春风化雨"两种能力，是"以技服人"和"以德服人"两种路径，是"自我表现"和"以身作则"两种风格，无关乎对农业的重视或蔑视。

孔子因为南宫适发表自己认可的见解，发现了"勇力"和"德行"之间的差距，就认定后者是"君子"，而并非按其行为来判断，不仅降低自己历来强调的"君子"的标准，更是背叛自己主张的"听其言而观其行"（公冶长5.10）这一原则（可参阅子路13.15下解读），仅仅凭别人在历史的各种现象中选择性地总结出一个现象，就用溢美之词为其自身品质背书，实在是有失水准。南宫适（此人背景详见先进11.6下解读）显赫的身份背景应该或多或少地影响了孔子的心理状态和判断尺度，用"不自觉的讨好"来描述孔子或许有点过分，但对背景显赫之人（其他还包括相貌俊秀之人、远方来客、尊者、贵者等等所有在人群中拥有世俗社交优势的人）不自觉使用更宽松的尺度来判断，用更积极正向的角度来解读其言谈和行为，是人类共同的心理倾向，说孔子不自觉地带有这种倾向，算是合理的推断。当然，除了许以"君子"，孔子对其"德行"倒没有下断语，而是用"尚德"这一虽有误导可能，但表达还算严谨的词汇。

今 译

南宫适向孔子提问道："羿善于射箭，奡能在陆地行舟，都没有得到好死。禹帝和后稷亲自种地而得到了天下。"老师不回答。南宫适离开了。师父说："这人是个君子啊！这人崇尚德行啊！"

英　译

Nangong Kuo asked Confucius: "Yi was good at archery, Ao could move around a boat on land, neither died a natural death. Yu and Hou Ji tilled the land themselves and won the whole world." The teacher did not answer. Nangong Kuo left. The master said: "This man is a cultivated gentleman! This man does uphold the virtues!"

14.6【原文】

子曰："君子而不仁者有矣夫，未有小人而仁者也。"

字词训诂

不仁者。其中的"仁"字作形容词解为妥，作动词解亦可，但不可把它和"者"合称而解作名词"仁者"，如做此解，前面不能用"不"而该用"非"。

章句义理

本章中的"君子"和"小人"的指向是核心问题：是从德行上的"君子"和"小人"来讲呢，还是从"统治者"和"被统治者"意义上来讲呢？有人认为是后者，理由是按照德行上"小人"的定义，小人本来就不可能成为仁者，孔子如果取此义，则等于是用定义来陈述，属于废话。此说不妥，如下：单看"未有小人而仁者也"或许有废话之嫌，但前面的"君子而不仁者有矣夫"是有意义的，带着后半句也有意义了，就像我们今天用"你行也得行，不行也得行"来告诉对方不同意也要干一样；另外，把定义本身解读出来变成陈述，往往也有修辞和论证上的必要，正如我们今天说"黑的不能变白，白的不会变黑"或"不值得做的，就不要去做"或"真者自真，假者恒假"一样。孔子自己也常常用这种定义性陈述，经典的比如子罕9.29和宪问14.28中说的"知者不惑，勇者不惧"。

从德行上说"未有小人而仁者也"并不是废话，反而等于是在"仁者""君子"和

"小人"三个人群中设置晋级的阶梯。

一,这三者不是仅有的德行分类,此外还有"善人""贤者""成人"和"圣人"。此外"君子"和"小人"之间还有级别较为模糊的"勇者""智者""贤者"等。

二,"仁者""君子"和"小人"三者的等级是显明的,不赘。本章明示说"小人"是不可能成为"仁者"的,推论显然只能是,"小人"只有先成为"君子"才能再进一步成为"仁者"。这符合孔子对德行分层进修的一贯态度,这种态度体现在《论语》的多个篇章中,不赘。

三,"君子而不仁者"其实也有废话之嫌,因为按孔子的德行分层的基本态度、尤其是他经常说别人是"君子"但几乎总是拒绝说别人是"仁者"这一事实来看,成为"君子"容易,但成为"仁者"就太难了,这意味着部分(事实上是绝大部分)"君子"是不够格成为"仁者"的。明确揭示"君子而不仁者"的存在,本身就是要清晰地划出"君子"和"仁者"之间的差距和界限。后世解读者多有因无法接受"君子"竟然有可能"不仁"而曲折解读的,这个现象本身就证明把某些看似废话的陈述清晰地表达出来是有意义的。正如我们今天说"领袖也会死的,也有七情六欲"一样,表面上是废话,但在某些时期和某些环境中,这样的表达本身甚至是充满勇气和智慧的革命宣言。

至于为何有人难以接受"君子"竟然有可能"不仁",训读上源于定义不清,心理上体现的是把"美好的"设想成"完美的"之倾向,正如今天我们一旦认定某些人是优秀的,就难以接受他们还有缺点和不足的事实,不管是对明星还是对伟人。我们习惯于把"三好学生"当成"全好学生",把"优秀"当成"完美"。

今 译

师父说:"君子而不仁的情况是有的,但没有小人而仁的情况。"

英 译

The master said: "There are cases that cultivated gentlemen are not humanitarians, but there are no cases that base men are humanitarians."

14.7【原文】

子曰:"爱之,能勿劳乎？忠焉,能勿诲乎？"

章句义理

本章歧义和难点在于"劳"字,或解为自己因为爱之而"劳己",或解为因为爱他而要"劳他"。本书取后解。

"忠焉,能勿诲乎",显然是说对他忠就要规劝他,揭示的是一种乍看自相矛盾但本质更为深刻和理智的智慧,前一句"爱之,能勿劳乎"显然应该对应这种似非而是的深刻和表达上的曲折,只能解为"爱他,怎能不让他劳苦"。

在孔子的语境中,"爱"是居高临下的"爱护",是父母对子女的慈祥,是统治者对人民的悲悯情怀,必然带有居高临下的管理和支配的目的性,而"劳之"是很好的手段。关于"劳之"的必要性和重要性,请参阅子路13.1下解读。

这种"爱之就劳之"的道理事实上是人类的主流共识,稍有理性的人基本都会同意这个道理,区别仅仅在于每个人对"劳"的程度和强度理解不同罢了。

孔子这段话是对谁说的呢？有人认为第一句是对统治者说的,第二句是对臣子说的,以为"劳"一定是从"牧民"的角度,而"忠"一定是从"忠君"的角度来说的;本书认为这样过于拘泥了,不如取包含这两个具体应用在内的更广泛的对待他人的态度更为妥当,因为首先孔子并没有明确限定其表达的适用领域,其次这句话确实可在更广泛的人际交往中应用,孔子有什么动机自己画地为牢呢？

今 译

师父说:"爱他,怎能不使其劳苦？忠于他,怎能不规劝他?"

英 译

The master said :"How could one love someone but not demand toil and moil from him? How could one remain loyal to someone but not expostulate him?"

14.8【原文】

子曰:"为命,裨谌草创之,世叔讨论之,行人子羽修饰之,东里子产润色之。"

字词训诂

命。政令。有人从下面所引《左传》中故事把"命"局限于"外交领域的文件",没有必要。

裨谌。bì chēn。子产的重要幕僚。

世叔。姬姓,游氏,名吉,字大叔,世人尊称其为子大叔。郑国正卿,才德兼备的政治家与外交家。前522年继子产执政。

行人。官名,掌接待诸侯及诸侯之上卿之礼;也是使者统称。此处应指前者。

子羽。即公孙晖,郑国政治家和外交家。据传曾欲师从孔丘,孔子嫌他长得太丑而未收。

东里。子产家乡,在今河南省新郑市薛店镇寺王村。

子产。请见公冶长5.16下注解。

草创。粗略而创。结合下面《左传》中故事,可以认为是裨谌定个框架。

讨论。探究和讲解。作为未来定案的执行者,从多角度探讨和修改文案,也符合下面《左传》中故事。

修饰。修是削减,饰是通过增加来修饰,合成就是增删修饰。子羽熟知各国人物脉络,由他来对文本进行有针对性的修改,也符合下面《左传》中故事。

润色。同今润色义,修改使之有文采。子产是老大,最后统一文采并定稿,合理。

章句义理

上述四人均为郑国名臣,但子产身为上卿,统领包含其余三人在内的众臣。他们的故事最早出处是《左传·襄公·襄公三十一年》,其中有:"子产之从政也,择能而使之。冯简子能断大事,子大叔美秀而文,公孙晖能知四国之为,而辨于其大夫之族姓、班位、贵贱、能否,而又善为辞令,裨谌能谋,谋于野则获,谋于邑则否。

郑国将有诸侯之事，子产乃问四国之为于子羽，且使多为辞令。与裨谌乘以适野，使谋可否。而告冯简子，使断之。事成，乃授子大叔使行之，以应对宾客。是以鲜有败事。"今译作：子产参与执政，根据每人的特定能力来使用。冯简子能够决断国家大事，子大叔貌美俊秀而有文采，公孙晖能够知道四周邻国的举措，能识别它们大夫的种族姓氏、官职高低、尊贵卑贱、能力高低，并且还善于辞令，裨谌善谋，在野外谋划就能获得成功，在城邑内谋划就不行。每当郑国要有诸侯之间事宜，子产便向子羽询问四周邻国的情况，并且让他多发外交辞令。然后便与裨谌驾车来到野外，让他谋划判断计略是否可行。然后告诉冯简子，让他来作出决断。如果决策此事可行，就会把任务分配给子大叔让他去执行，以应对各路宾客。因此子产执政时很少有失败的事情发生。

总体上看，孔子应该是根据和上述《左传》内容相同的史实或传闻，结合自己的判断，对郑国政令文书的出炉过程进行了总结，是对当事的四位名臣的赞赏，尤其是对子产善用人才、统御全局的能量和胸怀赞赏有加，或许也有对郑国国君（郑简公和郑定公）任用贤才的欣赏吧。如果从这个高度再试图前进一步，把孔子的总结当成对政治决策或个人修炼的隐喻，就极有可能属于引申过度了。

今 译

师父说："制作政令，裨谌做出大致框架，世叔探究讨论，使者子羽增删修饰，东里子产施以文采。"

英 译

The master said: "In preparation for the government orders, Bi Chen drafted the framework, Shi Shu examined and discussed it, the envoy Zi Yu edited and decorated it, Zi Chan of Dong Li polished and finished it."

14.9【原文】

或问子产。子曰："惠人也。"问子西。曰："彼哉！彼哉！"问管仲。曰："人也。夺伯氏骈邑三百,饭疏食,没齿无怨言。"

字词训诂

惠人。爱人。

子西。有三个选项。

一,公子夏、公孙夏(？－前544年),姬姓,名夏,字子西。子产的同宗兄弟。曾任郑国致政大夫,子产就是从他的手中接过郑国执政大夫之位的。

二,宜申(？—前617年),芈姓,斗氏,名宜申,字子西。春秋时楚国司马。楚穆王杀父即位后,斗宜申等欲为楚成王报仇,策划杀死穆王,阴谋败露后被处决。

三,公子申,芈姓,熊氏,名申,字子西。楚国令尹,与孔子处同一时代。楚平王病逝后,当时的楚国令尹想立子西当楚王,被子西拒绝。结果是太子壬继位成了楚昭王,子西就当了楚国令尹,辅佐楚昭王中兴楚国。孔子到楚国时,楚昭王想封给孔子七百里地,被子西劝止。

此处应指公子夏。首先可排除掉公子申,因为他是个能礼让而且充满智慧的贤臣,虽然有劝止楚昭王给孔子封地的故事(见《史记·孔子世家》),但孔子不应该会公开表现自己的愤恨,相反,孔子对他应该是赞赏有加的;此外,子产死于前522,孔子时年三十一岁,本章评论很大可能是在子产去世后不久的对话,那时孔子还没到楚国呢,充满愤恨,亟欲否定公子申。其次,宜申的影响力应该是不够的,尤其考虑到他死于前617年,本来就不够的影响力在时间的洗刷下,更显苍白,不大可能有人会拿他来问孔子;真问了,孔子也没有理由表示出鄙视。相反,公子夏是子产的兄弟,又是子产的前任,请孔子对他做个评价,合情合理。

彼哉!彼哉。应是鄙视而拒绝评论,通过拒绝评论给出否定。相当于今天一面说着"他呀,他呀",一面大摇其头。虽然不知道公子夏到底如何,但显然在孔子心中,有个子产作标杆,公子夏肯定是不入流的。

人也。这里的"人"应是"仁"。证之本篇16和17两章,可知孔子认为管仲是够得上"仁"的标准的。

夺。有人(比如朱熹)认为是齐桓公夺来给管仲,牵强。应按字面取"管仲夺"义。

伯氏。不可详考。但从其被夺骈邑可知,应是齐国国君齐桓公的近亲;被夺三百户就只能饭疏食,可见封地之小和境况之衰;从其"没齿无怨言"可知其封地被夺事出有因,大约按当时的惯例已经算是宽大处理了吧。

骈。pián。"骈邑",在今山东临朐柳山寨。

没。mò,尽、终义。

齿。年岁。"没齿",终生、终身。

饭疏食,没齿无怨言。语法上有瑕疵,按理应和前文"夺"字用管仲作共同主语,但据管仲传记,显然他至死仍受齐桓公重用,不存在"饭疏食"的可能,所以本句的主语只能是"伯氏";伯氏封地被夺,只能饭疏食,且至死无怨言,反证了管仲施政刑罚有理有节,连被惩罚的人都心服口服,"仁"也。

今 译

有人问子产如何。师父说:"他关爱别人。"问子西如何。说:"这个人呀!这个人呀!"问管仲如何。说:"算仁了。他削夺了伯氏在骈邑的三百户封地,伯氏吃粗粮,至死没有怨言。"

英 译

Someone asked how Zi Chan was. The master said: "He cherished others." Asked how Zi Xi was. Replied: "That man! That man!" Asked how Guan Zhong was. Replied: "He was humanitarian. He deprived the 300-family Pian fiefdom from the Bo family, Bo, having coarse grain, did not grumble all his life."

14.10【原文】

子曰:"贫而无怨难,富而无骄易。"

章句义理

本章意义简明,道理浅白。虽然在今天这个特定的时代能做到"富而无骄"的不算多,但修成这种心态和行为不算太难;相反,能做到"贫而无怨"就难上很多。

可以参照阅读的章节包括:学而1.15,论"贫而乐,富而好礼";雍也6.11,夸赞颜回贫而不改其乐;述而7.16,自许贫而乐在其中。

今 译

师父说:"贫困而不怨恨困难,富裕而不骄横容易。"

英 译

The master said:"Being poor without grudge is difficult, being rich without arrogance is easy."

14.11【原文】

子曰:"孟公绰为赵、魏老则优,不可以为滕、薛大夫。"

字词训诂

孟公绰。鲁国大夫,三桓中孟氏族人;据《史记·仲尼弟子列传》记载:孔子之所严事:于周则老子;于卫,蘧伯玉;于齐,晏平仲;于楚,老莱子;于郑,子产;于鲁,孟公绰。罗列了孔子在各国所敬重的人,在鲁国就是孟公绰;在本篇下一章(14.12)中,孔子赞赏了孟公绰的"不欲"。

赵、魏、滕、薛。赵、魏是当时晋国六卿中的两位大夫。晋国是大国,不过当时周威烈王还没有把赵、魏提拨为侯国,所以名义上,赵、魏只是晋国的大夫封地而已;滕、薛是两个诸候国,虽然国小民弱,却是周朝分封的诸候。在名分上,滕、薛与晋国地位相同,比赵、魏高一个级别。

老。在古代可指上公、上卿、大夫、大夫的家臣,或群吏中之尊者。参照上文及孔子在名份上的执着,可以推断此处"老"应是指"家臣中之尊者",即《论语》中其他处屡次出现的"宰"。

优。有余力,绰绰有余。

章句义理

主流解读都说是:赵、魏不涉诸侯之事而家大势重,所以可以按部就班、管理轻松;而滕、薛虽是小国,但多涉诸侯之事,其大夫政务繁重、责任重大,不符合孟公绰"无欲"的性格。

孟公绰在和晋国平级且分量相当的鲁国都能做大夫,孔子偏偏说他只适合在低一级的大夫封地做家宰,无论是不是有因才适用方面的考虑,在名份上都显然是巨大的藐视和侮辱,等于是明确表达孟公绰不够格做鲁国大夫;结合下一章,"无欲"即使算是"成人"的必要条件或重要品格,怎么也算不上治国施政的优点,没有积极进取的入世姿态,如何能做一个好的管理者?不管是在诸侯国的级别还是在大夫封地的层面,都一样。

因此本书认为孔子在本章对孟公绰的态度并不是赞美,而是藐视。如果本意是赞美,也该把前后顺序调整,变成"孟公绰不可以为滕、薛大夫,为赵、魏老则优"。因为后一句一般才是表达重点,前半句往往只是用作对比、背景、过渡、或虚晃一枪。

下一章中对孟公绰"无欲"风格的赞美是针对个人修养的,而不是针对政治家的能力而言,因此和本章不矛盾。再说了,孔子对人评价时常常就事论事,没有体现出要好全好、要坏全坏的倾向,比如对于管仲,在本篇的 14.9,14.16 和 14.17 中大加赞赏,但在八佾 3.22 中却痛斥其器小、不俭、僭礼。这种一码归一码的客观精神,值得赞赏。

由此可知,《史记·仲尼弟子列传》中的相关记载,只能是司马迁基于自己对《论语》的误读所得出的错误总结。有些后人又把《史记》的相关记载当成证明《论语》相关解读的证据,如此相互印证,误读就变成正解。在解读古代文章时,这种把同源引用当成多次印证几乎成为注疏常态,既体现了,也助长了考证中的懒惰习气。

今 译

师父说:"孟公绰做赵家或魏家的总管绰绰有余,但不能做滕国或薛国的大夫。"

英 译

The master said: "Meng Gong Chao is more than fit to be chief governor of the Zhao or Wei family, but he is not able to be the minister of the Teng or Xue state."

14.12【原文】

子路问成人。子曰:"若臧武仲之知,公绰之不欲,卞庄子之勇,冉求之艺,文之以礼乐,亦可以为成人矣。"曰:"今之成人者何必然?见利思义,见危授命,久要不忘平生之言,亦可以为成人矣。"

字词训诂

成人。"成",完成,"成人",完成之人,引申为各方面修炼完备之人。但仍是"人"而不是"仁者",因为按孔子给出的标准,显然不触及除"勇"之外的其他各种"德",所以"成人"一定是低于"仁者"的;这个概念在《论语》中就出现这一次,不是常用概念。在孔子的"小人、君子、善人、贤者、有恒者、仁者和圣人"系统内,这很可能是师徒间在特定语境中临时提出的概念。

臧武仲。春秋时期鲁国政治人物,姬姓,臧氏,名纥,又称臧孙纥,史称臧武仲,臧宣叔之子,臧文仲之孙。矮小多智,德才兼备,号称"圣人"。他辅佐鲁成公、鲁襄公,反对季孙氏专权。

知。同"智"。

不欲。无欲无求。有人解为"不贪财"或"廉洁",限制"欲"到"财"的细分领域,不知从何而来,不取。

卞庄子。一说是鲁国受封卞邑的大夫,一说是鲁国勇士,故事来源于《韩诗外传》和《史记》,均不可认真对待。但从孔子语气中可知,此人在当时以勇猛著名。

冉求之艺。参阅雍也6.8中"求也艺"的表述。

文。修饰。

曰。第二个"曰",有人认为是子路开口,不妥;子路再怎样狂妄,也不至于接过师父的话茬,自己直言"今之成人何必然"然后还给出"亦可以为成人矣"的定义;即使他真的这么狂妄,《论语》编纂者也不可能把他这种反为孔子师的态度和表达这样记录下来;因此,第二个"曰"就是孔子在停顿之后或在另一个场合的补充陈述,而编纂者如实地记录下这个停顿,或者通过增加一个"曰"来合并不同场合师父的谈话;通过这个"曰",等于把"成人"分为两级,前面的是高级级别,后面的是基础级别。

久要不忘平生之言。"要"是关键,应取"约"义,和里仁4.2中"不仁者不可以久处约"及述而7.26中"约而为泰"中的"约"意思一致,即"穷困"。解读主流把"久要"理解为"旧交",不通,且无法和全句融洽;"平生之言",平日里所声称的信念。因为在正常环境中,坚守自己的信念较为容易,所以才更显久处困苦时期坚守信念的可贵和难得;全句就是:久处贫困而不忘平日信念,不忘初心是也。

亦。第一个"亦"应是起强调作用的语气助词,第二个是"也、同样"的意思,体现的是"降格以求,这样也可以"的意思。

章句义理

首先,按前述,"成人"应是仁者之下的一个层次;其次,孔子在本章后半段提到的轻利重义、奋不顾身和不忘初心三个行为特点体现的是更为狭窄的个人修养,而且其中后两条只是优秀的行事风格,没有道德指向,好人和坏人都可以有这样的风格,因此与德行没有多大关系。唯一的一条带有道德指向的"见利思义"也只是提出"思义"的要求,希望见利者不要忘义,要权衡取舍,最多算是对毫无原则、见利必取的规劝,做到了也算不得什么大不了的德行。因此,这个基础级别的"成人"不仅低于君子,也低于善者,大约就是刚刚脱离"小人"阶层的"士"吧(参阅子路13.20中的第三级别的士)。

孔子显然认为自己身处的时代难以成为高级级别的"成人",认为能达到基础级别就算不错了;"修炼完备",只能从个人修炼上看才能勉强成立;放在实践先王之道、治国化民的高度看,远远不够。这大约就是孔子本段话的本意吧。

这样看来,"成人"根本就不是什么高尚的层级。在孔子的语境中,它不仅没有存在的必要,也不代表修养的高度。那些通过种种解读给予"成人"种种溢美之词的解读者,一方面是基于不加区分地附和孔子的倾向,一方面是疏于细化孔子对各种层次人群的具体定义。

今 译

子路问怎样才是修炼完备的人。师父说:"有像臧武仲那样的智慧,孟公绰那样的无欲无求,卞庄子一样的勇猛,冉求那样的才艺,再配以礼乐,可以说是修炼完备的人了。"又说:"今天修炼完备的人哪有必要做到这样呢?看见利益就想到正义,看见危险愿意付出生命,久处困顿仍不忘平日诺言,(这样的人)也可以说是修炼完备的人了。"

英 译

Zi Lu asked what constituted a fully cultivated man. The master said: "With wisdom as that of Zang Wu Zhong, freedom from desires as that of Meng Gong Chao, bravery as that of Mr. Bian Zhuang, talents as those of Ran Qiu, and topping these up with the rules of propriety and music—such a man can be said a fully cultivated man." And then added: "What is the necessity for today's fully cultivated men to have all these? One who thinks of righteousness in front of benefits, who is willing to sacrifice his life in front of dangers, who does not forget his words expressed in ordinary days when suffering desititution for an extended period of time—such a man can also be said a fully cultivated man."

14.13【原文】

子问公叔文子于公明贾曰:"信乎?夫子不言,不笑,不取乎?"公明贾对曰:"以告者过也。夫子时然后言,人不厌其言;乐然后笑,人不厌其笑;义然后取,人不厌其取。"子曰:"其然?岂其然乎?"

字词章句

这是整部《论语》中唯一一次的"子问",生动地传达出孔子按捺不住的好奇心以及对公叔文子的景仰。从公叔文子名带谥号来看,当在其去世之后,所以孔子更有向往而不得亲见之情。

公叔文子。公叔氏,名拔,春秋时卫国大夫,谥号"文",故称公叔文子。

公明贾。无法详考,可推知是卫国人,接近公叔文子,或许是其家臣。公明为复氏。

信乎?真的吗?

不取。取财物也。

以告者过也。用这种说法告诉你的人说得过了。

时。适时。

人。多有解为"人民"的,不妥。此处谈的显然是待人接物中"得体和恰当"的风格,没有必要限制到针对人民才适用。解为"别人"妥当。

其然?岂其然乎。"其",那样,这样。"岂",难道。合起来就是:"真是那样吗?难道真是那样吗?"多有把孔子的问句当成怀疑式的反问的,不妥;这句话显然是充满赞叹意味的反问,用难以置信的口吻来表达自己深深的赞许和向往,如同我们今天听说别人的风采,伸长脖子说:"真的吗?他真的那么厉害吗?"

公叔文子到底有多棒,没有多少史料佐证,但从本章体现的风度来看,无非就是"得体和恰当",可以说是"礼"的核心风格。因此,可以确认,孔子之所以心向往之,就是对他在"得体和恰当"上准确的拿捏充满景仰。这种"得体和恰当"多数情况下是只可意会不可言传的,或者说是发之自然而难以模仿的。

今 译

师父向公明贾问公叔文子是怎样的:"真的吗?先生不言,不笑,不取财物?"公明贾回答说:"这么告诉你的人言过其实了。先生在时机恰当时才发言,所以别人不厌恶他的言谈;开心了才会笑,所以别人不厌恶他的笑;符合道义才取财物,所以别人不厌恶他的获取。"师父说:"这样吗?难道真是这样吗?"

英 译

The master asked Gongming Jia about how Mr. Gong shu Wen was: "Was it true? That his honor did not speak, did not laugh, did not take anything?" Gongming Jia replied: "He who told you so had gone too far. His honor spoke only when the timing was appropriate, so others did not detest his speaking; he laughed only when he was delighted, so others did not detest his laughters; he took things only when it conformed to righteousness, so others did not detest his taking them." The master said: "Was it so? Was it really so?"

14.14【原文】

子曰:"臧武仲以防求为后于鲁,虽曰不要君,吾不信也。"

字词训诂

臧武仲。见本篇 14.12 下注解。

防。臧武仲封邑地。

要。yāo,要挟义。

章句义理

故事梗概见于《左传·襄公·襄公二十三年》,相关章节是:孟孙恶臧孙,季孙爱之……己卯,孟孙卒……臧孙入,哭甚哀,多涕。出,其御曰:"孟孙之恶子也,而哀如是。季孙若死,其若之何?"臧孙曰:"季孙之爱我,疾疢也。孟孙之恶我,药石也。美疢不如恶石。夫石犹生我,疢之美,其毒滋多。孟孙死,吾亡无日矣。"孟氏闭门,告于季孙曰:"臧氏将为乱,不使我葬。"季孙不信。臧孙闻之,戒。冬十月,孟氏将辟,藉除于臧氏。臧孙使正夫助之,除于东门,甲从己而视之。孟氏又告季孙。季孙怒,命攻臧氏。乙亥,臧纥斩鹿门之关以出,奔邾……臧孙如防,使来告曰:"纥非能害也,知不足也。非敢私请。苟守先祀,无废二勋,敢不辟邑。"乃立臧为(儿子之一)。臧纥致防而奔齐。今文译作：孟庄子讨厌臧孙，但季武子喜欢他……八月初十，孟孙去世……臧孙进门吊丧，哭得很哀痛的样子，眼泪很多。出门，他的御者说："孟庄子讨厌你，而你却悲哀成这个样子。季武子如果死了，你会怎样呢？"臧孙说："季武子喜欢我，这是没有痛苦的疾病。孟庄子讨厌我，这是治疾病的药石。没有痛苦的疾病不如使人痛苦的药石。药石还可以让我活下去，疾病没有痛苦，它的毒害太多。孟庄子死了，我的灭亡也没有多少日子了。"孟氏关起大门，告诉季武子说："臧氏准备发动变乱，不让我家安葬。"季武子不相信。臧孙听到了，开始戒备。冬季十月，孟氏准备挖开墓道，向臧氏借用役夫。臧孙让正夫去帮忙，在东门挖掘墓道，让甲士跟随着自己前去视察。孟氏又告诉季武子。季武子很生气，命令进攻臧氏。十月初七日，臧孙砍断鹿门的门栓逃亡到邾国……臧纥去到防地，派人来报告说："纥并不会伤害别人，是智谋不足所致。不敢为个人请求。如果保存先人的祭祀，不废掉两位先人的勋劳，岂敢不离开防地？"于是就立了臧为。臧纥献出防地而逃亡到齐国。

故事的前半段中，臧武仲对季孙和孟孙两人对自己的态度的判断，证明了他的智慧，应该就是孔子在本篇14.12中赞赏"臧武仲之知"的主要故事来源；故事的后半段中，臧武仲给国君的报告，就是孔子所说"以防求为后于鲁"的故事来源，虽然措辞谨慎谦卑，但显然有据守防地要挟之义，潜台词是：你要是不同意我的请求，我就不离开防地。

武仲通过这种谈判取得他想要的，季氏和鲁襄公也不对他赶尽杀绝，从政治的角度来看，是一次合理的谈判。但从君君臣臣的角度来看，孔子无法容忍臣子和君主谈条件，所以才提出此事，抨击臧武仲。如果忘掉孔子对君君臣臣名份的执着，就无法理解为何要拎出这样一个故事，并给出"虽说不要君，吾不信也"这种看上去不痛不痒的评论。

今 译

师父说："臧武仲依托防地向鲁国请求立他的后代（接替他的封爵），虽然号称不是要挟君主，我不相信。"

英 译

The master said: "Zang Wu Zhong, resorting to the place of Fang, asked the Lu state to appoint his offspring (as his heir of investitive fief), although he professed that he was not threatening the king, I do not believe it."

14.15【原文】

子曰:"晋文公谲而不正,齐桓公正而不谲。"

字词训诂

晋文公。前697—前628,姬姓,名重耳。继位不久,就自恃护送周襄王回王城有功,请求周襄王允许在他死后,可以用天子礼入葬,被拒。前632年,晋文公在城濮之战大败楚国后,就以周襄王的名义在河阳会见各路诸候,并且把周襄王也召到河阳,去当他的傀儡为其撑腰。这次会盟,晋文公如愿称霸,同时也意味着周天子已彻底沦为他的附庸。孔子讨厌他,应该主要就是这两件事。

齐桓公。前716—前643,姓姜,名小白。任管仲为相,齐国逐渐强盛。于前681年在甄(今山东鄄城)召集宋、陈等四国诸侯会盟,是历史上第一个充当盟主的诸侯。齐桓公打出"尊王攘夷"的旗号,北击山戎,南伐楚国,成为中原第一个霸主,受到周天子赏赐;孔子喜欢他,应该就是因为他的旗号竖得正。

晋文公和齐桓公是春秋五霸中的两位,都是著名国君,两人并称"齐桓晋文"。

谲。《说文解字》:"谲,权诈也。"《广雅》:"谲,欺也"。

正。此处应指正直、正派。

本来,"谲"是一种"不正",而"不正"未必是"谲",因为"正"的正确性只有一种状态,偏离它都属于"不正","谲"只是其中一种,还有可能是其他,比如残暴、偏颇、固执、狡猾、欺诈等;但是,根据孔子在本章中的用法,显然此处"正"指的是和"谲"对应的"正",即不要权诈,而"不正"就是"谲",即孔子在"不正"和"谲"之间划了等号。

这就导致在内容上孔子的表达变得重复:"谲而不正"就是"谲","正而不谲"就是"正",原本可以简练地表达成"晋文公谲,齐桓公正"。这种内容重复的定义式表达方式,孔子不止一次使用过,比如"知者不惑,勇者不惧"(参阅本篇14.4下解读)。在本书看来,这种定义式的陈述一是为了表达上的节奏感,是汉语常有的修辞手段,还有就是通过它们来给自己本来简单粗暴的断言式陈述涂上一层论证感,从而淡化了自己陈述的纯粹的断言性质。这两点合在一起,形成了汉语重修辞、轻逻辑的倾向。

今 译

师父说:"晋文公诡诈而不正直,齐桓公正直而不诡诈。"

英 译

The master said: "King Wen of the Jin state was crafty and not upright, King Huan of the Qi state was upright and not crafty."

14.16【原文】

子路曰:"桓公杀公子纠,召忽死之,管仲不死。"曰:"未仁乎?"子曰:"桓公九合诸侯,不以兵车,管仲之力也。如其仁,如其仁。"

字词章句

召忽、管仲。召忽,"召"字音 shào,齐国人,少有才名,胸有大志,喜研军国治理之术。齐襄公儿子之一公子纠慕其才华和谋略,聘为师傅;齐襄公十二年(前686年),齐国爆发内乱,齐襄公为其堂弟公孙无知所杀,召忽与管仲陪同公子纠投奔鲁国,鲍叔牙与高傒辅佐公子小白投奔莒国;不久,大臣雍廪等人杀死公孙无知,鲁庄公得知后派兵护送公子纠回国接任,鲍叔牙和小白也飞奔赶往临淄抢位。

期间小白诈死骗过管仲,先回临淄,即位为齐桓公,派鲍叔牙带兵迎战公子纠,大败鲁军,公子纠退回鲁国,为鲁庄公所杀,召忽自杀而亡。本章用"桓公杀公子纠"来表达，其中的"杀"字取"使其失去生命"义，本来并没有直接"杀死"的意味，只是后来的"杀"多取"直接亲自杀死"之义，显得此处表达有点突兀罢了。

管仲被鲁庄公囚禁，几次差点死掉，后来被齐桓公用计接回齐国任相，辅佐齐桓公成为一代霸主，天下太平数十载。

九合诸侯。多次召集诸侯会盟，九是虚指。齐桓公实际会盟次数因定义和规模不同而有不同说法，有十几次。

兵车。战争和战车，战争的代称。

力。功劳也。

如其仁。有多解，但均牵强附会，同时忽略孔子的语气上的逻辑性。孔子显然是在陈述理由后总结说管仲恰恰是"仁"的。"如"字就取其"好像"或"恰似"义，略加引申就是"正是"的意思，正如我们常用"恰似"来表达"正是"意义一样。

从义理上说，管仲身怀治国大才，不因爱护名声选择以死明志，反而委屈求生，最终成就一番事业，做了能让苛刻如孔子者赞叹的业绩，正是胸怀天下、不拘泥于一己小节的大仁大德之士，符合孔子重视治国结果的一贯态度，也符合古今中外对政治人物的主流要求。

今 译

子路说："齐桓公让公子纠失去生命，召忽为之而死，但管仲却没死。"问："（管仲）不够格算仁吧？"师父说："齐桓公多次召集诸侯会盟，不靠战争，这是管仲的功劳。正是他的仁德啊，正是他的仁德啊。"

英 译

Zi Lu said: "King Huan of the Qi state caused Prince Jiu to die, Shao Hu committed suicide for him, but Guan Zhong did not die." Asked: "(Was Guan Zhong) not qualified as humanitarian?" The master said: "King Huan of the Qi state called together the kings to form league several times, without resorting to wars, that was Guan Zhong's credit. That's exactly his humanitarianism, that's exactly his humanitarianism."

14.17 【原文】

子贡曰:"管仲非仁者与？桓公杀公子纠,不能死,又相之。"子曰:"管仲相桓公,霸诸侯,一匡天下,民到于今受其赐。微管仲,吾其被发左衽矣。岂若匹夫匹妇之为谅也,自经于沟渎而莫之知也？"

字词章句

一匡天下。有多解。

一,解"匡"为"纠正","一"指周朝王室,则"一匡天下"就是"纠正天下归于周室"。

二,解"匡"为"纠正","一"泛指"一统",未必是周王,则"一匡天下"就是"纠正天下归于一统"。

三,"解"匡"为"框",则"一匡天下"就是"把天下集于一框之内"。

上述第三解妥当,理由如下。

先要否决上述第一解,因为在孔子的时代显然天下并不归于周室,连齐桓公时代那种表面上的"尊王"都没有了。

基于同样的理由,上述第二解也不成立,因为春秋五霸各成一统,但到了孔子的时代,没有哪国称霸,"一统"消失了,而且不能说齐桓公的"一统"到了孔子时代还在福荫众生吧？

相反,如果说管仲辅佐齐桓公把天下拢于一框,则是成立的:即把人口、土地、疆域、交通、外交规则、文化主线等社会要素整合成一体,则不管谁是霸主,或者没有霸主存在,其影响力都可能继续存在并福荫众生,最初完成的这种整合,就有可能使"民到于今受其赐"。

微。没有。

被发左衽。"被"字音义同"披",全句意思是:披散着头发,衣襟向左掩。这是蛮夷的特征;被发好理解,但"左衽"为何也是蛮族的特点呢？就是习惯的不同罢了。但习惯一旦形成,就会被赋予文化含义,从而变成文化符号,承担了"文明和智慧"的臆想内涵;《春秋·公羊传·僖公四年》中有:"中国不绝若线,桓公救中国,而攘夷狄,卒怗荆,以此为王者之事也。"说的就是管仲辅佐齐桓公"攘夷狄而救中国"的历史,可作为孔子赞赏管仲的史料背书。

谅。诚信也。对于臣子来说,为主而死就是约定俗成的"谅"了;此处"匹夫匹妇"的"谅"虽没有明示,但可以猜想应是按世间常态导致信用破产或因某事羞愧难当,而决心为之赴死的行为。

岂若匹夫匹妇之为谅也,自经于沟渎而莫之知也。"经",自缢;意思是:难道要像小老百姓那样为了信守自己的诺言,就自缢于田间沟渠之间不为人知吗?

为何上吊不在家中,反而要去更难操作的沟渠之间呢?大约就是要取其场所偏僻、"死了都没人知道"的含义吧。

多有根据上一章(14.16)中召忽和管仲故事,结合本章孔子对管仲的选择的赞许,而认为孔子此处暗讽召忽。此说不妥。其他原因不论,应该明确假设孔子就事论事的客观定力,而不应臆度孔子指桑骂槐的迂回手段。

孔子这种重视大道而不计小节的态度在卫灵公 15.37 中表达得更为直白:"君子贞而不谅。"

但是,从子路和子贡分别质疑管仲是否够仁的行为来看,至少孔子在评定历史人物时存在标准不一的问题。本书只能推断孔子也不知不觉有对所认可的人给出溢美评断的倾向,虽然在回答弟子提问时言之凿凿、煞有介事,但确实留下前后不一、厚此薄彼的把柄和不足。

今 译

子贡说:"管仲不是仁者吧?齐桓公让公子纠失去生命,他没有死,又做了他的首相。"师父说:"管仲做齐桓公的首相,称霸诸侯,整合天下,人民到今天还蒙其福荫。如果没有管仲,我们还会披散头发、衣襟左衽呢。难道要像小老百姓那样为了信守自己的节操,就自缢于田间沟渠之间不为人知吗?"

英 译

Zi Gong said: "I suppose that Guan Zhong was not a humanitarian? King Huan of the Qi state caused Prince Jiu to die, he did not commit suicide, and later served him as his prime minister." The master said:"Guan Zhong became the prime minister of King Huan of the Qi state, dominated among kings and integrated the whole world, the people have been enjoying his gifts until today. Without Guan Zhong, we would still have our hair hanging loose and our bosom buttoned to the left side. Could it be required that he acted like those common men and common women in seeking their moral integrity, and hanging themselves nearby the streams or ditches, without being known by others?"

14.18【原文】

公叔文子之臣大夫僎与文子同升诸公。子闻之曰:"可以为'文'矣。"

字词章句

公叔文子。请参阅本篇14.13中注释。

僎。或读zhuàn,或读zūn,此时音义均同"遵";无论读哪个音,都有"主人的助手"之义。

但在"僎"之前加"臣大夫"三字,既表明他本是公叔文子家臣的出处,又点明他后来成为国君大夫的归宿,不可能取其"助手"之义;因此只能把"僎"当成人名,由于无法详考其人,所以读音无法确定。考虑到第二个读音多作为"遵"字的通假字,所以作为人名时更大的可能是取第一个读音。

同升诸公。同进于公堂,即一起上朝同为卫国大夫之义,暗含了公叔文子举荐僎为大夫的背后故事,以及这个故事所体现的为国选贤、不私藏人才、不纠结于曾经的下属变成自己同级等胸怀。

可以为"文"矣。可以给他"文"的谥号了。谥号是有标准的,可以假设孔子的评价是有依据的;参考公冶长5.15下注解,谥"文"的五种条件是:经纬天地曰文,道德博闻曰文,学勤好问曰文,慈惠爱民曰文,愍民惠礼曰文。此处公叔文子体现出的只能对应"经天纬地",有点勉强,或许孔子时代的谥号规则尚不明确、有很大的解读空间吧。

孔子是在其生前还是在其身后被谥为"文"之后才有这段评论的呢？本书认为是前者。

一，虽然公叔文子生卒年月不确定，但和孔子在世时间有部分重叠无疑。《左传·定公·定公六年》（前504年）仍有公叔文子老年时的故事，而此时孔子已经四十七岁，可为明证。

二，《礼记·檀弓下》中有："公叔文子卒，其子戍请谥于君……君曰：'昔者卫国凶饥，夫子为粥与国之饿者，是不亦惠乎？昔者卫国有难，夫子以其死卫寡人，不亦贞乎？夫子听卫国之政，修其班制，以与四邻交，卫国之社稷不辱，不亦文乎？故谓夫子贞惠文子。'"今文译作：公叔文子去世后，他的儿子戍向国君请求赐予谥号……卫灵公说："从前卫国遇到凶年饥荒，夫子施粥救济饥民，这不是爱民吗？从前卫国发生内乱，夫子拼死保卫我，这不是有节操吗？夫子主持卫国国政，修订礼节秩序，用来和邻国交往，使卫国的声望没有受到沾辱，这不是文吗？所以用'贞惠文子'当夫子的谥号。"

三，按上述《礼记·檀弓下》中记载，则其谥号共有三字"贞""惠""文"。孔子此处只论其文，不论贞惠，当是其谥号尚未定夺之时。

四，孔子语气，应是在知道公叔文子举荐下属与己同级的表现后，确认其够格被谥以"文"，应是在还没到卫国之前（前496年之前），根据流传故事给出的评价。

五，如果孔子是在公叔文子死后给出本章评价，一是谥号已封，多嘴无益；其次显然不会用"子闻之曰"这样的记录，因为此时孔子对公叔文子上述举贤事实应该早已了如指掌，根本不需要"闻之"；再次，此时谥号已封，再说什么"可以为文"不是在废话的同时还居高临下地点评卫灵公给出谥号是否得当吗？不符合孔子一贯的谨慎态度；最后，如果是事后点评，按表达习惯，应该是："子闻之曰：'宜乎其为"文"矣。'"

今 译

原先公叔文子的家臣后来做了大夫的僎和文子一起进于公堂。孔子听说后说："他可以被封'文'这个谥号了。"

英 译

The former family minister of Mr. Gongshu Wen and later state minister Zhuan ascended to the king's court together with Mr. Gongshu Wen. The master, hearing this, said:"He can be conferred with Wen as his posthumous title."

14.19【原文】

子言卫灵公之无道也,康子曰:"夫如是,奚而不丧?"孔子曰:"仲叔圉治宾客,祝鮀治宗庙,王孙贾治军旅。夫如是,奚其丧?"

字词训诂

卫灵公。姬姓,名元,卫国第二十八代国君。

康子。季康子。

夫。fú,发语词,无意义。

奚而。为什么。

丧。一说亡国,一说亡身,一说失国。由于前面说的是卫灵公,因此此处主语仍是他,而"亡国"的真正意义是"国亡","国"才是主语,因此不取"亡国"说;说其亡身,不仅言语突兀有失礼仪,而且"无道"者即使失去国君之位,未必就要"亡身",因此不取"亡身"说;按孔子一贯逻辑,无道导致"失国"较为妥当。

仲叔圉。"圉"yǔ。即孔文子。请参阅公冶长5.15下注释。

祝鮀。请见雍也6.16下注释。

王孙贾。卫国大夫,史料不多,在八佾3.13中和孔子有过一段对话,权从孔子语气认定其治军能力吧。

章句义理

孔子论述的逻辑

无道者仍能启用贤才,可见能否用人不是成为明君的必要条件,也就是说,无道昏君也可以善用能人。听上去有点难以接受,但从中国和古罗马历史上看,这是事实。

看来维持统治的 KSF 包括外交、宗庙、军事。军事显然是必需的,外交和宗庙主要是礼节,可见孔子对礼节的重视。这三者的共性是:它们都是治国领域中需要技术官僚来完成的。本来按情理应该出现的重农富民、风气教化以及先王之道都不出现,可能的原因是:季氏不可能在其他领域长进,所以只能向他揭示几个需要技术官僚来负责的领域。

无道昏君只要能有良臣,就可以维持统治;道理在于,只要国君善用人,则无损于道,所以国家运营就可以维持;孔子在此处承认君主个人的"道"可以脱离职能部门的"道",且职能部门的"道"才是决定性的因素。

皇侃在《论语义疏》中说:"或问曰:'灵公无道,焉得有好臣?'答曰:'或是先人老臣未去者也,或灵公少时可得良臣而后无道,故臣未去也。'"推论合理,特录于此。

人才的选用和去留,全在君王一念之间,因此,这种结构不够稳定,无法作为"奚其丧"的保证。

技术官僚就能保证统治延续,那"先王之道"还有必要吗?"仁道"还有必要吗?孔子在此处等于承认国君本身的能力和修养不是治国的必要条件,有违自己对统治者的一贯要求,也难以吻合他自己对以"先王之道"治国的一贯鼓吹。

孔子言论体现的心态

首先,对季康子还是抱有期待的,期待他能像管仲相齐一样把鲁国治理好,从而实现"非礼"下的"仁"。可参阅八佾 3.21 下最后一段解读。整部《论语》中,季康子共出场十七次,除孔子本人外,排名第六,可见他和孔子互动之勤、对孔子影响之深。

其次,通过对"宾客、宗庙、军旅"三事的提炼,等于在向季康子揭示他需要并可以发力的领域,放弃了其他和"先王之道"关联更为紧密的领域。

再次,还有利用卫灵公用人得当而国祚得续的故事,来游说季康子模仿的动机吧。

最后，如果季康子决心模仿，就会为孔门弟子创造出工作机会来。推销弟子的动机还可参阅公冶长 5.8 和雍也 6.8。

今 译

师父谈起卫灵公治国无道。季康子说："如果是这样,为何他还不失去统治？"孔子说："仲叔圉管理宾客,祝鮀管理宗庙,王孙贾管理军事。如果这样,怎么会失去统治呢？"

英 译

The master talked about how King Ling of the Wei state was ill-governing the state. Mr. Ji Kang said: "If so, why he has not lost his ruling?" The master said: "Zhong Shu Yu managed (the affairs of) visitors, Zhu Tuo managed (the affairs of) ancestral temple, Wangsun Gu managed (the affairs of) army. Being so, how could he lose his ruling?"

14.20【原文】

子曰："其言之不怍,则为之也难。"

字词训诂

其。虚指代词,相当于"那些"。

怍。zuò,惭愧义。"言之不怍",说话而不感到惭愧,即大言不惭,描述的是轻诺、虚夸等表达习惯。

章句义理

为之也难

有几个可能的意思。

其一,做起来就困难。说的是大言不惭是导致行动困难的原因,可能是因为改变了行动的条件和基础,比如别人因此不再提供协助。

其二,兑现所说就很难。说的是承诺过多导致兑现困难的因果关系。

上述第二解为妥:第一解反映的只是几种可能性中的一种,用高谈阔论来宣扬挑战目标有时确实会导致协助资源的减少从而招致困难,但有时也会激发别人的参与热情从而使行动变得顺利,逻辑上的因果关系不够刚性,因此排除第一解;相反,第二解说的是社会交往中的一个较为普遍的规律,即:轻诺或过度承诺,就会导致兑现困难,从而出现言而无信的结果。

孔子对待言谈和实践的态度

本章反映了孔子"轻言谈重实践"的一贯态度,可参考里仁4.22中的"古者言之不出,耻躬之不逮也",里仁4.23中的"以约失之者鲜矣",里仁4.24中的"君子欲讷于言而敏于行"。

今 译

师父说:"那些言谈不惭的,就会执行困难。"

英 译

The master said:"Those who speak without modesty, will then deliver(their words) with difficultly."

14.21【原文】

陈成子弑简公。孔子沐浴而朝,告于哀公曰:"陈恒弑其君,请讨之。"公曰:"告夫三子!"孔子曰:"以吾从大夫之后,不敢不告也。君曰'告夫三子'者!"之三子告,不可。孔子曰:"以吾从大夫之后,不敢不告也。"

字词训诂

陈成子。即田恒,又称田成子,因其家族出自陈国,也称为陈恒,又称陈成子。汉朝为汉文帝刘恒避讳,改称"田常";前481年,陈成子发动政变,杀死齐简公,拥立齐简公的弟弟为国君,是为齐平公。之后,田恒独揽齐国大权,骄奢荒淫。

简公。齐简公,姜姓,吕氏,名壬,齐悼公之子,前484年至前481年在位。前481年,齐简公在出逃的路上,被田恒的追兵杀死。

告夫三子。三子指三桓。鲁哀公无实权,不敢做主,估计对孔子的建议也不以为然,所以让他去告诉三桓。

以吾从大夫之后。因为我当过大夫以后。参阅先进11.8下注释。

章句义理

孔子一贯主张君君臣臣,所以诸侯国中如果出现弑君之乱,则他认为其他诸侯国为天子出兵讨伐,恢复道统是理所当然的。这种义务有出处吗?

《礼记·檀弓下》中有借来处不明的引用而有"臣弑君,凡在官者杀无赦"之说,今文译作"臣杀其君,则凡是国家官员都有权利把他杀掉,决不宽恕"。首先是引用出处不明;其次说的也是本国官员,没有说别国诸侯或其臣子。

"弑君之贼,人人得而诛之"来处不明,而且也没有定义"人人"的外延。

只有把当时各诸侯国仍当成周王室的分封国,则要求各诸侯国承担"讨伐弑君之贼"的义务才有较为充分的基础,取其"受天子之托讨贼"的合法依据。显然,这么看待各国间基于服侍同一个天子的相互义务,在本章故事中恐怕只有孔子自己了。

孔子显然认为,在自己当过大夫之后,不管在不在任(本章故事发生时孔子已经周游列国归来,潜心教育,没有官职),就得按照大夫的应有职责向国君提出合乎礼法的奏谏。这么理解的恐怕又只有孔子了吧,也显然不符合他在泰伯8.14中所说的"不在其位,不谋其政"。大约是孔子认为"陈成子弑简公"事体太过重大,所以才不顾"不在其位,不谋其政"的原则,并隆重有加地"沐浴而朝",虽然"道之不行,已知之矣"(微子18.7),但还是要"知其不可而为之"(宪问14.38),至少在历史中留下自己的姿态吧。

从孔子能顺利见到鲁哀公和三桓的事实,可以推知返鲁后的孔子还是广被敬重的,包括国家最高统治者在内。

从孔子两次说"不敢不告也"的,应该对自己的建议不被采纳早有预判,出乎他预料的或许只是鲁哀公没有当场否决他的建议而是要他去问三桓,所以才有后面一句愤愤不平的"君曰'告夫三子者'"的牢骚吧。

今 译

陈成子杀死了齐简公。孔子沐浴上朝,报告给鲁哀公说:"陈恒杀了自己的国君,请你讨伐他。"哀公说:"报告给三桓吧!"孔子说:"因为我当过大夫以后,不敢不报告(这件事)啊。国君竟然说'报告给三桓吧'!"到了三桓那里报告,三桓不同意。孔子说:"因为我当过大夫以后,不敢不报告(这件事)啊。"

英 译

Mr. Chen Cheng murdered King Jian of the Qi state. Confucius bathed himself and went to the court, reported to King Ai: "Chen Heng murdered his king, I urge you to crusade against him." King Ai said: "Report to the three families." Confucius said: "Because I was once the minister and since then, I did not dare not to report (this). The king did actually say 'report to the three families'!" He went to the three families to report this, they declined it. Confucius said: "Because I was once the minister and since then, I did not dare not to report (this)."

14.22【原文】

子路问事君。子曰:"勿欺也,而犯之。"

字词训诂

犯。冒犯。"犯之",冒犯君主,指不为君讳,直言进谏。参见本篇14.7中所说"忠焉,能勿诲乎?"

《礼记·曲礼下》中有"为人臣之礼:不显谏。三谏而不听,则逃之"的说法,意思是:"做臣子之礼:规劝国君不可强谏。多次规劝而国君不听,就可以离开他了。"

以孔子在《乡党篇》中所体现出的小心谨慎、如履薄冰的面容和姿态来看,他所说的"犯"只能是在严守礼节、和颜悦色的前提下,在事务层面上提供建议,或在先王之道等原则问题上直抒己见,并且不会坚持到底。最好的例子就是上一章(14.21)中"不敢不告"的故事。

在是否坚持上,可参阅颜渊 12.23,虽然该章谈的是朋友之道,但其道理应用到事君上,应该是符合孔子的心态的。在该章中,孔子说:"忠告而善道之,不可则止,毋自辱焉。"

今 译

子路问如何为君主服务。师父说:"不要欺骗他,但要冒犯他。"

英 译

Zi Lu asked how to serve a king. The master said: "Do not deceive him, but offend him."

14.23【原文】

子曰:"君子上达,小人下达。"

章句义理

本章解读版本众多,以下是分析和筛选过程。

首先,"君子"和"小人"可以有两种对比:统治者对人民,修养高人对世俗小人。

其次,"上达"和"下达"分别达于什么又有多解。"上"可以是先王之道、至德"仁"、其他各种个人修养的崇高境界、与"器"对应的"道",或天命;"下"可以是各种"先王之道"的反面、各种"仁德"的反面、各种个人修养的荒废状态、具体技艺的"器",或不知天命的浑噩心理。

再次,"达"可取"达于"和"通晓"两义。

最后,"上"和"下"既可以指明确的层级,也可以是无确指的高低层级,还可以理解为代表追求方向的笼统的方位词。

如此排列组合,解读可能性就很多了。如果把其中不可能的选项去掉,比如把"君子"解作统治者而把"小人"解为世俗小人这种不对称的版本,则各种可能性如下:

表14-1 "君子上达小人下达"的十四种解读

编号	君子	上达	小人	下达
1	统治者	达于先王之道	人民	达于日常民生
2	统治者	达于先王之道	人民	达蝇营狗苟
3	统治者	达于先王之道	人民	达于礼崩乐坏
4	统治者	达于先王之道	人民	达于技艺器用
5	修养高人	达于仁德	庸俗小人	达于无德无耻
6	修养高人	达于仁德	庸俗小人	达于世俗利益
7	修养高人	遵循天理	庸俗小人	堕入人欲
8	修养高人	通晓天命	庸俗小人	不知天命
9	修养高人	通晓"上"	庸俗小人	不知"下"
10	修养高人	达于天命(即主动顺应并助益天命)	庸俗小人	达于个人追求
11	修养高人	达于个人修养的崇高境界	庸俗小人	坠入个人修养的荒废状态
12	修养高人	达于"道"	庸俗小人	达于"器"
13	修养高人	追求"道"	庸俗小人	追求"器"
14	修养高人	追求仁德	庸俗小人	追求世俗利益
15	修养高人	向上进步	庸俗小人	向下退步

首先可以排除掉把"上达"解读为"达于先王之道"的所有选项,因为显然孔子未能达于先王之道。这样,本章讨论"君子和小人"时范围限制在"修养"上;同样,可以排除掉"达于仁德"的所有选项,因为按照孔子一贯的表达,他不会自诩已经达于仁德,也不会认为"君子"都达于仁德。这样,上述表格中各种可能性就可以缩减为以下九种。

表 14-2 "君子上达小人下达"的九种解读

编号	君子	上达	小人	下达
7	修养高人	遵循天理	庸俗小人	堕入人欲
8	修养高人	通晓天命	庸俗小人	不知天命
9	修养高人	通晓"上"	庸俗小人	不知"下"
10	修养高人	达于天命(即主动顺应并助益天命)	庸俗小人	达于个人追求
11	修养高人	达于个人修养的崇高境界	庸俗小人	坠入个人修养的荒废状态
12	修养高人	达于"道"	庸俗小人	达于"器"
13	修养高人	追求"道"	庸俗小人	追求"器"
14	修养高人	追求仁德	庸俗小人	追求世俗利益
15	修养高人	向上进步	庸俗小人	向下退步

进一步的排除过程如下：

一，表14-2中编号为7的解读，代表人物是朱熹，其原话是"君子循天理，故日进乎高明；小人殉人欲，故日究乎污下"，等于替孔子添加上"天理"和"人欲"概念，属于预设理论倾向的扭曲，不取。

二，从表达上说，如果"不知天命"是"下达"的结果，那在还没"下达"时是什么状态呢？难道是"知天命"吗？因此可知"小人下达"不可能指"小人逐渐沉沦到不知天命"，反推就可知道，作为对应的"君子上达"不可能指"君子通晓天命"；从义理上说，在为政2.4中，孔子说"五十而知天命，六十而耳顺，七十而从心所欲，不逾矩"，显然"知天命"不是最高的修炼境界，肯定不如"耳顺"和"随心所欲，不逾矩"的层次高，不足以成为君子和小人区别的核心。因此排除8。

三，如果取"上下"之抽象义，可以回避各种可能的"上下"内涵的确认，但都不符合孔子一贯的对实践(习)的重视，即：无论"上"如何高贵和难得，仅仅通晓它们都不足以形成相对于小人的核心优势和差异。因此排除9。

四，鉴于"天命"就是上天在人类社会中的目的及其实现的路径(请参阅为政2.4下解读)，因此如欲达于天命，必须具备对这种天命的实现有所助益的地位和能力,这绝非一般君子所可为者;同时,"达于天命"语境过于狭窄,从"上达"直接聚焦到"达于天命"没有道理。因此排除10。

五,把"上、下"从"道、器"或"形而上、形而下"的角度来解读,是主流意见之一。但把"道"解读为和"器"或"形而下"对应的"道",正如为政2.12中"君子不器"的说法,只是成为君子的必要条件,并不自带充分条件,难以成为区分君子和小人的关键标志。因此排除12和13。

如此还剩下以下几个选项:

表14-3 "君子上达小人下达"的三种解读

编号	君子	上达	小人	下达
11	修养高人	达于个人修养的崇高境界	庸俗小人	坠入个人修养的荒废状态
14	修养高人	追求仁德	庸俗小人	追求世俗利益
15	修养高人	向上进步	庸俗小人	向下退步

这三个选项,在本书看来,都符合孔子思想,都自洽,而且都难以证伪。下面进一步的筛选不是试图去伪存真,而仅仅通过放大细微差别或在两可时保持本书解读一致性的手段,探讨可能的最佳解读。

把"达"解读为"达于、达到",则属于描述不同人群间差异的状态;把"达"解读为"努力追求、试图达到",则属于指明和提倡君子应有的努力方向。鉴于《宪问篇》集中地谈论修身为人之道,后者更吻合全篇体现的态度。因此,在没有其他取舍证据时,表14-3中的11选项略处下风。

仁是最高的德,对仁的追求应是君子应有之志,且可以成为区分君子和小人的决定性标志。但正如子路13.23中的对比所示,能够区分君子和小人的,还有很多其他特质和标志,单单拎出对"仁"和"利"的态度来区分君子和小人,从义理上有失之于偏之嫌。因此把"上、下"具体化到"仁、利"或类似的"义、利"上,都有勉强之感。

取"上、下"的宽泛字义,可以涵盖"仁、利"概念或个人修养的对立差异,也避免了在缺少孔子明示的情况下,给"达"设定一个具体目标的解读挑战,且符合本书解读通例。

今 译

师父说:"君子向上进步,小人向下退步。"

英 译

The master said:"Cultivated gentlemen move forward upwards, base men fall back downwards."

14.24【原文】

子曰:"古之学者为己,今之学者为人。"

章句义理

本章句意显明,显然是在颂古非今。歧义在于孔子没说的部分:学的是什么,为己和为人又怎讲? 主要有三处。

一,以《论语集解》孔安国为代表,认为"为己,履而行之;为人,徒能言之",强调区别实践和空谈。

二,以《四书集注》中程颐为代表,认为"为己,欲得之于己也;为人,欲见知于人也",强调的是为自己学习和学给人看的动机的不同。

三,以《论语新解》钱穆为代表,认为"为己,殆指德行之科言。为人,指言语、政事、文学之科言",强调的是提高自身修养和获取为他人服务的技能之间动机的不同;

上述第三解为妥。

一,孔子一贯主张"躬行"无疑,把"为己"解读为"使己躬行"也算合理,但把"为人"解读为"徒向人言"就非常牵强,很可能是解读者先引入"躬行"的概念,然后顺着它改造整句话。所以不取上述第一解。

二,学习如果是为了"见之于人",体现的是虚荣心,本着同样的虚荣心,则这种人也会在实践中勤于德行,为的是"称之于人"。如果行为上成为"善人","有德者","贤者",甚至"仁者",他们不就成了这样的人吗?孔子是个实践派,在道德伦理上有强烈的行为主义倾向,没有理由藐视这种源于虚荣的学习和实践;相反,如果有人"为己"而学但却拒绝在社会治理中出力,孔子一定会反对的。再说了,在孔子身处的乱世,为了虚荣而学习也不太可能成为风气。所以上述第二解不妥。

三,第三解给出的角度是对比古代和当代的学习风气的不同,隐含的思路大约是:如果社会风气以提高自身修养而学习,则整个社会就会礼乐兴盛,国家治理和人民教化就会水到渠成;如果社会风气以掌握技能为目的而学习,则有可能形成技术精英型社会,缺乏德行的滋润和限制,极有可能误入歧途,肯定难以长久存续。这种解读和孔子一贯的治国化民思路吻合,也反映了孔子时代因为社会动荡、所以有机会学习的人都会急功近利地选择带有功利目的的科目的倾向。虽然孔子开出的药方是通过重修礼乐向先王之道回归,但无论是对于统治阶层来说,还是对于想通过学习来改变命运的人士来说,这都希望渺茫的道路。这也可以从孔子弟子的构成来佐证:弟子中多数希望通过学习而获得谋生的能力和手段,也有降低道德标准而出仕的,"为己"而学的,只有颜渊、曾参寥寥数人罢了。

孔子此处提到的现象很有普遍性,就单从狭义上的"学习"来看,在今天仍有深思的空间,此处不做展开,只罗列几个思考角度供参考。

一,有无功利目的来选择学习专业,或者说功利性考量占多少权重,不仅是胸怀和眼界的体现,也是整个社会对非功利性研究给出的冗余度和包容度的量尺,反映的就是这个社会持续均衡发展的潜力和投入意愿,即社会自身的胸怀和眼界。

二,反过来说,充满"为己而学"风气的社会,不仅是"为己而学"的结果,也是助推和固化"为己而学"风气的原因,即"为己而学"是具有自我强化和自我实现趋势的行为和风气。

三,"为己而学"不仅具有道德上的优越感,而且能提供主动精神所带来的持续而强大的学习动力,不仅对学习效率和学习效果大有裨益,而且能带来深层的自我满足感,属于较高层次的心理需求。

今 译

师父说:"古代学习的人为的是自己,今天学习的人为的是别人。"

英 译

The master said: "In ancient times, people who learnt did it for themselves, today people who learn do it for others."

14.25【原文】

蘧伯玉使人于孔子。孔子与之坐而问焉,曰:"夫子何为?"对曰:"夫子欲寡其过而未能也。"使者出。子曰:"使乎!使乎!"

字词训诂

蘧伯玉。"蘧",qú;氏蘧,名瑗,字伯玉,谥成子。卫国大夫。后世被封为"先贤",奉祀于孔庙东庑第一位。生于前585年,长孔子三十四岁,但据说长寿过百,所以卒年和孔子相近;据传,蘧伯玉自幼聪明过人,饱读经书,能言善变,外宽内直,忠恕坦荡。

据《史记·仲尼弟子列传》记载:"孔子之所严事……于卫,蘧伯玉。"但鉴于本篇14.11下对《史记》本段记载的质疑,《史记》所说仅供参考。

据传,蘧伯玉与孔子是终生朋友。孔子周游列国的十四年中,有十年在卫国,其中两次住在蘧伯玉家,前后达九年。据说他对孔子影响极大,对儒家的创立做出巨大贡献。还有的说孔子删《诗》《书》,订《礼》《乐》,修《春秋》就发生在第二次寄居蘧伯玉家时。这些传说基本可以肯定是假的。

一,整部《论语》中,蘧伯玉只出现过两次,除本章外,另一处在卫灵公15.7,其中对蘧伯玉的赞美是"君子哉,蘧伯玉!邦有道,则仕;邦无道,则可卷而怀之"。如果上述传说成立,则他的出场次数不可能如此之少。

二,孔子如果和他是终生好友,则应该不会问"夫子何为"这种浅表的问题。

三,在子罕 9.15 中,孔子明确说"吾自卫反鲁,然后乐正,《言》《颂》各得其所",和上述传闻不符。虽然不能因此断定孔子没在蘧伯玉家里进行过典籍整理工作,但至少可知主体工作是返鲁以后才进行的。

所以结论是:孔子很欣赏和尊敬蘧伯玉,但两人不可能存在传说中那种深刻而持久的友谊。后世封他为先贤,在孔庙中给予他崇高地位,多半是附会发挥,顺水推舟,正如佛教寺庙中四大金刚、十八罗汉一样,虽然来历不明,但穿凿附会久了,也能大行其道。

与之坐而问焉。给他一个座位然后提问。反推可知使者一般是不坐的,通过"与之坐"来体现孔子对蘧伯玉的尊重,爱屋及乌也。

使乎!使乎。虽有解家给出他解,但此处语气显然是赞赏使者会说话的,就是"好一个使者"的意思,重复表达,更显赞不绝口之态。

今 译

蘧伯玉派使者拜访孔子。孔子请使者坐下然后提问,说:"先生在做什么呢?"回答说:"先生想减少他的过失却未能做到。"使者离开了。师父说:"好一个使者!好一个使者!"

英 译

Qu Bo Yu sent a messenger to visit Confucius. Confucius offered a seat to him then raised questions:"What is his honor doing?" Replied:"His honor is trying to minimize his faults but has not succeeded yet." The messenger left. The master said:"What a messenger! What a messenger!"

14.26【原文】

子曰:"不在其位,不谋其政。"曾子曰:"君子思不出其位。"

章句义理

本章子曰部分和泰伯 8.14 重复。合理的解释曾子是用孔子的话作为引子,导出自己的总结和解读。

君子思不出其位:"思"应做名词用,应解为"君子之思",不可做动词解。

出处是《易传·象传下·艮》,原文是:"兼山,艮。君子以思不出其位。"今文译作:高山叠立,这是艮。君子以此为戒,谋不踰位。

曾子引用《易传》象辞来总结师父说的话,等于从更深的源头找到出处,算是有所深化,不算狗尾续貂;但显然,曾子是从避免职能和权责重叠的角度给出了自己的解读。在我看来,曾子这种理解有狭隘之嫌;可参阅泰伯8.14下解读。

今 译

师父说:"不在那个位子上,就不要谋划那个位子上的事。"曾子说:"君子的思考不超越他的位置。"

英 译

The master said: "Without a specific office, do not undertake the duties of it." Mr. Zeng said: "The thoughts of a cultivated gentleman do not go beyond his place."

14.27【原文】

子曰:"君子耻其言之过其行。"

字词训诂

之。《论语》此章有不同版本,其中皇侃版、日本足利版、高丽版用的是"之"字且在最后有个"也"字,而多数版本用的是"而"。

如果用"而"字,则有两种解读:

一,君子以言为耻,并试图使行为有余。朱熹是此解代表。

二,把"而"字理解为连接词或等同于"之",把"言而过其行"当做"耻"的复合宾语。此解在意义上等同于"之"字版。

朱熹的解读不妥,如下:

一,孔子历来反对的是"多言""过言",从不反对"言"本身;宪问14.4中有"有德者必有言"之说。

二,"行"是好的,但干吗要"过其行"呢?如果"过其行"是好的,那就直接把"过其行"当成标准就好了。而且"过其行"显然是针对"言"即承诺来说的,总是"过其行"就证明"言"是故意有所保留的,不是客观和诚实态度。

三,如上,把"而"字理解为连接词从而把"言而过其行"当做"耻"的复合宾语是成立的。

四,反对"言过其行"是孔子一贯态度,不能拘泥于一个字或欠严谨的用法就忽视孔子的一贯态度。

因此,要么把"而"解读为"之",要么就直接采用"之"字版。我取后者。

请参阅本篇14.20下解读及列举的各章节。

今 译

师父说:"君子以言过其行为耻。"

英 译

The master said: "A cultivated gentleman is ashamed of speaking more than his executing them.

14.28【原文】

子曰:"君子道者三,我无能焉:仁者不忧,知者不惑,勇者不惧。"子贡曰:"夫子自道也。"

字词训诂

道。用作动词,遵循义。

章句义理

主要内容同于子罕9.29,其中有"知者不惑,仁者不忧,勇者不惧",解读亦请参阅该处,此处不赘。

孔子自谦,子贡赞美,谦虚精神体现了,正面评价也未稍减。这或许就是孔子推崇的自我评价模式吧。

说"君子道者",正是要用后面三者的特点来做标杆,不是暗示后面三者内含于"君子"。"仁者"比君子难得,"知者""勇者"和"君子"交叉重叠,都没有互相包含的道理。

<h2 style="text-align:center">今 译</h2>

师父说:"君子遵循三点,我都做不到:仁者不会忧虑,智慧的人不会困惑,勇敢的人不会畏惧。"子贡说:"这是先生在说自己呀。"

<h2 style="text-align:center">英 译</h2>

The master said:"A cultivated gentleman follows these three which I cannot achieve:The humanitarian will not worry, the wise will not puzzle, the brave will not fear." Zi Gong said:"This is your honor describing yourself."

14.29【原文】

子贡方人。子曰:"赐也,贤乎哉? 夫我则不暇。"

<h2 style="text-align:center">字词训诂</h2>

方。有四解:一通"谤",指责义;二说攀比;三是比拟;四是辨别。

由于后面有"贤乎哉"的反问,可见"方"在一般情境下应是能体现"贤"的行为和能力,因此排除"指责"义。

由于后面有"夫我则不暇",说明孔子即使有时间,也不可能和别人攀比,整部《论语》中就没有一句攀比之论,反推则不可能说子贡喜欢和别人攀比;而且子贡政治上有作为,财富上富可敌国,没有和别人攀比的动机,整部《论语》中也看不出子贡有这种心理特点;因此不取"攀比"说。

比拟是主流解读,但比拟又能体现出"贤"的什么特点呢?因此亦不取。

取"辨别"为妥,可以引申为"品评",正如魏晋名士所喜欢的那种简单而一针见血式的对别人的洞察和点评。

章句义理

夫我则不暇

孔子也喜欢点评他人,《论语》中例子众多,此处不赘;为什么孔子称自己"不暇"呢?四种可能。

一,孔子自己评价别人时因为有深刻而全面的洞察,基于一致而自洽的标准,因此拥有终极性的意义,正如他删定《春秋》一样;子贡不具备师父的功力,所以他的人物点评和师父的不可相提并论。

二,子贡此处的"方人",层次上比《论语》中所体现的师徒二人的"方人"之论要低,大约属于牙尖嘴利、火花四溢式的评论,或许可用 Simon Cowell 或美国政治评论名嘴之类人物的言谈来参照吧。

三,孔子只是就事论事,教导子贡多花点时间修己,而不对别人品头论足。

四,公冶长 5.9 中,孔子和子贡都认为"回也闻一以知十,赐也闻一以知二",或许本章就是孔子希望子贡能少点言谈、多点思考从而向"闻一知十"靠拢的由来吧。

贤乎哉

从道理上也可以给个感叹号,从而把孔子的评论从批评变成讽刺。但是根据孔子对子贡通常的认真对待的态度,取反问较为妥当。不管是面对面对子贡说,还是在私下对子贡发出评论,取反问句式都较为合适。

今 译

子贡喜欢点评别人。师父说:"端木赐啊,聪明吗? 我就没有这个闲工夫。"

英 译

Zi Gong liked to comment on others. The master said: "Duanmu Ci, is he wise? I do not have such spare time."

14.30【原文】

子曰:"不患人之不己知,患其不能也。"

章句义理

孔子关于"人之不己知"的论述除了本章外,还有五处。人不知而不愠,不亦君子乎(学而1.1)?不患人之不己知,患不知人也(学而1.16)。不患莫己知,求为可知也(里仁4.14)。君子病无能焉,不病人之不己知也(卫灵公15.19)。君子疾没世而名不称焉(卫灵公15.20)。

孔子到底要不要"己知"呢?治国化民,自己的名声自然会同尧、舜、禹、汤、文、武、成、旦一般流传百世;子罕9.15中有"我自卫反鲁,然后乐正。《雅》《颂》各得其所"之说。证明即使做不到治国化民,也要尽己所能修订音乐和诗歌,求名是不言而喻的。如上述卫灵公15.20中所述,求名是应有及明示之理;因此,正如学而1.1和1.16下解读所示,孔子要"己知"。

患其不能也:请参阅学而1.1和1.16以及卫灵公15.19。

今 译

师父说:"不怕别人不知道自己,怕的是自己能力不够。"

英 译

The master said: "(I am) Not worried about others' not knowing me, (I am) worried about my being short of competency."

14.31【原文】

子曰:"不逆诈,不亿不信,抑亦先觉者,是贤乎!"

字词章句

逆诈。一说"逆"为相反或对着,则"逆诈"就是"反过来欺骗对方",隐含的假设是对方欺骗自己;二说"逆"为未至而迎,则"逆诈"就是"先假设对方欺骗"。

不亿不信。"亿",通"臆",臆测,预料。"不亿不信"有两解:一说不假设对方无诚信;二说不假设对方不信任自己。

上述两句结合在一起,比较容易做出选择。

不管对方是否欺骗自己,自己都不该欺骗对方,当场揭穿或置之不理即可,没有理由去欺骗对方,所以把"不逆诈"解为"反过来欺骗对方"无法作为行为指示给出,层次太低,至少不够格成为"贤"的构成部分。

和别人交往时,当然不应假设对方不信任自己,因为这种假设不仅没有必要,而且悖于常理:我们只有在夸张或撒谎的时候才会担心对方不信任自己。所以把"不亿不信"解为"不假设对方不信任自己"也无法作为行为指示,也不够格成为"贤"的构成部分。

相反,把两句话解为"不假设对方欺骗,不假设对方不诚信"可以作为德行,因为这体现对别人信任的心胸,体现对自己通过光明磊落的心态和行为方式也能驾驭人际交往的自信。"不逆诈,不亿不信"是对人的态度,体现的是把别人先当成好人的智慧和胸怀,"抑亦先觉"是阅人的能力,体现的是对人性的洞察力和高效的判断力。当自己具备对别人"诈"和"不信"能做出迅速判断并据以处置的能力时,按孔子的说法,就可以算是贤达。

抑亦先觉者。"抑",不过,然而;"亦",也;"抑亦先觉者",然而也能预先觉察的(能力),说的是虽然"不逆诈,不亿不信",但在对方真的"诈"和"不信"时,有能力迅速觉察;这里的"先"应是指比一般人提前,所以可以理解为"迅速";这里的"亦"暗示本来通过"逆诈"和"亿不信"也能快速地觉察"诈者"和"不信者"的真实面目,毕竟假设坏人是坏人确实更容易发现坏人,而假设坏人是好人往往要多花时间才能发现他是坏人,这种效率上的区别体现出预设前提对判断的自证效应,符合心理学规律,此处不赘。

是贤乎。"贤"应是形容词的"贤",而不指"贤者"。同理,前面的"者"不是指"人",而是指"能力"。

今 译

师父说:"不假设别人欺骗,不假设别人不诚信,然而也能察觉(欺骗和不诚信)的,是贤达啊!"

英 译

The master said: "Not assuming others' deceiving, not assuming others' dishonesty, yet can also perceive (deceiving and dishonesty)—this is sagacious!"

14.32【原文】

微生亩谓孔子曰:"丘!何为是栖栖者与?无乃为佞乎?"孔子曰:"非敢为佞也,疾固也。"

字词训诂

微生亩。不可考,从其语气判断,姿态很高且有出世之直;从孔子回答的态度看,是尊重他的。所以估计是世外高人,可能是孔子路过某处时,拜访了他,留下这段对话。

栖栖。xī。出自《诗经·小雅·六月》"六月栖栖,戎车既饬"。意思是"六月出兵奔忙不歇,兵车修整准备妥当"。因此"栖栖"是奔忙的意思,正如今天我们所用的"急吼吼"一样。

何为是栖栖者与? 为何做出这样奔忙的行为呢?

无乃为佞乎? "无乃",难道不是如何如何吗?"佞",巧言也,即花言巧语;"无乃为佞乎"就是"难道不是四处巧言辩论吗"。此处添加"四处"意,既反映了孔子四处兜售自己主张的事实,也呼应微生亩前文对孔子"栖栖"的描述,是应有之义。

章句义理

"疾固也"有多解,是本章落脚点,也是解读要点:

一说"固"是"世间固陋",这是主流。

二说是指微生亩的"执著而不通达",即孔子反击微生亩。代表人物是朱熹。

三说是把"固"解为"顽固不化或固陋之人"。

四说把"疾"解为"疾病",把"疾固也"解为孔子自己"有固执之病"。

本书取第四说,如下:

第一说,先引入原本没有的内容"世间",因自感牵强,又给"固"添加上"陋"义,属于多重夹带,主观性太强;然后从孔子角度看当时的天下,应是先王之道的消失,或者说是礼崩乐坏,怎能用"固陋"这个表达个人见识短浅的词语来表达呢?即使可以说世风固陋,对它的纠正也不可能是孔子周游列国以求出仕治国的目标,因为孔子一定是把恢复先王之道作为自己的目标的。因此不取第一说。

本章语境显然是微生亩居高临下地申斥,而孔子以谦卑的态度来回答,绝无反击提问者的可能,朱熹的解读不合情理,故不取第二说。

第三说,首先,定位过窄,道理同上述对第一说的分析;其次,对方固陋,按孔子在颜渊12.23中所说的原则"忠告而善道之,不可则止,毋自辱焉",难以理解他会把对"固者"宣导作为自己鼓呼不止的理由。

第四说,首先,语法上成立;其次在语境上更为合理:对微生亩这种不同道人士的具有攻击性的提问,没有必要给予正面回答,用对自身性格的调侃来回答,不仅能避免陷入论战从而自取其辱,也能巧妙地化解掉对方的敌意,并给双方体面退出的台阶;最后,把"疾固"解读为自己"有固执之毛病"也符合孔子知其不可而为之(见本篇14.38)、在乱世之中仍主张仁德治国的一贯风格。

今 译

微生亩对孔子说:"孔丘啊,你为何做出这样奔忙的行为呢?难道不是在四处巧言辩论吗?"孔子说:"我不敢四处巧言辩论啊,(是因为)我有固执之病啊。"

英 译

Weisheng Mu said to Confucius:"Kong Qiu,how is it that you set out to bustle about? Isn't it that you are arguing smartly(all around)?" Confucius said:" I dare not to argue smartly,(it's because that)I am troubled with stubbornness."

14.33【原文】

子曰:"骥不称其力,称其德也。"

字词训诂

骥。jì,按《说文解字》"千里马也"。

称。chēng,称颂。

章句义理

多有解家质疑马只该称其力,何德之有。本书认为显然是误读:能跑千里的肯定不止骥,除了能跑千里以外,或因为忠诚,或因为稳定,或因为可靠,或因为其他优良品质才使骥被称为骥——这个在逻辑上是说得通的;即使骥是好马的统称,也仍然可以理解为:好马之所以被称颂,不仅仅是因为其力气,还有其他优点;孔子显然是通过马来比喻人的德才之辩,如果说对一匹马来说,其才(力)远比其德重要的话,至少对这个比喻的本体"人"来说,德才是使其被赞的决定性因素,这个陈述的本体判断仍是成立的,最多可以说孔子用了一个不太恰当的喻体,但不影响陈述内容的有效。

今 译

师父说:"骥被称颂不是因为它的力气,而是因为它的品德。"

英 译

The master said:"A Ji horse is extoled not for its stamina,but for its virtues."

14.34【原文】

或曰："以德报怨,何如？"子曰："何以报德？以直报怨,以德报德。"

字词训诂

"以德报怨" 的最早类似表达在《道德经·七十九章》："和大怨,必有余怨;报怨以德,安可以为善？"

德。恩德、恩惠。"怨",怨恨。

直。公正。不因对方态度而改变自己的态度,自己的行为不受对方行为的影响,严格按照事情本身的应有之义来决定自己的反应。

但什么才是事情本身的应有之义呢？就是被社会主流所认可的规范,大约就是和"礼"平行的又不被"礼"规定的、更多属于道德层面而不是行为及流程层面的规范。比如：如果你抱着一个大包裹上楼,旁边有人为你按电梯门开关协助你进出,你表达谢意,并从包裹中分出几枚水果给对方作为礼物,对方推辞一下,然后接受了一枚,退回其余。这个过程的每一步都可以认为是事情本身的应有之义。虽然没有量化标准,每一步都有多做一点或少做一点的选择余地,但总体上仍可判定符合应有之义。公正之举就是：哪怕你不请求,旁人仍然为给你按开关;哪怕对方再热情,你只是说一声谢谢而不做进一步表示;哪怕你给对方水果,对方不接受你的过分回报而只接受一句谢谢;或不论你的包裹中有多少水果,都只接受一枚……

章句义理

按德、直、怨三种状态间的可能组合,共有九种情形,见表14-4。

对"怨"可以有三种反应,分别是德、直、怨：

一,以怨报怨,会形成怨的循环,显然不应提倡的反应方式。

二,以德报怨,会导致是非观念错乱,并形成对"怨"的奖励机制。这种反应机制或许可以成为宗教情怀的诉求,但对于全部目的都集中在治国化民之上的孔子来说,显然不可取。

三,以直报怨,不会形成对不良行为的奖励效果,同时因为其直,可以体现反应方就事论事的专业精神,对主动行为方具有震慑和教导效果,可以削弱"怨"的正向反馈,可以促进社会风气的改良。

表 14-4　德直怨在施受之间的组合

编号	主动行为属性	反应行为属性	反应的导向
1	德	德	正向反馈,自我强化
2	德	直	专业精神,有伤德行普及
3	德	怨	卑劣心理,逆向反馈,大伤德行普及
4	直	德	正向反馈,同时强化直和德
5	直	直	专业精神,制度和流程主导
6	直	怨	非理性情绪,心智不成熟
7	怨	德	宽恕博爱,不讲是非,诱发风气恶化
8	怨	直	专业精神,正向反馈
9	怨	怨	正向反馈,自我强化

表中九种可能中,只有 5 属于典型的一报还一报,有机会形成现代博弈论给出的多次重复博弈的平衡状态,其余的都不行:

一,以德报德,无法保证对等,多有反应过分的情形,从而导致德越来越多,从治国化民的角度来看是值得大力提倡的,但从博弈平衡的角度看,会形成加速度的自我强化。从结构上说,只要不考虑"德"内部的宽度和差异,则"以德报德"就是"以直报直";但是正因为"德"有宽度和差异,所以"以德报德"才形不成稳定的反应机制。

二,2 要么等同于 5,要么就可能导致"德行"的动机的逐渐减弱,从而最终实现 5 的平衡,要么就会因为以直报德从而伤害"德"的主动性,使其直接降级到比"直"还低的行为动机层次,从而形不成在"直"层面上的平衡。

三,3 就不用说了,会导致向 9 的滑落。

四,4 是另一种较为理想的机制,"以德报直"时,如果主动行动方"直"得很坚定,则不会伤害主动行动方的"直";如果主动行动方"直"得不够坚决,就会被带到 1"以德报德"的机制上去。

五,6"以怨报直"时,如果主动行动方"直"得很坚定,则不会被反应方带到 9

"以怨报怨"的道上去；如果主动行动方"直"得不够坚决，就会；由于社会上人的构成总是多种多样，而人的心理难以保持恒定，相反，向不良行为习惯下降远比向优良习惯上升容易得多，所以很大的可能性是滑落到9的机制上去。

六,7、8、9上面谈过,此处不赘。

孔子给出的"以德报德"难以实现博弈平衡,但可以迅速促进社会风气向"德"的靠拢,从社会治理上,成立。

孔子给出"以德报德"的指示,说明他知道如果对德不报以德,则主动行为方有可能就会逐渐丧失"行德"的动机。可参阅《吕氏春秋·览·先知览·察微》中故事：

> 鲁国之法,鲁人为人臣妾于诸侯,有能赎之者,取其金于府。子贡赎鲁人于诸侯,来而让,不取其金。孔子曰："赐失之矣。自今以往,鲁人不赎人矣。"取其金,则无损於行；不取其金,则不复赎人矣。子路拯溺者,其人拜之以牛,子路受之。孔子曰："鲁人必拯溺者矣。"孔子见之以细,观化远也。

今文译作：按鲁国法令,鲁国人在其他诸侯国给人当奴仆或小妾,有能赎出他们的,可以从国库中支取金钱。子贡从其他诸侯国赎鲁国人,回来却推辞,不支取金钱。孔子说："端木赐有失妥当。从今以后,鲁国人不会再赎人了。"支取金钱,对品行没有损害；不支取,就不会有人再赎人了。子路救了溺水者,那人用牛来拜谢他,子路收下了牛。孔子说："鲁国人一定会救溺水的人。"孔子能从细小处发现规律,对人类心理的互动规律充满远见。

但是,如果社会对"直"有共识,则根本就不需要"以德报德",应该大力提倡的是"以直报直",引申一点可以说,这就是通过明确而详细的规范来治理和规范人民的行为,是国家治理可以持续和高效进行的路径,说到底,这就是法制精神。正因为孔子只想用"礼"来规范基本人伦名位,对"礼"覆盖不了的领域试图用模糊的"德"、"仁"等概念来笼而统之,反对用SOP和法制来管理社会和人民,所以他才不会提倡"以直报直"吧。

今 译

有人说："用德行来回报怨恨,怎么样啊?"师父说："那么用什么来回报德行呢？(应当)按公正原则回报怨恨,用德行回报德行。"

英 译

Someone said: "How about repaying resentment with virtues?" The master said: "Then what can be repaid to favor? (We should) Repay resentment with fairness, repay virtues with virtues."

14.35【原文】

子曰:"莫我知也夫!"子贡曰:"何为其莫知子也?"子曰:"不怨天,不尤人;下学而上达。知我者其天乎!"

字词章句

莫我知也夫。"莫",没有。"莫我知","莫知我"的倒装句。"也夫",语气助词,有叹息意味;"知",知道,引申为欣赏。

孔子多次表达"不患不为人知"的心态,请参阅本篇14.30下解读,为何此处又感叹"莫我知"呢？逻辑很简单:"不患不为人知"表达的是胸怀,是希望还在时的自信,是建立在自信之上的主线;"莫我知"之叹是对没有机会一展抱负的遗憾,是希望熄灭后时不我与的感叹,是现实结果最终演化出的偶然。

何为其莫知子也。历来多把"何为"解为为什么,从而把整句解为"为何没人欣赏你呢？"也有把"何为"解为"怎么讲"的,从而把整句解为"没人欣赏你是什么意思？"两解均不妥:后面孔子的回答显然不是在回答"为何没人欣赏自己"或"没人欣赏你是什么意思"的;"何为"的另一解是"做什么",整句话可以解为"没人欣赏你你怎么办呢？"在语法上、语境上、前后呼应上都妥当。这样后面孔子所说的"不怨天,不尤人;下学而上达"就是在没人欣赏自己的情况下要体现的心态和要坚持的行为,而最后一句"知我者其天乎"是呼应和回答句首的"莫我知",既是无人知我的无奈,也是尚有天知的慰藉,更有唯天知我的自负。

怨天,尤人。怨恨命运,归咎他人。

天。出现两次。在"不怨天"中指"命运",在"知我者其天乎"中指"上天"。

下学而上达。解说纷纭,但多牵强附会,难以尽列,现仅结合其合理而流传广者,综述如下:

《论语集解》中孔安国解读成"下学人事,上知天命",其"天命"概念被宋儒以"天理"概念置换而存续,更成为主流解读。朱熹在其《论语集注》中说:"但知下学而自然上达,此但自言其反己自修,循序渐进耳。"

在《传习录·卷上·门人陆澄录》中,王阳明对"下、上"概念的解读比朱熹更明确:"夫目可得见,耳可得闻,口可得言,心可得思者,皆下学也。目不可得见,耳不可得闻,口不可得言,心不可得思者,上达也。如木之栽培灌溉,是下学也。至于日夜之所息,条达畅茂,乃是上达。人安能预其力哉?故凡可用功,可告语者,皆下学。上达只在下学里。凡圣人所说,虽极精微,俱是下学。学者只从下学里用功,自然上达去。不必别寻个上达的工夫。"要点是"上达只在下学里",对"上达"的路径做了创新而深刻的说明,但对何为"上达",仍语焉不详。

包括朱熹和王阳明在内的主流解读,都或明确或隐晦地把"上达"的目标当成"天命",这显然是不成立的,请参阅为政2.4及本篇14.23下解读。

"下学",除了上述"人事"及"器学"含义外,还有一种可能是"向下学习",即向不如自己的人学习,不耻下问是也,参阅公冶长5.15。那么,"下学"到底是指什么呢?首先可以排除掉"人事",主要因为孔子心目中的"上达"无论如何解读,都不可能脱离"人事"的范畴,不可能把"人事"当成和"上达"对立的概念;结合本篇14.23下对"上达、下达"的解读,则无论"上达"指的是具体的"追求仁德"、较为宽泛的"达于个人修养的崇高境界"、还是更为宽泛的"向上进步","下达"一定是作为其对立面的负面状态或态度,而"下学"在字面对仗上就是向这种负面状态或态度的学习;基于孔子一贯的态度,此解绝无可能;因此,较为合理的解释,是把"下学"理解为"具体的、基础的、执行的、技艺类的"知识储备,即"知其然者";唯有通过执行与实践,才会融会贯通地理解和把握,实现"上达",即"知其所以然也"。书读百遍其义自见、先信仰后理解、从仪式仪轨中习得信仰等等主张与此精神相近。

如此一来,则本章"下学"概念近似于王阳明所说,而"上达"概念则指对和

"器"对应的"道"的把握,是技艺知识类基础之上的智慧层面的融会贯通,和本篇14.23中的"上达"概念有所不同。

今 译

师父说:"没有人欣赏我啊!"子贡说:"没人欣赏你,你怎么办呢?"师父说:"不怨恨命运,不怪罪他人;学习卑微技艺,而贯通高级智慧。欣赏我的是上天吧!"

英 译

The master said:"No one appreciates me!" Zi Gong said:"What will you do with no one appreciating you?" The master said:"Do not resent the fate, do not blame others;learn humble skills and be well versed in advanced wisdom. It is the heaven that appreciates me!"

14.36【原文】

公伯寮愬子路于季孙。子服景伯以告,曰:"夫子固有惑志于公伯寮,吾力犹能肆诸市朝。"子曰:"道之将行也与,命也。道之将废也与,命也。公伯寮其如命何!"

字词训诂

公伯寮。鲁国人,与子路同为季孙家臣,有说其为孔子弟子的,有说是弟子但后被除名的(大约就因为告子路吧),不可详考。

子服景伯。鲁国大夫,史料有限。在子张19.23中还出场过一次。那一次也是向孔门(子贡)泄露他处消息。前后参照,可以推断此人对孔子很是钦佩,有向孔子告密的习惯,可说是孔子的耳目。

愬。音义同"诉"。

夫子固有惑志于公伯寮。"夫子"指季孙;"固",固然,呼应后面的"犹能";"惑志",疑心;全句意思是:季孙先生固然被公伯寮处勾起(对子路的)疑心。

肆诸市朝。"肆",处死刑后暴尸示众;"市朝",市场和朝廷。按郑玄注《礼记·檀弓下》有"陈尸……大夫以上于朝,士以下于市"之说。按此说,则公伯寮作为士,应被陈尸于市。但此处用法显然是用"市朝"单指在市场中暴尸示众,正如我们有时用"禁止出入"来表达"不许进入",或用"教学"来单指"教"一样。

章句义理

本章背景故事不明,推测起来应是孔子任鲁国大司寇期间的一次政治斗争(或许就是孔子推行堕三都计划的高潮),而子路在其中被推上风口浪尖吧。

孔子显然不可能因为相信"命"就撒手不管,这不符合他积极参与治国事项的一贯态度。正如述而7.23中说"桓魋其如予何"和子罕9.5中说"匡人其如予何"一样,此处体现大义凛然的豪情,而不是实操层面的选择。请参阅上述两处章节下解读。

孔子拒绝杀掉公伯寮的建议,大约是因为已经判断出公伯寮不是解决问题的关键,同时子路的命运也不会因此而被决定吧。因为没有背景细节,无从考证,权作猜想。

今 译

公伯寮向季孙诉告子路。子服景伯把这个告诉孔子,说:"(季孙)先生固然被公伯寮勾起了疑心,我还有能力使他杀了他并陈其尸于街头。"师父说:"我的主张如果行得通,是命运;我的主张如果被废弃,是命运。公伯寮能拿命运怎么办呢!"

英 译

Gongbo Liao accused Zi Lu to Ji Sun. Zi Fu Jing Bo told this to Confucius: "Though his honor(Ji Sun) has been evoked with suspicion by Gongbo Liao, I still have the power to execute him and display his corpse on the street." The master said: "If my proposal will do, that's fate; if my proposal is scrapped, that's fate. What can Gongbo Liao do about fate?"

14.37【原文】

子曰:"贤者辟世,其次辟地,其次辟色,其次辟言。"子曰:"作者七人矣。"

字词训诂

辟。音义同"避"。

辟世,辟地,辟色,辟言。分别是避开尘世(隐居),避开某地(避开乱邦、危邦),避开别人的脸色(不接受难看的脸色),避开别人的言语(拒绝难听的言辞)。四种"辟"显然有个共同的主线,即离开所事之地或人。从递进关系上看,最应该促成离开的因素首先是"辟言",因为言语的侮辱最为直接,最不应该忍受;其次是"辟色",因为不给好脸色虽然不如恶言相向那么不堪忍受,但也属于当面羞辱;再次是"辟地",因为离开乱邦或危邦,还可以去往他方,不算彻底退隐;最后是"辟世",即如果天下全都不堪,则彻底退隐。反过来讲,最难做到的顺序按降序则是"辟世,辟地,辟色,辟言",和"贤"的程度分级对应;可参考子张18.6中"辟人、辟世"之说。

子曰。第二个"子曰"应是孔子在另一时空针对同一话题的补充,被《论语》编纂者归并一处,并另书"子曰"以求严谨。

作者七人矣。"作",从事,干出;"作者":应是指做出了上述四种"辟"中最高级的"辟世"的人,因为做出其余三级举动的人的数量肯定多了去了。同时由于"辟世"涵盖了其余三种"辟",所说指做到全部上述四种"辟"的人;如果某些贤者在未成名之前就"辟世",孔子如何得知呢?这就好像某人凭自己的努力在矛盾尚未激化或要素尚未形成之前就避免了某些灾难或战争,则他的功劳就不会被别人所了解呢;只能理解为孔子是对"辟世"前就已成名、因此有史料记载的著名隐士的计数了。"著名隐士",有点讽刺意味,但也成立。

从只有七人这个角度看,可见孔子的标准很高,仅仅"辟世"恐怕还不够。由于他没有给出其他标准,只能推测他只是用"四辟"给出了必要而非充分条件。

《论语》中没有对任何一位可以算是"辟世者"的浓墨重彩的记录,也没有他对所遇到的"辟世者"大加赞赏的记录,可以推测孔子说的应该不是他身处的时代中的人物,而是他所知道的古往今来的"四辟"人士中最著名或他最认可的七位。

有人认为七人是指长沮(微子 18.6)、桀溺(微子 18.6)、荷蓧丈人(微子 18.7)、石门晨门(本篇 14.38)、荷蒉(本篇 14.39)、仪封人(八佾 3.24)、楚狂接舆(微子 18.5)。此说代表人物是《论语集解》中的包咸和近人钱穆。此说显然不妥:

一,《论语》是孔门弟子汇集编纂的,绝不可能是孔子全部言谈的汇总,一定会有删减和浓缩,最后定稿时恰好留下七个隐者,是有相当的偶然性的,不可能孔子在生前有预见能力,以至于能给出"七人也"的总结。

二,如果说孔子生前真地明确过七人名单,倒有可能弟子们在汇编《论语》时有意留下七人的故事记录。但在这种情况下,没有理由不把七人的名字罗列出来。

三,孔子无论如何不会认为只有他遇到的七人是"辟世"者,肯定还有他没遇到的啊,他不可能不留余地地表达"作者七人也"。

主此解者,其牵强拘泥之过,不可理喻;此说流行,印证了一个人类的普遍心理模式:只要有人煞有介事地提出一个观点,则总会有人接受并加以流传的。

有人认为是指伏羲、神农、黄帝、尧、舜、禹、汤,或尧、舜、禹、汤、文、武、周公七位圣人,更没有来处,而且等于直接违背了前文"四辟"的立意,不取。

有人认为是微子 18.8 中提到的七位,此说代表是《论语义疏》中被引用的王弼。原文是:逸民:伯夷、叔齐、虞仲、夷逸、朱张、柳下惠、少连。子曰:"不降其志,不辱其身,伯夷、叔齐与!"谓"柳下惠、少连,降志辱身矣,言中伦,行中虑,其斯而已矣。"前面分析过,"作者"应是指做出了上述四种"辟"中最高级的"辟世"的人,而按照孔子评论,柳下惠和少连"降志辱身",显然没有做到"辟世",连"辟地"都没做到,从"辱身"来看可能连"辟色"和"辟言"都没有做到,不可能进入七人名单。反推可知,把"作者七人也"解为这七位逸民不妥。

由于孔子没有给出名单,可以排除掉上述说法,但无法推导出到底是哪七位人物。如上文所说,能确定的是:"作者七人也"是孔子所知道的古往今来的"四辟"人士中最著名或他最认可的七位。

还有个极端一点的解读:把"辟"解为"开辟",从而把本章解为:贤者开辟天下,其次开辟某地,其次开辟人民的面容,其次开辟人民的言辞,孔子认为做到了这些的有七个人；此解中"辟色"和"辟言"解读起来难以服人；而能做到"辟世"的肯定可算是"圣人"了，岂是"贤者"两字所能概括？故不取此解。

今 译

师父说："贤者逃避社会，次一等的逃避某地，再次一等的逃避别人给的脸色，再次一等的逃避别人说的恶言。"师父说："做到了这些的有七个人。"

英 译

The master said: "The wise men retire from the world, the next level men retire from some places, the even next level men retire from disrespectful looks, the even next level men retire from abusive words." The master said: "There were seven people who had done this."

14.38【原文】

子路宿于石门。晨门曰："奚自？"子路曰："自孔氏。"曰："是知其不可而为之者与？"

字词训诂

石门。有说是鲁国外城门，有说是地名。因不可考，不如称石门为妥。从子路宿于石门来看，应是独自一人，有说是孔子返鲁，遣子路先行，合乎情理而无法确证。

晨门。掌管城门，负责早开晚闭之人。

章句义理

对话简明，晨门反问证明了两点：一是此人对孔子总结得有深度，即使是拾人牙慧，也得自己认可才能信手拈来；二是孔子名声很大，连看门小吏都有耳闻。

晨门对孔子的总结"知其不可而为之者"，应该会得到孔子深深的共鸣吧。

今 译

子路在石门过夜。掌门人问:"从何处来?"子路说:"从孔氏来。"说:"是那个明知做不到还要去做的人吗?"

英 译

Zi Lu stopped at Shi Men for the night. The gate keeper asked:"Where are you from?" Zi Lu said:"From Mr. Kong." Said:"Is he the man who knows that it's impractical yet still pushes on?"

14.39【原文】

子击磬于卫,有荷蒉而过孔氏之门者,曰:"有心哉,击磬乎!"既而曰:"鄙哉!硁硁乎!莫己知也,斯己而已矣。'深则厉,浅则揭。'"子曰:"果哉!末之难矣。"

字词训诂

磬。qìng,石质打击乐器。

蒉。kuì,草筐。

鄙。固执。

硁硁。kēng,形容石头相击响亮清脆的声音。

章句义理

鄙哉!硁硁乎!

多有曲折附会者,蔚为大观,均不妥,难以尽驳,此处不赘。

其实参考子路 13.20 中"硁硁然小人哉"及其下注释,可知这两句就是批评孔子敲磬中体现出来的浅陋小人的心态。这个心态,从后面"莫己知也,斯己而已矣"反推可知,或者是孔子不为人知、空有一身抱负而无法施展的遗憾,或者是孔子"知其不可而为之"的坚持和执着。从前面"硁硁乎"的描述可知,此处说的不可能是表现遗憾的婉转哀怨，只能是充满斗志的后者。

此处也可印证这个"荷蒉者"是个高人，竟能从磬声这种信息量显然不算充分的音乐中听出孔子的心声。当然了，从后面他引用"莫己知也"可知，多半他是有备而来，用对音乐进行评论的方式来会一会大名鼎鼎的孔子的。因为对孔子的境遇和志向有个总体把握，就煞有介事地借音乐来说事，有点江湖术士习气。

莫己知也，斯己而已矣。既然没有人欣赏自己，那就自己一个人好了。潜台词是：那就别强求被人欣赏自己了呗。

深则厉，浅则揭。出处是《诗经·邶风·匏有苦叶》，其第一段有"匏有苦叶，济有深涉。深则厉，浅则揭"。今文译作："葫芦有叶味道苦，渡水有时要深涉。深时连衣过，浅时提衣过。""厉"，经过。"揭"，提起衣服下摆。"深则厉，浅则揭"就是：水深时反正免不了浸湿，索性穿着衣服过河，水浅时就提起衣摆过河；结合前面"莫己知也，斯己而已矣"，此人是借用《诗经》来表达不要强求的意思，"深则厉浅则揭"是比喻：有人知己时就出仕，莫我知时不勉强。

此人的建议其实和孔子有些时候的态度是吻合的，正如《述而篇》7.11 中"用之则行，舍之则藏"所示，至少孔子有时会用这种"无可无不可、进退均可"的态度来自我纾解。但究其一生，显然孜孜以求治国化民的机会是主线，"进退均可"可能是对抱负不展深以为憾之后的自我化解之道，从来都只是伴奏而已。

果哉！末之难矣。众说纷纭：

一说是孔子反讽对方断语果决，确是不知我者。代表人物有邢昺和皇侃。

一说是孔子叹对方能果断地忘记尘世，但这种果于忘世的行为，并非难事，因此此解不妥。此派代表人物是朱熹。

一说是孔子承认其批评，说对方评断果决，自己无法辩解。代表人物是当代解家杨伯峻和《丧家狗·我读论语》作者李零。

本书认为上述三解均不恰当，如下。

如按第一解，难道不该表达成"果哉！莫我知也"吗？而且《论语》编纂者如此详细记录下荷蒉者的言语，难道不是认可其评价吗？让孔子在最后出场，给出一句简短而无力的反抗，与理不通，不取。

如按第二解，就得承认"顺势而为、进退自如"不难，但在述而7.11中，孔子明确说过"用之则行，舍之则藏，惟我与尔有是夫"，显然认为能做到这样很不容易。而且同上，按常理《论语》编纂者显然是认可荷蒉者的意见的，解读成孔子不以为然，与理亦不通，不取。

前两解的另一个共同缺陷是，未从词义和语法上说明"末"如何使用，而是囫囵带过，有失严谨。第三解，语法、义理和语境上都成立，但用了"果决"来阐释"果"，结果仍旧是对对方的反驳，不取。

既然荷蒉者的言语被详细记录，连语气都栩栩如生，应该认定孔子认可他的言辞，至少欣赏对方的表达。解读本章可从这个角度出发。

首先把"果"解为"果然"，奠定孔子认可其评论的基础。前述三解都把"果"解为荷蒉者的"果决"，估计是始创者说过以后，其他人不知不觉受其暗示了吧？

再把"末"解读为"碎末"，这是本义，然后用作动词，取"把……当成碎末"解，引申为"不把……当回事"，从而把"末之难矣"解为"把它不当回事却很难"。这里的"之"指"进退自如"，即前文中的"莫己知也，斯己而已矣。深则厉，浅则揭"。

这样的态度符合孔子的一贯表现，也吻合他在本篇14.32中所说的"非敢为佞也，疾固也"。

今 译

师父在卫国敲磬，有个背着草筐经过孔门的人，说："很有深意啊，这样敲磬！"过了一会说："固执啊！铿锵洪亮的样子！既然没有人欣赏自己，那就自己一个人好了。'水深时就穿着衣服，水浅时就提起衣摆。'"师父说："就该这样啊！只是把它不当回事很难。"

英 译

The master played chime stone in the Wei state, a man with straw basket on his back passed the gate of the Kong house, said: "It's full of meanings, playing chime stone this way!" A little later he said: "How obstinate! Loud and clear! If not appreciated by others, one can be on his own anyway. 'Cross deep water with clothes on, cross shallow water with the hem lifted up. '" The master said:"Exactly it should be so! However it's difficult to despise it."

14.40【原文】

子张曰:"《书》云:'高宗谅阴,三年不言。'何谓也?"子曰:"何必高宗,古之人皆然。君薨,百官总己以听于冢宰三年。"

字词章句

书。指《尚书》。引文出自《尚书·周书·无逸》,其中引周公话说:"高宗……作其即位,乃或亮阴,三年不言。""高宗",高宗是古代帝王一个赞誉较高的庙号,第一个用此庙号的帝王是殷商高宗武丁。此处所指就是武丁。

谅阴。"谅"亦作"亮","阴"有作"闇"的,意义不改;"谅"是固执于一物,"阴"指丧居茅庐;"谅阴"就是坚守丧居;另一说是把"谅阴"二字解为天子丧居之所,名词作动词用,解为"居丧";另一说是把"谅阴"解为"梁闇",即天子丧居之所,名词作动词用,解为"居丧";无论哪种解释,都是指守丧无疑。

三年不言。字面意思是不说话,显然不可能;主流多解为"不发表政见",证之于下述故事,合理。

故事见于《史记·殷本纪》,相关段落是"帝小乙崩,子帝武丁立。帝武丁即位,思复兴殷,而未得其佐。三年不言,政事决定于冢宰,以观国风"。今文是:小乙逝世,其子武丁即位。武丁帝即位后,一心想复兴殷朝,但一直没有得力的辅佑大臣。于是武丁三年不言,政事由冢宰决定,而自己专心观察国家的风气。这个故事说明:武丁三年不言,不是因为要守孝,而是由于没找到能辅佐自己治理天下的得力助手,所以才不说话,只观察;"不言"在这个故事里显然不是完全闭嘴,而是不发表与政事有关的言论,不干涉和影响冢宰的自由发挥。

三年丧期在孔子前并无明文规定,大约就是孔子才开始大力提倡,最早的文字见于《仪礼》,而司马迁在《史记》中说《仪礼》记自孔子,而班固在《汉书》中则称

《仪礼》是孔子把周代残留的礼采缀成书。如果接受他们二位的说法,则孔子就是守丧礼制(《仪礼·丧服》)的始作俑者,其中各种规定在汉初成书的《礼记》中被进一步具体化和细化,才最终变成"自古以来的规矩"。

由于孔子的言传身教,孔子死后,弟子们多为他守孝三年,子贡守了六年。而曾参则编撰了《孝经》。相信孔子若泉下有知,定会老怀大慰。

简言之,在孔子时代,并无"三年不言"这类规矩,后文所谓"古之人皆然"只能是没有出处的断言,目的无非是通过对历史的春秋笔法的伪造来为自己对丧礼的主张进行背书,有悖"君子坦荡荡"(述而7.37)的风度,而且也证明了"我非生而知之者,好古,敏以求之者也"(述而7.20)和"述而不作,信而好古"(述而7.1)的自我定位中回避了自己发挥创造、夹带私货的事实。孔子多有创造是肯定的,本来可以光明磊落地干,但由于非要打着"先王之道"的大旗,就不得不把自己的创造和发挥打扮起来,然后宣称它们也是"先王之道"的一部分,利用弟子们和当时各路意见领袖对自己广博知识的信任及没有能力和意愿去验证的惯性,试图并成功地实现了文化造假。即使今天我们通过考证可以甄别出大部分孔子夹带的私货,但他造成的文化层面上的影响已经通过儒家文化的传播在中国成为既定的社会事实。类似的现象还有佛经,种种打着释迦牟尼"如是我闻"旗号的伪经,成为真经,仅仅从学术上进行伪经剥离已经没有实践意义了。

君。此处之君,避免了限制性的"帝"或"王",所以可以推定包括一统天下的"帝"和"帝"分封的"国君"。

总己。多数解家都接受朱熹给出的"总摄己职"之说,不妥。首先是词义上,如何从"总己"推出"总摄己职"?其次,"总摄己职"本就是各官员应有之责,等于说"各司其职",这不是废话吗?最后,从引用的伊尹故事中可知,"总己"发生在祭祀先祖过程中,这个场合中如何做到"总摄己职"?

也有把"总己"解读为"总领自己手下"的,也不妥。首先,如何从"己"推出"己之下属"?其次,同上,"统领自己手下"本来就是应有之责啊;最后,能想象在上述祭祀过程中,每个朝中大臣都带着一帮自己的下属去吗?从《论语》及相关史料来看,没有这种描述或暗示。

按《说文解字》:"总,聚束也。"因此可以把"总己"解读为"收拢自己",描述的正是收拢身段、以示敬畏的姿态,符合"君薨"之后应有的肃穆自律的常识。"总己"和乡党10.4中"入公门,鞠躬如也,如不容也"等自我约束的姿态是一个道理,即收拢身段以彰显敬畏。

百官总己以听于冢宰。这句话在伪古文《尚书·商书·伊训》也出现过。即使我们采用学界主流观点,断定《尚书》尤其是伪古文《尚书》成于孔子之后,但成书年代肯定离孔子时代不远,其中的部分章节在孔子时代及之前应该已有成书,或至少有了口耳相传的定型内容。

《尚书·商书·伊训》中说:"伊尹祠于先王,奉嗣王祇见厥祖,侯、甸群后咸在,百官总已以听冢宰。"今文译作:伊尹祭祀先王,侍奉嗣王拜他的祖先,侯服、甸服的诸侯都在祭祀行列,百官总己,听从太宰伊尹的命令。

冢宰。主流解读均把冢宰等同于太宰,而太宰职位设置于殷商,后来从掌管帝王财务及宫内事务渐渐扩权,地位次于三公,为六卿之首。"冢"显然指坟墓,语境又是"君薨"之后,而且孔子时代"宰"多指家臣,所以本书认为"冢宰"指专职看护君王墓地的王室内务官员。

从孔子角度来看此中义理:君主去世,继位之人三年内不应公开给出指令,但国家或天下不能因此陷于停顿,要有人担当继位者和众位大臣之间的沟通桥梁。启用看护先王墓地的"冢宰"这个相对低级并对政局超然的角色来担当这个中间桥梁,除了能够上传下达之外,还能避免因启用首相或太宰而可能导致的一家独大、尾大不掉,并且还可以因其守护王墓的角色,起到提醒和保证众臣对先王之死尽到哀痛义务的效果,妥当。也正因为如此,当百官"听于冢宰"时才要"总己"。

今 译

子张说:"《尚书》上说:'殷高宗居丧,三年不发言。'这说的是什么意思呢?"师父说:"不是只有高宗,古代人都这样。君王去世,(继位者都不发言)百官都收拢身段听命于冢宰三年。"

英 译

Zi Zhang said: "the *Book of Shang* says: 'Emperor Gao of the Yin dynosty kept mourning abstinency (for the past emperor), remained silent for three years.' What did this mean?" The master said: "Not only Emperor Gao, the ancients all behave so. When a sovereign died, all the officers would draw themselves in and take orders from the mausoleum chamberlain."

14.41【原文】

子曰:"上好礼,则民易使也。"

章句义理

孔子对礼的重视是一贯的。孔子心中礼的必要性和重要性可借用《礼记·曲礼上》中的文字来阐述一下:"道德仁义,非礼不成。教训正俗,非礼不备。分争辨讼,非礼不决。君臣上下父子兄弟,非礼不定。宦学事师,非礼不亲。班朝治军,莅官行法,非礼威严不行。祷祠祭祀,供给鬼神,非礼不诚不庄。是以君子恭敬撙节退让以明礼……今人而无礼,虽能言,不亦禽兽之心乎……礼尚往来。往而不来,非礼也;来而不往,亦非礼也。人有礼则安,无礼则危。故曰:礼者不可不学也。夫礼者,自卑而尊人。"意义简明,不赘今文了。

"上"指统治者,如果他们讲究和尊重礼法,自然就会体现出上面引文中"恭敬撙节退让"以及"自卑而尊人"的行为和态度,受到尊重对待的对方基于人类的普遍心理模式,就会回报以尊重。在对统治者表达出尊重的情境下,被统治者基于规范、法规等的种种针对统治者的义务就会顺理成章地被遵守。

统治者拥有"使民"的权利,如果能按照"礼"的要求来规范和节制自己的行为,就等于尽到自己的义务,被统治者就没有不尽义务的借口。

最重要的一点,是礼的各种SOP所具有的高度的可预测性及其所带来的涉及各方的共同期待:当大家都知道会发生什么,而且进程确实按预测和期待发展了,则余下过程按预测发生的概率就会大大加强。换成本章字句:统治者遵守了礼要求自己该做的,则人民就会有强大的惯性和几率按照礼的要求完成余下的。因此,"上好礼,则民易使也"。

今 译

师父说:"统治者如果喜好礼,则人民就容易使唤。"

英 译

The master said:"If the rulers are keen on the rules of propriety, then the people will be easy to order about."

14.42【原文】

子路问君子。子曰:"修己以敬。"曰:"如斯而已乎?"曰:"修己以安人。"曰:"如斯而已乎?"曰:"修己以安百姓。修己以安百姓,尧舜其犹病诸!"

字词章句

君子。本章中显然指"统治者"。

修己以敬。字面上可作两解:一是用恭敬的心态来修炼自身;二是修炼自身以到达恭敬的态度。用后面"修己以安人"和"修己以安百姓"来对比,此处取后者为妥。

对什么恭敬呢?多解为对"礼",本书认为不妥。因为"敬"可以多解,但基本含义就是对别人恭敬,对别人恭敬就是"礼"的核心,因此不为"敬"加上宾语而就用"敬"这种态度作为目的,成立。可参阅本篇 14.41 下引用的《礼记》段落最后一句:"夫礼者,自卑而尊人。"

安。使人民安心。自己总能恭敬待人,则别人就会平和自在,基于人际交往的心理,也会恭敬待己。如果每个统治者都能做到这样,则风气日化,国家可治,天下可平。

有解者加个尾巴解读成"使别人安乐守礼",画蛇添足也。恭敬的态度的普及有助于"礼"的普及,但不是必然的,而且对人恭敬会使别人对己恭敬,但如何会促成别人"守礼"呢?"敬"是"礼"的核心,但并未包含"礼"的全部内容,尤其是其执行细则和各种SOP,不加以学习是无法掌握的,单单凭"敬"的态度无法贯彻。

人和百姓。因为文中把"百姓"作为"人"的对照和外延的扩大,而"百姓"的定义没有歧义,所以"人"指哪些人就是理解的关键:

一说是"朋友九族",这样"安人"就是齐家,而"安百姓"就是治国平天下。代表人物是《论语正义》作者刘宝楠。

二说是"臣",如黄式三在《论语后案》中有"君子,上位之君子也。人,犹臣也"之说。

三说是"别人",代表是朱熹,他认为:"人者,对己而言。百姓,则尽乎人矣。"

"敬"指态度,显然不是从宗亲远近或职位关系来说的,而是对待他人的普遍态度,因此上述第一和第二说都不妥。尤其是第二说,等于把此处的"君子"限定到"君主",无法解释无法成为"君主"的子路和孔子,还一本正经地讨论自己无法参与的事情。

所以上述第三说成立,只是需要把"对己而言"细化一下即可:"人"指自己身边可以直接接触的人,既包括官员,也包括亲属,还包括一般人;"百姓"则指那些无法直接打交道的人民。

修己以安百姓。类似表达在《中庸》中也有:《中庸·三十三篇》中有:"诗曰:'不显惟德,百辟其刑之。'是故君子笃恭而天下平。"意思是:"《诗经》上说:'美好的德行啊,诸侯们都来效法。'所以君子笃实恭敬就能使天下太平。"《中庸》此处引用的诗句出处是《诗经·周颂·列文》。

尧舜其犹病诸。这句话也出现在雍也6.30中,可互相参阅。

本章中子路这种带有挑战意味的逐步深入的问法,《论语》中还有五处,分别是:颜渊12.3,司马牛问仁;颜渊12.4,司马牛问君子;颜渊12.7,子贡问政;子路13.9,冉有问治民;子路13.20,子贡问士。

今 译

子路问(怎样才能成为好的)统治者。师父说:"修炼自身达于恭敬。"问:"就这样而已吗?"答:"修炼自身以使别人心安。"问:"就这样而已吗?"答:"修炼自身以使百姓心安。修炼自身以使百姓心安,尧舜对此也会力有不逮吧!"

英 译

Zi Lu asked about (how to become a good) ruler. The master said: "Cultivate oneself to achieve reverence." Asked: "Is this all and no more?" Replied: "Cultivate oneself and give rest to others." Asked: "Is this all and no more?" Replied: "Cultivate oneself and give rest to all the people. To cultivate oneself and give rest to all the people—even Emperor Yao and Shun were not fully capable of achieving it!"

14.43【原文】

原壤夷俟。子曰:"幼而不孙弟,长而无述焉,老而不死,是为贼。"以杖叩其胫。

字词章句

原壤。不可详考。如果接受《礼记·檀弓下》中记载,则有如下故事:"孔子之故人曰原壤,其母死,夫子助之沐椁。原壤登木曰:'久矣予之不托于音也。'歌曰:'狸首之斑然,执女手之卷然。'夫子为弗闻也者而过之,从者曰:'子未可以已乎?'夫子曰:'丘闻之:亲者毋失其为亲也,故者毋失其为故也。'"今译作:孔子有个老朋友叫原壤,他的母亲去世,孔子帮助他清洗棺椁。原壤敲着棺椁说:"我已经很久没有用唱歌来抒发情怀了。"唱道:"狸猫头上的花纹真漂亮啊,握着你(孔子)的手啊它们是那样地柔软。"孔子装作没听见的样子就走过去了,随从说:"您还不和他断交吗?"先生说:"我听说:既然是亲人就总归是亲人,既然是老朋友就总归是老朋友。"

权且认定原壤是孔子故旧吧,这也和后面对他的训斥和动作相吻合:只有对待发小,才敢如此不留情面啊。

夷俟。"俟",sì,等待义;"夷俟":屁股坐在地上,两脚前伸并屈膝,形如簸箕,称为箕踞。大约是因为古时东方夷族喜欢如此放松地坐下休息,所以又称"夷踞"。"夷俟"即夷踞以待,不起身出迎。

孙弟。分别同"逊悌",谦逊而尊敬兄长。

长而无述。多有把"述"解为"称述",然后引申为树立名声的,不知依据在哪里,不取;"述"本来就有传承之义,就取其"传承"之义,或指对圣贤之道的传承,或指对其父亲遗志的传承。

显然不是每个人都有能力和义务去传承古代圣贤之道,而且看来原壤是个放浪形骸之人,更不可能期待他有这个意愿和能力,所以把"述"理解为对其父遗志的传承,甚为妥当。

因此,"长而无述"就是"长大以后又不继承父亲遗志"。

老而不死。还挺长寿。暗含的逻辑是:如果早死了,就不会满足后面"是为贼"的标准。

是为贼。"是",这;"贼",贼害也,指对社会和乡邻风气(即礼)有所损害的祸害。有人认为是因为"老而不死"才"为贼",不妥;应该把"是为贼"作为前面三种行为特点的共同结论,把"幼不孙弟"、"长而无述"、和"老而不死"三者都作为"为贼"的并列的必要条件:

一,只是"幼不孙弟"和"长而无述",只要其人命短早夭,则不会对社会和乡邻风气造成严重而持续的伤害;毕竟,一个放浪形骸还长寿的混子,才是守礼有益的反例。

二,同理,如果"幼不孙弟"但后来能做到"长而有述",则属于浪子回头,对社会和乡邻风气反而有示范和促进作用。

三,如果"幼而孙弟"但"长而无述",至少能用"孙弟"之风与人和睦相处,拒绝或无法传承父志最多算是个人孝道不足,不影响与他人交往。

以杖叩其胫。"胫",小腿;"以杖叩其胫",正如我们今天嫌别人坐没个坐相,顺手就用棍子敲一下对方的小腿一样。

关于孔子为何对原壤如此严厉，不仅骂他应该早点死，还用拐杖敲打他的小腿，解说纷纭，其中多数因为孔子的言行有点过分，所以百般曲折附会，要么从孔子的言行中挖掘出深刻道理，要么就在原壤故事中添油加醋从而使得孔子的行为变得合乎逻辑和情理，均不可取。就理解为因为某种我们无法考证的原因，比如孔子对发小恨铁不成钢的绝望，或者本章故事有未被记录的特殊背景，孔子一时怒火中烧，痛斥并且动手，对孔子形象没有任何损害，反而体现了有血有肉的真性情，于情于理于文，都恰如其分。

今 译

原壤伸腿坐着迎接孔子。师父说："小时候不谦逊不尊长，长大了不继承父亲遗志，还长寿不死——这就是祸害啊。"用拐杖敲他的小腿。

英 译

Yuan Rang sat with his legs sprawling to greet Confucius. The master said: "When young, did not show humbleness and subordination to seniors; when grown up, did not carry out the unfulfilled wishes of your father; and long living instead of passing away—this is a curse." Hit his shank with his stick.

14.44【原文】

阙党童子将命。或问之曰："益者与？"子曰："吾见其居于位也，见其与先生并行也。非求益者也，欲速成者也。"

字词章句

阙党。"阙"大约是阙里，即孔子居住地；按《周礼·地官司徒·大司徒》："五家为比，使之相保；五比为闾，使之相爱；四闾为族，使之相葬；五族为党，使之相救。"推算可知，党是五百家；则"阙党"就是孔子居住的、数百户规模的社区。

将命。"将"字一声,传命义。

或问之曰。"之",指该童子。全句意思是:"有人向孔子问起他说。"

吾见其居于位也,见其与先生并行也。"先生",成人中大于自己者。按礼,童子不可以坐上成人才能坐的位子,走路必须走在成人的后面而不能并肩而行。因此,孔子发现的是这个童子僭礼而为的举止。

益者。对"益者"的解读主流是说"自求进益"的,不妥:

问的是"益者",孔子回答却是"求益者",我们必须得假设这两个词是一个意思。如按主流解读,把"益者"解为"自求进益者",那如何解读"求益者"呢?而如果把"益者"解读为"对将命之事有所助益者",则"求益者"就是"追求对将命之事有所助益者",两个词可作一解,避免了问与答之间主语不一致的潜在矛盾。

所以"益者"就是"对将命之事有所助益的人",按后文语境,可以引申为"对礼仪执行有所助益之人。"

欲速成者。对应"求益者",则自然就是"追求尽快完成礼仪的人。"

将命之事

"将命之事"就是礼仪仪式,可从孔子所说"吾见其居于位也,见其与先生并行也"中来推论:这两句话说的都是礼仪进程中他观察到的现象。

本章的全新解读

对主流观点的内涵逻辑加以细化,大约是:显然孔子认为正确的"求益"方式应该是在尊重长幼之别的前提下,通过正确的实践来逐步学习,而不应该是跨越年龄限制,直接通过扮演成人才可以扮演的角色,在僭礼的实践中来学习,这样只是学会和熟悉了仪式的表面的 SOP,但却由于忽视礼仪的出发点而在事实上践踏了礼仪,没有学会"礼"的内在精神和基本要求,比如礼让、恭敬、谦卑等等。此解义理上恰当,不妥处在于如何协调"益者"和"求益者",以及如何协调"求益者"和"欲速成者"之间的差异,说到底,只要学习的目的是学习"礼仪",那么"速成"并无不妥;而且,"速成"和"求益"应该有同一个宾语,这个宾语是什么呢?如果说是"礼"或"道",谁有能力和自信可以"求益""礼"或"道"呢?连孔子都是"述而不作"，更不可能指望一个童子能"益之"或"求益之"。

因此本章内容的演进应该是：社区礼仪仪式上，有个少年奉命传命，并参与仪式，应该是做得有模有样，所以有人问孔子"这个小子是不是大有助益啊？"孔子不认同，并从自己观察到的"居于位也，与先生并行也"的现象，断定这个小子不是来帮忙完善仪式的，而只是想快点完成罢了。大约这个少年是权贵子弟，其父母因为有孔子在场，所以努力给他谋了个"将命"之责，但少年本身不当回事，只想尽快走完过程，因此不是按部就班、规规矩矩地严守仪式规定，而是大大咧咧，敷衍了事，能简则简，甚至"与先生并行"，僭礼不敬，唯求速成。正因为目的不是学习，而是尽快结束，所以"速成"才显不妥，孔子的否定才有基础。

那么，按此新解，会否削弱了本章的意义呢？仅仅批评了少年这种追求尽快结束的不耐烦，是否意义太过浅薄了呢？对此，本书的回答是：首先，按旧解，批评少年追求礼仪速成也没有更大的意义；其次，本章阐述了举行礼仪不可将就、不可僭礼、不可速成的想法；再次，本篇主要是谈为人和为政，本章谈为人之义，恰当；最后，本章体现了孔子事无巨细的观察力和对他人心理的洞察力。

今 译

有个阙党少年负责（在礼仪上）传命。有人（向孔子）问起他说："是个（对礼仪仪式）有所助益的人吗？"师父说："我见到他坐到了席位上，我见到他和长者并肩而行。他不是试图提供助益的人，他是想尽快结束的人。"

英 译

A lad from Que community was assigned to pass messages (in a ceremony). Someone asked (Confucius) about him: "Was he a facilitator (in the ceremony)?" The master said: "I saw him sit in the seat, I saw him walk shoulder to shoulder with the seniors. He was not one who tried to facilitate it, he was one who tried to finish it quickly."

卫灵公篇

15.1【原文】

卫灵公问陈于孔子。孔子对曰:"俎豆之事,则尝闻之矣;军旅之事,未之学也。"明日遂行。

字词训诂

陈。陈列、战阵也,指军事。有说通"阵"的,意义不变。

俎。zǔ,祭祀时盛祭品的礼器。

豆。盛食物的器皿。"俎豆"合称,泛指礼器。"俎豆之事",即祭祀之事。

明日。第二天。

章句义理

故事背景及其出处

《左传·哀公·哀公十一年》云:"孔文子之将攻大叔也,访于仲尼。仲尼曰:'胡簋之事,则尝学之矣。甲兵之事,未之闻也。'退,命驾而行,曰:'鸟则择木,木岂能择鸟?'文子遽止之,曰:'圉(按,孔文子名圉)岂敢度其私,访卫国之难也。'将止。鲁人以币召之,乃归。"今文译作:孔文子将要攻打——的时候,去征求孔子的意见,孔子说:"祭祀之事,就是我学过的。打仗之事,我没听过。"退下后,叫人套上车子就走,说:"鸟可以选择树木,树木怎能选择鸟?"孔文子立刻阻止他,说:"圉哪里敢自己打算,为的是防止卫国的祸患。"孔子将要留下来。鲁国人用财礼来请他,于是就回国了。

《史记·孔子世家》云:"卫孔文子将攻太叔,问策于仲尼。仲尼辞不知,退而命载而行,曰:'鸟能择木,木岂能择鸟乎!'文子固止。会季康子逐公华、公宾、公林,以币迎孔子,孔子归鲁。"大意同上。

上两种记载中本事都发生在前 484 年,孔子时年六十七岁。

但是《史记·孔子世家》还有第三出处:"他日,灵公问兵陈。孔子曰:'俎豆之事则尝闻之,军旅之事未之学也。'明日,与孔子语,见雁,仰视之,色不在孔子。孔子遂行,复如陈。"

哪个版本对应本章呢?要从孔子周游列国的过程说起。孔子共到过卫国三次。

一,周游列国从前 496 年开始,第一站就是卫国,这是第一次;孔子时年五十五岁;一年后回到鲁国。

二,前 493 年离鲁至卫,是为第二次赴卫。卫灵公就是死于前 493 年,两人应是就在这一年年初(大雁应该正在南飞)见面的,上述故事应该发生在这时。孔子离开卫国后,经曹国、宋国、郑国去陈国。孔子时年五十八岁。

三,中间辗转漂泊,前 488 第三次到卫国,此时卫灵公已经去世,在位的是卫出公。然后于前 484 年回到鲁国。

根据上述年表可知,上述《左传》故事引用了和本章近似的表达,但却把年代记录为前 484 年,此时根本没有"鲁人以币召之,乃归"的后续发展,是错误地把两件事混在一起;上述第一个《史记》故事,记录的是孔子最后一次离开卫国的本事,和上述《左传》记载的后半部吻合,但因为卫灵公没出场,所以不是本章故事,也是把两件事混在一起了,"以币迎孔子,孔子归鲁"的说法同样犯了年代错误。

《史记》上的第二处记载,才是本章故事,决定性的依据是卫灵公出场,因为《论语》的编纂者们不可能在到底是国君还是大夫向孔子问陈的事实上犯错,因为这牵涉孔子极其重视的名份问题。

孔子周游列国始于前 496 年,故事发生在前 494 年,此时孔子的心气应该还是很高的,对实践自己的政治理想没有妥协的意愿,所以才会听到卫灵公问军旅之事,就给人脸色看,果断地离开。

《史记》中比本章多了"明日,与孔子语,见雁,仰视之,色不在孔子"的记录,显然是司马迁自己的臆造或对不靠谱的传说的记录。

孔子仅仅因为对方问军旅之事,就决定离开,不合情理,毕竟军事也是国家大事,而且孔子在颜渊12.7中还把"足兵"作为为政三要素之一。因此,合理的解释是:这只是最后一根稻草,孔子本来就已经要么认定卫灵公昏庸无道,不可辅佐,要么就认定卫灵公不可能重用自己,用对方"问陈"这个由头,就可以义正辞严地拂袖而去。

孔子"军旅之事"的能力

因为无法接受圣人孔子竟然不懂军事,所以史上多有论证孔子军事能力非凡的。但是除了《史记》等二手史料外,通观整部《论语》,未见孔子体现出军事指挥能力。六艺中的"射"和"御"虽然也是军事技术,但在孔子的语境中更多的是"礼"的仪式,而不是作战技能,而且即使它们算所谓作战技能,也只是单兵作战能力,不算军事指挥能力。

如果说孔子具有某种程度的军事战略思想,是成立的,因为他提倡的所有治国理念都算强国之道,可以为军事能力提供精神、物质和制度保证,而且他所提倡的仁义治国之道,也能在国际间树立道德威望和高度,提高对手取得军事优势的成本和难度。

如果说基于孔子体现出的诸多领域的广博知识、优秀的人格和超越常人的智慧,推论他掌握军事指挥、排兵布阵的能力,也是合理的。毕竟很多军旅能力和其他领域的能力是重叠的,而且,作为拥有举一反三、触类旁通能力的大师,在拥有对人心、地理、草木、后勤、组织、运营等领域的深刻认识的基础上,孔子即使没有实战经验,也很有可能比大多数军事指挥官具备更强的指挥能力。

但是,由于关于孔子的一手资料来源主要是《论语》,余处没有明确记录,即使我们推论孔子应该具备很高的军事指挥能力,也只是推论,无法坐实;试图证明孔子的军事能力,不仅没有史料支撑,也没有必要:孔子显然重视"礼法仁治"远超"军旅之事"。我们基于常识往往认定军事是国家生存的保证,并因此认为怀疑孔子的军事能力是对他的大不敬,但孔子一贯相信"礼法仁治"是治国化民的充分而必要条件,不会认为说自己不懂军事就是侮辱或是否定。

今 译

卫灵公问孔子军阵之事。孔子回答说:"祭祀礼器之事,我曾听说过;军旅之事,没有学过。"第二天就动身离开。

英 译

King Ling of the Wei state asked Confucius about battle array. Confucius replied him: "Of the sacrificial vessels, I have heard; about the military matters, I have not learnt." He set about to leave the next day.

15.2【原文】

在陈绝粮,从者病,莫能兴。子路愠见曰:"君子亦有穷乎?"子曰:"君子固穷,小人穷斯滥矣。"

字词训诂

在陈绝粮。关于此事发生时间,有不同说法,最大的可能是发生在前489年,背景是"陈蔡之厄",发生地点众说纷纭,但总在陈国境内,约在今天河南东部或安徽北部,无法详考。可参阅公冶长5.22下孔子周游列国的大致年表。此事发生的时间和背景不可确考,不影响孔子言谈的解读,因此,即使不取上述,也无大碍。

病。疲惫。

兴。起身。

穷。困顿。引申为"毫无办法"。不可解为"贫穷","贫穷"在孔子时代的表达是"贫";而"贫穷"也是"穷"的一种。

君子固穷。主要有两解:一是说"君子固然有穷时",二说是"君子固守于穷"。本书取第一说。如从二说,则"君子固守于穷"是何道理?难道这就是君子的宿命吗？显然不是。无论对"穷"的定义是什么，孔子都不可能主张"君子固守于穷"；如果辩解说，孔子的意思是"君子遇穷，则固守于穷"，表达的是在困境中处之泰然的态度，就不该用"固"这个字，而该像述而 7.16 中那样，用"乐"字来表达。因为"固"意味着，既然困顿不堪，就坚守这种状态，这绝对不该是君子应有的态度；而第一解则不仅道理上和语法上都顺当，而且呼应了前面子路的责问："君子也会如此困顿吗"，暗含的意思是，君子能力非凡，本应飞黄腾达，怎么会落到这步田地？而答的是"君子当然有可能陷入困顿"，暗含的意思是时运、机会等都非人力所能左右，即使是君子，也固有穷时也。

小人穷斯滥矣。"斯"，就，乃；"滥"，毫无节制，引申为肆意妄为。整句在意义上可以断成"小人穷，斯滥矣"，意思是"小人如果穷，就会肆意妄为"。本章所言"君子"和"小人"显然是从道德修养上讲，不是统治者和人民之别。

章句义理

子路和孔子的对话，有两处记载可供参考：

其一是《孔子家语·在厄》。即使《孔子家语》是伪书（尚无定论），但其内容合情合理，也符合本书的理解，抄录于此，权供参考。原文："楚昭王聘孔子，孔子往拜礼焉，路出于陈、蔡。陈、蔡大夫相与谋曰：'孔子圣贤，其所刺讥，皆中诸侯之病。若用于楚，则陈、蔡危矣。'遂使徒兵距孔子。孔子不得行，绝粮七日，外无所通，藜羹不充，从者皆病。"今文译作：楚昭王聘请孔子到楚国去，孔子去拜谢楚昭王，途中经过陈国和蔡国。陈国、蔡国的大夫一起谋划说："孔子是位圣贤，他所讥讽批评的都切中诸侯的问题，如果被楚国聘用，那我们陈国、蔡国就危险了。"于是派兵阻拦孔子。孔子不能前行，断粮七天，也无法和外边取得联系，连粗劣的食物也吃不上，跟随他的人都瘫倒了。

其二是《史记·孔子世家》，其中记载略有出入。

如果《孔子家语》是伪书，则《史记》记录更可取；如果《孔子家语》最后证明不是伪书，则其可信度大过《史记》。但是，两书的共同问题都是：在上述引文之后，有大量师徒间对话内容，这些对话细节从何而来？最多也只是对各种来源于孔子弟子的转述和来源于民间的添油加醋的故事进行汇编而成,作为史料,其权威性和可信度都大打折扣。

特录《史记·孔子家语》中相关段落如下,供对比参考,因内容大致同上,所以就不附今译了:闻孔子在陈蔡之闲,楚使人聘孔子。孔子将往拜礼,陈蔡大夫谋曰:"孔子贤者,所刺讥皆中诸侯之疾。今者久留陈蔡之间,诸大夫所设行皆非仲尼之意。今楚,大国也,来聘孔子。孔子用于楚,则陈蔡用事大夫危矣。"于是乃相与发徒役围孔子于野。不得行,绝粮。从者病,莫能兴。

今 译

在陈国绝粮了,跟随者都饿得瘫倒了,爬不起来了。子路气冲冲地来见孔子说:"君子也有困顿的时候吗?"师父说:"君子固然会有困顿的时候,而小人困顿时就会无所顾忌了。"

英 译

When running out of food in the Chen state, the followers became exhausted and could not stand up. Zi Lu came to meet Confucius with angry countenance, saying: "Will the cultivated gentlemen also fall across destitution?" The master said: "A cultivated gentleman for sure could fall across destitution, but a base man in destitution would go all lengths unscrupulously."

15.3【原文】

子曰:"赐也,女以予为多学而识之者与?"对曰:"然。非与?"曰:"非也,予一以贯之。"

章句义理

按照《史记·孔子世家》记录,这段对话发生在上一章故事之后,可见司马迁认为本段对话与前一章子路和孔子的对话在语境和意义上有关联。但是,无论对本章如何解读，都无法找到这种关联。可能的解释要么是司马迁由于我们不得而知的理由，比如相信某个转述陈蔡之厄细节的人士的话，在没有关联和不合情理的情况下，本着如实记录的原则做了这种记录；要么就是司马迁在细节上失察，流于大意，这就更彰显《史记》在此类记录上的不严谨。

"一以贯之"这个表达在里仁4.15中也有：子曰："参乎！吾道一以贯之。"曾子曰："唯。"子出。门人问曰："何谓也？"曾子曰："夫子之道，忠恕而已矣。"本书对4.15中的"一"有新的解读，请参阅该处。4.15中谈的是"道"，而在本章中由于有前面"女以予为多学而识之者与"的问题，显然讨论限制在学习方法上，而不是学习内容。4.15谈的是孔子的"道"，本章谈的是"学习之术"。因此，不可把本章内容解读方向等同于4.15。把本章方向引向"忠恕"的解读都属于望文生义，不赘驳。还可参阅本篇15.24，也有"一以贯之"之义，其下解读亦可用于本章。

此处的"一"指的是哪个点呢？选项众多，分析筛选如下：

述而7.2中，孔子说："默而识之，学而不厌，诲人不倦，何有于我哉？"明示了对他来说"多学而识之"不难，如何能做到这样？应该就是靠本章所说的"一以贯之"。

本篇15.24中有：子贡问曰："有一言而可以终身行之者乎？"子曰："其'恕'乎！己所不欲，勿施于人。"如上所述，"恕"也是道，不是学习的方法，所以不成立。

述而7.28中，子曰："盖有不知而作之者，我无是也。多闻，择其善者而从之，多见而识之，知之次也。"由此可见"多闻而择其善者和多见而识之"可以作为候选。但"多见而识之"本来就是结果，就是要回答"为何能多学而识之"的问题的另一种表述，显然不能作为答案；而且"多闻和多见"还不是"一"，而是"二"。因此不成立。

学而1.14中有"君子食无求饱，居无求安，敏于事而慎于言，就有道而正焉，可谓好学也已"，本来也该成为候选，但显然要求过多，数量上远超"一"，算不上"一以贯之"，因此放弃。

述而7.6中有"志于道，据于德，依于仁，游于艺"之说；泰伯8.8中有"兴于《诗》，立于礼，成于乐"之说。两处都是对君子养成的过程和流程的总结，不是学习的方法,而是成为君子的路径;同时,显然都不是"一以贯之",因此放弃。

子张 19.22 中记载,卫公孙朝问于子贡曰:"仲尼焉学?"子贡曰:"文、武之道,未坠于地,在人。贤者识其大者,不贤者识其小者。莫不有文武之道焉。夫子焉不学?而亦何常师之有?"《汉书·志·艺文志》中有云:"仲尼有言:'礼失而求诸野。'"虽然无法知道班固的说法源自何处,但"礼失而求诸野"的方法却是符合孔子的方法论的。《汉书》和 19.22 中所阐述的这种"求之于人"可以作为候选。算是指明了获取知识原料的路径,但算不上"学习"的方法。"求之于人"之后,还是要回答如何掌握所得原料的问题。因此不取此解。

另一个候选者就是学习的终极内容,即里仁 4.15 下的解读:"仁"。用学习的终极目标和贯穿性主题作为学习过程中对标和自我检验的尺度,这本身可以成为方法。此解的问题在于:对"仁"的认识和把握应该是学习的结果而不是出发点,即一个还没有学成的人怎么有能力使用"仁"这个内容丰富的概念来简化自己的学习方法,提高自己的学习效率呢?同时以"仁"为尺可以掌握"仁"的行为规范,但掌握不了"礼"的具体 SOP,而后者显然是孔子绝不会放弃的"学"的内容。把"仁"放大一些,变成包含"礼"在内的"先王之道",逻辑上成立,但有新的问题:一是"先王之道"需要首先掌握其大概之后才能用来作为标尺,不可能在还没学成之前就要求用它来做标准;二是如果都大致掌握"先王之道",那还需要学习吗?三是用这么一个大的概念来"一以贯之",等于是用内容更丰富复杂的标准来衡量内容更浅陋单纯的对象,属于本末倒置,起不到简化学习方法的"一以贯之"的效果,只会使学习的过程变得更加艰难。因此不取此解。

本书认为正解是"时习之"(学而 1.1)。"学而时习之"学的是先王之道之类的大道以及礼的仪轨,不包含我们今天称为"知识"的具体知识,而孔子显然在具体知识上也让弟子们叹为观止,所以,此解看似不能解释全部。但当我们认识到孔子说的"学"历来都不包含我们今天称之为"知识"的部分,而只指向仁、德和礼,而这部分内容完全都可以通过"时习之"而掌握,我们可以推定至少把"时习之"作为"一以贯之"的"一"是成立的。除非可以找到更好的候选,否则应该认定此解妥当。通观整部《论语》和孔子一贯主张,没有更好的选项了。因此,当取此解。

今 译

师父说:"端木赐啊,你以为我是广泛学习而又记得住的人吗?"回答说:"是啊。不是吗?"说:"不是啊,我用一种方法来贯穿(学习)。"

英 译

The master said:"Oh Duanmu Ci, do you think that I am one who learns much and keeps them to memory?" Replied:"Yes. Are you not?" Said:"No, I run through with one method (in learning)."

15.4【原文】

子曰:"由!知德者鲜矣。"

章句义理

对本章多有联系各种故事背景而加以解读的,尤以放在陈蔡之厄期间为主,其中又有认为孔子有责备子路的意思的。本书认为都无必要,无非就是孔子一贯的颂古非今的态度的又一次表达而已。

孔子用"知德者"而不用"德者",大约是从"德者鲜矣"更退一步,感叹连"知德者"都少见吧。

至于"德",孔子从未给出正面的完整定义,根据其一贯表达,大约分为三层:

一,在个人修养层面就是"仁、义、信、忠、孝、勇、温、良、恭、俭、让、刚、智、贤、恕、直"等,其中仁和下述治国化民方面有重叠,但所指不同:在个人层面,"仁"指向仁之心和践仁之行;在治国层化民方面,指实现"先王之道"。

二,在社会行为上,大约就是守"礼"吧。

三,在治国化民方面,只有一条,就是"仁",即实现"先王之道"。

今 译

师父说:"仲由啊!知道德的人太少了。"

英 译

The master said:"Oh Zhong You! Those who know virtues are so few."

15.5【原文】

子曰:"无为而治者,其舜也与?夫何为哉?恭己正南面而已矣。"

章句义理

舜帝的无为而治

为何说舜帝无为而治?王夫之《读四书大全说·论语·卫灵公篇·五》中对此的解读恰当,特录于此,不再赘解:"三代以上,与后世不同,大经大法,皆所未备,故一帝王出,则必有所创作,以前民用。《易传》《世本》《史记》备记之矣。其聪明睿知,苟不足以有为,则不能以治著。唯舜承尧,而又得贤,则时所当为者,尧已为之,其臣又能为之损益而缘饰之;舜且必欲有所改创,以与前圣拟功,则反以累道而伤物……'恭己'者,修德于己也。'正南面'者,施治于民也。此皆君道之常,不可谓之有为。然则巡守、封浚、举贤、诛凶,自是'正南面'之事……"

孔子语境中的"无为而治"

孔子语境中的"无为"和老庄语境中的不一样,与其说是无为,不如说是保持"恭己"、按部就班、不改旧制(尧制)更为妥当,有可能为此要多有所为才是。

为政 2.1 中说"为政以德。比如北辰,居其所而众星共之"。泰伯 8.20 中,有"舜有臣五人而天下治"之语,赞扬的都是儒家风格的无为而治的理想范例。

宪问 14.19 中,孔子在抨击卫灵公无道之后,承认"仲叔圉治宾客,祝鲍治宗庙,王孙贾治军旅。夫如是,奚其丧",等于承认卫灵公也是"无为而治",不过由于国君无道,所以不能成为颂扬的对象罢了。

今 译

师父说:"无为而治者算是舜了吧?他做了什么呢?自身恭敬面向南方坐在

朝廷上而已。"

英 译

The master said:"Was not Shun one who governed by taking no actions? What did he do? Just kept himself deferential and sat in the royal court facing south."

15.6【原文】

子张问行。子曰:"言忠信,行笃敬,虽蛮貊之邦,行矣。言不忠信,行不笃敬,虽州里,行乎哉? 立则见其参于前也,在舆则见其倚于衡也,夫然后行。"子张书诸绅。

字词章句

行。本章共有六个"行"字,第二和第四个"行",指行为、行动;第三和第五个"行",指行得通;第六个"行",应取"行得通"义,主要因为前面"言行"并列,此处不该将"行动"单列,而应说只要如此言行,则行得通。

隐含的义理有点曲折,行文中做了个隐藏的假设,这个假设就是:只要"立则见其参于前,在舆则见其倚于衡",就会因为时刻警醒而做到"言忠信,行笃敬",从而行得通。

难点是第一个"行"字。参考上述对第六个"行"的解读,可以推定第一个"行"字也是"行得通"的意思。"行得通"指的是什么呢? 无非是指得偿所愿或取得成功吧。

笃。坚定。

言忠信,行笃敬

"忠信"二字,孔子多处提起,比如学而1.8和子罕9.25中的"主忠信",但"言忠信"却是整部《论语》中唯一提法。"言忠信"要求"说话要忠诚和诚实",这难以成立。语言无法体现忠诚和诚实,没有行为的检验,就无法证明忠诚和诚实。

在表达上能够体现的是外在的风格而不是内在的人格,说"言笃敬"反而合适,因为我们无法从别人的言语中判断他是否忠诚或诚实,但可以听出他是否坚定或恭敬;同时,要求表达时体现出坚定和恭敬的态度是合适的,"笃"体现深思熟虑,而"敬"体现谦虚有礼。

"行笃敬"要求"行动要坚定和恭敬",这是成立的,但只是行动的风格而不是行动的道德取向,正确的要求应该是"行忠信"。

所以,如果讲成"言笃敬,行忠信"则逻辑和义理上更为妥当。孔子为何恰恰有两种可能:一是孔子用"行"和"言"只是为了语言上的对称,其本意可能是笼统言之,即要求言行都要"忠信笃敬";二是弟子们在编纂成书时,记忆不清,而又没有能力辨析"言"和"行"的区别,感觉"言忠信,行笃敬"是成立的,就落笔定稿了。汉语特有的"通感"和语法的模糊性、对孔子的崇拜以及关注字词训诂多过义理分析的习惯,又使后来历代解读者面对本章时毫不起疑,只见其精辟,不见其错漏。

蛮貊。蛮,南方蛮族。貊,mò,东北方蛮族。"蛮貊"合称,借指四方蛮族,如"蛮夷"一样。

州、里。《周礼·地官司徒·人/土均》载"五家为邻,五邻为里","里"因此是二十五家;按《周礼·地官司徒·大司徒》:五家为比……五比为闾……四闾为族……五族为党……五党为州。推算可知"州"指两千五百家。"州里"合称,借指乡土。

立则见其参于前也,在舆则见其倚于衡也

"其",就是"言忠信,行笃敬"六字,这是理解本章后半段的关键之一。这也意味着子张后来抄在衣带上的要么是这六个字,要么再简化一下,就是"忠信笃敬"四个字;"衡",加在拉车的牲口脖子上和车辕连接的横木,对于牛车来说叫"轭",对于马车来说就叫"衡"。

"参"是理解本章后半段的另一个关键,有多解:

一说是"直","参于前"就是"以前面为标杆向它对直"。此说不妥,理由有三。一是参字无"直"义。二是自己站着,如何对直?难道自己面对的方向不就是直

吗？等于没说。三是主语转移了：谁"参"？难道要"言忠信，行笃敬"去"参"吗？只能是"我"去参那六字，则等于把主语从"其"转移到"我"，这是语法混乱。故不取。

一说是"厽"，lěi，砌土块也，引申为积累，则"参于 前"就是"积累于前"之义。不妥。首先这属于改字解经，以为"参"字字头"厽"才是应有之字，那如何解释该字的下半部分呢？其次，"言忠信，行笃敬"六个字如果累积起来，作为比喻都不是个好比喻。不取。

一说是"叁"或"骖"，cān，三马并列也。不妥。哪里有三？要么把"忠敬笃厚"并列就是四，要么把"言忠敬"和"行笃厚"并列就是二。不取。

一说是"参照"，意义妥当，但主语是谁呢？跟上述一样，主语从"其"转移到"我"。不取。

正解应该是"进见"或"加入"，说的是"言忠敬行笃厚"六字在"我"站着的时候就过来"进见"或"加入"，时刻提醒我。在这两者中，本着尊重这六个字的原因，同时也为了更好地对应后面"倚于衡"中的"倚"字，取"加入"这种较为中性的意义最为妥当。同时，此义也是"参"字最常见也最平和的一种。

绅。束腰带的垂下部分。

今　译

子张问如何才能行得通。师父说："言语忠诚老实，行为坚决恭敬，即使是蛮荒之邦，也行得通。言语不忠诚老实，行为不坚决恭敬，即使是在故乡，又能行得通吗？站着时就看见它们加入在前，坐车时就看见它们靠着衡木，这样就能行得通了。"子张把它们写在自己的腰带下摆上。

英　译

Zi Zhang asked how to get along all right. The master said: "Speak with faithfulness and honesty, behave with steadfastness and reverence—even in savage regions, one will get along all right. Speak without faithfulness and honesty, behave without steadfastness and reverence—even in neighborhood, will one get along all right? When standing, one can see them joining at the fore, when riding in a carriage, one can see them leaning against the yoke, in this way one will then get along all right." Zi Zhang wrote them on the tail of his sash.

15.7【原文】

子曰:"直哉史鱼！邦有道,如矢;邦无道,如矢。君子哉蘧伯玉！邦有道,则仕;邦无道,则可卷而怀之。"

字词训诂

史鱼。即雍也6.16和宪问14.19中出现的祝鮀,详见6.16下注。

如矢。像射出的箭一样,比喻其直。

卷而怀之。卷起来藏着,把自己收起来,不出仕的意思。没有一手史料佐证蘧伯玉罢官赋闲的事实,但既然孔子说了,可以推断他曾见证过这个过程。从下面《孔子家语》中引用的故事也可以反推蘧伯玉确实曾有过赋闲在家的日子。

章句义理

孔子对进退的态度

虽然自己坚持"知其不可而为之",但孔子对基于邦是否有道而进退自如的风范历来赞赏有加。《论语》中还有子谓南容:邦有道,不废;邦无道,免于刑戮(公冶长5.2)。宁武子,邦有道,则知;邦无道,则愚。其知可及也,其愚不可及也(公冶长5.21)。用之则行,舍之则藏(述而7.11)。子曰:"天下有道则见,无道则隐。邦有道,贫且贱焉,耻也。邦无道,富且贵焉,耻也。"(泰伯8.13)

史鱼和蘧伯玉并列的原因

《孔子家语·第二十二篇·困誓》记录了史鱼所谓"尸谏"的故事,既可例证史鱼之直,又可说明为何孔子把他和蘧伯玉放在一起说事,更解释了为何孔子要把"直"和"进退自如"放在一起赞美,因为本来这两种风格并没有逻辑上的亲近。原文是:卫蘧伯玉贤而灵公不用,弥子瑕不肖反任之,史鱼骤谏而不从。史鱼病将卒,命其子曰:"吾在卫朝不能进蘧伯玉退弥子瑕,是吾为臣不能正君也。生而不能正君,则死无以成礼。我死,汝置尸牖下,于我毕矣。"其子从之。灵公吊焉,怪而问焉,其子以其父言告公。公愕然失容曰:"是寡人之过也。"于是命之殡于客位。进蘧伯玉而用之,退弥子瑕而远之。孔子闻之曰:"古之列谏之者,死则已矣,未有若史鱼死而尸谏,忠感其君者也,不可谓直乎?"今译作:卫国蘧伯玉贤良但卫灵公不重用他,弥子瑕不正派反而重用他,史鱼极力劝谏而灵公不听从。史鱼生病就要死了,指示他的儿子说:"我在卫国朝廷之上没能荐举蘧伯玉而谏退弥子瑕,这是我身为臣子却没能匡正君主的遗憾。既然在世时未能匡正君主,则我死后也不该用完整的丧礼。我死之后,你把我的尸体放在窗户下面,对于我就算丧礼完成了。"他的儿子照做了。卫灵公来吊唁,觉得奇怪就问怎么回事,他的儿子就把父亲的话转述给灵公。灵公愕然变色说:"是我的过错。"于是命令把其遗体移到西屋停放。然后提拔蘧伯玉而加以重用,降了弥子瑕的职位并不和他亲近。孔子听闻此事说:"古代上谏之人,死了就停止了,没见过史鱼这样死后用尸体上谏,用忠心感动其君主的,能不说是耿直吗?"

两种美德无高低之分

有人认为孔子是在比较史鱼和蘧伯玉,并称"君子哉"比"直哉"更为难得。不妥:首先,本章用"史鱼"来称呼子鱼,显然是强调其史官身份,从而使"直"落到"直笔记史"这一具体领域,在这个领域内,唯有"直"才能成为美德,不存在进退由我的自由;其次,如果接受上述"尸谏"故事,则不仅在史官层面,就是在一般朝官层面,"直"显然也是美德;最后,孔子本章语气显然是平行列举两人,称赞两种美德,不存在递进或高低之别。

今 译

师父说:"史鱼真耿直啊!国家有道,他像射出的箭;国家无道,他像射出的箭。蘧伯玉真是个君子啊!国家有道,就出来做官;国家无道,则可以把自己收藏起来。"

英 译

The master said: "How upright Shi Yu was! When the state was on the right way, he was like a shot arrow; when the state was on the wrong way, he was like a shot arrow. A real cultivated gentleman Qu Bo Yu was! When the state was on the right way, he landed an official position; when the state was on the wrong way, he rolled and stored himself up."

15.8【原文】

子曰:"可与言而不与之言,失人;不可与言而与之言,失言。知者不失人,亦不失言。"

章句义理

失人之失

因为未与之言而导致对方没有机会展示自己,从而彼此不能相识,对于"我"来说,就是错过对方。关键是在什么意义上错过对方:是从任用对方的统治者角度吗？还是从交友的角度？或是从教化对方的导师角度？我认为最妥当的解读应该是把它泛化,理解为一般意义上的人际交往,从而把"失人"解为"基于失察而失去了解别人的机会"。

失言之失

明明对方愚不可及,完全无法理解"我"的言语,"我"却对牛弹琴,失于不察,白白浪费了口舌。当然,如果想知道对方是否"可与言",还是要先言上几句,再做判断的,所以孔子的本意如果表达严格点,应该是:"不可与言而与之多言,失言。"

今 译

师父说:"可以谈却没有和他谈的,错失了人;不可以谈却和他谈了,徒费口舌。聪明人既不错失人,也不徒费口舌。"

英 译

The master said: "Not speaking to one who should be spoken with, is letting him slip; Speaking to one who should not be spoken with, is wasting words. A wise man neither lets others slip, nor wastes his words."

15.9【原文】

子曰:"志士仁人,无求生以害仁,有杀身以成仁。"

字词章句

志士。有志于成为仁人之士。

仁人。已经具备仁德之人。

杀身。失去自己的生命,即丧生。

害仁,成仁。损害自身之仁,成就自身之仁。不能理解为有个抽象的"仁"存在,好像人们可以通过自己的行为来使它减损或增益似的,因为孔子只关心实践,而不关心抽象的概念,更不可能暗示某种类似于实体的"仁"的存在。

今 译

师父说:"有志之士和仁者,没有为了求生而损害仁的,而有献出生命以成就仁的。"

英 译

The master said: "Gentlemen with determined aspiration and the humanitarians —none of them will seek to live by harming their humanitarianism, and some of them would seek to accomplish their humanitarianism by sacrificing their lives."

15.10 【原文】

子贡问为仁,子曰:"工欲善其事,必先利其器。居是邦也,事其大夫之贤者,友其士之仁者。"

字词训诂

问为仁。问成为仁者之道,不是问"仁"这个概念。

章句义理

孔子的思路

"友其士之仁者"很好理解,本着"见贤思齐"的态度和"近朱者赤"的道理,交仁者为友,是成为仁者的正道;但为何要"事其大夫之贤者"呢?因为大夫有权,有治国化民的机会和条件,如果又贤明,那么为他做事,既有机会向他学习,也有机会在其庇护之下实践自己的一些理念。

从社会地位来讲,大夫当然比士要高,因此对于地位基本属于士阶层的弟子,孔子才建议"事大夫"而"友士之仁者",这是实事求是的态度;那么,为何不要求"事其大夫之仁者"呢?因为做了大夫,只要他贤明,就会离仁不远;同时,他对比"仁"所缺的部分,可以通过为他服务过程中自己的实践来补救和纠正。

比喻和表达的逻辑

为何孔子要先说一句"工欲善其事,必先利其器"呢?

"事"显然比喻的是"仁","善其事"就是"成为仁者";而"器"对应的是"方法和技能","利其器"就是"掌握方法和技能"。后面说的"事其大夫之贤者,友其士之仁者"就是"利其器"的具体路径。这样,比喻的思路就是:想成为仁者(欲善其事),就要掌握成为仁者的方法和技能(先利其器);想获得这种方法和技能,就去为贤大夫服务并结交仁士。

这就意味着,孔子认为"事其大夫之贤者,友其士之仁者"并不能直接成为"仁者",但通过这么做,能掌握成为仁者的方法和技能。中间的细微差别就是自己在这个过程中主动向"仁"的自我修炼。最糟糕的可能是:在掌握了成为仁者的方法和技能之后,却忘记或不愿意成为仁者了。在现实中,这是常有之事。用回孔子用的比喻,如果需要预防这种细微的差别产生不良后果,则可以表达成:"工欲善其事,必先利其器;苟器利,勿忘善其事矣。"

因此,子贡问如何成为仁者,孔子却大讲如何掌握成为仁者所必需的方法和技能,而不正面回答。大约是因为孔子认为子贡还没到可以谈成为仁者的火候,因此先向他指明掌握方法和技能的路径,心中或许有一点对子贡不可能成为仁者的不屑吧。

今 译

子贡问如何成为仁者。师父说:"工匠想要做好他的工作,必须先把自己的工具打磨锋利。住在一个国家,就为其大夫中的贤明者服务,并结交其士中的仁者。"

英 译

Zi Gong asked how to become a humanitarian. The master said: "A craftsman who wishes to handle his job well, must first sharpen his tools. When dwelling in a state, serve the ministers who are sagacious, and make friends with the gentlemen who are humanitarians."

15.11【原文】

颜渊问为邦。子曰:"行夏之时,乘殷之辂,服周之冕,乐则《韶》舞,放郑声,远佞人。郑声淫,佞人殆。"

字词训诂

问为邦。问如何管理国家。有把"为"解为"创制"的,颜渊不是天子和诸侯,如何会狂妄到咨询如何创制邦国?显然不妥。

行夏之时。历来众说纷纭,但都认可孔子推崇"夏历"无疑,不妨从这里出发:春秋时代有夏历、殷历和周历三种,这三者最主要的区别在于岁首即"正"的不同,所以又称"三正"。

周历以通常冬至所在之月即夏历的十一月为正月,殷历以夏历的十二月为正月,夏历的正月就是今天所说的正月,夏历就是今天说的"阴历"。秦及汉初曾一度以夏历十月为正月,汉武帝改用夏历后,夏历沿用至今,期间只有武则天在位时的十多年改用过周历。

人类开始农业生产以后,历法的重要性不言而喻,通过观象授时制定的历法,其实就是农业生产计划和安排的年度总表,其合乎农业生产规律的准确性对人类社会的生存和发展关系重大,因此选用哪种历法具有重大意义,几乎是决定经济基础的大事,因此需要当成"为邦"的首要任务。

至于为何夏历优越,不是《论语》解读所要回答的问题。既然可以确认孔子认为夏历优越,而且事实上今天我们还在使用夏历作为与公历平行的历法体系,就没有必要纠缠于证明夏历优越的细节了吧,再说也不可能证明得了。

乘殷之辂。"辂",lù,车也;"乘殷之辂",主流是说殷商时代的车较为质朴而周朝的车较为华美,细节不可详考,但大意合乎逻辑和语境;但这样解读仅仅是就字面意思而来,很是偏狭;本书认为应该把此处的"乘殷之辂"作为代指,孔子用"乘殷之辂"来代指"从殷之辂制",即"遵从殷朝的车马制度"。

殷朝灭亡距孔子约五百年,孔子如何知道殷朝的车马制度呢?几种可能:历史文献的记录,尚未经历焚书劫难,在孔子时代应该还有不少;历史文物,应该尚有遗存;殷商遗民,或有在某些区域仍然遵循旧制的可能;民间或有口耳相传的说法。

车马问题涉及礼仪,自然为孔子所重视。

服周之冕。多有详解周朝的冠冕制度如何周备而简朴的,从《周礼》上看,其冠冕制度周备有余,未见简朴,因无关宏旨,故细节不赘,不如就读成"服周之冕"。无论孔子从哪个角度推崇"周冕",自有他的道理,无法确证其原因,只能推测大约是"周冕"制度的完备吧。同上,应该把此处的"服周之冕"作为代指,孔子用它来代指"从周之冠服",即"遵从周朝的冠冕和服装制度"。

同样,冠服涉及礼仪,自然为孔子所重视。

乐则《韶》舞。可参阅八佾 3.25 下解读。《韶》自然就是其中的《韶》,取其尽善尽美之表现和教化熏陶之功效；有人认为"舞"应该是八佾3.25中的《武》，不妥。改字解经，大忌。有人质疑为何有个"舞"字，乐本来就有舞，在孔子时代及其以前，音乐从来就是音乐和舞蹈的结合。《韶》舞者，《韶乐》之舞也。有人质疑单单演奏一首《韶》也太单调了吧，我想孔子不可能只提倡这一首作品，而只是用这首作品作为代表，在国家层面的音乐表演中，强调这首作品不可替代的示范和教化作用。帝王乐舞就有六种(请参阅八佾3.1下注释)，《诗经》中的所有作品也都是音乐和舞蹈作品，孔子不可能提倡只坚守一首《韶》。因此，"《韶》舞"不能单指"《韶》舞"，而是代称"像《韶》这样的音乐"。结合后面的"放郑声"，更可反证此处的代指，否则如果只是一首《韶》而不是包括其他乐舞，则所有其他乐舞都要"放"，何必单单提出要"放郑声"呢？

重视乐在礼仪中和教化民众中的作用，更是孔子一贯态度。

放郑声。"放"，驱逐也；可参考阳货17.18，中有"恶郑声之乱雅乐也"之语；亦请参考泰伯8.8下关于孔子对音乐观点的解读。

郑声淫，佞人殆。"淫"，毫无节制。以钱穆为代表的解者把"郑声淫"解为郑地音乐虚幻靡靡，蚀人志气，殊为不妥，大概是被"淫"字在今天的惯用义带偏了吧。"殆"，本义是"危"，一般用作不及物动词的"有危险"，指"自己有危险"，此处取其及物动词义，"对别人有危险"，即危及别人也。

此两句并列，反推可知前面"乐则《韶》舞，放郑声"是一句，和"行夏之时""乘殷之辂""服周之冕""远佞人"并列而成五个原则，而不是把"放郑声，远佞人"作为对"乐则《韶》舞"的补充说明从而把为邦原则变成四个。主要依据是，"远佞人"从道理上无法成为"乐则《韶》舞"的补充说明，只能和其并列。之所以最后单独把"郑声淫，佞人殆"拎出来说，是因为"放郑声"和"远佞人"是整段言谈中仅有的两个否定句式，因此单独加以说明，合乎情理。

章句义理

颜渊问的是如何管理国家，结果孔子给出五个原则：第一条讲历法，属实用性原则；第五条讲忌讳，也算具体指导；其余三条都关乎"礼"。孔子对以"礼"治国之重视,在这里明白无疑地得到再次验证。

孔子在回答中,有意无意地从夏、商、周三朝分别提取了一种标杆,或许是为了找个平衡,更大的可能是:本章的主旨是遵守旧制,具体到三朝分别在哪个领域更应被遵从反而不是那么重要,只要有遵从旧制之心,具体细节可另论。因此如果一定要证明为何三朝被挑出来的领域就一定是最优越的,就有拘泥之嫌。

相较而言,"乐则《韶》舞,放郑声"和"远佞人"则是无歧义的具体原则,所以才会加以解释。如果孔子确切地知道三朝被挑出来的领域为何最优,完全可以像"郑声淫,佞人殆"一样给出简洁的理由的。

今 译

颜渊问如何管理国家。师父说:"采用夏朝的历法,遵从殷朝的车马规定,依照周朝的冠服制度,音乐就用《韶》舞这样的,而舍弃郑国的声音,并远离巧言擅辩之人。郑国音乐放纵无节,巧言擅辩之人带来危险。"

英 译

Yan Yuan asked how to manage a state. The master said: "Adopt the calendar of the Xia dynasty, comply with the carriage rules of the Yin dynasty, defer to the crowning and dressing code of the Zhou dynasty, as for music, let it be *Shao* dancing and alike, with the sounds of the Zhen state banished, and keep far from smooth talkers. The sounds of the Zhen state are licentious, the smooth talkers are dangerous."

15.12【原文】

子曰:"人无远虑,必有近忧。"

字词章句

有人认为"远、近"是指地理上的远近,不妥。从道理上讲,不考虑远方的事情,或许真会有近处的忧患,比如远方大河溃堤,或是远方有敌军向我方进发,等等,但没有必然性。即使从概率高低来看,也肯定会低于"不考虑长远,则近期就会有忧患"的发生概率,因为后者是"我"时间轴上的未来,避免掉的可能性不大,除非我未雨绸缪,提前化解或者做好准备,而前者是地理上远方的事态,即使我听之任之,也未必会波及"我"的身边。从逻辑上讲,地理上远方的事态全部可以并入时间上未来的可能性,反之就不成立;因此把"远、近"理解为时间意义上的区别殊为恰当。

当然,无论是哪种"远近",本章所说的"必"都不是严格意义上的"必然",而是大概率的"或然"。请参阅子路13.3下对孔子"必然"和"或然"表达的相关总结。

今 译

师父说:"一个人如果没有长远的考量,必然会有眼前的忧患。"

英 译

The master said:"If one has no considerations for the future, he will surely have immediate worries."

15.13【原文】

子曰:"已矣乎! 吾未见好德如好色者也。"

章句义理

本章内容主体和子罕9.18重复,只是多了"已矣乎"三个字。这种重复有各种可能,无法确证,但不应用排版不慎来解释,否则也算是改经。

今 译

师父说:"算了吧! 我没见过爱德行像爱美色一样的人啊。"

英 译

The master said:"Let it be! I have not found one who loves virtues as he loves beauties."

15.14【原文】

子曰:"臧文仲其窃位者与!知柳下惠之贤而不与立也。"

字词训诂

臧文仲。亦见于公冶长5.18,在该处他也是被孔子否定的,请参阅其下解读。

本章参照宪问14.18,可见在孔子心中,臧文仲和公叔文子对比鲜明,高下立现。但事实如何,下有详析。

柳下惠。本名展获,字子禽,又字季,谥号惠,因其封地在柳下,后人尊称其为"柳下惠"。柳下惠的谥号是有据可查的历史上第一例"私谥",即由其亲友或弟子在其去世后给出的非官方的谥号。由此可反推其确有超乎寻常的惠人之德。其"坐怀不乱"的故事广为人知。他的史料和相关故事请看下面引文。

窃位者。窃居高位者。用"窃"字,状其知贤不立,有尸位素餐之嫌。但这显然太过严苛,因为作为大臣,职责众多,仅仅因为未能举贤就被骂成"窃位者",不合情理,何况臧文仲未必认可孔子对柳下惠的赞赏呢。下详。

不与立。"立"作名词性的"上位"解,"不与立"就是"不给于上位",即"不提拔他"。

章句义理

有关臧文仲和柳下惠的史料

《国语·鲁语·展禽使乙喜以膏沫犒师》中记载:齐孝公来伐鲁,臧文仲欲以辞告,病焉,问于展禽(即柳下惠)。对曰:"获闻之,处大教小,处小事大,所以御乱也,不闻以辞。若为小而崇,以怒大国,使加己乱,乱在前矣,辞其何益?"文仲曰:"国急矣!百物唯其可者,将无不趋也。愿以子之辞行赂焉,其可赂乎?"今译为:齐孝公讨伐鲁国,臧文仲想写一篇文辞请其退兵,但写不出来,问于柳下惠。对曰:"我听说,大的就要教育小的,小的就要事奉大的,这样才能防御祸乱,没听说用言辞的。如果作为小国却自大,激怒大国,使它把祸乱加到自己身上,惑乱当头,言辞又有什么用处呢?"文仲说:"国家危急了呀!任何东西只要可送的,我将没有舍不得赶紧送上的。希望凭着先生的说辞去给齐国送礼,能否试一试呢?"故事然后就是柳下惠派乙喜(即下文中的展喜,柳下惠的弟弟,鲁国大夫)去谈判,通过一些手段和应对,最终让齐孝公同意讲和退兵。

《左传·僖公·僖公二十六年》记载了同一历史事件,但出场人物有所不同,原文是:"夏,齐孝公伐我北鄙……公使展喜犒师,使受命于展禽。"今译作:当年夏天,齐孝公进攻我国北部边境……鲁僖公派遣展喜犒劳军队,派他向柳下惠请教。后面故事基本同上。

《国语·鲁语·展禽论祭爰居非政之宜》中说,一只叫"爰居"的海鸟,停留在鲁国都城东门三天,臧文仲让都城里的人去祭祀它。柳下惠就批评说:"越哉,臧孙之为政也!夫祀,国之大节也,而节,政之所成也。故慎制祀以为国典。今无故而加典,非政之宜也……今海鸟至,己不知而祀之,以为国典,难以为仁且智矣。夫仁者讲功,而智者处物。无功而祀之,非仁也;不知而不能问,非智也。今兹海其有灾乎?夫广川之鸟兽恒知避其灾也。"是岁也,海多大风,冬煖。文仲闻柳下季之言,曰:"信吾过也,季子之言不可不法也。"引文部分今译作:太过分了,臧文仲这样管理国政!祭祀是国家的重要制度,而制度又是行政成功的保证。所以应该慎重地制定祭祀礼节作为国家之典礼。现在无缘无故地增加祭典,不是处理政事的适宜做法……现在海鸟到鲁国,自己不清楚道理就祭祀它,把这定为国家典礼,不能算是仁和智。仁者讲究功劳,而聪明的人讲究考察事物。海鸟无功劳却祭祀它,不合乎仁;不知它为何飞来又不问,不算聪明。现在海上可能要有灾变了吧?因为那广阔海洋里的鸟兽常常会提前躲避灾变的。"这一年,海上常有大风,冬天暖和。臧文仲听到柳下惠的议论后说:"确实是我错了,柳下惠的话不能不认真遵从啊。"

对上述史料的解读

如果相信左丘明是《国语》和《左传》的共同作者,则前述引用的第一和第二两章显然不同,无法自圆其说。鉴于《左传》是左丘明所作可能性远大于《国语》,此处不同可作为否定左丘明是《国语》作者的一个证据;同理,《左传》内容比起《国语》来,更为可靠,而《左传》故事中并无臧文仲身影。由此只能推测除非另有故事而我们没有史料可考,否则体现柳下惠之贤的只能是上面引用的第三个故事了,在这个故事中,臧文仲明确认可了柳下惠之贤。

那么,臧文仲是否真地"知柳下惠之贤而不与立"呢?上面引用的第一和第三个故事证明,臧文仲知道柳下惠之贤;在上面第一个故事中,事关国家命运,鲁僖公不可能不知道柳下惠的智慧和贡献;如果相信上面第二个故事,则更证明鲁僖公深知柳下惠之贤。这就是说,柳下惠的才能是国君所知道的,如果要启用,鲁僖公可以直接启用,不存在臧文仲不举荐就无法立于朝廷的可能。

柳下惠是鲁大夫展无骇之子,存身于鲁国庄、闵、僖、文四朝时期,又是鲁僖公时期大夫展喜的哥哥,声名广为人知,鲁僖公知道他应是常理,即使不立,也怪罪不到臧文仲身上,否则就是欲加之罪了。

除了孔子本章的评论外,不见有体现臧文仲"知柳下惠之贤而不与立"的史料。

因此,可以基本肯定,孔子的评价是夸张的,其动机不明,但对臧文仲的这个总结有很强的主观性。

柳下惠的特点

那么,是否柳下惠存在自身的一些特点,使他不适合在朝为官呢?

按微子18.2记载:柳下惠为士师,三黜。人曰:"子未可以去乎?"曰:"直道而事人,焉往而不三黜?枉道而事人,何必去父母之邦?"说明他自认为自己被三次罢官,是因为自己坚持"直道"。如果他担任的职位是高级职位,则孔子没有理由说他"未与立",反推可知他的职位不高。在一个不算高的职位上都坐不稳,还声称自己坚持"直道",可以推定他要么能力有限,要么情商不高,肯定不具备孔子所赞赏的个人修养。

按《孟子·公孙丑章句·上·第九节》,孟子说:"柳下惠,不羞污君,不卑小官。进不隐贤,必以其道;遗佚而不怨,阨穷而不悯……柳下惠不恭……君子不由也。"今译作:柳下惠,不觉得侍奉贪官污吏是耻辱,不会因官职小而觉得卑贱。他当官时不隐藏自己的才干,必按自己的主张行事;被冷落遗忘时也不怨恨,处于困窘之境也不发愁……柳下惠不恭敬……君子不能这么干。展现的就不是其"直",而是其"无可无不可"的弹性,反而更符合孔子一贯对"贤"的定义。进退自如是"贤"可以理解,但责怪别人"不与立"就是强人所难、强词夺理了。

上述两种记载有互相矛盾之处,但汇总其不矛盾之处汇总,反而可以总结出柳下惠的特点:能力一般,自许"直",无可无不可,不恭敬。这几点结合起来,凑成的形象就不像是个适合当大夫的。这或许就是臧文仲承认他聪明却不愿意举荐他同朝为官的原因吧。

对孔子言论的总结

公叔文子举荐大夫僎可以确定是胸怀,但臧文仲不举荐柳下惠则有各种可能,但无论如何,孔子批评他"知柳下惠之贤而不与立也"有失公允,有夸大和偏见之嫌。

今 译

师父说:"臧文仲一定是个窃位的人吧!他知道柳下惠的才能却不把他举荐出来。"

英 译

The master said:"Zang Wen Zhong must be one who got his position by stealing! He knew the talents of Liuxia Hui yet did not put him up."

15.15【原文】

子曰:"躬自厚而薄责于人,则远怨矣。"

字词章句

躬。亲自,自己。

自厚。有两解:一说是对自己厚责;一说是自厚己德。

远怨。也有两解:一说是自己不再怨恨;一说是别人不再怨恨。

这样就有四种解读组合：

一，厚责自己而薄责他人，则自己无怨。

二，厚责自己而薄责他人，则他人无怨。

三，自己厚德而薄责他人，则自己无怨。

四，自己厚德而薄责他人，则他人无怨。

不管哪种组合，如果目的或结果是"自己无怨"，层次就太低了；如果能做到"厚责自己而薄责他人"或"自己厚德而薄责他人"，则自己"不怨"应该是其前提而不是其结果，就不会谈论怨不怨的问题了，因此可以排除上述组合中的第一和第三。

剩下的两个选择中，"薄责他人"是一样的，所以关键看"厚责自己"和"自己厚德"哪个能够在"薄责他人"的基础上有助于使"他人无怨"：自己厚德只有自己知道，虽然在个人修养上比"厚责自己"更为难得，但终归不是可以形之于外的品德；而厚责自己则可以表现在外，做出"严以待己"的姿态，对方容易感受到；再说了，孔子历来强调各种"德行"的可实践性；因此，上述组合中的第二解是正解。

今 译

师父说："自己厚责于己而薄责于人，就会远离别人的怨恨。"

英 译

The master said: "He who personally blames himself hard and others light, will keep far from others' resentments."

15.16【原文】

子曰："不曰'如之何，如之何'者，吾未如之何也已矣。"

字词训诂

如之何。拿它怎么办。

吾未如之何也已矣。我不知拿它怎么办。"也"是语气助词,算是第一层,"已矣"也是语气助词,是对"吾未如之何也"的语气助词,可算是第二层。

章句义理

本段意义简明,算是孔子言论中少有的玩笑话之一。唯一的歧义是:"如之何"说的是百思不得其解的突破前的困惑呢,还是三思而后行的慎重呢?

首先,本章的基调有点幽默,只有调侃黎明前的黑暗才叫幽默,调侃半夜的黑暗只能算刻薄;述而7.8中有"不愤不启,不悱不发",符合百思不得其解的情景,是对前解的加分;公冶长5.20中有"再,斯可矣"的表达,不赞同三思而行的过分谨慎,而显然"如之何,如之何"是再,如果"我"再给出建议而对方接受或反其道而行之,则算三思,这算是对后解的减分。

一加一减,兼以幽默基调,基本可以确定前解为妥。

今 译

师父说:"不说'这咋办,这咋办'的,我也不知拿他们咋办啊。"

英 译

The master said: "Those who don't say ' how to do with it, how to do with it ' —I don't know what to do with them, either."

15.17【原文】

子曰:"群居终日,言不及义,好行小慧——难矣哉!"

字词章句

本章显然是在描述一班无所事事的小人,像极了小混混结伴聚会、同学会、党派会议及各种商界论坛的场景。

好行小慧。喜欢表现小聪明。

难矣哉。有多解:一说是"这种人真难教导";二说是"自己很难这样做";三说是"这就难办了";四说是"这就难有成就了"。

本书认为上述各解都不妥:

说他们难以教导,干吗要教导他们呢？对这种聚会中的群体有教导成功的可能性吗？是试图改变"群居终日,言不及义,好行小慧"三种表现中的哪一种呢？还是试图同时改变三种？单单一个"难"字就能准确描述这种绝望吗？孔子的人生智慧应该不会允许他这么干吧？干吗要在这个场景下教导他们？为何不单个突破？但是如果单个突破了,那面对的对象就是一个个或许只是在聚会场合带上俗世面具的人,本质优良,尚可教也,又如何难教了？因此第一说不取。

第二说转向自己,完全莫名其妙,连起码的语境都不顾,不取。

第三说无非就是第一说的变种,还是从教化他人的角度来谈,不取。

第四说是说谁难有成就呢？如果是说作为试图去教化他们的"我"来说,就类似于前面第一和第三说;如果是说"他们",则几乎算是废话:这种人还谈什么成就不成就的呢？孔子如果像前一章一样评论他们说"吾未如之何"反而是合适的。

正解应该首先从前面对聚会场景的描述出发:一群自以为是的混子,聚在一起,栩栩如生;"难矣哉"显然应该是对前述各种风格的总结,而不是在总结完前述三种风格后给出的一个二级结论,这就要求在"难矣哉"前面是个破折号。这三种风格显然都不是君子所为,而都是不良习惯,因此,这种总结大约就是"是个灾难啊",把"难"做名词"灾难、灾祸"解,读四声。这样一来,本章内容突然就有了一点灵动和幽默,而且句意顺畅。

今 译

师父说:"一群人整天待在一起,所谈总无关乎义,喜欢展示小聪明——真是糟透了啊!"

英 译

The master said: "Hanging along together all day long, chatting without involving the ideas of righteousness, liking to show off petty shrewdness—what a mess!"

15.18【原文】

子曰:"君子义以为质;礼以行之,孙以出之,信以成之。君子哉!"

字词训诂

质。本性。因为不可能是遗传学意义上的天性,所以只能引申为"根本",即后天作为第二天性的"根本"。

孙。音义同"逊",谦逊。

今 译

师父说:"君子把义作为根本;用礼来实践它,用谦逊的态度来表达它,用信实的态度来完成义。好一个君子啊!"

英 译

The master said:"A cultivated gentleman treats righteousness as his root;he practices it with the rules of propriety,expresses it with modesty,completes it with trustworthiness. What a cultivated gentleman!"

15.19【原文】

子曰:"君子病无能焉,不病人之不己知也。"

字词章句

病。担忧。

知。欣赏。

本章话题还有几处涉及,显然不能用重复衍出作为解释:人不知而不愠,不亦君子乎(学而1.1)。子曰:"不患人之不己知,患不知人也。"(学而1.16)子曰:"不患无位,患所以立。不患莫己知,求为可知也。"(里仁4.14)子曰:"不患人之不己知,患其不能也。"(宪问14.30)君子疾没世而名不称焉(卫灵公15.20)。

无能、**不己知**。都作名词解,后者以动宾词组方式作名词。

请参阅宪问 14.30 下解读。

今 译

师父说:"君子担忧自己没有能力,不担忧别人不欣赏自己。"

英 译

The master said:"A cultivated gentleman worries about his incompetency, he does not worry about others' inappreciation of him."

15.20【原文】

子曰:"君子疾没世而名不称焉。"

字词训诂

疾。憎恶,痛恨。

没世。没于世,即到死。

章句义理

请参阅宪问 14.30 下解读。

简单来说,他处的"不患人之不己知"是从过程上说,体现了不急于被人赏识而专注于提高自身修养的路径选择;此处的"疾没世而名不称"则是从结果上说,体现的是做出一番事业而留名于世的终极目标。即:宏观和战略上"疾没世而名不称",因此才在微观和战术上"不患人之不己知"。

今 译

师父说:"君子憎恶到死而名字不被称颂。"

英 译

The master said:"A cultivated gentleman hates that his name is not yet extolled till his death."

15.21【原文】

子曰:"君子求诸己,小人求诸人。"

字词章句

关于君子和小人的对比的汇总,请参阅子路13.23下解读。

"求诸己",词义是反求自身,那么说的是修身、内省、自助、自我要求还是从自身找答案呢?

从"小人求诸人"可知,修身和内省不可能成立;如果讲的是自助,则立意太过平庸,而且向不向别人求助不能作为价值判断的标准,孔子也要经常向别人请教,不耻下问,"温、良、恭、俭、让以得之"(学而1.10),"每事问"(八佾3.15),等等,而弟子们如果不向孔子提问寻求帮助,就不会有儒家的诞生;如果讲的是要求自己,则该用其他对应的字而不是"求",比如"命""请""约"等等。此外,"要求自己"这个含义完全可以被后面这个概念覆盖,没有必要单独出现,且对原文较为泛泛的"求"给出了没有必要的限制。

所以,"求诸己"就是"万事无论好坏,均从自身找答案"。搞砸了或者行不通,需要"求诸己",修德成义践仁,也要"求诸己",本篇15.18中所说的"君子义以为质"就是个好例子,其中的"质"就是"求诸己"的对象。君子和小人间的这种区别标志,古今中外都适用。

今 译

师父说:"君子从自身找答案,小人从别人身上找答案。"

英 译

The master said: "Cultivated gentlemen seek answers from themselves, while the base men seek answers from others."

15.22【原文】

子曰:"君子矜而不争,群而不党。"

字词章句

矜。自尊。"矜而不争",因为君子都自尊,都需要在群体中体现出这种尊严,乍看起来似乎难以共赢,难以实现和平相处;但因其在礼、让、敬等方面的修养,事实上可以和平相处,不会为了维护各自的尊严而起争执。

群而不党。合群而不搞宗派。尊礼和自身修养决定了君子们彼此容易相处,而独立思考和自尊又决定了他们难以形成宗派。此处意思约同于子路 13.23 中的"君子和而不同",也类似为政 2.14 的"君子周而不比"。

今 译

师父说:"君子自尊而不争执,合群而不结党。"

英 译

The master said: "Cultivated gentlemen take pride in themselves but do not contend with each other, they get on well with each other but do not clique."

15.23【原文】

子曰:"君子不以言举人,不以人废言。"

章句义理

关于如何判断别人的言,还有两处可供对照,请参阅该两处下解读:公冶长 5.10 中,子曰:"今吾于人也,听其言而观其行。"宪问 14.4 中,子曰:"有德者必有言,有言者不必有德。"

三章合读,可以推出孔子的观点是:无德者也可以有言,因此不要以人废言;有言者未必有行,因此不要以言举人;有德者必有言,有言只是有德的必要而非充分条件,因此无法根据是否有言来判断其人是否有德。简言之,最后这一条无法构成行动指南。

今 译

师父说:"君子不因别人的主张而举荐他,也不因别人的(不良)为人而不理会他的主张。"

英 译

The master said:"A cultivated gentleman does not promote one on account of his statements, nor ignore one's statements on account of his(bad) behavior."

15.24【原文】

子贡问曰:"有一言而可以终身行之者乎?"子曰:"其'恕'乎!己所不欲,勿施于人。"

字词章句

"一言"是指一句话,不能理解为一个字,只是孔子回答的恰巧是一个字罢了。

本章请参阅里仁 4.15 和卫灵公 15.3 及其解读。对照之下,可见差异:4.15 中,曾参认为孔子之道"一以贯之"的是"忠恕"二字,本书认为他理解错了,详见该章解读;4.15 中谈的是"道",是本体论;15.3 中谈的是"学习方法",是学习中的方法论;此处谈的是"实践指南",是实践中的方法论,不可混淆。这就是说:即使曾参的见解正确,也不能作为此处解读的参考。这三章的类似只是在字面上接近,在义理上全然不同。

此外,还可参阅公冶长 5.12,其中,子贡曰:"我不欲人之加诸我也,吾亦欲无加诸人。"

本章所说的是社会伦理的最基础层面的方法和原则,含义深远,此处不展开,但需要指出三点供有兴趣者参考。

一,作为最基础的伦理原则和方法,必须保证其普适性。

二,正因为是最基础的方法,所以即使做到了,也不是道德修养的高级水平。

三,"己所不欲"的东西,由于个体间标准的不同和尺度精细度的差异,既有可能定义过宽,也有可能涵盖过窄。

今 译

子贡问到:"有没有一句话而可以终生奉行的呢?"师父说:"那就是'恕'了吧!自己不想要的,就不要加给他人。"

英 译

Zi Gong asked:"Is there one saying that can be followed all one's life?" The master said:"Isn't it tolerance or what! not impose what you don't want to do on others."

15.25【原文】

子曰:"吾之于人也,谁毁谁誉? 如有所誉者,其有所试矣。斯民也,三代之所以直道而行也。"

字词训诂

试。测试,检验。

毁誉。多有把"毁"解为过分贬损而把"誉"解为过分赞美的,不妥,就理解为"批评和赞美"最为恰当。

三代。有多解,解为夏商周三代最为合理。既然孔子没有明说,不如就用"三代",知道是指孔子心中某三个理想的朝代即可。

章句义理

本章有多解,分歧都在于"斯民也,三代之所以直道而行也"。本书认为过往解读在作为前提的"谁毁谁誉"上都错了,回答上"谁毁谁誉"这一问题之后,对"斯民也,三代之所以直道而行也"的解读也就迎刃而解,因此对"斯民也"一句,就不列举史上多种版本,有兴趣者可自行搜寻阅读其他版本。

所有的解读者都不假思索地认定"谁毁谁誉"指孔子"毁了谁、誉了谁",本书认为他们搞反了，原意应是"谁毁了我，谁誉了我"。

"谁毁谁誉"，从词法上虽然可以解读为"我毁了谁，誉了谁"，但同样也可以解读为"谁毁了我，谁誉了我"。

品评人物是孔子的一贯爱好，甚至可说是整部《论语》的重大特色。在牵涉人物评价的时候，孔子从来都是爱憎分明、直言不讳，例证众多，此处不赘。孔子不可能公然不顾事实和自己的一贯作风，假惺惺地说"我毁了谁，誉了谁"；即使放弃其他原因，单单因为这一条，就可以否定掉古往今来的旧解。

基于表达的完整性和对称性，如按旧解，应该还有一句"如有所毁者，其有所试矣"。如果孔子宣称自己"如有所誉者，其有所试矣"，更应该宣称自己"如有所毁者，其有所试矣"，因为"毁人"应该更加需要"试"，不可能省略掉的。

如果按过往"我毁了谁，誉了谁"的解读，则"如有所誉者，其有所试矣"中的"试"无法解释，因为显然用"行"或类似表达更为妥帖。由此反推可知"其有所试矣"不大可能指"他有可以被我毁誉的行为"。

相反，反问自己"谁毁了我，谁誉了我"在语气上和行文逻辑上要通顺得多：这样，本章就是孔子通过别人对自己的毁誉的方法和风格来赞美理想朝代的一个特点，这个特点就是"直"；"如有所誉者，其有所试矣"，说的是赞美我的人，是验证过我的为人之后才赞美的，而不是仅仅因为我的名声大或其他原因而赞美。此时"试"的词义不用扭曲就可以准确表达出"检验"的意思；按此新解，这之后基于表达的完整性和对称性，应该还有一句"如有所毁者，其有所试矣"，这句之所以省略，是因为孔子历来严以律己，不可能承认自己被别人"毁"的时候对方还能"试"，即不存在对方"毁"自己的时候还真能用事实验证的可能。

但从逻辑上和原则上来讲，"有所试而誉"和"有所试而毁"都是值得提倡的"直道"，因为这两种风格合在一起就是"毁誉必有所以"，这种客观冷静、实事求是的风气，在其他条件相同的情况下，绝对是使国家或朝代强大的保证。

按此新解，则后面的"斯民也，三代之所以直道而行也"也就有了语法上通顺而逻辑上合理的解读了，即，"这样的人民（的存在），正是三代通过实践直道而顺利执政的原因啊"。

最后,"直道而行"中的"直道"和"行"是并列的关系还是递进的关系?"斯民"是"直道而且行得通"的原因呢,还是"斯民"形成"直道"的风气,而"直道"才是三代得以"行"的原因呢?均可,但取其递进关系等于把"直道"作为"行"的充分条件,突出了"直道"的决定性和重要性,即使未必符合历史规律,但肯定更加吻合本章对"直道"的推崇,因此取递进关系之解。

今 译

师父说:"我之对于别人,谁毁损过我,谁又赞美过我呢?如果有赞美过我的,他们一定(对其赞美)有所验证的。这样的人民(的存在),正是三个朝代实践直道从而顺利执政的原因啊。"

英 译

The master said: "On how I present myself to others—who have dispraised me and who have praised me? If there are some who have praised me, they have surely validated (their praises). (The existence of) Such people, were exactly the reason why the three dynasties followed the rule of straightness and prevailed."

15.26【原文】

子曰:"吾犹及史之阙文也,有马者借人乘之。今亡矣夫!"

字词训诂

阙文。脱漏的字句,即因种种原因无法确认从而留白以示。

亡。音义同"无"。

章句义理

本章多有把"吾犹及史之阙文也"断做一句,等于把"史之阙文"和"有马者借人乘之"当做两种情景的,不取。

本章历来难解,因此多有认为本章恰好就有"阙文"的,也多有对"有马者借人乘之"进行引申加字进行解读的,都不符合本书解读原则,不取。

本书认为本章并不复杂,解读如下:

联系前面的"吾犹"和后面的"今亡矣夫",显然说的意思是"我曾经还能这样这样,而现在的人就没这个机会了",因此可以排除掉所有把"史之阙文"和"有马者借人乘之"当做两种情景的解读版本。

同样,基于前面的"吾犹"和后面的"今亡矣夫"的呼应,显然中间的"有马者借人乘之"是个过渡的表达;按照其充满画面感的场景,不可能是前面"吾犹及史之阙文也"的平行表达,而只能作为其喻体而存在。

因此解读的难点就在"有马者借人乘之"和"史有阙文"之间到底有什么共性让孔子这样来打比喻?从孔子的语气可以得知,他感叹的是"我那时还能看到阙文指示,现在你们看不到喽"。即,现在该留空白处都被人臆造增补,难辨真假了。正像现在修复文物和古建筑,有意无意地消除掉自己修补的痕迹和记录,过不了几年,后人已经分辨不出哪些是原版,哪些是后补了。"有马者"可以对应的就是"史有存疑处","借人乘之"对应的就是"留白以示"。略加引申,就可以理解为:"史书上遇到存疑缺漏时,就会留白以示,以待大方;这就像有多余的马匹时,应该把它们借给别人骑,而不是把它们关起来秘不示人一样。"取的就是"我既无能,就应以俟大方"的意思。

这个比喻或许有勉强之感,但至少说得过去,也避免了添字解经和认定此处有错漏的大忌。古注中多有把喻体解为"自己有无法驯服的马匹时,应该把它交给能够驯服它们的人"的,道理上更为贴切,但添加了"驯服"之义,没有出处,不取。

后面的"今亡矣夫"说的只能是前面"史之阙文",而不是后面"有马者借人乘之"的现象。作为喻体的这种现象显然不会消失,虽然作为本体的"史之阙文"不再存在。这也再次反证"有马者借人乘之"不可能是和"史有阙文"并列的陈述。

今 译

师父说:"我还见过史书上存疑留白的,(这种行为)像有多余的马借给别人骑一样。现在(这样的留白)没了!"

英 译

The master said: "I used to still spot the blanks left on history records, (a behavior that) likes one with excessive horses lending them for others to ride. Now well this (kind of blanks) does not exist!"

15.27【原文】

子曰:"巧言乱德。小不忍,则乱大谋。"

章句义理

对巧言的一贯反对

孔子一贯反对巧言,相关表达还有三处。学而 1.3 中和阳货 17.17 中的"巧言令色,鲜矣仁",公冶长 5.25 中的:"子曰:巧言、令色、足恭,左丘明耻之,丘亦耻之。"

本章孔子提出巧言会乱德,即扰乱人的德行,算是对人心的洞察吧。

关联不可考的两个论述

为何把"小不忍,则乱大谋"和"巧言乱德"放在一章内呢?或许孔子有自己的道理,很可能是在某个特殊场景下的发言,今已不可考也。

今 译

师父说:"花言巧语会扰乱美德。小处不忍让,就会扰乱大计划。"

英 译

The master said: "Smooth talk will jeopardize one's virtues. Non-forbearing in small matters will jeopardize great plans."

15.28【原文】

子曰:"众恶之,必察焉;众好之,必察焉。"

章句义理

本章可参阅另外两章:子贡问曰:"乡人皆好之,何如?"子曰:"未可也。""乡人皆恶之,何如?"子曰:"未可也。不如乡人之善者好之,其不善者恶之。"(子路13.24)子曰:"乡原,德之贼也。"(阳货17.13)

"察"的方式,就是本篇15.25中的"试"吧。如此可见孔子反对把"众恶"和"众好"作为"试"的依据,即他不同意用多数人的好恶作为判断人的依据,这就要求试图"察"和试图"试"的人必须本着实事求是的精神,独立调查,得出结论。

今 译

师父说:"大家都讨厌他,必须要考察他;大家都喜欢他,必须要考察他。"

英 译

The master said:"When everyone hates him, one must scrutinize him; when everyone likes him, one must scrutinize him."

15.29【原文】

子曰:"人能弘道,非道弘人。"

字词训诂

弘。弘扬、光大。

道。先王之道。

章句义理

朱熹《四书集注》中说:"弘,廓而大之也。人外无道,道外无人。然人心有觉,而道体无为;故人能大其道,道不能大其人也。"

朱熹的着眼点是人的主动性和道的被动性，等于解释为何"人能弘道"而"道不能弘人"，是先天能力问题，有狭隘之嫌。"人能弘道"自然成立，因为人可以通过自己的言行来体现、推广先王之道，为之添砖加瓦、增添光彩；但"道不弘人"，与其说是针对可能性总结出的客观规律，不如说是针对应该如何自处的道德要求，即本章不是在总结规律，而是在提出要求。因为显然，让"道"来"弘"自己是很多人的信条，而且也屡屡证明是行之有效的自我标榜和取得成就的手段。

今 译

师父说："人可以弘扬大道，而不是大道成就人。"

英 译

The master said:"Man can enrich the great way, rather than the great way enriches the man."

15.30【原文】

子曰："过而不改，是谓过矣。"

章句义理

可供参阅的章节和史料

学而1.8中，孔子说"君子……过则勿惮改"，把有过则改当成君子的条件之一。

雍也6.3中，孔子说"有颜回者好学，不迁怒，不贰过。不幸短命死矣。今也则亡，未闻好学者也"，把"不贰过"当成好学的标准之一。

子张19.21，子贡曰："君子之过也，如日月之食焉；过也，人皆见之；更也，人皆抑之。"说的是只要改过则仍是君子的道理。

《左传·宣公·宣公二年》中，士会劝谏晋灵公说："人谁无过？过而能改，善莫大焉。《诗》曰：'靡不有初，鲜克有终。'夫如是，则能补过者鲜矣。君能有终，则社稷之固也,岂唯群臣赖之……君能补过,衮不废矣。"今译作:人不可能不犯错,犯了错能改正,就再好不过了。《诗经》上说:"事情都有个好的开始,却很少能有个好的结果。"如果真是这样,则能够改过的人就很少。君王如果能够有个好的结果,则国家社稷就有保障,哪里只是臣子们要依靠它呢……君王如果能够弥补过错,礼服就不会弃用。

"靡不有初,鲜克有终",出自《诗经·大雅·荡》,该诗是周文王列举商朝暴政的战斗檄文,章句出现在第一段,算是对商朝高开低走的国势的总结吧,有兴趣者可自行搜寻阅读。

"过"和"改"的逻辑关系

犯了错而不改正,才是真正的错。犯了错之后,有几种可能:自己不知道错,所以无从改起;自己知道错了,但不改正;自己知道错了,并且改正了。本章谈的是上述第二种情况,但潜台词包括:过而能改,就不算真正的过;为了能够改过,首先得具备过而知错的自知之明,然后还得具备知错能改的自律和追求。

对于是否应该一概地原谅"过而能改"者的过,见仁见智,此处不展开。

今 译

师父说:"犯了错而不改正,这是真正的过错。"

英 译

The master said:"To err but not to mend—this is a real error."

15.31【原文】

子曰:"吾尝终日不食,终夜不寝,以思,无益,不如学也。"

章句义理

本章可作为为政2.15"学而不思则罔,思而不学则殆"中后半句的例证和注解,道理显明。

今 译

师父说:"我曾经整天不吃,整夜不睡,以冥思苦想,却没有长进,比不上学习啊。"

英 译

The master said: "I have tried contemplating for whole day without eating and whole night without sleeping, with no progress acquired—it's inferior to learning."

15.32【原文】

子曰:"君子谋道不谋食。耕也,馁在其中矣;学也,禄在其中矣。君子忧道不忧贫。"

字词章句

本章可参阅子路 13.4。

馁。饥饿。

本章中的"君子"显然指统治者。统治者应该专注于崇高追求,而不应聚焦于吃饭生存这种低层次需求。这种主张既体现对阶层分工的认可,也反映统治阶层应担负社会治理责任的自觉。

孔子先说"君子谋道不谋食",在细化这句陈述之后,又用"君子忧道不忧贫"来呼应和收尾,道理显明,体现他对待"贫"一贯的超然和对待"谋食"一贯的藐视态度。

在人类社会的绝大多数情况下,只要在"谋道"的大旗下坚持奋斗,生存的概率远远大于"耕者",即,只要坚持脱离物质生产而专注于"道",则极少有"馁"的可能。这不仅是古今中外的事实,也体现社会分工开始之后的现实逻辑,可以批判,但不能否认其事实上的普遍存在。这就是"学也,禄在其中矣"的事实基础。古今中外,概莫能外。

负责物质生产(尤其是粮食生产)的底层民众,在歉收荒年及兵荒马乱时代,历来都是最容易"馁"的一群,即使在社会稳定时期,也多是需要节衣缩食的阶层,正所谓"烧炭的挨冻,种粮的挨饿,织布的缺衣",这是社会分工和阶层剥削的固有现象,既有其宏观上的合理性和进步性,也有其人文上的不公平和残酷性。

所以,只要能成为"谋道者"和"忧道者",社会运行的机制自然会保证"食"的供应,而这种"食"的供应的最简单和直白的方式是"禄"。

今 译

师父说:"统治者谋求大道而不谋求糊口。耕种,饥饿在其中;学习,俸禄在其中。统治者应该担心掌握不到大道而不是担心贫穷。"

英 译

The master said: "A ruler should strive for the great way instead of the foodstuff. In tillage, there is starvation; in learning, there is emolument. A ruler should worry about not mastering the great way instead of worrying about the privation."

15.33【原文】

子曰:"知及之,仁不能守之,虽得之,必失之。知及之,仁能守之,不庄以涖之,动之不以礼,则民不敬。知及之,仁能守之,庄以涖之,动之不以礼,未善也。"

字词训诂

知。音义同"智"。
涖。lì,音义同"莅",治理义。
善。圆满,完美。

章句义理

本章谈治民之道。其中"涖之"和"动之"的"之"指人民,其余的"之"均指治民之道。

本章论述的思路和逻辑

正确的四个行为准则是:智识上要明白道理,要能守住仁德,要庄重威严,要用礼来指挥民众。

治民之道的基础是智识,但必须有仁德才能坚守在治民之道上,否则只有智识而没有仁德,就会得而复失,无法长久。反推可知,只要智识和仁德兼备,则就可以长治久安,虽然人民可能不会对统治者充满敬意。

既有智识,又有仁德,如果在治民时保持庄重威严,则人民就会尊重有加。这时,不仅可以长治久安,而且人民尊重统治者,在国家的存续基础之上,还有受民爱戴的快感和满足。

既有智识,又有仁德,而且能做到庄重威严,还不够完美;如果要追求完美,还应该在支使人民的时候,按照礼的要求来对待他们。

动之以礼的重要性

为何"动之以礼"才算完美呢?应该包含以下三层含义吧:

人民对统治者的单向的尊重带来的满足感层次较低,只有双向的尊重才能给人带来深层的快感,这是人类的心理定式决定的,这也是"平等"概念在古今中外都容易引起共鸣的根本原因。

只有"动之以礼",才能固化社会管理的模式,极大地降低管理成本,从而通过"礼"的推广来保证长治久安。

"善"不仅仅是从社会治理的功利性目标来讲的,也包含超越这种功利性的伦理性目标。孔子很少谈超越社会治理之外的抽象的"善",但既然此处提到了,就可以认为他承认"动之以礼"存在社会治理实用目的之外的其他可取之处,或许是"礼"本身的美感,或许是君子和臣民之间其乐融融状态的吸引力吧。

今 译

师父说:"智识上明白,但不能用仁去坚守,即使得到了,必然会失去。智识上明白,也能用仁去坚守,但不能用庄重的态度去管理,则人民就不敬重。智识上明白,能用仁去坚守,也能用庄重的态度去管理,但支使人民时不按照礼仪,也不算完美。"

英 译

The master said:"Having intelligence that can comprehend it, yet having no virtues that can stand fast to it, even one can have it, he would surely lose it. Having intelligence that can comprehend it, having the virtues that can stand fast to it, yet governing the people without stateliness, then the people will not show reverence. Having intelligence that can comprehend it, having the virtues that can stand fast to it, governing the people with stateliness, yet ordering the people not by the rules of propriety—this is still not consummate."

15.34【原文】

子曰:"君子不可小知而可大受也,小人不可大受而可小知也。"

章句义理

受。通"授",授予义,引申为托付。

君子能力突出、志向高远,因此会不拘小节,无法从小事上来判断其能力和胸怀,但却可以在大事上托付与他;小人能力有限而格局不大,当然不可以委以重任,通过小事就可以掂量出他的分量。

今 译

师父说:"君子不可以在小事上判断他,却可以在大事上托付他;小人不可以在大事上托付他,却可以在小事上判断他。"

英 译

The master said: "A cultivated gentleman cannot be judged in minor affairs but can be entrusted with important matters; a base man cannot be entrusted with important matters but can be judged in minor affairs."

15.35【原文】

子曰:"民之于仁也,甚於水火。水火,吾见蹈而死者矣,未见蹈仁而死者也。"

章句义理

本章解人,有把前半句解为"民有赖于仁"的,以朱熹和钱穆为代表,不妥。显然水火是用来形容挑战和困难的,而不是来比喻对人有益的;如果人民依赖于仁,又如何会避仁犹过避水火呢?如果把水火当成好东西,后面怎么会有"水火,吾见蹈而死者矣"之说呢?这句话的语气是"连水火,我都见过踩进去而死掉的",明显是把"蹈水火而死"当成明知有危险还一如既往的态度来说的,不可能是把水火当成好东西。

本章正解应是:通过人民拒绝"仁"比躲避"水火"还要坚决的现象,来感叹人民不愿意践仁的事实;用"水火,吾见蹈而死者矣,未见蹈仁而死者也"来证明前面所说的"民之于仁也,甚于水火",行文、语气、和逻辑上均顺畅有力;孔子正是用自己难以理解的口气,来凸显这种在自己看来属于反智现象的愚昧和荒谬。

但正因为存在这种不可思议的荒谬,反而可以合理推断:孔子对"仁"的至高无上的地位的推崇、对"践仁"应该普及的鼓吹、对"仁"在社会治理和社会生活中重要作用的坚信,都存在严重的结构性缺陷,他的见解不是那么理所当然的,并不具备在实践中的实用性和适用性。

今 译

师父说:"人民对待仁啊,比怕水火还狠。水火,我还见过踩进去而死掉的,就没见过践仁而死掉的人啊。"

英 译

The master said: "The people, when facing humanitarianism, are more scared than facing water and fire. With water and fire, I've seen some who treaded into them and died, I've not seen anyone who treaded in humanitarianism and died."

15.36【原文】

子曰:"当仁,不让于师。"

字词章句

"当"字解析

一说为"担当",则意思是"担当仁的重担和使命时,对老师都不用谦让"。二说为"面临",则意思是"面对仁义之事时,对老师都不用谦让"。

本书认为第一说不妥。首先,有资格和机会担当仁的使命的,少之又少。对这一特殊情景给出的指示,适用性太低,可以实践的机会几乎不存在。其次,真有这样的机会,当然不用对老师谦让,因为"仁"太重要了,"不让于师"是应有之义,还用专门提出来说吗?《论语》中有大量弟子们挑战和"不让于师"的例子,不要说"当仁"了,就是在礼、智、孝、德等很多级别比仁低的领域,弟子们也多有"不让于师"的表现,此处不赘。所以,孔子不可能提出只有在担负仁的使命时,才可以"不让于师"。

相反,解为"面对仁义之事时,对老师都不用谦让",谈的是"仁"的具体的、众多的、日常可以遇到的具体事例,在这些经常出现的机会窗口中,"不让于师"才有现实的指导意义。

"让"字解析

"让"是指在践仁机会面前对老师的谦让呢,还是在因为要践仁而有可能得罪老师时义无反顾地得罪老师呢? 本书认为是后者:如果指前者,则必须是践仁的机会同时出现在老师和弟子面前,而且谁做都可以的时候。在这种情境下,应该提倡的是把机会留给对方的胸怀,即恰恰应该提倡谦让。此时"不让于师",等于在抢功,不是君子风范,不可能成为孔子的教导;相反,因为种种原因,是有可能在追求仁的时候需要得罪、挑战、甚至是对抗老师的,不管是因为信息不对称造成的误解,还是因为各自所处位置不同导致的机会不同,或是因为局势演化形成的一定时空节点上双方无法回避的对立,或源于对仁德轻重缓急判断的差异,或是基于青出于蓝而胜于蓝的超越,都有可能逼迫弟子在"仁"和"师"之间做出选择。

孔子显然默认各种弟子应该"不让于师"的合理性,并且给出明确的指示。他的表达和亚里士多德的"吾爱吾师,吾更爱真理"体现的是同一种基于理性的胸怀。

"师"字解析

"师"也有不同见解,钱穆就解为"众人",不妥。首先,"师"虽然可以解为"众人",但用更直接的、在《论语》中多次出现的"众"来表达更为妥当,比如本篇15.28中就有"众恶之,必察焉;众好之,必察焉"。其次,结合前面所述,如果取得罪义,则面对非亲非故的"众"本来就会无所顾忌,不存在"让"的动机;如果取谦让义,则遇到其他人也会渴望的践仁机会,提倡"不让"不妥,反而该应提倡"让"。因此,"师"指的就是老师。

词义的演化

这句话在今天演化为"当仁不让",意义上也变成"遇到仁义机会,不要对别人谦让",把对立面变成众人,进一步把"谦让"变成"躲避",从而是"当仁不让"的意义变成"当仁就上",算是不过分的讹用吧。

今 译

师父说:"在仁的问题上,不要对老师退让。"

英 译

The master said: "With issues concerning humanitarianism, one should not give way to his teacher."

15.37【原文】

子曰:"君子贞而不谅。"

字词训诂

贞。正、正直。

谅。本义诚信，但此处字义需要探讨。

《论语》中此字用了三处，另外有两处。一处是宪问 14.17 中的"岂若匹夫匹妇之为谅也，自经于沟渎而莫之知也"，从负面来解读"谅"字，取其"固守信用而为小事自杀的愚蠢的诚信"。一处是季氏 16.4 中的"友直，友谅，有多闻，益矣"，显然取其"诚信"之褒义。

此外，子路 13.20 中，孔子说"言必信，行必果，硁硁然小人哉"，也是认为无条件的"言必信"不值得提倡。

本章显然取其贬义，反推可知，"谅"在此处应指"不讲原则和灵活性、一味践诺的愚蠢而固执的诚信"，可以简称为"愚信"吧。

后世多解为"小信"，也算成立。到了《康熙字典》，明确给"谅"增加了这个定义："又小信也。《论语》：'岂若匹夫匹妇之为谅也。'"等于顺应历代解读，从字典的角度赋予"小信"解读"谅"的合法性和权威性。类似的以讹传讹还有子路 13.19 中"居处"二字的字义演化。有人就因为"谅"是"小信"，结果就反推，把前面的"贞"解读为"大信"。这是源流倒置，循环训诂，不取。

也有人坚持"谅"的诚信原义，把本章解读为"君子行为正直，因此就不必讲诚信"，把诚信这个本来属于"行为正直"核心内容之一的部分提取出来作为对立面，更属拘泥蛮横，不取。

章句义理

此处的君子和鄙陋小人对应，不是统治者。一个人只要固守正道，没有必要死守愚信，因为后面这种行为常常导致常理被扭曲，有可能引发一连串纠结，导致牵涉的人群的整体利益受到比当事人不死守"谅"时大得多的损害；从另一个角度讲，"贞"是道德的本体，而"谅"（甚至"信"）都只是风格和手段，不在一个层面。这或许就是孔子心中的逻辑吧。

《孟子·离娄章句下》中孟子说过可供互相参考的话："大人者，言不必信，行不必果,惟义所在。"

今 译

师父说:"君子行为正直而不固守愚信。"

英 译

The master said:"A cultivated gentleman is upright but not temerariously true to his words."

15.38【原文】

子曰:"事君,敬其事而后其食。"

字词训诂

两个"其"字,均为助词无意义。如果解为"君",则"敬其事"还好理解,但"后其食"就成了在"君"吃后再吃,意义太过拘谨,而且除了特殊的招待和祭祀宴会之外,既不是合理要求,也无法在日常执行,不妥。

今 译

师父说:"为君主服务,慎重对待事务而把报酬问题靠后。"

英 译

The master said:"In serving a king, fulfill the duties cautiously and treat the emolument as lesser."

15.39【原文】

子曰:"有教无类。"

章句义理

本章歧义众多,下面详析。但首先要排除掉把"教"当成动词的所有解读,因为前面有个"有"字。

可以从几个角度来划分各种解读,几种角度互相有重叠部分,这几个角度是:

一,主语是一般陈述的泛指,还是孔子本人?

二,这句话是陈述事实或规律呢,还是表达理想和期望?

三,谈的是教育方式呢,还是教育结果?

四,"类"指什么?可以指"类别",即人的社会地位和阶层,反应人的穷富、贵贱、尊卑;也可以指"差距",按照孔子的一贯态度,此处把"差距"特指为学习能力和进步潜力上的差距。

这样就可以把各种事实存在和可能存在的版本组合列表如下。

表 15-1　有教无类解读选项表一

编号	解读	主语	"类"指什么?	陈述规律 or 表达期望	谈教育方式 or 教育结果
1	教育本来就不分对象的类别	教育	差异	陈述规律	教育方式
2	教育本来就不分对象的高低差异	教育	差距	陈述规律	教育方式
3	教育不应该区分对象的类别	教育	差异	表达期望	教育方式
4	教育不应该区分对象的高低差异	教育	差距	表达期望	教育方式
5	教育会导致对象没有类别之分	教育	差异	陈述规律	教育结果
6	教育会导致对象没有高低差异	教育	差距	陈述规律	教育结果
7	教育应该导致对象没有类别之分	教育	差异	表达期望	教育结果
8	教育应该导致对象没有高低差异	教育	差距	表达期望	教育结果
9	我的教育不分对象的类别	孔子	差异	表达期望	教育方式
10	我的教育不分对象的高低差异	孔子	差距	表达期望	教育方式
11	我的教育会导致对象没有类别之分	孔子	差异	陈述规律	教育结果
12	我的教育会导致对象没有高低差异	孔子	差距	陈述规律	教育结果
13	只要教了就没有对象的类别	陈述泛指	差异	陈述规律	教育结果
14	只要教了就没有对象的高低差异	陈述泛指	差距	陈述规律	教育结果
15	只要教了就不该区分对象的类别	陈述泛指	差异	表达期望	教育方式
16	只要教了就不该区分对象的高低差异	陈述泛指	差距	表达期望	教育方式

编号	解读	主语	"类"指什么？	陈述规律or表达期望	谈教育方式or教育结果
17	人本无类别但教育形成了类别	陈述泛指	差异	陈述规律	教育结果
18	人本无高低差异但教育形成了高低差异	陈述泛指	差距	陈述规律	教育结果

此表中的五到六条和十三到十四条，除了语法表达上不同外，内容相同，可以合并到第五到第六条中；十五到十六条和三到四条，除了语法表达上不同外，内容相同，可以合并到第第三到第四条中；第一和第二条显然不符合事实，可以放弃；第十一和十二条虽然谈的是自己，但除非孔子认为自己是唯一一个能做到这样的人，否则可以作为第五和第六条的一个例子，其表达的观点和内容可以合并到第四和第五条中。

这样，合并和删除后剩下的选项就是：

表15-2 有教无类解读选项表二

编号	解读	主语	"类"指什么？	陈述规律or表达期望	谈教育方式or教育结果
3	教育不应该区分对象的类别	教育	差异	表达期望	教育方式
4	教育不应该区分对象的高低差异	教育	差距	表达期望	教育方式
5	教育会导致对象没有类别之分	教育	差异	陈述规律	教育结果
6	教育会导致对象没有高低差异	教育	差距	陈述规律	教育结果
7	教育应该导致对象没有类别之分	教育	差异	表达期望	教育结果
8	教育应该导致对象没有高低差异	教育	差距	表达期望	教育结果
9	我的教育不分对象的类别	孔子	差异	表达期望	教育方式
10	我的教育不分对象的高低差异	孔子	差距	表达期望	教育方式
17	人本无类别但教育形成了类别	陈述泛指	差异	陈述规律	教育结果
18	人本无高低差异但教育形成了高低差异	陈述泛指	差距	陈述规律	教育结果

教育对象的类别是指他们的社会地位和阶层，即使可以通过努力来改变，也属

于在社会地位和阶层的体制内流动,不可能通过教育来整体消除其存在;而且孔子显然大力提倡社会分等级,因此表中的第五和第七条可以放弃。

人的学习能力和进步潜力上的高低差异是客观存在的:孔子自己总是因材施教,无非就是因为每个学生在这上面的差异;雍也 6.21 中,孔子说:"中人以上,可以语上也;中人以下,不可以语上也。"阳货篇 17.3 中,孔子说:"唯上知与下愚不移。"综上可知,孔子不可能承认人天生没有差异,也不可能认为通过教育可以把人之间的这种差异完全消除,更不会把消除这种学习能力和进步潜力上上的差异作为自己施教的目的。因此第四、六、八、十和十八条可以放弃。

这样,剩下的选项就是:

表 15 - 3　有教无类解读选项表三

编号	解读	主语	"类"指什么?	陈述规律 or 表达期望	谈教育方式 or 教育结果
3	教育不应该区分对象的类别	教育	差异	表达期望	教育方式
9	我的教育不分对象的类别	孔子	差异	表达期望	教育方式
17	人本无类别但教育形成了类别	陈述泛指	差异	陈述规律	教育结果

表中第十七选项大体上就是皇侃和朱熹的主张,只不过前者把"类别"限制在人的贵贱尊卑上,后者则是从人的善恶有别来看的。本书认为均不妥:人的社会阶层很大程度上由出身决定,尤其是天子、诸侯及各级分封形成的权贵阶层,否认这点是不可思议的,孔子不可能犯这样的错误;在阳货 17.2 中,孔子说过:"性相近也,习相远也。"承认了"性相近"不假,但"相近"显然不是"无类",恰恰通过"相近"确认"有类"。因此,不取表中第十七条。

剩下的两条,都是表达期望,内容志向一致,既然孔子在原文中不加以限制,所以可以合并进第三条,即,教育不该区分对象的类别。

转了一大圈,回到最为简单直接的解读。但这个分析筛选的过程用逻辑分析简化、梳理、检验并淘汰了众多版本,提供了挑选解读版本的依据和信心。

最后一个问题是:为何前面有个"有"字? 从内容上讲,没有这个字也是可以的,直接表达成"教无类"或"教,无类"都简洁明确;加个"有"字,一方面可以和后面的"无"形成呼应和对仗,另一方面,可以形成"有 a 则 b"这种带有限制条件的陈述方式,从而表达出"有 a 的时候,要 b;没有 a 的时候,另论"的暗示或余地。结合孔子对待社会等级制度的拥护态度,他的真实意思大概率就是:其他领域另论,但如果谈到教育,则应该"无类"。

孔子以前,学在官府,只有贵族子弟有权受教育,因而也只有贵族子弟才有当官的资格。孔子创办私学,广收弟子,通过兴办教育来培养人才,鼓励弟子出仕为官,以实现其政治思想。其弟子号称三千,来自鲁、齐、晋、宋、陈、蔡、秦、楚等不同国度,不仅不分国界,也无论夷夏。"有教无类",正是孔子对自己的教育实践的总结和对教育理想的提倡,体现超前的改革精神、了不起的平民思维和触及根本的平等价值观。

今 译

师父说:"在教育上不应分对象。"

英 译

The master said:"In education, there should be no distinguishing targets."

15.40【原文】

子曰:"道不同不相为谋。"

字句章节

道。此处指路径和方向,可以理解为一个人对基本价值观的选择。

孔子此说是在总结事实呢,还是在规劝别人不要和道不同者相谋?考虑到孔子一贯的实用性入世主张,不可能仅仅把一个不会发生的事情总结出来而不提出带有实践指导意义的建议,正确的解读只能是后者。

这句劝告隐含的意思是:道一旦不同,就不大可能改变,就不应再浪费时间和精力白费口舌了。孔子的这个态度可以参考以下篇章:雍也 6.21,子曰:"中人以上,可以语上也;中人以下,不可以语上也。颜渊12.23,子贡问如何对朋友,子曰:"忠告而善道之,不可则止,毋自辱焉。"子路13.4中,明显看不起想学习种庄稼的樊迟,在推辞不懂之后,只在樊迟离开后才开骂并讲解为何要骂他,一副不屑搭理樊迟的样子;本篇15.1,回答完卫灵公自己未学过军旅之事后,"明日遂行"。

今 译

师父说:"价值观不同就不要相互咨询。"

英 译

The master said:"Those having different values should not consult with each other."

15.41【原文】

子曰:"辞,达而已矣。"

字句章节

多有把"辞达而已矣"连读的,无法吻合语法和表达语气,不取。亦有把"辞"解为外交辞令的,理由是孔子时代尚不以其他"辞"为教,拘泥而不通顺,亦不取。显然,孔子反对雄辩术和演讲能力,这也吻合他对言谈风格的一贯的主张。

今 译

师父说:"说话,能表达意思就够了。"

英 译

The master said:"In speaking, it will be enough to convey the meaning."

15.42【原文】

师冕见,及阶,子曰:"阶也。"及席,子曰:"席也。"皆坐,子告之曰:"某在斯,某在斯。"师冕出。子张问曰:"与师言之道与?"子曰:"然。固相师之道也。"

字词训诂

师冕。"师",乐官;"冕",这个乐官的名字。古代乐师称作"瞽""矇"或"瞍",都指盲人。孔子时代乐师往往是盲人:一类天生就盲,结果成就音乐上的造诣,一类是为了提高音乐的造诣主动成为盲人。盲人更容易在音乐上有所成就,或者因为感觉器官在生理上的补偿效用,或者只是特定历史时期(包括孔子时代)的一种现象。

与师言之道与。同乐师说这些算是道吗?

固。本来,原来。

相。读四声,辅佐、帮助义。

章句义理

本章故事栩栩如生,孔子的回答也只是合乎常理,反而子张的提问让人匪夷所思:和盲人交往时指点对方物件和个人方位本来就是应有之义。

唯一的解释只能是:子张用的"道"字指的是更高层面的大道,即先王之道,这样他的真实问题就是:"这样照顾盲人也算是大道吗?"孔子利用"道"字较为狭隘的词义,即道理和情理,来回答,可以认为孔子是在偷换概念。因为反正算是助人的善举,所以虽然偷换概念,还不至于算成"巧言"吧。

今 译

乐师冕进见,到了台阶前,师父说:"这里是台阶。"到了座位前,师父说:"这里是座位。"都坐下来之后,师父告诉他说:"谁谁在这,谁谁在这。"乐师冕离开了。子张问道:"同乐师说这些算是道吗?"师父说:"是的。这原本就是帮助乐师的道。"

英 译

Musician Mian came to visit, when he approached the stairs, the master said: "Here are the stairs." When he approached the sitting mat, the master said:"Here is the sitting mat." When all were seated, the master told him:"So and so is here, so and so is here." Musician Mian left. Zi Zhang asked:"Was it the way to speak to the musician like that?" The master said:"Yes. It has always been the way to assist the musicians."

季氏篇

16.1【原文】

季氏将伐颛臾。冉有、季路见于孔子曰:"季氏将有事于颛臾。"孔子曰:"求!无乃尔是过与?夫颛臾,昔者先王以为东蒙主,且在邦域之中矣,是社稷之臣也。何以伐为?"冉有曰:"夫子欲之,吾二臣者皆不欲也。"孔子曰:"求!周任有言曰:'陈力就列,不能者止。'危而不持,颠而不扶,则将焉用彼相矣?且尔言过矣。虎兕出于柙,龟玉毁于椟中,是谁之过与?"冉有曰:"今夫颛臾,固而近于费。今不取,后世必为子孙忧。"孔子曰:"求!君子疾夫舍曰'欲之'而必为之辞。丘也闻有国有家者,不患寡而患不均,不患贫而患不安。盖均无贫,和无寡,安无倾。夫如是,故远人不服,则修文德以来之。既来之,则安之。今由与求也,相夫子,远人不服而不能来也,邦分崩离析而不能守也,而谋动干戈于邦内。吾恐季孙之忧,不在颛臾,而在萧墙之内也。"

字词章句

季氏。季康子。

颛臾。zhuān yú。古国名,都城地址在今在山东省临沂市平邑县柏林镇固城村。西周初,成王封过"颛臾王",使其祭祀蒙山,故文中有"先王以为东蒙主"之说。"邦域之中",证明其国土在鲁国境内。

社稷之臣。有歧义。有人认为此处的社稷指鲁国的社稷,"社稷之臣"因此是说颛臾是鲁国的属国。三桓控制了鲁国的其余地盘,只剩下颛臾作为鲁国的一部分还保持着独立,掌握附近费邑的季康子此时想抢在孟孙和叔孙之前把颛臾收归囊中。还有人把颛臾模糊地表达成鲁国的附属国。

本书认为除非有可以确证的史实,否则上述两解均不可取。既然周成王分封了颛臾王来负责祭祀蒙山,则颛臾要么是周朝的分封邦国,要么因族群太小,算不上诸侯国,而是比诸侯国级别低但不受诸侯国管辖的、由天子直辖的族群聚落。不管哪种,它们都是周朝社稷的臣,而不是诸侯国(比如鲁国)的臣。结合"季氏将伐颛臾"的事实和冉有后面"今不取,后世必为子孙忧"的论断,可见颛臾当时和鲁国即使不是平级的,也是平行的,只是显然不如鲁国强大罢了。

季氏将伐颛臾一事,除《论语》外,无史书记载。从冉有和季路同时为季康子服务来判断,此事大约是在孔子周游列国回到鲁国之后。

孔子的劝说有效吗?没有史书记载。颛臾如何灭亡,有不同版本,但均无所依。既然不可确考,就不强考。但如果孔子此处劝说生效,则《论语》编纂者情理上该用"乃止"之类的表达来收尾。以季康子的做派,听取孔子道德说教的可能性很低,因此可以认为季氏按计划讨伐颛臾的可能性极大。同样,从季康子后来在权力高峰的地位上善终的事实,以及没有他因讨伐颛臾失败而遭受打击从而失势的记载来看,大概率他不仅打了,而且也灭了颛臾。

无乃尔是过与。"无乃",难道不是、难道不该之义。"过",作动词用,意为责备。"是",无意义,放在此处表明"尔是过"是倒装句,原本应是"过尔"。"与",语气助词。全句意思是:难道不该责备你吗?

周任。出现在三处史料上。

《左传·隐公·隐公六年》中有:周任有言曰:"为国家者,见恶如农夫之务去草焉,芟(shān,除草义)夷蕴崇之,绝其本根,勿使能殖,则善者信矣。"今文译作,周任曾说过:"治理邦国和家族的人,见到恶就像农夫一定要去除杂草一样,锄掉它聚积起来肥田,挖掉它的根,不要使它再生长,那么善的事物就能伸张。"

《左传·昭公·昭公五年》中记载孔子引用周任的话说"为政者不赏私劳,不罚私怨"。

还有就是本章引用的周任的话。

综合这三段话来看,可能周任是很得孔子欣赏的周朝大夫,从其留下史料很少而孔子却能引用其名言的事实来看,其活跃的时间应该离孔子时代不远,属于刚刚逝去的前辈。

陈力就列,不能者止。表现出自己的能力,供职于朝廷之上,如果没有能力的就该停止当官。

危而不持,颠而不扶,则将焉用彼相矣

有人认为此处之"相"就是卫灵公 15.42 中的"固相师之道也"的"相",即把"相"解读成特指帮助盲者,不妥,因为这种特指没有字词上的出处。

"危而不持,颠而不扶",别人站不稳而不去搀扶,跌倒而不去扶起来。此处用来比喻邦国有难而不去预防和拯救。那么,此处是说谁"危颠"呢?从行文逻辑上,应该是颛臾,因为如果季氏伐它,颛臾实力不够,显然处在危颠状态;但后面有"焉用彼相矣"的反问,而冉求和子路显然没有相颛臾,肯定不是说颛臾。因此难点变成了:此处是说季氏将危颠呢,还是说鲁国将危颠呢?

孔子对弟子们为季氏服务是有矛盾心理的,季氏专权等于打乱鲁君执政的应有秩序,是对礼的破坏;但为季氏服务又有可能间接地治理鲁国,机会难得,同时有机会改造季氏;所以孔子一方面不仅接受弟子为季氏服务的事实还常常给出建议,另一方面又对季氏的僭礼行为和部分执政措施抨击有加;本章的抨击是针对僭礼和执政措施两个领域的。

在场面上,季氏还得表示对鲁君的尊重,在表面上接受鲁君的领导,作为其家宰的子路和冉求也可以算是通过季康子为鲁国服务。这里隐含了一个意味深长家宰而影响深远的问题,即对终极和共同目标的"忠"是否可以通过对权力架构中自己的直接上司尽忠来实现? 本书认为很难。从这个角度可以重新分析分封制的结构性缺陷、现代分级管理和逐级授权的有效性、效率和效果的关系、管控层级和管控质量的平衡及中央集权的利弊。

因此,逻辑上,"则将焉用彼相矣"既可以理解为——鲁哀公还有什么理由使用他们来辅佐呢,也可以理解——季康子还有什么理由使用他们来辅佐呢;后面用了"有国有家者"这一较为笼统而可大可小的称呼,显然指的是季康子,一方面等

于默认季康子管理鲁国的事实,另一方面,反证此处应是指季康子还有什么理由使用冉有和季路来辅佐呢。

由此可以推定,"危而不持,颠而不扶"指季氏的统治地位,即季氏"危颠"。当然,从上述季氏善终的史实来说,孔子的预测未成为事实。

虎兕(sì)出于柙(xiá),龟玉毁于椟(dú)中。老虎和野牛出了木笼子,龟甲和玉石毁在了匣子里;前面比喻兵锋无情,后面比喻仁义尽失,两句都是责备冉求未能尽责。

固而近于费。颛臾城防坚固而又靠近费邑。

君子疾夫舍曰"欲之"而必为之辞。君子痛恨不明说"想要干"而硬要为自己的目的编造借口的行为。"辞"在此中做动词,解为"编造借口"。

> **丘也闻有国有家者,不患寡而患不均,不患贫而患不安。盖均无贫,和无寡,安无倾。**

这段论述内容丰富深刻而看上去逻辑甚为混乱,需要详析,如下:

从"不患"开始的主语是谁?

这一段是对自己的两个弟子、通过自己的两个弟子对季康子的教诲,主语就是前面的"有国有家者",即作为统治者的季康子。从后面的"夫如是"到"则安之",主语显然指以季康子为代表的邦国层面的统治者;从再往后的"今由与求也"到"邦内",则乍看上去指冉求和子路这样辅佐级别的家臣,但中间有"相夫子"三字,等于说的是季康子加上冉求和子路,指的是邦国层面的统治者和其助手,可通称为统治阶层。结合上述两层意思,虽然孔子的表述中有点模糊和定义腾挪,但主语统一为"统治者"是正解。因此后面的"不患"都是"不怕人民如何如何"而不是"人民不怕如何如何"。这里就排除掉了所有把"人民"当成"不患寡而患不均,不患贫而患不安"主语的选项,这种把"人民"当成主语的误读流传甚广,也是今天引用"不患寡而患不均,不患贫而患不安"时的共识。虽然这种误读也体现了对社会心理的深刻洞察,也是对人心的规律性总结,但不是孔子本章原意;因讹传讹、从众引用可以,但应该做到心中有数。

单看"不患寡而患不均,不患贫而患不安"可以有以下四种解读:

一,不怕人民财富少而怕分配不均,不怕人民贫穷而怕他们不和谐相处。

二,不怕人民财富少而怕分配不均,不怕人民贫穷而怕他们不安然处之。

三,不怕人民人口少而怕人口配置不均,不怕人民贫穷而怕他们不安然处之。

四,不怕人民人口少而怕人口配置不均,不怕人民贫穷而怕他们不和谐相处。

首先可以排除掉前半句"人口配置不均"的解读,因为人口的分布显然不是靠均匀配置来决定其优势的;因此也排除掉把"患寡"理解为"担忧人口少"的解读,虽然后面谈到"修文德以来远人",好像可以反证前面应该谈到人口不足的问题似的;其次可以排除掉后半句"不和谐相处"的选项,因为虽然这种解读符合社会理想,但"安"字无法从字词训读上找到"互相安处"的依据;同时,后面出现了"和"的概念,不允许在这里出现一个"安"来表达同样的概念。因此,单看这一句,就是"不怕财富少而怕分配不均,不怕人民穷困而怕他们不安于穷困"的意思;两句话的核心议题都是财富,前面讲分配问题,要点是均匀,靠的是制度设计;后面讲心态,要点是不争,靠的是舆论宣传。这个解读也完全吻合治理国家的智慧或者权术,因为它依据的是人类横向对比的心理范式及人类心理对权威信息高度的接受度。

但结合后面的"盖均无贫,和无寡,安无倾",则既使解读复杂化了,也对缩小解读范围提供了帮助:

从正面的道理上讲,"盖"之后应该是"均无寡,安无贫"才能呼应前面的"不患寡而患不均,不患贫而患不安"。而且这种行文也符合上述提及的人类心理范式和统治者塑造人民心理的简易度。

但是反过来说,既然后面是"均无贫,和无寡",则前面的行文就应该是"不患寡而患不和,不患贫而患不均"。后半句"不患贫而患不均"是"不患寡而患不均"的特殊形态,因此和上述表达不冲突;而前半句"不患寡而患不和"就很是突兀:不患寡可以理解,毕竟贫穷不会导致一个邦国或亡国的灭亡,但为何"不和"更值得担忧呢?即使我们承认"不和"更值得担忧,因为人民"不和"会导致凝聚力和对抗外敌的战斗力下降,那"不均"是否比"不和"更值得担忧呢?因为毕竟一旦人民认为"不均",则整个社会就很有可能陷于内乱,根本不需要外敌就有可能自行崩溃——这与其说是可能性,不如说是规律。

那是否可以说:正是因为"不均",所以才会"不和"呢?完全成立;那么是否"不和"会导致"无安"呢?也成立。

因此,后面"均无贫,和无寡,安无倾"可以理解为一种递进关系:"均"会导致"和","和"会导致"安",而"无贫、无寡、无倾"只是对前面三层"均、和、安"的描述性解释,因此也体现了三层递进。即:"均、和、安"是三层递进,而"无贫、无寡、无倾"也是三层递进,后面的三层递进是一一对应前面的三层递进的。统治的最终KPI是人民的"安",这就会保证统治的目的"无倾"。

如此,后面"均无贫,和无寡,安无倾"可以理解为是对前面"不患寡而患不均,不患贫而患不安"的逻辑的分解,在"不患寡而患不均"和"不患贫而患不安"之间加了一个"不患寡而患不和"的隐藏的义理上的过渡,从而形成"先患不均、再患寡、最后患倾"的三级忧患层次,对应的就是"均、和、安"的三级统治目标。

结论是:孔子的本段论述大致上是自洽的;在表达上过于简洁,也有大而化之的嫌疑,但总体上逻辑成立。

夫如是,故远人不服,则修文德以来之。故,此处通"固",原本义,引申为"即使原来";文德,"文"做"灿烂、多彩"解,"文德"就是"光辉灿烂的德行"。全句就是:如果如此,即使原来远方的人不归服,就兴盛光彩的德行使他们归服。

既来之,则安之。一旦让他们归服了,就要让他们安然处之,即满足于新的生活。

萧墙。萧,义同"肃",墙指屏风。萧墙就是区割房屋空间内外的屏风,因至此要肃静而得此名称。但具体所指有多解:有说是特指鲁君的屏风的;有说是泛指君王所用的屏风的;有说是泛指房屋内室的。本书认为泛指内室,原因是:首先,以鲁哀公时代季康子的实力,孔子不大可能会说季康子的隐忧将来自鲁哀公的内室;其次,按本章的行文逻辑,反驳的必然是冉求"后世必为子孙忧"这种把国运寄托于向外征战的托辞,则"萧墙之内"只能是对隐忧将来自"内部"的比喻。前面既然指明了作为鲁国实际统治者的季康子应该施政的方向,则此处对应的就应是季康子的"内部"隐忧;最后,季康子不是君主,因此孔子不可能在明知"萧墙"是特指君王或鲁君内室的情况下还用"萧墙"来描述季康子的内室,反推可知"萧墙"应是屏风统称。

冉求和季路两人之中,孔子的抨击主要针对冉求,大约可以推定冉求是这次讨伐的策划人或者至少是核心参谋之一吧。

今 译

季康子将要征伐颛臾。冉有、子路来拜见孔子说:"季康子将对颛臾展开战事。"孔子说:"冉求!这难道不是你的过错吗?颛臾,以前先王把它作为东边蒙地的主人,而且又在(鲁国)国境之内,是社稷之臣。为什么要讨伐它呢?"冉有说:"先生要这么干,我们二位当臣子的不想这么干。"孔子说:"冉求啊!周任曾说过:'展示能力而在朝列位,干不了的就退位。'别人站不稳而不去搀扶,跌倒了而不去扶起来,那么还怎样用这样的人来辅佐自己呢?而且你所说的也太过了。老虎和野牛出了木栏,龟甲和玉石毁在匣子中,这是谁的过错呢?"冉有说:"现在这个颛臾呢,城池坚固而靠近费邑。现在如果不拿下,未来一定会成为子孙后代的忧患。"孔子说:"冉求啊!君子痛恨不明说'想要干'而硬要为自己的目的编造借口的行为。我听说过管理邦国和家庭的人,不担忧财富匮乏而担忧分配不均,不担忧人民贫穷而担忧他们不安分。因为分配均匀就没有贫穷,和睦相处就没有匮乏,安分守己就没有倾覆之祸。如果能做到这样,即使本来远方的人民不归服,就可以兴旺辉煌的德行使他们投奔而来。一旦他们投奔过来了,就要让他们安心生活。现在你子路和冉求,辅佐先生,远方的人不归服而不能使他们前来投奔,邦国分崩离析而不能守护,反而策划在邦国之内大动干戈。我恐怕季孙的忧患,不在颛臾,而在自家内室啊。"

英 译

Mr. Ji Kang was going to crusade against Zhuan Yu. Ran You, Zi Lu came to visit Confucius and said: "Mr. Ji Kang is about to have military affairs with Zhuan Yu." Confucius said: "Ran Qiu! Isn't this your fault or what? Zhuan Yu, it was once conferred by the ancient emperor as the master of the Meng area in the east, and it's within the boundary(of the Lu state), and its leader is a minister of the emperor. Why crusade against it?" Ran You said: "Our master wants to do it, not the two ministers of us. " Confucius said: "Ran Qiu! Zhou Ren had the words saying: ' One should exhibit his strength and present himself in the court, when he is unable to do so he should retire. ' He who does not offer a hand when others totter and does not raise others from tumbles—how can he be used as an assistant? And moreover you overstated it. If the tigers and wild oxen are out of their cages, and the turtlebacks and jades are destroyed in the caskets— whose faults are these?" Ran You said: "Now that this Zhuan Yu, its rampart is strong and is close to the Bi fiefdom. If we don't seize it now, in the future it will become a peril to our later generations. " Confucius said: "Ran Qiu! A cultivated gentleman hates declining to say that ' I don't want it ' yet fabricating excuses for his behavior. I have heard that people in charge of states and families are not worried about the deficiency of the wealth but worried about the maldistribution of it, not worried about the privation of the people but worried about their restlessness. For uniform distribution among people leads to no privation, harmony among people leads to no deficiency, and restfulness of people leads to no rebellion. If these could be achieved, even the remote people who are originally not submissive, by prospering on (your own) virtues, they would be attracted to come over. Once they come over, rest them in their life. Now Zi Lu and Ran Qiu you two, in assisting your master, have failed to attract the remote people who are not submissive to come over, failed to defend the state when it's falling to pieces, yet being scheming to get into war within the state. I'm afraid that the peril of Mr. Ji Kang is not in Zhuan Yu, but is behind the screens in his own court. "

16.2 【原文】

孔子曰:"天下有道,则礼乐征伐自天子出;天下无道,则礼乐征伐自诸侯出。自诸侯出,盖十世希不失矣;自大夫出,五世希不失矣;陪臣执国命,三世希不失矣。天下有道,则政不在大夫;天下有道,则庶人不议。"

字词训诂

征伐。两字同义,讨伐义。征伐带有居高临下的角度,有替天行道的仪式意味。

出。发布,引申为主导和引领。

盖。大约。

世。代也。有解读者试图坐实本章中所说的十世、五世、和三世,过于拘泥而无来处,不取。

希。少见。

陪臣。"陪"指从旁边辅佐,对应的是直接辅佐;天子以诸侯为臣,诸侯以卿大夫为臣,则诸侯的卿大夫就是诸侯的直接辅佐及天子的间接辅佐,即天子的陪臣。把这种关系平行地下移一级,则卿大夫的家臣就是诸侯的陪臣。比如本篇16.1中的冉有和子路是季康子的家臣,因此就是鲁国国君的陪臣。

孔子本章中的"陪臣"指的是哪一级统治者呢?后详。

庶人不议。"庶人",平民;"议"有多解,但取"评论政务是非"为妥,正如今日"妄论国事"是也。

天下有道就会治理得当,人民安居乐业,就不会对政治品头论足,这符合社会规律;只要议论,就会有不同意见,就有褒贬,褒对政权的稳定自然无害,但争辩之中能引起兴趣和共鸣的多是"贬",而且自由地表达自己的想法本身就拔高了统治的难度。因此,"庶人多议",可以认为是对统治的威胁和否定。

当天下无道时,很多时候统治者会钳制舆论,限制言论,往往会导致"庶人无议"的结果;"庶人不议"是因为不想议,无所议,"庶人无议"则多因不敢议,成因不同。

章句义理

"失"的对象

本章中孔子议论中的主语的变化和腾挪非常复杂和混乱,导致到底"失"的是

什么被几乎所有解读者忽略了,而这是本章的重点。分析如下:

天子对应的是天下;诸侯对应的是国。"自诸侯出"和"自大夫出"时,"失去"的从语法上讲,只能是"天下"。但是天下的更迭是不常见的,比如孔子身处的周朝就从前1046延续到了前256年,即使只算东周,也从前776延续到了前256年,孔子应该不会那么夸张,用"十世、五世、三世"来表述其短命。

那么,孔子是说如果礼乐征伐出自诸侯,则诸侯很少能执掌天下权柄十世吗?如果一个诸侯能执掌天子权柄数世,已经算很长了啊,没有理由因为很难掌权达十世之久而被吓阻不去夺权;同理,一个大夫即使赞同孔子所说的"自大夫出,五世希不失矣",也不会放弃自己夺取天下权柄的野心。

是否是说如果礼乐征伐出自诸侯,则诸侯很少能执掌自己的诸侯国权柄十世呢?首先同上,掌权数世不算短了;其次,语法上不成立,等于认定前面的主语是"天下",后面却不声不响变成"国";最后,如果"失"的是"国",则后面"自大夫出"时,失去的又是什么呢?难道是大夫的世袭身份或封邑吗?这样论述的目标就太小了;那么是"国"吗?等于到大夫这里就强行把主语又维持在"国"的层面而不是大夫封邑,太过混乱。

孔子不会赞同"十世、五世希不失矣"能成为"自诸侯出"和"自大夫出"的吓阻因素,篡权不到十世和五世就败落的诸侯和大夫家族也不能算是失败者。

那么,失去的是"道"吗?更加不成立,因为按孔子所说,"天下无道,则礼乐征伐自诸侯出",即只要礼乐征伐出自诸侯,则"道"马上就失去了,根本不用等几世。

本书给出一个全新的解读,如下:

三种情况下的"失"指的都是"礼乐征伐";"礼乐征伐",就是治理天下的要务和核心。

陪臣执国命,指的只能是诸侯国卿大夫的家臣控制了诸侯国的权柄;而前面的"自诸侯出"和"自大夫出"显然是指"诸侯"和"大夫"控制了天下的权柄,并发布"礼乐征伐"的指令。因此,"陪臣执国命"不是和"自诸侯出"及"自大夫出"形成序列的排比句,而是针对"诸侯国"加入的一句独立陈述。能够使这句"陪臣执国命"和前面形成联系的因此不可能是"天下"或"国",而只能是可以贯穿"天下"和

"国"的某种东西,显然"礼乐征伐"作为这种贯穿性的主语是成立的。

"礼乐征伐"通过仪式和名份来维持统治架构的稳定性,必须由最高层即天子来控制和领导,一旦这种控制和领导权因种种原因下沉,则就会逐渐破坏这种架构的稳定性,虽然开始仍然在僭越的基础上维持"礼乐征伐"的仪式和流程,但因为"名不正"的扭曲,最终会失去"礼乐征伐"体系本身。这种失去"礼乐征伐"本身的过程,依据权力下沉的程度而有快慢之别,即孔子所谓十世、五世、三世是也。

文中有"自诸侯出"和"自大夫出"字样,其主语显然应该对应前文,是"礼乐征伐"。

因此,孔子此处对几世而失的总结或语言,不是针对某个王朝或某个诸侯封国的,他不会认为王朝尤其是诸侯国的存续应该是永恒的;他针对的是更具有根本性和永恒性的"礼乐征伐"制度,至少他希望这个制度是根本的和永恒的。他之所以念念不忘并试图竭尽全力去恢复"先王之道"即本章所谈的"道",就是因为"先王之道"的核心本来就是"礼乐征伐"制度啊。

"政"的内容

"政",国家事务。本来这个字可以泛指对天下、诸侯国以及诸侯国分封的封邑的治理,也有解家取此宽泛义,但在本章中,本书认为此处的"政"应该不包含对天下的治理,也不包括诸侯国以下的封邑的治理,而只包括诸侯国这一级的国家事务,理由如下:

天子负责的,应该只有"礼乐征伐"这种决定王朝命运的重点和基础,而没有日常治理的"政"。这不仅在本章中有"礼乐征伐"和"政"的对比为证,而且整部《论语》中对"政"字的用法也佐证了这种解读:"政"字共出现在三十章中,计四十二处。部分语境下"政"指的是诸侯国之政,多数情况下指的是孔子的弟子们有机会担任的"政",即封邑级别的政,还有部分是孔子通过类比而赋予其"政"的意义的修身行为(比如为政 2.21 中子曰:"《书》云:'孝乎!惟孝,友于兄弟,施于有政。'是亦为政,奚其为为政?")。

《论语》全书仅有三处"政"字有可能包含"天子之政"意义。为政2.1中,子曰:"为政以德,譬如北辰,居其所而众星共之。"为政2.3中,子曰:"道之以政,齐之以刑,民免而无耻。"尧曰20.1中,以一般陈述的方式说:"四方之政行焉。"

上述三处的前两处虽然有包含"天子之政"的可能性,但仍以"诸侯国之政"的含义可能性更大。第三处虽然前面谈的是天子之政,但由于加了"四方"二字,等于又把"政"字限制在诸侯国级别而不是天子层面。

合并文中两处"天下有道"的应有情景,就是"天下有道,则礼乐征伐自天子出,则政不在大夫",前半句强调"礼乐征伐"由天子主导,后半句可以反推出"政"应该由大夫的上一级,即诸侯,来主导;同时,后半句"政不在大夫"等于把本来也可以成为"政"的诸侯国以下的封邑的治理排除在外了。

综上可知,此处的"政"只能是特指诸侯国的治理。

本章论述的思路和逻辑

"礼乐征伐"只该由天子主导,一旦这种主导权旁落或下沉,则"礼乐征伐"就会逐渐消亡。这种理论不仅有实践中的实证性,比如孔子时代及其身后"礼乐征伐"的衰微和消亡就是明证,而且也有逻辑上的必然性,因为"礼乐征伐"本来就是自上而下来维持天子至高无上的统治地位的,作为篡权或僭越者的诸侯,虽然本心或有维持这种体制为自身服务的意愿,但其"礼乐征伐"权力的来源不正,无法从逻辑上说服其他诸侯接受自己代天子而行的权利和地位,其自身篡权或僭越的行为本身就是对"礼乐征伐"体系的破坏,在逻辑上就不可能成为维护这个体系的建设性力量。

如果更有甚者,由更低一级的大夫通过篡权或僭越来代替天子主导"礼乐征伐",则这种破坏就更为彻底,对其他大夫或诸侯或任何有实力的野心家就更具有示范效果,更容易引发群雄逐鹿、礼崩乐坏。

而如果天下有道,则"礼乐征伐自天子出"自然不是问题,同时上梁既正则下梁难歪,大夫们也就不会取代诸侯而掌握国政实权;这样,整个社会就会礼乐有序、纲常无违,就会"均无贫,和无寡,安无倾(参见本篇16.1)",百姓即使穷困饥寒,也能安然处之,而不会指点朝政、议论纷纷。

孔子的逻辑,只有按照本文把"失"的主语定义为"礼乐征伐",同时明确区分天下和诸侯国,才能顺畅连贯。其他种种解读都无法自圆其说,而本章给出的新解语法上成立、行文上流畅、逻辑上合理,当为正解。

今 译

孔子说:"天下有道时,礼乐征伐就由天子主导;天下无道时,则礼乐征伐就由诸侯主导。(礼乐征伐)由诸侯主导,大约十代就罕有不消失的;由大夫主导,五代就罕有不消失的;如果是家臣控制国家命运(而掌管礼乐征伐),三代就罕有不消失的。天下有道,则政务不会由大夫控制;天下有道,则老百姓就不会议论国政。"

英 译

Confucius said: "When the empire is on the right way, rules of propriety, music, and crusading expeditions will proceed from the emperor; when the empire is on the wrong way, rules of propriety, music, and crusading expeditions will proceed from kings. (In the case that the rules of propriety, music, and crusading expeditions are) Proceeded from the kings, it would be rare for them to not get lost in ten generations; (in the case that the rules of propriety, music, and crusading expeditions are) proceeded from the ministers, it would be rare for them to not get lost in five generations; if the officials under a minister take charge of the fate of the state (and therefore take charge of the rules of propriety, music, and crusading expeditions), it would be rare for them to not get lost in three generations. When the empire is on the right way, the government will not be in the hands of the ministers; when the empire is on the right way, the common people will not discuss state affairs."

16.3【原文】

孔子曰："禄之去公室五世矣，政逮于大夫四世矣，故夫三桓之子孙微矣。"

字词训诂

禄。即官员的俸禄，又借指禄位。有人（比如礼雅各）引申为国家的岁入，于理通顺，但于字训则无出处，不取。此处解为禄位的任免权为妥。

公室。诸侯国政权。联系后面"三桓"，此处指鲁国无疑。

五世。主流见解是说从鲁宣公丧失国政大权开始算起，到鲁定公为五世，等于把鲁宣公算上了；但鲁宣公丧失实权是执政晚年（宣公十八年，即最后一年）的事，他自己算一代不妥；因此，五世应是从鲁宣公的接班人鲁成公算起，则五世就是鲁成公、鲁襄公、鲁昭公、鲁定公和鲁哀公。

鲁哀公在位时前494年至前468年，孔子卒于前479年，其在世之日有十五年在鲁哀公时期，在此期间给出本章这样总结性的论述较为合理。如果是在之前鲁定公时代给出这样的见解，则后来到了鲁哀公时期，见到"禄"仍不在公室，应该感慨更深，理应再总结一轮。所以，无论孔子是否把鲁宣公算第一世，五世截止到鲁哀公基本可以确定。

逮。到、及义。"政逮于大夫"，政权落到大夫手中。

四世。歧义众多，试析如下：

鲁国季氏作为三桓之首，是从季友开始算起。季友，是鲁桓公最小的儿子，鲁庄公的弟弟，传说因手掌中有"友"字纹，遂以为名，称季友；鲁僖公十六年，季友去世，谥成，史称"成季"。他的后代立为季孙氏，又称季氏。

季友的儿子没有把父亲的事业发扬光大，默默无闻。

季友的孙子季孙行父，谥文，史称季文子，重振家业，低调行事而渐渐掌握鲁国的国政，后卒于鲁襄公执政期间。

季文子的儿子是季武子，季武子生了季悼子，季悼子生了季平子。但只有季武子和季平子继位执掌季孙氏家业，执掌鲁国朝政。

季平子生季桓子，季桓子生季康子。季桓子时期，被阳虎夺权，后又被与孔子同时代的季康子夺回权柄。

后话是孔子被鲁定公请来执政,而孔子试图通过"堕三都"来削弱三桓的势力,虽然最终没有成功并且被赶下台,但对三桓的实力还是有所削弱的。

季康子主要活动时期是在鲁哀公时期,和孔子活跃期基本重叠。这也从另一个角度佐证前述"五世"是到鲁哀公为止。

综上,本处所说"四世"很可能是从季文子算起,到季武子算一世,到季平子算二世,到季桓子算三世,到季康子算四世。即把起点的季文子不单独算一世,而是采用减法算世代之间的差额。这也从另一个角度佐证前述"公室五世"应从鲁宣公算起而鲁宣公本人不算一世。

除了季孙氏之外,还有孟孙氏和叔孙氏两族。两族权臣世代更替当然不会和季孙氏同步,有兴趣者请自行查勘,但总体来说,只要不拘泥于"四世"之"四",把它理解为几代,则没有必要非得坐实"四世"不可。

三桓之子孙微矣。"三桓",请见先进 11.14 下注解;"微",衰落。

如上所述,孔子做出本章评论应该是在其晚年,即前 479 前的几年,在那个时候,经过孔子周游列国前的堕三都及其他政治斗争,三桓的势力处于下降趋势是肯定的。前 415 年,鲁穆公上台后就开始改革,遂步从三桓手中收回政权,重新确立了鲁国公室的权威。季孙氏剩下独立封邑费国,孟孙氏的封邑成和叔孙氏的封邑郈,都被齐国攻陷。三桓从此退出历史的中央舞台。

章句义理

由于前一章(16.2)多被解读为政权经过几代的丧失,因此本章就自然被解读成上一章原则在鲁国的例证。既然上一章给出新解,本章当然也不接受这种例证说。

假如本章真地是对前一章的例证,并假设前一章中的"失"说的是失去统治权,则和三桓在孔子死后继续掌管鲁国权柄数代之久直到前 415 年的史实对照,恰恰是对孔子前一章论述的否定;如果试图把本章中的"微矣"等同于前一章的"失矣",就太不严肃了吧:无论如何,孔子本人不可能罔顾事实,硬说三桓子孙"失"去权力,用"微"字,正是对三桓还掌握实权这种事实的承认。

前一章说的是"礼乐征伐",是天子应主导之大体,本章说的是"禄"和"政",显然属于诸侯国层面的要素,而不是天下层面。若要强行认为本章是对前一章的例证,等于容忍孔子用层面较低的例子来论证层面较高的论述,就好比想用"管理特区的实例"来说明"治理全球的要点"一样,殊为不当。

本书认为本章谈的要点是:"政"本不应在大夫,如果政出大夫,则大夫难以维持权柄五世。因此,既然三桓已经僭越掌权达四世之久,则其后世子孙势力变得微弱将是高概率事件,而且孔子的观察应该也印证了这个趋势,虽然孔子身后三桓仍坚持了几十年才彻底失去权力。

至于说这种观点是否符合历史规律,是否有内在的逻辑性,此处不展开,但可以肯定的是,这种观点虽然没有前一章对"礼乐征伐"的观点那样具有较强的规律性和逻辑的必然性,但反映的一样是孔子对既定秩序、即作为先王之道之一部分的君君臣臣伦理的执着和信念,这种信念如此强烈,以至于他经常会把自己的期望表达得就好像是现实中的社会规律和普遍现象一样。

今 译

孔子说:"人事任免权离开国君已经五代了,国政掌握于大夫已经四代了,所以三桓的后代们势力日微了。"

英 译

Confucius said: "The appointing and dismissing power of officials have left the king for five generations, the state government has been handled by the ministers for four generations, that's why the descendants of the Three Huans are in decline."

16.4【原文】

孔子曰:"益者三友,损者三友。友直,友谅,友多闻,益矣。友便辟,友善柔,友便佞,损矣。"

字词章句

益者三友("损者三友"道理相同):语法怪异,有几种解读:

一说是有益的朋友有三类,说的是人。如果从此解,则行文应该是"友益者三"。

一说是对朋友有益者有三类,说的是人的特点;如果从此解,则行文应该是"益友者三"。

本书认为能从语法上说得通顺的唯一解读是把"三友"当成主动态,解为"和三种人交朋友",这样"益者三友"就是:想得到益处就要和三种人交朋友;因此,后面的"友直,友谅,友多闻"就成了:和直者交友,和谅者交友,和多闻者交友。如此解来,方能语法通顺。

直,谅,多闻。直率,诚信,见多识广。

便辟。"便",巧于,善于;"辟",避开。合称就是"善于躲避",躲避什么?对应前面的"直",显然是指躲避正面冲突和交锋,不坚持原则而追求一团和气。史上对"便辟"有多解,均不如此解简洁直接。

善柔。多有把两字并列的,不妥。应该同"便辟"一样,解为动宾词组,即:善于柔。"柔"指柔和,言其易曲而擅于妥协,作为朋友的特点,就是遇到挑战就退缩或转移话题,曲意礼让。和上述"便辟"的态度一致,区别在于"便辟"是提前通过判断而预防,而"善柔"是中途通过圆滑而脱身。

便佞。多有把"便"读为 pián,从而把"便佞"解为巧言谄媚之人的。此解本无所据,词典释义来源就是本章用词,因此属于循环训读,不取;"佞"本身就是巧言谄媚之态,因此把"便"读为 biàn 音并取其"使容易"本义,引申为"易于",则"便佞"就是"易于巧言",也是动宾词组方式,和前述"便辟"和"善柔"对应,妥当。

不存在益损之间的一一对应

最后一个难点是:"友直,友谅,友多闻"和"友便辟,友善柔,友便佞"是否是一一对应的呢?

朱熹在《四书集注》中的解读充满似是而非的断言,代表了试图把"益损"一一对应起来的自然冲动,乍看上去好像铿锵有力,推敲之下则牵强附会,特录于此供参考:"友直,则闻其过。友谅,则进于诚。友多闻,则进于明。便,习熟也。便辟,谓习于威仪而不直。善柔,谓工于媚悦而不谅。便佞,谓习于口语,而无闻见之实。三者损益,正相反也。"

把"直"和"便辟"对立没有问题,但把"谅"和"善柔"对举就很勉强,而把"多闻"和"便佞"对举并分析为"习于口语,而无闻见之实"实在是太过分了吧。所以显然,此处"益损"三者不是一一对应的。

那么这种不对应是否有道理呢?

一般说来,如果提倡甲,则自然就会反对非甲,这是成立的;但是最值得提倡的是甲,则非甲未必就是最应该反对的;反之,如果首先要防备的是乙,未必就要首先提倡非乙。造成上述这种提倡和防备对象之间的非线性负相关的,在于追求利益最大化时需要的往往不是伤害最小化,而是风险能够忍受即可的计算;而在防备伤害的过程中,往往也不会考虑潜在收益的多寡,而只是考虑避免最致命的伤害。这种双向的非线性负相关关系反而是人生抉择中的常态。比如在今天的拜金风潮中,交友的首要目的若是增加自己暴富的机会,则结交达官贵人、靠近实权人物会是新时代交友的重要原则;但反过来说,结交平民百姓和底层穷人却不会成为显著的绊脚石;又比如,如果首要目标是财务安全,是防止破产,则投资收益率就不会成为重点关注,要关注的是避开高风险的投资标的。

就孔子的建议看,和直率、诚信和见多识广的人交朋友肯定大有裨益,但反过来说时,交一些见识短浅的朋友虽然无从获益,但也不会受其戕害,没有必要为了对等呼应而强行把"见识短浅"作为损者三友之一。孔子给出的损者三友之中,前两者基本指向都是不坦诚、不直率,可见"直"在他的心目中是何等重要的朋友品质;第三者是巧言擅辩,可见孔子多么痛恨这种风格和特点,这也符合他对待能言善辩者一贯的态度。能把孔子所说的"损者三友"统一到一起的说到底就是"不真诚",其反面就是"真诚",对人对己均有的"真诚",用孔子的概念,大约还是"直"吧。

今 译

孔子说:"想要受益就要和三种人交朋友,想要招损就要和三种人交朋友。交直率者,交诚信者,交多闻者,就会受益。交擅于回避者,交动辄妥协者,交易于巧言者,就会招损。"

英 译

Confucius said: "In order to gain benefit one should make friends with three kinds of people, in order to incur harm one should make friends with three kinds of people. Make friends with the candid, make friends with the trustworthy, make friends with the knowledgeable—then one will gain benefit. Make friends with those wont to dodge, make friends with those ready to temporize, make friends with those prone to talk smart—then one will incur harm."

16.5【原文】

孔子曰:"益者三乐,损者三乐。乐节礼乐,乐道人之善,乐多贤友,益矣。乐骄乐,乐佚游,乐宴乐,损矣。"

字词训诂

乐节礼乐。以用礼来节制的乐为乐。

乐道人之善。以说别人的善处为乐。

乐骄乐。以放纵无节制的乐为乐。

乐佚游。以闲游为乐。

益者三乐,损者三乐。在语法上的解读同前一章,即"想要受益就从三种行为中得到快乐,想要招损就从三种行为中得到快乐。"

章句义理

同前一章一样,除了"乐节礼乐"和"乐骄乐"能直接对应外,余下两种益者和损者之乐均无对应,道理同前一章解读。本章中"益者三乐"各有不同,分别涉及自我节制、扬人之善及广交贤友(应该就是前一章的友直、友谅、友多闻);"损者三乐"只有一条——放纵不拘。孔子用"三"大约只是为了对仗上的工整,心中的戒条看来只有一条:不要从放纵之中找乐趣。

今 译

孔子说:"要想受益就要从三种情景中找到快乐,要想招损就要从三种情境中找到快乐。以用礼来节制的快乐为乐,以说别人的善处为乐,以多交贤良的朋友为乐,就会受益。以无节制的快乐为乐,以闲游为乐,以宴饮为乐,就会招损。"

英 译

Confucius said: "In order to gain benefit one should take delight in three circumstances, in order to incur harm one should take delight in three circumstances. Take delight in pleasures commanded by the rules of propriety, take delight in speaking of the merits of others, take delight in making many virtuous friends—one will gain benefit. Take delight in immoderate pleasures, take delight in idle sauntering, take delight in the pleasures of banquets—one will incur harm."

16.6【原文】

孔子曰:"侍于君子有三愆:言未及之而言,谓之躁;言及之而不言,谓之隐;未见颜色而言,谓之瞽。"

字词训诂

君子。指作为上级的统治者。
愆。qiān,过失也。

章句义理

本章词义和义理均简明,唯一要点明的是"言未及之而言"和"未见颜色而言"

的区别:前者是指没轮到自己发言而发言,属于时机不对;后者是指未能察言观色而有的放矢或调整表达腔调,可能导致言谈无效甚至有反效果,属于判断力不足。

今 译

孔子说:"陪侍统治者可能有三种过失:没到自己发言时发言了,这是急躁;该自己发言而不发言,这叫隐瞒;没看到统治者的脸色而发言,这叫盲目。"

英 译

Confucius said: "There may have three kinds of errors when standing by and serving a ruler: To speak up when it does not come to him to speak, this is called rashness; to not speak up when it comes to him to speak, this is called concealment; to speak without sensing the countenance of the ruler, this is called blindness."

16.7【原文】

孔子曰:"君子有三戒:少之时,血气未定,戒之在色;及其壮也,血气方刚,戒之在斗;及其老也,血气既衰,戒之在得。"

字词训诂

血气。血液和气息,是人体生理能力的要素和关键表征,简称为精气。"血气未定",体力还在发展,未到稳定平台,精气还没定型。

色。情欲。这是《论语》中唯一应该把"色"解为情欲之处,原因在于它和年龄段的对应。

刚。强劲。

衰。cuī。

得。多解为"贪得、贪婪"。本书认为解为"自得、自以为是"为妥:少年好色和青壮年好斗符合人类年龄段特点,因此要重点戒备;但老年人贪婪不符合事实;年老之后,因为精力所限,难以在社会成就、个人修养等方面更进一步,往往会形成守成和守旧的心理及习惯,会形成对自己既有成就、见解、见识的执着,不愿接受新思想、新习惯,即老年人常有的固执。这种固执,是通过坚持自我带来自我认可的心理上的自我保护,其表现出来的风格就是"自以为是",就是"自得"。这样解读符合老年人的常见特点;所以,年老戒得的指示就是要老人们放下这种表面上像是坚持自我、实质是自我封闭的心理和行为特点,放开心胸,哪怕"血气既衰",也要继续进步。这种见解很符合现代社会对老年身心健康的主流共识。

今 译

孔子说:"君子要戒备三种情形:年轻时,精气未定型,要戒备情欲;到了壮盛之年,精气正旺,要戒备好斗;等到老了,精力衰退,要戒备自得。"

英 译

Confucius said: "A cultivated gentleman should guard against three things: in youth, his vitality has not matured, he should guard against lust; in prime of life, his vitality blooms, he should guard against pugnacity; in old age, his vitality decays, he should guard against self-complacence."

16.8【原文】

孔子曰:"君子有三畏:畏天命,畏大人,畏圣人之言。小人不知天命而不畏也,狎大人,侮圣人之言。"

字词训诂

君子,小人。在本章中是从"人格完美者"和"鄙陋之人"这种对比来说的,不是指"统治者"和"平民"。理由是:两可时,应取适用面更广的解读。显然"人格完美者"和"鄙陋之人"适用面更广;再者,行文中的"畏天命"和"畏圣人之言",显然不仅仅适用于统治者,其论述角度是自身修养而不是治国之术;最后,"畏大人",按下文"大人"指"仁者",也是从个人修养角度而不是统治地位来谈的。

天命。请参阅为政2.4下的解读。

大人。这个概念在《论语》中只有这一处,无从参考。可有三解:或指居高位者,可泛称为统治者;或指有高德者,大致等同于"仁者";或指居高位且有高德者,就是下面的"圣人"。

本书认为取"仁者"为妥,如下:

如果指"有德有位者",何不直言"圣人"? 即使不直言"圣人",也没有理由把"大人"和"圣人之言"并列。再说,如果"大人"是有德有位者,则"小人"哪有机会"狎"他们呢? 即使偶尔遇到一位"大人",也"狎"了,肯定案例不多,没有理由单独列出来作为仅有的三条行为规范之一。因此可以先排除上述第三解。

如果指"居高位者",则其权力和威严是明确的,缺乏独立人格且惯于服从权威的"小人"怎么会有"狎大人"的习惯呢? 而对于君子来说,"畏大人"是尊重"礼"的应有之义,把这种行为层面的基本修养拔高到和"畏天命"及"畏圣人之言"的同一高度,显然是轻重不分。因此可以排除上述第一解。

如果"大人"指没有体制赋予其权力和地位的"仁者",则对他们敬畏就是值得表彰的美德,因为这体现向"仁"之心;而"小人",由于只知道敬畏官方权威,而没有能力和意愿来独立思考和判断,因此对身边出现的"仁者"就不会表现出应有的尊重和敬畏。

圣人。这个概念在整部论语中出现六次,除本章外,还有雍也6.30,孔子认为如果能做到"博施于民而能济众"则"何事于仁! 必也圣乎?"述而7.26中,子曰:"圣人,吾不得而见之矣;得见君子者,斯可矣。"述而7.34中,子曰:"若圣与仁,则吾岂敢?"子罕9.6中,太宰问于子贡曰:"夫子圣者与? 何其多能也?"子张19.12中,子夏反驳子游时说:"有始有卒者,其惟圣人乎!"

孔子对"圣人"的定义,可参阅雍也6.30下解读,即"圣"指有德有位者,因为仁者如果无位,就不能博施济众,必须德位俱备,才能博施济众,才算圣人。

具体来说,孔子心目中的"圣人"第一位的是周公旦,此外尧、舜、禹、汤、文、武、成七位古代帝王也可以算是他认可的圣人,共八位。

今 译

孔子说:"君子敬畏三种对象:敬畏天命,敬畏大人,敬畏圣人之言。小人不知道天命而不敬畏它,对大人不敬重,侮辱圣人之言。"

英 译

Confucius said: "A cultivated gentleman holds three objects in awe: he holds the heaven's will in awe, he holds great men in awe, he holds the words of the saints in awe. A base man does not understand the heaven's will and does not hold it in awe, he dallies with great men, he humiliates the words of the saints."

16.9【原文】

孔子曰:"生而知之者上也;学而知之者次也;困而学之,又其次也;困而不学,民斯为下矣。"

字词章句

上、下概念

在雍也6.21中,孔子说"中人以上,可以语上也;中人以下,不可以语上也"。阳货篇17.3中,孔子说"唯上智与下愚不移"。

请参阅雍也6.21下的解读,尤其是其中引用的贺玚的解读,作为参考。在该处,贺玚把人分为了九等。需要注意的是,贺玚的九级分类法或许有其合理性,但显然不是孔子本意,只能用作参考。孔子认为有生而知之者,但显然不认为自己认识的人当中有这种人;他认为自己是"学而知之者",见证于述而7.20:"我非生而知之者,好古,敏以求之者也。"结合孔子在6.21和17.3中的见解,从学习能力和潜力的角度看,他应该会把人从高往低分为以下几等:

一,生而知之者,即上智。

二,学而知之者,即中人和中人以上。

三,困而学之者,有可能是除上智和下愚者之外的所有层级。

四,困而不学者,有可能是除上智和下愚者之外的所有层级。

五,中人以下者,不包含下愚。

六,下愚,即使想学也不可能学成的人。

"之"的内涵

题目很大,选项很多,头绪不少,确证很难。

一,根据孔子在《论语》中的表达,可以首先排除掉所有的技艺和知识类的对象。

二,也有把它解读为内容众多的集合的,基本就是把孔子提倡的所有内容和目标进行汇总。这样属于偷懒,也等于逃避本处对"之"的解读。不取。

三,解为天命,即上天在人间的目的或目标。既然孔子认为自己五十岁可以知道,同时认为君子都该知道(参阅为政2.4下解读),则知天命就无法成为"学"的全部目的和终点,而只能是"学"的部分目标。

四,解为以仁德为核心的自我修养体系,包括孝、义、忠、敬、勇、信、刚等美德。但如从此解,难以解释为何孔子用"生而知之"和"学而知之"中的"知"来对待这些美德,难道它们不该是要去"习"的吗?"知道"这些美德没有实际用处,因此不取此解。

五,解为礼和乐。这两者既是技艺,也是先王之道的构成部分。但是单单这种技艺类的技能太过狭隘,无法构成把人分为几等的标准,不取。

六,解为先王之道。先王之道是个综合体,既包括像礼和乐这样具体的技艺和仪轨,也包括以"仁"为核心和基础的道德修养体系,还包括"博施济众"(雍也6.30)这样崇高而难以达到的目标。此解不仅规模和意义足够大,有资格成为区分几类人的标准,而且具备治国化民的实践价值,而不是局限于自身的修养,同时又避免了内涵过于笼统、没有具体指向的大而化之,妥当。

"知天命"和"知先王之道"的关系

"天命"就是"先王之道"在人间的恢复和实现;但"知天命"和"知先王之道"

两者之间却没有时间上的关联性。"知天命"既可以发生在"知先王之道"之前,也可以在其之后。

民斯为下矣。是"斯民为下"的倒装。本章前几句都没有"民"字,可以理解为前面几句谈的都是统治者和立志于成为统治者的人,而此处则指出:如果"困而不学",统治者肯定是做不成了,只能是下等的平民。

今 译

孔子说:"天生就知道它的属于上等;学习而后知道它的次一等;遇到困阻而去学习它的,又次一等;遇到困阻还不学习的,这样的平民是下等的了。"

英 译

Confucius said:"Those who are born to know it belong to the top class; those who learn to know it belong to the next class; those who get distressed and then learn it belong to the even next class; those who get distressed yet do not learn it—these commoners are the lowest class."

16.10【原文】

孔子曰:"君子有九思:视思明,听思聪,色思温,貌思恭,言思忠,事思敬,疑思问,忿思难,见得思义。"

字词训诂

思。想要、意欲。

貌。外貌,指举手投足,不是脸色。

忿思难。此处"难"读四声,意味"灾难"。全句就是:生气时要考虑爆发后的损害。

章句义理

《尚书·周书·洪范》中谈到"五事:一曰貌,二曰言,三曰视,四曰听,五曰思。

貌曰恭,言曰从,视曰明,听曰聪,思曰睿。恭作肃,从作乂,明作哲,聪作谋(通"敏"),睿作圣。"意思是:五件事:一是貌,二是言,三是看,四是听,五是思。貌要恭敬,言要依顺,看要清楚,听要灵敏,思要通达。貌恭敬就能严肃,言依顺就能安定,看清楚就能睿智,听灵敏就能敏捷,思通达就能圣明。

《洪范》就是《洛书》,是中华文明的两个源头之一(另一个是河图)。上述引文宏大简明,但也难免语焉不详之嫌。

孔子本章把五事变为九思,无非也是用充满律动感的总结来给出做人做事的一些原则,不可避免地也是大而化之,经不起推敲。

今 译

孔子说:"君子有九种考量:看时想看得明白,听时想听得清晰,面色追求温和,外貌追求恭敬,言谈想要真诚,办事想要敬重,疑惑时就想请教,愤怒时考虑后果,看见利益就想到正义。"

英 译

Confucius said: "A cultivated gentleman has nine kinds of considerations: In looking he wants to see clearly, in listening he wants to hear clearly, in countenance he seeks to be amicable, in behavior he seeks to be polite, in speaking he wants to be sincere, in doing business he wants to be reverent, he will ask for advices when he's puzzled, he will think of the after-effect when he's angry, he will think of righteousness when he sees benefit."

16.11 【原文】

孔子曰:"见善如不及,见不善如探汤——吾见其人矣,吾闻其语矣。隐居以求其志,行义以达其道——吾闻其语矣,未见其人也。"

字词训诂

汤。热水。

求。设法得到,实现。

章句义理

本章内容没有语境背景,无从深究其意。可以确认的是,孔子显然认为趋善避恶较为容易,而归隐明志、言行一致就极其难得。

今 译

孔子说:"看到好的(就努力追求)好像赶不及一样,看见不好的(就马上避开)好像手伸进开水似的——我见过这样的人,我听过这样的话。隐居以实现自己的志向,做正义之举以贯彻自己的主张——我听过这样的话,没见过这样的人啊。"

英 译

Confucius said:"Seeing good(and trying to pursue after it) as if they cannot catch up with it, seeing non-good(and trying to avoid it) as if their hands are put in the boiling water—I have seen such men, I have heard such words. Live in seclusion to come true with their aspirations, practice righteousness to follow out their assertions—I have heard such words, but have not seen such men."

16.12【原文】

齐景公有马千驷,死之日,民无德而称焉。伯夷、叔齐饿于首阳之下,民到于今称之。其斯之谓与?

字词训诂

齐景公。请看颜渊12.11下注解。

驷。套着四匹马的车。"千驷",一千辆这样的车,千乘也。

无德而称。本来也可以解为"没有德却称赞他"或"人民没有德行而称赞他",显然不是本章原义。本来《论语》编纂者可以用"民无德称之"来避免这种歧义的。

本章没有冠以"子曰",从"其斯之谓与"的语气来推理,情理上应该是孔子谈了"富贵和德行无关,而且公道自在人心"类的话题,某位弟子据以例证而说出这段话。有人认为颜渊12.10中最后两句引用《诗经》的话"诚不以富,亦祇以异"本来应该出现在"其斯之谓与"之前或本章之首,不取,特点出供有兴趣者自行研判。

今 译

齐景公有千乘战车之马,他死的时候,人民认为他没有什么德行可以颂扬的。伯夷和叔齐饿死在首阳山下,人民到今天还在颂扬他们。那说的就是这个吗?

英 译

King Jing of the Qi state had horses for a thousand four-horse chariots, on the day of his death, the people found no virtues to extol him for. Bo Yi and Shu Qi starved to death at the foot of the Shouyang mountain, yet until today the people are still extoling them. Is this an example of that saying?

16.13【原文】

陈亢问于伯鱼曰:"子亦有异闻乎?"对曰:"未也。尝独立,鲤趋而过庭。曰:'学《诗》乎?'对曰:'未也。''不学《诗》,无以言。'鲤退而学《诗》。他日,又独立,鲤趋而过庭。曰:'学礼乎?'对曰:'未也。''不学礼,无以立。'鲤退而学礼。闻斯二者。"陈亢退而喜曰:"问一得三:闻《诗》,闻礼,又闻君子之远其子也。"

章句义理

陈亢。"亢"字 gāng,即子禽,在学而1.10中和子张19.25中也有出场,在那两处他的表现也不出彩。

伯鱼。孔鲤,孔子的独子,也是孔子弟子。

子亦有异闻乎。中间的"亦"字,可见至少部分弟子是有被孔子开小灶的;从后面"又闻君子之远其子也",可以判断孔子没有对自己的儿子特别优待,"远"本义疏远,此处解为"没有优待,一视同仁"为妥。

子禽号称问一得三,其实前两条"不学《诗》,无以言"和"不学礼,无以立"都是孔门基础,《诗经》和礼仪都是日常必修内容,子禽何得之有?如果真算有所得,则这两条就可以算是"异闻"了,又如何得出第三条"君子之远其子也"的结论?子禽逻辑上不自洽。

从孔子对儿子的两次如此基础的提点,可以确认这要么是伯鱼刚刚入门受教时期的故事,要么甚至是伯鱼还没有拜父亲为师时期的轶事。

今 译

陈亢问伯鱼说:"您(从师父那里)也听过特殊的教导吗?"回答说:"没有过。曾经他独自站着,我快步走过庭中。他说:'学了《诗经》了吗?'我回答说:'没呢。''不学《诗经》,就没有谈话的素材。'我退回去以后就开始学《诗经》。又一天,他又独自站着,我快步走过庭中。他说:'学了礼了吗?'我回答说:'没呢。''不学礼,则无以自立。'我退回去以后就开始学礼。就听过这两次教导。"陈亢退回去后高兴地说:"问一件事听到了三件事:听到了要学《诗经》,听到了要学礼,还听到了这个君子疏远自己的儿子。"

英 译

Chen Gang asked Bo Yu: "Have you also received special instructions (from the master)?" Replied: "No. He once stood by himself when I was scurrying across the hall. He asked: 'Have you studied the *Book of Poetry*?' I replied: 'Not yet.' 'Having not studied the *Book of Poetry*, one will not have materials for conversation.' I retired and started to study the *Book of Poetry*. Another day, he once again stood by himself when I was scurrying across the hall. He asked: 'Have you studied the rules of propriety?' I replied: 'Not yet.' 'Having not studied the rules of propriety, one will not get himself established.' I retired and started to studied the rules of propriety. These are the two instructions I have received." Chen Gang retired and said cheerfully: "I asked for one thing but received three things: I heard about the need to study the *Book of Poetry*,

I heard about the need to study the rules of propriety, and I heard about this gentleman's making no exception with his son."

16.14【原文】

邦君之妻,君称之曰"夫人",夫人自称曰"小童";邦人称之曰"君夫人";称诸异邦曰"寡小君";异邦人称之,亦曰"君夫人"。

章句义理

本章内容是对国君妻子的种种称呼的记录,从层次上讲不够级别,作为本章终章出现确实有点突兀。宁可存疑,不能强解。

可供参考的史料出处是《礼记·曲礼下》,相关段落是:"公侯有夫人……夫人自称于天子,曰老妇;自称于诸侯,曰寡小君;自称于其君,曰小童。"引文中说"自称于诸侯,曰寡小君",不如本章中解为"邦人称诸异邦曰'寡小君'"为妥,因为国君夫人和其他诸侯见面的机会,应该极其罕见。

今 译

国君的妻子,国君称她为"夫人",夫人自称是"小童";国人称她为"君夫人",对异邦人则称之为"寡小君";而异邦人喊她,也是"君夫人"。

英 译

The wife of the king, was called by the king as "Madame", while the Madame called herself as "Small Child"; people of the state called her as "King's Madame", called her "Our Weak Minor Sovereign" in the face of people from other states; people from other states, called her also as "King's Madame".

阳货篇

17.1【原文】

阳货欲见孔子,孔子不见,归孔子豚。孔子时其亡也,而往拜之。遇诸涂。谓孔子曰:"来!予与尔言。"曰:"怀其宝而迷其邦,可谓仁乎?"曰:"不可。""好从事而亟失时,可谓知乎?"曰:"不可。日月逝矣,岁不我与。"孔子曰:"诺。吾将仕矣。"

字词训诂

阳货。即阳虎。姬姓,阳氏,名虎,又名货。春秋后期鲁国人,季孙氏(季平子、季桓子)家臣;季平子死后,他跻身鲁国卿大夫行列,指挥三桓,执鲁国政,开鲁国"家臣执国政"的先河。政治上他翻云覆雨,先后叛主叛国,曾与公山弗扰共谋杀害季桓子。政变失败之后,逃亡齐国,受齐景公重用,试图策划齐国进攻鲁国,被拒后辗转逃往晋国,被晋国时任中军佐的赵简子赵鞅委任为首辅,辅佐赵简子成为晋国最强世卿。

《论语》中阳虎只出场了这一次,此处可见阳虎口才之好、谈判能力之强及邀约孔子之心切。事后阳虎就发动政变并开始逃亡。可见阳虎当时邀请孔子是准备和他一起干一番大事业的。

阳虎勇猛过人,智谋突出,口才高超,敢说敢干,是中国历史上了不起的政治人物。孔子及其弟子骂他,是因为价值观和政见的不同,还掺有私人恩怨。据《史记·孔子世家》记载:孔子要绖,季氏飨士,孔子与往。阳虎绌曰:"季氏飨士,非敢飨子也。"孔子由是退。白话就是:孔子腰间还系着孝麻守丧时,季孙氏举行宴会款待名士,孔子前往参加。时任季府迎宾的阳虎拦住他说:"季氏招待名士,恐怕没请你吧。"孔子因此而退了回来。从阳虎的角度看,拒绝孔子应是职责所在。在下一段明确说"孔子年十七",可见此时孔子要么十七岁,要么还不到,总之修炼未达,青涩有加,贪恋口腹之欲,竟然戴孝赴宴,到了门口被赶走,还被抢白了一顿,实在是耻辱有加。孔子对阳虎的怨恨和讨厌或许从此生根发芽了吧。

孔子和阳虎在价值观、对德和仁的看法、对礼的坚守上、在政治实践中的风格上,观点大不相同,常常截然相反。如果在两个掌有实权的政治家之间,理念上再多的不同也不会影响彼此之间的欣赏,因为作为结果导向的实干家,能客观评价彼此的能力。但在孔子这种不以结果论英雄的理想主义情怀中,很看重过程中所体现出的仁义道德,就会对不按牌理出牌而获得成功的人厌恶愤恨,鄙视有加。孔子对阳虎的态度,主要来自这个层面。也正是在这个层面,孔子的一生简直可以说是和阳虎形成鲜明的对比。他们之间的恩怨可以作为孔子坚守的"先王之道"和阳虎代表的"丛林法则"之间具有代表性的、戏剧化的集中体现。

《春秋·定公八年》中,孔子有"盗窃宝玉、大弓"的描述,其中的"盗"指的就是阳虎。《左传》云"阳虎说甲如公宫,取宝玉、大弓以出",就是说阳虎谋害季桓子失败后,脱去甲胄进入公宫,带着宝玉和大弓一起出逃。孔子通过春秋笔法把阳虎划归了"盗",算是一种报复吧。后世司马迁在《史记》中骂阳虎为"贼",班固在《汉书》中骂阳虎为"盗",将阳虎列为三类九等人物之末。欧阳修《新唐书》中骂阳虎为"盗",还宣称阳虎除偷了鲁国之的"宝玉和大弓"外,还偷了"《春秋》书",都可算是跟着孔子骂阳虎;骂得多了,阳虎的历史形象基本就按孔子的设计定型了。这算是孔子痛快淋漓的报复了吧。

见。有两解:或读 jiàn,则是主动去见;或读 xiàn,则是使孔子来见。从"孔子不见"可以推断是后者,因为不可能阳货到了孔子家门口,孔子还不见。

归。音义通"馈"。

豚。tún,猪也。很可能是烹制好的猪肉而不是活猪,但无法确证。

时其亡也。估计他不在的时候,其中"时"是动词,音义通"伺",意思是"候望"或"判断×××的时间";"亡"音义同"无"。阳货知道孔子不想见自己,但不会不守礼,所以通过馈赠猪肉来逼使回拜,从而得以会面。孔子因礼仪要求,收到馈赠就要回拜,但又不想见阳货,所以就估摸着阳货不在家的时候去回拜,这样既不失礼,又不用会面。

涂。通"途",道路。接上述,没想到人算不如天算,在路上遇到阳货。

怀其宝而迷其邦。多有把"宝"解为抽象的"道""德"的,不妥。就解为"宝贝、宝物"作为孔子才能的比喻,很恰当。"迷其邦",使其邦迷乱。

好从事而亟失时。"好"四声,"好从事",喜欢干事,说的是孔子一直追求出仕任职治国化民的事实。"亟",qì,屡次。"亟失时",说的是孔子多次失去出仕任职的机会。孔子多次因为看不惯某些国君或权臣不守古制的道德表现而拒绝为之服务,但有时候也有放松自己的标准而先抓住机会再说的冲动,虽然每次都被以子路为代表的弟子按照孔子自己一贯的标准而劝阻(请参阅雍也 6.28 子见南子、本篇 17.5 公山弗扰召孔子、本篇 17.7 佛肸召孔子三个故事),但这种原则和机会之间的矛盾和选择应该一直是孔子的两难煎熬,年纪越大,这种煎熬应该越强烈。由此可见阳货对孔子认识之深及其口才之好。

知。音义同"智"。

曰"不可"。从语法上,两处均可理解为孔子回答,也均可理解为阳货自答。从行文中阳货前面"来!予与尔言"这样不容置疑的强势和本段言论难以挑战的逻辑力量来看,解读为阳货自问自答更为合适。

日月。不是太阳河月亮,而是一天一天、一月一月。

时不我与。"时",时机;"与",给予,引申为"再次给予";全句倒装,原意是"时不与我"。

章句义理

孔子虽然说了"吾将仕矣",却并无他为阳货而出仕的一手史料记录。有人认为正是因为阳货的这次游说,才促使孔子在前 501 年出仕,因阳货举荐而升为小司空,两年后升为大司寇,达到个人仕途高峰。这种解读可能性很大,因为本章故事的背景应是周游列国之前,孔子虽然已有名声,但还远未到周游列国返鲁之后的水平,还没有"从大夫之后"的矜持,因此阳货才有居高临下的姿态。

今 译

阳货想让孔子来见,孔子不来。阳货就馈赠猪肉给孔子。孔子估摸阳货不在家时,过去拜谢。结果在路上遇到了。阳货对孔子说:"过来!我和你说说。"说:"怀揣宝物而任由国家迷乱,可以算是仁吗?"接着说:"不能算。""渴望做事却屡次错失机会,可以算是聪明吗?"接着说:"不能算。一天一天、一月一月时光消逝,时机不会总眷顾我们的。"孔子说:"好吧。我将出仕。"

英 译

Yang Huo wished to let Confucius come for meeting him, but Confucius did not want to. Yang Huo sent Confucius some pork as a present. Confucius, selecting a time he thought Yang Huo was absent, went to pay a visit to express his thanks. Yet he came across him on the way. Yang Huo said to Confucius: "Come! Let me speak with you." Saying: "Holding treasures in his arms yet leaving his country in bewilderment—can he be regarded as a humanitarian?" Followed with: "No, he cannot." "Longing for engaging in business yet blundering away opportunities repeatedly—can he be regarded as wise?" Followed with: "No, he cannot. Days and months are passing away, the opportunities will not always be with us." Confucius said: "All right. I will become an official."

17.2【原文】

子曰:"性相近也,习相远也。"

字词训诂

性、**习**。可以是组很大很复杂的概念,但此处没有必要深究,取"性"和"习"的对应意义即可化繁为简,从而避开哲学层面的剖析。

本章意义是显明的,说的无非是后天培养的重要性;从这个大的理解上反推,则"性"就是先天的本性，或许是能力潜力，或许是道德倾向，或许是善的，或许是恶的，总之是先天的基础，既然孔子没有明示，我们也就不要试图找到具体定义；相应地，"习"就是后天的变化，可以指课堂上的"学习"，可以指实操的"练习"，可以指从师训练，可以指自我修炼，可以指环境影响，可以指命运无常，总之是后天的外力，同样，鉴于孔子没有明示，我们没有必要让这个概念落实到某一种后天外力。

"习相远"指的还是前面的"性"而不是"人"，因此"性"是变化的。这就要求"性相近"只能是说"人的本性本来是相似的"，"本来"二字只能是指出生时；此处所谓的"习相远"显然更多指向道德领域而非知识领域，这是孔子的一贯态度，而且"性"字也排除了知识领域。

孔子的这个理论使教化民众有了出发点和必要性，是提倡教育和后天改造的逻辑依据，其重要性不言而喻。如果遗传学在不久的将来用量化的方式证明人的生理潜能、心理特质和能力、行为模式、以及社会表现成败概率很大程度是先天决定的，也不能否定掉通过自身努力逐代渐进式改善基因的可能性，也不能抹杀"性相近，习相远"思想对促进人类平等、推广教育对整个人类尤其是中国人长久而深远的正面影响。题目甚大，此处不赘。

相。互相之间。

今 译

师父说："人先天的本性是相似的，后天的外力使之变得差别很大。"

英 译

The master said: "The inborn natures of men are alike, they become much different under externally acquired influences."

17.3【原文】

子曰："唯上知与下愚不移。"

章句义理

请参考季氏 16.9 及雍也 6.21 两章及其下解读。

本章承接前一章。前一章(17.2)说了"习相远",指明后天外力对天性的改变的可能,此章则提出两个例外,即上智和下愚:上智是生而知之者,下愚则是无论如何也无法改变的笨蛋。同理,此处指的更多是道德领域,即对以"先王之道"为终极目标的各种德行的认知和修炼。道理是否成立另论,意义上是明确的。

今 译

师父说:"只有顶级智者和最低等的愚者是无法改变的。"

英 译

The master said:"Only the top-class wise and the lowest-class stupid are not able to be changed."

17.4【原文】

子之武城,闻弦歌之声。夫子莞尔而笑,曰:"割鸡焉用牛刀?"子游对曰:"昔者偃也闻诸夫子曰:'君子学道则爱人,小人学道则易使也。'"子曰:"二三子!偃之言是也。前言戏之耳。"

章句义理

雍也 6.14 中有"子游为武城宰"之说。大约是弟子在那里当官,孔子带着一帮弟子过去看看吧,一番应答,算是个精彩的故事。

核心概念是"道",史上有多解,但只能是"先王之道"。

"弦歌之声",应是所来有自,可以移风易俗、促进教化的好音乐,因此证明子游管理武城是应用了先王之道的。武城显然很小,所以孔子脱口而出:这么小的地方还用先王礼乐,实在是牛刀杀鸡,有过于郑重其事之嫌啊。

子游则引用孔子自己的教导,强调应用先王之道的好处:在统治者来说,学习先王之道就会体恤和爱戴民众；在民众来说，通过音乐来学习先王之道就会温顺，就会易于管理。怎么会有用力过猛之说呢？

孔子在先进11.26中，明确表达过"安见方六七十如五六十而非邦也者"，不追求管理半径大小，只关注治理手段和效果，因此被子游一说，自然就从刚才有失正统的玩笑态度回归自己一贯的主张，明确赞赏子游，对弟子们收回自己先前的评论，以免误传误用。

今 译

师父到武城，听到弦乐和歌唱的声音。老人家微微一笑，说："杀鸡如何用得着杀牛刀呢？"子游回答说："以前我听老师您说过：'统治者学了道就会爱护人民，人民学了道就会易于使唤。'"师父说："你们诸位！言偃的话是对的。我前面说的是逗他玩的。"

英 译

The master went to Wu Cheng, heard the sound of string instruments and singing. The master smiled faintly, said: "How come to use an ox knife to kill a chicken?" Zi You replied: "Formerly I heard from you my master: 'The ruler will cherish his people if he learns the grand way, the people will be easy to order about if they learn the grand way.'" The master said: "You gentlemen! Yan Yan's words are right. What I said before was teasing him."

17.5【原文】

公山弗扰以费畔，召，子欲往。子路不说，曰："末之也已，何必公山氏之之也？"子曰："夫召我者，而岂徒哉？如有用我者，吾其为东周乎！"

字词章句

公山弗扰。很大可能就是公山不狃，否则这样偏僻的氏同时出现在费邑的背景上，概率太小。公山弗扰和阳虎同时代，都是鲁国当政者季桓子的家臣。季桓子器重公山不狃，派他担任季孙氏的私邑费邑的宰。

按《史记·孔子世家》记载：定公八年（前502年，孔子时年四十九岁），公山不狃不得意于季氏，因阳虎为乱，欲废三桓之适，更立其庶孽阳虎素所善者，遂执季桓子。桓子诈之，得脱。定公九年，阳虎不胜，奔于齐。

阳虎出逃之后，公山弗扰仍以费宰的身份盘踞费邑。召孔子之事，大约就是这个时候。最后孔子显然不应召。很大的可能是，其后不久，阳货打着鲁国国政的旗号，成功游说孔子出仕（参见本篇17.1）。三年后，即前499年，孔子成为鲁国的大司寇并"摄相事"，即代季桓子处理国政，爬上政治地位的最高峰。

孔子发动的"堕三都"政治斗争结束后，公山弗扰流亡到齐国，后又辗转逃到吴国。据《左传·哀公·哀公八年》："吴为邾故，将伐鲁，问于叔孙辄。叔孙辄对曰：'鲁有名而无情，伐之，必得志焉。'退而告公山不狃。公山不狃曰：'非礼也。君子违，不适仇国。未臣而有伐之，奔命焉，死之可也。所托也则隐。且夫人之行也，不以所恶废乡。今子以小恶而欲覆宗国，不亦难乎？'"后来还有带兵攻鲁时故意走险道的故事。简言之，虽然流亡客居，仍不忘爱国，可见不是多么恶劣的人。

畔。以动物血来祭祀，引申为割据独立或对抗原主。应用到本章故事，应是指公山弗扰背叛季氏，盘踞费邑自立。

末之也已。"末"，没有；"之"，去；"也已"，罢了。全句是：没有去处也就罢了。

何必公山氏之之也。第一个"之"指"之处"；第二个"之"同上，去也。全句是：何必要去公山氏的地盘呢？

夫召我者，而岂徒哉。既然召我去，怎么会白召呢？这是主流解读，言下之意是讲召我去就会用我。但是子路不高兴的原因不正是担心师父为公山弗扰所用吗？难道有谁会"召"孔子仅仅是见见面聊聊就算了吗？那样该用"见"。"召"就是召来重用，没有他解。所以此解不妥。

本书认为可以把"而其徒哉"的主语解为孔子，这样本句话就是"既然召我去，我怎会白去一趟？"再结合后文"如有用我者，吾其为东周乎"就顺理成章了，说明我的志向可不仅仅是在费邑辅佐公山弗扰啊，而是利用这个机会，"为东周"。

吾其为东周乎。"其"字无含义。此句历来众说纷纭，主要有以下三种版本。

其一，兴周道于东方（鲁国在东方）。代表是何晏的《论语集解》和皇侃的《论语义疏》以及朱熹的《四书集注》。这算是主流了吧。

其二，我怎么会干东周那样的事呢。意思是东周礼崩乐坏，偏安衰弱，绝不可效仿。这里等于把"东周"当成乱世代名词。

其三，我要振兴东周。

上述第二和第三解显然不妥：西周和东周是后来的区分和叫法，在孔子时代何来东周一说？而且孔子历来把周作为整体推崇备至，怎么可能把"东周"作为乱世代名词？

因此正解就是主流版本：孔子欲行周道于东方。这种解读也和前面"而其徒哉"互相呼应，互证妥帖。此前主流解读因为没有正确解读"而其徒哉"，所以无法调和"而其徒哉"和"吾其为东周乎"两句表达之间的突兀和别扭。同时，"吾其为东周乎"后面就该是用感叹号而不是传统版本中的问号了。

软弱的自我辩护

孔子曾回绝过更为高端、更为靠谱的人的邀请，无法用"吾其为东周乎"来解释自己竟然打算为一个盘踞大夫私邑的家臣服务的动机，虽然后来没不成行，但其在原则问题上的言行不一难以自圆其说，本章的言谈属于典型的狡辩。这种言谈都能收入《论语》中，或许例证了《论语》后五篇成书年代较晚（战国时期）的假说，因为那时候的编纂者或由于不曾"如是我闻"而严谨不足，或者由于隔代已久而不知如何取舍材料，或者由于不知孔子语境而又不舍得放弃某些言谈——总之，编纂时缺乏早期那种严谨和自洽吧。

今　译

公山弗扰盘踞费邑自立，征召孔子，师父准备前往。子路不高兴了，说："没有去处也就罢了，干吗要去公山氏的地盘呢？"师父说："既然召我去，我怎会白去一趟？假如有人用我，我就会在东方打造周朝的制度啊！"

英 译

Gongshan Furao, occupying Bi fiefdom, set up his own regime, he called up Confucius for service, and the master was planning to go. Zi Lu was displeased, saying: "Let it be if there is no place to go, but how come to go to the place of the Gongshan family?" The master said: "Now that he calls me up, how would I go in vain? Provided that someone employs me, I will then build the system of the Zhou dynasty in the east!"

17.6【原文】

子张问仁于孔子。孔子曰:"能行五者于天下,为仁矣。""请问之。"曰:"恭宽信敏惠。恭则不侮,宽则得众,信则人任焉,敏则有功,惠则足以使人。"

字词训诂

本章唯一有可能有歧义的是"敏"的释义:可供选择的释义有快速、勤奋、聪明。从"有功"反推,可以把"快速"选项排除,因为速度不是成功的保证,相反,孔子认为"欲速则不达"(子路13.17);"聪明"很大程度上是一种天赋,不可能成为个人修养的目标,孔子提出的"五者"只能是可以主动获得的品质,因此排除"聪明"选项;所以,"敏"应取其"勤奋"义,"勤奋就会有成就",义理通顺。

今 译

子张向孔子问仁。孔子说:"能够在任何地方实行五种事情,就算是仁了。""我想问是哪五种。"答:"恭敬、宽厚、诚信、勤奋、惠人。恭敬就不会招致侮辱,宽厚就能赢得大众,诚信就会得到重用,勤奋就会有成就,惠人就足以支使别人。"

英 译

Zi Zhang asked Confucius about humanitarianism. Confucius said: "Being able to practice five things everywhere can be regarded as a humanitarian." "I want to ask which they are." Replied: "Gravity, magnanimity, trustworthiness, diligence, patronage.

Practicing gravity will avoid incuring humiliation, practicing magnanimity will win you the people, practicing trustworthiness will get yourself entrusted, practicing diligence will bring achievements, practicing patronage will capacitate you to order others about."

17.7 【原文】

佛肸召，子欲往。子路曰："昔者由也闻诸夫子曰：'亲于其身为不善者，君子不入也。'佛肸以中牟畔，子之往也，如之何？"子曰："然。有是言也。不曰坚乎，磨而不磷；不曰白乎，涅而不缁。吾岂匏瓜也哉？焉能系而不食？"

字词章句

佛肸。分别读 bì、xī。按《史记·孔子世家》中记载：佛肸为中牟宰。赵简子攻范、中行，伐中牟。佛肸畔，使人召孔子。

古注均把佛肸说是晋大夫赵简子派驻自己私邑中牟的邑宰，但都没有史料出处，估计这些解家都是依托于《论语》本章内容，结合《史记·孔子世家》相关记载，推算出佛肸和赵简子的关系的。由于《史记·孔子世家》的记载本身也没有出处，也只能是司马迁依托于《论语》内容，再结合一些无从考证的传说或史料，倒推出故事梗概，所以佛肸的故事只能严守本章内容，不宜臆度。

中牟，在今河南鹤壁山城区附近，设县于晋平公执政期间（前 557 至前 532 年），前 425 年成为赵国首都，这是后话了。

按《左传·哀公·哀公五年》记载，赵简子伐中牟就是鲁哀公五年，即前 490 年，孔子时年六十一岁，正在周游列国的途中，对出仕为官的渴望，自然比自己四十九岁公山弗扰来召时更为强烈。

亲于其身为不善者，君子不入也。若有人亲自行不善之事，则君子不入其家门。隐义是：佛肸以下犯上，大不善也，怎能去其盘踞之地？

佛肸以中牟畔。可以照搬本篇 17.5 中"公山弗扰以费畔"的翻译，就是：佛肸盘踞中牟自立。

不曰坚乎,磨而不磷。磷,此处读 lìn,薄义。全句是:我不也说过足够坚硬的东西,磨也磨不薄。

不曰白乎,涅而不缁。涅,用黑颜料染色;缁,zī,黑色。全句是:我不也说过足够白的东西,染也染不黑。

吾岂匏瓜也哉?焉能系而不食。"匏瓜",匏,páo。匏瓜,葫芦也。有人把匏瓜解为天上的星星,大约是出自《史记·天官书》中"匏瓜,有青黑星守之"的记载,但过于突兀,且难以和"系而不食"呼应,不取。

全句有多解,如下:

一,匏瓜不吃东西,而我要吃。隐义是:我得生存。

二,匏瓜苦不可食,而我可以被使用。

三,匏瓜只能系于一处无法自主进食,而我可以四处运动主动求生。

四,匏瓜只能穿根绳子当瓢,不能吃,属于中看不中用,而我不是。

上述第一解语义上实在怪诞:匏瓜是植物的果实,怎能用它不吃东西来打比喻呢?且匏瓜也通过藤和叶吸取营养,怎能否认它吃东西呢?第三解强调的是自己物理上的移动能力,对自己能力的关注点太过低级了吧?再说了既然说的是匏瓜系于一处无法移动,干吗画蛇添足加上"不食"二字呢?第四解属于添字解读,而且匏瓜作瓢,不能算中看不中用。

因此,上述第二解,即"匏瓜苦不可食,而我可以被使用",当为正解。此时"食"读 sì,为"取以奉之"之义。此解和前面"不曰坚乎,磨而不磷;不曰白乎,涅而不缁"形成论述上的递进:本质优良不怕变坏或被带偏,所以不怕应召;能力非凡不能只停留在口头,所以需要有机会证明自己的实力。

今 译

佛肸征召,师父准备前往。子路说:"以前我听老师说过:'若有人亲自行不善之事,则君子不入其家门。'佛肸盘踞中牟自立,师父如果过去,怎么解释呢?"师父说:"是的,我说过这样的话。我不也说过足够坚硬的东西,磨也磨不薄吗;我不也说过足够白的东西,染也染不黑吗。我难道是只苦葫芦吗?怎能系于一处而不给人吃呢?"

英 译

Bi Xi called up, the master was planning to go. Zi Lu said: "Formerly I heard you say: 'When someone personally does something not good, the cultivated gentlemen will not enter his home.' Bi Xi, occupying Bi fiefdom, set up his own regime, if you my master go visit him, what could be said?" The master said: "Yes, I did say those words. Didn't I also say that a really hard thing cannot be ground thinner? Didn't I also say that a truly white thing cannot be dyed black? How could it be that I'm a bitter guard? How could I be hung up but not be eaten off?"

17.8【原文】

子曰:"由也!女闻六言六蔽矣乎?"对曰:"未也。""居!吾语女。好仁不好学,其蔽也愚;好知不好学,其蔽也荡;好信不好学,其蔽也贼;好直不好学,其蔽也绞;好勇不好学,其蔽也乱;好刚不好学,其蔽也狂。"

字词训诂

言。多有解为"好言""德"之类褒义的,于理合而无出处。解为"言辞、说法"就挺好,没有必要一定要和后面的"蔽"对应、形成褒贬呼应不可。

蔽。弊端。

居。坐。弟子侍师,常态应是站立,师父发话才能"居"。

语。yù,相告义。

其蔽也愚。"也"是语气助词无实义,其弊端在于愚。只管求仁而没有知识辅助,会变得无所节制、无所依据、不知轻重,从而导致愚蠢。

荡。游荡,引申为"空疏",即因为无所专注而导致的一事无成。一味追求聪明才智而没有专注和规划,就会把自己的才智消耗在细枝末叶上,从而导致老来一身空的结局。

贼。伤害。一味求信而不知通融，没有技巧，容易导致伤害自身。

绞。有多解，但本书认为从原义"缠紧"引申为"扼制"为妥，英文"choke"是也。一味以直待人，不辅以对人心的洞察和人际交往的技巧，就会把自己的社会生存空间越走越窄，正如用绳索自我绞杀一般。可参考泰伯8.2下对"直而无礼则绞"的解读。

乱。作乱。好勇而不知节制，不懂得敬畏勇力之外的其他能力，容易导致藐视传统和秩序，养成恃勇恣肆、无所顾忌的风格，一旦遇到约束和限制，就容易作乱。

狂。狂放而不知收敛。刚强之士不愿委屈妥协，如果不学习文化知识和礼仪规范，则会自我膨胀，四面树敌，最后变得狂妄不羁、骄横另类，成为社会的边缘噪音。

章句义理

孔子重视的"学"一般来说和"习"即实践不可分，但本章却单谈"学"。孔子在《论语》中可和本章互相参考的关于"学"的言论有：学而不思则罔，思而不学则殆（为政2.15）。子曰："吾尝终日不食，终夜不寝，以思，无益，不如学也。"（卫灵公15.31）子曰：学如不及，犹恐失之（泰伯.17）。

仁、知、信、直、勇、刚是六种美德，在孔子的德行范畴，剩下的主要美德大约只有义和孝了，为何义和孝不纳入本章呢？本书认为，因为义和孝不需要"学"做基础和做辅助，这两种美德即使没有任何知识储备也不会因贯彻自身而走形。相反，本章提到的六种美德就可能因为没有"学"做基础和辅助而产生弊端。

仁、知、信、直、勇、刚是六种美德，而学不是德行，只是知识储备，是对先王之道所涵盖的治国化民的道理、技艺技能、以及今天意义上的文化知识的学习，不仅能打下技术层面和知识面基础，也能开拓眼界、拓展胸怀、提升格局、增强理解和判断能力，对六种美德可以起到促进、辅助、及避免异化和走形的功效。

仁、知、信、直、勇、刚六种美德，如果没有学习的促进、辅助，没有对自身异化的预防，（孔子认为）分别会产生愚、荡、贼、绞、乱、狂六种恶，六德和六恶虽是一一对应，但却不是互为反义的对立：

一,仁对应愚蠢,相当于用善恶对应智力;属于在道德和能力两个不同的领域内建立起关联。

二,知(智)对应一事无成,相当于用智力对应事业成败;这是唯一一条属于走向自我否定的关联,即聪明反被聪明误。

三,信对应对自身的伤害,相当于用个人信用对应自身利益;属于在个人风格和自身利益建立了关联,而且是负相关。

四,直对应自我扼制,相当于用沟通风格对应自身发展空间;性质同上述三。

五,勇对应为非作乱,相当于用勇气对应作乱概率;属于在个人风格和社会行为模式上建立了关联,而且是正相关。

六,刚对应狂妄不羁,相当于用妥协程度对应人格特点;属于在两种个人风格间建立了关联,如果淡化"刚"的褒义和"狂"的贬义指向,则这种对应有同语反复、循环定义之嫌。

今 译

师父说:"仲由啊!你听说过六种说法及其六种弊端吗?"回答说:"没有。""坐!我来告诉你。爱好仁却不爱学习,其弊端在于愚蠢;爱好聪明却不爱学习,其弊端在于空疏;爱好诚信却不爱学习,其弊端在于伤害自身;爱好直率却不爱学习,其弊端在于自我扼制;爱好勇敢却不爱学习,其弊端在于容易作乱;爱好刚强却不爱学习,其弊端在于狂妄不羁。"

英 译

The master said: "Zhong You! Have you heard of the six sayings and their abuses?" Replied: "Have not." "Sit down! I will tell you. Loving to be humanitarian but not loving to learn—its abuse lies in stupidity; Loving to be wise but not loving to learn—its abuse lies in shallowness of mind; Loving to be trustworthy but not loving to learn—its abuse lies in harming oneself; Loving to be forthright but not loving to learn—its abuse lies in choking oneself; Loving to be courageous but not loving to learn—its abuse lies in being apt to insubordination; Loving to be unyielding but not loving to learn—its abuse lies in presumptuous profligacy."

17.9【原文】

子曰:"小子何莫学夫《诗》?《诗》,可以兴,可以观,可以群,可以怨。迩之事父,远之事君;多识于鸟兽草木之名。"

字词章句

小子。弟子们。

可以。可以用它来。

兴。多有把"兴"解为"赋、比、兴"类"引譬连类"等文学手法的,拘泥不妥;也有把它解读为"促进想象力、激发情绪"的,仍是从文学手法引申而来,且无字训出处,亦不取。本章论《诗经》显然不是从创作技巧,而是从其对社会人生的教化和促进作用,来谈的,因此"兴"应该取泰伯8.8"兴于《诗》,立于礼,成于乐"中"兴"的意义,即"起始"之义,言《诗经》可以作为个人学习和教化修养的起点。

观。观察。应该包括对《诗经》中涉及的全部领域的观察。严格说来,阅读算不上观察,它只是通过别人的感官和经验来观察。但按照汉字定义的包容性和孔子表达的自由度,可以把此处的"观"理解为"观他人之观",从而把这种间接观察也纳入观察领域。

群。聚而成群,即交友、社交。

怨。可以解为"怨恨、哀怨、讥讽、责怪、劝谏"多义,本书认为就是这些众多意义的总和,可以总称为"表达不满"。理由有三个。首先,孔子没有明示,则我们理应取其最广泛的内涵。其次,《诗经》篇章中确实包含上述五种"怨",全取而学之,不仅无不妥,反而是应有之义。再者,这五种"怨"的共同点是"表达负面情绪或观点",这种共同点有比五种具体的"怨"更深刻的共性和更普遍的适用性,取其宽泛释义更为吻合孔子的语气,且更能代表人际交往中的沟通风格。

识。音义同"志",记住。

今 译

师父说:"弟子们为什么不学《诗经》呢?《诗经》,可以用它作为教育的起点,可以用它来观察万物,可以用它来交友社交,可以用它来表达负面情绪。往近了说(可以用它来)服侍父亲,往远了说(可以用它来)服侍君主;(还可以用它)多多记住鸟兽草木的名字。"

英 译

The master said:"My children, why don't you study the *Book of Poetry*? *Book of Poetry*, can be used as the starting point of education, can be used to observe all things, can be used to make friends and socialize, can be used to express negative feelings. Immediately(it can be used to) serve one's father, in a remote way, (it can be used to) serve one's king;(and it can also be used to) learn by heart the names of birds, animals, grasses, and trees."

17.10【原文】

子谓伯鱼曰:"女为《周南》《召南》矣乎?人而不为《周南》《召南》,其犹正墙面而立也与?"

字词章句

《周南》和《召南》

《周南》是《诗经·国风》部分的第一部分,含十一篇:《关雎》《葛覃》《卷耳》《樛木》《螽斯》《桃夭》《兔罝》《芣苢》《汉广》《汝坟》《麟之趾》;《召南》是《诗经·国风》部分的第二部分,紧随在《周南》之后,含十四篇:《鹊巢》《采蘩》《草虫》《采蘋》《甘棠》《行露》《羔羊》《殷其雷》《摽有梅》《小星》《江有汜》《野有死麕》《何彼襛矣》《驺虞》。

《周南》收录的主要是楚国民歌,也包括巴国的民歌。之所以叫《周南》,是因为西周周公的采邑就是楚国和部分巴国领域,"周"因周公而来;"南"字一说其地在南,一说"南"原是一种乐器,后来演变为地方曲调的专名,称为"南音",盛行于江汉流域,《周南》就是用南音演唱的周公采邑区域的诗歌。还有几种说法,有兴趣者可自行搜读,此处不赘。因无关《论语》本身解读,所以本文对此不作定论。《召南》中的诗歌主要是蜀国民歌,也包括部分巴国的民歌。之所以叫《召南》,是因为西周召公的采邑就是蜀国和巴国大部,"召"因召公而来,"南"字同上。

《周南》和《召南》在《诗经》中较为特殊,主要是它们的来源是"夷狄"地域,而不是黄河流域的"中原"。宋朝苏辙就提出《诗经》不应分为《风》《雅》《颂》三部分,应把《周南》和《召南》独立出来,形成《风》《雅》《颂》《南》四部分。

西周末年,周王朝日渐衰落,南方的蜀国和楚国却兴盛起来。自认为承天正统的中原华夏民族不可能在《诗经》中给来自南方"蛮夷之地"的诗歌以同等的地位,但又不得不(在态度上)对"蛮夷"采取怀柔政策,想把楚地和蜀地的诗歌的纳入作为中央王朝对诸侯教化的成功案例,这种矛盾心理,造成《周南》和《召南》(二南)被冠于《诗经》之首,却不使用"楚风""蜀风"字眼。

孔子尊崇《二南》的原因的多家解读

孔子一贯推崇《诗经》,为何此处特别尊崇"二南"呢?史上解说纷纭。

一,朱熹认为是因为"二南""所言皆修身齐家之事"。但显然《诗经》中其他处也多有言修身齐家之事的,非"二南"独有,而且"二南"并非以"修身齐家"为主。不取。

二,马融在《论语集解》中认为"乐得淑女以配君子,三纲之首,王教之端,故人而不为,如向墙而立",更是以偏概全,简陋不堪。

三,皇侃在《论语义疏》中说"二南"既多所合载,读之则多识草木鸟兽,及可事君亲",此说则属于以全定偏,把《诗经》的共性直接应用到"二南"上,等于闭上眼睛不论其余,不取。

四,韩愈在《论语笔解》中认为:"吾观《周南》,盖文武已没,成王当国之时也。且、奭分陕,故别为《二南》,戒伯鱼当知此耳。"等于说孔子让伯鱼读《二南》是为了知道为何不是《一南》，把排版编辑的过程当成学习的目的，太过儿戏，不取。

五，和韩愈合著《论语笔解》的李翱则认为："子夏云王者之风系周公，诸侯之风系召公。由是知仲尼删《诗》首《周南》者，本周公也……不知此义者，面墙立也宜乎！"等于把孔子推崇周公这个尽人皆知的事实当成学习"二南"去发掘的目标，比韩愈之说更为迂腐，不取。

六，刘宝楠的《论语正义》中说："二南之诗，用于乡人，用于邦国。当时乡乐未废，故夫子令伯鱼习之，依其义说以循行之，故称为也。窃又意二南皆言夫妇之道，为王化之始。故君子反身必先修诸己，而后可刑于寡妻，至于兄弟，以御于邦家。"等于给出两个解释，均不妥。首先，这两个解释在说"二南"主旨上自相矛盾；其次，其第一解无法解释为何单独推崇"二南"，因为《诗经》他处亦多有涉及"乡乐"的；最后，其第二解近于上述马融之论，简陋不堪。两解均不取。

孔子尊崇"二南"原因的正解

本书认为正解需要从"二南"在孔子时代的地位以及"二南"对孔子理论的支撑作用来得。以下论点主要来自今人金荣权发表于2012年9月第五期《中州学刊》上的论文《论〈诗经〉"二南"的特殊地位及其成因》。

一，"二南"在当时礼乐文化中的重要性独一无二，同时它传播之广、影响之大非其他国风可比；造成这种大泛围传播的主要原因是它们与周公和召公的关系，同时也因为它们较早地被结集流传。

二，《诗经》中绝大部分"风"诗都没有上升到周王朝的雅乐层面，"二南"却享受着雅乐的地位，在很多正式的礼仪场合中都以雅乐身份出现，其中部分诗歌广泛地运用于射礼、饮酒礼、燕礼等重要仪式。其原因在于：在"十五国风"中，《周南》《召南》和《豳风》出现的时代较早，因《豳风》是周人祖居地之诗，"二南"则与周公、召公有关，所以它们虽然是地域性诗歌，但却作为周王朝的雅乐而运用于各种重要的礼仪场合。

三，所以《豳风》和"二南"中的诗歌原本就是作为周代礼乐文化一部分而存在的雅乐。到了春秋时期，周王朝乐官将他们所收集的各诸侯国诗歌和原来保存诗歌全部汇集在一起而编成今本《诗经》，尽管《豳风》和"二南"具有雅乐性质，但因为它们毕竟都产自特定地域，因而被编入专门保存各诸侯国诗歌的《风》诗之中，这一做法不仅降低它们的地位，也使后代治诗者只以风诗来理解它们，从而产生诸多的误解。

四，"二南"包括仁爱、礼、智、孝、悌、福、禄等诸多内容，与孔子的仁爱思想和以礼治国的主张相一致，反映儒家的核心思想。

五，在礼崩乐坏的孔子时代，周公之教化还在影响着日益混乱的末世，以"二南"之诗教育弟子，感化时人，或可以成为恢复周礼的有效途径，体现孔子恢复周礼，重回先王之道的渴望。

汉代《毛诗序》中有""《周南》《召南》，正始之道，王化之基"的总结，也可以作为解释孔子在《诗经》中特别推崇"二南"的总结。

此外，如果孔子"删诗说"成立，则很自然他会把代表自己判断和好恶的编纂结果推销给自己的弟子，其中当然就包括对"二南"的推崇。请参阅子罕 9.15 下解读。

矣乎。语气助词，有做完了的意味，相当于今天的"了吗"。

正墙面而立也。正对着墙、面对着它而站立。比喻一无所见。

联系季氏 16.13 中孔子教伯鱼学《诗经》的故事，本章或许是那次教导的细节吧。

今　译

师父对伯鱼说："你学习《周南》和《召南》了吗？一个人若不学习《周南》和《召南》，他就好像正面对着一堵墙而站着吧？"

英　译

The master said to Bo Yu: "Have you studied *Zhou Nan* and *Zhao Nan*? Is one who does not study *Zhou Nan* and *Zhao Nan* like standing right facing a wall or what?"

17.11【原文】

子曰:"'礼云礼云',玉帛云乎哉?'乐云乐云',钟鼓云乎哉?"

字词训诂

礼云礼云。模仿学院派动辄引经据典的口吻,因此应有引号。"乐云乐云"同。

玉帛。玉器和丝绸,典礼所用,借指礼器。

章句义理

本章多有牵强曲折解读者,如果尊重行文语气和逻辑,其道理显然并不复杂,无非就是对重视表面形式而忽略礼乐本意、惯于拘泥流程而罔顾教化效果的学院派表达不屑和反对罢了。

今 译

师父说:"'礼啊礼啊',难道说的是玉帛吗?'乐啊乐啊',难道说的是钟鼓吗?"

英 译

The master said:"'The rules of propriety say this say that—does it refer to the jade and the silk?'The music says this says that—does it refer to the bells and drums?"

17.12【原文】

子曰:"色厉而内荏,譬诸小人,其犹穿窬之盗也与?"

字词训诂

色厉内荏。"厉",威严;"荏",rěn,软弱。"色厉内荏"就是:表面威严而内心软弱;"色厉"强调的是装作正派。

孔子说这句话时强调的是表里不一,取"摆出正派的样子而内心软弱"妥当,尤其是考虑到和后面"穿窬之盗"的对应更该如此,因为小偷不存在装作强大的需求（强盗有时倒有这种动机），而只有在阳光下扮成好人的动机，对应的正是这种表里不一。

今天对这个成语的通行解读是：外表强大而内心懦弱；"色厉"强调的是装作强大，和上述解释有所不同。习惯既成，从众可以，但是不能强行代入出处，以错改正。

穿窬之盗。"穿"，凿通墙壁；"窬"，yú，动词，指从墙上爬过去。"穿窬之盗"就是凿墙或翻墙之盗。

今　译

师父说："外表威严而内心软弱，这种人如果用小人来比喻，那就像凿壁或翻墙的小偷吧？"

英　译

The master said: "Being dignified in countenance yet weak in heart—if we draw an analogy for this kind of men with base men, aren't they the thieves who break through or climb over a wall?"

17.13【原文】

子曰："乡原，德之贼也。"

字词训诂

乡原。《孟子·尽心章句下·第三十七节》中就详细解读过"乡原"概念，特录于下：孔子曰："过我门而不入我室，我不憾焉者，其惟乡原乎！乡原，德之贼也。"（万章，孟子的学生）曰："何如斯可谓之乡原矣？"（孟子）曰："何以是嘐嘐（jiāo，形容志大言夸）也？言不顾行，行不顾言，则曰：'古之人，古之人'。行何为踽踽（jǔ，孤独义）凉凉（冷清义）？生斯世也，为斯世也，善斯可矣。阉然（逢迎状）媚于世也者，是乡原也。"万章曰："一乡皆称原人焉，无所往而不为原人，孔子以为德之贼，何哉?"曰:"非之无举也(想否定他们却举不出什么过错),刺之无刺也(想讽刺他们却无从讽刺);同乎流俗,合乎污世;居之似忠信,行之似廉洁;众皆悦之,自以为是,而不可与入尧舜之道,故曰德之贼也。孔子曰:'恶似而非者:恶莠,恐其乱苗也;恶佞,恐其乱义也;恶利口,恐其乱信也;恶郑声,恐其乱乐也;恶紫,恐其乱朱也;恶乡原,恐其乱德也。'君子反经(返回到治理的根本)而已矣。经正,则庶民兴;庶民兴,斯无邪慝(tè,邪念也)矣。"

对"乡原"的大致意义基本有共识,即指没有原则、逢迎讨好、外表正派的伪君子。但"乡原"二字如何演化出这个意思,则众说纷纭,且多无出处,不赘。孟子和朱熹的见解一致,较为可取,即:"乡"指社区邻里,"原"指乡人之愿,"乡原"就是"邻里都喜欢的人",引申一点就是"没有原则的老好人"。这样的老好人,按照孔子的说法,肯定不是好人,而是"德之贼"。

在子路13.24中,子贡问曰:"乡人皆好之,何如?"子曰:"未可也。""乡人皆恶之,何如?"子曰:"未可也。不如乡人之善者好之,其不善者恶之。"对比本章,主要的区别是:13.24中,孔子只是说大家都喜欢的人,未必是好人,没有明说一定是坏人;本章中,孔子更进一步,明确认定大家都喜欢的人,一定是坏人。

孔子在本章中所阐义理简洁有力,或有误伤可能,但不失为深刻的洞见。

贼。有害之人。取其"小偷"的本义,则"德之贼"就是偷了"德"的人,还是对"德"有损害的人,殊途同归,也无不可。

今 译

师父说:"无原则的老好人,是对道德有害之人。"

英 译

The master said: "A benign person who is indifferent to matters of principle, is one who is harmful to virtues."

17.14【原文】

子曰:"道听而涂说,德之弃也。"

字词章句

涂。也是道路。

道听而涂说。主要有两解:一说是听于道路且传于道路,强调的是不经研习,人云亦云,谬误必多;二说是听于道路而说于道路且过后不管,强调的是轻浮随意,缺乏真心,不愿躬行。

上述第一解中"听说"的对象是不确定、不善、不真实的内容,而成为"德之弃"的不是这些内容,而是对待这些内容的态度;第二解中"听说"的对象则显然是"善、义、仁、信、孝"等美德内容,成为"德之弃"的也不是这些内容,而是听到它们后的行为。从后面批评"德之弃也",可以反推"道听而涂说"只能是不合道德的。人云亦云与其说是德操不够,不如说是判断力和能力欠缺;"听之说之,不认真躬行"却是提升德行的大忌和敌人;结合孔子对待"德行"一贯的态度,取"不认真躬行"义为妥。

弃。解为"违背、背叛"最为恰当。因为不认真躬行,等于放弃修德,即背叛德行也。

今 译

师父说:"听于道路而传于道路(却不认真躬行),是对德行的背叛。"

英 译

The master said:"Hearing it on the way and talking about it on the way(yet not practicing it with sincerity), is a betrayal to the virtues."

17.15【原文】

子曰:"鄙夫可与事君也与哉?其未得之也,患得之;既得之,患失之。苟患失之,无所不至矣"。

字词训诂

鄙夫。鄙陋之人,言其眼界狭窄而境界低下。

可与事君。可以和他一起服侍君主。这里提出了一个条件限制,等于把后面的患得患失限制在入朝为官、服侍君主的情境下,有一点"如果不是事君而是日常交往,则他们就不会患得患失"或者"在日常生活的交往中,没有什么重要的考量,就不存在患得患失"的意味,和今天用"患得患失"更多用来表示"生活中瞻前顾后、斤斤计较的小鸡肚肠"有所不同。

患。担忧。有人认为"患得之"应为"患不得之",太过拘泥。把"患得之"解读为"愁着如何得到"顺畅自然。

之。理解为泛指而不是坐实到某些具体标的上更为妥当。

章句义理

"苟患得之"会不会也"无所不至"呢?人类的心理共性之一是损失厌恶(loss aversion),即已有利益的损失比起未有之物的获取来,其唤起的情感强度和行动决心要高得多。患得时,遇到阻力和困难,理性算计之后,多有放手选择;而患失时,则可能情感强烈而理性消散,"无所不至矣。"

今 译

师父说:"鄙陋之人可以和他一起服侍君主吗?他们没有得到的时候,愁着如何得到,得到以后,又担忧失去。如果担忧失去,就会无所不为。"

英 译

The master said:"Can the base men be teamed up with to serve the kings? When they have not got it, they worry about how to get it; when they have got it, they worry about losing it. If they worry about losing it, they will stop at nothing."

17.16 【原文】

子曰:"古者民有三疾,今也或是之亡也。古之狂也肆,今之狂也荡;古之矜也廉,今之矜也忿戾;古之愚也直,今之愚也诈而已矣。"

字词章句

今也或是之亡也。"或",或许、恐怕,留有余地的否定意味;"是",这些,指"三疾";"亡",音义同"无";两个"也"都是语气助词;"之"是结构助词,构成主谓词组"是之亡";全句实词表达就是"今或是亡",意思是:今天恐怕这些都已不存在了。

古之狂也肆,今之狂也荡。"狂",狂放、不循规蹈矩;"肆",放肆、放纵,率性而为的风格;"荡",放荡。

狂者志大气高,所以往往不拘小节、不愿循规蹈矩。"肆"言其狂妄自大、自我中心;"荡"却是私欲导向的自我放纵,言其无所顾忌、恣意妄为;"荡"从志气上的狂妄演变成欲望上的放纵,所以连"狂"都不算了。

古之矜也廉,今之矜也忿戾。"矜",矜持;"廉",原义棱角,引申为刚直不弯、不妥协、难以接近;"忿戾",蛮横多怒。

矜持的人自以为是,往往恃才傲物,不屑与人周旋。"廉"言其多刺多棱、不好相处,体现的是其不与自己看不上的人和事妥协的态度;"忿戾"则言其修养不够、脾气火爆、伤人也自伤,体现的是无法管控自己心理状态的无能;"忿戾"从态度上的自负演变成心理上的失控,成为病态,所以连"矜持"也算不上。

古之愚也直,今之愚也诈而已。"愚",笨;"直",直率;"诈",欺骗。

愚者因为愚笨所以往往不知变通,体现出"直"的性格特点;"诈"则是存心欺骗对方,属于在有清醒意识的前提下主动加害对方的行为。那么,"今之愚也诈"说的是"今天的愚者都是装愚而诈"呢,还是"今天的愚者不仅愚还试图诈"呢?

如果取前解,则暗示今天已经没有愚者了,这显然不可能;如果取后解,则意味着今天的愚者养成新的习惯,即"诈"。这种新的习惯的形成大约是礼崩乐坏的结果,因为没有礼乐的教化和约束,"愚而直者"已经难以生存,只有"愚而诈者"才有生存的机会,属于社会在"逼良为娼"。

因此,本句的句式和前两句有所不同。如上所示,前两句的句式分别对"狂"和"矜"两种风格进行古今对比,认为两种风格在今天分别离开原有的领域,已经算不上"狂"和"矜"了;但是本句的句式却把"愚"当成古今共有的智商基础,只是古时"愚而且直",而今天则是"愚而且诈","愚也诈"并没有离开"愚"这个基础。

本章的语气是"古时人有毛病,现在连这种毛病都没有了",用了很特殊的语言技巧来颂古非今,反映孔子一贯的"今不如昔、越来越糟"的社会历史观。这也是整个儒家两千多年来的基本态度吧。此外,孔子把"狂、矜、愚"作为三种毛病,但也显然认为它们算不上根本性的缺点,更谈不上"恶"了。

今 译

师父说:"古时候人民有三种毛病,现在恐怕它们都消失了。古时的狂者狂放,现在的狂者放荡;古时的矜者不好相处,现在的矜者蛮横多怒;古时的愚者直率,现在的愚者欺诈。"

英 译

The master said: "In ancient times the people had three defects, now I'm afraid they have disappeared. Ancient frantic men were uninhibited, today's frantic men are licentious; ancient conceited men were difficult to get along with, today's conceited men are peremptory and irritable; the ancient stupid men were forthright, today's stupid men are deceitful."

17.17【原文】

子曰:"巧言令色,鲜矣仁!"

字词章句

本章和学而 1.3 内容一样。

今 译

师父说:"花言巧语或谄媚笑脸出现时,仁就很少出现了!"

英 译

The master said: "When fine words or flattering countenances are present, rarely will humanitarianism be present!"

17.18【原文】

子曰:"恶紫之夺朱也,恶郑声之乱雅乐也,恶利口之覆邦家者。"

字词章句

恶。wù,憎恨。

夺。强取、抢夺。

紫夺朱

古代有"正色"和"间色"之别:正色,指青、赤、黄、白、黑五色。《周礼·冬官考工记·筑氏/玉人》或许是上述定义的最早出处,文中有:"画缋之事,杂五色。东方谓之青,南方谓之赤,西方谓之白,北方谓之黑,天谓之玄,地谓之黄。青与白相次也,赤与黑相次也,玄与黄相次也。青与赤谓之文,赤与白谓之章,白与黑谓之黼(fǔ,黑白相间之纹),黑与青谓之黻。"按钱穆《论语新解》:"青加黄为绿,赤加白为红,白加青为碧,黑加赤为紫,黄加黑为缁,皆间色。"

"紫夺朱"显然是孔子不喜欢的,但为何孔子憎恨"紫夺朱"呢?

史上有多解:有说正色代表正义,间色代表邪恶的;有说孔子时代统治阶级流行用紫色服装来替代原先的红色;有人试图从《礼记》《周礼》和《仪礼》中寻找证据。

上述各种解读都不约而同地认为"夺"指替代,而忘了"夺"的本义是"抢夺",可以理解为"抢了谁谁的风头"。"紫夺朱"因此就可以解读为:"作为间色的紫色夺了正色红色的风头。"就是颜色调配过程中的变化和选择过程,用这种颜色间的"主次颠倒"来比喻社会上等级混乱的现象。

这种新解和史上解读的异同是：相同点在于落脚点都是比喻社会上"礼"的混乱；不同点在于解读的过程中，过往版本都把喻体"紫夺朱"解为"紫替代朱，只有紫了"，本书把"紫夺朱"解为"紫夺了朱的风头，朱还在"。

恶郑声之乱雅乐。孔子反对郑声是一贯的，请参考泰伯8.8和卫灵公15.11。"雅乐"，字义是指典雅纯正的音乐，但此处应特指西周制定的帝王朝贺、祭祀天地等大典所用的音乐。

恶利口之覆邦家者。孔子反对"利口"也是一贯的，《论语》中就更多例证了，不赘。此处最大的特点是：孔子认为"利口"具有倾覆国家和家族的潜力和风险。

三个落脚点

本章的三个落脚点分别是"礼，乐，言"。"言"本来没有那么重要，不该和"礼""乐"并列，但可以通过对"利口"的反对来推导出"不要夸夸其谈、而应躬行在先"的主张，则落脚点本质上就是"礼，乐，躬行"。

今 译

师父说："我憎恶紫色夺去红色的基调，我憎恶郑国歌曲惑乱正统音乐，我憎恶靠能说会道倾覆国家和家族的人。"

英 译

The master said: "I hate the purple's stealing the hue from the red, I hate the Zheng state songs' adulterating the orthodox music, I hate those who overturn their states and families with their sharp mouths."

17.19【原文】

子曰："予欲无言。"子贡曰："子如不言，则小子何述焉？"子曰："天何言哉？四时行焉，百物生焉。天何言哉？"

章句义理

本章孔子"予欲无言"态度和后面对"天"气势磅礴的描述颇有道家色彩，不符合他一贯的入世态度,只能理解为他心底那种人类共有的出世情结的难得的表达吧。

至于孔子是否是通过本段言谈再次强调"不说而躬行"的主张,本书认为也没有必要如此解读。本章中孔子的回答显然是自己宣称"予欲无言"后弟子必有提问而有备而来的,其行文的气势应该可以否定掉他再次强调"不说而躬行"的可能,而纯粹是一次道家情结酣畅淋漓的爆发。

今 译

师父说:"我打算不再说什么了。"子贡说:"师父如果不说了,那么弟子们传述什么呢?"师父说:"上天说过什么吗?四季运行,万物发生。上天说过什么吗?"

英 译

The master said: "I would prefer not speaking." Zi Gong said: "If you our master do not speak, what could we the students relate then?" The master said: "Does the heaven speak anything? The four seasons take their course, all things come into being. Does the heaven speak anything?"

17.20【原文】

孺悲欲见孔子,孔子辞以疾。将命者出户,取瑟而歌,使之闻之。

字词训诂

孺悲。"孺",rú。史料上唯一记录有此人的是《礼记·杂记下》,中有:"恤由之丧,(鲁)哀公使孺悲之孔子学士丧礼,士丧礼于是乎书。"从引文可推知,孺悲应该是鲁哀公朝中负责礼仪的官员。从孔子的态度来看,显然孔子极度鄙视他。

将。jiāng,手持义。

命。使命、信。"将命者"就是传信者。

今 译

孺悲想请孔子来见,孔子(对其传信者)用自己生病来推辞。传信者刚出门口,孔子取来瑟弹唱,让他听到。

英 译

Ru Bei wanted to invite Confucius to meet, Confucius declined (to his messenger) on the pretext of sickness. When the messenger just left the doorway, Confucius took out his Se zither to play and sing along, so that he could hear it.

17.21 【原文】

宰我问:"三年之丧,期已久矣。君子三年不为礼,礼必坏;三年不为乐,乐必崩。旧谷既没,新谷既升,钻燧改火,期可已矣。"子曰:"食夫稻,衣夫锦,于女安乎?"曰:"安。""女安,则为之。夫君子之居丧,食旨不甘,闻乐不乐,居处不安,故不为也。今女安,则为之!"宰我出。子曰:"予之不仁也!子生三年,然后免于父母之怀。夫三年之丧,天下之通丧也。予也有三年之爱于其父母乎?"

字词章句

三年丧制的起源。关于为父母守丧三年的最早出处,现已不可考,或许孔子本有所依,而后世就以孔子主张为准绳,细化流程,才形成《仪礼》和《礼记》中等伪托前人的要求和SOP。三年丧制,请参阅子罕9.10下对九族五服的注解。

期。出现两次,音义不同。第一个"期",qī音,意思是"期限、规定的时间";第二个"期",jī音,意思是"一周年"。

礼坏乐崩。君子三年不为礼,三年不为乐,就会"礼坏乐崩"吗?

难道此处说的是统治者?显然不是。后面的行文表明此处的"君子"指的是道德意义上的"君子";而且,即使是统治者三年不为礼,不为乐,从宪问14.40中可以判定,不会导致"礼坏乐崩";因此,此处所说的"礼坏乐崩"只能指君子自己的"礼坏乐崩"。自己个人层面的"礼坏乐崩"指什么呢?有三种可能。

一,指"忘掉"。即使是极其复杂的SOP,三年不习会有点生疏,会忘掉不少,但只要捡起来走一遍,马上就会重新掌握;音乐更是如此,哪怕完全不碰一二十年,只要有机会重新接触,用不了多久就会恢复技能。因此不取此解。

二,指"变坏",即由于三年不修礼乐,守孝中的人变得放浪形骸、道德败坏。常识和逻辑告诉我们这是不可能的。不取此解。

三,指"生疏"。经验上是合理的,但果真如此,则显然宰我的表达太过夸张,把"礼乐生疏"直接当成"礼乐崩坏",有危言耸听之嫌。

本书认为上述第三选项是正解,即宰我在和师父辩论的过程中,利用"礼坏乐崩"这种足以触动孔子的夸张来增强自己论证的力度。而孔子,基于自己一贯的大而化之、以偏概全的心理模式,不假思索地吞下这个诱饵。

旧谷既没,新谷既升。老的谷子没了,新的谷子登场了。比喻过了一年。

稻、谷。稻是谷的一种,在孔子时代,"谷"是谷物统称,而"稻"是谷中优品。

钻燧改火。"燧",suì,取火工具的统称。初春季节,气候干燥,古人在这时举行隆重的祭祀活动,把上一年的火种全部熄灭,这就是"禁火",然后重新钻燧取出新火,作为新一年生产与生活的起点,谓之"改火"。禁火与改火之间的间隔,史料有三日、五日、七日,甚至长达一月等不同说法。

在这段无火的时间里,人们必须准备足够的冷食度日,即为"寒食"和"寒食节"。寒食节古代在清明节前二日,汉代以前寒食节禁火的时间较长,约为一月。汉代确定寒食节为清明前三天,但禁火时间大为缩短。从先秦到南北朝,寒食都被当作重大节日。唐宋时期改寒食节为清明前一天,唐太宗还下令将祭祖定于寒食节这一天。唐朝之后寒食节渐渐没有原先重要,在明清时期逐渐并入清明节。

多有解家把"改火"解为:古时钻燧取火,因季节不同而用不同的木材来发火,一般说是五次。一年之中,木材各异,故曰改火。此解不妥,主要因为多次生火,无法对应宰我后面所说的"一年",而取"寒食改火"则明确可以说是新的一年的开始。

结合前面"旧谷既没,新谷既升"的表达,可以看出,宰我使用了两个不同的时间节点来表达"过了一年"的意思:较早的是"钻燧改火",在清明节附近;较晚的是"旧谷既没,新谷既升",应是早稻成熟的世界,大约比清明节晚三个月左右。这种时间区间的拉长非常合理,避免了因为丧期从清明前不久开始或从"新谷既升"后

不久开始所导致的"服丧"时间过短的情景,可以推测宰我的建议很有可能是:

一,原则上守丧以一年为期。

二,如果父母去世发生在"钻燧改火"前后不久,则守丧应到下一年"钻燧改火"为止;这样守孝时间就会超过或少于一年少许。

三,如果父母去世发生在"新谷既升"前后不久,则守丧应到下一年"新谷既升"为止;这样守孝时间也会超过或少于一年少许。

四,假如我们用上面寒食到早稻成熟之间的三个月作为守孝合理超过或短于一年的上限,同时假设"钻燧改火"是农历三月而"新谷既升"是农历六月,则从九月到十一月期间开始守丧的人应该守丧到何时为准呢?按照宰我的态度,估计也会把这部分人的义务在下一个"新谷既升"时解除吧。

五,这样,宰我的具体意见就是:守丧原则上是一年,但有可能因为父母去世时间和"钻燧改火"和"新谷既升"这两个关键节点的错位,有些人需要多守一段时间的孝,但上限是多三个月;同样,有些人可以少守一段时间的孝,上限是少五个月。

食旨不甘,闻乐不乐,居处不安。"旨",美食。两个"乐",前一个是"音乐",后一个是"快乐"。"居处":日常生活。

今女安。"今",作连词用,意为"如果",不能解为"现在"。

本章故事的推进过程

作为排名在子贡前面的"言语科"第一高材生,宰我从守丧过长对礼乐不习导致后果的可能性来展开,极尽夸张之能事,并有意无意利用社会层面和个人层面上"礼坏乐崩"的混淆来攻击师父的核心关注,从而提出缩短丧期的折衷方案,确实是针对孔子订制的理论攻势。

基于自己一贯的大而化之、以偏概全的心理模式,孔子不假思索地吞下宰我对于"礼坏乐崩"概念滥用的诱饵。但是,即使心甘情愿或不明就里地吞下这个诱饵,孔子毕竟是孔子,他完全不把这个诱饵当回事,反而从守礼的必要性或先王之道的严肃性等原则回答,打了常人很难否认的对父母报恩的感情牌,或许算是因材施教了吧,但也显然给对方挖了一个坑。

宰我被逼无奈,只能硬着头皮回答说"我良心上过得去",等于承认了自己良心水准不够,从而彻底丧失道德高度,败局已定。

结果果然被师父用"君子"会怎样怎样来反衬宰我的没心没肺,锁定胜局。

最后孔子还背后骂人,等于在失败者背上还踏上了一脚,从论战成败来说,使宰我无从翻身,但从风格和修养来看,不仅有失风范,简直是仗势欺人。只能理解为孔子太看重三年之丧了,以至于面对宰我的挑战,有点气急败坏了吧。

孔子把宰我这种应该归类为"不孝"的态度定性为"不仁",其逻辑大约是:"孝"是"仁"的必要条件,所以"不孝"肯定是"不仁",即"仁者必孝,不孝者必不仁"。整部《论语》中,这是唯一能分析出孔子心目中"孝"和"仁"之间逻辑关系的一章。

今 译

宰我问:"三年守丧,时间太长了吧。君子三年不习礼,(自己掌握的)礼必定衰败;三年不习乐,(自己掌握的)乐必定崩溃。随着老谷子没了,新谷子来了,随着钻燧升新火,一年(守孝)就可以了。"师父说:"(一年之后就)吃着稻谷,穿着锦衣,对你来说安心吗?"答:"安心。""你安心,就去干。君子守丧,吃美食不觉得美味,听音乐不觉得快乐,日常居家总觉不安,所以才不要这些。如果你觉得安心,就去干这些吧!"宰我离开。师父说:"宰予不仁啊!孩子出生后三年,然后才离开父母的怀抱。三年之丧,是天下通行的丧期啊。宰予也有来自于其父母的三年怀抱之爱吗?"

英 译

Zai Wo asked: "Three years of mourning abstinency keeping for one's parents' death are too long. A cultivated gentleman for three years does not practice the rules of propriety, (his knowledge in) the rules of propriety will surely be on the wane; for three years he does not practice music, (his mastery of) the music will sure fall into decay. Along with the exhaustion of the old grain and the appearance of the new grain, along with the event of striking a flint to make a new fire, one year (of mourning abstinency keeping) will be all right." The master said:"To eat the rice, to dress the colored silk (after one year of mourning abstinency keeping)—are these mind easing to you?" Replied:"I would feel at ease." "If you feel at ease, then go for it. A cultivated gentleman in his mourning abstinency keeping, will not enjoy savor in delicacy, will not feel happy in music, will not feel at ease in daily life, therefore he would not go for it. Since you feel at ease, you go for it." Zai Wo left. The master said:"Zai Yu is not humanitarian! A child is born for three years holding in the arms of its parents. The three years of abstinency keeping, is the common practice of mourning abstinency keeping under the heaven. Did Zai Yu also have the three years of embracing love from his parents?"

17.22【原文】

子曰:"饱食终日,无所用心,难矣哉!不有博弈者乎?为之,犹贤乎已。"

字词章句

博弈。"博"指一种棋类游戏,多用来赌博,因此"博"多用来代指赌博;"弈"指围棋。

饱食终日。一天到晚吃得很饱。

难矣哉。"难"读四声,作名词解为妥,请参阅卫灵公15.17下解读。

贤。好过、胜过。

本章义理显明,提倡无论如何,都好过不动脑子。

今 译

师父说:"一天到晚吃得很饱,没有一事可以用心,真是糟透了啊!不是还有赌博和围棋吗?干那些,也比这个好啊。"

英 译

The master said:"To eat one's fill all day long, without applying his mind to anything—what a mess! Aren't there gambling and Weiqi? Going for those would be better than this."

17.23【原文】

子路曰:"君子尚勇乎?"子曰:"君子义以为上。君子有勇而无义为乱,小人有勇而无义为盗。"

字词训诂

本章中君子和小人分别理解为"统治者"和"平民"为妥,因为从道德修养上不存在无义的君子,只有从统治者这个角度看才存在无义的君子。

上。优先、高等。

义以为上。即"以义为上",意思是"以义为优先"。

章句义理

孔子回避了对子路问题的正面回答,把问题导向了两个方向:一是"义"更优先和重要;二是"君子有勇而无义"时容易为乱。他没有回答"君子有勇"是不是好事,更没有回答子路的问题"君子是否崇尚勇敢"。答案显然应该是确认的,即"君子尚勇",毕竟"尚勇"不影响"尚义"或"尚"其他种种美德。孔子因子路勇字当头而鲜顾其他,所以因材施教强调"义"。但如果综合孔子在他处的意见,则回答"君子尚勇而义以为上"更为妥当。

可供参考的章节有:泰伯8.2中"勇而无礼则乱";本篇17.8中"好勇不好学,其蔽也乱"。

今 译

子路问:"统治者崇尚勇敢吗?"师父说:"统治者以义为优先。统治者有勇而无义就会成为祸乱,平民有勇而无义就会成为盗贼。"

英 译

Zi Lu asked: "Do rulers uphold bravery?" The master said: "Rulers give righteousness the priority. Rulers having bravery but no righteousness will become scourge, common people having bravery but no righteousness will beome robbers."

17.24【原文】

子贡曰:"君子亦有恶乎?"子曰:"有恶:恶称人之恶者,恶居下流而讪上者,恶勇而不礼者,恶果敢而窒者。"曰:"赐也亦有恶乎?""恶徼以为知者,恶不孙以为勇者,恶讦以为直者。"

字词训诂

君子。此处"君子"从语气上和后面孔子反问"赐也亦有恶乎"来反推,都指向孔子本人。如果不是指孔子本人而是泛指君子,则无法理解子贡为何不问"君子有恶乎"而要在中间加个"亦"字。"君子亦有恶乎"因此应解为"像您这样的君子也有憎恨的对象吗"?

称。chēng。原指颂扬,引申为传播、散播。

恶。wù,动词,憎恨也。唯一的例外是"恶称人之恶者"中第二个"恶",è,名词,坏处也。

讪。诽谤。

窒。阻塞义,引申为执拗倔强,不通事理,不愿变通。

徼。有两解:主流解为"抄袭",此时读为jiāo,则"徼以为知"就是"把抄来的当成自己的"。此解不妥:孔子时代没有版权和原创一说,连孔子自己都说自己只是"述而不作"(述而7.1),子贡自己也因为孔子宣称不再开口了而担心"则小子何述焉"(本篇17.19),那么"徼以为知"有什么问题呢?孔子对先王之道的宣讲,孔门弟子对孔子教导的传播,都是"徼以为知"的,"徼以为知"就是孔子希望实现的。

本书认为"徼"可以取其另一个音义——jiǎo,意为"贪求",则"徼以为知"就是"把贪欲当成聪明",义理通顺,合乎人类心理的模式,即把自己无穷无尽的贪欲当成自己智识上高人一等的明证的心理。

孙。音义同"逊",谦逊。

讦。jié,攻击别人的短处或揭露他人的隐私。

章句义理

师徒二人都是在列举各自临时想到的自己憎恶的人的类型,显然缺乏系统性和全面性,他们列举的也未必是在全部罗列后一定能排名靠前的几类,比如此处就缺乏孔子历来厌恶的"佞者"或者说"利口者"。可以确定的只是,列出的肯定是他们各自讨厌的几种类型无疑。可以大概反推出来的还有子贡的性格,大约是宽容、有风度、为人和善而且善于自我节制。

参考里仁4.3和4.4内容可知:要么孔子认为自己和子贡有资格像仁者一样"恶人",要么就是认为自己和子贡理所当然地远超"志于仁"层次了,因此可以"恶人"而不受其害。两种情况都是对自己和子贡的修养水平及定力的不言而喻的假定。

今 译

子贡问:"像您这样的君子也有憎恨的对象吗?"师父说:"我有憎恨的对象:我憎恨宣扬别人的短处的,我憎恨身居下位而诽谤身居上位的,我憎恨勇猛而不讲礼的,我憎恨果断干脆而执拗倔强的。"问:"端木赐你也有憎恨的对象吗?""我憎恨把贪欲当成聪明的,我憎恨把不谦逊当成勇敢的,我憎恨把举发别人短处当成直率的。"

英 译

Zi Gong asked:"Do you, as such a cultivated gentleman, also have your hatreds?" The master said:"I do have my hatreds: I hate those who publicize the vices of others, I hate those who dwell in low positions and slander those in higher ones, I hate those who are brave but do not observe the rules of propriety, I hate those who are resolute and crisp yet stubborn and obstinate." Asked:"Duanmu Ci do you have your hatreds too?" "I hate those who take greed as wisdom, I hate those who take immodesty as bravery, I hate those who expose others' demerits and take this as his candidness."

17.25【原文】

子曰:"唯女子与小人为难养也;近之则不孙,远之则怨。"

字词章句

唯。表示肯定的语气助词,没有实义,不能解读为"只有"。

女子。女孩子。

养。抚养,引申为伺候,再引申为对待、打交道。

本章历来解说纷纭,但十之八九是为了替孔子对女人的公开歧视和贬损找借口和打掩护,因此生出种种牵强附会、曲折迂回;不赘,不取。本章句意简明,就是在强烈贬损女孩子和小人。唯一需要解释的是"小人":是和统治者对应的"平民"呢,还是和道德意义上君子对应的"鄙陋之人"呢?本书认为是后者,如下:

和统治者对应的平民,是从社会地位划分出的阶层,近之则不逊是很可能的,在《论语》中孔子屡次教导统治者要"庄",怕的就是和平民太过亲昵就会丧失他们的敬重,从而使管理变得艰难;但"远之则怨"显然不是平民的特性,因为平民的需求是简单、直接而现实的,无非是衣暖饭饱、平安有序、有人在日常生活中给出明确指导,不大可能存在想和统治者保持紧密联系的需求。

和修养高尚人士对应的鄙陋之人本来就是从道德和性格修养角度划分出的一种人,因此,只有他们才有可能成为从性格和修养角度划分出来加以批评的人群。

多有把"小人"解为"仆役"的,没有出处,大约还是为了因此可以把"女子"解读为"女仆"从而淡化孔子对女性的歧视,不取。

今 译

师父说:"女孩子和小人算是难以打交道的了:亲近了他们就会不谦恭,疏远了他们就会有怨恨。"

英 译

The master said: "Girls and base men can be said to be difficult to deal with; Being intimate with them they will become impolite, being aloof with them they will become resentful."

17.26【原文】

子曰:"年四十而见恶焉,其终也已。"

字词训诂

见。表示被动,意为"被"。

其终也已。他就算结束了。

章句义理

可参阅子罕9.23中:"四十、五十而无闻焉,斯亦不足畏也已。"两章互相参考,更可见9.23中表达是对"四十、五十仍无闻"也不要担心的意思,这样两章结合,意思就是:到了四十还被别人憎恶,就没戏了,因为别人不会再给你改善的机会了;但是到了五十还没出名,也不要怕,因为未来还有机会、未来未必不如现在。

今 译

师父说:"到了四十岁还被人憎恶,他就算没戏了。"

英 译

The master said: "Being forty years old yet still hated by others—such a man will be done for."

微子篇

18.1【原文】

微子去之，箕子为之奴，比干谏而死。孔子曰："殷有三仁焉。"

字词训诂

微子。子姓，宋氏，名启。后世称微子、微子启。是商王帝乙的长子、纣王帝辛的长兄。周朝初年，通过"肉袒请罪"，子启被周成王封于商朝发源地商丘，建立宋国，成为宋国始祖，后世因之称为宋微子。

之。指纣王。

箕子。名胥余，帝乙的弟弟，纣王的叔父，封于箕，故称"箕子"。

比干。子姓，比氏，名干。和箕子一样，同为帝乙的弟弟、纣王的叔父。

三者故事始末

所谓"微子去之"，出处可参考《尚书·商书·微子》中记载："殷既错天命，微子作诰父师、小师。微子若曰：'父师、少师！殷其弗或乱正四方……殷遂丧，越至于今……父师、少师，我其发出狂？吾家耄逊于荒？今尔无指告，予颠隮，若之何其？'"今文译作：殷朝既然错失天命，微子就向父师和小师汇报。微子是这样说的："父师、少师！殷商恐怕不能治理好天下了……殷朝终要灭亡，竟到了今天这个地步……父师、少师，我将出亡在外呢，还是能安然老死于荒野呢？你们如果不指点我，我就会完蛋，怎么办呢？"从后面史料来看，最后是选择出亡。

《史记·殷本纪》中对此的记载是："纣愈淫乱不止。微子数谏不听，乃与大师、少师谋,遂去。"

按《史记·殷本纪》中记载,就在上面对微子"数谏不听"的记述后面,有:"比干曰:'为人臣者,不得不以死争。'乃强谏纣。纣怒曰:'吾闻圣人心有七窍。'剖比干,观其心。箕子惧,乃佯狂为奴,纣又囚之。"

按《史记·宋微子世家》记载:"纣为淫泆,箕子谏,不听。人或曰:'可以去矣。'箕子曰:'为人臣谏不听而去,是彰君之恶而自说于民,吾不忍为也。'乃被发佯狂而为奴……王子比干者,亦纣之亲戚也。见箕子谏不听而为奴,则曰:'君有过而不以死争,则百姓何辜!'乃直言谏纣。纣怒曰:'吾闻圣人之心有七窍,信有诸乎?'乃遂杀王子比干,刳视其心……于是太师、少师乃劝微子去,遂行。"

同样据《史记·宋微子世家》记载:""周公既承成王命诛武庚,杀管叔,放蔡叔,乃命微子开代殷后,奉其先祀,作微子之命以申之,国于宋。微子故能仁贤,乃代武庚,故殷之余民甚戴爱之。"

据传说,箕子就是朝鲜的开国君主。

今 译

微子离开了他(商纣王),箕子做了他的奴隶,比干劝谏他而死。孔子说:"殷朝有三个仁人。"

英 译

Mr. Wei left him (Emperor Zhou of the Shang dynasty), Mr. Ji became his slave, Bi Gan remonstrated him and got killed. Confucius said: "The Yin dynasty had three humanitarian men."

18.2【原文】

柳下惠为士师,三黜。人曰:"子未可以去乎?"曰:"直道而事人,焉往而不三黜?枉道而事人,何必去父母之邦?"

字词训诂

士师。执法官员的通称。

父母之邦。父母所在国,借指自己的祖国;因为父母在该处生下自己。籍贯同此理。

章句义理

柳下惠被三黜,估计与臧文仲有关。请参阅卫灵公 15.14 下解读。

柳下惠此处论述,在前半段作"天下皆枉"的假设,而后半段则作"枉道事人无分区域"的假设。这两个假设都经不起推敲,不展开。他的逻辑是典型的大而化之的狡辩,乍听有理,细品无语。

今 译

柳下惠做执法官,三次被罢免。有人说:"先生您不能离开吗?"答:"正直地侍奉别人,到哪里能不被三次罢免呢? 违背正道地侍奉别人,为何要离开自己的祖国呢?"

英 译

Liuxia Hui, as lawman, was dismissed three times. Someone said: "Why don't you leave?" Replied: "If serving others uprightly, in where will I not be dismissed for three times? If serving others crookedly, why leave the country of my parents?"

18.3【原文】

齐景公待孔子曰:"若季氏,则吾不能。"以季、孟之间待之。曰:"吾老矣,不能用也。"孔子行。

章句义理

故事背景是理解本章的关键。

颜渊 12.11 有齐景公问政于孔子的记载。孔子在齐国时约为前 517 至前 515

年,很可能那一次问政是在孔子刚刚抵达齐国时,而本章所记的故事是在那之后。

《史记·孔子世家》中对孔子在齐国期间的记录,从上述颜渊12.11开始,然后是:他日又复问政于孔子,孔子曰:"政在节财。"景公说,将欲以尼溪田封孔子。晏婴进言劝止,冗长不赘。后景公敬见孔子,不问其礼。异日,景公止孔子曰:"奉子以季氏,吾不能。"以季孟之间待之。齐大夫欲害孔子,孔子闻之。景公曰:"吾老矣,弗能用也。"孔子遂行,反乎鲁。上述引文中欲害孔子的齐大夫应该就是当时专权的陈桓。上述引文明确说明"以季孟之间待之"是落实了的,因此本章句读应把此句摘出来,放在"若季氏,则吾不能"之后,作为对齐景公行为的记录而不是言谈的引用(这是不同于主流的句读)。如此可知孔子最后离开不是因为齐景公对自己不够好,而是因为齐景公"不能用"自己。

《史记》行文暗示齐景公不用孔子是因为被逼无奈,因为有大夫要害孔子,才编了个理由"吾老矣",等于委婉送客,以免孔子被害。所以,孔子离开,不仅不是因为齐景公对自己不够好,也很可能不是因为齐景公"不能用"自己,更大的可能是对有可能遇害的担心,符合他一贯"乱邦不居"(泰伯8.13)这种明哲保身的态度。

陈桓专政,其地位应该相当于鲁国的季氏,因此齐景公即使愿意,也没有机会给孔子同样的待遇。能给出季孟之间的待遇,应该也是顶住了很多压力才能实现的。

综上,可有以下结论:

一,齐景公待孔子不薄,很可能是迫于陈桓的压力,才未能重用孔子。

二,孔子对齐景公评价负面,体现在季氏16.12中,说他"民无德而称焉"。

三,孔子对齐景公怀有的怨恨,可能是因为:在自己年富力强的时候,居齐两年,期间看到了治国化民的机会,最终却是空欢喜一场。有点怨气放大、所恨非人的嫌疑。

今 译

齐景公谈到对待孔子时说:"像鲁国对待季氏那样对待他,我就做不到。"就以季氏和孟氏(在鲁国受到)的待遇的中间对待他。(后来)说:"我老了,没办法用他了。"孔子就离开了。

英 译

King Jing of the Qi state, on how to treat Confucius, said: "To treat him the way like the Lu state deals with the Ji family—this is what I am not able to." So he treated him in the level between what the Ji family received and what the Meng family did (in the Lu state). (Later he) said: "I am old, I am not able to employ him." Confucius then left.

18.4【原文】

齐人归女乐,季桓子受之,三日不朝。孔子行。

字词章句

故事背景

《史记·鲁周公世家》中,有"(鲁定公)十年……季桓子受齐女乐,孔子去"的记载,即是此事。时间是前500年,孔子时年五十一岁,还未开始周游列国,心高气盛,所以才会说走就走。

齐人。齐国人,不是齐君,因为季桓子虽掌管鲁政,但名义上仍尊鲁君,齐君不可能越过鲁君送女乐给季桓子,而只能通过同级别的大夫或民间人士来表达对季桓子的好意。

归。音义同"馈"。

女乐。女性演出的音乐舞蹈,是和"雅乐"对应并对立的音乐形式。所以,此处暗示的不仅是"女色",还有对"雅乐"的背叛。

季桓子。季孙斯,鲁国大夫,季平子之子,季康子之父。

不朝。季桓子代理朝政,因此"不朝"是指不去鲁君朝廷报到了。

今 译

齐人赠送了女乐,季桓子接受了,一连三天不上朝,孔子就离开了。

英 译

Some people of the Qi state presented a gift of female performers, Mr. Ji Huan accepted, and did not show up in court for consecutive three days. Confucius then left.

18.5【原文】

楚狂接舆歌而过孔子曰:"凤兮凤兮! 何德之衰? 往者不可谏,来者犹可追。已而已而! 今之从政者殆而!"孔子下,欲与之言。趋而辟之,不得与之言。

字词训诂

楚狂接舆。西晋学者皇甫谧在《高士传·卷上·陆通》中记载说"陆通,字接舆,楚人也。好养姓,躬耕以为食。楚昭王时,通见楚政无常,乃佯狂不仕,故时人谓之楚狂"(然后就是本章故事的详情版,不赘)。也有人认为此人不可考。还有人认为"接舆"二字就是"接驾",要么指此人为孔子接驾,要么指此人迎着孔子的车子而歌。这样,"楚狂接舆"的意思就是"楚国有个狂人迎着孔子的马车",此解勉强,因为如果是"接驾者"则孔子必定有机会认识,不会"不得与之言";如果指迎着马车而歌,用"向舆"更贴切,干吗要用"接舆"这样别扭的字眼呢?

皇普谧是公元三世纪人,其《高士传》难有确信的史料支撑。在没有更好的解释前,把"接舆"当做人名并承认其人不可考较为妥当。

楚狂接舆歌。接舆唱的歌,庄子在《庄子·人间世》中删改加字,做成新版本;后被司马迁录入《史记·孔子世家》;后又被上述皇普谧删改再成新版本;后来被好事者把它打扮成先秦乐府,命名为"楚狂接舆歌"。

应该摒除上述转述臆造,把接舆唱的歌理解为其原创即可。

这首歌解读如下:

第一段:凤是传说中的祥瑞之鸟,据说只在政治清明时才会出现。此处"凤"指孔子。"德之衰",说美德衰弱,凤不像凤了,以讽刺孔子在乱世中到处奔走、渴求出仕的不合时宜的行为。

第二段奉劝孔子尽快收手、亡羊补牢,不要"降志辱身"(本篇18.8)。

第三段是警告:现在当官的都危殆无助,你就别往火坑里跳了。

衰。cuī,衰败义。

谏。挽救。"追",追上,赶得及。

章句义理

孔子当然不会因为接舆讽刺而改变态度。孔子对待出仕的态度总结起来应该是两条:知其不可而为之(请参阅宪问14.38);无可无不可(本篇18.8)。

今 译

楚国狂人接舆唱着歌经过孔子,歌曰:"凤凰啊,凤凰啊!你的美德怎么这样衰微?过去的无法挽回,未来的还能赶上。算了吧,算了吧!当今从政的人困顿危殆着呢!"孔子下车,想和他说活。他赶快避开,孔子未能和他说上话。

英 译

A madman of the Chu state, Jie Yu, sang and passed by Confucius, singing: "Oh phoenix, oh phoenix! How has your virtues declined! The past cannot be redeemed, but the coming can be kept up with. Forget it, forget it! Today's government participants are in peril!" Confucius dismounted, wished to speak with him. He scurried away to evade, so Confucius could not speak with him.

18.6【原文】

长沮、桀溺耦而耕,孔子过之,使子路问津焉。长沮曰:"夫执舆者为谁?"子路曰:"为孔丘。"曰:"是鲁孔丘与?"曰:"是也。"曰:"是知津矣。"问于桀溺。桀溺曰:"子为谁?"曰:"为仲由"。曰:"是鲁孔丘之徒与?"对曰:"然。"曰:"滔滔者天下皆是也,而谁以易之?且而与其从辟人之士也,岂若从辟世之士哉?"耰而不辍。子路行以告。夫子怃然曰:"鸟兽不可与同群。吾非斯人之徒与而谁与?天下有道,丘不与易也。"

字词章句

长沮、桀溺。因"桀"可以通"杰",所以有解为"高个子沮和了不起的溺"的,有点勉强,尤其无法解释为何用"桀"这种对人能力的统称而不用一个类似"长"这种描述具体外貌特征的字;还有认为是"问津",所以才用"沮"和"溺"两个水字旁字来指称两位隐士,有道理,但是无法解释为何用这两个意义很负面的字,亦不取。

两人均不可考,不如老老实实地不考。或许记录者根据两人的外貌特征和居住地为他们起这两个代号,但既然无法确证,不如认为是两个人名。至于为何子路或记录者知道隐士的名字,也许是问答中得知的吧。

耦而耕。两个人并肩一起耕地。从后文"耰而不辍"看,显然两人不是在耕地,而是并肩除草。此处"耕"字,当作"干农活"泛解。

津。渡口。"是知津矣",应是"既然是孔子,不是无所不知吗?当然该知道渡口的位置"的语气,拒绝帮助并语带讽刺。

且而。"而"指"你","且"此处作发语的语气助词更妥,此时读 jū。

辟人之士,辟世之士。"辟",音义同"避";"辟人之士":避开别人的人,此处结合孔子的特点,应是指"避开不讲王道的君主的人";"辟世之士":逃离世界的人,指隐士。

桀溺的逻辑看起来很强大:整个世界都一团糟,光躲避部分无道之君主没用,躲不完;如果真想避开这样的人,只有隐世一途。这个论述的漏洞在于其大前提"滔滔者天下皆是也",因为这未必是事实,而且孔子周游列国,就是因为期待着遇到一个不是这样的明主。所谓"知其不可而为之"说到底还是因为怀揣着"不到最后,不知其不可也"的希望。

耰。nòu,翻土、除草。

怃。wǔ,"怃然",怅然失意的样子。

鸟兽不可与同群。鸟兽,我们是不能和他们共处的。孔子对隐士的话有所感触,但仍明确表达这不是自己的理想,用这个比喻来表达不愿意避世的基本信念。

吾非斯人之徒与而谁与。此句难解,关键点是"斯人"指谁?

从语法上讲,应该指"长沮、桀溺",借指隐士。但从义理看,这显然违背孔子本意及行文逻辑;从孔子本意及行文逻辑看,应指"不避世之人",即像孔子这样一心入世治国化民、而在选择服务对象上又有所不为的人;同样符合孔子行文逻辑的还包括"不避人之人",即指全体愿意入世的人,既包括孔子这样的人,也包括没有原则、有机会就抓住的各类统治者。

在任何情况下,"斯人"都不可能指"全民"或"天下人"。这种误读是历来的主流,其错误在于忽略孔子对人群一贯的区分:平民是不可能主动参与改造社会及实践"先王之道"的,孔子认为只有"士"及以上人士才有资格来治国化民,他们才有资格"与易"。

本书认为正解如下:把"斯"字做语气助词解,无意义;"徒"解为信仰相同的人;"人之徒",人类中和我有相同信仰的人;把"与"作动词解,取其结交、共处义,这样全句就是"我不和人群中和我信仰相同的人共处,又能和谁共处呢?"因此,孔子不仅排除了和"避世之人"共处,也排除了和"避人之人"的共处。此解义理通顺,观点明确而一致,一气呵成,妥当。

天下有道,丘不与易也。此处的"与"读作 yù,解为"参与"。

今 译

长沮、桀溺并肩而耕,孔子路过他们,让子路去问渡口在哪里。长沮问:"那个拿着缰绳驾车的是谁?"子路说:"是孔丘。"问:"是鲁国的孔丘吗?"子路说:"是的。"长沮说:"那他自然知道渡口的位置啊。"去问桀溺。桀溺说:"你是谁?"答:"我是仲由。"问:"是鲁国孔丘的门徒吗?"回答说:"是的。"桀溺说:"像江水一样滔滔奔流的,整个天下都是的,而又有谁能来改变它呢?你与其跟着躲避人的人,哪里比得上跟着躲避世界的人呢?"两人仍除草不停。子路回来后报告给孔子。孔子怅然地说:"飞禽走兽是不能和他们共处的。如果不和世上与我理想一致的人共处,还与谁共处呢?如果天下太平,我就不会参与改变它。"

英 译

Chang Ju and Jie Ni worked on the farm shoulder by shoulder, Confucius passed by them, and let Zi Lu ask them where the ferry was. Chang Ju asked: "Who is it that holds the reins in the chariot?" Zi Lu replied: "It's Kong Qiu." Asked: "Is it Kong Qiu of the Lu state?" Replied: "Yes." Chang Ju said: "Then he certainly knows where the ferry is." Asked Jie Ni. Jie Ni said: "Who are you, sir?" Replied: "I am Zhong You." Asked: "Are you the student of Kong Qiu of the Lu state?" Replied: "I am." Jie Ni said: "Torrential like the river—the whole world is like this, and who would be able to change it? You, rather than follow the gentleman who eludes people, would you not be better off to follow the gentleman who eludes the world?" The two kept weeding without stopping. Zi Lu came back and reported to Confucius. The master said disappointedly: "Birds and beasts are not for me to get along with in one group. If I do not get along with people with similar ideals as mine, then with whom should I get along? If the empire was on the right way, I would not participate in changing it."

18.7【原文】

子路从而后，遇丈人，以杖荷蓧。子路问曰："子见夫子乎？"丈人曰："四体不勤，五谷不分，孰为夫子？"植其杖而芸。子路拱而立。止子路宿，杀鸡为黍而食之，见其二子焉。明日，子路行以告。子曰："隐者也。"使子路反见之。至，则行矣。子路曰："不仕无义。长幼之节，不可废也；君臣之义，如之何其废之？欲洁其身，而乱大伦。君子之仕也，行其义也。道之不行，已知之矣。"

字词章句

从而后。跟随着但是拉在后面。

丈人。老人家。

蓧。diào，竹编农具。"以杖荷蓧"，用手杖挑着竹筐。

四体。四肢；"四体不勤"，四肢不动弹，指不参与生产活动。

五谷。有多种说法，要旨是五种主要的农产品，详考无益；"五谷不分"，言其没有农业常识。从老人家的应对来看,应该是知道孔子而不认可他,所以才有的放矢地讽刺他吧。解读者多有认为此处是说子路"四体不勤、五谷不分"的,不妥,因为不合语境,也无法呼应后面"孰为夫子"的反问。

植其杖而芸。"芸",音义同"耘",除草也。全句是"把手杖插在地上开始除草"。有人因此认为上面的"篠"就是除草的竹筐,不妥。因为用竹编制品来除草,太容易磨损,不合常理;筐中另有工具才合常情。

黍。shǔ,黄米。

食。sì,喂食。留宿一晚,可见子路拉下的路程不短。

长幼之节,不可废也。意思是昨晚老人特地叫出两个孩子来相见,可见老人家很重视长幼的礼节,留下了后面"君臣之义,如之何其废之"反问的伏笔。

子路后半章的论述,就是孔子"知其不可而为之"的态度。

今 译

子路跟随而来却落在后面,遇到个老人家,用手杖挑着竹筐。子路问道:"先生见过我的老师吗?"老人家说:"四肢不动弹,五谷分不出,谁能称为老师啊?"就把手杖插进地里开始除草。子路拱手站立。留子路住宿,杀鸡煮黄米饭给他吃,还叫出两个儿子来见子路。第二天,子路赶上来报告给孔子。师父说:"他是隐士啊。"教子路回去见他。子路到了地方,老人家不在。子路说:"不出来做官不合于义。(既然)长幼之间的规矩,不能废弃;君臣间的道理,又怎能废弃呢?想洁身自好,却搞乱了重要的人伦关系。君子出仕,为的是履行正义。道行不通,本来就知道啊。"

英 译

Zi Lu followed but lagged behind, he met an old man, with his bamboo crate put up on his stick. Zi Lu asked: "Have you sir seen my teacher?" The old man said: "With four limbs not working, not being able to distinguish among the five kinds of grain—who can be said as a teacher?" He infixed his stick into the earth and started to weed. Zi Lu crossed his hands in front of him and stood by. He stopped Zi Lu to stay overnight, killed chicken and cooked millet to feed him, called out two sons to meet Zi Lu. The next day, Zi Lu caught up and reported to Confucius. The master said: "He's a recluse." He asked Zi Lu to go back to meet him. Zi Lu arrived at the place, the old man was gone. Zi Lu said: "Refusing to take office is not righteous. (Since) the established practice between the old and the young should not be discarded; and then how could the principles between the king and the ministers be discarded? In order to maintain one's own purity, he is confusing the grand ethics. A cultivated gentleman's taking office, is to practice the righteousness. The right way's not working, he has been aware of it."

18.8【原文】

逸民：伯夷、叔齐、虞仲、夷逸、朱张、柳下惠、少连。子曰："不降其志，不辱其身，伯夷、叔齐与！"谓："柳下惠、少连，降志辱身矣，言中伦，行中虑，其斯而已矣。"谓："虞仲、夷逸，隐居放言，身中清，废中权。我则异于是，无可无不可。"

字词训诂

有一种句读是"逸民：伯夷、叔齐、虞仲；夷逸：朱张、柳下惠、少连。"等于说了六个人，并且分为"逸民"和"夷逸"两组。此解无法解释后面的"虞仲夷逸，隐居放言"，而且柳下惠是鲁国大夫之后，不可能被归类于"夷逸"，因此不取。

逸民。有多解。

一说是"隐居之士"；二说是"被世所遗忘之人"；三说是"亡国遗老"；四说是泛指"无位之人"；五说是"心胸超然、洁身自好、不同流合污之人"。

本书认为上述各解第五说为妥：首先，柳下惠不曾隐居，也不是亡国遗老，因此第一解和第三解不成立；其次，既被世所忘，则无从得知，而伯夷叔齐，"民到于今称之"（季氏16.12），显然没被遗忘，因此第二解不成立；至少伯夷、叔齐和柳下惠不是"无位之人"，因此第四解不成立；最后，这些人从国君到平民都有，其共性只能是不论身份地位,只讲内心境界和个人修养的人士。

言中伦,行中虑。"中",音 zhòng,"合乎"义;全句就是:说话合乎法度,行为合乎熟虑。

身中清,废中权。行为算得上洁身自爱,放弃职位符合权宜之道。可以反推出虞仲和夷逸二人应是辞官归隐的。

章句义理

七人分别是谁

一,伯夷、叔齐,请参阅公冶长 5.23 下注解。

二,虞仲、夷逸、朱张,三人不可考。

三,柳下惠,参阅卫灵公 15.14 及本篇 18.2 下注解。

四,少连,唯一出现的史料是《礼记·杂记下》,中有:孔子曰:"少连、大连善居丧,三日不怠,三月不解,期悲哀,三年忧。东夷之子也。"

七人分为三等

从孔子的说法看,显然谈到的七个人应该分为三等:

一,伯夷、叔齐无疑是第一等的,"不降其志,不辱其身"。

二,虞仲、夷逸是第二等的,虽然孔子没有总结,但应该属于"先降而后明其志,先辱而后清其身",即先是"降志辱身",后来还能当断则断,当去则去。

三,柳下惠、少连是第三等的,"降志辱身",而且未做到当去则去(请参考本篇 18.2 中三黜故事),只是做到"言中伦、行中虑"而已。

孔子没有把朱张分类,划归和虞仲、夷逸一组,或和柳下惠、少连一组,都可以。当然,孔子虽然把人分了三等,总体而言他们都是"逸民",都是"心胸超然、洁身自好、不同流合污之人",都值得赞赏。

孔子没有按高低顺序来分三等,而且分组时又漏掉朱张,合理的解释大约是这样的吧:后世弟子在记录本章时,按照手头有限资料及其行文顺序,哪怕明知有错漏也不敢稍改。

今 译

超然之人：伯夷、叔齐、虞仲、夷逸、朱张、柳下惠、少连。师父说："不降低自己的志向，不委屈自己的身份，伯夷、叔齐是也！"又说："柳下惠、少连，降低了志向又委屈了身份，说话合乎法度，行为合乎熟虑，他们不过如此而已。"又说："虞仲、夷逸，隐居直言，行为算得上洁身自爱，放弃职位则符合权衡之道。我则和他们不一样，没有什么非要做的，也没有什么不可以做的。"

英 译

Aloof people: Bo Yi, Shu Qi, Yu Zhong, Yi Yi, Zhu Zhang, Liuxia Hui, Shao Lian. The master said: "Lowering not their aspirations and condescending not in their statuses—such were Bo Yi and Shu Qi!" He followed: "Liuxia Hui and Shao Lian, lowered their aspirations and condescended in their statuses, their words conformed to standards, their behaviors conformed to careful considerations—they were no more than that." He followed: "Yu Zhong and Yi Yi, lived in seclusion and spoke boldly, their behaviors conformed to purity, their retirement decisions conformed to judging and weighing. As for me I am different from them, I am neither bound for doing anything nor excluding doing anything."

18.9 【原文】

大师挚适齐，亚饭干适楚，三饭缭适蔡，四饭缺适秦，鼓方叔入于河，播鼗武入于汉，少师阳、击磬襄入于海。

字词训诂

大师、亚饭。"大师"音义同"太师"，是一国最高的乐官，大约就是乐团团长或首席演奏者吧；亚饭、三饭、四饭，都是乐官名，"干、缭、缺"则是人名；"饭"言奏乐为君主佐餐之义。从"四饭"可知君主一日四餐。

鼓方叔入于河。击鼓的乐师方叔去了黄河边（隐居）。

播鼗武入于汉。"播",通"簸",摇动、簸扬的意思;"鼗",táo,小鼓。全句即：摇小鼓的武到了汉水边（隐居）。

少师阳、击磬襄入于海。"少师",副乐师,即太师的副手,"阳"是其名。"磬",一种石质打击乐器;"击磬襄",击磬的乐师名叫襄。《史记·孔子世家》中有"孔子学鼓琴师襄子"的记录。

海。大海。或者是指海边,或者是指海岛,鉴于海岛是海边的子集,就取海边吧。

章句义理

"乐"在周朝文化体系中的地位不言而喻,在政治领域也同样不可或缺。鲁国作为西周建立时最重要的诸侯国,保存了完整的西周礼乐制度。"乐"在鲁国的衰落可以说是其整体衰落的明证,也是"礼崩乐坏"的明证。鲁国这八位乐官的出走和隐居,象征着先王之道无可挽回的衰败命运。本章表面上不动声色,实际折射出孔子绝望而无奈的悲叹。

今 译

音乐太师挚去了齐国,亚饭乐师干去了楚国,三饭乐师缭去了蔡国,四饭乐师缺去了秦国,鼓手方叔隐于黄河边,摇小鼓的武隐于汉水,副乐师阳和击磬乐师襄隐于海边。

英 译

The chief musical official Zhi went to the Qi state, the second-meal musician Gan went to the Chu state, the third-meal musician Liao went to the Cai state, the fourth-meal musician Que went to the Qin state, drummer Fang Shu retired to the side of the Yellow River, tambourine player Wu retired to the side of the Han River, the assistant musical official Yang and the chime stone player Xiang retired to the seaside.

18.10 【原文】

周公谓鲁公曰："君子不施其亲；不使大臣怨乎不以；故旧无大故，则不弃也；无求备于一人。"

字词训诂

周公、鲁公。周公即周公旦，鲁公是其长子，姓姬名禽，统称伯禽，是鲁国第一任国君。

不施其亲。"亲"，取其最广泛的外延为妥，即族亲。

"施"有歧义：主流意见是把它同于"弛"，从而解为"怠慢、疏远、遗弃"，则"不施其亲"就是"不要疏远其族亲"。强调的"君子笃于亲，则民兴于仁"（泰伯8.2）的逻辑，而且与后面的其他指示在意义上形成连贯和呼应，都是照顾既有关系。此解代表人物是朱熹；今人石永楙（mào）在其《论语正》中认为"施或弛，皆赦宥之义"，则"不施其亲"就是"不要在族亲违法犯罪时赦宥他们"，强调的是自我约束，反对裙带关系，为下面树立榜样的逻辑。

上述第一解不妥处如下：

虽然本书反对孔子"君子笃于亲，则民兴于仁"的逻辑（请参阅泰伯8.2下解读），但必须承认以朱熹为代表的解读者在这个逻辑上体现一致性。但"施"本身没有"疏远、怠慢"义，把"施"同于"弛"没有词源来处，即使这种解读体现孔子观点的一致性，由于没有训读依据，也不接受。

"不给族亲好处"并不意味着在分封领地和采邑过程中不考虑他们，给族亲分封领地和采邑恰恰是应有之义，属于"先王之道"的一部分，有章法和制度依据。"不给族亲好处"指在按照制度分配利益之后不再额外给予他们好处。给予他们好处如果在制度之内，就属于应有之义，谈不上好处不好处。

唯有在制度和章法之外"不给族亲特别恩惠"，才有可能维持制度和章法，才能维系"先王之道"的永续经营。否则，族亲内部又如何平衡轻重缓急、亲疏厚薄呢？如果说"君子笃于亲，则民兴于仁"作为原则还有逻辑上成立的可能性的话，则"不怠慢族亲"作为行动依据就会陷入自我否定的结构性下降螺旋，无法成立。

上前第二解不妥处如下：

首先同上，训读上，"施"本身没有"疏远、怠慢"义，而把"施"同于"弛"又没有词源来处。

其次，"不要在族亲违法犯罪时赦宥他们"本来就是应有之义，否则等于否定了社会运行的基本道德基础"义"，不应该成为周公对儿子谆谆教导时的重要内容，好像暗含了"本来伯禽会在族亲违法犯罪时赦宥他们"的可能性似的。

本书观点是取其"施与、给予好处"原义，则"不施其亲"就是"不给族亲们好处"。唯有提醒儿子"别给族亲特别恩惠"才算是真正的提醒，暗示了"本来伯禽会这样"的可能性以及人性中较为普遍的优待族亲的倾向。

不以。"以"用作动词，意为"使用"。

求备。要求齐备完美。

章句义理

从提醒的必要性的角度来看，则周公的四条指示就有明显的线索作为主绳，那就是人性的弱点，分别是：

一，容易优待族亲的心理倾向。

二，忽视臣子辅佐的刚愎自用的倾向。

三，苛求或忽视故旧的倾向，或者说是喜新厌旧的倾向。

四，对他人求全责备的倾向。

把上述弱点反过来，就可以推导出周公对管理一个诸侯国的四条建议：

一，不要特别优待族亲。

二，不要搁置臣辅。

三，不要忽视故旧。

四，不要求全责备。

本段引述的周公对伯禽的告诫，来处不详，或许来自孔子时代还存世的历史资料。周公对鲁公的告诫，今存最早史料是《韩诗外传》，也属于来处不明的引用：原文是："成王封伯禽于鲁。周公诫之曰：往矣，子无以鲁国骄士。吾文王之子，武王之弟,成王之叔父也,又相天子,吾于天下亦不轻矣。然一沐三握发,一饭三吐哺,犹恐失天下之士。吾闻,德行宽裕,守之以恭者,荣;土地广大,守之以俭者,安;禄位尊盛,守之以卑者,贵;人众兵强,守之以畏者,胜;聪明睿智,守之以愚者,哲;博闻强记,守之以浅者,智。夫此六者,皆谦德也。夫贵为天子,富有四海,由此德也。不谦而失天下,亡其身者,桀、纣是也。可不慎欤?"今译作:周成王把鲁地封给伯禽。周公告诫他说:去了以后,你不要因为受封于鲁国就怠慢人才。我是文王的儿子,武王的弟弟,成王的叔父,还辅助天子,我对于天下不算不重要了。然而我洗一次头就要多次(暂停)去收拢散开的头发,吃一顿饭要多次吐出口中的食物(去接待来访者),就这样都还怕(因为有所怠慢而)失去天下的人才。我听说,道德品行宽大包容者,如能兼以恭敬的态度,就会受人尊重;土地广大者,如能兼以节俭,就会政权安定;位尊权高者,如能兼以谦卑,就会广被爱戴;人口众多而军队强大者,如能兼以敬畏,就会胜利;聪明睿智,如能兼以愚拙,就会取得平衡;博闻强记,如能兼以厚积薄发,就会充满智慧。这六点,都是谦虚的美德。能贵为天子,拥有天下,就是因为奉行这个美德。不谦虚而失去天下,且自己死掉的人,桀、纣是也。能不慎重吗?

《韩诗外传》的记载,和《论语》本章的内容,显然并不一致。如果一定要在两处引文中找到共同点,大约就是用谦虚精神来对待他人吧;具体来说,这种精神和本章内容对应最为紧密的,应是"不使大臣怨乎不以"一句。

今 译

周公对鲁公说:"统治者不特别优待其族亲;不使大臣抱怨不被重用;老部下和老朋友如果没有严重过失,就不抛弃他们;对一个人不求全责备。"

英 译

Duke Zhou told Duke Lu: "A ruler does not give preferential treatment to his relatives from the same clan; he does not cause the great ministers to complain about not being valued; he does not renounce his old subordinates and old friends when they do not commit serious faults; he does not demand perfection from an individual."

18.11【原文】

周有八士:伯达、伯适、仲突、仲忽、叔夜、叔夏、季随、季骃。

字词训诂

八士。可参阅泰伯8.20中,武王曰:"予有乱臣十人。""士":结合"周"的时代特点和上述引用章节对"臣"字的使用,可以推断"士"在周朝应该是指没有资格上朝当面辅佐天子(即级别低于卿和大夫),但在各级岗位上为王朝做出突出贡献的知名人士,粗略相当于"大名鼎鼎的地方官员或人物"吧。在英文中,权用 minister 指"臣"而用 official 指"士"。

这八位如何成为"八士"以及他们分别到底是谁,有多解,但均无可以确证的出处;既不可考,不考即可。

古代兄弟姊妹间排行习惯以伯、仲、叔、季从大到小排序,因此看起来这八士像是八个兄弟;有人因为伯仲叔季各两人,所以推论说是四对双胞胎。这两种说法都只能说有可能,但也都无法确证,只好存疑。

不好理解的是,为何史料无其他出处而孔子却知道这八个人,还能说出每个人的名字呢?最大可能的解释是:在孔子时代,有一部分关于周朝的史料还是存在的,不管是以书面的形式,还是以民间口头相传的形式,或者以诗歌传唱的形式,很可能这些史料在当时就已经算是冷僻,所以只有孔子这样"好古,敏以求之"(述而7.20)的人才能挖掘出来;后来这些史料或者渐渐失传,或者毁于战火,或者遭遇包括秦朝焚书在内的文化浩劫而终归于无,无从考据了。

伯适。适,kuò。用于人名时用此音,《论语》中还有南宫适。

季骃。骃,guā,原义是黑嘴的黄马。

今 译

周有八位(著名)官员:伯达、伯适、仲突、仲忽、叔夜、叔夏、季随、季骃。

英 译

The Zhou dynasty had eight (famous) officials: Bo Da, Bo Kuo, Zhong Tu, Zhong Hu, Shu Ye, Shu Xia, Ji Sui, Ji Gua.

子张篇

19.1 【原文】

子张曰:"士见危致命,见得思义,祭思敬,丧思哀,其可已矣。"

字词训诂

见危致命。义同于"见危授命"(宪问 14.12):看到危险愿意付出生命。

见得思义。亦见于季氏 16.10:看见利益就想到正义。

祭思敬,丧思哀。祭祀时要严肃,参加丧礼时要悲痛。既是常理,也是孔子的主张。

其可也矣。这样算可以了。最后一个"矣"字,带有一点"罢了"的意味,应该有"做了这些不过也就是基本要求"的意思吧。

今 译

子张说:"士看到危险愿意付出生命,看见利益就想到正义,祭祀时保持严肃,在丧礼中保持悲痛,这样也就可以了。"

英 译

Zi Zhang said:"A gentleman who is willing to sacrifice his life in front of dangers, who thinks of righteousness in front of benefits, who remains serious in sacrificial ceremonies, and who remains sad in funerals—is all right."

19.2【原文】

子张曰:"执德不弘,信道不笃,焉能为有?焉能为亡?"

字词章句

执德不弘。遵守道德而不去弘扬它。执德言其守德,不弘言其私藏。德可否自有而不弘扬?不可以,因为"德"是人际交往中价值观的行为体现,可在自身修炼,但却无法在自身体现。所以"执德不弘",本质上等同于"不执德"。

信道不笃。信仰大道却不坚守。"道"指先王之道。信道是信仰先王之道,不笃言其浅尝辄止,不能坚持。先王之道只有在实践中才能体现其价值,如果一个信仰它的人,或因四处碰壁,或因屡遭挫折,就开始怀疑自己的信仰,甚至停下实践的努力,则他的信仰就没有机会对社会产生贡献,其"信道不笃",本质上等同于"不信道"。

焉能为有?焉能为亡。"亡",音义通"无";全句意为"怎能算有呢?怎能算无呢?"

今 译

子张说:"遵守道德而不去弘扬它,信仰大道却不坚守,这样怎能算有呢?怎能算没有呢?"

英 译

Zi Zhang said:"Comply with virtues without advancing and enriching it, believe in the grand way without adhering to it—How could this be regarded as existent? How could this be regarded as non-existent?"

19.3【原文】

子夏之门人问交于子张。子张曰:"子夏云何?"对曰:"子夏曰:'可者与之,其不可者拒之。'"子张曰:"异乎吾所闻:君子尊贤而容众,嘉善而矜不能。我之大贤与？于人何所不容？我之不贤与？人将拒我,如之何其拒人也？"

章句义理

子夏的交友态度吻合孔子在学而 1.8 中"无友不如己者"的指示,属于从自己受益最大化的理性利己主义。孔子也说过"有教无类"(卫灵公 15.39),结合本章语境,应该与孔子说过的"君子尊贤而容众,嘉善而矜不能"一个意思,这是从利他主义的情怀出发的。两者并不矛盾,分别从"交友之于我"和"交友之于友"两个角度出发论述。

乍看起来,子张的主张更有气度,情怀更高,但子张其实把子夏的交友考察的唯度,从较为主观和模糊的"可或不可"转换成较为客观和无歧义的"贤的差别",有偷换概念之嫌;其次,子张"我之大贤与？于人何所不容？我之不贤与？人将拒我,如之何其拒人也"的论述看上去逻辑严谨,其实经不起推敲。前半句"我之大贤与？于人何所不容"等于做了"大贤必容人"这个并无必然性的假设;后半句"我之不贤与？人将拒我"请参阅学而 1.8 下相关解读,此处不赘。

如果接受子张的上述逻辑,行为上就应做到交友不要有任何判断和选择,任其自然即可,这等于放弃交友的全部主动性,不大可能是子张认真的主张。

所以结论是:两人的主张权且听之,而子张的雄辩更像是狡辩。

今 译

子夏的弟子问子张如何交友。子张问:"子夏怎么说的？"回答说:"子夏说:'可以交的就和他交,不可交的就拒绝他们。'"子张说:"这和我听到的不一样:君子尊重聪明人而容纳大众,赞许好人而同情没有能力的人。我是大贤吗？那就对别人有什么不能容纳的呢？我不是贤人吗？那别人将拒绝我,怎么会有我拒绝别人的事呢？"

英 译

The disciples of Zi Xia asked Zi Zhang on making friends. Zi Zhang asked: "What did Zi Xia say?" Replied: "Zi Xia said: 'Make friends with those who are acceptable, and reject those who are not acceptable.'" Zi Zhang said: "This is different from what I heard; a cultivated gentleman respects the wise and accepts the masses, appreciates the good and pities the incompetent. Am I a great wise man? Then who are there that I would not accept? Am I not a wise man? Then others will reject me, how could it be that I reject others?"

19.4【原文】

子夏曰:"虽小道,必有可观者焉;致远恐泥,是以君子不为也。"

字词章句

小道。有多解,多曲折牵强,不赘,不取。小道,只能是对应大道的,而大道,指的是"先王之道",因此小道就是具体的技艺。不管是文史知识,还是六艺,总之是"君子不器"(为政2.12)中的"器"。

致远恐泥。致,音义通"至",到达。"致远",到达远方。"泥",阻滞不前。全句即:在小道上行得远就怕会形成阻滞。

此处有歧义:一说是比喻难以通过钻研小道而达到大道,即小道难以通往大道。此解等于封住了全部小道的入口,是警告大家不要去学习小道;二说是小道并不一定通向大道,但学习小道是可以的,只是不要试图"致远",此处"致远"可以理解为"深度钻研"。此解允许学习小道,但警告不要试图在小道上"致远"。

上述第二解妥当:首先,孔子和其弟子不可能号召大家不学"小道"。述而7.6中有"游于艺"之说,泰伯8.8中有"兴于诗,立于礼,成于乐"之说。"艺、诗、礼、乐"都是"小道",孔子是提倡学习的,只是反对以它们为目的、使自己"器"而已;其次,一旦在具体技艺上,也就是通往大道的工具上,陷入其中不能自拔,忘了初心,就会妨碍追寻和实践先王之道;"君子不为",因此是对"小道致远"的不为,不是对"小道"的不为。

可观。值得一看,引申为值得认真对待。

今 译

子夏说:"即使是小技艺,必然也有值得认真对待的内容;但走得太远就会阻滞(对大道的追寻),因此君子不去(走得太远)。"

英 译

Zi Xia said:" Even in small subjects, there must exist something worthy of serious treatment; but if they are carried out too far, it will be retarding (the pursuit after the grand way), that's why the cultivated gentlemen do not go for it (to carry them out too far)."

19.5 【原文】

子夏曰:"日知其所亡,月无忘其所能,可谓好学也已矣。"

字词训诂

亡。音义同"无"。

已矣。两个语气助词,同样带有"不过如此"的意味,算是在整体肯定上的一点犹豫吧。

今 译

子夏说:"每天知道他还没有的,每月不忘掉他已经掌握的,这样的人算是爱好学习了吧。"

英 译

Zi Xia said:"From day to day he knows what he has not acquired yet, from month to month he does not forget what he has mastered, such a man can be said to love to learn."

19.6【原文】

子夏曰:"博学而笃志,切问而近思,仁在其中矣。"

字词章句

博学而笃志。广泛学习而志向坚定。有人认为应是"笃志而博学",即坚定志向是广泛学习的前提。不妥唯有通过"博学",反复徘徊而后印证确信,才能"笃志"。"志之所向"无疑就是掌握并践行"先王之道";子罕9.30中,孔子说过"可与共学,未可与适道",显然是把"道"当成"学"的更高级阶段,即把"学"当成"适道"的前提;一旦"笃志",等于达到学习的更高目的,哪里还用得着"博学"?所以"博学"是"笃志"的前提和手段,只能"博学而笃志",不能相反。

切问而近思。"切",急迫状;"切问",恳切求教;"近思",联系理论考虑身边的事情,强调除了理论联系实际外,还要遵从从小及大、由近及远的逐步进步的规律。

子夏本段论述颇有孔子的气魄和风格,当然也体现了他师父把可能当成必然的大而化之的习惯。

今 译

子夏说:"广泛学习从而坚定志向,恳切求教而思考当前的事情,仁就在这中间啊。"

英 译

Zi Xia said:"To learn extensively and build the faith firm, to inquire earnestly and ponder over close concerns—humanitarianism is inside of these."

19.7【原文】

子夏曰:"百工居肆以成其事,君子学以致其道。"

字词训诂

百工。各种手工工匠的统称。

肆。作坊。

致。到达，获取。

章句义理

本章是个类比，大意是：正如百工通过其工坊来完成其工作一样，君子要通过学习来获取其道，即掌握大道理。换个更顺畅的说法就是：工匠完成工作需要其工坊这个场地，而君子掌握大道理需要学习这个路径。必须得说，这个类比有点别扭，用"居肆"这个动宾词组来类比"学"这个动词，有点诡异，如果把"学"改成"学于堂"或"从师"或"登堂入室"等，则会顺畅得多。

今 译

子夏说："各种工匠通过其工坊来完成其工作，君子通过学习来掌握大道。"

英 译

Zi Xia said: "All kinds of craftsmen accomplish their jobs by working in their workshops, cultivated gentlemen grasp the grand way by learning."

19.8【原文】

子夏曰："小人之过也必文。"

字词训诂

之。无意义介词，功能是联系主谓语"小人"和"过"。

文。掩饰。

章句义理

可参阅卫灵公 15.30 和本篇 19.21 中"君子之过"。

今 译

子夏说："小人犯了过错必然会掩饰。"

英 译

Zi Xia said: "The base men err and will for sure gloss over it."

19.9【原文】

子夏曰:"君子有三变:望之俨然,即之也温,听其言也厉。"

字词训诂

可参考述而 7.38 中对孔子容貌的描述:"子温而厉,威而不猛,恭而安。"

俨然。严肃庄重,约等于孔子一贯提倡的"威"。

厉。严厉,取其不容置疑的意味。

今 译

子夏说:"君子有三种变化:望过去威严,靠近时温和,听他说话则严厉坚决。"

英 译

Zi Xia said: "A cultivated gentleman has three changes: looked at from a distance, he appears dignified, when approached, he looks mild, when listened to, his speech is stern."

19.10【原文】

子夏曰:"君子信而后劳其民,未信则以为厉己也;信而后谏,未信则以为谤己也。"

字词训诂

君子。指统治者。

信。被信任,英文 become or being trusted 是也,不是自己的诚信。

厉。磨炼,引申为虐待。

谤。毁谤。

章句义理

本章所述,是人生智慧,揭示了被信任与否可以产生正面还是负面解读的规律。人难以避免带着或是"信任"或是"不信任"的有色眼镜,发现自己愿意看到的东西,得出不同的判断,并因此体现出不同的反应模式。这可算是放之四海而皆准的道理了。

今 译

子夏说:"统治者应在被信任之后再去使唤人民,未被信任时,人民就会认为是在虐待自己;他应在被信任之后再去进谏君主,未被信任时,会被君主认为在毁谤自己。"

英 译

Zi Xia said:"A ruler should be trusted before ordering about the people, if not trusted, he would be believed by the people to be maltreating them; he should be trusted before admonishing the king, if not trusted, he would be believed by the king to be slandering him."

19.11【原文】

子夏曰:"大德不逾闲,小德出入可也。"

字词训诂

大德。大的原则,此处指的应该是最重要的道德原则,以仁、义、忠、孝为主,含大处的礼、智、信、勇等。

小德。小的德行,应该是指小处的礼、智、信、勇等。

闲。原义是"阑",围栏、阻隔也,引申为界限。

出入。不大的差异。

章句义理

本章观点符合孔子一贯态度。如果没有明确的定义,单凭当事人的把握,则会产生几种可能:

一,对"德"之大小拿捏准确,且标准恒定,则没有问题。这既需要有融会贯通的判断力,也需要有操之在我但严以自律的自控,不易做到。

二,对"德"之大小判断不准,自己"大德逾闲"了还不自知。

三,对"德"之大小标准变化多端,渐渐调低标准,最终滑入"大德逾闲"的陷阱。

对有能力、有理想、有毅力的斯多葛主义者来说,或许这个原则可以普遍实行,但必须认识到这样的精英是人类的少数,因此这个原则不具备在社会上,包括在"士"和"君子"层面,普及的可能,属于一厢情愿的幻想。

但是,既然是幻想,就代表了一种修行的高度,提倡这种理想的高度,无可厚非。同时,在一定的时间范围或特定的环境下,利用人自我约束的社会动机和道德压力的效果,这种原则也有一定的实用性。简言之,它逻辑上有缺陷,但实践上可以通过时间差和空间差得以在一定的条件下实施。

今 译

子夏说:"在大的德行节操上不能越过界限,在小的德行上有些出入是可以的。"

英 译

Zi Xia said: " In great virtues never cross the line, in small virtues it is all right to come out with some discrepancies."

19.12 【原文】

子游曰:"子夏之门人小子,当洒扫应对进退,则可矣,抑末也,本之则无,如之何?"子夏闻之,曰:"噫!言游过矣!君子之道,孰先传焉,孰后倦焉?譬诸草木,区以别矣。君子之道,焉可诬也?有始有卒者,其惟圣人乎!"

字词章句

门人小子。"小子"可指"弟子",也可指"晚辈",多数时候弟子都是晚辈,但也有例外,比如颜路也是孔子的弟子,但他生于前545年,比孔子大六岁。合理的推论是:当师父称呼晚辈弟子时,可称"小子";当师父称呼平辈弟子时,应该不可以称为"小子"。即:"小子"称呼弟子时,是"晚辈弟子"。

这样,首先可以推论子夏招收的弟子都是晚辈,不像孔子那样有威望和自信招收平辈甚至比自己大的学生;其次可以把"门人小子"解读为"弟子晚辈们",而且不是"弟子及晚辈",而是"子夏门人那些小子们"的意思。

子游比子夏大一岁,但说话的口气却像后者的前辈,至少在礼貌上是先丢了一分的。

当洒扫应对进退。"当",担任;"洒扫应对":洒水扫地、对答酬客;"进退":进和退,知道何时该进何时该退,引申为"人际交往中的行为举止";"洒扫应对进退"合称,指"日常的家务、迎来送往、及行为举止",算是学堂非核心课程的基本功吧。

抑末也。"抑"是发语词,无意义;"末",本义树梢,引申为"不重要的小细节"。

本。"本",树根,言其重要的根本。按孔子一贯的教导,"本"应该是指仁、义、孝等德行以及祭祀庆典等重大事件的礼仪吧。

噫。表示讽刺和藐视的感叹词,相当于今天的"哎呦哎"。

过。不是错误,而是"过分",是"过犹不及"之过。子游的话是对"本末"之间的轻重先后的选择,是对子夏门人过于专注于"末"而忘了"本"的担心和讽刺,并不是否认"末",而且他说"本之则无"或者是对子夏门人现状的客观判断(即子夏还没开始教门人其他呢。从后面子夏的反驳可知,子夏并不否认"本"的重要性),或者最多算是对子夏门人的误解,两人对"本末"都该存在并无异议,只是子夏要对弟子"区以别"并且强调"先后"顺序、或者最多是在"本末"轻重先后的把握上比子游保守谨慎罢了。

君子之道,孰先传焉,孰后倦焉。有解家把"倦"字换成"传"字的版本,行文逻辑和观点不变;"君子之道"解为孔子之道妥当,但本着无法确证时取宽泛意义的原则,此处不特定为孔子,但也不用常用的泛指,取"那个君子之道"吧,"君子"对应的英文就是 the gentleman,而不是本书常用的 a cultivated gentleman;"倦",疲惫、懈怠。"孰先传焉,孰后倦焉"的意思就是:哪部分一定要先得以传习,哪部分又一定会因后传而懈怠呢?意思是传习之先后与用功之厚薄无关。

譬诸草木,区以别矣。用草木来譬喻的话,就像要通过区分不同的草木来分别对待。

诬。诬损,恶意曲解。"君子之道,焉可诬也"意思就是"君子之道,怎么可以如此诬损呢?"

有始有卒者,其惟圣人乎。能把开始和结束统一起来的(细化的意思是:能不分先后而直接能把作为开始的"末"和作为终点的"本"统一起来的),大概只有圣人了吧!

子夏论述的逻辑

子夏回复的整体思路也即其论述的义理,朱熹和程颐在《四书集注》中的解读简要明白,特录于此(但其中对"诬"字的解读不妥,需要剔除):"言君子之道,非以其末为先而传之,非以其本为后而倦教。但学者所至,自有浅深,如草木之有大小,其类固有别矣。若不量其浅深,不问其生熟,而概以高且远者强而语之,则是诬之而已。君子之道,岂可如此?若夫始终本末一以贯之,则惟圣人为然,岂可责之门人小子乎?程子曰:'君子教人有序,先传以小者近者,而后教以大者远者。非先传以近小,而后不教以远大也……圣人之道,更无精粗。从洒扫应对,与精义入神贯通只一理。虽洒扫应对,只看所以然如何。'愚(朱熹)按:……学者当循序而渐进,不可厌末而求本……非谓末即是本,但学其末而本便在此也。"

今　译

子游说:"子夏门人那些小家伙们,在日常家务、迎来送往及行为举止上,就还行,但这些是不重要的枝末,在重要的根本上则没有东西,这怎么行呢?"子夏听到了,说:"哎呦!子游过分了!君子的主张,哪部分一定要先得以传习,哪部分又一定会因后传而懈怠呢?用草木来譬喻的话,就像要通过区分他们的不同来分别对待呀。君子的主张,怎么可以如此诬损呢?能把开始和结束统一起来的,大概只有圣人了吧!"

英 译

Zi You said:"Those little pupils of Zi Xia, in daily chores, in answering and replying when welcoming and seeing visitors off, in social behavior, are all right, but these are trivial tips, they have nothing as the essential roots—how will this do?" Zi Xia heard this and said:"Alas! Zi You goes too far! Among the gentleman's teachings, which part must be first passed on, and which part will be later passed on and become idle? If compared with the case in the grass and trees, it will be like to distinguish among them and treat them respectively. The gentleman's teachings, how can be misinterpreted this way? Those who can unite the beginning and the finishing, are probably only the saints!"

19.13【原文】

子夏曰:"仕而优则学,学而优则仕。"

字词训诂

优。充足,有余力。不是"优秀",但如果够格算得上"有余力",必然也得在本来先行的领域内做得够好才行,即必须也得"优秀"不可,否则不算"有余力"。殊途同归,两意合一,巧了。

章句义理

本章内容是表达理想

本章难点是:这是表达理想呢,还是描述现实?应是前者,理由如下:

子夏比孔子小四十四岁,是后期弟子,他很清楚自己的师父没有做到"学而优则仕",否则以孔子之优,做个首辅还不是自然而然?因此,"学而优则仕"不是社会规律和现实。

整部《论语》也没有"仕而优则学"的案例或暗示。学而1.6中的"行有余力,则以学文",说的也不过是在基本道德(孝、悌、谨、信、爱众、亲仁)具备的基础上去学习礼仪,不是"仕而优则学"。

作为以学立身的孔门弟子,子夏显然希望"学而优则仕"能成为规律,这样他们才有出仕治国的机会;以弘扬先王之道为最高使命的孔子及弟子们,当然希望统治者能从"学",从胸怀和志向上向自己靠拢,所以他们必然期望"仕而优则学"成为社会风气和规律,这样恢复先王之道才有更大的机会。

因此,本章表达的是子夏的理想,而不是对现实规律的总结。

现实向理想的靠拢

后世引用本章,往往视其为"仕"和"学"之间的转化规律,尤其认定"学而优则仕"存在规律性,不是子夏本意。但是,由于统治者需要受过教育的人来加入自己的队伍,在孔子身后确实出现"学而优则仕"的社会现象和规律,等于子夏理想得到实现。即:子夏的言论本来是理想,结果后来成了事实;后世引用其言论本属误用,结果现实主动上前凑向理想,并与之合二为一,从而洗白了误用。

当然,这里留下一个有趣的假设,即:当官有可能当得有闲,而学习有可能学得富余。这个假设是有瑕疵的,前半句等于承认当官职责的有限性和工作量的不饱和,后半句等于承认学习存在学得足够的可能,这都和孔子的见解有出入。

今 译

子夏说:"当官当得很从容就该学习,学习学得有富余就该当官。"

英 译

Zi Xia said:" An official who is doing his duties with easiness should learn, and one who has learnt enough to spare should secure an official position."

19.14【原文】

子游曰:"丧,致乎哀而止。"

字词训诂

致乎哀。主流解为"极尽哀痛",不妥。哀是内心的感受,无法定义"极尽哀痛";即使把"致"作为"至"来解,则"至乎哀"就是"到达哀",也没有"极尽哀痛"之义,反而是"到达哀痛的程度"就可以了。反之,"致"本身就有"表达"之义,用在此处,就是"表达出哀痛就可以了",妥当。

章句义理

子游的说法吻合孔子一贯主张。体现孔子丧葬倾向的,在《论语》中还有五处。八佾3.4中,孔子说:"丧,与其易也,宁戚。"鼓励表现哀伤。八佾3.26中,子曰:"……临丧不哀——吾何以观之哉?"明示临丧应该哀。先进11.11中,颜渊死,门人欲厚葬之。子曰:"不可。"阳货17.21中,子曰:"夫君子之居丧,食旨不甘,闻乐不乐,居处不安。"总结了君子居丧期间的哀伤状态。本篇19.17,曾子引孔子话说:"人未有自致者也,必也亲丧乎!"认定丧亲乃哀痛之最。

可以得出的结论是:孔子反对厚葬,但推崇体现出哀伤,而且最好是发自内心的哀伤。由于内心的哀伤无法确认,所以从行为的角度来说,表达出哀伤也就够了。这大约就是子游的逻辑吧。

今 译

子游说:"在丧事中,表达出哀痛就够了。"

英 译

Zi You said: "In funeral affairs, expressing one's grief will be enough."

19.15【原文】

子游曰:"吾友张也为难能也,然而未仁。"

字词训诂

张。子张。

为难能也。可以干难干的事。

今 译

子游说:"我的朋友子张可以干难干的事,但是他没有达到仁的境界。"

英 译

Zi You said:" My friend Zi Zhang can do things that are hard to do, but he has not reached the state of humanitarianism. "

19.16【原文】

曾子曰:"堂堂乎张也!难与并为仁矣。"

字词训诂

堂堂。容貌壮伟、志气高远。

章句义理

与前一章连读,并结合本篇 19.3 子张对子夏毫不客气的藐视,可见子张在孔门弟子中的公认特点有两个:

才气高,否则子夏的门人不会来找他请教,而子游不会称他"为难能也"。

志高气盛,也相貌堂堂,总之,"堂堂乎"。

先进 11.16 中,子贡问:"师与商也孰贤?"子曰:"师也过,商也不及。"曰:"然则师愈与?"子曰:"过犹不及。"可见子张在性格上确有张狂的一面。

显然,大家公认子张不够仁,而且甚至难以和他搭伙一起修炼仁德。

这连续两章对子张的明褒实贬,既证明了编纂者比较客观,不避褒贬,也体现了他们倾向于把类似主题归在一起的事实,这种归类即使没有贯穿《论语》的全部篇章,但至少会时不时地体现出来,就像一种 clustering 现象。从理解《论语》篇章编排的角度来看,我们在解读两可的时候,可以把前后章节通过某个主线串在一起,作为辅助手段。

今 译

曾子说:"子张是多么威风凛凛啊!只是难以和他一起修炼仁德。"

英 译

Mr. Zeng said:" How imposing is Zi Zhang! But it's difficult to practice humanitarianism together with him. "

19.17【原文】

曾子曰:"吾闻诸夫子:人未有自致者也,必也亲丧乎!"

字词章句

自致者。有多解,主流把"致"解为"至",把"自致者"解为"竭尽其情",不妥:首先,把"致"解为"至",就有点勉强;其次,把"自至者"解读为"竭尽其情",等于引入了"情",又多了一层勉强;最后,最重要的一点是,人常常会"竭尽其情",即极度的情绪失控,这是并不罕见的现象,见多识广的孔子应该不会否认,怎么或说"人未有自致者也"呢?

正解如下:取"致"本义之一"奉献",就如学而1.7中"事君,能致其身"中的"致"一样;则"自致者"就是奉献自身的人,也就是自丧其命的人;孔子的话就是:没有自丧其命的人,非要说有,那一定是父母去世的人了!

孔子所说,还是强调父母去世对人的打击程度之大,而背后的逻辑还是试图证明这种悲痛是发自内心的,以至于可能有人因此"自致"。至于最容易使人类自丧其命的打击是否是父母之丧,至少今天肯定不是:今天,子女的夭折普遍来讲比父母的去世给人带来的打击更为沉重。时过境迁,社会道德风气和价值观演变剧烈,无法用我们今天的情感的亲疏轻重来推测孔子时代。

亲。父母;"亲丧",父母之丧。

本章用曾子"如是我闻"的方式记录孔子言论,一方面证明编纂者的严谨,另一方面可推知曾子的弟子的确参与了《论语》的编纂。

今 译

曾子说:"我从老师那里听过:人没有自丧其命的,一定要有,那是守父母之丧的人吧!"

英 译

Mr. Zeng said: " I heard this from my teacher; there are no men who lose their lives by themselves, if there must have some, they are those who are keeping mourning abstinency for their parents' deaths!"

19.18【原文】

曾子曰:"吾闻诸夫子:孟庄子之孝也,其他可能也;其不改父之臣与父之政,是难能也。"

字词训诂

孟庄子。仲孙速,孟孙氏第六代宗主,鲁国大夫,史迹不多;其父是孟献子。从孔子"不改父之臣与父之政"的说法可知,至少到了父子二人的年代(前六世纪中叶),孟孙氏已经是鲁国权臣,可以决定"臣"和"政"了。有人会说这会不会指其家臣和家政呢?按孔子对名位相关字词表达历来严谨的态度来看,如果真是如此,则他会用"宰"等词汇来表达。

今 译

曾子说:"我从老师那里听过:孟庄子的孝,其他人能够做到;他不更改父亲留下的大臣和父亲留下的政策,这些别人难以做到。"

英 译

Mr. Zeng said: " I heard this from my teacher: Mr. Meng Zhuang's filial love, is attainable for others; his not replacing his father's ministers and his father's policies, is hard for others to attain to."

19.19【原文】

孟氏使阳肤为士师,问于曾子。曾子曰:"上失其道,民散久矣。如得其情,则哀矜而勿喜!"

字词训诂

孟氏。肯定是鲁三桓之一无疑,但是谁呢?曾子是孔子后期弟子,生于前505年,卒于前435年,因此,可以肯定此事发生在前435之前;如果孔子仍在世,则即使阳肤是曾子弟子,本段言论也应出自孔子更为合适。孔子卒于前479年,因此,可以假定此时发生在前479以后。在前479和前435期间,孟氏只有两位有可能:孟武伯或孟敬子。

整部《论语》中,孟武伯还出场过两次,都是和孔子对话。分别是为政2.6和公冶长5.8。孟敬子也出场两次,另一处在泰伯8.4,也是和曾子对话。因此,考虑到孔子和曾子的代差,则曾子成名之后打交道的只能是和孟武伯也有代差的孟敬子。即:此处"孟氏"指的是孟敬子。

阳肤。因为"阳肤问于曾子"以及后面曾子对其教导的语气,同时因为此人无其他史料记载,因此主流解读就认定他是曾子的弟子,算是合理而无法确认的推论;如果上述推论成立,则阳肤就是整部《论语》中唯一一个留下名字的孔子再传弟子。有人因此推论阳肤就是《论语》编纂成书的核心人员之一,也算合理。

士师。执法官员的通称。可以想象,春秋时代法律条款没有今天这样完备和细致,在定罪和量刑上执法官的自由裁判权很大,而且上诉和司法监督系统也应较为粗放,因此"士师"的裁判权和终审性质肯定很高。这就是曾子谆谆教导的动机吧。

民散久矣。"散",松懈、放逸。全句意思是:人民懈怠放逸久了,取其易于犯法之意。

如得其情。如果知道了他们犯案的实情。

哀矜。两字都是怜悯意。

喜。高兴、得意。状因成功断案执法而自得之情。

章句义理

上失其道,则人民容易违法犯罪;上有道,则人民就鲜有犯案恶行。这个道理在《论语》中可供参考的章节有两处。为政2.3中,子曰:"道之以政,齐之以刑,民免而无耻;道之以德,齐之以礼,有耻且格。"颜渊12.19中,孔子对季康子说:"子为政,焉用杀?子欲善而民善矣。君子之德风,小人之德草。草,上之风,必偃。"

本章中曾子的言论深刻、深沉且充满深情,体现了儒家的人文关怀精神,其力量感和意义的重要性完全不输孔子本人言论,印证了曾子的实力。至于其思路在法制和弹性之间如何平衡、在统治者"失其道"时对犯罪率上升如何承担责任、对今天的实践有何借鉴意义等,见仁见智吧。

今 译

孟氏任命阳肤为执法官,阳肤向曾子请教。曾子说:"统治者违背正道,人民放逸久了。如果知道了他们犯案的实情,就要怜悯他们而不要自鸣得意!"

英 译

The Meng family appointed Yang Fu as the lawman, Yang Fu consulted with Mr. Zeng. Mr. Zeng said:" The rulers lost the right way, the people have been at free rein for a long time. When you acquire the truth of their cases, take pity on them and do not be pleased with yourself!"

19.20 【原文】

子贡曰:"纣之不善,不如是之甚也。是以君子恶居下流,天下之恶皆归焉。"

字词章句

不如是之甚也。"是"指纣王被大家传扬的恶名和形象。全句是"不像现在传的那么糟"。

下流。地势低洼、众流归集之处。

恶。两个"恶"都读 wù,但第一个是动词,第二个是名词。

本章意义显明:墙倒众人推,恶名招脏水,因此,君子必须爱惜名声。一个精彩的比喻。

今 译

子贡说:"纣王不好,但也不像现在说的那么糟。所以君子痛恨身居低洼之处,天下的憎恶都会流向那里。"

英 译

Zi Gong said:" Emperor Zhou's badness, was not that much as it's said. That's why a ruler hates to place himself in low-lying area, to where that all the hate of the world will flow down."

19.21 【原文】

子贡曰:"君子之过也,如日月之食焉:过也,人皆见之;更也,人皆仰之。"

章句义理

可与本篇 19.8 互相参考。

君子不是无过,而是光明磊落,不掩饰,不巧言;因其过则必改,每次犯过改正后人格都达到新的高度和纯度,因此君子改过之后,更受爱戴,"人皆仰之"。

今 译

子贡说:"君子犯过,就像日月之食:犯过时,人人都见得到;改正了,人人都仰望他。"

英 译

Zi Gong said:"A cultivated gentleman's blundering, is like the eclipse of the sun or the moon; when he blunders, everyone sees it; when he puts it right, everyone looks up to him."

19.22【原文】

卫公孙朝问于子贡曰:"仲尼焉学?"子贡曰:"文、武之道,未坠于地,在人。贤者识其大者,不贤者识其小者,莫不有文武之道焉。夫子焉不学?而亦何常师之有?"

字词章句

公孙朝。卫国大夫,事迹不详。

仲尼焉学。孔子从哪里学的啊?因为孔子没有老师,而他又通晓万物,因此很自然地别人就会疑惑他的学识是哪里来的。

贤者识其大者,不贤者识其小者。"识":有人认为通"志",取其记录义,不妥,因为先王之道不可能只是个记录的过程,而是个从其在"人"行为上的体现而发现、挖掘和整理的过程,解为"认识、辨识"才妥当。全句意思是:聪明人辨识出其中重要的内容,不那么聪明的辨识出其中次要的。

何常师之有。"何有常师"的倒装,意思是:怎么会有固定的老师呢?

子贡为孔子辩护,其口才从"文武之道,未坠于地,在人"这句精彩的总结中可见一斑。

今 译

卫国公孙朝向子贡提问道:"仲尼是从哪里学的呢?"子贡说:"文王和武王之

道,没有坠落于地,而是在人身上。聪明人辨识出其中重要的内容,不那么聪明的辨识出其中次要的内容,没有不体现文王和武王之道的。我的老师怎么会有所不学呢?又怎么会有固定的老师呢?"

英 译

Gongsun Chao of the Wei state asked Zi Gong:"From where did Zhong Ni learn?" Zi Gong said:"The course of Emperor Wen and Emperor Wu, has not fallen to the earth, but exists with people. The wise men identify the important parts of it, and the unwise men identify the minor parts of it, there is none that does not reflect the course of Emperor Wen and Emperor Wu. How could it be that my teacher did not learn somewhere? And how could it be that he had a changeless teacher?"

19.23【原文】

叔孙武叔语大夫于朝,曰:"子贡贤于仲尼。"子服景伯以告子贡。子贡曰:"譬之宫墙:赐之墙也及肩,窥见室家之好;夫子之墙数仞,不得其门而入,不见宗庙之美、百官之富,得其门者或寡矣——夫子之云,不亦宜乎!"

字词训诂

叔孙武叔。又称叔孙州仇;姬姓,名州仇,叔孙氏第八代宗主,谥武,故名武叔。鲁国司马,三桓之一;孔子活跃时期三桓中的叔孙氏主要就是他。

语。yù,相告义。

子服景伯。在宪问14.36中出过一次场,也是向孔门通风报信的角色,一可见其对孔门的关心,二可知其为人的阴险。可参阅该章下注解。

宫。房屋。

仞。rèn,约合今日一百七十公分(正负10~15公分上下),大约成年男子身高吧,因此"数仞"之墙,显然无法从墙外看见院内景观。

百官之富。"官"字多有解,主流以钱穆为代表,称"百官乃家中治事之府,贵家大室始有此制"云云,属于没有来处的臆造,不取;正解当把"官"解为通"馆",是"官"字本有之义,则"百官"就是"房屋众多之貌",和"宗庙之美"呼应,十分恰当。

章句义理

"夫子之云,不亦宜乎"有多解。一说是"这位夫子这样说,也难怪啊!"算是讽刺叔孙武叔。这是主流版本;二说是"孔子的说法,不是很合适吗!"大约是取孔子当年曾说过的某些言论,言其合乎自己"墙及肩"和"墙数仞"的比喻,也许就是对先进11.15中孔子"升堂入室"比喻的改造和利用吧;三说是"这个比喻用在夫子身上,不是很合适吗!"这是本书解读,如下:

"不亦宜乎"并没有"也难怪"这样讽刺和调侃的意味,只有"不是很合适吗"这种明显肯定的态度,因此不取第一说。

孔子"升堂入室"的比喻是内部言论,子贡不会假设外人也明白,因此不取第二说。

主流句读在"夫子之云"前用的是句号而在"室家之好"后用的是逗号,这样就等于把后面的"夫子之云"和前面整个"墙及肩"和"墙数仞"的比喻对应,从而使得本体和喻体不对等;但是,只要把"夫子之云"前的句号变成逗号,同时把"室家之好"后的逗号变成分号或句号,则"夫子之云"就只和前面的"墙及肩"对应,这样,这个新的解读就顺理成章。

不仅如此,和传统句读比起来,"譬之宫墙"后面应该用冒号,"夫子之云,不亦宜乎"前应该用破折号,这样行文就会更加通顺,而语境逻辑就会更加严谨,符合子贡滴水不漏的雄辩之才。

今 译

叔孙武叔在朝上和大夫们谈话,说:"子贡比仲尼更贤明。"子服景伯把这告诉了子贡。子贡说:"用房屋的墙来类比吧:我的墙高到肩膀,别人可以看见院子内部的好东西;老师的墙高数仞,找不到大门进去的话,就看不到宗庙的壮美、众多房屋的富足,而能够找到其大门的大概也很少吧——(这个比喻)用在夫子身上,不是很合适吗!"

英 译

Shusun Wushu talked to the ministers in the court:"Zi Gong is more sagacious than Zhong Ni." Zifu Jingbo told this to Zi Gong. Zi Gong said:"Let's compare this to the walls of the house:My walls reach the height of the shoulder, others can see the good stuff in the courtyard;my teacher's walls are several Ren high, when others cannot find the door to enter, they will not see the beauty of the ancestral temples and the plentitude of the rooms, and there are few who can find the door——applying(this metaphor) to my teacher, isn't it appropriate?"

19.24【原文】

叔孙武叔毁仲尼。子贡曰:"无以为也!仲尼不可毁也。他人之贤者,丘陵也,犹可逾也;仲尼,日月也,无得而逾焉。人虽欲自绝,其何伤于日月乎?多见其不知量也。"

字词训诂

毁。诽谤。

无以为也。"以"字是无意义连词,全句意思是"不要这么干"。有人解为"这么干没有用",和后面的意思吻合很好,但字词上不成立;从行文上看,应该是子贡当面劝告叔孙武叔,比喻恰当有力,言辞雄伟锋利。

自绝。指自绝于日月,即立志不见日月。用来比喻有人通过诽谤而自绝于孔子。

多。以朱熹为代表的主流都解为"只、只不过",语义通顺,然而没有字词来处。解作其本意"重"妥当,意为"再次、更加"。行文逻辑是:想"逾"日月已属狂妄,更欲"自绝"于日月,则更加"见其不知量"也。

见。音义同"现",显露出。

量。四声,动词,"估量、测量"也,意同"不自量力"之"量"。有人解为名词,说是"不知道自己的容量(引申为能力)",不妥,因为单单不知道自己的能力,并不能必然反证日月之高;只有把"量"解为动词,则可以同时测量日月和自身的高低,从而认可"无以为也"。

今 译

叔孙武叔诽谤仲尼。子贡说:"别这么干!仲尼是无法毁谤的。别的贤者,好比丘陵,还可以逾越;仲尼,好比日月,没有办法逾越。人即使想自绝于日月,他对它们能有什么伤害呢?这更加暴露其不知道如何估量罢了。"

英 译

Shusun Wushu maligned Zhong Ni. Zi Gong said: " Do not do it! Zhong Ni can not be maligned. Other sages are like hills and mounds, are still possible to be overstepped; Zhong Ni, is like the sun and moon, cannot be overstepped. Even one wants to cut himself off from the sun and moon, what harm can he do to them? This still further reveals that he does not know how to size up. "

19.25【原文】

陈子禽谓子贡曰:"子为恭也,仲尼岂贤于子乎?"子贡曰:"君子一言以为知,一言以为不知,言不可不慎也。夫子之不可及也,犹天之不可阶而升也。夫子之得邦家者:所谓立之斯立,道之斯行,绥之斯来,动之斯和;其生也荣,其死也哀。如之何其可及也?"

字词训诂

陈子禽。即子禽,请见学而1.10下注解。他在《论语》中共出场三次,三次出场都是提问,而且问题都提得有点酸溜溜的,体现他纠结的心思和狭隘的心胸。另外两次出场也有所问。学而1.10中,子禽问于子贡曰:"夫子至于是邦也,必闻其政,求之与,抑与之与?"季氏16.13中,他问孔子是否给伯鱼开过小灶。

恭。谦逊。

知。音义同"智",聪明、理解力强的意思。

章句义理

君子一言以为知,一言以为不知

主要有两种解读:其一是,君子听别人一言就知道别人聪明,君子听别人一言就知道别人不聪明;其二是,君子一句话就可以表现出聪明,君子一句话就可以表现出不聪明;本书认为上述第二解妥当,如下:

后面紧跟着的是"言不可不慎也",按语法要求,其主语应该也是前面的"君子",而上述第一解却增加了一层"听别人说一句话",并因此还增加了"就知道"这种转折,太过曲折。

上述第一解如果成立,则等于宣称说一句话还需要有个有判断力的君子才有变得不谨慎的风险,相当于淡化了说话不谨慎的不良后果,与立意相反。

子贡此处显然是敬告子禽言语要谨慎,因为言语不谨慎会暴露自己的无知和不当,与有没有君子在旁边没有关系。

因此,第二解成立。这也意味着此处的"君子"是泛指,等于默认子禽属于这个范畴,这样自己的警告才容易被接受,体现了子贡一贯的语言技巧。

夫子之得邦家者

"邦家",国家。问题是:孔子得过邦家吗?

孔子在前499至前497期间,任鲁国大司寇,摄相事,是其仕途顶点;在位期间的主要政绩就是试图堕三都,但未成功,算不上什么业绩,只是体现了自己试图削弱权臣势力、拥护国君集权的政治倾向而已;至于其"诛少正卯,曝尸三日,鲁国大治"的传说,尚无过硬的史料证明,而且即使证明了有"诛少正卯"的事实,也有可能是学术派别间的斗争或树立权威的手段,体现不了治国水平,更加没有"鲁国大治"这种臆造的结果。

大司寇是司法系统的头子,和大司空、大司农、大司徒平级,算是部长吧。孔子即使真的代理过宰相职位,也不可能拥有治理鲁国国政的实权,只能是在三桓的边缘充当协调的角色。因此,结论是:孔子从未得过"邦家"。

在语法上,本句并无"假使"之意,但结合上述事实,子贡不可能说老师得过"邦家",而且还做到了"立之斯立,道之斯行,绥之斯来,动之斯和",这样说不仅不顾事实从而丧失说服力,而且把师父不算伟大的业绩如此吹捧还会降低对孔子能力的潜在的想象,毕竟能力只要引而不发还可以用"如果,则如何如何"来吹捧,一旦体现出来就难以无所顾忌地夸大了。因此,必须给本句加上"假设"之意,解读成"老师如果得以管理国家的话"。

这样一来,子贡的论述就成了经典的狡辩,其套路是:先给个假设:假如给他机会,他就会如何如何;然后把假设条件下的"如何如何"当成事实;最后用上述"事实"来证明他的伟大。

这个套路的核心就是:把假设条件下的断言和想象当成证据。本来毫无逻辑,但由于它用了假设条件,并且在假设的场景中大量加入烘托断言的内容和细节,往往能把听众绕进去,好像这样绕一圈,原来直接的断言就增添了几分可信度和案例背书一样。用这个套路来举个例子:我很能干。只要给我个机会,我就会充分发挥自己全方位的才能,运筹帷幄而纵横四海,捷足先登而旗开得胜,持之以恒而长治久安。你说我厉不厉害?

本书认为子贡并不至于故意利用这种狡辩,而是基于对孔子真诚的崇拜,打着假设的幌子,把自己的想象和断言通过对师父能力的分解,包装成了一幅栩栩如生的画面,从而把自己也说服了一遍。

所谓立之斯立,道之斯行,绥之斯来,动之斯和

"所谓",正所谓的意思,引出后面的各种领域的能力。到底是谁在"谓",由于没有其他出处,只能是子贡自己;通过这种打扮成引用经典说法的方式,给自己的总结裹上一层所来有自的伪装。子贡之雄辩,无处不在。

"立",立身于社会,即建立基本的生活基础和秩序;"道",dǎo,指导、指示方向;"绥",安抚。

"动之斯和"有歧义:主流解为"使用人民时,他们就齐心协力",词义别扭,行

文逻辑牵强，不妥。"动"解为"使用"成立，引申为"鼓动、动员"也是本义；"和"取四声，取其"附和、响应、答应"，也是本义；这样"动之斯和"就是"动员人民时他们就会响应"，词义和行文逻辑皆顺畅自然。

四句排比，显然都是针对"民"的，意思是：想让人民立身于社会他们就会立，指示方向人民就会前行，招抚远方他们就会归附，动员人民他们就会响应。

其生也荣，其死也哀

"其"，显然指孔子。主流解读是："他在世时荣耀，去世时人民哀痛。"等于用了两个主语，在"其生也荣"上孔子荣耀，在"其死也哀"上人民哀痛。随意变换主语，不妥。

在尊重语法一致性的前提下，有以下几种解读可供选择：

一，把"荣"解为"受人尊重"，则全句就是"生前被人尊重，死时被人哀痛"。

二，把"荣"解为"使别人荣耀"，则全句是"生前使人荣耀，死时使人哀痛"。

三，把"荣"解为"以之为荣"（此中又可把"荣"解为"乐"的），则全句是"他生前人民以之为荣，他死时人民以之为哀。"

上述第一选项是正解：使人民荣耀或使人民快乐从来不是孔子治国化民的目标；而"生前被人尊重，死时被人哀痛"，却是孔子会追求的外在成功标志。

最后一个问题是："其生也荣，其死也哀"是作为子贡假设场景的组成部分呢，还是在假设场景描绘完毕后对孔子生前死后的客观总结呢？本书认为是前者：首先，同上，孔子在政治上的业绩和影响力有限，不大会存在他死时人民哀痛的可能。他的朋友、弟子和欣赏他的人有可能很悲痛，但他们不构成"人民"；其次，只要把"夫子之得邦家者"后面的标点改成冒号，把"其生也荣，其死也哀"之前的标点改成分号，则"立之斯立，道之斯行，绥之斯来，动之斯和；其生也荣，其死也哀"整体就是"夫子之得邦家者"这个假设前提下的系列而完整的画面，这个画面由分号前后两部分主题构成，前面谈政绩突出，后面谈广受爱戴。行文顺畅而要素完备，符合子贡的表达能力。

今 译

陈子禽对子贡说："先生您（对孔子）太谦逊了吧，仲尼怎能比您还贤明呢？"子贡说:"君子一句话就可以表现出聪明,君子一句话就可以表现出不聪明,说话可不能不慎重啊。老师之不能追上,就像天空之不能登阶而升一样。如果老师能得以管理一个国家的话:就会如所说的那样,想让人民立身于社会他们就会立,指示方向人民就会前行,招抚远方他们就会归附,动员人民他们就会响应;生前被人尊重,死时被人哀痛。怎么可能赶上他呢?"

英 译

Chen Zi Qin asked Zi Gong: "You sir are too humble(in treating Confucius), how could that Zhong Ni be more sagacious than you?" Zi Gong said: "A cultivated gentleman will demonstrate his wisdom in one statement, and demonstrate his stupidity in one statement, so he should not be indiscrete in making statements. Our teacher's unattainability, is like the unclimbity by stairs of the sky. If our teacher was given opportunity to rule a country: as it is said, he would be able to let the people get themselves established when he wants to get them established, he would give directions and the people would follow, he would conciliate the people faraway and they would come and submit, he would mobilize the people and they would respond; he would be respected during his lifetime, and be mourned to upon his death. How could it be possible to attain to him?"

尧曰篇

20.1 【原文】

尧曰:"咨!尔舜。天之历数在尔躬,允执其中。四海困穷,天禄永终。"舜亦以命禹。曰:"予小子履,敢用玄牡,敢昭告于皇皇后帝:有罪不敢赦。帝臣不蔽,简在帝心。朕躬有罪,无以万方;万方有罪,罪在朕躬。"周有大赉,善人是富。"虽有周亲,不如仁人。百姓有过,在予一人。"谨权量,审法度,修废官,四方之政行焉。兴灭国,继绝世,举逸民,天下之民归心焉。所重:民食、丧、祭。宽则得众,信则民任焉,敏则有功,公则说。

字词训诂

咨。无实义的语气助词,起到引起注意的目的,相当于今天的"哎,我说"吧。

历。次第开展、按顺序。**数**。注定的命运。历数合称,就是按顺序注定的命运,此处指舜帝登位为王的天命。

尔躬。你的身体。

允执其中。"允",公平;"执",遵守;"中",中正或中庸之道。同义的还有"允执厥中",其中的"厥"是代词,也是"其"的意思。这个表达出现在伪古文《尚书·虞书·大禹谟》中,舜帝对禹帝说:"天之历数在汝躬,汝终陟元后。人心惟危,道心惟微,惟精惟一,允执厥中。"今文是:"上天的使命在你身上,你终将即大位。人心危险,而道心精微,唯有精细专心,公平地遵守中正之道。"可和本章互为参考。

四海困穷,天禄永终。一旦四海之内人民困顿,你的天赐禄位就会永远终结。原文亦见于《尚书·虞书·大禹谟》。

予小子履。此处显然另起一段了,其内容是向上天祷告请罪。"履",子姓,名履,商汤,又称成汤,商朝开国之君。全句是:我这个晚辈子履。

敢。表达自己冒昧的意思,相当于今天的"可不可以"或"请允许我"。

玄牡。黑色公牛,祭祀用。

昭告。明白地告知。出处有疑。

伪古文《尚书·商书·汤诰》一篇,记载商汤在灭夏之后,作《汤诰》以示天下,说明为何自己要灭商,并宣布要为人民求情,其中有:"天道福善祸淫,降灾于夏,以彰厥罪。肆台小子,将天命明威,不敢赦。敢用玄牡,敢昭告于上天神后,请罪有夏。聿求元圣,与之戮力,以与尔有众请命。"今译作:天道佑善罚恶,降灾于夏,以彰显其罪。小子我肩负天命明法,不敢赦免他。冒昧地用黑色公牛向上天神明和主君祷告,请求惩治夏桀。我邀请了伊尹与我共同努力,为你们众人请求保全生命。

解家多把商汤此处的祷文说成是祈雨,来源是《吕氏春秋·纪·季秋纪·顺民》,中有"昔者汤克夏而正天下。天大旱,五年不收,汤乃以身祷于桑林,曰:'余一人有罪,无及万夫。万夫有罪,在余一人。无以一人之不敏,使上帝鬼神伤民之命。'于是翦其发,栎其手,以身为牺牲,用祈福于上帝。民乃甚说,雨乃大至。"

上述两处引文都是商汤在"昭告",对应本章内容,各有所呼应,也各有出入。结合后面商汤祷告的内容,本书认为没有必要一定要和某处史料对应,按照文本意思解读即可,既没有《汤诰》里面"请罪有夏"这种找借口的动机,也没有《顺民》里面"五年不收"的原由,而只有面对上天承担责任的天子情怀。

皇皇后帝。语见《诗经·鲁颂·閟宫》,其中有"皇皇后帝,皇祖后稷"。"皇皇"状光明盛大,约同于伟大;"后帝"之"后"是君主,"帝"是帝王,合称还是帝王;从后文"朕躬有罪,无以万方;万方有罪,罪在朕躬"可知,商汤是在向上天祷告而不是向先祖祷告,因此"后帝"此处指"天帝"。古注多直接把"后帝"解为"天帝",等于把两个词等同,是不妥的。

帝臣不蔽。天帝您选择的臣没有被埋没。所谓"帝臣",可理解为上天选择的臣,但实践中肯定还是商汤选的,只是表达从善如流、不拒贤良的意思而已。

简在帝心。"简",选择。全句是"选择权在您天帝的心中"。意为"我不敢擅定"。其逻辑是:人都是你定的。有问题也都是你的,看似谦卑客气,但潜台词完全可以是:所以不可能存在后面"朕躬有罪"的情景。但因为地上的王和天上的帝是单线联系,所以,地上的王也存在误解天帝旨意的可能。因此,商汤后面还是体现了高姿态:"作为天帝和万方的中间人,有罪都是我的。"

罪。过失。

万方。四方各地,指代天下。

周有大赉,善人是富。"赉",lài,赠送。"善人",好人。"是",助词,把行为对象提前,正如"唯利是图"中的用法。全句就是"周朝给出了丰厚的馈赠,使善人变得富足"。这个解读呼应了后文"虽有周亲,不如仁人",因为重视仁人(善人的一种),所以才"善人是富"。

周亲。至亲。

予一人。不是"我一个人"的意思。"予一人"又称"余一人",是商朝和周朝两朝天子的自称,相当于秦始皇自称的"朕",解为"我"为妥。

虽有周亲,不如仁人。虽有至亲,不如仁德之人。有人解成"纣王虽有至亲,不如我有仁人",没有出处,不取。这句话显然这是从帝王治理的角度来看的;语出伪古文《尚书·周书·泰誓·中》,中有武王在战前对诸侯军队的演讲:"予有乱臣十人,同心同德。虽有周亲,不如仁人。天视自我民视,天听自我民听。百姓有过,在予一人。"今译作我有贤臣十人,都同心同德。虽有至亲,不如仁人。上天所看,出自人民所看,上天所听,出自人民所听。百姓的过错,都是我的过错。

这里体现的也是天子以民为本、有事罪己的胸怀和态度。行文至此,夏、商、周各有具有主人翁精神的天子出场。主人翁精神从来都是建功立业的门槛而不是最高标准,只有具备这种精神,才能让别人养成主人翁意识从而为自己卖命。道理深刻曲折,此处不赘。

谨权量。"谨",谨守,不是谨慎对待。"权",称重的衡器。"量",测量多少、长短、高低、深浅、远近的衡器。全句就是"谨守衡器制度"。度量衡承载着统治者的信用和交易的标准,其重要性不言而喻。

审法度。"审",审视推究。"法度",法律制度。有说"度"是长度量尺,一字未足成句,故配以法字。此说不妥。首先,如果这样,"法度"就是前面"权量"的组成部分,何必重复? 其次,法律制度如此重要,没有理由不作为治理天下的要素出现。最后,即使"法度"真的是种度量衡,应该也是用来比喻"法律法规"的吧,说的还是"法律制度"。孔子时代应该已有成文法了(参阅子路 13.3 下注解),即使没有,也肯定存在古已有之的习惯法。

修废官。恢复废弃的职位。

兴灭国,继绝世,举逸民。意思是:重兴消失的封国,重建被废除的世家,举荐隐居的贤人。有人把"举逸民"解为"重用先朝遗老遗少",不妥,首先因为除了刚刚出生的婴儿,所有人民其实都是遗老遗少。其次,即使真能区分前朝和新朝人民,难道新朝人民就不是统治者的子民了吗? 过了几代之后,新旧又如何定义呢? 所以此解在原则上、义理上、操作上都不成立。

民食、丧、祭。多有取"民、食、丧、祭"为四事的,不妥,因为无法把"民"作为独立而平行的一件事。

宽则得众,信则民任焉,敏则有功。是对阳货 17.6 中内容的部分引用,该处孔子说:"恭则不侮,宽则得众,信则人任焉,敏则有功,惠则足以使人。"

公则说。"说",音义同"悦"。"公"作为"德行或风格",在《论语》中仅出现这一处。按常理,应该是"公正、公平"之义,相当于季氏 16.1 中"不患寡而患不均"的意思;这两处是孔子仅有的关于在治民上需要"公平"的论述。

章句义理

本章内容错综复杂,而分段可以成为解读的要点。本章可以分为五段:

第一段到"天禄永终"为止,是尧对舜的忠告。

第二段就一句话"舜亦以命禹",是舜对禹的忠告。

第三段到"罪在朕躬"为止,是商汤对上天承担责任的祷告。

第四段到"在予一人"为止,是周武王爱民罪己的示例。

余下是第五段,从表达特点和内容来看,应该是孔子的话。

钱穆在其《论语新解》中总结说:"《尧曰》一篇,章节之间,多留罅缝。又后有伪造《古文尚书》者,复剽窃《尧曰》章语……后儒又转据《伪尚书》以说《论语》此章,于是疑辨遂滋,定论难求。"这可作为理解和原谅本章及本篇内容杂乱的依据。

虽然如此,本书认为本章还是有中心线索可以贯穿全文的,如下:

第一段的中心:如果"四海困穷",则表示天子并不能"允执其中",活该灭亡。

第二段的中心,同上。

第三段的中心:错在天子。

第四段的中心:错在天子。

第五段的中心:民为重。

这五段的中心线索就是:民为重,有错都是天子的。这就是本章看似繁乱之中的核心指向,它体现了孔子一贯的主张,即统治者对治国化民具有无可推卸的天赋使命和责任。这与其说是排斥人民参与治理的权利,不如说是担负起把人民当成羔羊的牧人的责任。话题很大,此处不赘。

今 译

尧说:"哎!你这个舜啊。登位为王的天命在你身上,你要公正地遵守中正之道。一旦四海之内人民困顿,你的天赐禄位就会永远终结。"舜也用这段话来指示禹。商汤说:"我这个晚辈子履,斗胆使用黑牛(祭祀),斗胆明白地祷告于伟大的天帝:对于罪犯我不敢擅自赦免,天帝您选择的臣我不敢埋没,(他们的)选择在您天帝的心中。如果我本身有罪,请不要牵连四方;如果四方有罪,罪都应算在我身上。"周朝给出了丰厚的馈赠,使好人都变得富足。(周武王说:)"虽有至亲,不如仁德之人。百姓有过失,都因为我。"谨守衡器制度,推究法律制度,恢复废弃的职位,则四方的治理就会运转开来。重兴消失的封国,重建被废除的世家,举荐隐居的贤人,则天下的人民就会真心归附。所应重视的:人民的粮食、丧礼、祭祀。宽厚就能赢得大众,诚信就会得到人民的信任,勤奋就会有成就,公平就会使人民欢喜。

英 译

Yao said:"Hey! You, Shun. The heaven's appointed fate of being an emperor is now on your person, you must stick to the due and right way fairly. Once people within the four seas become destitute, your heavenly blessing will be lost forever." Shun also used these words to instruct Yu. Shang Tang said: "Zi Lv the junior, venture to present a black ox (as sacrifice), venture to clearly pray to the grand providence: I dare not to make bold to pardon the sinners, I dare not to set aside the ministers chosen by your majesty, the selection (of them) is in the heart of your majesty. If I am personally guilty, please do not involve people from all corners of the world; if people from all corners of the world are guilty, these guilts should be attributed to my person." The Zhou dynasty gave away lots of gifts, enriching the good people. (Emperor Wu of Zhou) said: "Although there are close kins, they are not equal to the humanitarians. If the people have blunders, they should be attributed to me." Strictly comply with the measurements, examine the legal system, restore the discarded offices—then the government in all the four directions will work; revive the vanished states, re-establish the interrupted aristocratic families, employ the reclusive talents—then the people of the whole empire will be whole-heartedly submissive. What should be attached importance to: the food of the people, funerals, sacrificial ceremonies. Magnanimity will win the people, trustworthiness will lock entrusting by the people, diligence will bring achievements, and fairness will please the people.

20.2 【原文】

子张问于孔子曰:"何如斯可以从政矣?"子曰:"尊五美,屏四恶,斯可以从政矣。"子张曰:"何谓五美?"子曰:"君子惠而不费,劳而不怨,欲而不贪,泰而不骄,威而不猛。"子张曰:"何谓惠而不费?"子曰:"因民之所利而利之,斯不亦惠而不费乎?择可劳而劳之,又谁怨?欲仁而得仁,又焉贪?君子无众寡,无小大,无敢慢,斯不亦泰而不骄乎?君子正其衣冠,尊其瞻视,俨然人望而畏之,斯不亦威而不猛乎？"子张曰："何谓四恶？"子曰："不教而杀谓之虐；不戒视成谓之暴；慢令致期谓之贼；犹之，与人也，出纳之吝，谓之有司。"

字词章句

前一章谈的是帝王之道，本章谈的是为官之道。

何如。即如何。

斯。于是、才。顺便说说孔子回答中的"斯"，不是"于是、才"之意，而是"这"。

屏。bǐng，屏除、去掉。

恶。è，罪恶。

惠而不费。给人民恩惠却不用很破费。这在《论语》中是个新概念。

劳而不怨。亦见于里仁 4.18，两处字面相同，但句意有别：在 4.18 里，说的是"侍候父母时即使辛苦也不抱怨"，而本章的意思显然是"使唤人民而人民不抱怨"。

在《论语》中论述"劳民"的章节还有：学而 1.5 中，孔子说："使民以时。"公冶长 5.16 中，子谓子产："有君子之道四焉：其行己也恭，其事上也敬，其养民也惠，其使民也义。"颜渊 12.2 中，"使民如承大祭"。子路 13.1 中，"先之劳之"。子路 13.6 中，子曰："其身正，不令而行；其身不正，虽令不从。"宪问 14.7 中，子曰："爱之，能勿劳乎？"宪问 14.41 中，子曰："上好礼，则民易使也。"阳货 17.4 中，"小人学道则易使也。"阳货 17.6 中，"惠则足以使人。"子张 19.10 中，子夏说："君子信而后劳其民。"

把上述十处观点简化一下，则《论语》中"劳民"观点如下：按季节特点来，即顺应农时；按"义"来；郑重其事地对待（这是风格，基本等于没说）；劳民对统治有好处（这是出发点，不是劳民技巧）；统治者自身要正；劳民才是爱民（这是理论基础，不是劳民技巧）；统治者要好礼；让人民学习大道；给人民恩惠；先让人民信任自己（这其实需要通过其他方式来实现，它本身难以成为一种选项）。

把上述观点删减整合一下，则能成为"劳民无怨"的技巧和手段就有三种：

一，顺应农时；二，利益交换；三，培养"民愿意劳"的风气。

本章说"择可劳而劳之",意思是"劳民条件要合适",内涵较为笼统,但加以分析就会发现,这要么归属于顺应农时,要么是利益交换,要么是通过"统治者自身正、统治者好礼、人民学道、建立信任"等社会风气建设建立起来的人民的"劳的意愿"。简言之,本章的笼统说法"择可劳而劳之"恰恰涵盖了《论语》中有关如何"劳民"的全部选项。咋一看,这好像体现了孔子观点的一致性和严谨性,但是不得不说的是:这种表面上的契合其实是本章表达笼统而宽泛的结果,属于"无心之得"吧。

欲而不贪。孔子给出的解读显然是偷换概念,把字面意义上的"贪欲"换成"求仁",等于极大地削弱了"欲而不贪"本来可以具有的深意和广泛适用性,即"有所欲求但却不贪婪"。既然孔子给出了定向的限制,也只好听他的了。

泰而不骄。亦见于子路13.26,可参考该处;在13.26中,君子之所以"泰而不骄",是因为有原则且有自信;本章中孔子给出的原因则是因为君子无论对方众寡大小,均敬重以待。这其实只给出"不骄"的路径,但没回答君子凭什么能"泰"。如果小人也"无众寡,无小大,无敢慢",则小人也能"不骄",但没有君子的原则和自信,小人是做不到"泰"的。因此,本书在13.26中给出的解读更为恰当。孔子在此处用部分原因来解释全部结果,或许是疏漏,也或许只是为了文字表达上的一致性,从而有意无意地忽略了因果解读的严谨性吧。

威而不猛。亦见于述而7.38,可参考该处;同上,孔子在本章给出的君子"威而不猛"的原因不够全面和严谨:"正其衣冠,尊其瞻视,俨然人望而畏之"只是解释了君子如何"威",却没有解释君子如何做到"不猛",可能的原因也同上。

不教而杀谓之虐。"教",教化。"虐",残暴。

不戒视成谓之暴。"戒",告诫,意为提前警示。"视",考察。"视成",考察其成果,引申为"责令其完成"。"暴",急躁。

慢令致期谓之贼。"致",导致。"期",原义期限,此处用作动词,作"触及期限"解。"致期"就是"导致过期"。"贼",害人或害人之人。全句就是:指令给得不急不慌,好像不着急的样子,结果导致过了期限,这样就是害人。钱穆在《论语新解》中对此处的解读妥当,特录于此:"缓于前,急于后,误其民而必刑之,是有意贼害其民也。"

不教而杀谓之虐；不戒视成谓之暴；慢令致期谓之贼。表达一气呵成，需要放在一处解读。如下：

这三者的共同点是：不提前沟通，而直接采取行动。有人会认为这不是什么大事，本书则认为是极其重要的治国和管理原则：

不沟通就根据结果来采取行动，其核心是信息不公开，标准无法预先确定，全由当政者决定，这样的结果只能是暴政。

如果没有预先的沟通，则执行者和参与者就没有明确的目标，如何做、做到什么程度都没有标准，必然会导致方向不明和执行效率低下。

暴政，没有方向，加上效率低下，对治国和管理来说，都是失败的保证和加速器。

此处引申和发挥空间巨大，本书不赘。

犹之，与人也，出纳之吝，谓之有司。此处是本章难点。

过往解读者把"犹之与人也"相连，把"出纳之吝为之有司"相连。本书断句方式义理后详。

本句的主流解读有两种：其一以朱熹为代表，其解读是：同样是要给予人的，但在出纳之际，却乃或吝而不果，则是有司之事，而非为政之体。所与虽多，人亦不怀其惠矣；其二前半部分解读一样，只是把"有司"解为形容词性的"吝啬、小家子气"。上述解读均不妥，原因是：

一，"出纳"是两个相反的举措，作为统治者，在"出"时或有"吝"的可能，在"纳"时怎会犹豫不决？

二，即使忽略上述"出纳"之别，"出纳之吝"也只是风格问题，怎么能成为治国的"四恶"之一呢？和前面的"虐、暴、贼"比起来，根本不是一个量级的，没有理由成为孔子大力抨击的"执政罪恶"。

三，如果此处"有司"和泰伯8.4和子路13.2中的"有司"同义，则是指具体办事的官员，说他们陷于具体事务可以，但把"出纳之吝"说成是他们的统一特征明显不妥，因为工作职责的具体要求与金钱出纳的豪爽或吝啬毫无关联。

四,把"有司"解为"吝啬"根本没有出处,等于是重复前面的"吝"字,属于循环式反推。

正解是:把"犹之"解为还有,当做连接词,引出不同于前面三个表达方式的的最后一个"恶";把"出纳"解为言语的"出纳",则其意就是"来回的沟通"。这和前面三"恶"的指向吻合,从而使"四恶"有了共同的主线;"司"本可通"伺"(sì),此处取此义,而"伺"有"专职、专事、探察、候望"之义,其常用转义就是"专为某事而候望",有"躲在暗处算计、伺机而动"的明确意味。如此,全句就可以解读成:"还有就是,在和人交往时,有意不沟通,这叫心怀伏击恶念。"

这样,"四恶"的共同主线就是不事先沟通、不提前教育的态度和风格。

今　译

子张问孔子说:"怎样做才可以从政呢?"师父说:"尊崇五种美德,屏除四种恶行,这样就可以从政了。"子张问:"什么是五种美德?"师父说:"统治者能给人民恩惠却花费不多,使唤人民而人民不怨恨,有所欲求而不贪婪,安详而不傲慢,威严而不粗暴。"子张问:"什么是给人民恩惠却花费不多?"师父说:"顺着人民所能自行得利的方向而给他们利益,这不就是给人民恩惠却花费不多吗? 选择可以使唤的人使唤他们,又有谁会怨恨? 追求仁而得到仁,复有何贪? 统治者不分众寡、不分大小,都不愿怠慢,这不就是安详而不傲慢吗? 统治者端正衣冠,使外貌充满尊严,庄重的样子让人看见而有所敬畏,这不就是威严而不粗暴吗?"子张问:"什么是四种恶行呢?"孔子说:"不去教化就杀人,这叫残暴;不提前警告而强令完成,这叫急躁;指令给得慢腾腾导致过了期限,这叫害人;还有就是,在和人交往时,吝惜往来沟通,这叫心怀伏击阴谋。"

英　译

Zi Zhang asked Confucius: "To do what can one be all right to practice government?" The master said: " To revere the five excellences, and to dismiss the four vices, with these one will be all right to practice government. " Zi Zhang asked: " What are the five excellences?" The master said: " The ruler is able to be beneficent to the people yet without much expenses, to order about the people without incurring their grudge, to desire something without avarice, to be at ease without arrogance, to be stately but not fierce." Zi Zhang asked: "What is it to be beneficent to the people yet without much expenses?" The master said: "He benefits the people in a way that the people benefit themselves, isn't this to be beneficent without much expenses? He orders about people by choosing those who are all right to be ordered about, who will then grudge? He desires humanitarianism and he gets it, what does he need the avarice for? The ruler does not distinguish between many and few people, nor between small and big issues, he will not treat them with slight, isn't this to be at ease without arrogance? The ruler adjusts his dress and hat, presents dignity in his appearance, a serious look that makes others look at him with awe, isn't this to be stately but not fierce?" Zi Zhang asked: "What are the four vices?" The master said: " To kill people without having educated them, this is called cruelty; to require the accomplishment of some jobs without having given advance warnings, this is called irascibility; to give orders in a slow way and thus lead to the expiration of timelines, this is called harm; and moreover, in associating with others, stint the interactive communication with others, this is called hiding an ambushing scheme."

20.3【原文】

孔子曰:"不知命,无以为君子也;不知礼,无以立也;不知言,无以知人也。"

字词训诂

命。即天命,请参阅为政2.4下对"天命"的解读。

知言。理解别人的言谈论述及其中体现的思想逻辑。

章句义理

本篇第一章谈的是帝王之道,第二章谈的是为官之道,本章谈的是为人之道。这种类似于电影镜头拉近式的收尾,属于反向高潮的另类,或许可以作为《论语》

编纂缺乏统一规划的一个例证吧。

今 译

孔子说:"不理解天命,就无法成为君子;不理解礼,就无法自立;不理解言论,就无法了解别人。"

英 译

Confucius said:" Without understanding the purpose of the heaven, one cannot become a cultivated gentleman; without understanding the rules of propriety, one cannot get himself established; without understanding the discourse, one cannot understand others. "

附　录

为方便分析,笔者制作了许多表格,现附示其中最重要的三种,方便读者备览,若有其他需要,请扫跋中二维码联系取得。

附表1　章节概览

篇次	篇名	章数	字数	占比	字符数	占比	主要内容
一	学而	16	493	3.1%	662	3.1%	基础道理,设定初学者的入门门槛和学习目标
二	为政	24	581	3.6%	806	3.7%	治国为官之道,论孝、君子、及学习方法
三	八佾	26	689	4.3%	966	4.5%	礼乐
四	里仁	26	501	3.1%	684	3.2%	仁,德行,孝,君子
五	公冶长	28	868	5.4%	1,210	5.6%	古今人物及其得失
六	雍也	30	815	5.1%	1,109	5.1%	孔子和弟子们的言行,尤其是师徒间的互动
七	述而	38	873	5.5%	1,194	5.5%	孔子的容貌和言行
八	泰伯	21	613	3.8%	811	3.8%	孔子和曾子的言论,及对古人的评论
九	子罕	31	806	5.1%	1,084	5.0%	体现孔子风格和其价值观的言论
十	乡党	27	644	4.0%	844	3.9%	孔子守礼的言谈举止和生活习惯
十一	先进	26	1,057	6.6%	1,465	6.8%	孔子关于教育的言论和对其弟子的评论
十二	颜渊	24	993	6.2%	1,353	6.3%	孔子教育弟子如何实行仁德、为政、和处世
十三	子路	30	1,036	6.5%	1,449	6.7%	为人和为政
十四	宪问	44	1,340	8.4%	1,832	8.5%	修身为人之道,及对古人的评价

续表

篇次	篇名	章数	字数	占比	字符数	占比	主要内容
十五	卫灵公	42	907	5.7%	1,238	5.7%	仁德治国,为政,修德,君子,价值观
十六	季氏	14	867	5.4%	1,133	5.2%	礼,君子的修炼
十七	阳货	26	1,019	6.4%	1,372	6.4%	礼,价值观
十八	微子	11	617	3.9%	822	3.8%	古代圣贤事迹及孔子周游列国中的故事
十九	子张	25	842	5.3%	1,083	5.0%	弟子们的言论
二十	尧曰	3	370	2.3%	482	2.2%	治理天下、从政、及做人
	合计:	512	15,931	100%	21,599	100%	

附表2 《论语》中出场的九十二位基本和孔子同时代的人物

人物	别名	背景	身份
有子	有若,字子有	鲁国人(今肥城市)	弟子
曾子	曾参,子舆	春秋末年鲁国南武城人(山东嘉祥县)。其父曾点也是孔子弟子	弟子
子夏	卜商,卜子夏	晋国温地(今河南温县)人,一说卫国人,"孔门十哲"之一	弟子
子禽	陈亢,字子元,字子禽	顿子国(今项城市南顿镇)人	弟子(待考)
子贡	端木赐	卫国(今河南鹤壁市浚县)人。孔门十哲之一	弟子
孟懿子	仲孙何忌,孟孙	鲁国孟孙氏第九代宗主,孟子的六世祖	官员
樊迟	樊须,字子迟	鲁国或齐国人,七十二贤之一	弟子
孟武伯	仲孙彘	孟懿子之子,孟子五世祖	官员
子游	言偃,叔氏	常熟人,孔子唯一南方弟子,誉为"南方夫子"。后人配祀孔庙,称"十哲人第九人"。受曾子排挤	弟子

续表

人物	别名	背景	身份
颜回	颜子,字子渊,又称颜渊	七十二贤之首,十哲之首十四岁拜孔子为师,终生师事之,是孔子最得意的门生	弟子
子路	仲由,季路	鲁国卞人(今山东省济宁市泗水县人)。"孔门十哲"之一	弟子
子张	颛孙师,复氏颛孙、名师,字子张	陈国人,孔门十二哲之一	弟子
鲁哀公	姬将	鲁定公之子,鲁悼公之父。春秋时期鲁国第二十六任君主,公元前494 – 前468年在位	君主
季康子	季孙肥,姬姓,季氏,名肥。谥康,史称"季康子"	季平子生季桓子,季桓子生季康子。事鲁哀公,鲁国正卿。此时鲁国公室衰弱,以季氏为首的三桓强盛,季氏宗主季康子位高权重,是当时鲁国的权臣	官员
叔孙州仇	姬姓,名州仇,谥武,又被称为叔孙武叔	叔孙不敢的儿子,东周时期诸侯国鲁国司马,三桓之一	官员
林放	字子丘	鲁国人。其籍里在今新泰市放城镇。比干二十七世孙。七十二贤之一	弟子
冉求	字子有,通称"冉有",尊称"冉子"	鲁国陶(今山东省菏泽市定陶区冉堌镇冉堌集村)人。周文王第十子冉季载的嫡裔,十哲之一。与冉雍和冉耕同列孔门十哲,世称"一门三贤",是三兄弟中的老小	弟子
王孙贾		卫国大夫	官员
鲁定公	姬宋	鲁国第二十五任君主。鲁昭公的弟弟,承袭鲁昭公担任该国君主,在位十五年	君主
宰我	宰予,字子我	鲁国人,孔子著名弟子,"孔门十哲"之一。被孔子许为其"言语"科的高才生,排名在子贡之前	弟子

续表

人物	别名	背景	身份
公冶长	字子长、子芝	鲁国人,今山东诸城贾悦镇近贤村人。七十二贤之一	弟子
南容	南宫括,字子容		弟子
子贱	姓宓,名不齐,字子贱	鲁国人,七十二贤之一	弟子
冉雍	字仲弓	鲁国陶(今山东菏泽市定陶区)人。字仲弓。少昊之裔。与冉耕(伯牛)、冉求(子有)皆在孔门十哲之列,世称"一门三贤",是三兄弟中的老二。孔门十哲之一	弟子
漆雕开	字子开,又字子若,又说作子修	鲁国人,以德行著称	弟子
公西赤	氏公西,名赤,字子华,亦称公西华	河南省濮阳市濮阳县人。七十二贤之一	弟子
申枨	字周	鲁国人,七十二贤之一	弟子
孔文子	氏孔名圉,又称仲叔圉	卫国大夫。聪明好学,又非常谦虚,因而死后,卫国国君赐予他"文子"的称号	官员
子产	姬姓,氏公孙,名侨,字子产,号成子。常称姬侨	郑国人,杰出的政治家、思想家	官员
晏婴	名婴,字仲,谥平,习惯上多称晏平仲或晏子	齐国夷维(今山东省高密市)人,春秋时期著名政治家、思想家、外交家	官员
臧文仲	姬姓,臧氏,名辰,谓臧孙辰。谥文,故又称臧文仲	臧哀伯次子,鲁大夫	官员
令尹子文	子文,若敖族人,斗斶氏,名穀於菟,字子文	春秋时期楚国名相,对楚国的强大和北上争霸作出了杰出的贡献	官员
崔杼	又称崔子、崔武子	春秋时齐国大夫,后为齐国执政	官员
陈文子	陈须无	齐国大夫	官员

续表

人物	别名	背景	身份
季文子	即季孙行父。姬姓，季氏，谥文，史称"季文子"。季孙行父之"孙"为尊称，"季孙"并不是氏称，"季孙某"仅限于对宗主的称谓，宗族一般成员只能称"季某"。故季孙行父为季氏，而非季孙氏	春秋时期鲁国的正卿，前601年—前568年执政	官员
宁武子	宁俞	春秋时卫国人，卫文公、成公时大夫	官员
微生高	尾生高。微生双氏	鲁国人。	弟子
左丘明	姜姓，丘氏，名明，因其先祖曾任鲁国的左史官（左史官记言，右史官记事），故在姓前添"左"字，故称左史官丘明先生，世称"左丘明"	春秋末年鲁国都君庄（今山东省肥城市石横镇东衡鱼村）人。左氏世为鲁国太史，至丘明则约与孔子（前551—479）同时。是当时著名史家、学者与思想家，著有《春秋左氏传》《国语》等	名人
子桑伯子		不详	不详
原宪	字子思，又称原思	宋国（今河南省商丘市）人	弟子
闵子骞	名闵损，字子骞，尊称闵子，世以字行	祖籍鲁国，徙居宋国相邑。七十二贤之一，十哲之一以德行和颜回并称，尤以孝名	弟子
冉耕	字伯牛	春秋末年鲁国陶（今山东省菏泽市定陶区）人，为孔门四科"德行"代表人物之一。孔门十哲之一	弟子
澹台灭明	复氏澹（谈音）台，名灭明，字子羽	鲁国武城（今属山东临沂市平邑县南武城）人，教育家，七十二贤之一	弟子
孟之反	名侧	鲁国大夫	官员
祝鮀	字子鱼，做过史官，以职位缀入名字，称史鱼，又称史䲡	卫国大夫，有口才，以能言善辩受到卫灵公重用，任过史官和祝史	官员

续表

人物	别名	背景	身份
宋朝		宋国公子,卫灵公的宠幸,和卫灵公的夫人南子有私。卫灵公纵容公子朝和南子在洮地相会,卫太子经过宋国时被宋人唱歌嘲讽,这也是"娄猪艾豭"的来源	名人
南子		原是宋国公主,后嫁卫灵公为夫人,和宋朝私通	名人
卫灵公	姬姓,名元	是春秋时期卫国第二十八代国君,前534年—前493年在位,好男宠而多猜忌,脾气暴躁。但他擅长识人,知人善任,他提拔的三个大臣仲叔圉、祝鮀、王孙贾的合作使卫国的国家机器运行正常	君主
叶公	沈诸梁,芈姓,沈尹氏,名诸梁,字子高。封地在叶邑(今河南叶县南旧城),自称叶公,曾平定白公之乱,担任楚国宰相。因楚国封君皆称公,故称叶公	春秋末期楚国军事家、政治家。大夫沈尹戌之子,在叶地治水开田,颇具治绩。曾平定白公之乱,担任楚国宰相。叶公是全世界叶姓华人的始祖	官员
桓魋	向魋	宋国(今河南商丘)人。任宋国主管军事行政的官-司马,掌控宋国兵权。他是宋桓公的后代,他的弟弟司马牛是孔子的弟子	官员
鲁昭公	姬姓,名裯,一名稠、袑	鲁襄公之子,鲁国第二十四位国君,前542年—前510年在位	君主
巫马施	氏巫马,名施,字子期,亦称巫马期	春秋末年鲁国人,一说陈国人,七十二贤之一,以勤奋著称	弟子
孟敬子	仲孙捷	鲁国大夫	官员

续表

人物	别名	背景	身份
琴牢	字子开,一字子张,又称琴张	卫国人。《史记·弟子传》无此人,而《家语·弟子解》有其名。《左传》昭公二十年也有孔子指教琴张的记载	弟子
颜路	颜无繇,字路	颜回的父亲,父子俩曾先后在孔子门下求学。孔子早期的弟子之一。七十二贤之一	弟子
高柴	字子羔,又称子皋、子高、季高、季皋、季子皋	齐国人。东周春秋时期齐文公十八世孙,忠厚纯正,并善为吏	弟子
季子然	姬姓	三桓之一季氏的族人	官员
曾晳	又称曾点,字子晳	春秋末年鲁国南武城(今属山东平邑)人。曾参之父,孔子早期弟子	弟子
司马牛	复氏司马,名耕,一名犁,字子牛	宋国大夫桓魋的弟弟	弟子
棘子成		卫国大夫	官员
齐景公	姜姓,吕氏,名杵臼	齐灵公之子,齐庄公之弟,春秋时期齐国君主。齐景公既有治国的壮怀激烈,又贪图享乐。与此相应,他的身边就必有不同的两批大臣,一批是治国之臣,一批是乐身之臣。在位五十八年,国内治安相对稳定,然因无有嫡子,身后诸子展开了激烈的王位之争	君主
公子荆	字南楚	卫献公之子,卫国大夫	官员
裨谌		郑国大夫	官员
子太叔	氏游名吉,又称世叔	郑国正卿	官员
子羽	公孙晖	郑国政治家和外交家	官员

人物	别名	背景	身份
子西	公子夏、公孙夏。姬姓,名夏,字子西,谥襄	公子騑(字子驷)的儿子,郑国的卿,子产的同宗兄弟	官员
孟公绰		鲁国大夫,三桓孟氏族人	官员
臧武仲	臧孙纥,又称臧孙、臧纥,谥"武"	臧文仲之孙,臧宣叔之子。鲁国大夫	官员
卞庄子		鲁国大夫,以勇和孝著称	官员
公叔文子	名拔,或作发,谥"文",又称公孙拔或公孙发	乃卫献公之孙,卫国大夫	官员
公明贾		卫国人	不详
大夫僎		卫国大夫	官员
陈成子	田恒,田成子,因其家族出自陈国,也称为陈恒及陈成子,汉朝为汉文帝刘恒避讳,改称"田常"	是齐国田氏家族第八任首领	官员
齐简公	姜姓,吕氏,名壬	齐悼公之子,前484年至前481年在位,继位前称公子壬	君主
蘧伯玉	蘧瑗,字伯玉,谥成子	卫国大夫,封"先贤",奉祀于孔庙东庑第一位	官员
微生母			不详
公伯寮	"僚",一作"缭",字子周	鲁国人,与子路同做季氏的家臣	官员
子服景伯	子服何	鲁国大夫	官员
原壤		鲁国人,不守礼法	发小
柳下惠	展氏,名获,字子禽(一字季),谥号惠,后人尊称其为"柳下惠"或"和圣柳下惠"	思想家、政治家、教育家。遵守中国传统道德的典范,"展"姓和"柳"姓的得姓始祖	官员
伯鱼	孔鲤	孔子的独子	弟子

续表

人物	别名	背景	身份
阳货	名虎，字货	鲁国大夫季平子的家臣，季氏曾几代掌握鲁国朝政，而这时阳货又掌握着季氏的家政。季平子死后，专权管理鲁国的政事	官员
公山弗扰	公山不狃，字子洩	季氏的家臣	官员
佛肸	佛肸，也作"佛肹"	春秋末年晋国卿赵鞅（即赵简子）的家臣，曾为中牟县宰	官员
孺悲		鲁国人，鲁哀公曾派他向孔子学礼	官员
季桓子	季孙斯。姬姓，季氏，名斯。谥桓，史称"季桓子"。季孙斯之"孙"为尊称，"季孙"并不是氏称，"季孙某"仅限于对宗主的称谓，宗族一般成员只能称"季某"。故季桓子为季氏，而非季孙氏	春秋时鲁国卿大夫	官员
接舆	氏陆，名通，字接舆	楚国著名隐士，今湖南省桃江县人。平时"躬耕以食"，因不满时政，剪发佯狂不仕，故称楚狂接舆	名人
长沮		隐士	不详
桀溺		隐士	不详
孟庄子	仲孙速	鲁国大夫	官员
阳肤		曾子的学生	官员
公孙朝		卫国大夫	官员

附表3 核心词汇和概念（统称"关键字"）在书中出现的次数

关键字	出现章节	出现次数	范畴领域	范畴分类
曰	461	758	用词	
为	115	170	用词	
问	95	120	用词	
君子	86	107	概念	
言	79	130	用词	
智（知）	73	118	德行	自身修养
仁	59	109	德行	至德
道	59	89	概念	
礼	43	75	概念	
学	43	65	用词	
信	32	38	德行	个人修养/人际修养
德	31	40	概念	
政	30	42	概念	
小人	23	24	概念	
命（含"天命"）	21	24	概念	
义	20	24	德行	人际修养
敬（人名除外）	19	21	德行	人际修养
贤	18	23	德行	人际修养
直	16	22	德行	自身修养
忠	16	16	德行	人际修养
乐（礼乐之乐）	15	23	概念	
乐（快乐之乐）	14	25	用词	
孝	14	15	德行	人际修养
勇	12	16	德行	自身修养
诗	9	14	概念	
爱	8	9	德行	自身修养
圣	6	8	概念	

续表

关键字	出现章节	出现次数	范畴领域	范畴分类
让	6	6	德行	人际修养
刚	4	5	德行	自身修养
谅	4	4	德行	人际修养
习	3	3	用词	
谨	3	3	德行	自身修养
权	3	3	德行	自身修养
天命	2	3	概念	
恕	2	2	德行	人际修养
中庸	1	1	德行	至德/个人修养/人际修养
悌	1	1	德行	人际修养
慈	1	1	德行	人际修养

跋

《论语析正》一书,得以顺利出版,既是一段工作的结束,也是另一段努力的开始。

除了婴幼儿外,绝大多数中国人,或多或少都了解一些《论语》的内容。在思想、文化、民族气质、社会环境、教育传统、政治风格、语言表达、词汇构成等诸多领域,《论语》和孔子在中国的存在感都很强,虽然比起历史上的众多时期,这种存在感在今天已经是弱化了。

与此对应的,则是《论语》的思想内容和现代语境的脱离。《论语》中的思想和智慧,通过两千多年的传承和演化,大多被定型和固化了,虽然无处不在,但又被明确隔离在现代语境之外,两者成为一种井水不犯河水的平行存在。

我相信《论语》中的很多思想和智慧,完全可以和现代语境打通并形成有机结合。这种打通和结合,既可以充分发掘其在当代的应用潜力,也可以打破其被固化的形态,使其焕发新的生命力和成长性。

作为一个兴趣广泛的自由写作者,我并不试图从文化回归、文明复兴或类似的高度来看待这个问题。我能够做的,我愿意做的,是对上述打通和结合,做一点渺小而独特的努力。具体来说,包括以下几个计划:

一,争取把《论语析正》一书推介到日本,为其汉学界(尤其是古籍对比研究领域），提供一些新鲜的素材。

二，把源自《论语》而古今词义或用法有所不同的成语，解读集册出版。

三，把《论语》中体现出对人类和社会心理深刻洞察的章节，结合实验心理学的最新成果，进行分析、对比、论证和汇总，从心理学的角度来重构《论语》。

四，把《论语》中能体现出治理和管理智慧的章节，结合企业管理和社会治理的当代理论，进行分析、对比、论证和汇总，从管理学的角度来重构《论语》。

五，把上述两种重构的成果，按照不同人群的兴趣和需求，进行划分整理，在不同的主题下，通过对《论语》内容融会贯通的提炼，开发出相应的课程，或用来促进《论语》在当代语境中被理解的广度，或用来提供孔子智慧在当代应用的新的角度。

以上工作的进度，将在公众号"南浦评论"上发布。有兴趣的读者，可以扫描二维码关注跟踪。

祝朝晖

二〇二〇年三月